Grosse/Weber/Wesemann

SGB II und SGB XII für Studium und Praxis
Band 1

SGB II und SGB XII für Studium und Praxis

Band 1
Grundsicherung für Arbeitsuchende

Fachbuch mit praktischen Übungen und Lösungen

von

Michael Grosse

Dirk Weber

Michael Wesemann

KSV Medien

Bibliografische Information der Deutschen Nationalbibliothek
Die Deutsche Nationalbibliothek verzeichnet diese Publikation in der Deutschen Nationalbibliografie; detaillierte bibliografische Daten sind im Internet über http://dnb.dnb.de abrufbar.

13., vollständig überarbeitete Auflage

Satz: TypeStudio Evertz GmbH
Druck: CPI books

ISBN 978-3-8293-1777-1

Inhalt

Vorwort zur 13. Auflage

Das Lehrbuch erscheint seit der 11. Auflage in drei Bänden und soll insbesondere den Studierenden und Auszubildenden an den Hochschulen, Fachhochschulen und Studieninstituten bei der Vor- und Nachbereitung der Lehrveranstaltungen sowie bei der Vorbereitung auf Prüfungen im Fach Sozialrecht helfen.

Durch zahlreiche Fallbeispiele und Übungen (einschließlich der entsprechenden Lösungshinweise) aus dem Bereich der Grundsicherung für Arbeitsuchende (SGB II) und der Sozialhilfe (SGB XII) erhalten Studierende durch das Studium dieses Lehrbuches eine gute Grundlage zum Bestehen von Prüfungen. Das Werk soll den Studierenden und Auszubildenden ferner die Möglichkeit eröffnen, sich auf eine strukturierte Lösung von Prüfungs- bzw. Klausurfällen vorzubereiten.

Gleichzeitig soll es aber auch den Praktikern im Bereich der Jobcenter und Sozialhilfeträger die im „Tagesgeschäft" notwendige Fachlichkeit und Rechtssicherheit vermitteln, um im Einzelfall zeitnah und korrekt entscheiden zu können.

Innerhalb der 13. Auflage wurden wiederum diverse gesetzliche Änderungen sowie aktuelle Entscheidungen der Sozialgerichtsbarkeit (Rechtsstand 2022) berücksichtigt. Insbesondere die Ausführungen zum Sozialverwaltungsverfahren und zu den Rückabwicklungsansprüchen (Band 3) wurden grundlegend überarbeitet.

Das Vorwort der 12. Auflage hat weiterhin Bestand. Verlag und Autoren freuen sich über Anregungen, Kritik und Hinweise der Leserinnen und Leser, die zur Verbesserung der Qualität zukünftiger Neufassungen des Lehrbuches beitragen.

Mit der aktuellen Auflage erscheint das Lehrbuch erstmals im Kommunal- und Schul-Verlag, Wiesbaden. Die Autoren möchten sich an dieser Stelle bei unserem bisherigen Verleger Horst Bernhardt für die jahrelange professionelle Zusammenarbeit und die kompetente Begleitung bei der Fertigstellung der vorangegangenen Auflagen bedanken.

Bielefeld und Dortmund, im April 2022

Die Verfasser

Vorwort zur 12. Auflage

Das Lehrbuch erscheint seit der 11. Auflage in drei Bänden und soll insbesondere den Studierenden und Auszubildenden an den Hochschulen, Fachhochschulen und Studieninstituten bei der Vor- und Nachbereitung der Lehrveranstaltungen sowie bei der Vorbereitung auf Prüfungen im Fach Sozialrecht helfen. Durch zahlreiche Fallbeispiele und Übungen (einschließlich der entsprechenden Lösungshinweise) aus dem Bereich der Grundsicherung für Arbeitsuchende (SGB II) und der Sozialhilfe (SGB XII) erhalten Studierende durch das Studium dieses Lehrbuches eine gute Grundlage zum Bestehen von Prüfungen. Das Werk soll den Studierenden und Auszubildenden ferner die Möglichkeit eröffnen, sich auf eine strukturierte Lösung von Prüfungs- bzw. Klausurfällen vorzubereiten.

Gleichzeitig soll es aber auch den Praktikern im Bereich der Jobcenter und Sozialhilfeträger die im „Tagesgeschäft“ notwendige Fachlichkeit und Rechtssicherheit vermitteln, um im Einzelfall zeitnah und korrekt entscheiden zu können.

Die erste Auflage des Lehrbuches erschien im Jahr 2006. Seit dieser Zeit wurde das Zweite und Zwölfte Buch Sozialgesetzbuch durch eine Vielzahl von Gesetzen immer wieder inhaltlich geändert. Auch in der 12. Auflage tragen die Autoren diesen Änderungen Rech-nung und haben erneut aktuelle Entscheidungen der Sozialgerichtsbarkeit sowie diverse gesetzliche Neuregelungen (u. a. auch Übergangsregelungen für den Zugang zu sozialer Sicherung aus Anlass der COVID-19-Pandemie) berücksichtigt. Gleichzeitig wurden vorhandene Ausführungen überarbeitet.

Im Übrigen hat das Vorwort der 11. Auflage weiterhin Bestand.

Verlag und Autoren freuen sich über Anregungen, Kritik und Hinweise der Leserinnen und Leser, die zur Verbesserung der Qualität zukünftiger Neufassungen des Lehrbuches beitragen.

Bielefeld und Dortmund, im August 2021

Die Verfasser

Zu den Verfassern

Michael Grosse und **Dirk Weber** sind Dozenten an der Hochschule für Polizei und Verwaltung NRW (HSPV NRW) und unterrichten schwerpunktmäßig im Fach Sozialrecht. **Michael Wesemann** ist Mitarbeiter des Kreises Lippe und dort in der Fachaufsichtsstelle tätig.

Im Einzelnen haben bearbeitet:

Michael Grosse	Kapitel 2 bis 12 von Band 1
Dirk Weber	Kapitel 1 von Band 1, Kapitel 1, Kapitel 2, Kapitel 6, Kapitel 7 von Band 2, Band 3
Michael Wesemann	Kapitel 3, Kapitel 4, Kapitel 5 von Band 2

Abkürzungsverzeichnis

a.A.	anderer Auffassung
a.a.O.	am angegebenen Ort
Abs.	Absatz
AG-SGB XII NRW	Landesausführungsgesetz zum Zwölften Buch Sozialgesetzbuch für das Land Nordrhein-Westfalen
Alg	Arbeitslosengeld
Alg II-V	Verordnung zur Berechnung von Einkommen sowie zur Nichtberücksichtigung von Einkommen und Vermögen beim Arbeitslosengeld II / Sozialgeld
AO	Abgabenordnung
AOK	Allgemeine Ortskrankenkasse
Art.	Artikel
AsylbLG	Asylbewerberleistungsgesetz
AsylVfG	Asylverfahrensgesetz
AufenthG	Aufenthaltsgesetz
Aufl.	Auflage
AuslG	Gesetz über die Einreise und den Aufenthalt von Ausländern im Bundesgebiet
AV-SGB XII NRW	Ausführungsverordnung zum Zwölften Buch Sozialgesetzbuch für das Land Nordrhein-Westfalen
BA	Bundesagentur für Arbeit
BAföG	Bundesgesetz über die individuelle Förderung der Ausbildung (Ausbildungsförderungsgesetz)
BAG	Bundesarbeitsgericht
BAnz	Bundesanzeiger
BayVHG	Bayerischer Verwaltungsgerichtshof
BBiG	Berufsbildungsgesetz
BDSG	Bundesdatenschutzgesetz
BEG	Bundesentschädigungsgesetz
BewG	Bewertungsgesetz
BGB	Bürgerliches Gesetzbuch
BGBl.	Bundesgesetzblatt
BGG	Behindertengleichstellungsgesetz
BGH	Bundesgerichtshof
BKGG	Bundeskindergeldgesetz
BMVBS	Bundesministerium für Verkehr, Bau und Stadtentwicklung
BRAO	Bundesrechtsanwaltsordnung
BT	Bundestag
BT-Drs.	Bundestagsdrucksache
BSG	Bundessozialgericht
BSHG	Bundessozialhilfegesetz
BVerfG	Bundesverfassungsgericht

BVerfGE	Bundesverfassungsgerichtsentscheidungen
BVerwG	Bundesverwaltungsgericht
BVerwGE	Bundesverwaltungsgerichtsentscheidungen
BVFG	Gesetz über die Angelegenheiten der Vertriebenen und Flüchtlinge (Bundesvertriebenengesetz)
BVG	Bundesversorgungsgesetz
bzw.	beziehungsweise
d.h.	das heißt
DV	Deutscher Verein für öffentliche und private Fürsorge
EG	Europäische Gemeinschaft
EG BGB	Einführungsgesetz zum BGB
EheG	Ehegesetz
EinglVO	Verordnung nach § 60 SGB XII (Eingliederungshilfe-Verordnung)
Erl.	Erläuterung
EStG	Einkommensteuergesetz
EU	Europäische Union
EuG	Entscheidungen und Gutachten der Spruchstellen für Fürsorgestreitigkeiten
evtl.	eventuell
FamRZ	Zeitschrift für das gesamte Familienrecht
FEVS	Fürsorgerechtliche Entscheidungen der Verwaltungs-und Sozialgerichte
ff.	folgende Seiten oder Paragraphen
FFG	Gesetz über die Angelegenheiten der freiwilligen Gerichtsbarkeit
FRV	Fürsorgerechtsvereinbarung
gem.	gemäß
GG	Grundgesetz
ggf.	gegebenenfalls
GrSiDAV	Grundsicherungs-Datenabgleichsverordnung
GV.NRW.	Gesetz- und Verordnungsblatt Nordrhein-Westfalen
HaftpflG	Haftpflichtgesetz
HHG	Häftlingshilfegesetz
HKG	Heimkehrergesetz
HIVHG	HIV-Hilfegesetz
HKStG	Gesetz über die Heimkehrerstiftung
h.M.	herrschende Meinung
HStruktG	Haushaltsstrukturgesetz
i.d.F.	in der Fassung
i.d.R	in der Regel
i.H.v.	in Höhe von
i.S.	im Sinne
KomtrZV	Kommunalträger-Zulassungsverordnung

KWG	Kreditwesengesetz
LAG	Lastenausgleichsgesetz
LG	Landgericht
LPartG	Lebenspartnerschaftsgesetz
LPK	Lehr- und Praxiskommentar
LuftVG	Luftverkehrsgesetz
LZG	Landeszustellungsgesetz
MBl.	Ministerialblatt
NDV	Nachrichtendienst des Deutschen Vereins für öffentliche und private Fürsorge
NDV-RD	Rechtsprechungsdienst des Deutschen Vereins für öffentliche und private Fürsorge
n. F.	neue Fassung
NJW	Neue juristische Wochenschrift
Nr.	Nummer
NRW	Nordrhein-Westfalen
n. unveröffentl.	noch unveröffentlicht
NZS	Neue Zeitschrift für Sozialrecht
o. a.	oben angeführt
OEG	Gesetz über die Entschädigung für Opfer von Gewalttaten
OLG	Oberlandesgericht
OVG	Oberverwaltungsgericht
OWiG	Ordnungswidrigkeitengesetz
PfG NRW	Landespflegegesetz Nordrhein-Westfalen
RdErl.	Runderlass
RDG	Rechtsdienstleistungsgesetz
RehaAnglG	Rehabilitationsangleichungsgesetz
RGBl.	Reichsgesetzblatt
RKnG	Reichsknappschaftsgesetz
Rn.	Randnummer
RVO	Reichsversicherungsordnung
S.	Seite
s.	siehe
SG	Sozialgericht
SGB	Sozialgesetzbuch
SGG	Sozialgerichtsgesetz
SGV	Sammlung der Gesetz- und Verordnungsblätter
SMBl.	Sammlung der Ministerialblätter
sog.	sogenannt
SozhiDAV	Sozialhilfedatenabgleichsverordnung
StGB	Strafgesetzbuch
SVG	Soldatenversorgungsgesetz
u. a	unter anderem
USG	Unterhaltssicherungsgesetz

usw.	und so weiter
VG	Verwaltungsgericht
VGH	Verwaltungsgerichtshof
vgl.	vergleiche
v. H.	vom Hundert
VO	Verordnung
VV	Verwaltungsvorschriften
VwGO	Verwaltungsgerichtsordnung
VwVG	Verwaltungsvollstreckungsgesetz
VwVfG	Verwaltungsverfahrensgesetz
VwZG	Verwaltungszustellungsgesetz
WoGG	Wohngeldgesetz
ZDG	Zivildienstgesetz
ZfF	Zeitschrift für das Fürsorgewesen
ZFSH/SGB	Zeitschrift für Sozialhilfe und Sozialgesetzbuch
ZPO	Zivilprozessordnung
z. Z.	zur Zeit

Literaturverzeichnis / Arbeitsmittel

1. Kommentare und Handbücher

Berlit/Conradis/Sartorius	Existenzsicherungsrecht, 3. Auflage 2019
Diering/Timme/Stähler	Sozialgesetzbuch X, Verwaltungsverfahren, LPK-SGB X, 5. Auflage 2018
Eicher	SGB II, Grundsicherung für Arbeitsuchende, Kommentar, 4. Auflage 2017
Fichtner/Wenzel	SGB XII – Sozialhilfe mit AsylbLG, 4. Auflage 2009
Göppinger/Wax	Unterhaltsrecht, 9. Auflage 2008
Grube/Wahrendorf	SGB XII, 6. Auflage 2018
Hauck/Noftz	SGB X – Verwaltungsverfahren und Schutz der Sozialdaten, Zusammenarbeit der Leistungsträger und ihre Beziehungen zu Dritten, Kommentar, Loseblatt
Hauck/Noftz	Sozialgesetzbuch – SGB I – Allgemeiner Teil, Kommentar, Loseblatt
Hauck/Noftz	Sozialgesetzbuch, SGB II, Grundsicherung für Arbeitsuchende, Kommentar, Loseblatt
Hauck/Noftz	Sozialgesetzbuch, SGB XII, Sozialhilfe, Kommentar, Loseblatt
Hauß	Elternunterhalt, 5. Auflage 2015
Hohm	Gemeinschaftskommentar zum SGB II, Grundsicherung für Arbeitsuchende, Loseblatt
Jahn	Sozialgesetzbuch für die Praxis, Kommentar, Loseblatt
Kopp/Schenke	VwGO, Kommentar, 24. Auflage 2018
Krahmer	Sozialgesetzbuch Allgemeiner Teil (SGB I), LPK-SGB I, 4. Auflage 2020
Krasney/Udsching	Handbuch des sozialgerichtlichen Verfahrens, 7. Auflage 2016
Löcher	Sozialhilferecht (Handwörterbuch), 1. Auflage 2013
Löns/Herold-Tews	SGB II, Grundsicherung für Arbeitsuchende, 3. Auflage 2011
Lüdtke	SGG, Sozialgerichtsgesetz, Handkommentar, 5. Auflage 2017
Mergler/Zink	Handbuch der Grundsicherung und Sozialhilfe Teil 1, Sozialgesetzbuch II, Kommentar, Loseblatt
Mergler/Zink	Handbuch der Grundsicherung und Sozialhilfe Teil 2, Sozialgesetzbuch XII, Kommentar, Loseblatt
Meyer-Ladewig/ Keller/Leitherer	SGG, Kommentar zum Sozialgerichtsgesetz, 13. Auflage 2020
Münder	Sozialgesetzbuch II, Grundsicherung für Arbeitsuchende, LPK-SGB II, 6. Auflage 2017
Bieritz-Harder/ Conradis/Thie	Sozialgesetzbuch XII, Sozialhilfe, LPK-SGB XII, 12. Auflage 2020

Palandt Bürgerliches Gesetzbuch, Kommentar, 78. Auflage 2019

Pickel Das Verwaltungsverfahren, Kommentar zum Sozialgesetzbuch – SGB X, Loseblatt

Plagemann Münchener Anwaltshandbuch Sozialrecht, 5. Auflage 2018

Rolfs/Giesen/Kreikebohm/Udsching BeckOK – Beck'scher Online Kommentar Sozialrecht

Roos/Wahrendorf Sozialgerichtsgesetz, Kommentar, 1. Auflage 2014

Schellhorn/Schellhorn/Hohm SGB XII, Kommentar zum Sozialgesetzbuch XII, Sozialhilfe, 19. Auflage 2015

Schlegel/Voelzke/Coseriu/Eicher JURIS Praxiskommentar SGB XII, Sozialhilfe, 2. Auflage 2014

Schlegel/Voelzke/Radüge JURIS Praxiskommentar SGB II, Grundsicherung für Arbeitsuchende, 4. Auflage 2015

Schlegel/Voelzke/Mutschler/Palsherm JURIS Praxiskommentar SGB X, Sozialgesetzbuch Zehntes Buch (SGB X) – Sozialverwaltungsverfahren und Sozialdatenschutz, 2. Auflage 2017

Schlegel/Voelzke/Voelzke JURIS Praxiskommentar SGB I, Allgemeiner Teil, 3 Auflage 2018.

Stelkens/Bonk/Sachs Verwaltungsverfahrensgesetz – VwVfG, 8. Auflage 2014

von Wulffen/Schütze Sozialverwaltungsverfahren und Sozialdatenschutz, 8. Auflage 2014

Wolff/Bachof/Stober/Kluth Verwaltungsrecht, Bd. 1, 13. Auflage 2017

Wolff/Bachof/Stober/Kluth Verwaltungsrecht, Bd. 2, 7. Auflage 2010

2. Lehr- und Lernbücher

Arbeitslosenprojekt TuWas Leitfaden zum Arbeitslosengeld II, 14. Auflage 2018

Dillmann Allgemeines Sozialverwaltungsrecht und Grundzüge des sozialgerichtlichen Verfahrens, 1. Auflage 2008

Dörr Bescheidkorrektur – Rückforderung – Sozial-rechtliche Herstellung, 5. Auflage 2012

Dörr/Franke Sozialverwaltungsrecht, 3. Auflage 2012

Edtbauer/Kievel Grundsicherungs- und Sozialhilferecht für soziale Berufe, 3. Auflage 2014

Eichenhofer/Janda Klausurenkurs im Sozialrecht, 8. Auflage 2014

Felix	Das Sozialrechtsfallbuch I, 1. Auflage 2012 Das Sozialrechtsfallbuch II, 1. Auflage 2014 Das Sozialrechtsfallbuch III, 1. Auflage 2018
Fichte/Plagemann/ Waschull	Sozialverwaltungsverfahrensrecht. 2 Auflage 2016
Francke/Dörr	Verfahren nach dem Sozialgerichtsgesetz, 3. Auflage 2012
Grosse	Praktische Fälle aus dem Sozialrecht, 9. Auflage 2020
Klinger/Kunkel/ Pattar/Peters	Existenzsicherungsrecht, 3. Auflage 2012
Muckel/Ogorek	Sozialrecht, 4. Auflage 2011
Müller/Wersig	Der Rückgriff gegen Angehörige von Sozialleistungsempfängern, 7. Auflage 2016
Renn/Schoch/Löcher/ Wendtland	Grundsicherung für Arbeitsuchende (SGB II), 4. Auflage 2018
Schwabe	Sozialhilfe, 17. Auflage 2007
Waltermann	Sozialrecht, 12. Auflage 2016
Weber	Methodik der Fallbearbeitung im Ordnungs- und Sozialrecht, 1. Auflage 2018

3. Zeitschriften

APF	Ausbildung, Prüfung, Fortbildung: Zeitschrift für die staatliche und kommunale Verwaltung
Behindertenrecht	Fachzeitschrift für Fragen der Rehabilitation mit besonderer Berücksichtigung der Gebiete Schwerbehindertenrecht, Kriegsopferversorgung, Kriegsopferfürsorge
DVP	Deutsche Verwaltungspraxis
FamRZ	Zeitschrift für das gesamte Familienrecht
FuR	Familie und Recht
FEVS	Fürsorgerechtliche Entscheidungen der Verwaltungs- und Sozialgerichte
Info also	Informationen zum Arbeitslosenrecht- und Sozialhilferecht
NDV	Nachrichtendienst des Deutschen Vereins für Öffentliche und Private Fürsorge
NJW	Neue Juristische Wochenschrift
NZS	Neue Zeitschrift für Sozialrecht
SGb	Die Sozialgerichtsbarkeit
Sozialrecht aktuell	Sozialrecht aktuell
VSSR	Vierteljahresschrift für Sozialrecht
ZEV	Zeitschrift für Erbrecht und Vermögensnachfolge
ZfF	Zeitschrift für das Fürsorgewesen
ZFSH/SGB	Zeitschrift für die sozialrechtliche Praxis

4. Entscheidungssammlungen

Breithaupt	Sammlung von Entscheidungen aus dem Sozialrecht
BSGE	Entscheidungen des Bundessozialgerichts, herausgegeben von den Richtern des Bundessozialgerichts
BVerwGE	Entscheidungen des Bundesverwaltungsgerichts, herausgegeben von den Richtern des Bundesverwaltungsgerichts
SozR	Sozialrecht, bearbeitet von den Richtern des Bundessozialgerichts, Loseblattwerk, erschienen in vier Folgen (1. Folge bis 1973; 2. Folge bis 1989; 3. Folge bis 07/2003; 4. Folge ab 08/2003)

5. Verwaltungsvorschriften und Internetquellen

Arbeitsausschuss der Sozialdezernenten Westfalen-Lippe	Empfehlungen zum Sozialhilferecht
Fachliche Hinweise der Bundesagentur für Arbeit	https://www.arbeitsagentur.de/veroeffentlichungen/wissensdatenbank-sgbii https://www.arbeitsagentur.de/veroeffentlichungen/gesetze-und-weisungen#1478808823843
Praxishilfen zum SGB II	https://www.mags.nrw/grundsicherung-arbeitshilfen
Vordrucksammlung des Landkreistages NRW	https://www.lkt-nrw.de/service/formulare

Teil A: Grundlagen und normative Rahmenbedingungen des Sozialrechts

1. Grundlagen des Sozialrechts in der Bundesrepublik Deutschland

1.1 Geschichtliche Entwicklung des Sozialrechts[1]

Die heutige umfassende soziale Sicherung in der Bundesrepublik Deutschland wird von vielen als selbstverständlich angesehen. Hierbei handelt es sich jedoch um eine sehr langwierige Entwicklung. Noch bis zum 16. Jahrhundert wurden die Armen im Wesentlichen nur von privater Seite, Klöstern und Orden unterstützt. Die nachfolgende stichwortartige Aufstellung soll einen groben Überblick geben:

1522 – 1523	Armenordnungen der Städte Nürnberg, Augsburg, Breslau	Es waren nur Hilfen für Einheimische vorgesehen.
1530 – 1548	Reichspolizeiverordnungen	Fremde wurden durch Bettelverbot ferngehalten

1577 – 1800 (ca.) Lediglich aufgrund privater Initiativen entstanden Armen- und Waisenhäuser.

1794 Das Preußische Allgemeine Landrecht verpflichtete die Gemeinden zur Durchführung der Armenpflege; eine Unterstützung von Heimatlosen aus dem Vagabundenfonds bzw. durch Aufnahme in Landarmenhäuser wurde vorgesehen.

1870 Durch das Unterstützungswohnsitzgesetz wurden Orts- und Landarmenverbände gegründet. Die Ortsarmenverbände waren verpflichtet, jeden hilfebedürftigen Deutschen vorläufig zu unterstützen, wobei sich Art und Maß der Hilfen, die auf das Existenzminimum abgestellt waren, nach dem Landesrecht richteten.
Den „nichtzuständigen" Ortsarmenverbänden wurden die Kosten von den „zuständigen" oder, wenn diese nicht zu ermitteln waren, den Landarmenverbänden erstattet.

1881 Die „Kaiserliche Botschaft" leitete die Sozialversicherung ein und begründete diese durch das

1883 Krankenversicherungsgesetz

1884 Unfallversicherungsgesetz

1 Vertiefungshinweise: Weber, Die Entwicklung der Sozialhilfe – Teil 1, DVP 09/2016, S. 376-378, und Teil 2, DVP 07/2017, S. 267-276; Schwabe/Nowarre, Inkrafttreten des Bundessozialhilfegesetzes (BSHG) – ein beachtlicher Meilenstein in der Entwicklung des Sozialrechts, ZfF 04/2012, S. 73 ff.

1889 Gesetz über Invalidität und Altersversorgung der Arbeiter.

1911 Die Reichsversicherungsordnung fasste diese drei Gesetze zusammen.

1911 Das Angestelltenversicherungsgesetz wurde erlassen.

1922 Das **Reichsgesetz für Jugendwohlfahrt** sah als Schwerpunkte u. a. vor:

- Anspruch des Kindes auf Erziehung,
- eine Zusammenfassung von „Jugendfürsorge" und „Jugendpflege" unter dem Begriff „Jugendhilfe",
- die Einrichtung von Jugendämtern in Stadt- und Landkreisen zur Wahrnehmung der öffentlichen Jugendhilfe,
- eine Beteiligung der freien Jugendhilfe.

Dieses Gesetz wurde 1961 weitgehend zur Grundlage des Jugendwohlfahrtsgesetzes.

1923 Das Reichsknappschaftsgesetz wurde verabschiedet.

1924 Durch die **Verordnung über die Reichsfürsorgepflicht** und die **Reichsgrundsätze über Voraussetzung, Art und Maß der öffentlichen Fürsorge** wurde das Armenrecht abgelöst. An die Stelle der Orts- und Landarmenverbände traten Bezirks- und Landesfürsorgeverbände. Als wichtigste Neuerungen waren zu verzeichnen:

- Der „notwendige Lebensunterhalt" ging über das Existenzminimum hinaus und umfasste u. a. folgende Hilfen:
  Krankenhilfe, Hilfen zur Wiederherstellung der Arbeitsfähigkeit, zur Erziehung und Erwerbsbefähigung für Minderjährige, zur Erwerbsbefähigung von „Blinden, Taubstummen und Krüppeln" sowie für Schwangere und Wöchnerinnen.
- Für das Reichsgebiet wurde ein weitgehend einheitliches Fürsorgerecht geschaffen.
- Die Grundsätze der Subsidiarität und Individualisierung wurden stärker herausgestellt.
- Die freie Wohlfahrtspflege wurde garantiert.

Dieses Gesetz hatte mit einigen zwischenzeitlichen Änderungen und Ergänzungen bis 1962 Gültigkeit.

1927 Das Gesetz über Arbeitsvermittlung und Arbeitslosenversicherung (seit 1969 Arbeitsförderungsgesetz und jetzt Drittes Buch Sozialgesetzbuch) rundete die Sozialversicherung ab.

Nach 1945 sind die folgenden zusätzlichen Rechtsgrundlagen besonders erwähnenswert:

1949 Soforthilfegesetz

1950 Bundesversorgungsgesetz

1952 Lastenausgleichsgesetz

1954 Kindergeldgesetz (jedoch erst ab 1975 Einführung des allgemeinen Kindergeldes)

1957 Körperbehindertengesetz

1957 Gesetz über eine Altershilfe für Landwirte. Das Gesetz wurde 1994 durch das Gesetz über die Alterssicherung der Landwirte (ALG)[2] abgelöst.

1959 Tuberkulosehilfegesetz

1960 Wohngeldgesetz

1960 Handwerkerversicherungsgesetz. Das Gesetz ist am 31.12.1991 außer Kraft getreten.

1961 **Bundessozialhilfegesetz**[3] **und Jugendwohlfahrtsgesetz.** Das Bundessozialhilfegesetz ist am 31.12.2004 außer Kraft getreten. An seine Stelle trat mit Wirkung zum 1.1.2005 nahezu inhaltsgleich das Zwölfte Buch Sozialgesetzbuch. Das Jugendwohlfahrtsgesetz wurde am 1.1.1991 durch das Kinder- und Jugendhilfegesetz im Achten Buch Sozialgesetzbuch abgelöst.

1955: Vorarbeiten für das BSHG im Innenministerium
21.2.1956: Offizielle Tagung des „Arbeitsausschuss für Fragen der Fürsorge" des 1952 gegründeten Beirats für die Neuordnung der sozialen Leistungen
11/1956: Erster vollständiger „Entwurf eines Gesetzes über die Gewährung von Sozialhilfe" und anschließende Diskussionen einer breiten Öffentlichkeit über das Reformwerk
25.7.1958: Erster offizieller Referentenentwurf zum „Gesetz über die Gewährung von Sozialhilfe (Bundessozialhilfegesetz – BSHG)" mit 138 Paragraphen und einer Zusammenfassung des Fürsorgerechts
17.2.1960: Verabschiedung des BSHG-Entwurfs im Bundeskabinett

2 Gesetz über die Alterssicherung der Landwirte vom 29.7.1994 (BGBl. I S. 1890, 1891), zuletzt geändert durch Art. 7 des Gesetzes vom 5.12.2012 (BGBl. I S. 2474).

3 Vertiefungshinweis: Friederike Fröcking, Fürsorge im Wirtschaftsboom – Die Entstehung des Bundessozialhilfegesetzes von 1961, München 2007; Friederike Föcking, Expertenwissen, Politikberatung und die Entstehung des Bundessozialhilfegesetzes von 1961, Sozialstaat Deutschland, Geschichte und Gegenwart, S. 103 ff.

03/1960: Auf „Druck“ des Bundesrates werden die Einkommensgrenzen nach oben korrigiert (zweifacher Eckregelsatz statt eineinhalbfacher Eckregelsatz)
20.4.1960: Einbringung des Regierungsentwurfs im Bundestag
4.5.1961: Zustimmung zum BSHG im Bundestag
26.5.1961: Zustimmung zum BSHG im Bundesrat
Nach Ausfertigung durch Bundespräsident Lübke mit Datum vom 30.6.1961 erfolgte am 5.7.1961 die Verkündung im Bundesgesetzblatt. Das BSHG trat schließlich am 1.6.1962 in Kraft.

1965 Wohngeldgesetz

1969 Arbeitsförderungsgesetz, Lohnfortzahlungsgesetz

1971 Bundesausbildungsförderungsgesetz

1975 Eingliederungshilfeverordnung

Sozialgesetzbuch – Allgemeiner Teil (SGB I)[4]
Sozialgerichtsgesetz (SGG)

1977 Gemeinsame Vorschriften für die Sozialversicherung (SGB IV)

1979 Unterhaltsvorschussgesetz

1981 Sozialverwaltungsverfahren (SGB X)

1983 Erweiterung des Sozialverwaltungsverfahrens (SGB X) um ein Drittes Kapitel: Zusammenarbeit der Leistungsträger und ihre Beziehung zu Dritten

1984 Vorruhestandsgesetz

1985 Beschäftigungsförderungsgesetz

1989 Gesetzliche Krankenversicherung (SGB V)

1991 Kinder- und Jugendhilfegesetz (SGB VIII)

1992 Gesetzliche Rentenversicherung (SGB VI)

1993 Asylbewerberleistungsgesetz

1995 Gesetzliche Pflegeversicherung (SGB XI)

4 Im Dezember 1975 wurde zunächst nur der „Allgemeine Teil“ des Sozialgesetzbuchs (SGB I) beschlossen.

1997 Gesetzliche Unfallversicherung (SGB VII)

1998 Arbeitsförderung (SGB III)

2001 Rehabilitation und Teilhabe (SGB IX)

2003 Grundsicherungsgesetz (GSiG) – Bedarfsorientierte Grundsicherung im Alter und bei voller Erwerbsminderung

2005 „Hartz IV": Außerkrafttreten des GSiG und des BSHG bei gleichzeitiger Zusammenführung der Sozialhilfe mit der Arbeitslosenhilfe als „Grundsicherung für Arbeitsuchende" im SGB II

2015 Erstes Pflegestärkungsgesetz – Erstes Gesetz zur Stärkung der pflegerischen Versorgung und zur Änderung weiterer Vorschriften

2016 Zweites Pflegestärkungsgesetz – Zweites Gesetz zur Stärkung der pflegerischen Versorgung und zur Änderung weiterer Vorschriften (Änderung des Elften Buches Sozialgesetzbuches)

2016 Gesetz zur Stärkung der Teilhabe und Selbstbestimmung von Menschen mit Behinderung (Bundesteilhabegesetz). Wegfall der Eingliederungshilfe im sechsten Kapitel des Zwölften Buches Sozialgesetzbuches mit Wirkung zum 1.1.2020 und Neugestaltung des Neunten Buches Sozialgesetzbuches, u. a. durch neue Regelungen zum Eingliederungshilferecht

2017 Drittes Pflegestärkungsgesetz – Drittes Gesetz zur Stärkung der pflegerischen Versorgung und zur Änderung weiterer Gesetze (Änderung des Siebten Kapitels des Zwölften Buches Sozialgesetzbuches)

2020 Überführung der Eingliederungshilfe in den ab dem 1.1.2020 gültigen neuen Teil 2 des SGB IX (§§ 90 ff. SGB IX)

2020 Erste Regelungen des neuen Sozialen Entschädigungsrechts treten in dem neuen und eigenständigen Vierzehnten Buch Sozialgesetzbuch in Kraft. Stufenweise Einführung bis zum Jahr 2024

1.2 Verfassungsrechtliche Grundlagen der sozialen Sicherung

1.2.1 Sozialstaatsprinzip

Die Bundesrepublik Deutschland ist ein demokratischer und **sozialer** Rechtsstaat (Art. 20 Abs. 1 GG). Die verfassungsmäßige Ordnung in den Ländern muss den Grundsätzen des republikanischen, demokratischen und **sozialen** Rechtsstaates im Sinne des Grundgesetzes entsprechen (Art. 28 Abs. 1 Satz 1 GG). Der Grundsatz der **Sozialstaatlichkeit** gehört gemäß Art. 79 Abs. 3 GG zum **unveränderbaren Kernbereich** des Grundgesetzes.

Der Begriff „Sozialstaat" ist im Grundgesetz nicht definiert. Aus dem „Sozialstaatsprinzip" ist abzuleiten, dass der Staat nach Grundsätzen der sozialen Gerechtigkeit aufgebaut sein bzw. das gesamte Recht eine soziale Tendenz haben soll. Danach hat der Staat die Pflicht, für einen Ausgleich der sozialen Gegensätze und damit für eine gerechte Sozialordnung zu sorgen.

Letzteres wird auch durch das Urteil des Bundesverfassungsgerichts vom 18.7.1967 ausdrücklich bestätigt.[5] Eine Interpretationshilfe bei der Auslegung des Sozialstaatsbegriffs gibt seit seinem Erlass im Jahre 1975 der Allgemeine Teil des Sozialgesetzbuches (SGB I). Im § 1 Abs. 1 SGB I ist folgendes formuliert:

„Das Recht des Sozialgesetzbuches soll zur Verwirklichung **sozialer Gerechtigkeit** und **sozialer Sicherheit** Sozialleistungen einschließlich sozialer und erzieherischer Hilfen gestalten.

Es soll dazu beitragen,

- ein menschenwürdiges Dasein zu sichern,
- gleiche Voraussetzungen für die freie Entfaltung der Persönlichkeit, insbesondere auch für junge Menschen, zu schaffen,
- die Familie zu schützen und zu fördern,
- den Erwerb des Lebensunterhalts durch eine frei gewählte Tätigkeit zu ermöglichen und
- besondere Belastungen des Lebens, auch durch Hilfe zur Selbsthilfe, abzuwenden oder auszugleichen."

Die soziale Sicherheit verfolgt insbesondere das Ziel,

- bei Krankheit dem Einzelnen Hilfe und Schutz zu geben,
- bei Alter, Invalidität und Arbeitslosigkeit den Einzelnen abzusichern,
- soziale Mindeststandards (Existenzminimum) zu gewährleisten.

Die soziale Gerechtigkeit unterliegt dem Wandel des öffentlichen Meinungsbildes. Gemeint sind im Wesentlichen folgende Aspekte:

---

5 BVerfG, Urt. vom 18.7.1967– 2 BvF 3-8/62, BvR 139-140/62, 334-35/62 –, BVerfGE 22, 180 = NJW 1967, 1765 = ZfSH 1967, 264.

- **Chancengerechtigkeit**
  Den Menschen sollen gleiche Chancen und Möglichkeiten verschafft werden, um am ökonomischen und gesellschaftlichen Leben teilzuhaben und sich selbst zu verwirklichen.
- **Verteilungsgerechtigkeit**
  Hier geht es um die Frage, inwieweit Einkommen und Vermögen in der Gesellschaft umverteilt werden sollen.
- **Leistungs- und Bedarfsgerechtigkeit**
  Mit „Leistungsgerechtigkeit" ist gemeint, dass es gerecht sei, nicht aufgrund seiner Herkunft, sondern durch eigene Anstrengung und Leistung zu dem zu werden, was man ist. Mit „Bedarfsgerechtigkeit" ist gemeint, dass eine Gesellschaft nur dann gerecht sei, wenn sie gemäß ihren Ressourcen die Bedürfnisse der Menschen möglichst gerecht befriedige.

1.2.2 Entwicklung vom Obrigkeitsstaat zum sozialen Rechtsstaat, Abgrenzung zum Wohlfahrtsstaat

Die ersten „sozialen" Maßnahmen in Deuts and im 19. Jahrhundert (vgl. 1.1) hatten weniger soziale, liberale oder demokratische Grundzüge, sondern waren vornehmlich von ordnungsbehördlichem Denken geprägt. Ziel dieser Maßnahmen war es, die überwiegend durch die fortschreitende Industrialisierung bedingten massiven Notstände soweit zu regulieren, dass eine Gefährdung der öffentlichen Sicherheit und Ordnung weitgehend ausgeschlossen werden konnte. Dass die zu diesem Zweck eingesetzten Mittel unzureichend waren, soll hier nicht weiter vertieft werden.

Erst nach dem Ersten Weltkrieg wurde sozialen Grundgedanken ehrlich Rechnung getragen. Dies drückte sich z. B. durch den Erlass der Reichsfürsorgepflichtverordnung, der Reichsgrundsätze über die Voraussetzungen, Art und Maß der öffentlichen Fürsorge und insbesondere durch das Gesetz über Arbeitsvermittlung und Arbeitslosenversicherung aus.

Diese Entwicklung verstärkte sich in der Bundesrepublik nach dem Zweiten Weltkrieg durch das im Grundgesetz verankerte Sozialstaatsprinzip. Dieses Prinzip findet jedoch in den Geboten materieller Rechtsstaatlichkeit auch seine Grenze. Eine umfassende staatliche Fürsorge, die das Gemeinwesen in einen Wohlfahrts- oder Versorgungsstaat verwandeln möchte und selbstverantwortliche Freiheit aufhebt, entspricht nicht mehr dem Prinzip des sozialen Rechtsstaates.

Allerdings lässt sich diese Grenze nicht scharf ziehen. Sie lässt zudem einen weiten Raum der Offenheit für unterschiedliche Gestaltungen. Das Prinzip des sozialen Rechtsstaates enthält daher zwar für den konkretisierenden Gesetzgeber einen verbindlichen Auftrag, aber keine verbindliche Richtlinie zur Erfüllung dieses Auftrages. Insoweit schafft es nur einen Rahmen, innerhalb dessen es den unterschiedlichen sozialen und wirtschaftlichen Kräften die Möglichkeit eröffnet, über die verfassungsmäßige Beteiligung an der politischen Willensbildung ihre

Bewertungsmaßstäbe für die Gestaltung der sozialstaatlichen Ordnung zur Geltung zu bringen.

1.2.3 Gesetzgebungszuständigkeit

Nach Art. 72 Abs. 2 GG hat der Bund u. a. für den Bereich der „öffentlichen Fürsorge“ (Art. 74 Nr. 7 GG), das Recht der konkurrierenden Gesetzgebung.

Das bedeutet, dass der Bund die Gesetzgebungskompetenz besitzt, wenn und soweit die Herstellung gleichwertiger Lebensverhältnisse im Bundesgebiet oder die Wahrung der Rechts- oder Wirtschaftseinheit im gesamtstaatlichen Interesse eine bundesgesetzliche Regelung erforderlich macht (vgl. Art. 72 Abs. 2 GG).

Die Länder haben die Befugnis zur Gesetzgebung in diesem Bereich nur, solange und soweit der Bund von seiner Gesetzgebungszuständigkeit keinen Gebrauch macht (vgl. Art. 72 Abs. 1 GG).

1.3 Aufbau des Sozialwesens in der Bundesrepublik Deutschland

Die Maßnahmen, die zur sozialen Sicherung beitragen, sind sehr vielfältig und basieren sowohl auf privaten als auch auf öffentlichen Aktivitäten. Nachfolgend werden nur die Maßnahmen im „engeren Sinne“ beschrieben, obwohl diese Leistungen erst durch die sozialen Maßnahmen im „weiteren Sinne“, den Infrastrukturmaßnahmen (z. B. Wohnungsbau, Straßenbau, Errichtung von Schulen, Schaffung von Arbeitsplätzen), ermöglicht werden. Bei der Darstellung des Sozialwesens im engeren Sinne kann eine Orientierung an Trägern des Sozialwesens und Leistungsarten erfolgen.

1.3.1 Träger des Sozialwesens

Entsprechend der Vielfalt der Aktivitäten auf dem sozialen Sektor besteht eine breite Fächerung an Trägern. Neben den staatlichen Institutionen widmet sich eine fast unübersehbare Anzahl von gesellschaftlichen Gruppen und Organisationen der sozialen Sicherung in der Bundesrepublik Deutschland. Nur aufgrund der gemeinsamen Anstrengungen öffentlicher und privater Träger hat die soziale Sicherung in unserer Republik – auch im Vergleich zu anderen Staaten – einen relativ hohen Standard. Nachfolgend werden die wichtigsten Träger kurz aufgeführt.

1.3.1.1 Öffentliche Träger

Die öffentlichen Träger lassen sich wie folgt unterteilen:

- Bund,
- Länder,
- Gemeinden/Gemeindeverbände,
- Träger der Sozialversicherung als Selbstverwaltungskörperschaften.

1.3.1.2 Private Träger

Als private Träger sind besonders zu nennen:

aus dem **wirtschaftlichen** Bereich
- Arbeitgeber (-verbände),
- Arbeitnehmervereinigungen (Gewerkschaften),
- Genossenschaften;

aus dem **gesellschaftlichen** Bereich
- Kirchen und Religionsgemeinschaften,
- Verbände der freien Wohlfahrtspflege,
- freie Träger der Jugendhilfe,
- Selbsthilfeorganisationen,
- andere Organisationen und Hilfswerke.

Aufgrund der herausragenden Stellung für die soziale Sicherung in der Bundesrepublik wird nachfolgend zu den Trägern des Sozialwesens aus dem **gesellschaftlichen Bereich** etwas ausführlicher Stellung genommen:

Kirchen und Religionsgemeinschaften
Die Kirchen und Religionsgemeinschaften haben sich seit Jahrhunderten im sozialen Bereich durch die Schaffung von sozialen Einrichtungen und Diensten verdient gemacht. Sie verwenden einen Großteil ihrer Einnahmen zur Finanzierung dieser Angebote (z. B. Kindergärten, Krankenhäuser, Altenheime, Soziale Dienste).

Die Träger der Sozialhilfe sind ausdrücklich gehalten, mit den Kirchen und Religionsgemeinschaften des öffentlichen Rechts zusammenzuarbeiten (§ 5 SGB XII).

Verbände der freien Wohlfahrtspflege

Die Verbände der freien Wohlfahrtspflege treten vor allem durch die Schaffung und Unterhaltung von sozialen Einrichtungen und Diensten öffentlich in Erscheinung. Zu nennen sind beispielhaft: Krankenhäuser, Kinder-, Jugend-, Alten-, Behinderten- und Erholungsheime, Werkstätten für behinderte Menschen, Erziehungs-, Beratungs- und Behandlungsstellen, Kindertageseinrichtungen, ambulante Dienste (z.B. alten-, kranken-, haus- und familienpflegerische Dienste). Letztere sind häufig als Sozial- oder Pflegedienste bzw. -stationen organisiert.

Die Verbände der freien Wohlfahrtspflege stellen den weitaus größten Anteil an sozialen Einrichtungen, wobei die beiden konfessionellen, der Caritasverband und das Diakonische Werk, dominieren. Bei fast allen Aktivitäten steht die persönliche Hilfe im Vordergrund. Die Verbände zeichnen sich vor allem durch ihre im Verhältnis zu den öffentlichen Trägern häufig flexiblere Arbeitsweise und den Einsatz einer großen Anzahl von ehren- bzw. nebenamtlichen Mitarbeiterinnen und Mitarbeitern aus. Zusehends häufiger treten jedoch privat-gewerbliche Anbieter (z.B. im Bereich der Pflegeeinrichtungen) in Konkurrenz zu den Verbänden der freien Wohlfahrtspflege.

Im Zweiten und Zwölften Buch Sozialgesetzbuch wird die Zusammenarbeit mit den Verbänden der freien Wohlfahrtspflege besonders herausgestellt (vgl. § 17 SGB II; §§ 5, 11 Abs. 5 SGB XII). Die folgenden sechs Verbände gehören der Bundesarbeitsgemeinschaft der Wohlfahrtspflege an; entsprechende Arbeitsgemeinschaften bestehen meist auch auf Landes- und Kreisebene:

- Die **Arbeiterwohlfahrt** wurde 1919 als Selbsthilfeorganisation der Arbeiterschaft begründet. Sie bekennt sich zum freiheitlichen demokratischen Sozialismus.
- Der **Caritasverband** wurde 1897 als „Caritasverband für das Katholische Deutschland“ gegründet und 1921 in „Deutscher Caritasverband“ umbenannt. Er ist eng mit der Katholischen Kirche verbunden.
- Der **Deutsche Paritätische Wohlfahrtsverband** entstand 1924. Er ist politisch und konfessionell neutral und fördert vor allem als Dachorganisation andere selbständige soziale Organisationen (meist Selbsthilfeorganisationen).
- Das **Deutsche Rote Kreuz** – ein Zusammenschluss aus den bereits bestehenden Landesverbänden und dem Verband der Mutterhäuser vom Roten Kreuz im Jahre 1950 – verfolgt mit seiner Arbeit die Grundgedanken von Henri Dunant aus dem Jahre 1859, eine international anerkannte Hilfsgesellschaft zu schaffen. Das Deutsche Rote Kreuz ist sowohl Hilfsgesellschaft als auch Wohlfahrtsverband.
- Das **Diakonische Werk** – Innere Mission und Hilfswerk der Evangelischen Kirche – ist ein Zusammenschluss aus der im Jahre 1848 gegründeten „Inneren Mission“ und dem nach dem Zweiten Weltkrieg ins Leben gerufenen „Evangelischen Hilfswerk“. Wie bereits aus dem Namen ersichtlich ist, besteht eine Verbindung mit der Evangelischen Kirche.
- Die **Zentralwohlfahrtsstelle der Juden in Deutschland** – Nachfolgerin der 1917 gegründeten „Zentralwohlfahrtsstelle der deutschen Juden“ – wurde 1951 neu gegründet.

Freie Träger der Jugendhilfe

Neben den vorgenannten Verbänden der Wohlfahrtspflege sind eine Vielzahl von Jugendverbänden und -organisationen speziell für junge Menschen und ihre Familien tätig (als konfessionelle, berufsbezogene, sport- oder andere freizeitfördernde Vereinigungen).

Die freien Träger der Jugendhilfe haben sich auf der Bundes- sowie auf Landesebene in Vertretungen organisiert, was meistens auch für die Ebenen der Kreise und kreisfreien Städte gilt.

Selbsthilfeorganisationen

Für viele soziale Lebensbereiche haben sich Selbsthilfeorganisationen gebildet. Zu nennen sind u. a. Familienverbände, Kriegsopferverbände, Behindertenverbände (z. B. für blinde, gehörlose, gelähmte, geistig behinderte Menschen), Verbände für Suchtkranke, Drogenabhängige, Krebskranke, psychisch Kranke oder misshandelte Frauen, aber auch vielfältige Gruppen im Bereich der Kinder- und Jugendhilfe.

Ziel dieser Vereinigungen ist eine gemeinsame Bewältigung von spezifischen Problemen sowie die gegenseitige Beratung und Unterstützung.

Andere Organisationen und Hilfswerke

Hier sind Hilfsorganisationen wie z. B. der Arbeiter-Samariter-Bund, die Johanniter-Unfall-Hilfe oder der Malteser Hilfsdienst zu nennen, die sich u. a. – wie auch das Deutsche Rote Kreuz – dem Rettungsdienst, der Krankenpflege und der Ersten Hilfe widmen, oder Hilfswerke wie z. B. das Kuratorium Deutsche Altershilfe, das Müttergenesungswerk und die Krebshilfe.

Diese Aufzählungen sind absolut unvollständig. Sie sollen lediglich in Ansätzen die Vielfalt der Möglichkeiten der sozialen Sicherung in der Bundesrepublik belegen.

1.3.2 Leistungsarten

Die soziale Sicherung für den Einzelnen wird entweder durch private oder durch öffentliche Vorkehrungen bzw. Leistungen sichergestellt.

1.3.2.1 Private Vorkehrungen bzw. Leistungen

Nachfolgende Beispiele sollen die Vielfalt privater Vorkehrungen beschreiben:

- **individuelle Eigenvorsorge**, z. B. durch
  Vermögensbildung, private Kranken-, Lebens-, Unfall- oder Hausratversicherung, private Altersvorsorge,
- **Gruppenvorsorge**, z. B. durch
  Zusatzrentenversicherung durch den Arbeitgeber,
  Angebote durch betriebliche Sozialwerke,
  Aufnahme von sozialen Komponenten in Tarifverträge,

- **freiwillige Leistungen Dritter**, z. B. durch
  Unterstützung durch Verwandte, Freunde, Nachbarn, Arbeitgeber usw.,
  Angebote durch Kirchen, Wohlfahrtsverbände oder andere als gemeinnützig anerkannte Einrichtungen.

1.3.2.2 Öffentliche Vorkehrungen bzw. Leistungen

Die öffentlichen Vorkehrungen bzw. Leistungen lassen sich unterschiedlich einteilen, nach dem „klassischen System" der sozialen Sicherung oder nach dem Sozialgesetzbuch.

Klassisches System der sozialen Sicherung
Nach dem sogenannten „klassischen System" der sozialen Sicherung gibt es drei tragende Säulen:

- die Sozialversicherung,
- die Versorgung und
- die Fürsorge.

Die gravierenden Unterschiede zwischen diesen Leistungssystemen liegen (bzw. lagen) darin, dass Ansprüche

- auf Leistungen aus der **Sozialversicherung** nur aufgrund der Zugehörigkeit zu dieser Solidargemeinschaft und entrichteter Beiträge bestehen und sich die Höhe der Geldleistungen teilweise an der Dauer und Höhe der Beitragsleistungen orientiert,
- auf **Versorgungsleistungen** ein besonderes Verhältnis zum Staat voraussetzen und Leistungen in der Regel nur unter dem Gesichtspunkt der persönlichen Aufopferung erbracht werden, was bei der Kriegsopferversorgung besonders deutlich wird,
- auf **Fürsorgeleistungen** lediglich aufgrund einer akuten Notlage entstehen und keine besonderen Vorleistungen erfordern.

Dieses System, welches für die Vergangenheit durchaus Gültigkeit hatte und sich in den im Artikel 74 GG verwandten Begriffen widerspiegelt(e), ist auf die heutigen umfangreicheren Sozialleistungen nicht mehr voll übertragbar.

Einteilung der Sozialleistungen nach dem Sozialgesetzbuch
Es ist schwierig, „Sozialrecht" von anderen Rechtsbereichen, die ebenfalls soziale Komponenten beinhalten (z. B. Schulrecht, Strafrecht, Steuerrecht), abzugrenzen. Umso mehr ist festzustellen, dass die o. a. Dreiteilung der öffentlichen Sozialleistungen nach dem so genannten „klassischen System" nicht mehr zeitgemäß ist.

Leistungsarten wie z. B. Wohngeld, Ausbildungsförderung, Elterngeld oder Entschädigungen für Opfer von Gewalttaten bzw. bei Impfschäden lassen sich dieser Einteilung nur schwer zuordnen. Orientiert an der Struktur der Sozialleistungen nach dem Sozialgesetzbuch kann eine Aufteilung in folgende drei Gruppen erfolgen:

Soziale Vorsorge oder Sicherung
Unter diese Rubrik lassen sich die gesetzliche Krankenversicherung, Unfallversicherung, Rentenversicherung, Pflegeversicherung sowie Arbeitslosenversicherung und als Sonderformen die knappschaftliche Versicherung, Handwerkerversicherung und Altershilfe für Landwirte fassen.

Soziale Entschädigung
Zu dieser Gruppe gehören u. a. die Kriegsopferversorgung, Versorgung von Soldaten (insbesondere von Wehrpflichtigen) und Ersatzdienstleistenden, die Entschädigung für Impfschäden und für Opfer von Gewalttaten sowie die Häftlingshilfe. Erste Regelungen zum Sozialen Entschädigungsrecht sind im neu gefassten Vierzehnten Buch Sozialgesetzbuch am 20.12.2019 in Kraft getreten. Das neue Soziale Entschädigungsrecht soll mit Wirkung zum 1.1.2024 eingeführt werden.

Sozialer Ausgleich oder soziale Förderung
Unter diese Begriffe lassen sich u. a. die Grundsicherung für Arbeitssuchende, Sozialhilfe, Jugendhilfe, Ausbildungsförderung, Kindergeld[6], Wohngeld und Elterngeld erfassen.

Sonstige Öffentliche Vorkehrungen
Einige Sozialleistungen, die durchaus von großer Bedeutung sind, werden **nicht** durch das Sozialgesetzbuch erfasst, wie z. B. die Beamten-, Richter- und Soldatenversorgung oder Leistungen nach dem Bundesentschädigungs-, dem Lastenausgleichs- oder Kriegsopferentschädigungsgesetz. Sie können daher nicht in die vorherige Darstellung eingebunden werden.

6 Sofern nicht der Familienlastenausgleich nach § 31 Einkommensteuergesetz (EStG) zur Anwendung kommt (vgl. u. a. § 25 Abs. 1 SGB I).

2. Existenzsichernde Leistungen nach dem Zweiten und Zwölften Buch Sozialgesetzbuch

Bis zum 31.12.2004 war die Absicherung des Lebensunterhalts hilfebedürftiger Personen allein dem Sozialhilferecht vorbehalten. Personen, die nicht in der Lage waren, ihren notwendigen Lebensunterhalt aus eigenen Kräften und Mitteln zu bestreiten, hatten einen Anspruch auf Hilfe zum Lebensunterhalt nach § 11 des Bundessozialhilfegesetzes (BSHG). Leistungen nach anderen Gesetzen (z.B. die Arbeitslosenhilfe und das Arbeitslosengeld nach dem Dritten Buch Sozialgesetzbuch) waren gegenüber der Sozialhilfe zwar vorrangig, mussten aber im Bedarfsfall, z.B. bei verzögerter Auszahlung des Leistungsträgers oder bei unzureichender bzw. nicht bedarfsdeckender Höhe, durch Sozialhilfeleistungen „vorgeleistet" oder aufgestockt werden. Die Hilfe zum Lebensunterhalt stellte damit für hilfebedürftige Personen das „unterste soziale Auffangnetz" dar, welches in wirtschaftlichen Notsituationen ein menschenwürdiges Leben mit einem Mindestmaß an finanzieller Absicherung gewährleistete.

Diese Funktion der wirtschaftlichen Existenzsicherung wird seit Inkrafttreten des Zweiten und Zwölften Buches Sozialgesetzbuch am 1.1.2005 von verschiedenen Leistungsnormen übernommen. Leistungen zur Sicherung des Lebensunterhalts sind nunmehr in drei Leistungsbereichen vorgesehen:

- Arbeitslosengeld II bzw. Sozialgeld (Zweites Buch Sozialgesetzbuch),
- Grundsicherung im Alter und bei Erwerbsminderung (4. Kapitel SGB XII),
- Hilfe zum Lebensunterhalt (3. Kapitel SGB XII).

Die Hilfe zum Lebensunterhalt nach dem 3. Kapitel SGB XII stellt dabei nicht mehr die Basisabsicherung für alle Personen dar. Vielmehr ist nach heutigem Recht im konkreten Fall festzustellen, nach welchem Gesetz der Leistungsanspruch zu ermitteln ist.

Die Leistungen zur Sicherung des Lebensunterhalts stehen dabei in einem Vorrang-/Nachrangverhältnis (vgl. § 19 Abs. 2 Satz 2 SGB XII, § 5 Abs. 2 Satz 2 SGB II, § 19 Abs. 1 Satz 2 SGB II) oder schließen sich gegenseitig aus. Ergänzende oder ersetzende Leistungen der Hilfe zum Lebensunterhalt nach dem 3. Kapitel SGB XII sind z.B. für die Personen ausgeschlossen, die im Rahmen der Grundsicherung für Arbeitsuchende nach dem Zweiten Buch Sozialgesetzbuch dem Grunde nach anspruchsberechtigt sind (vgl. § 21 Satz 1 SGB XII, § 5 Abs. 2 Satz 1 SGB II, Ausnahme: Übernahme von Mietschulden oder Energiekostenrückständen nach § 36 SGB XII in nicht laufenden Fällen).

2.1 Leistungen zur Sicherung des Lebensunterhalts nach dem Zweiten Buch Sozialgesetzbuch

Das Zweite Buch Sozialgesetzbuch (Grundsicherung für Arbeitsuchende) sieht für erwerbsfähige leistungsberechtigte Personen neben den Leistungen zur Eingliederung in Arbeit (aktivierende Hilfen) auch die Absicherung des Lebensunterhalts u.a. durch die Zahlung von Arbeitslosengeld II und Sozialgeld (passive Leistungen) vor. Mit diesen Leistungen sollen die Grundbedürfnisse des täglichen Lebens und, in vertretbarem Umfang, eine Teilhabe am sozialen und kulturellen Leben in der Gemeinschaft gesichert werden (vgl. § 20 Abs. 1 Satz 2 SGB II), bis die leistungsberechtigte Person durch Aufnahme einer Erwerbstätigkeit (wieder) in der Lage ist, aus eigenem Einkommen diesen Bedarf zu finanzieren. Voraussetzung für einen Anspruch auf **Arbeitslosengeld II** nach § 7 Abs. 1 Satz 1 SGB II ist, dass die betreffende Person

- das 15. Lebensjahr vollendet und die Altersgrenze nach § 7a SGB II noch nicht erreicht hat,
- erwerbsfähig ist,
- hilfebedürftig ist,
- ihren gewöhnlichen Aufenthalt in der Bundesrepublik Deutschland hat und
- dass kein Ausschlusstatbestand für den Leistungsbezug vorliegt (vgl. im Einzelnen 4.5).

Wenn eine Person diese Anspruchsvoraussetzungen erfüllt, dann sind Leistungen zur Sicherung des Lebensunterhalts in Form von **Arbeitslosengeld II** zu erbringen (vgl. § 19 Abs. 1 Satz 1 SGB II). Dabei kann das Arbeitslosengeld II aufstockenden oder ersetzenden Charakter haben. So hat eine erwerbsfähige Person, die zwar eine Erwerbstätigkeit ausübt, deren Einkommen aber zur Bestreitung des notwendigen Lebensunterhalts nicht ausreicht, Anspruch auf Leistungen nach §§ 19 ff. SGB II, ebenso die Person, deren Anspruch auf Arbeitslosengeld (Alg I) nach dem Dritten Buch Sozialgesetzbuch nicht ausreicht, ruht bzw. erloschen ist oder noch nicht realisiert werden konnte.

Bleiben die tatsächlich verfügbaren Mittel einer grundsätzlich anspruchsberechtigten Person hinter dem Niveau des Arbeitslosengeldes II zurück, besteht ein ergänzender Anspruch auf Leistungen zur Sicherung des Lebensunterhalts.

Leistungen zur Sicherung des Lebensunterhalts nach dem Zweiten Buch Sozialgesetzbuch werden nicht nur den erwerbsfähigen Personen selbst erbracht, sondern auch den mit ihnen in einer Bedarfsgemeinschaft zusammenlebenden (nicht erwerbsfähigen) Angehörigen (vgl. § 7 Abs. 2 Satz 1 SGB II). Diese erhalten **Sozialgeld**, wenn sie selbst nicht die Voraussetzungen des § 7 Abs. 1 Satz 1 SGB II erfüllen und soweit sie keinen Anspruch auf die – insofern vorrangige – Leistungen der Grundsicherung im Alter und bei Erwerbsminderung nach dem 4. Kapitel SGB XII haben (vgl. § 19 Abs. 1 Satz 2 SGB II).

Welche Personen eine Bedarfsgemeinschaft bilden, regelt § 7 Abs. 3 SGB II. Ausführungen im Detail dazu finden sich in Kapitel 6 dieses Buches.

Sowohl Arbeitslosengeld II als auch Sozialgeld entsprechen in wesentlichen Teilen den Leistungen zum Lebensunterhalt im Rahmen der Sozialhilfe (vgl. Kapitel 4 und 5 dieses Buches). Der Gesetzgeber hat aus diesem Grunde ein absolutes Vorrang-/Nachrangverhältnis im Verhältnis der Leistungen zueinander bestimmt.

Leistungen zum Lebensunterhalt nach dem Dritten Kapitel des Zwölften Buches Sozialgesetzbuch (Hilfe zum Lebensunterhalt) sind danach ausgeschlossen für Personen, die nach dem Zweiten Buch Sozialgesetzbuch entweder selbst oder als Angehörige dem Grunde nach leistungsberechtigt sind (vgl. § 5 Abs. 2 Satz 1 SGB II und § 21 Satz 1 SGB XII, Ausnahme: Übernahme von Schulden nach § 36 SGB XII in nicht laufenden Fällen). Auf einen tatsächlichen Leistungsbezug kommt es nicht an.

Sozialhilfeleistungen für den Lebensunterhalt sind auch in den Fällen ausgeschlossen, in denen ein Anspruch nach dem Zweiten Buch Sozialgesetzbuch (noch) nicht festgestellt wurde, die Leistungen zur Sicherung des Lebensunterhalts wegen einer Sanktion (vgl. §§ 31 bis 32 SGB II) gemindert oder wegen fehlender Hilfebedürftigkeit i. S. von § 9 Abs. 1 SGB II abgelehnt wurden.[7]

2.2 Grundsicherung im Alter und bei Erwerbsminderung (4. Kapitel SGB XII)

Der Personenkreis der Anspruchsberechtigten nach dem 4. Kapitel SGB XII wird in § 19 Abs. 2 Satz 1 SGB XII i. V. m. § 41 Abs. 1 bis Abs. 3 SGB XII normiert. Danach sind Leistungen zum Lebensunterhalt bei Vorliegen der weiteren Voraussetzungen für zwei Personengruppen vorgesehen:

- Personen, die die Altersgrenze erreicht haben (vgl. § 41 Abs. 2 Satz 1 SGB XII),
- Personen, die das 18. Lebensjahr vollendet haben und voll erwerbsgemindert i. S. des § 43 Abs. 2 SGB VI sind und bei denen unwahrscheinlich ist, dass die volle Erwerbsminderung behoben werden kann (vgl. § 41 Abs. 3 SGB XII).

Der Umfang der Leistungen der Grundsicherung im Alter und bei Erwerbsminderung orientiert sich maßgeblich an den Leistungen der Hilfe zum Lebensunterhalt nach dem 3. Kapitel SGB XII (vgl. § 42 SGB XII) und entspricht in wesentlichen Teilen auch den Lebensunterhaltsleistungen im Rahmen der Grundsicherung für Arbeitsuchende nach dem Zweiten Buch Sozialgesetzbuch.

Personen, die wegen ihres Alters oder wegen einer dauerhaften vollen Erwerbsminderung zum Kreis der Anspruchsberechtigten nach § 41 SGB XII gehören, erfüllen **nicht** die Voraussetzungen des § 7 Abs. 1 Satz 1 Nr. 1 SGB II bzw. Nr. 2 SGB II. Es ist von daher ausgeschlossen, dass Ansprüche auf Arbeitslosengeld II mit Ansprüchen nach dem 4. Kapitel SGB XII zusammentreffen.

Auch Sozialgeldansprüche nach dem Zweiten Buch Sozialgesetzbuch kommen in der Regel nicht in Betracht, wenn Ansprüche auf Leistungen der Grundsicherung im Alter und bei Erwerbsminderung nach dem 4. Kapitel SGB XII geltend gemacht werden können, da diese gegenüber dem Sozialgeld vorrangig sind (vgl. § 5 Abs. 2 Satz 2 SGB II und § 19 Abs. 1 Satz 2 SGB II). Damit ergibt sich auch dann keine

7 Ausnahme: Personen, die mangels Hilfebedürftigkeit i. S. von § 9 Abs. 1 SGB II keine Leistungsansprüche nach dem Zweiten Buch Sozialgesetzbuch haben (obwohl sie im Übrigen die Voraussetzungen erfüllen), können nach § 21 Satz 2 SGB XII Leistungen nach § 36 SGB XII erhalten (z. B. Übernahme von Mietschulden).

Leistungskonkurrenz, wenn eine nach § 41 SGB XII leistungsberechtigte Person mit einer erwerbsfähigen leistungsberechtigten Person in einer Bedarfsgemeinschaft i.S. von § 7 Abs. 3 SGB II zusammenlebt. Vielmehr hat jedes Mitglied der Bedarfsgemeinschaft ggf. bestehende Ansprüche nach den jeweils maßgebenden Leistungsnormen gegenüber den jeweils zuständigen Leistungsträgern individuell geltend zu machen (sog. „gemischte Bedarfsgemeinschaften").

Soweit eine grundsätzlich zu den Anspruchsberechtigten gehörende Person tatsächlich keine Leistungen der Grundsicherung im Alter und bei Erwerbsminderung nach dem 4. Kapitel SGB XII erhält (z.B. wegen fehlender Hilfebedürftigkeit aufgrund des nach dem Sozialhilferecht einzusetzenden Einkommens), kann allerdings wiederum ein Anspruch auf Sozialgeld in Betracht kommen. Einen **Ausschluss** im Verhältnis der Leistungen zueinander sieht sowohl § 5 Abs. 2 Satz 2 SGB II als auch § 19 Abs. 1 Satz 2 SGB II nicht vor.

Abgrenzungsprobleme können dann entstehen, wenn die Voraussetzung der Erwerbsfähigkeit bzw. der (vollen) Erwerbsminderung streitig ist. Grundsätzlich stellt die Agentur für Arbeit durch den Medizinischen Dienst im Zweifelsfall fest, ob die oder der Arbeitsuchende erwerbsfähig ist (vgl. § 44a Abs. 1 Satz 1 SGB II). Der Entscheidung können ggf. widersprechen: der kommunale Träger, ein anderer Träger, der bei voller Erwerbsminderung zuständig wäre (z.B. der Rentenversicherungsträger), oder die Krankenkasse, die bei Erwerbsfähigkeit Leistungen der Krankenversicherung zu erbringen hätte (vgl. § 44a Abs. 1 Satz 2 SGB II).

Die Vorschrift des § 44a Abs. 1 Satz 7 SGB II regelt für diesen Fall, dass bis zur Klärung der Voraussetzung „Erwerbsfähigkeit" bei Vorliegen der übrigen Voraussetzungen Leistungen der Grundsicherung für Arbeitsuchende nach dem Zweiten Buch Sozialgesetzbuch erbracht werden.

Im Verhältnis der Leistungen der Grundsicherung im Alter und bei Erwerbsminderung nach dem 4. Kapitel SGB XII zu den Leistungen der Hilfe zum Lebensunterhalt nach dem 3. Kapitel SGB XII bestimmt § 19 Abs. 2 Satz 2 SGB XII ein Vorrang-/Nachrangverhältnis. Danach sind die Leistungen der Grundsicherung im Alter und bei Erwerbsminderung **vorrangig** gegenüber den Leistungen der Hilfe zum Lebensunterhalt. Ausgeschlossen ist aber nicht, dass Personen, die nach § 41 Abs. 1 Satz 1 SGB XII grundsätzlich anspruchsberechtigt sind, Leistungen nach dem 3. Kapitel SGB XII (ergänzend) erhalten (z.B. den Barbetrag zur persönlichen Verfügung nach § 27b Abs. 2 Satz 2 SGB XII).

2.3 Hilfe zum Lebensunterhalt nach dem 3. Kapitel SGB XII

Leistungen zum Lebensunterhalt nach dem 3. Kapitel SGB XII sind Personen zu leisten, die ihren notwendigen Lebensunterhalt nicht oder nicht ausreichend aus eigenen Kräften und Mitteln bestreiten können (vgl. § 19 Abs. 1 SGB XII). Wegen des Vorrangs der Leistungen nach dem Zweiten Buch Sozialgesetzbuch sowie der Leistungen der Grundsicherung im Alter und bei Erwerbsminderung nach dem 4. Kapitel SGB XII kommt diese Hilfe nur für die Personen in Betracht, die

- weder selbst die Voraussetzungen nach § 7 Abs. 1 Satz 1 SGB II i. V. m. § 19 Abs. 1 Satz 1 SGB II erfüllen,
- noch als Angehörige einer Bedarfsgemeinschaft i. S. des § 7 Abs. 3 SGB II einen Sozialgeldanspruch nach dem Zweiten Buch Sozialgesetzbuch haben und
- nicht zu den leistungsberechtigten Personen nach § 19 Abs. 2 Satz 1 SGB XII i. V. m. § 41 Abs. 1 SGB XII gehören.

Der Personenkreis dieser „übrigen Hilfebedürftigen“ ist naturgemäß begrenzt. Es handelt sich im Wesentlichen um nicht erwerbsfähige bzw. voll erwerbsgeminderte Personen, bei denen die Dauerhaftigkeit der Erwerbsminderung i. S. von § 41 Abs. 3 SGB XII (noch) nicht festgestellt werden kann und die nicht mit einer erwerbsfähigen leistungsberechtigten Person (vgl. § 7 Abs. 1 Satz 1 SGB II) in einer Bedarfsgemeinschaft leben.

Des Weiteren kommen Kinder in Betracht, die die Altersvoraussetzungen nach § 7 Abs. 1 Satz 1 Nr. 1 SGB II noch nicht erfüllen und mit Personen zusammenleben, mit denen sie keine Bedarfsgemeinschaft i. S. von § 7 Abs. 3 SGB II bilden (z. B. Kinder unter 15 Jahren, die im Haushalt der Großeltern leben), sowie solche Personen, die von Leistungen nach dem Zweiten Buch Sozialgesetzbuch ausgeschlossen sind (z. B. Bezieher einer Altersrente, vgl. § 7 Abs. 4 Satz 1 SGB II).

2.4 Abgrenzung der Leistungsbereiche

Aus den genannten Abgrenzungsnormen ergibt sich eine eindeutige Zuordnung der Personen, die einen Anspruch auf existenzsichernde Leistungen geltend machen, zu den einzelnen Leistungsbereichen.

Für die schnelle Einordnung der Leistungsansprüche wird folgende Prüfungsreihenfolge empfohlen:

1. Gehört die nachfragende Person zu dem nach § 19 Abs. 2 Satz 1 SGB XII i. V. m. § 41 Abs. 1 SGB XII leistungsberechtigten Personenkreis der Grundsicherung im Alter und bei Erwerbsminderung nach dem 4. Kapitel SGB XII? (Wenn ja, dann scheiden Leistungen nach dem Zweiten Buch Sozialgesetzbuch grundsätzlich aus.)

Wenn nein:

2. Ist die Person nach § 7 Abs. 1 Satz 1 SGB II i. V. m. § 19 Abs. 1 Satz 1 SGB II leistungsberechtigt? (Wenn ja, dann besteht ein Anspruch auf Arbeitslosengeld II, soweit kein Ausschlusstatbestand vorliegt.)

Wenn nein:

3. Ist die (nicht erwerbsfähige) Person Angehörige einer Bedarfsgemeinschaft i. S. von § 7 Abs. 3 SGB II mit einer erwerbsfähigen leistungsberechtigten Person? (Wenn ja, dann besteht ein Anspruch auf Sozialgeld nach § 7 Abs. 2 Satz 1 SGB II i. V. m. § 19 Abs. 1 Satz 2 SGB II, soweit kein Ausschlusstatbestand vorliegt.)

Wenn nein:
4. Besteht ein Anspruch auf Hilfe zum Lebensunterhalt nach dem 3. Kapitel SGB XII?

Leistungen in Form von Hilfe zum Lebensunterhalt nach dem 3. Kapitel SGB XII können nur bewilligt werden, soweit ein Leistungsanspruch nach den übrigen Bestimmungen (vom Grundsatz her) nicht gegeben ist oder soweit die Leistungen der Grundsicherung im Alter und bei Erwerbsminderung nach dem 4. Kapitel SGB XII den konkreten Bedarf an Lebensunterhaltsleistungen nicht abdecken.

Beispiel
Der 80-jährige Herr R wird in einem Alten- und Pflegeheim aufgenommen. Die (z.T. pauschalierten) Leistungen der Grundsicherung im Alter und bei Erwerbsminderung nach § 42 SGB XII i. V. m. den entsprechenden Vorschriften des 3. Kapitels SGB XII decken den konkreten Bedarf an Leistungen zum Lebensunterhalt nicht vollständig ab.
Ergänzend zur Grundsicherung im Alter und bei Erwerbsminderung nach dem 4. Kapitel SGB XII kommen Leistungen zur Sicherung des Lebensunterhalts nach dem 3. Kapitel SGB XII in Betracht (hier insbesondere ein Barbetrag zur persönlichen Verfügung nach § 27b Abs. 2 SGB XII in Höhe von mindestens 27 v. H. der Regelbedarfsstufe 1 nach der Anlage zu § 28 SGB XII).[8]

Steht bei einer hilfebedürftigen Person zum Zeitpunkt der Entscheidung über Leistungen zum Lebensunterhalt noch nicht fest, ob sie die Voraussetzung der Erwerbsfähigkeit nach § 7 Abs. 1 Satz 1 Nr. 2 SGB II i.V.m. § 8 Abs. 1 SGB II erfüllt, sind Leistungen der Grundsicherung für Arbeitsuchende so lange zu erbringen, bis eine Entscheidung der medizinischen Dienste der zuständigen Träger vorliegt.[9] Bestehen unterschiedliche Auffassungen über das Vorliegen der Erwerbsfähigkeit, muss der Träger, der mit der Entscheidung nicht einverstanden ist, der Feststellung widersprechen.

Im Widerspruchsfall entscheidet die Agentur für Arbeit auf der Basis einer gutachterlichen Stellungnahme des Rentenversicherungsträgers, die bindend ist (vgl. § 44a Abs. 1 Satz 4, Satz 5 und Satz 6, Abs. 2 SGB II). Wenn danach kein Anspruch auf Leistungen der Grundsicherung für Arbeitsuchende besteht, dann sind dem Träger die (vorläufig) erbrachten Leistungen nach § 103 SGB X zu erstatten, wenn der oder dem Leistungsberechtigten eine andere Sozialleistung zuerkannt wird (vgl. § 44a Abs. 3 Satz 1 SGB II).

8 Zur Problematik der ebenfalls pauschalierten Leistungen im Rahmen der Hilfe zum Lebensunterhalt in Einrichtungen siehe die Ausführungen in Band 2: Sozialhilfe unter 3.4

9 Zuständig für die Feststellung der Erwerbsfähigkeit ist nach § 44a Abs. 1 Satz 1 SGB II die Agentur für Arbeit, im Falle der Option der zugelassene kommunale Träger nach § 6b Abs. 1 SGB II.

3. Grundsätze und Strukturprinzipien des Zweiten Buches Sozialgesetzbuch

Das Zweite Buch Sozialgesetzbuch (Grundsicherung für Arbeitsuchende) wurde im Wesentlichen mit der Intention der „Zusammenführung von Leistungen für Personen, die Arbeitslosenhilfe erhalten, und für erwerbsfähige Hilfebedürftige der Sozialhilfe“ geschaffen. Leistungsansprüche von erwerbsfähigen leistungsberechtigten Personen und deren Familienangehörigen sollten ab dem 1.1.2005 in einem neuen Leistungsgesetz zusammengefasst werden. Die bis zum 31.12.2004 maßgebenden Regelungen in den beiden Leistungsgesetzen (Drittes Buch Sozialgesetzbuch und Bundessozialhilfegesetz) wiesen bereits etliche Übereinstimmungen auf, vor allem

- die Erbringung der Leistungen nach dem Bedürftigkeits- bzw. Bedarfsdeckungsprinzip und
- die Finanzierung aus Steuermitteln (im Gegensatz zu der Versicherungsleistung „Arbeitslosengeld“).

Nicht selten war eine Aufstockung der Arbeitslosenhilfe nach dem Dritten Buch Sozialgesetzbuch, deren Höhe an den früheren Verdienst gekoppelt war, durch Leistungen der Hilfe zum Lebensunterhalt nach dem Bundessozialhilfegesetz erforderlich, um den notwendigen Lebensunterhaltsbedarf von Arbeitslosen und ihren Familienangehörigen zu sichern und eine menschenwürdige Existenz für von Arbeitslosigkeit betroffene Familien zu gewährleisten.

Mit Inkrafttreten des Zweiten Buches Sozialgesetzbuch wurde die finanzielle Absicherung der von (längerer) Arbeitslosigkeit Betroffenen insofern an die Leistungen der Sozialhilfe angeglichen, als die Leistungen zur Sicherung des Lebensunterhalts nun nicht mehr am früheren Erwerbseinkommen orientiert sind, sondern **bedarfsorientiert** erbracht werden. Wegen der großen Übereinstimmung der „neuen“ Grundsicherung für Arbeitsuchende nach dem Zweiten Buch Sozialgesetzbuch mit den Leistungen der Hilfe zum Lebensunterhalt im Rahmen der Sozialhilfe wurden konsequenterweise viele Regelungen aus dem bis dahin geltenden Bundessozialhilfegesetz in das neue Leistungsgesetz übernommen. Auch die zahlreichen Korrekturen, die das Zweite Buch Sozialgesetzbuch seit dem Inkrafttreten erfahren hat, haben an dieser grundsätzlichen strukturellen Vergleichbarkeit nichts geändert.

Das Sozialhilferecht war seit Jahrzehnten geprägt von Grundsätzen und Strukturprinzipien, die die Leistungserbringung im Einzelfall beeinflussen, obwohl sie nicht immer ausdrücklich schriftlich normiert sind. Die Einordnung dieses speziellen Sozialrechtsbereiches in das Sozialgesetzbuch als Zwölftes Buch hat daran im Wesentlichen nichts geändert.[10]

10 Lediglich die am 1.1.2005 ins Gesetz aufgenommene Leistung der Grundsicherung im Alter und bei Erwerbsminderung nach dem 4. Kapitel SGB XII nimmt insofern eine Sonderstellung ein. Nicht alle für die Sozialhilfe allgemein geltenden Strukturprinzipien gelten hier uneingeschränkt.

An dieser Stelle soll kurz auf die im Zweiten Buch Sozialgesetzbuch ausdrücklich normierten Grundsätze eingegangen sowie ein Abgleich mit den im Sozialhilferecht geltenden Strukturprinzipien vorgenommen werden.

3.1 Aufgabe und Ziel der Grundsicherung für Arbeitsuchende

Die Grundsicherung für Arbeitsuchende umfasst gemäß § 1 Abs. 3 SGB II Leistungen zur

- Beratung,
- Beendigung oder Verringerung der Hilfebedürftigkeit insbesondere durch Eingliederung in Ausbildung oder Arbeit und
- Sicherung des Lebensunterhalts.

Aufgabe und Ziel dieser Leistungsbereiche ist es, den leistungsberechtigten Personen zu ermöglichen, ein Leben zu führen, das der **Würde des Menschen** entspricht (vgl. § 1 Abs. 1 SGB II). Wie im Sozialhilferecht (vgl. § 1 Satz 1 SGB XII) geht es auch in der Grundsicherung für Arbeitsuchende nach dem Zweiten Buch Sozialgesetzbuch um die Verwirklichung des in Art. 1 GG verankerten Grundrechts. An der Frage der „Menschenwürdigkeit" haben sich zum einen die Leistungen zur Sicherung des Lebensunterhalts (vgl. §§ 19 ff. SGB II) messen zu lassen.[11] Zum anderen spielt der Aspekt der Menschenwürde in der Grundsicherung für Arbeitsuchende insbesondere auch dort eine Rolle, wo es um die Unterstützung von leistungsberechtigten Personen bei der Überwindung ihrer Hilfebedürftigkeit geht.

Welche Ziele der Gesetzgeber unter dieser Prämisse mit der Grundsicherung für Arbeitsuchende verfolgt, ergibt sich insbesondere aus § 1 Abs. 2 SGB II. Die Leistung soll die **Eigenverantwortung** von erwerbsfähigen leistungsberechtigten Personen und deren Angehörigen **stärken** und dazu beitragen, dass sie ihren Lebensunterhalt unabhängig von der Grundsicherung aus eigenen Mitteln und Kräften bestreiten können. Sie soll erwerbsfähige Leistungsberechtigte bei der Aufnahme oder Beibehaltung einer Erwerbstätigkeit unterstützen und den Lebensunterhalt sichern, soweit sie ihn nicht auf andere Weise bestreiten können.

In diesen grundlegenden Zielbestimmungen wird deutlich, dass das Gesetz auf eine **Hilfe zur Selbsthilfe** ausgerichtet ist und die Hilfen im Wesentlichen dazu dienen, Hilfebedürftigkeit durch Aufnahme einer Erwerbstätigkeit zu überwinden, die nach Möglichkeit ein existenzsicherndes Einkommen garantiert.

Diese gesetzgeberische Intention kommt verstärkt in dem nicht abschließenden Zielkatalog des § 1 Abs. 2 Satz 4 SGB II zum Ausdruck. Die Leistungen der Grundsicherung sind danach insbesondere darauf auszurichten, dass

11 Vgl. BVerfG, Urt. vom 9.2.2010 – 1 BvL 1/09, 1 BvL 3/09, 1 BvL 4/09 –, BVerfGE 125, 175 = NJW 2010, 505 = FamRZ 2010, 429.

- durch eine Erwerbstätigkeit Hilfebedürftigkeit vermieden oder beseitigt, die Dauer der Hilfebedürftigkeit verkürzt oder der Umfang der Hilfebedürftigkeit verringert wird (Nr. 1),
- die Erwerbsfähigkeit einer leistungsberechtigten Person erhalten, verbessert oder wiederhergestellt wird (Nr. 2),
- geschlechtsspezifischen Nachteilen von erwerbsfähigen Leistungsberechtigten entgegengewirkt wird (Nr. 3),
- die familienspezifischen Lebensverhältnisse von erwerbsfähigen Leistungsberechtigten, die Kinder erziehen oder pflegebedürftige Angehörige betreuen, berücksichtigt werden (Nr. 4),
- behindertenspezifische Nachteile überwunden werden (Nr. 5) und
- Anreize zur Aufnahme und Ausübung einer Erwerbstätigkeit geschaffen und aufrechterhalten werden (Nr. 6).

Die genannten Zielbestimmungen dienen der Verwirklichung des aus Art. 1 GG abgeleiteten Grundrechtes. Die Leistungen der Grundsicherung für Arbeitsuchende nach dem Zweiten Buch Sozialgesetzbuch haben zum einen die Beendigung oder die Verringerung der Hilfebedürftigkeit und damit ein selbstbestimmtes Leben unabhängig von staatlicher Unterstützung und Kontrolle zum Ziel. Zum anderen sollen die Leistungen der Grundsicherung für Arbeitsuchende die Sicherung des Lebensunterhalts oberhalb des Existenzminimums garantieren.

Damit geht es um die Verwirklichung der in § 1 Abs. 1 SGB II bezeichneten Aufgabe, ein **menschenwürdiges Dasein zu sichern**.

3.2 Grundsatz des Forderns (§ 2 SGB II)

Die Eigenverantwortung der leistungsberechtigten Personen und die Verpflichtung zur Selbsthilfe findet in dem Grundsatz des „Forderns" in § 2 SGB II eine konkretere Ausgestaltung. Nach § 2 Abs. 1 Satz 1 SGB II müssen erwerbsfähige leistungsberechtigte Personen und die mit ihnen in einer Bedarfsgemeinschaft lebenden Personen alle Möglichkeiten zur Beendigung oder Verringerung ihrer Bedürftigkeit ausschöpfen. Für eine erwerbsfähige leistungsberechtigte Person bedeutet das in erster Linie, **aktiv** an allen Maßnahmen zur Eingliederung in Arbeit **mitzuwirken** (vgl. § 2 Abs. 1 Satz 2 SGB II). Konkrete Schritte und Verpflichtungen sind nachfolgend im Gesetz formuliert. Danach sollen bzw. haben erwerbsfähige leistungsberechtigte Personen

- eine Eingliederungsvereinbarung abzuschließen (§ 2 Abs. 1 Satz 2 SGB II i.V.m. § 15 SGB II),
- eine zumutbare Arbeit aufzunehmen (§ 2 Abs. 2 Satz 2 SGB II i.V.m. § 10 SGB II),
- eine ihnen angebotene zumutbare Arbeitsgelegenheit zu übernehmen, wenn eine Erwerbstätigkeit auf dem allgemeinen Arbeitsmarkt in absehbarer Zeit nicht möglich ist (§ 2 Abs. 1 Satz 3 SGB II).

Das Gesetz sieht für den Fall, dass leistungsberechtigte Personen ihren Verpflichtungen nicht nachkommen, in den §§ 31 ff. SGB II Sanktionen in Form von Leistungskürzungen vor (vgl. Ausführungen unter 12.2).

Allgemein besteht für die leistungsberechtigten Personen – auch für die in der Bedarfsgemeinschaft lebenden nicht erwerbsfähigen Personen – die Verpflichtung, in eigener Verantwortung alle Möglichkeiten zu nutzen, den Lebensunterhalt aus eigenen Mitteln und Kräften zu bestreiten (vgl. § 2 Abs. 2 Satz 1 SGB II). Dies ist eine Ausprägung des auch in der Grundsicherung für Arbeitsuchende nach dem Zweiten Buch Sozialgesetzbuch geltenden Subsidiaritätsprinzips (vgl. 3.4), wonach staatliche Leistungen nach diesem Gesetz nur dann in Betracht kommen, wenn keine anderen Möglichkeiten zur Überwindung der Notlage bestehen.

3.3 Grundsatz des Förderns

Der Grundsatz des „Forderns" korrespondiert mit dem ebenfalls im Gesetz verankerten Grundsatz des „Förderns", der bereits in § 1 SGB II zum Ausdruck kommt und sich in § 3 SGB II fortsetzt. Danach sind insbesondere für junge Erwerbsfähige, die das 25. Lebensjahr noch nicht vollendet haben, aber auch für Ältere nach Vollendung des 58. Lebensjahres intensive Unterstützungsmaßnahmen auf dem Weg zur Aufnahme einer Erwerbsarbeit vorgesehen (vgl. z.B. § 3 Abs. 2 SGB II). Seinen Niederschlag findet er aber vor allem in § 14 SGB II und den nachfolgend in den §§ 15 ff. SGB II beschriebenen Leistungen zur Eingliederung in Arbeit.

Der Leistungsträger hat nach § 3 Abs. 2a SGB II darauf hinzuwirken, dass erwerbsfähige Leistungsberechtigte, die nicht über ausreichende deutsche Sprachkenntnisse verfügen, an einem Integrationskurs nach § 43 des Aufenthaltsgesetzes teilnehmen, und dass diejenigen, die darüber hinaus notwendige berufsbezogene Sprachkenntnisse benötigen, an der berufsbezogenen Deutschsprachförderung nach § 45a des Aufenthaltsgesetzes teilnehmen, sofern sie teilnahmeberechtigt sind und nicht unmittelbar in eine Ausbildung oder Arbeit vermittelt werden können und ihnen eine Teilnahme an einem Integrationskurs oder an der berufsbezogenen Deutschsprachförderung daneben nicht zumutbar ist.

Eine Verpflichtung zur Teilnahme ist nach § 3 Abs. 2b Satz 2 SGB II in die Eingliederungsvereinbarung als vorrangige Maßnahme aufzunehmen.

Stärker als im Sozialhilferecht sind die Leistungen nach dem Zweiten Buch Sozialgesetzbuch vom Gedanken der gegenseitigen Verpflichtung geprägt. Während der Träger der Grundsicherung für Arbeitsuchende der erwerbsfähigen leistungsberechtigten Person umfassende Unterstützung auf dem Weg zur Eingliederung in Arbeit schuldet (vgl. § 14 SGB II), besteht auf Seiten der leistungsberechtigten Person eine ausgeprägte Pflicht zur aktiven Mitarbeit an der Überwindung der Notlage, die im Gesetz im Wesentlichen auf das Problem „Arbeitslosigkeit" fokussiert ist.

Als Konsequenz daraus schafft das Gesetz zum einen Anreize zur Aufnahme einer Erwerbstätigkeit (z.B. Einstiegsgeld nach § 16b SGB II, Freibetrag nach § 11b Abs. 1 Satz 1 Nr. 6 i. V. m. Abs. 3 SGB II), sieht zum anderen aber auch spürbare Sanktionen für den Fall vor, dass die leistungsberechtigte Person ihren Verpflichtungen nicht nachkommt (vgl. §§ 31 ff. SGB II).

3.4 Nachrangprinzip

Neben der ausgeprägten Verpflichtung der erwerbsfähigen leistungsberechtigten Personen, ihre Arbeitskraft zur Überwindung von Hilfebedürftigkeit einzusetzen, besteht auch in der Grundsicherung für Arbeitsuchende der allgemeine Grundsatz, dass Leistungen nur in Betracht kommen, soweit die Hilfebedürftigkeit nicht anderweitig beseitigt werden kann. Während im Sozialhilferecht der Grundsatz des Nachranges als Strukturprinzip an zentraler Stelle im Gesetz steht (vgl. § 2 SGB XII), ist dieser Gesichtspunkt im Zweiten Buch Sozialgesetzbuch an unterschiedlichen Stellen verankert. Gleichwohl gilt das **Subsidiaritätsprinzip** uneingeschränkt auch im Bereich der Grundsicherung für Arbeitsuchende nach dem Zweiten Buch Sozialgesetzbuch, wenn es um Leistungen zur Sicherung des Lebensunterhalts geht (vgl. § 2 Abs. 2 SGB II und § 3 Abs. 3 SGB II).

Nach § 9 Abs. 1 SGB II besteht Hilfebedürftigkeit und damit ein Leistungsanspruch nur, wenn die betroffenen Personen ihren Bedarf nicht oder nicht ausreichend aus dem zu berücksichtigenden Einkommen oder Vermögen sichern können und die erforderliche Hilfe nicht von anderen, insbesondere von Angehörigen oder von Trägern anderer Sozialleistungen, erhalten.

Die Verpflichtung zum Einsatz der Arbeitskraft in zumutbarem Umfang (vgl. § 10 SGB II), die Verpflichtung zum Einsatz von vorhandenem Einkommen nach § 11 SGB II und die Verpflichtung zum Einsatz von vorhandenem Vermögen nach § 12 SGB II wird an späterer Stelle thematisiert. Aus dem Nachrangprinzip ergibt sich, dass die gesamte Lebenssituation von leistungsberechtigten Personen auch unter dem Aspekt zu untersuchen ist, ob vorrangig verpflichtete Personen (z. B Unterhaltsverpflichtete) oder Stellen (z. B andere Sozialleistungsträger) vorhanden sind und Ansprüche gegen diese geltend gemacht werden können.

Im Verhältnis der Sozialleistungen untereinander ist die Grundsicherung für Arbeitsuchende – mit Ausnahme der Leistungen der Grundsicherung im Alter und bei Erwerbsminderung nach dem 4. Kapitel SGB XII – absolut nachrangig. Dies wird unter anderem in § 5 Abs. 1 SGB II verdeutlicht. Nach § 5 Abs. 1 Satz 1 SGB II werden auf Rechtsvorschriften beruhende Leistungen Anderer, insbesondere solche der Träger anderer Sozialleistungen, durch das Zweite Buch Sozialgesetzbuch nicht berührt. Auch dürfen Ermessensleistungen (anderer Träger) nicht mit der Begründung versagt werden, dass die Grundsicherung für Arbeitsuchende entsprechende Leistungen vorsieht (vgl. § 5 Abs. 1 Satz 2 SGB II).

Zur Verwirklichung dieses Nachrangverhältnisses sind leistungsberechtigte Personen verpflichtet, Sozialleistungen anderer Träger in Anspruch zu nehmen und die dafür erforderlichen Anträge zu stellen, sofern dies zur Vermeidung, Beseitigung, Verkürzung oder Verminderung der Hilfebedürftigkeit erforderlich ist (vgl. § 12a Satz 1 SGB II). Beispielhaft sei hier genannt die Beantragung von

- Kindergeld und Kinderzuschlag,
- Arbeitslosengeld (Alg I),
- Unterhaltsvorschuss,
- Wohngeld,
- Leistungen der Ausbildungsförderung (Berufsausbildungsbeihilfe und Leistungen nach dem Bundesausbildungsförderungsgesetz – BAföG),
- Rente wegen voller Erwerbsminderung oder
- Rente wegen Alters.

Die Verpflichtung, Sozialleistungen anderer Träger in Anspruch zu nehmen und die dafür erforderlichen Anträge zu stellen, wird nach § 12a Satz 2 SGB II lediglich in zwei Fällen aufgehoben.

Zum einen muss eine mit Abschlägen verbundene (also vorgezogene) Altersrente frühestens ab dem 63. Lebensjahr in Anspruch genommen werden (vgl. § 12a Satz 2 Nr. 1 SGB II). Zum anderen kann auf den Bezug von Wohngeld oder Kinderzuschlag verzichtet werden, wenn dadurch **nicht** die Hilfebedürftigkeit **aller Mitglieder der Bedarfsgemeinschaft** für einen zusammenhängenden Zeitraum von mindestens **drei Monaten** beseitigt wird (vgl. § 12a Satz 2 Nr. 2 SGB II).

Stellen Leistungsberechtigte trotz Aufforderung des Trägers der Grundsicherung für Arbeitsuchende einen erforderlichen Antrag auf Leistungen eines anderen (vorrangigen) Trägers nicht, können die Grundsicherungsträger gemäß § 5 Abs. 3 Satz 1 SGB II den Antrag stellen sowie Rechtsbehelfe und Rechtsmittel einlegen.

Sofern die (vorrangige) Leistung aufgrund eines Antrags durch den Träger der Grundsicherung für Arbeitsuchende nach § 66 SGB I wegen fehlender Mitwirkung von einem anderen Träger bestandskräftig entzogen oder versagt wird, **sind** die Leistungen zur Sicherung des Lebensunterhalts nach dem Zweiten Buch Sozialgesetzbuch so lange zu entziehen oder zu versagen, bis die leistungsberechtigte Person ihren Mitwirkungspflichten gegenüber dem anderen Träger nachgekommen ist (vgl. § 5 Abs. 3 Satz 3 SGB II). Damit die leistungsberechtigten Personen die Folgen ihres Verhaltens kennen, sind sie nach § 5 Abs. 3 Satz 4 SGB II zuvor schriftlich zu belehren.

Die Vorschrift des § 5 Abs. 3 Satz 3 SGB II räumt den Trägern der Grundsicherung für Arbeitsuchende lediglich einen Ermessenspielraum hinsichtlich der Frage ein, ob die Leistungen **ganz oder teilweise** entzogen werden. Eine **teilweise** Versagung oder Entziehung in der voraussichtlichen Höhe der vorrangigen Leistung kommt dann in Betracht, wenn die Höhe dieser Leistung prognostiziert werden kann (z. B. Kindergeld, Unterhaltsvorschuss). Dagegen kommt eine **vollumfängliche** Versagung oder Entziehung in Betracht, wenn die Höhe der vorrangigen Leistung nicht prognostiziert werden kann (z. B. bei Arbeitslosengeld, Krankengeld).

Sobald die unterlassene Mitwirkung gegenüber dem vorrangigen Leistungsträger nachgeholt wird, **ist** die Versagungs- oder Entziehungsentscheidung rückwirkend aufzuheben (vgl. § 5 Abs. 3 Satz 5 SGB II). Die zunächst vorenthaltenen Leistungen der Grundsicherung für Arbeitsuchende sind vom zuständigen Leistungsträger nachzuzahlen. Korrespondierend mit der Pflicht, Leistungen ganz oder teilweise zu versagen oder zu entziehen, steht die Nachzahlung der Leistungen nicht im Ermessen des Trägers der Grundsicherung für Arbeitsuchende.

Die Regelungen des § 5 Abs. 3 Satz 3 bis Satz 5 SGB II gelten nicht für die vorzeitige Inanspruchnahme einer Rente wegen Alters (vgl. § 5 Abs. 3 Satz 6 SGB II).

Vielfach ist es nicht möglich, bestehende Leistungsansprüche rechtzeitig zu realisieren und die Hilfebedürftigkeit unmittelbar zu beseitigen. In diesem Fall muss der zuständige Leistungsträger zunächst Leistungen zur Sicherung des Lebensunterhalts erbringen, um die akute Notlage zu überbrücken. Dem Nachranggrundsatz ist in diesen Fällen dadurch Rechnung zu tragen, dass die Ansprüche der leistungsberechtigten Person nachträglich realisiert werden, indem der Übergang dieser Ansprüche nach § 33 SGB II oder Ersatz- oder Erstattungsansprüche (z.B nach §§ 102 ff. SGB X oder §§ 115 ff. SGB X) geltend gemacht werden.

3.5 Grundsatz der Individualität

Eine dem § 9 SGB XII vergleichbare Regelung, dass die Leistungen nach der Besonderheit des Einzelfalles ausgerichtet werden und Wünschen der leistungsberechtigten Person zur Ausgestaltung der Hilfe Rechnung getragen werden soll, sieht das Zweite Buch Sozialgesetzbuch explizit nicht vor. Gleichwohl sind individuelle Gesichtspunkte bei vielen Entscheidungen zwingend zu berücksichtigen.

Das Individualitätsprinzip gilt zum einen für die Leistungen zur Eingliederung in Arbeit, bei denen die persönliche Eignung und die individuelle Lebenssituation, insbesondere die familiäre Situation, der erwerbsfähigen leistungsberechtigten Personen zu berücksichtigen ist (vgl. § 3 Abs. 1 Satz 2 Nr. 1 SGB II und Nr. 2 SGB II). Zum anderen können nach § 16a SBG II zur Verwirklichung einer ganzheitlichen und umfassenden Betreuung und Unterstützung bei der Eingliederung in Arbeit der leistungsberechtigten Person im Einzelfall die Betreuung minderjähriger oder behinderter Kinder oder die häusliche Pflege von Angehörigen (Nr. 1), die Schuldnerberatung (Nr. 2), die psychosoziale Betreuung (Nr. 3) und die Suchtberatung (Nr. 4) erforderlich sein.

Die nach § 15 SGB II vorgesehene Eingliederungsvereinbarung nimmt die persönliche individuelle Situation der erwerbsfähigen leistungsberechtigten Person in den Blick, ihre Stärken und Schwächen sowie ihre Entwicklungsmöglichkeiten. Welche Leistungen nach §§ 16 ff. SGB II in Betracht kommen, kann nur eine auf den konkreten Einzelfall abgestellte Entscheidung sein. Der Charakter der Eingliederungsvereinbarung als „Vertrag“ erfordert, die erwerbsfähige leistungsberechtigte Person **nicht** mit (vorformulierten) Musterverträgen zu konfrontieren und ggf. die Weigerung zur sofortigen Unterzeichnung zu sanktionieren.

Vielmehr ist auf der Basis einer Potentialanalyse (vgl. § 15 Abs. 1 Satz 1 SGB II) ein individuelles Konzept zur Zielerreichung zu entwickeln und mit der betroffenen Person abzustimmen.

Demgegenüber haben die Leistungen zur Sicherung des Lebensunterhalts eher den Charakter einer Grundabsicherung ohne weitgehende Berücksichtigung individueller Gesichtspunkte. Insbesondere der Regelbedarf nach § 20 SGB II nimmt einen pauschalierten Bedarf für die in § 20 Abs. 1 SGB II aufgezählten Bestandteile des notwendigen Lebensunterhalts an, der nicht im Einzelfall an individuelle Besonderheiten angepasst werden kann. Eine abweichende Bemessung für den Fall, dass ein Bedarf ganz oder teilweise gedeckt ist oder unabweisbar seiner Höhe nach erheblich von einem Durchschnittsbedarf abweicht, sieht das Gesetz nicht vor.[12] Allerdings sind, wie im Sozialhilferecht, für typische Fälle abweichende Bedarfe in § 21 Abs. 2 bis Abs. 5 SGB II und in § 21 Abs. 7 SGB II Mehrbedarfszuschläge anzuerkennen, jedoch ohne dass eine abweichende Bemessung des Mehrbedarfs im Einzelfall vorgesehen ist.[13] Durch den im Jahr 2010 neu eingefügten § 21 Abs. 6 SGB II wird aber auch im Rahmen der Grundsicherung für Arbeitsuchende ein Zusatzbedarf anerkannt, soweit im Einzelfall ein unabweisbarer, laufender, nicht nur einmaliger besonderer Bedarf besteht.[14]

Auch andere Leistungen zur Sicherung des Lebensunterhalts nach dem Zweiten Buch Sozialgesetzbuch enthalten individuelle Aspekte. So werden nach § 22 Abs. 1 Satz 1 SGB II Bedarfe für Unterkunft und Heizung in Höhe der tatsächlichen Aufwendungen anerkannt. Die Frage der „Angemessenheit" von Aufwendungen für die Unterkunft und Heizung ist damit nach der Besonderheit des Einzelfalles zu beurteilen, ebenso die Frage, ob es der leistungsberechtigten Person möglich oder zuzumuten ist, die Aufwendungen für die Unterkunft zu senken. Auch bei der Erbringung von abweichenden Leistungen nach § 24 SGB II oder der Übernahme von Mietschulden nach § 22 Abs. 8 SGB II ist der Blick auf individuelle Gegebenheiten zwingend.

Zusammenfassend ist festzustellen, dass auch die Grundsicherung für Arbeitsuchende nach dem Zweiten Buch Sozialgesetzbuch in wesentlichen Teilen individuell ausgestaltet ist und Besonderheiten des Einzelfalles vielfach zu berücksichtigen sind. Bezogen auf die Leistungen zum Lebensunterhalt hat sie aber schon den Charakter einer (weitgehend pauschalierten) Grundabsicherung.

12 Anders § 27a Abs. 4 Satz 1 SGB XII, der eine abweichende Festlegung des Bedarfs in diesen Fällen vorsieht

13 Auch hier sieht die korrespondierende Regelung in § 30 SGB XII Abweichungen im Einzelfall vor.

14 Die Möglichkeit des Leistungsträgers, auf individuelle Besonderheiten bei der Bemessung der Leistungen zum Lebensunterhalt Rücksicht zu nehmen, war bis dahin sehr eingeschränkt. Dies hatte zur Folge, dass zur Überwindung besonderer Notlagen Bedürftige zum Teil auf Leistungen der Sozialhilfe – speziell im Rahmen des § 73 SGB XII – verwiesen waren. Das Bundesverfassungsgericht forderte den Gesetzgeber auf, im Zweiten Buch Sozialgesetzbuch selbst eine Leistungsnorm zu schaffen, die es erlaubt, individuell abweichende besondere Bedarfe außerhalb der Darlehensnorm des § 23 Abs. 1 SGB II (a. F.) zu berücksichtigen. Der daraufhin eingefügte zusätzliche Mehrbedarfstatbestand nach § 21 Abs. 6 SGB II erlaubt nun diese abweichende Leistungserbringung.

3.6 Leistungsformen (§ 4 SGB II)

Die Leistungen der Grundsicherung für Arbeitsuchende werden nach § 4 Abs. 1 SGB II in Form von

- Dienstleistungen (Nr. 1),
- Geldleistungen (Nr. 2) und
- Sachleistungen (Nr. 3)

erbracht. Die Entscheidung über die Form der Leistungserbringung ist zwar individuell zu treffen, es lassen sich aber bestimmte Präferenzen allgemeingültiger Art feststellen. Das Ziel der Eingliederung in Arbeit wird im Wesentlichen durch Information, Beratung und umfassende Unterstützung durch einen persönlichen Ansprechpartner (demnach durch Dienstleistungen) verfolgt. Soweit Finanzmittel zur Eingliederung in das Erwerbsleben benötigt werden, kommt darüber hinaus eine Geldleistung in Betracht. Geldleistungen sind in erster Linie Leistungen zur Sicherung des Lebensunterhalts (Arbeitslosengeld II und Sozialgeld). Die Frage, ob eine Leistung als Geld- oder Sachleistung zu werten ist, richtet sich ausschließlich nach der Form, in der die Leistung erbracht wird. Entscheidend ist dabei allein, ob sich die Leistung für die leistungsberechtigte Person als Sach- oder als Geldleistung darstellt. Danach sind als Geldleistungen i. S. des Zweiten Buches Sozialgesetzbuch ausschließlich Zahlungen in Geld zu verstehen.

Die Ausgabe von Gutscheinen (z. B. Lebensmittelgutscheine) stellt keine Form der Leistungserbringung in Geld dar, sondern ist als Sachleistung zu bewerten.[15] Die Aushändigung von Gutscheinen ist nur ausnahmsweise zulässig. Der Träger der Grundsicherung für Arbeitsuchende muss, soweit das Gesetz nicht ausdrücklich die Erbringung von geldwerten Leistungen vorsieht (z. B. im Rahmen von Sanktionen, vgl. § 31a Abs. 3 SGB II), einen nachvollziehbaren Grund für diese Form der Hilfeleistung haben.

Sachleistungen kommen grundsätzlich nachrangig in Betracht. Der Gesetzgeber sieht diese insbesondere in den Fällen vor, in denen

- eine zweckentsprechende Verwendung von Geldmitteln nicht sichergestellt ist (vgl. § 22 Abs. 7 Satz 2 SGB II und § 24 Abs. 2 SGB II) oder
- bei einer Minderung des Arbeitslosengeldes II um mehr als 30 v. H. des nach § 20 SGB II maßgebenden Regelbedarfs der Träger der Grundsicherung für Arbeitsuchende auf Antrag in angemessenem Umfang ergänzende Sachleistungen oder geldwerte Leistungen erbringen kann (vgl. § 31a Abs. 3 Satz 1 SGB II).

15 Vgl. Münder in LPK-SGB II, Rn. 6 und 7 zu § 4 SGB II; unentschieden, auf jeden Fall keine Geldleistung, aber möglicherweise Mischform: BVerwG, Urt. vom 4.3.1993 – 5 C 27/91 –, BVerwGE 92, 169 = FEVS 44, 153 = NDV 1993, 479.

Soweit keine besonderen Umstände (z.B Alkohol- oder Drogenabhängigkeit, Medikamentensucht, Spielsucht, unwirtschaftliches Verhalten) dies rechtfertigen, ist unter dem Aspekt der Menschenwürde nach § 1 Abs. 1 SGB II der Geldleistung gegenüber der Sachleistung der Vorrang einzuräumen. Für die Sozialhilfe ist dies ausdrücklich in § 10 Abs. 3 SGB XII bestimmt. Der Grundsatz muss aber generell in allen Bereichen staatlicher Leistungen zur Existenzsicherung Gültigkeit haben.

3.7 Leistungsanspruch und Leistungsbeginn

Werden die in § 7 SGB II beschriebenen Leistungsvoraussetzungen erfüllt, besteht ein Anspruch auf Leistungen der Grundsicherung für Arbeitsuchende nach dem Zweiten Buch Sozialgesetzbuch. Dies ist – anders als im Sozialhilferecht[16] – nicht ausdrücklich im Zweiten Buch Sozialgesetzbuch bestimmt worden, weil es in diesem Leistungsbereich mangels einer „Wohlfahrtstradition" keiner entsprechenden gesetzgeberischen Klarstellung bedurfte. Der Rechtsanspruch ergibt sich aus der allgemeinen Bestimmung des § 38 SGB I. Soweit Leistungen der Grundsicherung für Arbeitsuchende ausnahmsweise im Ermessen des Leistungsträgers stehen, besteht ein Anspruch auf pflichtgemäße Ausübung des Ermessens (vgl. § 39 Abs. 1 Satz 2 SGB I).

3.7.1 Antrag/Antragserfordernis

Leistungen werden nach § 37 Abs. 1 Satz 1 SGB II **auf Antrag** erbracht.[17] Ein erneuter Leistungsantrag ist immer dann erforderlich, wenn der ursprüngliche Bewilligungsbescheid keine Wirkungen mehr entfaltet, weil er zurückgenommen, widerrufen, anderweitig aufgehoben oder durch Zeitablauf oder auf andere Weise erledigt ist (vgl. § 39 Abs. 2 SGB X). Dies gilt also auch für einen Fortzahlungsantrag auf Leistungen zur Sicherung des Lebensunterhalts nach dem Zweiten Buch Sozialgesetzbuch. Um also Leistungen zu erhalten, wird damit eine entsprechende Initiative der leistungsberechtigten Person vorausgesetzt. Dabei muss nicht jede leistungsberechtigte Person der Bedarfsgemeinschaft selbst einen Antrag stellen. Nach § 38 Abs. 1 Satz 1 SGB II wird vermutet, dass derjenige, der die Leistung beantragt, bevollmächtigt ist, für alle Personen der Bedarfsgemeinschaft i.S. des § 7 Abs. 3 SGB II zu handeln (d.h. also Leistungen auch für die mit ihm in einer Bedarfsgemeinschaft lebenden Personen zu beantragen und entgegenzunehmen).

Grundsätzlich ist der Antrag an keine bestimmte Form gebunden (vgl. § 9 SGB X). Zwar sollen im Rahmen der allgemeinen Mitwirkungspflichten die dafür von den Leistungsträgern vorgesehenen Vordrucke benutzt werden (vgl. § 60 Abs. 2 SGB I), dies ist aber nicht Voraussetzung für den Beginn des Verwaltungsverfahrens i.S. von § 18 Satz 2 Nr. 2 SGB X.

16 Vgl. § 17 Abs. 1 SGB XII.

17 Leistungen der Sozialhilfe setzen dagegen (mit Ausnahme der Leistungen nach dem 4. Kapitel SGB XII) bei Bekanntwerden der Notlage ein. Sie werden antragsunabhängig erbracht (vgl. § 18 Abs. 1 SGB XII).

Alle für die Entscheidung über den Antrag maßgebenden Informationen hat der Leistungsträger bei der antragstellenden Person abzufragen. Die Behörde muss nach dem Untersuchungsgrundsatz gemäß § 20 SGB X den Sachverhalt grundsätzlich von Amts wegen ermitteln und prüfen, welche Leistungen im Einzelnen in Betracht kommen. Dabei ist der Träger der Grundsicherung für Arbeitsuchende nicht an das Vorbringen der leistungsberechtigten Person gebunden. Einzig für abweichende Leistungen nach § 24 Abs. 1 und Abs. 3 SGB II und für einen Großteil der Leistungen für Bildung und Teilhabe im Rahmen der §§ 28, 29 SGB II gilt ein besonderes Antragserfordernis (vgl. § 37 Abs. 1 Satz 2 SGB II).

Werden Anträge auf Leistungen nach dem Zweiten Buch Sozialgesetzbuch bei einem unzuständigen Leistungsträger oder einer nicht zuständigen Gemeinde gestellt, sind diese unverzüglich an den zuständigen Träger weiterzuleiten. Der Antrag gilt in diesem Fall als zu dem Zeitpunkt gestellt, in dem er bei der unzuständigen Stelle eingegangen ist (vgl. § 16 Abs. 2 SGB I).

3.7.2 Leistungsbeginn / Schuldenübernahme

Leistungen nach dem Zweiten Buch Sozialgesetzbuch werden nicht für Zeiten vor der Antragstellung erbracht, wobei der Antrag auf Leistungen zur Sicherung des Lebensunterhalts auf den Ersten des Monats zurückwirkt (vgl. § 37 Abs. 2 Satz 2 SGB II). Der Leistungsbeginn ist damit grundsätzlich der Erste des Monats. Nach § 41 Abs. 1 Satz 1 SGB II besteht der Anspruch für jeden Kalendertag, wobei der Monat nach § 41 Abs. 1 Satz 2 SGB II mit 30 Tagen berechnet wird.

Soweit die Leistungsvoraussetzungen also nicht für den ganzen Monat erfüllt sind, ist demnach eine anteilige Berechnung nach § 41 Abs. 1 Satz 3 SGB II notwendig (z.B Anerkennung eines Mehrbedarfs, Anspruch auf Leistungen nach einer Haftentlassung, Zuzug bzw. Übertritt aus dem Ausland).

Aus dem Verbot der rückwirkenden Leistungsbewilligung ergibt sich auch für die Grundsicherung für Arbeitsuchende, dass eine Leistung für vergangene Zeiträume und die Berücksichtigung von Schulden, die einer Leistung für die Vergangenheit gleichkäme, grundsätzlich nicht möglich ist. Eine Ausnahme hiervon stellt die darlehensweise Übernahme von Schulden nach § 22 Abs. 8 SGB II dar, die gerechtfertigt sein kann, wenn es um die Sicherung der Unterkunft (Mietschulden) oder um die Behebung einer vergleichbaren Notlage (insbesondere bei Übernahme von Energiekostenrückständen) geht.

Des Weiteren kann sich ein Anspruch auf Zahlungen für die Vergangenheit aus der Regelung des § 28 SGB X i. V. m. § 40 Abs. 7 SGB II ergeben. Danach wirkt ein Antrag auf Leistungen der Grundsicherung für Arbeitsuchende auf zurückliegende Zeiträume zurück, wenn im Hinblick auf eine zunächst beantragte vorrangige Sozialleistung auf eine weitere Antragstellung verzichtet wird, später aber eine negative Entscheidung in Bezug auf die vorrangige Leistung ergeht.

Wird z.B ein Antrag auf Arbeitslosengeld (Alg I) von der Agentur für Arbeit (entgegen der Erwartung des Versicherten) wegen fehlender Anwartschaftszeiten abgelehnt, wirkt der im Anschluss an die ablehnende Entscheidung gestellte

Antrag auf Arbeitslosengeld II auf den Zeitpunkt der ersten Antragstellung (Alg I) zurück, wenn der Antrag unverzüglich nach Ablauf des Monats, in dem die Ablehnung oder Erstattung der anderen Leistung bindend geworden ist, nachgeholt wird (vgl. § 40 Abs. 7 SGB II).

3.7.3 Ursachen der Hilfebedürftigkeit

Leistungen der Grundsicherung für Arbeitsuchende werden grundsätzlich unabhängig von den Ursachen der Hilfebedürftigkeit erbracht. Eigenes Verschulden der leistungsberechtigten Person ist im Hinblick auf die Entstehung seiner Notlage (zunächst) unerheblich.

Leistungen dürfen nicht mit dem Hinweis darauf versagt werden, dass die leistungsberechtigte Person durch ihr Verhalten die Hilfebedürftigkeit herbeigeführt hat. Allerdings sieht das Gesetz vor, unter bestimmten Voraussetzungen den Leistungsanspruch zu beschränken (vgl. Sanktionstatbestände des § 31 Abs. 2 SGB II) bzw. einen Ersatzanspruch bei sozialwidrigem Verhalten geltend zu machen (vgl. § 34 SGB II).

3.8 Entscheidung über Leistungen nach dem Zweiten Buch Sozialgesetzbuch

Für die Entscheidungen über Anträge auf Leistungen nach dem Zweiten Buch Sozialgesetzbuch gelten die Vorschriften des Ersten und Zehnten Buches Sozialgesetzbuch, soweit nicht spezielle Regelungen des Zweiten Buches Sozialgesetzbuch diese Normen verdrängen (vgl. § 37 Satz 1 SGB I und § 40 Abs. 1 Satz 1 SGB II).

3.8.1 Verwaltungsakte / Bewilligungszeitraum

Bei der Bewilligung oder Ablehnung von Leistungen der Grundsicherung für Arbeitsuchende nach dem Zweiten Buch Sozialgesetzbuch handelt es sich um Verwaltungsakte i. S. von § 31 SGB X. Gleiches gilt für die Festsetzung eines Kostenersatzes (vgl. §§ 34, 34a und 35 SGB II) sowie die Feststellung einer Sanktion (vgl. § 31b SGB II).

Obwohl bei den Leistungen zur Sicherung des Lebensunterhalts nach dem Zweiten Buch Sozialgesetzbuch auf die aktuelle Situation abzustellen ist und Veränderungen in den Leistungsvoraussetzungen zeitnah zu berücksichtigen sind, hat der Gesetzgeber vorgesehen, dass Bewilligungsbescheide in der Regel für einen Bewilligungszeitraum von **12 Monaten** zu erlassen sind (vgl. § 41 Abs. 3 Satz 1 SGB II).

§ 41 Abs. 3 Satz 2 SGB II regelt insbesondere für die dort genannten Fallgestaltungen einen abweichenden (verkürzten) Bewilligungszeitraum von **sechs Monaten**. Dabei handelt es sich um Fallgestaltungen, bei denen entweder Leistungen gemäß § 41a SGB II vorläufig bewilligt werden (z. B bei einer jahresbezogenen Berechnung des

Einkommens aus einer selbstständigen Erwerbstätigkeit) oder aber unangemessene Aufwendungen für Unterkunft und Heizung eine Überprüfung des Leistungsanspruches bereits nach sechs Monaten erforderlich machen.

Außerdem kann auch für einen kürzeren Zeitraum (weniger als sechs Monate) in Fällen entschieden werden, in denen der Leistungsanspruch absehbar zu einem früheren Zeitpunkt endet (z. B wegen des Erreichens der Altersgrenze) oder eine weitere Verkürzung aus anderen Gründen erforderlich ist (z. B bei Existenzgründungen). Die Verkürzung des Bewilligungszeitraumes auf sechs Monate ist stets für die gesamte Bedarfsgemeinschaft vorzunehmen, da die Höhe der individuellen Ansprüche von den Verhältnissen aller Mitglieder der Bedarfsgemeinschaft abhängig ist.[18]

Es handelt sich damit bei der Bewilligung von Arbeitslosengeld II bzw. Sozialgeld regelmäßig um **Verwaltungsakte mit Dauerwirkung**.

Dies hat zur Folge, dass bei Änderung der Verhältnisse während des Bewilligungszeitraumes eine Aufhebung bzw. eine Korrektur des Verwaltungsaktes nach § 48 SGB X erforderlich ist, weil ansonsten der im Ursprungsbescheid festgesetzte Zahlbetrag weiterhin Gültigkeit behält. Soweit ein Bewilligungsbescheid von Beginn an rechtswidrig erteilt wurde (z. B weil die leistungsberechtigte Person vorhandenes Einkommen nicht angegeben hatte oder weil der Zahlbetrag irrtümlich zu niedrig berechnet wurde), kommt eine Rücknahme des Bescheides nach § 45 bzw. § 44 SGB X in Betracht (vgl. Ausführungen dazu im Band 2).

Beim Erlass von Verwaltungsakten sind vor allem die Bestimmungen über die

- Bestimmtheit und Form (vgl. § 33 SGB X),
- Begründung (vgl. § 35 SGB X),
- Rechtsbehelfsbelehrung (vgl. § 36 SGB X),
- Bekanntgabe (vgl. § 37 SGB X),
- Zustellung (vgl. § 65 SGB X) und
- Wirksamkeit (vgl. § 39 SGB X)

zu beachten. Bevor Verwaltungsakte erlassen werden, die in Rechte eines Beteiligten eingreifen, besteht die Verpflichtung zur Anhörung (vgl. § 24 SGB X).

3.8.2 Beteiligungs- und Handlungsfähigkeit

Welche Personen Beteiligte im Verfahren sind und wann Handlungsfähigkeit im sozialrechtlichen Sinne besteht, regeln die §§ 10 ff. SGB X. Bezüglich der Handlungsfähigkeit (vgl. § 11 SGB X) ist zu beachten, dass nach § 36 Abs. 1 Satz 1 SGB I bereits Personen, die das 15. Lebensjahr vollendet haben, Anträge auf Sozialleistungen stellen und verfolgen sowie Leistungen entgegennehmen können.

18 Vgl. BT-Drs. 18/8041 S. 49.

Eine Besonderheit im Hinblick auf das Handeln durch Bevollmächtigte enthält § 38 Abs. 1 SGB II. Danach wird vermutet, dass die erwerbsfähige leistungsberechtigte Person bevollmächtigt ist, Leistungen auch für die mit ihr in einer Bedarfsgemeinschaft i.S. von § 7 Abs. 3 SGB II lebenden Personen zu beantragen und entgegenzunehmen. Soweit Leistungen an Kinder im Rahmen der Ausübung des Umgangsrechts erbracht werden, liegt die „Antragsbefugnis" in diesem Sinne bei der umgangsberechtigten Person, deren Haushalt das Kind angehört (vgl. § 38 Abs. 2 SGB II).

3.8.3 Mitwirkungspflicht des Leistungsberechtigten und Dritter

Zur Aufklärung des Sachverhaltes sind die Träger der Grundsicherung für Arbeitsuchende regelmäßig auf die Mitwirkung der leistungsberechtigten Person angewiesen. Die diesbezügliche Mitwirkungspflicht richtet sich nach den §§ 60 ff. SGB I. Sie ist nicht mit der darüberhinausgehenden Verpflichtung zur Mitwirkung (insbesondere im Hinblick auf die Eingliederung in Arbeit) nach § 2 Abs. 1 Satz 2 SGB II und § 2 Abs. 2 SGB II zu verwechseln.

Neben den Beteiligten (vgl. § 12 SGB X) sind nach § 21 SGB X auch Dritte zur Mitarbeit bei der Aufklärung eines Sachverhaltes verpflichtet. Weitere – speziell im Zweiten Buch Sozialgesetzbuch bestimmte – Auskunftspflichten ergeben sich aus den §§ 56 ff. SGB II (z.B für Arbeitgeber, Auftraggeber und Unterhaltspflichtige).

3.8.4 Rechtsschutz

Für förmliche Rechtsbehelfe gegen Verwaltungsakte im Bereich der Grundsicherung für Arbeitsuchende gilt das Sozialgerichtsgesetz (§ 40 Abs. 1 VwGO i.V.m. § 62 SGB X und § 51 Abs. 1 Nr. 4a SGG, für den vorläufigen Rechtsschutz § 86b SGG). Wie im Sozialhilferecht sind Rechtmäßigkeit und Zweckmäßigkeit des Verwaltungsaktes in einem Vorverfahren nachzuprüfen (vgl. § 78 Abs. 1 Satz 1 SGG), wenn der Adressat des Verwaltungsaktes oder der Antragsteller mit der Entscheidung des Trägers nicht einverstanden ist und deswegen Widerspruch einlegt. Das Vorverfahren vor Erhebung der Klage beim Sozialgericht beginnt mit der Erhebung des Widerspruchs (vgl. §§ 83 ff. SGG).

Wird der Widerspruch für begründet erachtet, ergeht ein Abhilfebescheid (vgl. § 85 Abs. 1 SGG). Wird ihm nicht abgeholfen, ist ein Widerspruchsbescheid zu erlassen (vgl. § 85 Abs. 2 und Abs. 3 SGG). Binnen eines Monats nach Bekanntgabe des Widerspruchsbescheids kann der Beteiligte dann Klage beim zuständigen Sozialgericht erheben (vgl. § 87 SGG und § 90 SGG).

Widerspruch und Anfechtungsklage gegen einen Verwaltungsakt, der über Leistungen der Grundsicherung für Arbeitsuchende entscheidet, haben gemäß § 39 Nr. 1 SGB II **keine aufschiebende Wirkung**. Damit sind sie sofort vollziehbar. Um die unerwünschten Rechtsfolgen abzuwenden, kann der Widerspruchsführer im Rahmen des vorläufigen Rechtsschutzes die Anordnung der aufschiebenden Wirkung beim Gericht der Hauptsache beantragen (vgl. § 86b Abs. 1 Nr. 2 SGG).

In den Fällen, in denen nicht die Beseitigung eines (belastenden) Verwaltungsaktes angestrebt wird, sondern der Erlass eines begünstigenden Bescheides, besteht die Möglichkeit, beim Gericht der Hauptsache eine **einstweilige Anordnung** in Bezug auf den Streitgegenstand zu beantragen (vgl. § 86b Abs. 2 SGG). Der Antrag ist schon vor Klageerhebung zulässig (vgl. § 86b Abs. 3 SGG). Gerade bei der (erstmaligen) Bewilligung von Leistungen zur Sicherung des Lebensunterhalts hat diese Variante des einstweiligen Rechtsschutzes eine besondere Bedeutung. Der leistungsberechtigten Person bzw. dem Antragsteller ist es in der Regel nicht zuzumuten, auf eine Entscheidung in der Hauptsache zu warten, weil die Frage der Leistungsbewilligung seine unmittelbare wirtschaftliche Existenz betrifft. Hier geht es um die Regelung eines vorläufigen Zustands zur Abwendung wesentlicher Nachteile im Sinne von § 86b Abs. 2 Satz 2 SGG.

Teil B: Existenzsichernde Leistungen im Zweiten Buch Sozialgesetzbuch

Allgemeine Vorbemerkungen
Die Grundsicherung für Arbeitsuchende umfasst gemäß § 1 Abs. 3 SGB II Leistungen zur Beratung (§ 1 Abs. 3 Nr. 1 SGB II), Beendigung oder Verringerung der Hilfebedürftigkeit insbesondere durch Eingliederung in Ausbildung oder Arbeit (§ 1 Abs. 3 Nr. 2 SGB II) und zur Sicherung des Lebensunterhalts (§ 1 Abs. 3 Nr. 3 SGB II). Die Grundsicherung für Arbeitsuchende soll es Leistungsberechtigten ermöglichen, ein Leben zu führen, das der Würde des Menschen entspricht (vgl. § 1 Abs. 1 SGB II).

Insbesondere die Leistungen zur Sicherung des Lebensunterhalts sollen keine rentenähnliche Dauerleistungen mit Versorgungscharakter darstellen, sondern die Eigenverantwortung von erwerbsfähigen Leistungsberechtigten und Personen, die mit ihnen in einer Bedarfsgemeinschaft leben, stärken und dazu beitragen, dass sie ihren Lebensunterhalt unabhängig von der Grundsicherung aus eigenen Mitteln und Kräften bestreiten können – u. a. durch Unterstützung bei Aufnahme oder Beibehaltung einer Erwerbstätigkeit und durch Sicherung des Lebensunterhalts, soweit dieser nicht auf andere Weise bestritten werden kann (vgl. § 1 Abs. 2 SGB II).

Nach dem **Grundsatz des Förderns** sollen die Leistungen der Grundsicherung für Arbeitsuchende in erster Linie das Ziel der (Wieder-)Eingliederung in das Erwerbsleben haben (vgl. § 14 Abs. 1 SGB II).

Aufgabe der **Beratung** ist insbesondere die Erteilung von Auskunft und Rat zu den Selbsthilfemöglichkeiten nach § 2 Abs. 2, § 5 Abs. 3 und § 12a SGB II und den allgemeinen sowie bereichsspezifischen Mitwirkungspflichten (sowie den entsprechenden Rechtsfolgen bei Nichtbeachtung), zur Berechnung der Leistungen zur Sicherung des Lebensunterhalts und zur Auswahl der Leistungen im Rahmen des Eingliederungsprozesses zur Integration in das Erwerbsleben (vgl. § 14 Abs. 2 Satz 2 SGB II). Inhaltlich soll die Beratung unmissverständlich und umfassend sein, so dass die leistungsberechtigte Person zur Verwirklichung ihrer Interessen verständig disponieren kann. Als Form der Beratung steht im Regelfall das Beratungs**gespräch** im Vordergrund.

§ 14 Abs. 3 SGB II regelt die Benennung einer persönlichen Ansprechpartnerin oder eines persönlichen Ansprechpartners durch den Träger der Grundsicherung für jede erwerbsfähige leistungsberechtigte Person und die mit dieser in einer Bedarfsgemeinschaft lebenden Personen.

Die Leistungen werden gemäß § 4 Abs. 1 SGB II in Form von **Dienstleistungen**, **Geldleistungen** und **Sachleistungen** erbracht. Die nach § 6 SGB II zuständigen Träger der Grundsicherung für Arbeitsuchende wirken darauf hin, dass erwerbsfähige Leistungsberechtigte und die mit ihnen in einer Bedarfsgemeinschaft lebenden Personen die erforderliche Beratung und Hilfe anderer Träger, insbesondere der Kranken- und Rentenversicherung, erhalten (vgl. § 4 Abs. 2 Satz 1 SGB II).

Die zuständigen Träger haben nach § 4 Abs. 2 Satz 2 SGB II auch darauf hinzuwirken, dass Kinder und Jugendliche Zugang zu geeigneten Angeboten der gesellschaftlichen Teilhabe erhalten, soweit diese in ihrem Bereich vorhanden sind. Die Träger der Grundsicherung für Arbeitsuchende arbeiten zu diesem Zweck mit Schulen und Kindertageseinrichtungen, den Trägern der Jugendhilfe, den Gemeinden und Gemeindeverbänden, freien Trägern, Vereinen und Verbänden und sonstigen handelnden Personen vor Ort zusammen (vgl. § 4 Abs. 2 Satz 3 SGB II).

Damit ist allerdings kein Sicherstellungsauftrag der Träger der Grundsicherung für Arbeitsuchende verbunden. Ihre Aufgabe beschränkt sich darauf, den Zugang zu vorhandenen Angeboten der gesellschaftlichen Teilhabe im sozialen und kulturellen Bereich zu eröffnen, damit Kinder und Jugendliche, die auf Leistungen zur Sicherung des Lebensunterhalts nach dem Zweiten Buch Sozialgesetzbuch angewiesen sind, nicht ausgegrenzt werden. Die Bereitstellung einer entsprechenden Angebotsstruktur (insbesondere im Bereich der Kinderbetreuung) obliegt auch weiterhin den Gemeinden und Gemeindeverbänden im Rahmen der Daseinsvorsorge.

Leistungen zur Sicherung des sogenannten „soziokulturellen Existenzminimums" werden seit Inkrafttreten des Zweiten und Zwölften Buches Sozialgesetzbuch zum 1.1.2005 nach zwei Gesetzen bzw. Leistungssystemen erbracht:

- dem Zweiten Buch Sozialgesetzbuch (Grundsicherung für Arbeitsuchende) und
- dem Zwölften Buch Sozialgesetzbuch (Sozialhilfe),

wobei die Hilfe zum Lebensunterhalt im Rahmen der Sozialhilfe nach dem 3. Kapitel SGB XII das Referenzsystem für die unterhaltssichernden Leistungen nach dem Zweiten Buch Sozialgesetzbuch bildet.

Neben den Leistungen zur **Eingliederung in Arbeit** (sog. „aktivierende Leistungen") nach Kapitel 3 Abschnitt 1 SGB II (u. a. die Förderung der beruflichen Weiterbildung, Leistungen der Beschäftigungsförderung sowie Leistungen zur Eingliederung zum Vermittlungsbudget) umfasst die Grundsicherung für Arbeitsuchende auch die **Leistungen zur Sicherung des Lebensunterhalts** (sog. „passive Leistungen") nach Kapitel 3 Abschnitt 2 SGB II. Dies sind

- Arbeitslosengeld II (§§ 19 bis 22 SGB II),
- Sozialgeld (§§ 19 bis 23 SGB II),
- abweichend zu erbringende Leistungen (§ 24 SGB II),
- Leistungen bei medizinischer Rehabilitation der Rentenversicherung und bei Anspruch auf Verletztengeld aus der Unfallversicherung (§ 25 SGB II),
- Zuschüsse zu Beiträgen zur Kranken- und Pflegeversicherung (§ 26 SGB II),
- Leistungen für Auszubildende (§ 27 SGB II),
- Leistungen für Bildung und Teilhabe (§§ 28 bis 29 SGB II).

Leistungen in Form des **Arbeitslosengeldes II** werden erbracht für erwerbsfähige Personen (erwerbsfähige Leistungsberechtigte) und des **Sozialgeldes** für Personen, die nicht erwerbsfähig sind bzw. die Voraussetzungen für den Bezug von Arbeitslosengeld II nicht erfüllen, aber mit mindestens einem erwerbsfähigen Leistungsberechtigten in einer Bedarfsgemeinschaft zusammenleben.

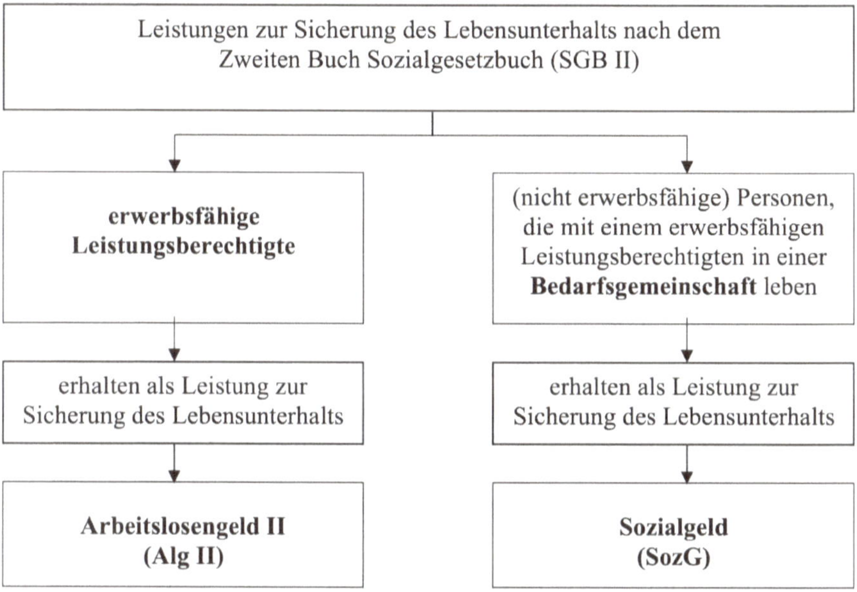

Die Leistungen zur Sicherung des Lebensunterhalts nach dem Zweiten Buch Sozialgesetzbuch (in Form von Arbeitslosengeld II und Sozialgeld) werden nach dem **Prinzip der Bedarfsorientierung** erbracht.

Es handelt sich hierbei **nicht** um eine **beitrags**finanzierte soziale (Versicherungs-) Leistung, die an das „Lohnprinzip" gekoppelt ist (wie z.B. das Arbeitslosengeld nach dem Dritten Buch Sozialgesetzbuch), sondern um eine (steuerfinanzierte) **bedarfsorientierte Hilfe**, d. h., dass entsprechende Leistungen in Höhe der Bedarfe nach § 19 Abs. 1 Satz 3 SGB II erbracht werden, soweit diese nicht durch das zu berücksichtigende Einkommen und/oder Vermögen gedeckt sind (vgl. 19 Abs. 3 Satz 1 SGB II), wobei das zu berücksichtigende Einkommen und Vermögen zunächst die Bedarfe nach den §§ 20, 21 und 23 SGB II und erst darüber hinaus die Bedarfe nach § 22 SGB II deckt (vgl. § 19 Abs. 3 Satz 2 SGB II).

Leistungen zur Sicherung des Lebensunterhalts in Form von **Arbeitslosengeld II und Sozialgeld** werden – anders als das beitragsfinanzierte Arbeitslosengeld (Alg I), eine Leistung der Sozialversicherung nach dem Dritten Buch Sozialgesetzbuch – **ohne zeitliche Befristung** erbracht.

Von den in § 4 Abs. 1 SGB II genannten Leistungsformen können Arbeitslosengeld II und Sozialgeld als **Geldleistung** oder als **Sachleistung** erbracht werden, wobei der Vorrang von Geldleistungen gegenüber Sachleistungen zu beachten ist. Die Erbringung von Sachleistungen (z.B in Form von Berechtigungsscheinen) ist nur ausnahmsweise in den gesetzlich ausdrücklich geregelten Fällen möglich.

4. Arbeitslosengeld II (anspruchsberechtigter Personenkreis)

Nach § 7 Abs. 1 Satz 1 SGB II erhalten Leistungen nach dem Zweiten Buch Sozialgesetzbuch erwerbsfähige Leistungsberechtigte, d. h. Personen, die

- das 15. Lebensjahr vollendet und die Altersgrenze nach § 7a SGB II noch nicht erreicht haben (vgl. § 7 Abs. 1 Satz 1 Nr. 1 SGB II),
- erwerbsfähig sind (vgl. § 7 Abs. 1 Satz 1 Nr. 2 SGB II),
- hilfebedürftig sind (vgl. § 7 Abs. 1 Satz 1 Nr. 3 SGB II),
- ihren gewöhnlichen Aufenthalt in der Bundesrepublik Deutschland (vgl. § 7 Abs. 1 Satz 1 Nr. 4 SGB II) haben und
- bei denen kein Ausschlusstatbestand nach § 7 Abs. 1 Satz 2, Abs. 4, Abs. 4a oder Abs. 5 SGB II für den Leistungsbezug vorliegt.

Erwerbsfähige Leistungsberechtigte erhalten Leistungen zur Sicherung des Lebensunterhalts als Arbeitslosengeld II (vgl. § 19 Abs. 1 Satz 1 SGB II).

4.1 Altersspezifische Leistungsvoraussetzung (§ 7 Abs. 1 Satz 1 Nr. 1 SGB II)

Als erwerbsfähige Leistungsberechtigte kommen nur Personen in Betracht, die das **15. Lebensjahr vollendet und die Altersgrenze nach § 7a SGB II noch nicht erreicht haben**.

Die Mindestaltersgrenze von 15 Jahren entspricht den Vorschriften der §§ 2 Abs. 1 und 5 Abs. 1 JArbSchG[19], die eine Beschäftigung von Kindern unter 15 Jahren grundsätzlich verbieten. Erst ab diesem Lebensalter ist es rechtlich erlaubt, seinen Lebensunterhalt durch die kontinuierliche Ausübung einer Erwerbstätigkeit zu sichern. Für die untere Altersgrenze findet sich eine weiteres rechtssystematisches begründetes Argument – nämlich die sozialrechtliche Handlungsfähigkeit, die mit Vollendung des 15. Lebensjahres erreicht wird (vgl. § 36 Abs. 1 Satz 1 SGB I).

Die maßgebenden Altersgrenzen nach § 7a SGB II entsprechen denen des § 235 SGB VI, der festlegt, ab welchem Alter eine Altersrente aus der gesetzlichen Rentenversicherung in Anspruch genommen werden kann.

Personen, die vor dem 1.1.1947 geboren sind, erreichen die Altersgrenze mit Ablauf des Monats, in dem sie das 65. Lebensjahr vollenden (§ 7a Satz 1 SGB II). Für Personen, die nach dem 31.12.1946 geboren sind, wird die Altersgrenze nach Geburtsjahrgängen gemäß § 7a Satz 2 SGB II wie folgt angehoben:

19 Gesetz zum Schutz der arbeitenden Jugend (Jugendarbeitsschutzgesetz – JArbSchG) vom 12.4.1976 (BGBl. I S. 965), zuletzt geändert durch Art. 3 Abs. 7 des Gesetzes vom 20.4.2013(BGBl. I S. 868).

für den Geburtsjahrgang	**erfolgt eine Anhebung um Monate**	**auf den Ablauf des Monats, in dem ein Lebensalter vollendet wird von**
1947	1	65 Jahren und 1 Monat
1948	2	65 Jahren und 2 Monaten
1949	3	65 Jahren und 3 Monaten
1950	4	65 Jahren und 4 Monaten
1951	5	65 Jahren und 5 Monaten
1952	6	65 Jahren und 6 Monaten
1953	7	65 Jahren und 7 Monaten
1954	8	65 Jahren und 8 Monaten
1955	9	65 Jahren und 9 Monaten
1956	10	65 Jahren und 10 Monaten
1957	11	65 Jahren und 11 Monaten
1958	12	66 Jahren
1959	14	66 Jahren und 2 Monaten
1960	16	66 Jahren und 4 Monaten
1961	18	66 Jahren und 6 Monaten
1962	20	66 Jahren und 8 Monaten
1963	22	66 Jahren und 10 Monaten
ab 1964	24	67 Jahren

Damit besteht der Anspruch auf Leistungen zur Sicherung des Lebensunterhalts nach dem Zweiten Buch Sozialgesetzbuch bis zum Ende des Monats, in dem die Altersgrenze nach § 7a SGB II erreicht wird. Hierdurch soll ein nahtloser Übergang von der Grundsicherung für Arbeitsuchende in die gesetzliche Altersrente sichergestellt werden.

Für die Zeit nach Erreichen der Altersgrenze bis zur ersten Zahlung der Altersrente ist der Einsatz vorhandenen Altersvorsorgevermögens zur Sicherung des Lebensunterhalts grundsätzlich zumutbar. Leistungen der Grundsicherung für Arbeitsuchende nach dem Zweiten Buch Sozialgesetzbuch kommen für diesen Zeitraum nicht in Betracht, da es insoweit zu einer Doppelzahlung kommen würde. Soweit im Einzelfall der Bedarf bis zur ersten Zahlung der Altersrente nicht gedeckt werden kann, kommt ein Darlehen bei vorübergehender Notlage nach § 38 SGB XII (allerdings nur bei Leistungen nach dem 3. Kapitel SGB XII) in Betracht.

Dabei ist zu berücksichtigen, dass die erste Zahlung der Altersrente erst am Ende des Monats erfolgt, in dem die Voraussetzungen für den Rentenanspruch vorliegen. Bei längeren Übergangszeiträumen bis zur Zahlung der Altersrente kann ggf. ein Erstattungsanspruch des SGB II-Trägers nach § 104 SGB X gegen den Träger der gesetzlichen Rentenversicherung in Betracht kommen.

4.2 Erwerbsfähigkeit (§ 7 Abs. 1 Satz 1 Nr. 2 SGB II)

Nach § 8 Abs. 1 SGB II ist **erwerbsfähig**, wer **nicht**

- wegen Krankheit oder Behinderung
- auf nicht[20] absehbare Zeit außerstande ist,
- unter den üblichen Bedingungen des allgemeinen Arbeitsmarktes
- mindestens 3 Stunden täglich erwerbstätig zu sein.

Als „Krankheit" bezeichnet man jeden regelwidrigen Körper- oder Geisteszustand, der geeignet ist, die individuelle Leistungsfähigkeit herabzusetzen, und eine ärztliche Behandlung medizinisch notwendig macht. Eine „Behinderung" liegt vor, wenn die körperliche Funktion, geistige Fähigkeit oder seelische Gesundheit mit hoher Wahrscheinlichkeit länger als sechs Monate von dem für das Lebensalter typischen Zustand abweichen und daher die Teilhabe am Leben in der Gesellschaft beeinträchtigt ist (vgl. § 2 Abs. 1 SGB IX).

Die Definition des § 8 Abs. 1 SGB II lehnt sich an das Rentenversicherungsrecht (vgl. § 43 Abs. 2 Satz 2 SGB VI) an. Damit ist bereits diejenige Person als erwerbsfähig anzusehen, die die Voraussetzungen einer **vollen Erwerbsminderung** im Sinne der gesetzlichen Rentenversicherung nicht erfüllt. Dagegen sind Bezieher einer Rente wegen voller Erwerbsminderung aus der gesetzlichen Rentenversicherung (egal ob zeitlich befristet oder dauerhaft) wegen der inhaltsgleichen Definitionen in den genannten Vorschriften als **nicht erwerbsfähig** anzusehen.

Bei der Feststellung der Erwerbsfähigkeit bzw. Nichterwerbsfähigkeit sind ausschließlich individuelle gesundheitliche bzw. medizinische Aspekte entscheidungserheblich. Auf die Verfügbarkeit der leistungsberechtigten Person oder auf die Zumutbarkeit einer Arbeitsaufnahme kommt es nicht an. Alle sonstigen im Einzelfall ggf. vorliegenden Vermittlungshemmnisse (Kinderbetreuung, vorübergehende Arbeitsunfähigkeit, fehlende Qualifizierung, Schwangerschaft, Schul- oder Berufsausbildung, Pflege von Angehörigen etc.) sind in diesem Zusammenhang nicht relevant, sondern eine Frage der Zumutbarkeit einer Arbeit oder einer Maßnahme zur Eingliederung in Arbeit (vgl. § 10 SGB II).

Als „absehbare Zeit" im Sinne dieser Vorschrift kann (in Anlehnung an § 101 Abs. 1 SGB VI) ein Zeitraum von bis zu **sechs Monaten** angesehen werden. Damit ist auch erwerbsfähig, wer die Voraussetzungen innerhalb von sechs Monaten erfüllen wird.

„Übliche Bedingungen" des Arbeitsmarktes beziehen sich in erster Linie auf die nach Tarifvertrag oder gesetzlichen Vorgaben konkrete Ausgestaltung der Erwerbstätigkeit (z. B. Entlohnung, Dauer und Verteilung der Arbeitszeiten). Üblich sind solche Bedingungen, unter denen nicht nur in Einzel- oder Ausnahmefällen, sondern in nennenswertem Umfang Arbeitsverhältnisse eingegangen werden. Unerheblich ist, ob Arbeitsplätze dieser Art frei oder besetzt sind. Deshalb darf nicht auf Tätigkeiten abgestellt werden, für die es einen Arbeitsmarkt gar nicht gibt.[21]

20 Das fehlende „nicht" im Gesetzestext ist offensichtlich ein redaktioneller Fehler des Gesetzgebers.
21 Vgl. BT-Drs. 15/1516 S. 52.

So stellt z.B. die Beschäftigung in einer Werkstatt für behinderte Menschen (WfbM) oder in einer anderen beschützenden Einrichtung keine Tätigkeit auf dem allgemeinen Arbeitsmarkt dar.

Die Feststellung der Erwerbsfähigkeit oder der vollen Erwerbsminderung des Arbeitsuchenden erfolgt durch den medizinischen Dienst der Agentur für Arbeit (vgl. §44a Abs. 1 Satz 1 SGB II).

Der kommunale Träger, ein anderer Leistungsträger, der bei voller Erwerbsminderung zuständig wäre oder die Krankenkasse, die bei Erwerbsfähigkeit Leistungen der (gesetzlichen) Krankenversicherung zu erbringen hätte, können der Entscheidung der Agentur für Arbeit widersprechen (vgl. §44a Abs. 1 Satz 2 SGB II). Im Widerspruchsfall entscheidet die Agentur für Arbeit nach Einholung einer gutachterlichen Stellungnahme des zuständigen Trägers der Rentenversicherung (vgl. §44a Abs. 1 Satz 4 und Satz 5 SGB II). Die Agentur für Arbeit ist gemäß §44a Abs. 1 Satz 6 SGB II bei der Entscheidung über den Widerspruch an die gutachterliche Stellungnahme gebunden. Bis zur Entscheidung über den Widerspruch erbringen die Agentur für Arbeit und der kommunale Träger bei Vorliegen der übrigen Voraussetzungen Leistungen der Grundsicherung für Arbeitsuchende (vgl. §44a Abs. 1 Satz 7 SGB II).

Bezieher einer so genannten **„Arbeitsmarktrente“** (vgl. §43 Abs. 2 Satz 3 Nr. 1 SGB VI) sind erwerbsfähig im Sinne des §8 Abs. 1 SGB II, da die Betroffenen diese Leistung vom zuständigen Träger der gesetzlichen Rentenversicherung erhalten, wenn sie aus medizinischer Sicht mehr als drei, aber nicht mehr als sechs Stunden im Tagesdurchschnitt erwerbstätig sein können, der Arbeitsmarkt jedoch für sie nach Ansicht des Rentenversicherungsträgers verschlossen ist. Im Bereich der Grundsicherung für Arbeitsuchende ist die Verschlossenheit des Arbeitsmarktes für die Beurteilung der Erwerbsfähigkeit dagegen ohne Bedeutung.[22]

Auch Personen, die **teilweise erwerbsgemindert** sind, sind im Sinne des §8 Abs. 1 SGB II erwerbsfähig und können – sofern die übrigen Voraussetzungen des §7 Abs. 1 Satz 1 SGB II vorliegen – Arbeitslosengeld II erhalten. Teilweise erwerbsgemindert sind gemäß §43 Abs. 1 Satz 2 SGB VI Versicherte, die wegen Krankheit oder Behinderung auf nicht absehbare Zeit außerstande sind, unter den üblichen Bedingungen des allgemeinen Arbeitsmarktes mindestens sechs Stunden täglich erwerbstätig zu sein.

Grundsätzlich ist auch bei **behinderten Menschen** in jedem Einzelfall zu prüfen, ob Erwerbsfähigkeit i.S des §8 Abs. 1 SGB II vorliegt. Allein das Vorliegen einer Behinderung schließt eine Erwerbsfähigkeit nicht aus.

Behinderte Menschen, bei denen der Fachausschuss einer Werkstatt für behinderte Menschen (WfbM) über die Aufnahme in eine Werkstatt oder Einrichtung eine Stellungnahme nach Maßgabe der §§2 und 3 der Werkstättenverordnung abgegeben hat, gelten kraft Gesetzes nach §43 Abs. 2 Satz 3 Nr. 1 SGB VI als voll erwerbsgemindert (vgl. §45 Abs. 1 Satz 3 Nr. 4 SGB XII) und können somit keinen Anspruch auf Arbeitslosengeld II haben.

22 Vgl. BSG, Urt. vom 21.12.2009 – B 14 AS 42/08 R –, juris.

Besonderheit bei Ausländern (§ 8 Abs. 2 SGB II)

Die Problematik des Leistungsbezuges von Ausländerinnen und Ausländern behandelt das Zweite Buch Sozialgesetzbuch im Zusammenhang mit den Vorschriften der §§ 8 Abs. 2 und 7 Abs. 1 Satz 2 SGB II.

Nach § 8 Abs. 2 Satz 1 SGB II können Ausländerinnen und Ausländer nur erwerbs**tätig** (und damit in der Regel erwerbsfähig i. S. des § 8 Abs. 1 SGB II) sein, wenn ihnen die Aufnahme einer Beschäftigung erlaubt ist oder erlaubt werden könnte.

„Erlaubt" ist die Aufnahme einer Beschäftigung erwerbsfähigen und freizügigkeitsberechtigten Bürgern eines Mitgliedslandes der Europäischen Union (seit dem 1.7.2015 auch kroatischen Staatsangehörigen) sowie deren Familienangehörigen ohne weitere Einschränkungen. Drittstaatsangehörigen ist die Aufnahme einer Beschäftigung erlaubt, wenn sich dies aus dem Aufenthaltstitel ergibt. Die Arbeitsgenehmigung wird befristet als Arbeitserlaubnis / EU erteilt, wenn nicht Anspruch auf eine unbefristete Erteilung als Arbeitsberechtigung / EU besteht (vgl. § 284 Abs. 2 Satz 1 SGB III). Dabei ist die rechtliche Möglichkeit, eine Beschäftigung vorbehaltlich einer Zustimmung nach § 39 des Aufenthaltsgesetzes aufzunehmen, gemäß § 8 Abs. 2 Satz 2 SGB II ausreichend.

Aufgrund der unterschiedlichen Rechtsstellung ist im Hinblick auf aufenthalts- und arbeitsrechtliche Vorschriften zu unterscheiden zwischen

Staatsangehörigen der alten EU-Mitgliedsstaaten, der Schweiz und der Staaten des Europäischen Wirtschaftsraums (EWR),

Staatsangehörigen der Beitrittsstaaten (neue Mitgliedsstaaten der Europäischen Union),

Drittstaatsangehörigen (Ausländerinnen und Ausländer, die nicht Staatsangehörige eines Mitgliedsstaates der Europäischen Union sind).

Dabei ist anzuwenden: für Unionsbürger das Freizügigkeitsgesetz (FreizügG / EU)[23] und für Drittstaatsangehörige die Vorschriften des Aufenthaltsgesetzes (AufenthG). Ausländerinnen und Ausländer aus einem Drittstaat benötigen für die Einreise und den Aufenthalt in der Bundesrepublik grundsätzlich einen **Aufenthaltstitel**. Die Einreise ohne einen Aufenthaltstitel ist illegal, es sei denn, der/die Ausländer/-in stammt aus einem Staat, für den eine Visumsfreiheit für bis zu drei Monate besteht. Die Aufenthaltstitel werden erteilt als:

23 Gesetz über die allgemeine Freizügigkeit von Unionsbürgern (Freizügigkeitsgesetz/EU – FreizügG/EU) vom 30.7.2004 (BGBl. I S. 1950, 1986), zuletzt geändert durch Art. 1 des Gesetzes vom 12.11.2020 (BGBl. I S. 2416).

Übersicht: Aufenthaltstitel und Bescheinigungen

Niederlassungserlaubnis

(§ 9 AufenthG)

unbefristeter Titel,

Unterscheidung nach Rechtsgrundlagen,

Erwerbstätigkeit jeder Art gestattet,

wahlweise im Pass oder auf Trägervordruck

↓

ggf. mit Zusatz „Daueraufenthalt-EG“ (§ 9a AufenthG)

Aufenthaltserlaubnis

(§ 7 AufenthG)

befristeter Titel,

Unterscheidung nach Rechtsgrundlagen,

wahlweise im Pass oder auf Trägervordruck

↓

ggf. mit Zusatz „Daueraufenthalt-EG“ (§ 9a AufenthG)

↓

Inhaber haben ein Daueraufenthaltsrecht in der Bundesrepublik und können sich unter erleichterten Bedingungen in fast allen anderen EU-Ländern (außer Großbritannien, Irland und Dänemark) niederlassen (wird erteilt für Drittstaatler, die sich mindestens 5 Jahre rechtmäßig im Bundesgebiet aufgehalten haben und sich sowohl wirtschaftlich als auch sozial integriert haben).

Visum

(§ 6 AufenthG)

befristeter Titel,

ausgestellt von einer Botschaft oder als Verlängerung von der Ausländerbehörde,

wahlweise im Pass oder auf Trägervordruck

↓

… wird in Form des

Schengen-Visums (für Durchreise oder für kurzfristige Aufenthalte)

oder eines

nationalen Visums (für längerfristige Aufenthalte vor der Einreise durch die jeweilige Auslandvertretung) erteilt.

Aufenthaltserlaubnis/EU
sog. „Aufenthaltskarte“
(§ 5 FreizügG/EU)

befristet oder unbefristet,

für drittstaatsangehörige Familienangehörige von EU- oder EFTA-Staatlern,

für Staatsangehörige der Schweiz

Fiktionsbescheinigung

(§ 81 AufenthG)

vorläufiger Titel,

Unterscheidung nach „Aufenthaltstitel besteht fort“, „Aufenthalt gilt als erlaubt“ oder „Abschiebung gilt als ausgesetzt“,

nur auf Trägervordruck

Blaue Karte EU

(§ 19a AufenthG)

befristet für maximal vier Jahre,

für hochqualifizierte Ausländer/-innen zur Aufnahme einer der Qualifikation entsprechenden Beschäftigung

Duldung (§ 60a Abs. 2 AufenthG)	**Aufenthaltsgestattung** (§ 55 AsylVfG)
Aussetzung der Abschiebung, es besteht grundsätzlich Ausreisepflicht, wahlweise im Pass oder auf Trägervordruck	Titel im laufenden Asylverfahren, nur auf Trägervordruck

Ausländer/-innen, die eine Duldung oder Aufenthaltsgestattung besitzen, sind vollziehbar ausreisepflichtig und haben daher keinen gesicherten Aufenthalt in der Bundesrepublik. Eine Erwerbstätigkeit ist in der Regel nicht gestattet.

Eine Duldung ist somit **keine** Erlaubnis zum Aufenthalt, sondern die vorübergehende Aussetzung der Abschiebung (d. h. der formelle und befristete Verzicht auf die mit Zwang durchgeführte Verbringung in das Herkunftsland). Der Aufenthalt in der Bundesrepublik wird dadurch nicht rechtmäßig.

Bürger der **Europäischen Union** (Angehörige der alten Mitgliedstaaten und der sog. Beitrittsstaaten) benötigen für die Einreise in die Bundesrepublik kein Visum und für den Aufenthalt in der Bundesrepublik keine Aufenthaltserlaubnis (vgl. § 2 Abs. 4 Satz 2 FreizügG/EU). Sie genießen Freizügigkeit und haben ohne das Erfordernis einer Arbeitserlaubnis einen unbeschränkten Zugang zum deutschen Arbeitsmarkt (Arbeitnehmerfreizügigkeit gemäß Art. 45 AEUV), soweit sie sich als Arbeitnehmer oder Arbeitsuchende im Bundesgebiet aufhalten.

Eine rechtliche Erwerbsfähigkeit liegt bei Unionsbürgerinnen und Unionsbürgern auch dann vor, wenn aktuell kein Freizügigkeitsrecht (und damit auch kein Aufenthaltsrecht) – z. B. weil der Arbeitnehmerstatus nach Auslaufen der Sechsmonatsfrist gemäß § 2 Abs. 3 Satz 2 FreizügG/EU nicht mehr besteht – oder die Ausländerbehörde den Verlust des Freizügigkeitsrechts festgestellt und zur Ausreise aufgefordert hat (vgl. § 5 Abs. 4 FreizügG/EU).

Aufgrund der Aufhebung des § 5 Abs. 1 FreizügG/EU[24] werden mit dem 29.1.2013 keine deklaratorischen Bescheinigungen über das gemeinschaftliche Aufenthaltsrecht (Freizügigkeitsbescheinigungen) mehr ausgestellt. Die Gesetzesänderung soll zu einer Verringerung des bürokratischen Aufwandes führen, lässt die Freizügigkeitsrechte von Unionsbürgern aber unberührt.

Das Freizügigkeitsgesetz/EU gilt analog auch für Staatsangehörige der **EWR**[25]**-Staaten** (Island, Liechtenstein und Norwegen) und deren Familienangehörige (vgl. § 12 FreizügG/EU) sowie für Staatsangehörige der **Schweiz** (sogenannte „arbeitsgenehmigungsfreie Tatbestände"), die vom Erfordernis eines Aufenthaltstitels nach Maßgabe des Freizügigkeitsabkommens EU/Schweiz befreit sind (vgl. § 4 Abs. 1 AufenthG i. V. m § 28 AufenthV). Diesem Personenkreis ist die Aufnahme einer Beschäftigung erlaubt.

Türkische Arbeitnehmer und ihre Familienangehörigen genießen aufgrund des Assoziierungsabkommens zwischen der Europäischen Union und der Türkei unter bestimmten Voraussetzungen ein dem Recht von Unionsbürgern vergleichbares Aufenthaltsrecht in der Bundesrepublik Deutschland. Das Abkommen hat zur Folge, dass sich das Aufenthaltsrecht eines türkischen Staatsangehörigen ausschließlich aus einer Arbeitnehmereigenschaft ergeben kann. Staatsangehörige der Türkei, denen ein Aufenthaltsrecht nach dem Assoziierungsabkommen zusteht, sind verpflichtet, das Bestehen des Aufenthaltsrechts durch den Besitz einer Aufenthaltserlaubnis gemäß § 4 Abs. 4 AufenthG nachzuweisen, sofern sie weder eine Niederlassungserlaubnis noch eine Erlaubnis zum Daueraufenthalt-EG besitzen.

Alle anderen Ausländerinnen und Ausländer (sonstige **Drittstaatsangehörige**) erhalten für einen längerfristigen Aufenthalt in der Bundesrepublik Deutschland zunächst einen befristeten Aufenthaltstitel (**Aufenthaltserlaubnis** oder Blaue Karte EU), wenn im Einzelfall ein Aufenthaltszweck nach den Vorschriften des Aufenthaltsgesetzes vorliegt (z. B. zum Zweck einer Beschäftigung oder Ausbildung, aus humanitären oder völkerrechtlichen Gründen). Lediglich Hochqualifizierte erhalten von Anfang an gemäß § 19 AufenthG eine Niederlassungserlaubnis und damit ein unbeschränktes Aufenthaltsrecht.

Nach Ablauf einer bestimmten Aufenthaltsdauer (in der Regel nach fünf Jahren) besteht für Drittstaatsangehörige mit einer (befristeten) Aufenthaltserlaubnis die Möglichkeit, durch den Erwerb einer (unbefristeten) **Niederlassungserlaubnis** nach § 9 AufenthG den Aufenthalt in der Bundesrepublik zu verfestigen.

Drittstaatsangehörige dürfen eine Beschäftigung in der Bundesrepublik Deutschland nur ausüben, sofern es nach dem Aufenthaltsgesetz erlaubt ist oder wenn der Aufenthaltstitel die Ausübung der Erwerbstätigkeit ausdrücklich erlaubt (grundsätzlich bei einer Niederlassungserlaubnis). Jeder Aufenthaltstitel muss damit erkennen lassen, ob die Ausübung einer Erwerbstätigkeit erlaubt ist (vgl. § 4 Abs. 2 Satz 2 AufenthG). Damit übernimmt die Aufenthaltserlaubnis zugleich die Funktion eines Beschäftigungstitels.

24 Vgl. BT-Drs. 17/10747 S. 9.
25 Europäischer Wirtschaftsraum.

Für die Erteilung der **Arbeitserlaubnis** ist die Ausländerbehörde zuständig. Die Bundesagentur für Arbeit (BA) wird – soweit es nach dem Aufenthaltsgesetz und den dazu ergangenen Verordnungen erforderlich ist – nur noch in einem behördeninternen Zustimmungsverfahren beteiligt (vgl. §§ 39 bis 42 AufenthG).

Bei **kurzzeitig befristeten Aufenthalten**, die allein zum Zweck der Beschäftigung (vielfach eingeschränkt auf einen bestimmten Arbeitgeber und einen Beschäftigungshöchstzeitraum) dienen, kann im Einzelfall die Perspektive eines dauerhaften Aufenthalts in der Bundesrepublik Deutschland ausgeschlossen sein. Bei diesem Personenkreis (insbesondere bei Saisonarbeitskräften und Schaustellergehilfen) kann die Ausländerbehörde in der Aufenthaltserlaubnis durch Nebenbestimmung verfügen (vgl. § 8 Abs. 2 AufenthG), dass eine Verlängerung von vornherein nicht möglich ist.

Einem Ausländer, der keine Aufenthaltserlaubnis zum Zweck der Beschäftigung besitzt, kann die Ausübung einer Beschäftigung in der Bundesrepublik nach § 4 Abs. 2 Satz 3 AufenthG nur erlaubt werden, wenn die Bundesagentur für Arbeit ihre Zustimmung erteilt hat oder durch Rechtsverordnung bestimmt ist, dass die Ausübung der Beschäftigung ohne Zustimmung der Bundesagentur für Arbeit zulässig ist.

Für die Feststellung der **Erwerbsfähigkeit** i.S des § 8 Abs. 2 Satz 1 SGB II bei Ausländerinnen und Ausländern aus einem Drittstaat ist es allerdings ausreichend, wenn nach den Vorschriften des Aufenthaltsgesetzes die Aufnahme einer Beschäftigung erlaubt werden **könnte**. Das ist der Fall, wenn eine Zulassung zum Arbeitsmarkt zwar noch nicht erfolgt ist, aber die rechtlichen Voraussetzungen grundsätzlich eröffnet sind. Dabei ist bereits die rechtlich-theoretische Möglichkeit ausreichend, eine Beschäftigung vorbehaltlich einer Zustimmung nach § 39 des Aufenthaltsgesetzes durch die Bundesagentur für Arbeit aufzunehmen, auch wenn in Bezug auf den angestrebten Arbeitsplatz eine Vorrangprüfung dies verhindert oder den bisherigen Zugang verhindert hat.

Auch die Möglichkeit einer solchen (nachrangigen) Zulassung zum Arbeitsmarkt sollte bei Staatsangehörigen aus einem Drittstaat aus dem jeweiligen Aufenthaltstitel hervorgehen. In der Praxis gibt es hierzu keine einheitliche Handhabung, da die Ausländerbehörden in unterschiedlicher Weise kenntlich machen (z.B durch eine entsprechende Nebenbestimmung zur Aufenthaltserlaubnis), ob ein solcher nachrangiger Zugang zum Arbeitsmarkt besteht.

Damit steht die Regelung des § 8 Abs. 2 Satz 1 SGB II einer Leistung von Arbeitslosengeld II nur entgegen bei Ausländerinnen und Ausländern,

- die über **keinen** gesicherten Aufenthalt in der Bundesrepublik verfügen und ggf. anspruchsberechtigt nach § 1 Asylbewerberleistungsgesetz (AsylblG) sind (dieser Personenkreis ist allerdings nach § 7 Abs. 1 Satz 2 Nr. 3 SGB II vom Leistungsbezug ausgeschlossen),
- die sich als Touristen (mit oder ohne Visum) in der Bundesrepublik aufhalten,
- die eine befristete Aufenthaltserlaubnis zum Zweck der Ausbildung erhalten haben (vgl. §§ 16 und 17 AufenthG) oder
- denen (ausnahmsweise) aufgrund ausländerrechtlicher Vorschriften eine Beschäftigung untersagt worden ist, oder wenn die Ausübung einer Beschäftigung durch eine ausländerrechtliche Auflage ausgeschlossen ist.

4.3 Hilfebedürftigkeit (§ 7 Abs. 1 Satz 1 Nr. 3 SGB II)

Leistungen zur Sicherung des Lebensunterhalts kommen nur bei bestehender **Hilfebedürftigkeit** in Betracht. Gemäß § 9 Abs. 1 SGB II ist hilfebedürftig, wer seinen Lebensunterhalt nicht oder nicht ausreichend aus dem zu berücksichtigenden Einkommen oder Vermögen sichern kann und die erforderliche Hilfe nicht von anderen, insbesondere von Angehörigen oder von Trägern anderer Sozialleistungen erhält. Damit knüpft der Gesetzgeber an das in der Sozialhilfe maßgebende Strukturprinzip der „Nachrangigkeit" (Subsidiarität) und das Gebot der Selbsthilfe an (vgl. § 2 SGB XII).

Hilfebedürftig in diesem Sinne kann grundsätzlich nur eine Einzelperson, nicht aber eine Bedarfsgemeinschaft sein.

Anders als bei den Leistungen zum Lebensunterhalt im Rahmen der Sozialhilfe nach dem 3. und 4. Kapitel SGB XII muss sich jede leistungsberechtigte Person über die bloße Funktion der Bedarfsgemeinschaft (vgl. § 7 Abs. 3 SGB II) als Zuordnungsvorschrift hinaus die Bedarfsgemeinschaft letztlich auch zur Feststellung der individuellen Hilfebedürftigkeit materiell-rechtlich zurechnen lassen.

Sofern in einer Bedarfsgemeinschaft nicht der gesamte Bedarf aus eigenen Kräften und Mitteln gedeckt ist, **gilt** jede Person der Bedarfsgemeinschaft im Verhältnis des eigenen Bedarfs zum Gesamtbedarf als hilfebedürftig (vgl. § 9 Abs. 2 Satz 3 SGB II). Die Hilfebedürftigkeit einzelner Personen wird in entsprechenden Fällen also **fingiert**.

Damit werden im Einzelfall auch Personen, die ihren eigenen individuellen Bedarf aus dem zu berücksichtigenden Einkommen und Vermögen decken können, über die Zurechnung zur Bedarfsgemeinschaft hilfebedürftig (gerechnet) und damit Inhaber eines individuellen Leistungsanspruchs mit den in diesem Zusammenhang relevanten Pflichten, die eine erwerbsfähige leistungsberechtigte Person nach dem Gesetz treffen (z. B. der zumutbare Einsatz der Arbeitskraft oder die Verpflichtung zur Teilnahme an einer berufsvorbereitenden Bildungsmaßnahme).

Die Vorschrift des § 9 Abs. 2 Satz 3 SGB II hat zum einen Zuordnungscharakter im Hinblick auf die Bildung der Bedarfsgemeinschaft i. S. des § 7 Abs. 3 SGB II bzw. die Zugehörigkeit zum anspruchsberechtigten Personenkreis, zum anderen bildet sie die rechtliche Grundlage für die Verteilung bzw. Zurechnung des zu berücksichtigenden Einkommens und Vermögens innerhalb der Bedarfsgemeinschaft und die Feststellung des individuellen Leistungsanspruchs (vgl. Ausführungen zu 10.1.4).

Das bedeutet aber nicht, dass jede Person, die einer Bedarfsgemeinschaft i. S des § 7 Abs. 3 SGB II zugeordnet werden kann, „automatisch" auch leistungsberechtigt für den Bezug von Arbeitslosengeld II oder Sozialgeld ist.

4.4 Gewöhnlicher Aufenthalt in der Bundesrepublik Deutschland (§ 7 Abs. 1 Satz 1 Nr. 4 SGB II)

Leistungen nach dem Zweiten Buch Sozialgesetzbuch erhalten weiterhin nur Personen, die ihren **gewöhnlichen Aufenthalt in der Bundesrepublik Deutschland** haben. Ein bloß **tatsächlicher** Aufenthalt genügt nicht. Den gewöhnlichen Aufenthalt hat jemand dort, wo er sich unter Umständen aufhält, die erkennen lassen, dass er an diesem Ort oder in diesem Gebiet nicht nur vorübergehend verweilt (§ 30 Abs. 3 Satz 2 SGB I).

Durch diese Regelung werden Leistungen zur Sicherung des Lebensunterhalts nach dem Zweiten Buch Sozialgesetzbuch für Deutsche, die ihren Lebensmittelpunkt im Ausland haben, generell ausgeschlossen.

Ob ein Hilfesuchender einen gewöhnlichen Aufenthalt begründet hat, ist in erster Linie nach seinen objektiven Lebensumständen und einem zeitlichen Element („nicht nur vorübergehend") zu bestimmen. Eine Person begründet dann einen gewöhnlichen Aufenthalt, wenn sie den Willen hat, diesen Ort oder dieses Gebiet bis auf weiteres (zukunftsoffen), also nicht nur vorübergehend oder besuchsweise, zum Mittelpunkt der Lebensbeziehungen zu machen (subjektives Tatbestandsmerkmal) und diesen Willen auch verwirklicht (objektives Tatbestandsmerkmal).[26]

In erster Linie ist für die Begründung des gewöhnlichen Aufenthaltes somit der Wille des Betroffenen maßgebend, einen bestimmten Ort zum Mittelpunkt seiner Lebensbeziehungen zu machen. Bezüglich der Umstände, die ein nicht nur vorübergehendes Verweilen an einem bestimmten Ort erkennen lassen, ist kein längerer oder dauerhafter Aufenthalt erforderlich. Es genügt, wenn sich der Betroffene an einem Ort oder in einem Gebiet „bis auf weiteres" im Sinne eines zukunftsoffenen Verbleibs aufhält und dort seinen Lebensmittelpunkt begründet hat.

Damit ist der **gewöhnliche Aufenthalt** nicht von einer bestimmten Aufenthaltsdauer oder einer ordnungsbehördlichen Anmeldung abhängig. Im Regelfall dürfte allerdings davon auszugehen sein, dass am angemeldeten Wohnsitz auch der gewöhnliche Aufenthalt begründet ist.

Sofern der Aufenthalt in der Bundesrepublik Deutschland von vornherein auf einen bestimmten Zeitraum begrenzt bzw. befristet ist (z.B. bei Inhabern eines Besucher- oder Durchreisevisums), besteht kein gewöhnlicher Aufenthalt innerhalb der Bundesrepublik Deutschland. Für Personen, die **nicht die deutsche Staatsangehörigkeit** besitzen, ist im Hinblick auf die Feststellung des gewöhnlichen Aufenthaltes zusätzlich die Rechtmäßigkeit des Aufenthaltes durch Vorlage eines entsprechenden Aufenthaltstitels (Aufenthaltserlaubnis, Niederlassungserlaubnis oder Fiktionsbescheinigung mit dem Zusatz „Aufenthalt gilt als erlaubt") zu prüfen.

4.5 Ausschlusstatbestände

Die Vorschrift des § 7 SGB II nennt eine Reihe von Ausschlusstatbeständen, nach denen Leistungen der Grundsicherung für Arbeitsuchende nach dem Zweiten Buch Sozialgesetzbuch für bestimmte Personengruppen nicht in Betracht kommen, obwohl die jeweiligen Voraussetzungen für den Bezug von Arbeitslosengeld II oder Sozialgeld im Einzelfall vorliegen.

Sofern im Bedarfszeitraum für Teile des Monats ein Ausschlusstatbestand vorliegt (z.B. nach Haftentlassung), ist der Leistungsanspruch tagesanteilig zu berechnen (vgl. § 41 Abs. 1 Satz 1 bis Satz 3 SGB II).

26 Vgl. BVerwG, Urt. vom 31.8.1995 – 5 C 11/94 –, BVerwGE 99, 158 = FEVS 46, 133 = NDV-RD 1996, 18.

Ausschlusstatbestände
liegen gemäß § 7 SGB II vor bei …

... der Grundsicherung für Arbeitsuchende insgesamt
bei ...

Unterbringung in einer **stationären Einrichtung**
(§ 7 Abs. 4 Satz 1 SGB II)

Bezug einer **Altersrente**
(§ 7 Abs. 4 Satz 1 SGB II)

Anspruchsberechtigten nach **§ 1 AsylbLG**
(§ 7 Abs. 1 Satz 2 Nr. 3 SGB II)

Ausländern, wenn die Voraussetzungen nach § 7 Abs. 1 Satz 2 Nr. 1 oder 2 SGB II vorliegen

----

auswärtigem Aufenthalt
(§ 7 Abs. 4a SGB II)

... Leistungen zur Sicherung des Lebensunterhalts (mit Ausnahme der Leistungen nach § 27 SGB II)
bei ...

Auszubildenden,

deren Ausbildung nach den Vorschriften des BAföG **dem Grunde** nach förderungsfähig ist

(§ 7 Abs. 5 Satz 1 SGB II).

Gleiches gilt für Auszubildende, deren Bedarf sich nach § 61 Abs. 2 und Abs. 3, § 62 Abs. 3, § 123 Abs. 1 Nr. 1 und Nr. 2 sowie § 124 Abs. 1 Nr. 3 und Abs. 3 SGB III bemisst

(§ 7 Abs. 5 Satz 2 SGB II).

4.5.1 Aufenthalt in einer stationären Einrichtung

Leistungen nach dem Zweiten Buch Sozialgesetzbuch erhält nicht, wer in einer stationären Einrichtung untergebracht ist (vgl. § 7 Abs. 4 Satz 1 SGB II). Hintergrund des Leistungsausschlusses ist nicht die vermeintlich anderweitige Versorgung der betroffenen Person innerhalb der Einrichtung, sondern (wegen der Einbindung in den Tagesablauf der stationären Einrichtung) eine fiktive Erwerbsunfähigkeit.

Nach der Rechtsprechung des Bundessozialgerichtes sind die Kriterien für den Leistungsausschluss anhand eines modifizierten **Einrichtungsbegriffes** in Zusammenschau mit § 13 SGB XII zu bestimmen. Eine Einrichtung in diesem Sinne ist bei einer auf Dauer angelegten Kombination von sächlichen und personellen Mitteln anzunehmen, die zu einem besonderen Zweck und unter der Verantwortung eines Trägers zusammengefasst wird und die für einen größeren wechselnden Personenkreis bestimmt ist, wobei die Bindung an ein Gebäude gegeben sein muss. Von einer Unterbringung in einer stationären Einrichtung ist nur auszugehen, wenn der Träger der Einrichtung nach Maßgabe seines Konzeptes die Gesamtverantwortung für die tägliche Lebensführung und die Integration der leistungsberechtigten Person übernimmt.[27]

Zu den stationären Einrichtungen gehören insbesondere Altenpflegeheime, therapeutische Wohngemeinschaften, Werkstätten für behinderte Menschen, Krankenhäuser und Einrichtungen der medizinischen Rehabilitation. Nicht dazu gehören Einrichtungen, in denen lediglich die Unterkunft als sächliche Leistung zur Verfügung gestellt wird und weitere Hilfen auf ambulante Betreuungsleistungen beschränkt sind (z. B Frauenhäuser, Obdachlosenunterkünfte, Übergangswohnheime für Spätaussiedler). Im Einzelfall ist zu prüfen, ob trotz des Aufenthaltes in der Einrichtung durch die individuellen Umstände der Unterbringung eine selbstbestimmte Lebensführung möglich ist und damit kein Leistungsausschluss nach § 7 Abs. 4 Satz 1 SGB II gegeben ist.

Steht der Untergebrachte aufgrund einer Gesamtverantwortung des Trägers der Einrichtung für dessen tägliche Lebensführung und seiner Integration dem allgemeinen Arbeitsmarkt nicht zur Verfügung, ist er dem Regelungsbereich des Zwölften Buches Sozialgesetzbuch zuzuordnen. Besteht keine derart umfassende Verantwortung mit der Folge, dass der Leistungsberechtigte in den Arbeitsmarkt integriert werden kann, ist er – vorbehaltlich einer Leistungsberechtigung nach § 7 Abs. 1 Satz 1 SGB II – entsprechend dem mit dem Zweiten Buch Sozialgesetzbuch verfolgten Leitbild einer auf dem Grundsatz der Eigenverantwortung beruhenden Eingliederung in den Arbeitsmarkt diesem Leistungssystem zuzuordnen.[28]

Nach § 7 Abs. 4 Satz 2 SGB II ist der Aufenthalt in einer Einrichtung zum Vollzug richterlich angeordneter Freiheitsentziehung (Justizvollzugsanstalten) dem Aufenthalt in einer stationären Einrichtung gleichgestellt.

Eine richterlich angeordnete Freiheitsentziehung liegt vor beim Vollzug einer Strafhaft, einer Untersuchungshaft sowie bei Maßregeln zur Besserung und Sicherung, einstweiliger Unterbringung, der Quarantäne nach dem Infektionsschutzgesetz, der Unterbringung psychisch Kranker und Suchtkranker nach den Unterbringungsgesetzen der Länder sowie in den Fällen, in denen das Vormundschaftsgericht nach § 1666 BGB die erforderlichen Maßnahmen zum Wohl des Kindes trifft. Sofern an die Stelle einer uneinbringlichen Geldstrafe eine Ersatzfreiheitsstrafe tritt (vgl. § 43 Strafgesetzbuch (StGB)), führt dies ebenfalls zum Leistungsausschluss.

Auch bei einem Jugendarrest nach § 16 Jugendgerichtsgesetz (JGG) handelt es sich um eine Unterbringung, die vergleichbar ist mit einer Einrichtung zum Vollzug richterlich angeordneter Freiheitsentziehung und damit zum Leistungsausschluss führt.

27 Vgl. BSG, Urt. vom 5.6.2014 – B 4 AS 32/13 R –, juris.

28 Vgl. BSG, Urt. vom 5.6.2014 – B 4 AS 32/13 R –, juris.

Die inhaftierte Person gehört allerdings auch weiterhin zur Bedarfsgemeinschaft im Sinne von § 7 Abs. 3 SGB II, sofern der Wille beider Partner zur Fortsetzung der Lebensgemeinschaft besteht, so dass ggf. einzusetzendes Einkommen oder Vermögen bei den übrigen Mitgliedern der Bedarfsgemeinschaft zu berücksichtigen ist. Dies gilt insbesondere dann, wenn der Inhaftierte während der Haft Arbeitsentgelt erzielt (vgl. §§ 39 und 43 Strafvollzugsgesetz (StVollzG)), soweit dieses nicht als Hausgeld (Taschengeld), Überbrückungsgeld oder Haftkostenbeitrag verwendet bzw. in Anspruch genommen wird.

Der Leistungsausschluss des § 7 Abs. 4 Satz 1 SGB II erstreckt sich auf die kompletten Leistungen zur Sicherung des Lebensunterhalts einschließlich der Bedarfe für Unterkunft und Heizung sowie der Beiträge zur Kranken- und Pflegeversicherung. Zur Sicherung des Wohnraums bzw. bezüglich der Übernahme entsprechender Kosten für einen begrenzten Zeitraum (in der Regel bis zu sechs Monaten) kommen Leistungen der Sozialhilfe nach dem Zwölften Buch Sozialgesetzbuch in Betracht.

Die Vorschrift des § 7 Abs. 4 Satz 3 SGB II regelt **Ausnahmen** vom grundsätzlichen Leistungsausschluss nach § 7 Abs. 4 Satz 1 SGB II.

Der Anspruch auf Leistungen nach dem Zweiten Buch Sozialgesetzbuch bleibt für Personen bestehen, die voraussichtlich weniger als **sechs Monate** in einem **Krankenhaus** (§ 107 SGB V) untergebracht sind. Durch den Verweis auf den gesamten § 107 SGB V wird klargestellt, dass auch der Aufenthalt in einer Vorsorge- oder Rehabilitationseinrichtung (vgl. § 107 Abs. 2 SGB V) von dieser Ausnahmeregelung erfasst wird (vgl. § 7 Abs. 4 Satz 3 Nr. 1 SGB II).

Sofern bereits zum Zeitpunkt der Aufnahme in ein Krankenhaus oder in eine Einrichtung der medizinischen Rehabilitation abzusehen ist, dass der vollstationäre Aufenthalt länger als sechs Monate andauern wird, besteht von vornherein kein Anspruch auf Leistungen zur Sicherung des Lebensunterhalts oder auf die übrigen Leistungen im Rahmen der Grundsicherung für Arbeitsuchende.

Die betroffene Person ist ggf. bereits ab dem Tag der Aufnahme auf Ansprüche nach dem Zwölften Buch Sozialgesetzbuch zu verweisen. Maßgeblich in diesem Zusammenhang ist die Prognose aus medizinischer Sicht über den voraussichtlichen Verbleib in der Einrichtung. Soweit eine Prognose nicht getroffen werden kann, greift der Leistungsausschluss, sobald sich die leistungsberechtigte Person sechs Monate in der Einrichtung aufgehalten hat (d. h. also mit Beginn des siebten Monats).

Die Zeiten eines stationären Aufenthaltes in unterschiedlichen Einrichtungen sind zu addieren. Sofern während des Vollzuges einer Freiheitsstrafe in einer Justizvollzugsanstalt die stationäre Behandlung in einem Krankenhaus außerhalb der Haftanstalt erforderlich ist, wird auch bei einer Unterbringung von weniger als sechs Monaten während dieser Zeit **kein** Leistungsanspruch begründet. Die Krankenhausbehandlung ist dem Vollzug der richterlich angeordneten Freiheitsentziehung zuzurechnen bzw. gleichzustellen. Dagegen ist die Zeit einer stationären Krankenhausbehandlung **im Anschluss** an eine Haftstrafe nicht mit dieser zusammenzufassen. Der Leistungsanspruch ist aufgrund des prognostizierten Krankenhausaufenthalts neu zu prüfen.[29]

29 Vgl. Fachliche Hinweise der BA, Rn. 7.105 und 106 zu § 7 SGB II (Stand: 2.3.2021).

Erfolgt durch richterliche Anordnung die Einweisung in ein Krankenhaus (§ 107 SGB V), gilt die Ausnahme nach § 7 Abs. 4 Satz 3 Nr. 1 SGB II.

Ein Leistungsausschluss nach § 7 Abs. 4 Satz 1 SGB II besteht gemäß § 7 Abs. 4 Satz 3 Nr. 2 SGB II ebenfalls nicht, wenn die leistungsberechtigte Person während der Zeit der Unterbringung in einer stationären Einrichtung **nach Satz 1** unter den üblichen Bedingungen des Arbeitsmarktes **mindestens 15 Stunden wöchentlich erwerbstätig** ist. Durch den Verweis auf Satz 1 wird klargestellt, dass die Ausnahmeregelung des § 7 Abs. 4 Satz 3 Nr. 2 SGB II **nicht** für Strafgefangene im „offenen Vollzug“ oder für „Freigänger“ anzuwenden ist (Justizvollzugsanstalten sind nur in § 7 Abs. 4 Satz 2 SGB II genannt).

Ob eine Beschäftigung den üblichen Bedingungen des allgemeinen Arbeitsmarktes entspricht, ist nach der Ausgestaltung des Arbeitsverhältnisses zu beurteilen. Dabei sind insbesondere das Arbeitsentgelt, der Arbeitsort und die Arbeitszeit (Dauer, Lage und Verteilung) einzubeziehen.

4.5.2 Bezug einer Altersrente

Bezieher einer **Vollrente wegen Alters** aus der gesetzlichen Rentenversicherung (vgl. §§ 35 bis 42 SGB VI) oder einer Knappschaftsausgleichsleistung (vgl. § 239 SGB VI) oder ähnlicher Leistungen öffentlich-rechtlicher Art sind – unabhängig von deren Höhe und dem Eintrittsalter – gemäß § 7 Abs. 4 Satz 1 SGB II von sämtlichen Leistungen nach dem Zweiten Buch Sozialgesetzbuch ausgeschlossen. Bei Beziehern von Altersrenten (auch vor Erreichen des Regelrentenalters) wird angenommen, sie seien endgültig aus dem Erwerbsleben ausgeschieden und müssten daher nicht mehr in Arbeit eingegliedert werden, so dass sie auch keine Leistungen aus dem System des Zweiten Buches Sozialgesetzbuch mehr benötigen.[30]

Der Leistungsausschluss beinhaltet nicht zugleich, dass auch das Regelrenteneintrittsalter (vgl. § 235 SGB VI) bereits erreicht wurde. Diese Altersgrenze ergibt sich bereits aus § 7 Abs. 1 Satz 1 Nr. 1 i.V.m § 7a SGB II.

In der gesetzlichen Rentenversicherung gibt es verschiedene Tatbestände, die es dem Versicherten ermöglichen, eine Altersrente **vorzeitig** (d.h mit Abschlägen) in Anspruch zu nehmen. So können zum Beispiel langjährig oder besonders langjährig Versicherte gemäß §§ 36, 38, 236, 236b SGB VI eine entsprechende Rente vorzeitig nach Vollendung des 63. Lebensjahres oder schwerbehinderte Menschen gemäß §§ 37, 236a SGB VI vorzeitig nach Vollendung des 60. Lebensjahres beanspruchen.

Nicht ausreichend für den Leistungsausschluss in diesem Zusammenhang sind **Altersteilzeitleistungen** oder **Teilaltersrenten**.

Reicht die Höhe der Altersrente im Einzelfall nicht aus, um den notwendigen Lebensunterhalt zu decken, kommen ggf. ergänzende Leistungen zum Lebensunterhalt durch den Träger der Sozialhilfe nach dem 3. oder 4. Kapitel SGB XII in Betracht.

30 Vgl. BT-Drs. 15/1749 S. 31.

Nach dem Wortlaut des § 7 Abs. 4 Satz 1 SGB II führt lediglich der **Bezug** einer Altersrente (nicht aber bereits deren Beantragung) zum Leistungsausschluss. Wird dem Leistungsträger nach dem Zweiten Buch Sozialgesetzbuch bekannt, dass die leistungsberechtigte Person eine Altersrente beantragt hat, ist beim zuständigen Träger der gesetzlichen Rentenversicherung ein Erstattungsanspruch nach § 104 SGB X anzumelden. Dieser Erstattungsanspruch besteht für den Zeitraum vom Rentenbeginn bzw. ab Bewilligung der Leistungen nach dem Zweiten Buch Sozialgesetzbuch bis zum Beginn der laufenden Rentenzahlung und umfasst neben den Leistungen zur Sicherung des Lebensunterhalts auch die innerhalb des maßgeblichen Zeitraumes erbrachten Beiträge zur gesetzlichen Kranken- und Pflegeversicherung (vgl. § 40 Abs. 2 Nr. 5 SGB II i. V.m § 335 Abs. 2 und Abs. 5 SGB III).

Die Bewilligung der Altersrente hat zur Folge, dass die Leistungsbewilligung durch den Träger der Grundsicherung für Arbeitsuchende ab Beginn der laufenden Rentenzahlung gemäß § 48 Abs. 1 Satz 1 SGB X aufzuheben ist.

In diesem Zusammenhang ist zu beachten, dass die leistungsberechtigte Person uneingeschränkt verpflichtet ist, eine **ungeminderte** (also abschlagsfreie) Altersrente auch vor Erreichen der Regelaltersgrenze (vgl. § 235 SGB VI) in Anspruch zu nehmen. Dies ist unter bestimmten Voraussetzungen möglich für schwerbehinderte Menschen ab dem 60. oder 63. Lebensjahr und für mindestens 25 Jahre unter Tage beschäftigt gewesene Bergleute ab dem 60. Lebensjahr. Eine entsprechende Verpflichtung der leistungsberechtigten Person ergibt sich aus § 12a Satz 1 SGB II.

Nach § 12a Satz 2 SGB II sind Leistungsberechtigte dagegen nicht verpflichtet, bis zur Vollendung des 63. Lebensjahres eine Rente wegen Alters **vorzeitig** (d. h mit Abschlägen) in Anspruch zu nehmen. Das bedeutet im Umkehrschluss, dass Personen grundsätzlich ab Vollendung des 63. Lebensjahres verpflichtet sind, eine Altersrente vorzeitig in Anspruch zu nehmen, soweit sie keinen **Bestandsschutz** nach § 65 Abs. 4 SGB II besitzen und keine Ausnahme nach der **Unbilligkeitsverordnung**[31] vorliegt.

Personen, deren Anspruch auf Leistungen nach dem Zweiten Buch Sozialgesetzbuch vor dem 1.1.2008 entstanden ist und die das 58. Lebensjahr vor diesem Zeitpunkt vollendet haben, konnten gemäß § 65 Abs. 4 SGB II Leistungen unter entsprechender Anwendung des § 428 SGB III erhalten. In diesen Fällen ist der oder die Leistungsberechtigte generell nur dann aufzufordern, eine Altersrente zu beantragen, wenn die Voraussetzungen für eine ungeminderte Rente vorliegen.

Personen, die vor dem 1.1.2008 bereits Arbeitslosengeld (Alg I) unter den Voraussetzungen des § 428 Abs. 1 SGB III bezogen haben, jedoch nach dem 31.12.2007 erstmalig hilfebedürftig werden und Arbeitslosengeld II beziehen, sind ebenfalls nur auf eine ungeminderte (d. h abschlagsfreie) Altersrente zu verweisen.[32]

31 Verordnung zur Vermeidung unbilliger Härten durch Inanspruchnahme einer vorgezogenen Altersrente (Unbilligkeitsverordnung – UnbilligkeitsV) vom 14.8.2008 (BGBl. I S. 734), zuletzt geändert durch Erste Verordnung zur Änderung der Unbilligkeitsverordnung vom 4.10.2016 (BGBl. I S. 2210).

32 Vgl. auch Fachliche Hinweise der BA, Rn. 12a.23 und 12a.24 zu § 12a SGB II (Stand: 20.12.2013).

Das Bundesministerium für Arbeit und Soziales (BMAS) hat durch Rechtsverordnung bestimmt, dass folgender Personenkreis von der Verpflichtung zur vorzeitigen Inanspruchnahme einer Rente wegen Alters aus Unbilligkeitsgründen ausgenommen ist:

- Bezieher von Arbeitslosengeld (Alg I), die aufstockend Arbeitslosengeld II erhalten, für die Dauer des Anspruchs auf Arbeitslosengeld (vgl. § 2 UnbilligkeitsV),
- Leistungsberechtigte, die in nächster Zukunft (d.h innerhalb der nächsten drei Monate)[33] die Altersrente abschlagsfrei in Anspruch nehmen können (vgl. § 3 UnbilligkeitsV),
- Leistungsberechtigte, die sozialversicherungspflichtig beschäftigt sind oder aus sonstiger Erwerbstätigkeit ein entsprechend hohes Einkommen erzielen, wobei die Beschäftigung oder sonstige Erwerbstätigkeit den überwiegenden Teil der Arbeitskraft in Anspruch nehmen muss (vgl. § 4 UnbilligkeitsV),
- Leistungsberechtigte, die eine nicht nur vorübergehende Erwerbstätigkeit gemäß § 4 UnbilligkeitsV in nächster Zukunft aufnehmen werden (vgl. § 5 Abs. 1 UnbilligkeitsV). Der Nachweis der bevorstehenden Erwerbstätigkeit muss durch Vorlage des Arbeitsvertrages oder einer anderen verbindlichen schriftlichen Zusage geführt werden. Nur vorübergehend ist eine befristete Erwerbstätigkeit dann, wenn sie zeitlich nur für die Dauer eines Regelbewilligungszeitraumes (vgl. § 41 Abs. 1 Satz 3 SGB II) aufgenommen wird.[34]
  Haben Leistungsberechtigte bereits einmal die Aufnahme einer Erwerbstätigkeit glaubhaft gemacht (diese aber letztlich nicht aufgenommen), so ist eine erneute Glaubhaftmachung ausgeschlossen (vgl. § 5 Abs. 2 UnbilligkeitsV). Ist bereits vor dem Zeitpunkt der geplanten Aufnahme der Beschäftigung oder Erwerbstätigkeit anzunehmen, dass diese nicht zustande kommen wird, ist die Berufung auf diesen Unbilligkeitsaspekt nicht mehr gerechtfertigt (vgl. § 5 Abs. 3 UnbilligkeitsV).
- Leistungsberechtigte, die durch die Inanspruchnahme hilfebedürftig im Sinne der Grundsicherung im Alter und bei Erwerbsminderung nach dem 4. Kapitel SGB XII werden würden (vgl. § 6 Satz 1 UnbilligkeitsV). Dies ist insbesondere anzunehmen, wenn 70 % der bei Erreichen der Altersgrenze (§ 7a SGB II) zu erwartenden monatlichen Regelaltersrente niedriger ist als der zum Zeitpunkt der Entscheidung über die Unbilligkeit maßgebende Bedarf der leistungsberechtigten Person nach dem Zweiten Buch Sozialgesetzbuch (vgl. § 6 Satz 3 UnbilligkeitsV).

Die Ausschlussregelung des § 7 Abs. 4 Satz 1 SGB II ist entsprechend anwendbar auf Bezieher bzw. Bezieherinnen vergleichbarer bzw. ähnlicher Leistungen öffentlich-rechtlicher Art und **ausländischer Altersrenten**. **Ähnliche Leistungen** i. S des § 7 Abs. 4 Satz 1 SGB II sind solche, die die typischen Merkmale einer Altersrente aus der gesetzlichen Rentenversicherung aufweisen (z.B. die Abhängigkeit von der Erreichung einer bestimmten Altersgrenze). Dies sind insbesondere Ruhegehälter (Pensionen) für Beamte und Berufssoldaten.

33 Vgl. Fachliche Hinweise der BA, Rn. 12a.18 zu § 12a SGB II (Stand: 20.12.2013).
34 Vgl. Fachliche Hinweise der BA, Rn. 12a.21 zu § 12a SGB II (Stand: 20.12.2013).

Bei **ausländischen Altersrenten** ist im Einzelfall zu prüfen, ob die Rente von Funktion und Struktur als der deutschen Altersrente vergleichbar zu qualifizieren ist.

Nach Rechtsprechung des Bundessozialgerichtes liegt eine Vergleichbarkeit vor, wenn die ausländischen Leistungen in ihrem Kerngehalt den gemeinsamen und typischen Merkmalen der inländischen Leistung entsprechen, d.h nach Motivation und Funktion gleichwertig sind. Entscheidende Kriterien für die Vergleichbarkeit sind insbesondere die Leistungsgewährung durch einen öffentlichen Träger, das Anknüpfen der Leistung an das Erreichen einer bestimmten Altersgrenze und der Lohnersatz nach einer im Allgemeinen den Lebensunterhalt sicherstellenden Gesamtkonzeption.

Soweit die ausländische Altersrente bereits bezogen werden kann, bevor dies im Hinblick auf das Renteneintrittsalter nach deutschem Recht möglich wäre, ändert dies nichts an der Gleichbehandlung der Rentenleistungen. Welches konkrete Lebensalter die Rentenzahlung nach dem Recht des jeweiligen Staates auslöst, ist ebenso wenig von Bedeutung wie die Höhe der Leistung, insbesondere im Hinblick darauf, ob diese auch ausreicht, um in dem Staat des Aufenthalts (Wohnortstaat), in den die Leistung exportiert wird, den Lebensunterhalt sicherzustellen.[35]

Ein Bezug einer ausländischen Altersrente, die gemäß § 7 Abs. 4 Satz 1 SGB II zum Leistungsausschluss führt, liegt auch dann vor, wenn die Altersrente auf ein ausländisches Konto (im Heimatland) gezahlt wird.

Gehört die ausländische Sozialleistung zu den subsidiären Fürsorgeleistungen im engeren Sinne (Sozialhilfe oder ähnliche Grundsicherungsleistungen), ist sie **keine** „vergleichbare" Leistung i.S des § 7 Abs. 4 Satz 1 SGB II.

Mit der Altersrente vergleichbare ausländische Sozialleistungen sind insbesondere:

- die französische Altersrente ab dem vollendeten 55. Lebensjahr (CAN-Rente „Pension proportionelle de vieillesse"),
- die italienische Altersrente ab dem vollendeten 60. Lebensjahr (bei Frauen ab dem vollendeten 55. Lebensjahr),
- die schweizerische Altersrente aus der eidgenössischen Alters- und Hinterlassenenversicherung (AHV), die Frauen ab dem vollendeten 62. Lebensjahr erhalten.

Der Bezieher oder die Bezieherin einer Altersrente kann – auch wenn die altersspezifischen Leistungsvoraussetzungen (vgl. § 7 Abs. 1 Satz 1 Nr. 1 SGB II) erfüllt sind – **keine erwerbsfähige leistungsberechtigte** Person (und damit Ausgangspunkt für die Bildung einer Bedarfsgemeinschaft nach § 7 Abs. 3 SGB II) sein, da er/sie wegen des Leistungsausschlusses dem Grunde nach nicht zum anspruchsberechtigten Personenkreis für den Bezug von Arbeitslosengeld II gehört. Damit können nicht erwerbsfähige Angehörige (z.B. der nicht erwerbsfähige Partner einer 60jährigen Altersrentnerin) keinen Anspruch auf Sozialgeld erlangen.

35 Vgl. BSG, Urt. vom 16.5.2012 – B 4 AS 105/11 R –, SozR 4-4200 § 7 Nr. 30 = FEVS 64, 252.

4.5.3 Anspruchsberechtigte nach dem Asylbewerberleistungsgesetz

Gemäß § 7 Abs. 1 Satz 2 Nr. 3 SGB II sind Leistungsberechtigte nach § 1 Asylbewerberleistungsgesetz (AsylbLG)[36] von den Leistungen zur Sicherung des Lebensunterhalts nach den Zweiten Buch Sozialgesetzbuch ausgenommen. Betroffen von dieser Ausschlussregelung sind Asylbewerber und Asylbewerberinnen und (geduldete) Ausländerinnen und Ausländer, die vollziehbar zur Ausreise verpflichtet sind, sowie Personen, die aus humanitären, völkerrechtlichen oder politischen Gründen eine (befristete) Aufenthaltserlaubnis besitzen.

Das Asylbewerberleistungsgesetz bildet ein eigenes und umfassendes Sozialsicherungssystem für einen eng umgrenzten Personenkreis, das eigenständige Regelungen zur Sicherung des Lebensunterhalts sowie zur Annahme und Durchführung von Arbeitsgelegenheiten enthält.[37]

Unerheblich ist, ob der Anspruch nach dem Asylbewerberleistungsgesetz auf Grundleistungen nach §§ 3 ff. AsylbLG oder auf Analogleistungen nach § 2 AsylbLG besteht (also für leistungsberechtigte Personen, die sich seit 15 Monaten ohne wesentliche Unterbrechung im Bundesgebiet aufhalten und die Dauer des Aufenthalts nicht rechtsmissbräuchlich selbst beeinflusst haben und denen abweichend von den §§ 3 bis 7 AsylbLG Leistungen analog dem Zwölften Buch Sozialgesetzbuch zustehen).[38]

Leistungen nach § 1 Abs. 1 AsylbLG erhalten:

- Ausländerinnen und Ausländer, die eine **Aufenthaltsgestattung** als Asylsuchende nach dem Asylgesetz[39] für die Dauer des Asylverfahrens besitzen (also Antragsteller im laufenden Anerkennungsverfahren als Asylberechtigte),
- Ausländerinnen und Ausländer, die ein Asylgesuch geäußert haben und nicht die § 1 Abs. 1 Nr. 1, 2 bis 5 und 7 AsylbLG genannten Voraussetzungen erfüllen,
- Ausländerinnen und Ausländer, die über einen Flughafen einreisen wollen und denen die Einreise nicht oder noch nicht gestattet ist,
- Ausländerinnen und Ausländer, die eine sog. **„Duldung“** nach § 60a Aufenthaltsgesetz (AufenthG) für einen Zeitraum von drei, sechs oder zwölf Monaten besitzen und vollziehbar zur Ausreise verpflichtet sind, bei denen aber eine Abschiebung aus humanitären oder persönlichen Gründen nicht möglich bzw. nicht vollziehbar ist oder deren Identität bzw. Herkunftsland nicht feststellbar ist bzw. verschleiert wird,
- Ausländerinnen und Ausländer, die eine **Aufenthaltserlaubnis** (aus humanitären oder vorübergehenden humanitären Gründen) besitzen
  a) wegen eines Krieges in ihrem Heimatland nach § 23 Abs. 1 oder § 24 AufenthG,
  b) nach § 25 Abs. 4 Satz 1 AufenthG oder

36 Asylbewerberleistungsgesetz in der Fassung der Bekanntmachung vom 5.8.1997 (BGBl. I S. 2022), zuletzt geändert durch Art. 8 des Gesetzes vom 25.6.2021 (BGBl. I S. 2020).
37 Vgl. BT-Drs. 15/1516 S. 52.
38 Vgl. BSG, Urt. vom 7.5.2009 – B 14 AS 41/07 R –, info also 2009, 282 (Kurzwiedergabe).
39 Asylgesetz (AsylG), neugefasst durch Bekanntmachung vom 2.9.2008 (BGBl. I S. 1798), zuletzt geändert durch Art. 8 des Gesetzes vom 16.6.2021 (BGBl. I S. 1810 [dieses Gesetz ersetzt das Asylverfahrensgesetz vom 16.7.1982]).

c) nach § 25 Abs. 5 AufenthG, sofern die Entscheidung über die Aussetzung ihrer Abschiebung noch nicht 18 Monate zurückliegt,

- Ausländerinnen und Ausländer, die vollziehbar ausreisepflichtig sind, auch wenn eine Abschiebungsandrohung noch nicht oder nicht mehr vollziehbar ist,
- Ehegatten, Lebenspartner oder minderjährige Kinder der in den Nummern 1 bis 5 Personen, ohne dass sie selbst die dort genannten Voraussetzungen erfüllen,
- Ausländerinnen und Ausländer, die einen sog. „Folgeantrag“ nach § 71 des Asylgesetzes oder einen Zweitantrag nach § 71a des Asylgesetzes stellen (Aufenthalt gilt als geduldet).

Hierunter fallen auch Personen, die sich für einen befristeten Zeitraum rechtmäßig im Bundesgebiet aufhalten (z. B. aufgrund einer visumsfreien Einreise), aber nach Ablauf dieser Frist ihren erforderlichen Aufenthaltstitel nicht oder verspätet beantragt haben. Gemäß § 81 Abs. 3 Satz 2 AufenthG **gilt die Abschiebung** bis zur Entscheidung über den Antrag **als ausgesetzt** (Duldungsfiktion). Dieser Personenkreis ist vollziehbar ausreisepflichtig und damit leistungsberechtigt nach § 1 AsylbLG. Im Einzelfall unterliegen auch **Unionsbürger/-innen** nach formaler Feststellung über den Verlust oder das Nichtbestehen des Freizügigkeitsrechts dem Asylbewerberleistungsgesetz.

Ausreisepflichtige, deren Abschiebung aus rechtlichen oder tatsächlichen Gründen nicht möglich ist und bei denen die Entscheidung über die Aussetzung der Abschiebung 18 Monate zurückliegt, sind gemäß § 25 Abs. 5 AufenthG ab dem 19. Monat nicht mehr anspruchsberechtigt nach dem Asylbewerberleistungsgesetz und fallen daher nicht unter die Ausschlussregelung des § 7 Abs. 1 Satz 2 Nr. 3 SGB II.

Die Leistungsberechtigung nach dem Asylbewerberleistungsgesetz endet mit Ablauf des Monats, in dem die Leistungsvoraussetzung entfällt (vgl. § 1 Abs. 3 Satz 1 Nr. 1 AsylbLG). Die betroffenen Personen sind in der Regel ab dem Folgemonat leistungsberechtigt nach dem Zweiten Buch Sozialgesetzbuch, sofern die weiteren Voraussetzungen für den Leistungsbezug im Einzelfall vorliegen.

Seit dem 1.1.2015 sind Auslanderinnen und Ausländer nicht mehr leistungsberechtigt nach § 1 AsylbLG, wenn sie eine Aufenthaltserlaubnis nach § 25 Abs. 4a oder Abs. 4b AufenthG besitzen. Gleiches gilt für Inhaber einer Aufenthaltserlaubnis nach § 25 Abs. 5 AufenthG, sofern die Entscheidung über die Aussetzung ihrer Abschiebung bereits 18 Monate zurückliegt.

Für minderjährige Kinder, die eine Aufenthaltserlaubnis nach § 25 Abs. 5 AufenthG besitzen und die mit ihren Eltern in einer Haushaltsgemeinschaft leben, endet die Leistungsberechtigung nach dem Asylbewerberleistungsgesetz, wenn die Leistungsberechtigung eines Elternteils, der ebenfalls eine Aufenthaltserlaubnis nach § 25 Abs. 5 AufenthG besitzt, entfallen ist (vgl. § 1 Abs. 3 Satz 2 AsylbLG).

4.5.4 Ausländerinnen und Ausländer unter den Voraussetzungen des § 7 Abs. 1 Satz 2 Nr. 1 oder Nr. 2 SGB II

4.5.4.1 Leistungsausschluss nach § 7 Abs. 1 Satz 2 Nr. 1 SGB II

Gemäß § 7 Abs. 1 Satz 2 **Nr. 1** SGB II sind vom Leistungsbezug ausgenommen Ausländerinnen und Ausländer, die weder in der Bundesrepublik Deutschland Arbeitnehmerinnen, Arbeitnehmer oder Selbstständige noch aufgrund des § 2 Abs. 3 FreizügG/EU freizügigkeitsberechtigt sind, und ihre Familienangehörigen für die **ersten drei Monate** ihres Aufenthalts.

Die Vorschrift des § 7 Abs. 1 Satz 2 **Nr. 1** SGB II normiert somit einen zeitlich begrenzten Leistungsausschluss für eine bestimmte Gruppe von Ausländerinnen und Ausländern. Dieser Personenkreis erhält für die **ersten drei Monate** des Aufenthalts in der Bundesrepublik keine Leistungen zur Sicherung des Lebensunterhalts nach dem Zweiten Buch Sozialgesetzbuch, auch wenn die Voraussetzungen des § 7 Abs. 1 Satz 1 SGB II im Einzelfall vorliegen.

Betroffen von dieser Regelung sind in erster Linie nicht erwerbstätige EU-Bürger der alten und neuen Mitgliedsstaaten (Beitrittsstaaten), die von ihrem Recht auf Freizügigkeit Gebrauch machen und sich gemäß § 2 Abs. 5 FreizügG/EU in Deutschland aufhalten. Nach dieser Vorschrift haben Unionsbürger ein dreimonatiges voraussetzungsloses Aufenthaltsrecht. Dieser Personenkreis kann in diesem Zeitraum wegen der Ausschlussregelung des § 7 Abs. 1 Satz 2 Nr. 1 SGB II keine Leistungen der Grundsicherung für Arbeitsuchende erhalten. Der Leistungsausschluss gilt auch für die Familienangehörigen dieser Personen.

Mit dem Gesetz zur Umsetzung aufenthalts- und asylrechtlicher Richtlinien der Europäischen Union[40] hat der Gesetzgeber von der Möglichkeit des Art. 24 Abs. 2 der Richtlinie 2004/38/EG (Freizügigkeitsrichtlinie) des Europäischen Parlaments und des Rates vom 29.4.2004 Gebrauch gemacht. Danach sind die Mitgliedsstaaten der Europäischen Union nicht verpflichtet, anderen Personen als Arbeitnehmern oder Selbstständigen, Personen, denen dieser Status erhalten bleibt und ihren Familienangehörigen während der ersten drei Monate ihres Aufenthalts oder ggf. während eines längeren Zeitraumes nach Art. 14 Abs. 4b (Zeiten der Arbeitsuche) Leistungen der Sozialhilfe zu gewähren.

Diese Regelung rechtfertigt europarechtlich den Leistungsausschluss des § 7 Abs. 1 Satz 2 SGB II. Leistungen zur Sicherung des Lebensunterhalts nach § 19 SGB II stellen Sozialhilfeleistungen im Sinne des Artikels 24 Abs. 2 der Freizügigkeitsrichtlinie dar.[41]

Nach Ablauf der ersten drei Monate des Aufenthalts in der Bundesrepublik ist das weitere Aufenthaltsrecht vom Aufenthaltszweck abhängig. Soweit eine Ausländerin oder ein Ausländer anschließend das Aufenthaltsrecht allein zum Zweck der Arbeitsuche herleitet, ist zu prüfen, ob ggf. ein Leistungsausschluss nach § 7 Abs. 1 Satz 2 Nr. 2 SGB II in Betracht kommt.

40 Gesetz vom 19.8.2007 (BGBl. I S. 1970).
41 Vgl. LSG NRW, Urt. vom 22.6.2010 – L 1 AS 36/08 –, juris.

4.5.4.2 Leistungsausschluss nach § 7 Abs. 1 Satz 2 Nr. 2 SGB II

Nach § 7 Abs. 1 Satz 2 **Nr. 2** SGB II sind vom Leistungsbezug ausgenommen Ausländerinnen und Ausländer,

a) die kein Aufenthaltsrecht haben,
b) deren Aufenthaltsrecht sich allein aus dem Zweck der Arbeitsuche ergibt, und ihre Familienangehörigen.

Die (bisherige) Regelung in § 7 Abs. 1 Satz 2 Nr. 2 **Buchstabe c)** SGB II, wonach Ausländerinnen und Ausländer, deren Aufenthaltsrecht sich auf den Schulbesuch ihrer Kinder stützt (Art. 10 der Verordnung EU Nr. 492/2011 des Europäischen Parlaments und des Rates vom 5.4.2011), vom Leistungsbezug ausgeschlossen sind, ist vom Europäischen Gerichtshof für unionsrechtwidrig erachtet worden und seit dem 6.10.2020 nicht mehr anzuwenden.[42]

Der Leistungsausschluss nach § 7 Abs. 1 Satz 2 **Buchstabe a)** SGB II betrifft in erster Linie Drittstaatsangehörige, die (soweit sie sich länger als drei Monate in der Bundesrepublik aufhalten) keine Aufenthaltsgenehmigung besitzen oder illegal in die Bundesrepublik eingereist sind oder Unionsbürger, bei denen die zuständige Ausländerbehörde festgestellt hat, dass das Recht auf Freizügigkeit nach § 2 Abs. 1 FreizügG / EU nicht mehr besteht.

Betroffen von der Regelung des § 7 Abs. 1 Satz 2 Nr. 2 **Buchstabe b)** SGB II, die sich an den Wortlaut des § 2 Abs. 1 Satz 1 Nr. 1 FreizügG / EU anlehnt, sind insbesondere Bürgerinnen und Bürger der Europäischen Union, die von ihrem Recht auf Freizügigkeit Gebrauch machen und sich **zum Zweck der Arbeitssuche** in Deutschland aufhalten. Auch die Familienangehörigen eines erstmals in Deutschland arbeitsuchenden EU-Bürgers sind vom Leistungsbezug nach dem Zweiten Buch Sozialgesetzbuch ausgeschlossen. Die Freizügigkeit von Unionsbürgern ist bei einem Aufenthalt in der Bundesrepublik von mehr als drei Monaten nach § 2 Abs. 2 FreizügG / EU gebunden an einen Aufenthaltsgrund (z. B. Aufenthalt zur Arbeitssuche, zur Berufsausbildung, als Arbeitnehmer oder als Familienangehöriger).

Die Freizügigkeitsberechtigung aufgrund von Arbeitssuche ist grundsätzlich auf bis zu sechs Monate befristet. Darüber hinaus liegt Freizügigkeit nach § 2 Abs. 2 Nr. 1a FreizügG / EU nur vor, solange Unionsbürger nachweisen können, dass sie weiterhin Arbeit suchen und die begründete Aussicht besteht, eingestellt zu werden.

Auch für **Drittstaatsangehörige** kann sich ein Aufenthaltsrecht zum Zweck der Arbeitssuche ergeben. Erfasst sind

- Ausländerinnen und Ausländer aus Nicht-EU-Staaten, die sich nach erfolgreichem Abschluss ihres Studiums zum Zweck der Suche nach einer studienbezogenen Beschäftigung noch 1 Jahr in der Bundesrepublik aufhalten dürfen und für diesen Zeitraum eine befristete Aufenthaltserlaubnis nach § 16 Abs. 4 AufenthG erhalten haben, und

42 Vgl. EuGH, Urt. vom 6.10.2020 – C-181/19 –, juris.

- Ausländerinnen und Ausländer aus Nicht-EU-Staaten, die aufgrund einer Beschäftigung eine Aufenthaltserlaubnis nach § 18 AufenthG erhalten haben und dann arbeitslos werden. In den Fällen, in denen die Aufenthaltserlaubnis mit dem Zusatz „erlischt bei Beendigung der Beschäftigung" erteilt wurde, endet der rechtmäßige Aufenthalt mit Eintritt der Arbeitslosigkeit. Dieser Personenkreis ist vollziehbar zur Ausreise verpflichtet und hat ggf. einen vorrangigen Anspruch auf Leistungen nach dem Asylbewerberleistungsgesetz (AsylblG). Sofern die Aufenthaltserlaubnis ohne Zusatz erteilt wurde, gilt diese zwar fort, das Aufenthaltsrecht ergibt sich aber damit aus dem Zweck der Arbeitssuche, so dass die Ausschlussregelung nach § 7 Abs. 1 Satz 2 Nr. 2 SGB II anzuwenden ist.

Nach der Rechtsprechung des Bundessozialgerichtes besteht ein Anspruch auf Leistungen der Grundsicherung für Arbeitsuchende allerdings auch für Ausländerinnen und Ausländer, deren Aufenthaltsrecht sich allein aus dem Zweck der Arbeitssuche ergibt, wenn sie sich auf das **Europäische Fürsorgeabkommen** vom 11.12.1953 (EFA)[43] berufen können. In diesem Fall ist die Ausschlussregelung des § 7 Abs. 1 Satz 2 Nr. 2 SGB II nicht anwendbar.[44]

Nach Art. 1 EFA ist jede der Vertragsparteien verpflichtet, denjenigen Staatsangehörigen der anderen Vertragsstaaten, die sich in ihrem Gebiet erlaubt aufhalten und nicht über ausreichende Mittel verfügen, in gleicher Weise wie ihren eigenen Staatsangehörigen und unter den gleichen Bedingungen die Leistungen der sozialen und der Gesundheitsfürsorge zu gewähren, die in der in ihrem Gebiet geltenden Gesetzgebung vorgesehen ist.

Bei dieser Vorschrift handelt es sich um unmittelbar geltendes Bundesrecht. Ihrer Anwendbarkeit steht weder vorrangig anzuwendendes anderes Bundesrecht noch Gemeinschaftsrecht entgegen. Die Voraussetzungen des Gleichbehandlungsgebotes nach Art. 1 EFA liegen auch insoweit vor, als es sich bei den Leistungen der Grundsicherung für Arbeitsuchende um Fürsorge im Sinne des EFA handelt.[45]

Betroffen von der Entscheidung des Bundessozialgerichtes, die grundsätzlich auch auf die Regelung des § 7 Abs. 1 Satz 2 Nr. 1 SGB II (Ausschluss während der ersten drei Monate des Aufenthalts) anzuwenden sein dürfte, sind die Staatsangehörigen der folgenden Vertragsstaaten:

Belgien,	Dänemark,	Estland,
Frankreich,	Griechenland,	Irland,
Island,	Italien,	Luxemburg,
Malta,	Niederlande,	Norwegen,
Portugal,	Schweden,	Spanien,
Türkei,	Großbritannien und Nordirland.	

43 Zustimmung der Bundesrepublik Deutschland im Gesetz vom 15.5.1956 (BGBl. II S. 563).
44 Vgl. BSG, Urt. vom 19.10.2010 – B 14 AS 23/10 R –, BSGE 107, 66 = FEVS 62, 435.
45 Vgl. BSG, Urt. vom 19.10.2010 – B 14 AS 23/10 R –, BSGE 107, 66 = FEVS 62, 435.

Allerdings hat die Bundesrepublik Deutschland für Leistungen nach dem Zweiten Buch Sozialgesetzbuch einen Vorbehalt gegen das Europäische Fürsorgeabkommen (EFA) erklärt. Dieser ist mit Wirkung vom 19.11.2011 in Kraft getreten. Damit finden die Leistungsausschlussgründe nach § 7 Abs. 1 Satz 2 Nr. 1 und Nr. 2 SGB II ab dem 19.12.2011 auf Angehörige der EFA-Staaten wieder Anwendung.

Der Europäische Gerichtshof (EuGH) hat zwischenzeitlich entschieden, dass nicht erwerbstätige Unionsbürger jedenfalls dann keinen Anspruch auf beitragsunabhängige Sozialleistungen im Aufnahmemitgliedsstaat haben, wenn sie sich allein zu dem Zweck dorthin begeben, Sozialleistungen in Anspruch zu nehmen, und über keine ausreichenden Existenzmittel verfügen. Damit können sich Unionsbürger, die nur zur Inanspruchnahme von Sozialhilfeleistungen bzw. Leistungen der Grundsicherung für Arbeitsuchende nach Deutschland einreisen, nicht auf das unionsrechtliche Diskriminierungsverbot berufen.[46]

Damit ist die Ausschlussregelung des § 7 Abs. 1 Satz 2 Nr. 2 Buchstabe b) SGB II in entsprechenden Fällen (auch über einen Zeitraum von drei Monaten hinaus) anwendbar bzw. mit Europäischem Recht vereinbar. Allerdings betrifft die Entscheidung zunächst nur Personen aus einem Mitgliedsstaat der Europäischen Union, die weder erwerbstätig noch arbeitsuchend (also „wirtschaftlich inaktiv") sind.

4.5.4.3 Beschränkung der Dauer des Leistungsausschlusses

Eine weitere Beschränkung des Leistungsausschlusses gemäß § 7 Abs. 1 Satz 2 Nr. 2 SGB II ergibt sich aus § 7 Abs. 1 Satz 4 Halbs. 1 SGB II. Danach erhalten Ausländerinnen und Ausländer und ihre Familienangehörigen Leistungen der Grundsicherung für Arbeitsuchende, wenn sie seit mindestens **fünf Jahren** ihren gewöhnlichen Aufenthalt im Bundesgebiet haben (**Daueraufenthaltsrecht** nach § 4a FreizügG/EU). Dies gilt allerdings nicht, wenn die Ausländerbehörde bei Unionsbürgern/-innen den Verlust des Freizügigkeitsrechts nach § 2 Abs. 1 FreizügG/EU festgestellt hat (vgl. § 7 Abs. 1 Satz 4 Halbs. 2 SGB II).

Zur Feststellung, ob eine Person sich tatsächlich mindestens fünf Jahre im Bundesgebiet aufgehalten hat, ist die Anmeldung bei der zuständigen Meldebehörde maßgeblich (vgl. § 7 Abs. 1 Satz 5 SGB II). Zeiten des nicht rechtmäßigen Aufenthalts im Bundesgebiet, in denen eine Ausreisepflicht besteht, werden auf Zeiten des gewöhnlichen Aufenthalts nicht angerechnet (vgl. § 7 Abs. 1 Satz 6 SGB II). Auch Haftzeiten sind nicht anrechnungsfähig.[47]

Bei Drittstaatsangehörigen ist in diesem Zusammenhang zu beachten, dass diese für einen Aufenthalt in der Bundesrepublik einen Aufenthaltstitel benötigen (vgl. § 4 Abs. 1 Satz 1 AufenthG). Fehlt ein solcher Aufenthaltstitel, ist der Aufenthalt rechtwidrig.

---

46 Vgl. EugH, Urt. vom 11.11.2014 – C-333/13 –, juris.

47 Vgl. Fachliche Hinweise der BA, Rn, 7.35a zu § 7 SGB II (Stand: 1.10.2020).

4.5.4.4 Ausnahmen vom Leistungsausschluss

Ausgenommen vom Leistungsausschluss des § 7 Abs. 1 Satz 2 Nr. 1 SGB II sind

- Ausländerinnen und Ausländer, die sich als **Arbeitnehmer**, als selbstständig Erwerbstätige oder in Berufsausbildung in der Bundesrepublik Deutschland aufhalten,
- Ausländerinnen und Ausländer, die sich nach Kapitel 2 Abschnitt 5 AufenthG in der Bundesrepublik aufhalten, also eine befristete Aufenthaltserlaubnis nach den §§ 22 bis 25 AufenthG aus völkerrechtlichen, humanitären oder politischen Gründen erhalten haben (für diesen Personenkreis können allerdings Leistungen nach dem Asylbewerberleistungsgesetz in Betracht kommen, so dass Leistungen nach dem Zweiten Buch Sozialgesetzbuch ausgeschlossen wären; vgl. Ausführungen zu 4.5.3),
- Personen, die aufgrund des § 2 Abs. 3 FreizügG/EU freizügigkeitsberechtigt sind sowie
- Familienangehörige der oben genannten Personengruppen und Familienangehörige von deutschen Staatsangehörigen.

Nach ständiger Rechtsprechung ist der Begriff „Arbeitnehmer“ im Sinne von § 45 AEUV ein autonomer Begriff, der nicht eng ausgelegt werden darf. Der Arbeitnehmerstatus ist anhand objektiver Kriterien zu definieren, die das Arbeitsverhältnis im Hinblick auf die Rechte und Pflichten der betroffenen Personen kennzeichnen (z. B. Tarifvertrag, Lohnfortzahlung im Krankheitsfall, Urlaubsgeld etc.).[48]

Arbeitnehmer im Sinne des § 7 Abs. 1 Satz 2 SGB II kann nur sein, wer im Rahmen eines Arbeitsverhältnisses während einer bestimmten Zeit **regelmäßig** für einen anderen nach dessen Weisung eine Tätigkeit ausübt, für die er als Gegenleistung eine Vergütung erhält. Dabei ist auf objektive Kriterien abzustellen. Als Arbeitnehmer ist nicht anzusehen, wenn die jeweilige Tätigkeit einen so geringen Umfang hat, dass sie sich als **völlig untergeordnet** und (wirtschaftlich) unwesentlich darstellt.

Von einer völlig untergeordneten Tätigkeit kann in der Regel ausgegangen werden, wenn eine Beschäftigung nur sporadisch ausgeübt wird (reine Gelegenheits- oder Gefälligkeitsarbeiten). Eine sehr geringe Arbeitszeit (z. B weniger als drei Stunden pro Woche) kann einen Anhaltspunkt für das Vorliegen einer völlig untergeordneten und unwesentlichen Tätigkeit darstellen. Wird die Tätigkeit regelmäßig weniger als **acht Stunden** pro Woche ausgeübt, ist eine Gesamtschau des Arbeitsverhältnisses entscheidend, wobei insbesondere das Bestehen von Urlaubsansprüchen und Ansprüchen auf Lohnfortzahlung im Krankheitsfall, die Anwendung von Tarifverträgen sowie der langjährige Bestand des Arbeitsverhältnisses auch bei einer Arbeitszeit von unter acht Wochenstunden auf eine Arbeitnehmereigenschaft hindeuten kann.

Irrelevant für den Arbeitnehmerstatus ist das Maß der Produktivität und die Frage, ob durch die Erwerbstätigkeit ein ausreichender Sozialversicherungsschutz und ein existenzsichernder Lohn erzielt wird. Das Freizügigkeitsrecht als Arbeitnehmer ist demnach nicht von einer „normalen“ sozialversicherungspflichtigen und/oder einer existenzsichernden Erwerbstätigkeit abhängig.[49]

48 Vgl. EuGH, Urt. vom 21.2.2013 – C-46/12 –, juris.
49 Vgl. EuGH, Urt. vom 3.3.1986 – C-139/95 –, juris.

Bei einer Tätigkeit mit einer **Wochenarbeitszeit von 5,5 Stunden** und einem **Nettoverdienst von monatlich 175,00 €** liegt im Regelfall ein Arbeitnehmerstatus vor.[50]

Eine selbstständige Tätigkeit in diesem Sinne setzt voraus, dass diese auch tatsächlich ausgeübt wird. Voraussetzung der Niederlassungsfreiheit nach Artikel 49 des Vertrages über die Arbeitsweise der Europäischen Union (AEUV) ist, dass eine wirtschaftliche Tätigkeit auf unbestimmte Zeit mittels einer festen Einrichtung in einem anderen Mitgliedsstaat tatsächlich ausgeübt wird, so dass ein formaler Akt, wie die Registrierung eines Gewerbes nicht ausreichend ist.[51]

Nach § 2 Abs. 3 FreizügG/EU bleibt der Status von Arbeitnehmern und selbstständig Erwerbstätigen erhalten bei

- vorübergehender Erwerbsminderung infolge von Krankheit oder Unfall,
- unfreiwilliger, durch die zuständige Agentur für Arbeit bestätigter Arbeitslosigkeit oder Einstellung einer selbständigen Tätigkeit infolge von Umständen, auf die der Selbständige keinen Einfluss hatte, nach mehr als einem Jahr Tätigkeit,
- Aufnahme einer Berufsausbildung, wenn zwischen der Ausbildung und der früheren Erwerbstätigkeit ein Zusammenhang besteht; der Zusammenhang ist nicht erforderlich, wenn der Unionsbürger seinen Arbeitsplatz unfreiwillig verloren hat.

Bei unfreiwilliger und durch die zuständige Agentur für Arbeit bestätigter Arbeitslosigkeit nach weniger als einem Jahr Beschäftigung bleibt das Recht auf Freizügigkeit lediglich für die Dauer von **sechs Monaten** unberührt (vgl. § 2 Abs. 3 FreizügG/EU). Bei einer Beschäftigungsdauer von mehr als einem Jahr bleibt damit der Arbeitnehmerstatus während der anschließenden ununterbrochenen, unfreiwilligen Arbeitslosigkeit auch weiterhin erhalten. Dieser Personenkreis ist unter diesen Voraussetzungen trotz faktischer Arbeitslosigkeit nicht nach § 7 Abs. 1 Satz 2 Nr. 2 SGB II vom Leistungsbezug ausgeschlossen

Ebenso nicht ausgeschlossen nach § 7 Abs. 1 Satz 2 Nr. 1 und Nr. 2 SGB II sind Bürgerinnen und Bürger der Europäischen Union, bei denen ein anderer Grund nach § 2 FreizügG/EU vorliegt (z. B. Personen, die als Familienangehörige eines in Deutschland erwerbstätigen Bürgers der Europäischen Union ihren gewöhnlichen Aufenthalt in Deutschland haben).

Ebenfalls nicht von der Ausschlussregelung des § 7 Abs. 1 Satz 2 SGB II erfasst werden Bürger der Europäischen Union, die als Familienangehörige eines Deutschen in die Bundesrepublik einreisen.[52]

Inhaber der **Blauen Karte EU** nach § 19a AufenthG besitzen während der Dauer der Gültigkeit Arbeitnehmerstatus, so dass der Leistungsausschluss nach § 7 Abs. 1 Satz 2 SGB II für diesen Personenkreis nicht greift. Nach Ablauf der Gültigkeit ist im Einzelfall zu prüfen, ob sich der Aufenthalt allein aus dem Zweck der Arbeitssuche ergibt. In diesem Fall liegt ein Leistungsausschluss nach § 7 Abs. 1 Satz 2 Nr. 2 SGB II vor.

50 Vgl. EuGH, Urt. vom 4.2.2010 – C-14/09 Rs. Genc –, juris, Rn. 27.
51 Vgl. BSG, Urt. vom 19.10.2010 – B 14 AS 23/10 R –, BSGE 107, 66 = FEVS 62, 433.
52 Vgl. BT-Drs. 16/688 S. 13.

Die Ausschlusstatbestände nach § 7 Abs. 1 Satz 2 SGB II gelten weiterhin nicht für **Spätaussiedlerinnen und Spätaussiedler**. Das Aufnahmeverfahren für Spätaussiedler/innen beginnt mit der Beantragung der Aufnahme als Spätaussiedler über eine deutsche Auslandsvertretung im jeweiligen Herkunftsland. Der Aufnahmeantrag wird vom Bundesverwaltungsamt (BVA) geprüft. Sofern die Voraussetzungen im Einzelfall vorliegen, erteilt das Bundesverwaltungsamt den Antragstellern den Aufnahmebescheid nach § 26 BVFG[53] und bestätigt damit die Eigenschaft als deutscher Volkszugehöriger. Mit dem Aufnahmebescheid können sie zur dauerhaften Wohnsitznahme in die Bundesrepublik Deutschland einreisen.

Sobald die Betroffenen im Besitz des Aufnahmebescheides sind und mit der Absicht der dauerhaften Wohnsitznahme einreisen, sind sie Deutsche im Sinne des Art. 116 Abs. 1 GG. Dies gilt auch für die in den Aufnahmebescheid einbezogenen Verwandten. Bei Vorliegen der übrigen Voraussetzungen können sie somit ab dem Tag der Einreise Leistungen nach dem Zweiten Buch Sozialgesetzbuch beanspruchen.

4.5.4.5 Die Verpflichtungserklärung

Im Rahmen der Beantragung eines Aufenthaltstitels kann von der zuständigen Ausländerbehörde eine sogenannte „**Verpflichtungserklärung**" nach § 68 AufenthG verlangt werden, wenn der/die Ausländer/-in selbst nicht in der Lage ist, den notwendigen Lebensunterhalt zu sichern, dies aber zwingende Voraussetzung für die Erteilung des Aufenthaltstitels ist.[54]

Sofern im Einzelfall eine Verpflichtungserklärung vorliegt, führt dies nicht „automatisch" zum Ausschluss von Grundsicherungsleistungen, sondern zu einem **Erstattungsanspruch** des Leistungsträgers gegenüber dem Verpflichtungsgeber. Die Erstattungspflicht umfasst die (rechtmäßig gewährten) Leistungen zur Sicherung des Lebensunterhalts und die Aufwendungen für einen Kranken- und Pflegeversicherungsschutz. Der Erstattungsanspruch ist vom Leistungsträger gegenüber dem Verpflichtungsgeber durch Verwaltungsakt geltend zu machen. Die Verpflichtung ist nach Maßgabe des Verwaltungsvollstreckungsgesetzes vollstreckbar (vgl. § 68 Abs. 2 Satz 2 AufenthG).

Die Frage, für welchen **Zeitraum** eine Erstattungspflicht des Verpflichtungsgebers besteht, wurde durch Ergänzung des § 68 AufenthG mit Geltung ab dem 6.8.2016 im Rahmen des Integrationsgesetzes[55] geregelt. Danach besteht die Erstattungspflicht grundsätzlich für einen Zeitraum von **fünf Jahren**. Dieser Zeitraum beginnt mit der durch die Verpflichtungserklärung ermöglichten Einreise. Gleichzeitig wurde klargestellt, dass die Verpflichtungserklärung auch vor Ablauf dieses Zeitraums **nicht** durch die Erteilung eines Aufenthaltstitels aus völkerrechtlichen, humanitären

53 Gesetz über die Angelegenheiten von Vertriebenen und Flüchtlingen (Bundesvertriebenengesetz – BVFG) in der Fassung der Bekanntmachung vom 10.8.2007 (BGBl. I S. 1902), zuletzt geändert durch Art. 10 des Gesetzes vom 20.11.2015 (BGBl. I S. 2010).

54 Für die Abgabe der Verpflichtungserklärung ist das dafür vorgesehene bundeseinheitliche Formular zu verwenden. Die für die Entgegennahme zuständige Ausländerbehörde hat sich von der Bonität des Verpflichtungsgebers zu überzeugen.

55 Integrationsgesetz vom 31.7.2016 (BGBl. I 2016 S. 1939), zuletzt geändert durch Art. 2 des Gesetzes vom 6.7.2019 (BGBl. I S. 914, 915).

oder politischen Gründen (vgl. §§22 ff. AufenthG) oder durch Zuerkennung der Flüchtlingseigenschaft bzw. eines subsidiären Schutzes (vgl. §§3, 4 AsylG) **erlischt**.

Für Verpflichtungserklärungen, die **vor dem 6.8.2016** abgegeben wurden (sog. **„Altfälle“**), sieht §68a AufenthG eine Übergangsvorschrift vor, wonach für die Erstattungspflicht an die Stelle des Zeitraums von fünf Jahren ein Zeitraum von **drei Jahren** tritt. Sofern die dreijährige Frist zum 6.8.2016 bereits abgelaufen ist, endet die Verpflichtung zur Erstattung öffentlicher Mittel mit Ablauf des 31.8.2016 (vgl. §68a Satz 2 AufenthG).

Auch in dem für Altfälle geltenden Zeitraum hat die Erteilung eines Aufenthaltstitels aus völkerrechtlichen, humanitären oder politischen Gründen oder die Anerkennung nach §§3, 4 AsylG keine Auswirkungen auf die Erstattungspflicht. Umgekehrt wird kein Anspruch des Verpflichtungsgebers auf Rückerstattung ausgelöst, falls dieser in Altfällen vor August 2016 bereits länger als drei Jahre erstattungspflichtig war.[56]

Im Regelfall ist der Verpflichtungsgeber **ohne Ermessensausübung** zur Erstattung heranzuziehen. Von einem Regelfall ist immer dann auszugehen, wenn die Voraussetzungen für die Aufenthaltsgenehmigung und die finanzielle Belastbarkeit des Verpflichteten im Verwaltungsverfahren von der Ausländerbehörde geprüft wurden und bei Inanspruchnahme nichts dafürspricht, dass die Heranziehung zur Erstattung eine unzumutbare Belastung bedeuten würde (keine signifikante Änderung der Verhältnisse).[57]

In **atypischen Fällen** ist im Wege der **Ermessensausübung** zu entscheiden, ob und ggf. in welchem Umfang der Anspruch geltend gemacht wird.

Ob ein atypischer Fall vorliegt, ist anhand einer wertenden Betrachtung aller Umstände des jeweiligen Einzelfalls zu entscheiden. Die Heranziehung darf zu keiner unzumutbaren Belastung führen. Darüber hinaus sind die Umstände, unter denen die Verpflichtungs-erklärung abgegeben wurde, zu würdigen und es ist zu prüfen, ob eine Heranziehung im Sinne einer „gerechten Lastenversteilung“ verhältnismäßig ist oder welche Zahlungserleichterungen ggf. zu gewähren sind.[58]

4.5.4.6 Unterrichtungspflicht an die Ausländerbehörde

Nach §87 Abs. 2 AufenthG haben öffentliche Stellen (mit Ausnahme von Schulen sowie Bildungs- und Erziehungseinrichtungen) die zuständige Ausländerbehörde zu unterrichten, wenn sie im Zusammenhang mit der Erfüllung ihrer Aufgaben Kenntnis erlangen von

- dem Aufenthalt eines Ausländers, der keinen erforderlichen Aufenthaltstitel besitzt und dessen Abschiebung nicht ausgesetzt ist,
- dem Verstoß gegen eine räumliche Beschränkung,
- der Inanspruchnahme oder Beantragung von Sozialleistungen durch einen Ausländer für sich selbst, seine Familienangehörigen oder sonstige Haushaltsgehörige in den Fällen des §7 Abs. 1 Satz 2 Nr. 2 oder Satz 4 SGB II,
- einem sonstigen Ausweisungsgrund.

56 Vgl. Fachliche Hinweise der BA zu §7 SGB II, Rn. 7.52 (Stand: 1.10.2020).
57 Vgl. Fachliche Hinweise der BA zu §7 SGB II, Rn. 7.53 (Stand: 1.10.2020).
58 Vgl. BVerwG, Urt. vom 13.2.2014 – 1 C 4/13 –, juris, und BVerwG, Urt. vom 24.11.1998 – 1 C 33/97 –, juris, Rn. 60 ff.

Daneben sind die Leistungsträger nach dem Zweiten und Zwölften Buch Sozialgesetzbuch über die genannten Tatbestände hinaus verpflichtet, der Ausländerbehörde mitzuteilen, wenn ein Ausländer mit einer Aufenthaltserlaubnis nach Kapitel 2 Abschnitt 3 (Aufenthalt zum Zwecke der Ausbildung) oder Abschnitt 4 (Aufenthalt zum Zweck der Erwerbstätigkeit) des Aufenthaltsgesetzes für sich oder seine Familienangehörigen entsprechende Leistungen beantragt. Eine Übermittlung von Sozialdaten ist in entsprechenden Fällen nach § 71 Abs. 2 Nr. 3 SGB X zulässig.

Die Pflicht zur Datenübermittlung an die Ausländerbehörde in den genannten Fällen steht **nicht** im Ermessen des Leistungsträgers.

4.5.5 Auswärtiger Aufenthalt

Allgemeines

Leistungen nach dem Zweiten Buch Sozialgesetzbuch sind nach § 7 Abs. 4a SGB II weiterhin ausgeschlossen für erwerbsfähige Leistungsberechtigte, die sich ohne Zustimmung des zuständigen Trägers nach dem Zweiten Buch Sozialgesetzbuch **außerhalb** des **zeit- und ortsnahen Bereiches** (sog. „Tagespendelbereich“) aufhalten und deshalb nicht für die Eingliederung in Arbeit zur Verfügung stehen.

Mit der Einführung der Verordnungsermächtigung in § 13 Abs. 3 SGB II und dem Erlass einer Rechtsverordnung entfällt die bisherige Bezugnahme auf die Erreichbarkeits-Anordnung (EAO)[59]. Bis zum Inkrafttreten einer nach § 13 Abs. 3 SGB II erlassenen Rechtsverordnung gilt § 7 Abs. 4a SGB II in der bis zum 31.12.2010 geltenden Fassung und damit auch der Verweis auf die Bestimmungen der Erreichbarkeits-Anordnung weiter (vgl. § 77 Abs. 1 SGB II).

Die Zustimmung ist gemäß § 7 Abs. 4a Satz 2 SGB II zu erteilen, wenn für den Aufenthalt außerhalb des zeit- und ortsnahen Bereiches ein **wichtiger Grund** vorliegt und die Eingliederung in Arbeit nicht beeinträchtigt wird. Ein wichtiger Grund in diesem Sinne liegt gemäß § 7 Abs. 4a Satz 3 SGB II insbesondere vor bei

1. Teilnahme an einer ärztlich verordneten Maßnahme der medizinischen Vorsorge oder Rehabilitation,
2. Teilnahme an einer Veranstaltung, die staatspolitischen, kirchlichen oder gewerkschaftlichen Zecken dient oder sonst im öffentlichen Interesse liegt oder
3. Ausübung einer ehrenamtlichen Tätigkeit.

Die Zustimmung kann auch erteilt werden, wenn für den Aufenthalt außerhalb des zeit- und ortsnahen Bereichs **kein wichtiger Grund** vorliegt und die Eingliederung in Arbeit nicht beeinträchtigt wird (§ 7 Abs. 4a Satz 4 SGB II).

59 Anordnung des Verwaltungsrats der Bundesanstalt für Arbeit zur Pflicht des Arbeitslosen, Vorschlägen des Arbeitsamtes zur beruflichen Eingliederung zeit- und ortsnah Folge leisten zu können (Erreichbarkeits-Anordnung – EAO) vom 23.10.1997 (Amtliche Nachrichten der Bundesanstalt für Arbeit 1997, S. 1685, berichtigt S. 1100), zuletzt geändert durch 2. Änderungsanordnung zur EAO vom 20.9.2008 (ANBA Nr. 12 vom 28.12.2001, S. 5).

Da auch die übrigen Voraussetzungen der Erreichbarkeits-Anordnung entsprechend gelten, greift der Leistungsausschluss des § 7 Abs. 4a SGB II auch dann, wenn sich der Leistungsberechtigte zwar **innerhalb des zeit- und ortsnahen Bereiches** aufhält, seine (postalische) Erreichbarkeit jedoch nicht sicherstellt bzw. nicht in der Lage ist, die Dienststelle des Leistungsträgers unverzüglich aufzusuchen. Die Dauer der Abwesenheit soll in der Regel insgesamt drei Wochen im Kalenderjahr nicht überschreiten (vgl. § 7 Abs. 4a Satz 5 SGB II).

Von ihrem Wohnort darf sich die leistungsberechtigte Person nur unter den Voraussetzungen des § 2 EAO (auch innerhalb des zeit- und ortsnahen Bereiches) vorübergehend entfernen, wenn sie rechtzeitig die Anschrift für die Dauer der Abwesenheit mitteilt, auch an ihrem vorübergehenden Aufenthaltsort die o. a. Voraussetzungen erfüllen kann und sich im Nahbereich der Grundsicherungsstelle aufhält.

Mit der Regelung wird die sog. „Residenzpflicht“, die bereits für Bezieher von Arbeitslosengeld (Alg I) nach dem Dritten Buch Sozialgesetzbuch maßgeblich ist, auch für Leistungsberechtigte nach dem Zweiten Buch Sozialgesetzbuch eingeführt. Erwerbsfähige Leistungsberechtigte sollen grundsätzlich nur dann Leistungen zur Sicherung des Lebensunterhalts erhalten, wenn sie mit Blick auf die Wiedereingliederung in das Erwerbsleben jederzeit für den Leistungsträger erreichbar sind bzw. ohne Verzug eine zumutbare Beschäftigung aufnehmen können.

Damit muss sichergestellt sein, dass der erwerbsfähige Leistungsberechtigte persönlich an jedem Werktag an seinem Wohnsitz oder gewöhnlichen Aufenthaltsort unter der von ihm genannten Anschrift durch Briefpost vom Leistungsträger erreicht werden kann. Gleiches gilt prinzipiell für alle Mitglieder der Bedarfsgemeinschaft.

Nach dem Wortlaut der bis zum 31.12.2010 (aber bis zum Inkrafttreten einer nach § 13 Abs. 3 SGB II erlassenen Rechtsverordnung weiterhin) geltenden Fassung gilt die Ausschlussregelung des § 7a SGB II uneingeschränkt auch für Empfänger von Sozialgeld. Nach Sinn und arbeitsmarktpolitischer Zwecksetzung der Vorschrift (Wiedereingliederung in das Erwerbsleben) sollte für Sozialgeldempfänger jedoch im Einzelfall entschieden werden, ob eine entsprechende Anwendung der Erreichbarkeits-Anordnung bzw. die Ausschlussregelung nach § 7 Abs. 4a SGB II sinnvoll ist (z. B. zur Vermeidung von Leistungsmissbrauch).[60]

Zeit- und ortsnaher Bereich

Eine Definition des zeit- und ortsnahen Bereiches enthält § 2 Satz 2 EAO. Zum Nahbereich gehören alle Orte in der Umgebung des Leistungsträgers, von denen der erwerbsfähige Leistungsberechtigte erforderlichenfalls in der Lage wäre, die Dienststelle ohne unzumutbaren Aufwand zu erreichen. Insoweit ist der zeit- und ortsnahe Bereich nicht identisch mit dem Zuständigkeitsbereich des Leistungsträgers. In diesem Zusammenhang ist es sachgerecht, von der Zeitgrenze nach § 140 Abs. 4 Satz 2 SGB III auszugehen. Ein unschädlicher auswärtiger Aufenthalt kann demnach noch vorliegen, wenn der Hilfebedürftige für die Vorsprache beim Leistungsträger insgesamt nicht mehr als **2,5 Stunden für den Hin- und Rückweg** aufwenden muss.

60 Ähnlich auch LSG Baden-Württemberg, Urt. vom 14.7.2010 – L 3 AS 3552/09 –, juris.

Die Zeitgrenze nach § 140 Abs. 4 Satz 2 SGB III ist als Richtwert anzusehen. Der Nahbereich kann unter Berücksichtigung der Bedingungen des regionalen Arbeitsmarktes, der (strengeren) Zumutbarkeitskriterien des § 10 SGB II und der Umstände des Enzelfalls unterschiedlich definiert werden und ggf. in der Eingliederungsvereinbarung festgelegt werden.

Der räumliche Nahbereich ist nicht auf das Inland beschränkt. Er kann insoweit auch Orte im Ausland umfassen, die sich in der Umgebung des Leistungsträgers befinden (grenznaher Bereich). Entscheidend ist, dass der Leistungsberechtigte in der Lage sein muss, innerhalb der zumutbaren Pendelzeit die Dienststelle des Trägers der Grundsicherung für Arbeitsuchende täglich zu erreichen.

Zustimmung des Leistungsträgers bzw. des persönlichen Ansprechpartners

Nach § 7 Abs. 4a Satz 1 SGB II führt ein Aufenthalt außerhalb des zeit- und ortsnahen Bereiches unabhängig von der Dauer zum vollständigen Wegfall des Leistungsanspruches, wenn nicht die Zustimmung des Leistungsträgers erteilt wurde. Unter welchen Voraussetzungen und für welche Dauer einem auswärtigen Aufenthalt im Einzelfall zugestimmt werden kann, wird in der Erreichbarkeitsanordnung (EAO) geregelt.

Die Zustimmung darf grundsätzlich nur erteilt werden, wenn durch die Abwesenheitszeit die berufliche Eingliederung nicht beeinträchtigt wird (vgl. § 3 Abs. 1 Satz 3 EAO). Die Zustimmung kann damit beispielsweise nicht erteilt werden, wenn in der Zeit der geplanten Ortsabwesenheit die Vermittlung in Arbeit oder die Teilnahme an einer berufsvorbereitenden Bildungsmaßnahme geplant ist. Die Zustimmung zum auswärtigen Aufenthalt kann für **maximal 21 Kalendertage** pro Kalenderjahr erteilt werden (vgl. § 3 Abs. 1 Satz 1 EAO).

Die leistungsberechtigte Person wird damit für die Dauer von maximal drei Wochen im Kalenderjahr von ihrer Obliegenheit befreit, sich für eine Vermittlung in Arbeit verfügbar zu halten bzw. sich durch eigene Bemühungen selbst eine Beschäftigung suchen zu müssen.

In Fällen außergewöhnlicher Härten, die aufgrund unvorhersehbarer und für den Betroffenen unvermeidbarer Ereignisse entstehen, kann die Dreiwochenfrist tageweise, höchstens um drei Tage verlängert werden (vgl. § 3 Abs. 3 EAO). Dies wäre beispielsweise dann der Fall, wenn dem Leistungsberechtigten aufgrund eines Streiks der Fluglotsen oder eines Verkehrsunfalls eine fristgerechte Rückkehr nicht möglich ist. Darüber hinaus ist eine Fristverlängerung grundsätzlich auch dann nicht möglich, wenn der Leistungsberechtigte während der Ortsabwesenheit erkrankt.

Sollte der Leistungsberechtigte allerdings so schwer erkrankt sein, dass er die Heimreise nicht antreten kann, kommt eine Fristverlängerung in Betracht. Die Transportunfähigkeit ist in geeigneter Form nachzuweisen.

Wird die Zustimmung zur beabsichtigten Ortsabwesenheit für einen bestimmten Zeitraum erteilt und hält sich die leistungsberechtigte Person länger als genehmigt außerhalb des zeit- und ortsnahen Bereiches auf, entfällt der Leistungsanspruch mit Ablauf des Zeitraumes der genehmigten Ortsabwesenheit. Dagegen entfällt der Leistungsanspruch bereits mit dem ersten Tag der Ortsabwesenheit, wenn sich die leistungsberechtigte Person zusammenhängend **länger als sechs Wochen** außerhalb des Nahbereiches aufhält (vgl. § 3 Abs. 4 EAO).

Ausnahme- und Sonderfälle

Werden Leistungen nach § 65 Abs. 4 SGB II für erwerbsfähige Leistungsberechtigte, die am 1.1.2008 bereits das **58. Lebensjahr** vollendet haben, unter den erleichterten Voraussetzungen in Anwendung des § 428 SGB III gezahlt, kann sich die leistungsberechtigte Person für **17 Wochen** im Kalenderjahr außerhalb des Nahbereiches aufhalten (vgl. § 4 Satz 1 EAO). Nach § 4 Satz 2 EAO kann der Zeitraum von 17 Wochen in besonderen Fällen (z. B. bei der Pflege oder Betreuung von Angehörigen) mit Zustimmung des Leistungsträgers im notwendigen Umfang überschritten werden.

In den **ersten drei Monaten der** Arbeitslosigkeit soll die Zustimmung nur in begründeten Ausnahmefällen erteilt werden (vgl. § 3 Abs. 1 Satz 2 EAO), weil die Vermittlungschancen in diesem Zeitraum erfahrungsgemäß am aussichtsreichsten sind. Da der leistungsberechtigten Person nach § 10 SGB II grundsätzlich jede Arbeit zumutbar ist, kommt eine Zustimmung innerhalb der ersten drei Monate des Leistungsbezuges bei bereits längerer Arbeitslosigkeit nur in Betracht, wenn ein wichtiger Grund vorliegt.[61]

Sofern sich die leistungsberechtigte Person zur Ausübung des **Umgangsrechtes** mit dem Kind oder den Kindern am Wochenende außerhalb des zeit- und ortsnahen Bereiches aufhält, ist dieser Aufenthalt in der Regel nicht genehmigungspflichtig und wird nicht auf die 21 Kalendertage (vgl. § 3 Abs. 1 Satz 1 EAO) angerechnet.[62]

Werden Leistungen zur Sicherung des Lebensunterhalts nach dem Zweiten Buch Sozialgesetzbuch ergänzend zum Arbeitslosengeld (Alg I) gezahlt (sog. **„Aufstocker“**), ist die zuständige Agentur für Arbeit im Rahmen der Unterrichtungspflicht nach § 18a SGB II über die genehmigte oder nicht genehmigte Ortsabwesenheit bzw. über die insoweit bekannten, für die Wahrnehmung der Aufgaben der Arbeitsförderung erforderlichen Tatsachen zeitnah zu informieren.

Rechtsfolgen

Die vom Leistungsträger nicht genehmigte Ortsabwesenheit führt zum **Leistungsausschluss,** zur Aufhebung der entsprechenden Bewilligungsbescheide (§ 40 Abs. 2 SGB II i. V. m. § 330 SGB III i. V. m §§ 45 bzw. 48 SGB X) und zur Rückforderung der zu Unrecht erbrachten Leistungen.

61 Vgl. Fachliche Hinweise der BA, Rn. 7.118 zu § 7 SGB II (Stand: 20.1.2016).
62 Vgl. Fachliche Hinweise der BA, Rn. 7.122 zu § 7 SGB II (Stand: 20.1.2016).

Mit dem Ausschluss des Leistungsbezugs endet auch die Versicherungspflicht in der gesetzlichen Krankenversicherung nach § 5 Abs. 2a SGB V. Ein Anspruch auf Leistungen aus der gesetzlichen Krankenversicherung besteht nach dem Leistungsende für längstens einen Monat nach dem Ende der Mitgliedschaft, solange keine Erwerbstätigkeit ausgeübt wird (vgl. § 19 Abs. 2 Satz 1 SGB V).

Sofern die leistungsberechtigte Person einer Meldeaufforderung des Leistungsträgers nicht nachkommt, weil sie sie aufgrund einer nicht angezeigten Ortsabwesenheit nicht zur Kenntnis nehmen konnte, schützt sie dies nicht vor dem Eintritt einer Sanktion nach § 32 SGB II (Meldeversäumnis). Sie kann sich auch nicht auf einen wichtigen Grund berufen, da die Meldeaufforderung mit dem Zugang in ihrem Machtbereich (ohne Rücksicht auf die tatsächliche Kenntnisnahme) wirksam wird.

Der Träger der Grundsicherung für Arbeitsuchende muss die leistungsberechtigte Person im Rahmen seiner Beratungspflicht nach § 14 Abs. 2 SGB II auf die Regelungen der Erreichbarkeits-Anordnung (EAO) und die leistungsrechtlichen Konsequenzen einer nicht genehmigten Ortsabwesenheit bzw. einer verspäteten Rückkehr hinweisen, da eine Unterlassung unter Umständen einen Schadensersatzanspruch wegen Amtspflichtverletzung nach § 839 BGB auslösen kann.

4.5.6 Sonderregelung für Auszubildende

4.5.6.1 Leistungsausschluss nach § 7 Abs. 5 SGB II

Nach § 7 Abs. 5 Satz 1 SGB II haben Auszubildende, deren (schulische oder hochschulmäßige) Ausbildung im Rahmen des Bundesausbildungsförderungsgesetzes (BAföG)[63] **dem Grunde** nach förderungsfähig ist, über die Leistungen für Auszubildende nach § 27 SGB II hinaus keinen Anspruch auf **Leistungen zur Sicherung des Lebensunterhalts**.

Dem Leistungsausschluss für die Leistungen zur Sicherung des Lebensunterhalts liegt der Gedanke zu Grunde, keine (versteckte) Ausbildungsförderung auf einer „zweiten Ebene" durch Grundsicherungsleistungen zu gewähren, sondern diese abschließend im Bundesausbildungsförderungsgesetz zu regeln.

Insofern ist es grundsätzlich auch nicht möglich, in Anspruch genommene Förderleistungen für Auszubildende nach dem Bundesausbildungsförderungsgesetz durch individuell bemessene Leistungen zur Sicherung des Lebensunterhalts im Rahmen der Grundsicherung für Arbeitsuchende (mit Ausnahme der Leistungen für Auszubildende nach § 27 SGB II) aufzustocken.

63 Bundesgesetz über individuelle Förderung der Ausbildung (Bundesausbildungsförderungsgesetz – BAföG) in der Fassung der Bekanntmachung vom 7.12.2010 (BGBl. I S. 1952, ber. BGBl. 2012 I S. 197), zuletzt geändert durch Art. 15 des Gesetzes zur Änd. des InfektionsschutzG und weiterer Gesetze anlässlich der Aufhebung der Feststellung der epidemischen Lage von nationaler Tragweite vom 22.11.2021 (BGBl. I S. 4906).

In welchen konkreten Fällen die Ausschlussregelung nach § 7 Abs. 5 Satz 1 SGB II anzuwenden ist, hängt wegen der Bezugnahme auf einzelne Regelungen des Bundesausbildungsförderungsgesetzes von der Art der Ausbildung und von den Wohnverhältnissen des Auszubildenden ab (je nachdem, ob sie im Haushalt der Eltern oder in einem eigenen Haushalt leben). Der Begriff „Auszubildende" ist in diesem Zusammenhang als Oberbegriff zu sehen.

Übersicht über die Förderung von Auszubildenden:

„Auszubildende" im Kontext des Leistungsausschlusses sind …	**Ausbildungsförderung** nach …
Lehrlinge in einer betrieblichen Ausbildung	**SGB III** (Berufsausbildungsbeihilfe)
Schüler/-innen	**BAföG**
Studierende an einer Hochschule	**BAföG**
Praktikanten/-innen (wenn das Praktikum Teil der Ausbildung bzw. für die jeweilige Ausbildung vorgeschrieben ist)	**BAföG**
Teilnehmer/-innen an einer berufsvorbereitenden Bildungsmaßnahme	**SGB III** (Berufsausbildungsbeihilfe)

Der Leistungsausschluss gilt gemäß § 7 Abs. 5 Satz 2 SGB II auch für Auszubildende, deren Bedarf sich nach §§ 61 Abs. 2 und Abs. 3, 62 Abs. 3, 123 Abs. 1 Nr. 2 und Nr. 3 sowie 124 Abs. 1 Nr. 3 und Abs. 3 SGB III bemisst. Hierbei handelt es sich um Auszubildende, die

- während einer berufsvorbereitenden Bildungsmaßnahme in einem Internat oder Wohnheim mit Vollverpflegung untergebracht sind,
- während einer beruflichen Ausbildung (duale Ausbildung) in einem Internat oder Wohnheim mit Vollverpflegung untergebracht sind,
- behindert sind und während einer beruflichen Ausbildung mit Unterbringung in einem Internat, Wohnheim oder einer besonderen Einrichtung für behinderte Menschen bei Kostenübernahme durch die Agentur für Arbeit untergebracht sind.

Dieser Personenkreis erhält entweder vom Ausbildungsbetrieb oder durch den Rehabilitationsträger bzw. durch das Wohnheim Sachleistungen für Unterkunft und Verpflegung, so dass die Bedarfe dieser Auszubildenden bereits über die Förderung nach dem Dritten Buch Sozialgesetzbuch gedeckt sind.

Von der Ausschlussregelung nach § 7 Abs. 5 Satz 1 SGB II nicht erfasst sind die Arbeitseingliederungsleistungen nach §§ 16, 16a SGB II (insbesondere Beratung und Betreuung) und die vom Träger der Grundsicherung für Arbeitsuchende nach § 16 Abs. 1 Satz 2 SGB II i.V.m den §§ 81 ff. SGB III geförderte berufliche Weiterbildung.

Mit der Regelung des § 7 Abs. 1 Satz 1 SGB II werden nur Auszubildende von den Leistungen zur Sicherung des Lebensunterhalts – mit Ausnahme der Leistungen nach § 27 SGB II – ausgeschlossen, deren Ausbildung nach dem Bundesausbildungsförderungsgesetz (BAföG) förderungsfähig ist (Ausnahme: § 7 Abs. 5 Satz 2 SGB II). Dagegen können Auszubildende, deren betriebliche Berufsausbildung oder Berufsausbildungsvorbereitung nach den §§ 51, 57 und 58 SGB III förderungsfähig ist, bei Vorliegen der übrigen Voraussetzungen ggf. aufstockend zu ihrer Ausbildungsvergütung und/oder Berufsausbildungsbeihilfe Arbeitslosengeld II bzw. Sozialgeld erhalten.

Für die **schulische** oder **hochschulmäßige** Ausbildung wird Ausbildungsförderung gemäß § 2 Abs. 1 BAföG geleistet für den Besuch von

1. weiterführenden allgemeinbildenden Schulen (z.B Haupt-, Real- und Gesamtschulen, Gymnasien) und Berufsfachschulen, einschließlich der Klassen aller Formen der beruflichen Grundbildung, ab Klasse 10 sowie von Fach- und Fachoberschulklassen, deren Besuch eine abgeschlossene Berufsausbildung nicht voraussetzt, wenn der Auszubildende die Voraussetzungen des Absatzes 1a erfüllt,
2. Berufsfachschulklassen und Fachschulklassen, deren Besuch eine abgeschlossene Berufsausbildung nicht voraussetzt, sofern sie in einem zumindest zweijährigen Bildungsgang einen berufsqualifizierenden Abschluss vermitteln,
3. Fach- und Fachoberschulklassen, deren Besuch eine abgeschlossene Berufsausbildung nicht voraussetzt,
4. Abendhauptschulen, Berufsaufbauschulen, Kollegs, Abendrealschulen und Abendgymnasien,
5. Höhere Fachschulen sowie von Akademien, die Abschlüsse verleihen, die nicht nach Landesrecht Hochschulabschlüssen gleichgestellt sind,
6. Hochschulen sowie von Akademien, die Abschlüsse verleihen, die nach Landesrecht Hochschulabschlüssen gleichgestellt sind.

Schülerinnen und Schüler, die eine der in **Nummer 1** genannten Schulformen besuchen, erhalten nur dann Ausbildungsförderung, wenn sie **nicht** bei den Eltern wohnen **und**

- von der Wohnung der Eltern aus eine entsprechende zumutbare Ausbildungsstätte (z.B wegen der Entfernung) nicht erreichbar ist oder
- sie einen eigenen Haushalt führen und verheiratet oder in einer Lebenspartnerschaft verbunden sind oder waren oder

- sie einen eigenen Haushalt führen und mit mindestens einem Kind zusammenleben (vgl. § 2 Abs. 1a Satz 1 BAföG).

Die Höhe der Ausbildungsförderung ist abhängig von der Art der schulischen bzw. hochschulmäßigen Ausbildung und von den Wohnverhältnissen des bzw. der Auszubildenden (bei den Eltern oder nicht bei den Eltern lebend).

Zu beachten ist im Übrigen, dass nach dem Bundesausbildungsförderungsgesetz in der Regel nur eine berufsqualifizierende **Erstausbildung** gefördert wird (vgl. § 7 BAföG). Der Anspruch auf Leistungen nach dem Bundesausbildungsförderungsgesetz entsteht mit dem Monat, in dem die Ausbildung beginnt (Fiktion der Teilnahme ab dem Ersten des Kalendermonats, in welchem die Ausbildung beginnt). Die Förderungshöchstdauer richtet sich bei einem Studium grundsätzlich nach der Regelstudienzeit und kann in besonderen Fällen über das Ende der Förderungshöchstdauer hinaus verlängert werden (vgl. §§ 15, 15a und 15b BAföG).

Übersicht über die nach den §§ 12 und 13 BAföG geltenden Bedarfssätze bei einer schulischen oder hochschulmäßigen Ausbildung

Ausbildungsart	**bei den Eltern wohnend**		**nicht bei den Eltern wohnend**	
	ohne KV / PV*	**mit KV / PV***	**ohne KV / PV***	**mit KV / PV***
weiterführende allgemeinbildende Schulen und Berufsfachschulen ab Klasse 10, Fach- und Fachoberschulen, deren Besuch keine abgeschlossene Berufsausbildung voraussetzt	keine Förderung		**585,00 €**	**694,00 €**
Berufsfachschul- und Fachschulklassen, die in einem zumindest 2-jährigen Bildungsgang einen berufsqualifizierenden Abschluss vermitteln, wenn der Besuch keine abgeschlossene Berufsausbildung voraussetzt	**247,00 €**	**356,00 €**	**585,00 €**	**694,00 €**
Abendhaupt- und Abendrealschulen, Berufsaufbauschulen, FOS-Klassen, deren Besuch eine abgeschlossene Berufsausbildung voraussetzt	**448,00 €**	**557,00 €**	**681,00 €**	**790,00 €**
Fachschulklassen, deren Besuch eine abgeschlossene Berufsausbildung voraussetzt, Kollegs, Abendgymnasien	**454,00 €**	**563,00 €**	**723,00 €**	**832,00 €**
Höhere Fachschulen, Akademien und Hochschulen	**483,00 €**	**592,00 €**	**752,00 €**	**861,00 €**

* Kranken- und Pflegeversicherungszuschuss bei Auszubildenden, die versicherungspflichtig in der gesetzlichen Krankenversicherung sind

Die genannten Beträge (BAföG-Sätze) setzen sich zusammen aus einem Grundbedarf und einer Wohnpauschale (unabhängig von der Höhe der tatsächlichen Kosten für Unterkunft und Heizung).

Für Schüler oder Studierende, die nicht mehr familienversichert und damit beitragspflichtig in der gesetzlichen oder einer privaten **Krankenversicherung** versichert sind, erhöht sich der Bedarfssatz um weitere 84,00 € und zur Abgeltung der Kosten für die Pflegeversicherung um 25,00 € (Zuschuss zur Kranken- und Pflegeversicherung nach § 13a BAföG) und für Studierende ab dem 30. Lebensjahr um 155,00 € und 34,00 €. Schließlich erhalten Auszubildende, die mit mindestens einem Kind, das das 14. Lebensjahr noch nicht vollendet hat, in einem Haushalt leben, nach § 14b BAföG einen **Kinderbetreuungszuschlag** in Höhe von 150,00 € für jedes Kind.

Sofern Studierende einen Anspruch auf Arbeitslosengeld II haben, besteht kein Anspruch (mehr) auf den Zuschuss nach § 13a BAföG, weil die Pflichtversicherung in der gesetzlichen Krankenversicherung durch den Bezug von Arbeitslosengeld II nach § 5 Abs. 1 Nr. 2a SGB V die studentische Pflichtversicherung nach § 5 Abs. 1 Nr. 9 „verdrängt" (vgl. § 5 Abs. 7 SGB V).

Grundsätzlich wird die Ausbildungsförderung für die schulische oder hochschulmäßige Ausbildung nur geleistet, wenn der Ausbildungsabschnitt mindestens ein Schul- oder Studienhalbjahr dauert und die Ausbildung die Arbeitskraft des Auszubildenden im Allgemeinen voll in Anspruch nimmt (vgl. § 2 Abs. 5 Satz 1 BAföG). Die Arbeitskraft des Auszubildenden wird durch die Ausbildung voll in Anspruch genommen, wenn die Ausbildung 40 Wochenstunden erfordert. Das ist nur anzunehmen, wenn die **Unterrichtszeit mindestens 20 Wochenstunden** beträgt.

Dieser Aspekt spielt insbesondere bei Besuchern einer **Abendschule** eine Rolle, da die Unterrichtszeit von mindestens 20 Wochenstunden (und damit eine Förderfähigkeit nach dem BAföG) im Regelfall erst in den letzten zwei Schulhalbjahren vor der Abschlussprüfung (bei Abendrealschulen) bzw. in den letzten drei Schulhalbjahren vor der Reifeprüfung (bei Abendgymnasien) erreicht wird. Damit ist der Besuch einer Abendschule nur in den letzten zwei bzw. drei Schulhalbjahren förderfähig, da die Auszubildenden in dieser Zeit von der Verpflichtung zur Ausübung einer Erwerbstätigkeit befreit sind.

Eine **Berufsausbildung** ist **nicht** nach dem Bundesausbildungsförderungsgesetz, sondern nach den Vorschriften des Dritten Buches Sozialgesetzbuch förderungsfähig, wenn sie in einem nach dem Berufsbildungsgesetz, der Handwerksordnung oder dem Seemannsgesetz staatlich anerkannten Ausbildungsberuf **betrieblich** oder **außerbetrieblich** oder nach dem Altenpflegegesetz betrieblich durchgeführt wird und der dafür vorgeschriebene Berufsausbildungsvertrag abgeschlossen worden ist (vgl. § 57 Abs. 1 SGB III). Ein Ausbildungsberuf ist staatlich anerkannt, wenn für ihn eine Ausbildungsordnung durch Rechtsverordnung vom zuständigen Bundesministerium im Einvernehmen mit dem Bundesministerium für Bildung und Forschung erlassen wurde.

Die praktischen und theoretischen Kenntnisse und Fertigkeiten werden während der beruflichen Ausbildung in der Regel sowohl im Betrieb bzw. in der Verwaltung als auch in der Berufsschule vermittelt (duales System). Dabei ist die Dauer der Ausbildung nicht bundeseinheitlich geregelt.

Daneben gibt es allerdings eine Reihe von Ausbildungsberufen, die man im Rahmen einer schulischen Ausbildung an einer Vollzeitschule (z. B. einer Berufsfachschule) erlernen kann (vgl. nachfolgende Tabelle). Da es sich in diesen Fällen um **vollzeitschulische** (und nicht um betriebliche) Ausbildungsgänge handelt, kommt eine Förderung nach den Vorschriften des Bundesausbildungsförderungsgesetzes in Betracht.

Berufsfachschulen, die in einem zumindest zweijährigen Bildungsgang einen berufsqualifizierenden Abschluss vermitteln	
2-jährig	Berufsfachschulen für Heilerziehungshelfer, Kinderpfleger, Masseur, Sozialhelfer
3-jährig	Berufsfachschulen für CTA, elektrotechnische Assistenten, Ergotherapeuten, gestaltungstechnischer Assistenten, Gymnastiklehrer, Hebammen, informationstechnische Assistenten, kaufmännische Assistenten für Fremdsprachen, Kinderkrankenschwestern, Kosmetikerinnen, Kranken-schwester / -pfleger, Logopäden, maschinenbautechnische Assistenten, Medizingerätetechniker, MTA, Musicaldarsteller, Physiotherapeuten, PTA, Rettungsassistenten, Schauspieler, Tanzpädagogen / Bühnentänzer, umwelttechnische Assistenten
4-jährig	Berufsfachschulen für Erzieher (AHR) einschließlich des Anerkennungsjahres

Durch die Formulierung **„dem Grunde nach"** macht der Gesetzgeber deutlich, dass es nicht darauf ankommt, ob der oder die Auszubildende Leistungen der Ausbildungsförderung nach dem Bundesausbildungsförderungsgesetz tatsächlich bezieht oder (z. B. wegen der Unterhaltsverpflichtung der Eltern, Überschreiten der Förderungshöchstdauer, aus Altersgründen oder wegen unzulässigem Wechsel des Studienganges) nicht bezieht. In diesem Zusammenhang ist allein die Art der Ausbildung bzw. die grundsätzliche (im Sinne einer abstrakten) Förderungsfähigkeit entscheidungsrelevant.[64] Individuelle Versagungsgründe im Verhältnis zum Träger der Ausbildungsförderung spielen bei dieser Betrachtung somit keine Rolle.

Auch das Studium an der **Hochschule für Polizei und Verwaltung** (HSPV NRW) stellt eine Ausbildung dar, die nach dem Bundesausbildungsförderungsgesetz (BAföG) dem Grunde nach (bei der gebotenen abstrakten Betrachtungsweise) förderungsfähig ist und damit zum Leistungsausschluss nach § 7 Abs. 5 Satz 1 SGB II führt. Auch die Ausschlussregelungen des § 2 Abs. 6 BAföG berühren die Förderungsfähigkeit einer entsprechenden Ausbildung nicht. Nach § 2 Abs. 6 Nr. 3 BAföG wird u. a. keine Ausbildungsförderung geleistet, wenn der Auszubildende als Beschäftigter im öffentlichen Dienst Anwärterbezüge oder ähnliche Leistungen aus öffentlichen Mitteln erhält.

64 Vgl. BSG, Urt. vom 6.9.2007 – B 14/7b AS 36/06 R –, BSGE 99, 67 = FEVS 59, 289 = NDV-RD 2008, 60.

Der Sinn dieser Vorschrift liegt jedoch allein darin, das Konkurrenzverhältnis zwischen Förderungsansprüchen zu lösen, das dann entsteht, wenn für ein- und dieselbe Ausbildung neben den in § 2 Abs. 6 Nr. 1 bis 4 BAföG genannten Leistungen auch eine Förderung nach dem Bundesausbildungsförderungsgesetz möglich ist. In derartigen Fällen sollen die in § 2 Abs. 6 BAföG genannten Leistungen in der Weise Vorrang haben, dass Leistungen nach dem Bundesausbildungsförderungsgesetz nicht (auch nicht aufstockend) erbracht werden.[65]

Auch das Studium an einer **Fernuniversität** ist dem Grunde nach förderungsfähig, wenn es sich um ein Vollzeitstudium handelt.

Ebenso ist die Ausbildung an **privaten Berufsakademien** auf tertiärem Niveau (d.h. Ausbildung mit Bachelor- oder Masterabschluss) nach dem Bundesausbildungsförderungsgesetz dem Grunde nach förderungsfähig. Auszubildende an solchen Berufsakademien sind daher auch dann vom Leistungsausschluss nach § 7 Abs. 5 Satz 1 SGB II betroffen, wenn sie parallel in einem Betrieb angestellt sind und durch die erzielten Einkünfte keine Leistungen nach dem Bundesausbildungsförderungsgesetz erhalten können.

4.5.6.2 Ausnahmen vom Leistungsausschluss (§ 7 Abs. 6 SGB II)

Der Leistungsausschluss nach § 7 Abs. 5 Satz 1 SGB II findet gemäß § 7 Abs. 6 SGB II keine Anwendung für Auszubildende,

1. die aufgrund von § 2 Abs. 1a BAföG keinen Anspruch auf Ausbildungsförderung haben (§ 7 Abs. 6 Nr. 1 SGB II),
2. deren Bedarf sich nach §§ 12, 13 Abs. 1 i.V.m Abs. 2 Nr. 1 oder nach § 13 Abs. 1 Nr. 1 i.V.m Abs. 2 Nr. 2 BAföG bemisst und die Leistungen nach dem Bundesausbildungsförderungsgesetz
   a) erhalten oder nur wegen der Vorschriften zur Berücksichtigung von Einkommen und Vermögen nicht erhalten oder
   b) beantragt haben und über deren Antrag das zuständige Amt für Ausbildungsförderung noch nicht entschieden hat; lehnt das zuständige Amt für Ausbildungsförderung die Leistungen ab, findet § 7 Abs. 5 SGB II mit Beginn des folgenden Monats Anwendung, oder
3. die eine Abendhauptschule, eine Abendrealschule oder ein Abendgymnasium besuchen, sofern sie aufgrund § 10 Abs. 3 BAföG keinen Anspruch auf Ausbildungsförderung haben (§ 7 Abs. 6 Nr. 3 SGB II).

Für Auszubildende, die nach § 7 Abs. 6 SGB II nicht vom Leistungsausschluss für den Bezug von Arbeitslosengeld II und Sozialgeld betroffen sind, können Leistungen nach § 27 SGB II **nicht** in Betracht kommen.

65 Vgl. BSG, Urt. vom 19.8.2010 – B 14 AS 24/09 R –, juris.

Ausnahmen vom Leistungsausschluss nach § 7 Abs. 6 Nr. 1 SGB II
Der Ausschluss von Leistungen zur Sicherung des Lebensunterhalts nach § 7 Abs. 5 Satz 1 SGB II findet keine Anwendung, wenn aufgrund von § 2 Abs. 1a BAföG **kein Anspruch** auf Förderleistungen besteht, weil der Auszubildende im Haushalt seiner Eltern lebt. In diesen Fällen ist der Anspruch auf Leistungen zur Sicherung des Lebensunterhalts nach dem Zweiten Buch Sozialgesetzbuch somit nicht ausgeschlossen, da es sich in diesem Zusammenhang nicht um **förderungsfähige** Ausbildungen handelt (vgl. § 7 Abs. 6 **Nr. 1** SGB II). In diesen Fällen besteht ein Anspruch auf Arbeitslosengeld II / Sozialgeld, sofern die übrigen Voraussetzungen für den Leistungsbezug vorliegen.

Die Ausnahmeregelung des § 7 Abs. 6 **Nr. 1** SGB II ist anzuwenden für Schülerinnen und Schüler an

a) Gesamtschulen (ab Klasse 10),
b) Realschulen, Gymnasien (ab Klasse 10),
c) Berufsfachschulen, einschließlich der Klassen aller Formen der beruflichen Grundbildung (ab Klasse 10) und Fach- und Fachoberschulklassen, die einen **Schul**abschluss, jedoch keinen **Berufs**abschluss vermitteln, und
d) Absolventen eines Praktikums in Verbindung mit dem Besuch einer Fachoberschule.

Bei den genannten (schulischen) Ausbildungsformen besteht nur dann ein Anspruch auf Leistungen nach dem Bundesausbildungsförderungsgesetz, wenn der Auszubildende **nicht** bei seinen Eltern wohnt **und**

- von der Wohnung der Eltern eine entsprechende zumutbare Ausbildungsstätte **nicht erreichbar** ist (d. h bei Benutzung der günstigsten Verkehrsverbindung mindestens an drei Wochentagen länger als zwei Stunden Fahrtzeit für Hin- und Rückweg) oder
- der Auszubildende einen eigenen Haushalt führt **und** verheiratet oder in einer Lebenspartnerschaft verbunden ist oder war oder
- der Auszubildende einen eigenen Haushalt führt **und** mit mindestens einem Kind zusammenlebt (vgl. § 2 Abs. 1 Nr. 1 i. V. m Abs. 1a Satz 1 BAföG).

Die Bundesregierung kann durch Rechtsverordnung mit Zustimmung des Bundesrates bestimmen, dass Ausbildungsförderung für den Besuch der bezeichneten Ausbildungsstätten auch in Fällen geleistet wird, in denen die Verweisung des Auszubildenden auf die Wohnung der Eltern aus schwerwiegenden sozialen Gründen unzumutbar ist (vgl. § 2 Abs. 1a Satz 2 BAföG). Eine entsprechende Rechtsverordnung ist allerdings bisher noch nicht erlassen worden. Das bedeutet, dass das Vorliegen schwerwiegender sozialer Gründe bei Nichterfüllung der Kriterien des § 2 Abs. 1a Satz 2 BAföG (bei den genannten Schul- bzw. Ausbildungsformen) kein Anspruch auf Ausbildungsförderung besteht, so dass der Leistungsausschluss nach § 7 Abs. 5 Satz 1 SGB II in entsprechenden Fällen nicht einschlägig ist.

Entsprechende Regelungen finden sich in § 60 Abs. 1 und Abs. 2 SGB III für den Bereich der **beruflichen** (betriebliche oder außerbetriebliche) Ausbildung.

Sofern der oder die Auszubildende (in einer der genannten Schulformen) bei den Eltern wohnt oder – wenn er oder sie nicht bei den Eltern wohnt – eine der drei genannten Voraussetzungen nicht vorliegt, besteht gemäß § 2 Abs. 1a BAföG kein Anspruch auf Leistungen nach dem Bundesausbildungsförderungsgesetz (nicht förderungsfähige Ausbildung), so dass die Regelung des § 7 Abs. 5 Satz 1 SGB II (Leistungsausschluss für Auszubildende) keine Anwendung findet und Leistungen zur Sicherung des Lebensunterhalts nach dem Zweiten Buch Sozialgesetzbuch (Arbeitslosengeld II bzw. Sozialgeld) in Betracht kommen.

Ausnahmen nach § 7 Abs. 6 Nr. 2 SGB II

Der Ausschlusstatbestand nach § 7 Abs. 5 SGB II findet gemäß § 7 Abs. 6 Nr. 2 SGB II ebenfalls **keine** Anwendung auf Auszubildende, deren Bedarf sich nach den §§ 12, 13 Abs. 1 i. V. m Abs. 2 Nr. 1 oder nach § 13 Abs. 1 Nr. 1 i. V. m Abs. 2 Nr. 2 BAföG bemisst und die Leistungen nach dem Bundesausbildungsförderungsgesetz erhalten oder nur wegen der Vorschriften zur Berücksichtigung von Einkommen und Vermögen nicht erhalten oder BAföG-Leistungen beantragt haben, über deren Antrag das zuständige Amt für Ausbildungsförderung noch nicht entschieden hat. Sofern das zuständige Amt für Ausbildungsförderung die Leistungen ablehnt, findet die Ausschlussregelung des § 7 Abs. 5 Satz 1 SGB II mit Beginn des folgenden Monats Anwendung.

Damit erweitert § 7 Abs. 6 Nr. 2 SGB II den anspruchsberechtigten Personenkreis für den Bezug von Arbeitslosengeld II auf **alle Schüler** an einer weiterführenden Schule, die zu einem schulischen oder berufsqualifizierenden Abschluss führt, und an einer Abendschule, unabhängig davon, ob sie bei den Eltern oder im eigenen Haushalt leben, sowie auf **Studierende** an einer Hochschule, wenn sie **bei den Eltern wohnen** und BAföG-Leistungen erhalten bzw. beantragt haben oder diese nur wegen der Vorschriften zur Berücksichtigung von Einkommen und Vermögen nicht erhalten.

Beispiel 1

*Der Schüler Adrian (19 Jahre alt) besucht die 12. Klasse eines Gymnasiums und wohnt **nicht** bei seinen Eltern. Er kann die Schule von der Wohnung seiner Eltern aus nicht in einer angemessenen Zeit erreichen. Der Besuch einer allgemeinbildenden Schule ab Klasse 10 ist nach § 12 Abs. 2 Nr. 1 BAföG förderungsfähig, wenn der Schüler die Voraussetzungen nach § 2 Abs. 1a BAföG erfüllt. Dies ist hier der Fall.*

*Damit handelt sich um einen Ausnahmefall i. S des § 7 Abs. 6 **Nr. 2** SGB II (der Bedarf für die Ausbildungsförderung bemisst sich nach § 12 BAföG), so dass die Ausschlussregelung nach § 7 Abs. 5 Satz 1 SGB II keine Anwendung findet. Unter den Voraussetzungen des § 7 Abs. 1 Satz 1 i. V. m § 19 Abs. 1 Satz 1 SGB II kann für Adrian (aufstockend zu den BAföG-Leistungen) Arbeitslosengeld II in Betracht kommen.*

Sofern der Schüler im Haushalt seiner Eltern lebt, wäre die schulische Ausbildung gemäß § 2 Abs. 1a BAföG ***nicht*** *förderungsfähig. In dieser Konstellation würde es sich allerdings um einen Ausnahmefall nach § 7 Abs. 6* ***Nr. 1*** *SGB II handeln, so dass Adrian vom Bezug von Arbeitslosengeld II ebenfalls* ***nicht*** *ausgeschlossen wäre.*

Beispiel 2
Klaus K (26 Jahre alt) lebt im Haushalt seiner Eltern und ist Student im 6. Semester an der Universität seiner Heimatstadt. Gemäß § 13 Abs. 1 Nr. 2 i. V. m Abs. 2 Nr. 1 BAföG erhält vom zuständigen Träger der Ausbildungsförderung Leistungen in Höhe von monatlich 585,00 € (einschließlich des Zuschusses für die gesetzliche Kranken- und Pflegeversicherung).
Damit handelt es sich um einen Ausnahmefall i. S des § 7 Abs. 6 ***Nr. 2*** *SGB II, so dass die Ausschlussregelung für Auszubildende nach § 7 Abs. 5 Satz 1 SGB II keine Anwendung findet. Unter den Voraussetzungen des § 7 Abs. 1 Satz 1 i. V. m § 19 Abs. 1 Satz 1 SGB II kann für ihn (aufstockend zu den BAföG-Leistungen) Arbeitslosengeld II in Betracht kommen.*

Beispiel 3
Lisa L (28 Jahre alt) bewohnt einen eigenen Haushalt. Sie ist Studentin im 4. Semester an der Universität ihrer Heimatstadt. Da sie ***nicht*** *bei ihren Eltern lebt, erhält sie gemäß § 13 Abs. 1 Nr. 2 i. V. m Abs. 2 Nr. 2 BAföG Leistungen vom zuständigen Träger der Ausbildungsförderung in Höhe von monatlich 861,00 € (einschließlich des Zuschusses zur Kranken- und Pflegeversicherung).*
Da auf die hier relevanten BAföG-Regelungen (§ 13 Abs. 1 Nr. 2 i. V. m Abs. 2 Nr. 2) in § 7 Abs. 6 ***Nr. 2*** *SGB II* ***nicht*** *verwiesen wird, ist Lisa gemäß § 7 Abs. 5 Satz 1 SGB II vom Arbeitslosengeld II ausgeschlossen. Für sie kommen ggf. Leistungen für Auszubildende nach § 27 SGB II in Betracht.*

Ausnahmen nach § 7 Abs. 6 Nr. 3 SGB II
Auch die schulische Ausbildung an einer **Abendschule** (z. B. Abendrealschule oder Abendgymnasium) ist prinzipiell eine dem Grunde nach förderungsfähige Ausbildung (vgl. § 2 Abs. 1 Nr. 4 BAföG), wenn die Arbeitskraft des Auszubildenden voll in Anspruch genommen wird. Dies ist der Fall, wenn die wöchentliche Unterrichtsstundenzahl mehr als 20 Stunden beträgt. Der Leistungsausschluss nach § 7 Abs. 5 Satz 1 SGB II greift allerdings nicht, wenn beim Besuch der Abendschule aufgrund von § 10 Abs. 3 BAföG aus Altersgründen kein Anspruch auf Ausbildungsförderung besteht (vgl. § 7 Abs. 6 Nr. 3 SGB II).

Die maßgebliche Altersgrenze für einen Ausschluss der Förderfähigkeit nach dem Bundesausbildungsförderungsgesetz (auch für den Besuch von Abendschulen) ist im Regelfall die Vollendung des 30. Lebensjahres bei Beginn des Ausbildungsabschnittes, für den Ausbildungsförderung beantragt wird (vgl. § 10 Abs. 3 Satz 1 BAföG). Ausnahmen hiervon enthält § 10 Abs. 3 Satz 2 BAföG.

Soweit im Einzelfall für den Besuch einer Abendschule gemäß § 10 Abs. 3 Satz 1 BAföG wegen Überschreitens der Altersgrenze (d. h **Vollendung des 30. Lebensjahres** bei Beginn der abendschulischen Ausbildung) Ausbildungsförderung nicht geleistet wird, ist die Ausschlussregelung des § 7 Abs. 5 Satz 1 SGB II nicht anzuwenden. Es besteht bei Vorliegen der sonstigen Voraussetzungen ein Anspruch auf Arbeitslosengeld II bzw. Sozialgeld.

Der Leistungsausschluss für Auszubildende nach § 7 Abs. 5 SGB II kommt damit in folgenden Fallkonstellationen in Betracht:

Der Leistungsausschluss für Auszubildende nach § 7 Abs. 5 SGB II kommt in folgenden Fällen in Betracht für …

1.

… Auszubildende in einer Berufsausbildung oder bei Teilnahme an einer berufsvorbereitenden Bildungsmaßnahme (nach dem SGB III dem Grunde nach förderungsfähig),

aber nur …

in den in § 7 Abs. 5 Satz 2 SGB II genannten Fällen.

2.

… Studierende an

- höheren Fachschulen,
- Akademien und
- Hochschulen,

die **nicht** bei den Eltern wohnen (Förderung nach § 13 Abs. 1 **Nr. 2** i. V. m. § 13 Abs. 2 Nr. 2 BAföG)

unabhängig davon, ob sie BAföG erhalten oder nicht.

3.

… alle **Schüler** und **Studierende**,

deren Bedarf sich nach einer der in § 7 Abs. 6 Nr. 2 SGB II genannten Vorschriften bemisst,

aber **kein** BAföG erhalten (und zwar aus einem anderen Grund als der Berücksichtigung von Einkommen und/oder Vermögen).

4.5.6.3 Leistungen für Auszubildende nach § 27 SGB II

Mit der Vorschrift des § 27 SGB II werden die möglichen Leistungen für Auszubildende, die nach § 7 Abs. 5 SGB II vom Arbeitslosengeld II und Sozialgeld ausgeschlossen sind, systematisch zusammengefasst. Insofern kommen entsprechende Leistungen nicht in Betracht für Auszubildende, die nach § 7 Abs. 6 SGB II nicht vom Leistungsausschluss des § 7 Abs. 5 SGB II betroffen sind.

Damit Auszubildende nicht besser oder schlechter gestellt werden als Personen, die grundsätzlich einen Anspruch auf Arbeitslosengeld II oder Sozialgeld haben, werden entsprechende Leistungen nur erbracht, soweit die Auszubildenden die entsprechenden Bedarfe nicht durch zu berücksichtigendes Einkommen oder Vermögen decken können (vgl. § 27 Abs. 2 SGB II). Auch die Leistungen für Auszubildende nach § 27 SGB II sind damit grundsätzlich einkommens- und vermögensabhängig.

Leistungen für Auszubildende nach § 27 SGB II gelten nicht als Arbeitslosengeld II (vgl. § 27 Abs. 1 Satz 2 SGB II). Damit tritt eine Versicherungspflicht in der gesetzlichen Kranken- und Pflegeversicherung nicht ein.

Leistungen nach § 27 Abs. 2 SGB II (Mehrbedarfe, Erstausstattung für Bekleidung und Erstausstattung bei Schwangerschaft und Geburt)

Nach bisheriger Rechtsprechung des Bundessozialgerichtes zu § 7 Abs. 5 SGB II bestand der Leistungsausschluss für Auszubildende lediglich für den sog. „ausbildungsgeprägten" bzw. „ausbildungsbedingten" Bedarf.[66] Dazu gehören insbesondere die Regelbedarfe zur Sicherung des Lebensunterhalts sowie die Bedarfe für Unterkunft und Heizung und für die mit der Ausbildung im Zusammenhang stehenden Aufwendungen (Lern- und/oder Arbeitsmittel, Fahrtkosten etc.).

Ist der konkrete Bedarf zur Sicherung des Lebensunterhalts dagegen auf Gründe zurückzuführen, die mit der Ausbildung nicht in einem unmittelbaren Zusammenhang stehen (**nicht ausbildungsgeprägte** Bedarfe), wird der Anspruch hierauf von der Regelung des § 7 Abs. 5 SGB II nicht berührt. Entsprechende Bedarfe werden durch die Vorschrift des § 27 Abs. 2 SGB II im Rahmen der Leistungen für Auszubildende gesetzlich geregelt.

Leistungen für Auszubildende nach § 27 Abs. 2 SGB II werden in Höhe der Mehrbedarfe nach § 21 Abs. 2, Abs. 3, Abs. 5 und Abs. 6 SGB II und in Höhe der Leistungen nach § 24 Abs. 3 Satz 1 Nr. 2 SGB II (Erstausstattung für Bekleidung und Erstausstattung bei Schwangerschaft und Geburt) erbracht, soweit die Bedarfe nicht durch zu berücksichtigendes Einkommen oder Vermögen gedeckt sind. Durch die Formulierung „soweit" wird klargestellt, dass entsprechende Leistungen ggf. auch anteilig in Betracht kommen können.

Ein Anspruch auf den Mehrbedarf nach § 21 Abs. 4 SGB II ist nicht vorgesehen, da dieser nur anerkannt wird für erwerbsfähige behinderte Leistungsberechtige, denen Leistungen zur Teilhabe am Arbeitsleben nach § 49 SGB IX sowie sonstige Hilfen zur Erlangung eines geeigneten Platzes im Arbeitsleben oder Eingliederungshilfen nach § 54 Abs. 1 Satz 1 Nr. 1 bis 3 SGB XII erbracht werden. Dieser Mehrbedarf ist somit ausbildungsgeprägt.

Leistungen nach § 27 Abs. 3 Satz 1 SGB II (bei Anerkennung einer besonderen Härte – „allgemeine" Härtefallregelung)

Nach § 27 Abs. 3 Satz 1 SGB II können Leistungen als **Darlehen** für Regelbedarfe, den Mehrbedarf nach § 21 Abs. 7 SGB II, Bedarfe für Unterkunft und Heizung, Bedarfe für Bildung und Teilhabe und notwendige Beiträge zur Kranken- und Pflegeversicherung erbracht werden, sofern der Leistungsausschluss nach § 7 Abs. 5 SGB II eine **besondere Härte** bedeutet. Die Formulierung „besondere Härte" stellt einen unbestimmten Rechtsbegriff dar, dessen Auslegung der sozialgerichtlichen Überprüfung unterliegt.

Vor dem 1.1.2005 sind mehrfach Entscheidungen der Verwaltungsgerichtsbarkeit zur Auslegung der „Vorgängerregelung" des § 26 BSHG und zur Frage, in welchen Fällen eine „besondere Härte" anzuerkennen ist, ergangen, an deren Inhalt und

66 Vgl. BSG, Urt. vom 6.9.2007 – B 14/7b 28/06 R –, NJW 2008, 2285 = info also 2008, 134 (Kurzwiedergabe).

Aussage (wegen der weitgehend inhaltsgleichen Formulierungen in § 26 BSHG und §§ 7 Abs. 5, 27 Abs. 3 Satz 1 SGB II) sich der Träger der Grundsicherung für Arbeitsuchende in seinen Entscheidungen orientieren muss.

Eine „besondere Härte“ in diesem Sinne wurde demnach nur anerkannt, wenn die Folgen der Versagung der Hilfe über das Maß hinausgehen, das regelmäßig mit der Versagung dieser Leistung verbunden oder vom Gesetzgeber in Kauf genommen worden ist. Ein solcher „besonderer Härtefall“ liegt erst vor, wenn besondere Umstände hinzutreten, die die Versagung von Hilfeleistungen als übermäßig hart, d.h. als unzumutbar oder in einem hohen Maße unbillig, erscheinen lassen und den Einzelfall damit als **atypisch** kennzeichnen.[67]

Eine „besondere Härte“ in diesem Sinne ist in der Regel **nicht** anzuerkennen, wenn die Ausbildung ohne (weitere) finanzielle Unterstützung aus wirtschaftlichen Gründen abgebrochen werden müsste, der Auszubildende die von ihm beantragte Ausbildungsförderung nicht bzw. noch nicht erhält oder der Auszubildende aus persönlichen Gründen (z.B. wegen Kinderbetreuung) oder aus rechtlichen Gründen (Beschäftigungsverbot) seine Arbeitskraft zur Erzielung von Einkommen nicht einsetzen könnte. So rechtfertigt nach der hier vertretenen Auffassung allein der Umstand, dass der/die Auszubildende alleinerziehend ist, nicht die Anerkennung einer besonderen Härte i. S. des § 27 Abs. 3 Satz 1 SGB II.

Eine „besondere Härte“ ist auch dann nicht gegeben, wenn einem Ausländer ein Anspruch auf Leistungen der Ausbildungsförderung wegen Nichterfüllung der persönlichen Voraussetzungen nach § 8 BAföG im Hinblick auf seinen Aufenthaltsstatus nicht zusteht[68] oder der Betroffene (rechnerisch) weniger Geld zur Verfügung hat als ein Empfänger von Arbeitslosengeld II.

Eine „besondere Härte“ im Sinne des § 27 Abs. 3 Satz 1 SGB II kann dagegen z.B. in folgenden Fallkonstellationen anerkannt werden:

- Der Auszubildende bzw. Student befindet sich in der akuten Abschlussphase der Ausbildung bzw. steht kurz vor dem Examen (sein Prüfungsverfahren hat bereits begonnen) und erhält keine Ausbildungsförderung (mehr).[69] In diesem Zusammenhang sind allerdings die besonderen Vorschriften des § 15 Abs. 3 und Abs. 3a BAföG über die Verlängerung der Förderungshöchstdauer bzw. über die Studienabschlussförderung zu beachten.
- Für eine vor dem Abschluss stehende Ausbildung ist ein Hilfebedarf entstanden, der nicht durch Leistungen der Ausbildungsförderung oder sonstige verfügbare Mittel gedeckt werden kann. Es besteht deswegen die Gefahr, dass die Ausbildung ohne ein Darlehen nicht beendet werden kann und zukünftige Erwerbslosigkeit droht. Wann die Ausbildung in diesem Sinne vor dem Abschluss steht, ist eine Wertungsfrage im Einzelfall, die auch von der Art der Ausbildung abhängig ist.[70]

67 Vgl. BVerwG, Urt. vom 14.10.1993 – 5 C 16/91 – (ohne Beispielnennung), BVerwGE 94, 224 = FEVS 44, 269 = NDV-RD 1994, 314.
68 Vgl. LSG NRW, Beschl. vom 23.08.2006 – L 19 B 20/06 AS ER –, juris.
69 Vgl. BSG, Urt. vom 30.9.2008 – B 4 AS 28/07 R –, ZFSH/SGB, 2009, 31 = SozR 4-4200 § 7 Nr. 9.
70 Vgl. BSG, Urt. vom 23.8.2012 – B 4 AS 32/12 – und vom 2.4.2014 – B 4 AS 26/13 R –, juris.

- Die bereits weit fortgeschrittene und bisher kontinuierlich betriebene Ausbildung ist wegen einer Krankheit oder Behinderung gefährdet. Die Krankheit oder Behinderung kann aber nur in Bezug auf die Verzögerung der Ausbildung angeführt werden.[71]
- Der bzw. die Auszubildende konnte ein schutzwürdiges Vertrauen dahingehend entwickeln, dass die Ausbildung bis zum Abschluss durch Leistungen zur Sicherung des Lebensunterhalts nach dem Zweiten Buch Sozialgesetzbuch gefördert werden würde (z.B. bei irrtümlicher bzw. rechtswidriger Leistungsbewilligung wegen Nichtbeachtung der Ausschlussregelung durch den Träger der Grundsicherung).[72]
- Es liegen Aspekte der Resozialisierung bei einem in einem begrenzten Zeitraum straffällig gewordenen Auszubildenden vor.[73]
- Die finanzielle Grundlage für die Ausbildung, die zuvor gesichert war, ist aus Gründen entfallen, die der Auszubildende nicht zu vertreten hat (z.B Tod der zum Unterhalt verpflichteten Eltern/-teile).
- Die konkrete Ausbildung ist belegbar ausnahmsweise die einzige realistische Chance für den Betroffenen, Zugang zum Erwerbsleben zu erhalten. Es entspricht der Zielsetzung des „Förderns", arbeitsmarktbezogene Aspekte bei der Konkretisierung des unbestimmten Rechtsbegriffs der besonderen Härte zuzulassen. Die Erwerbszentriertheit der Grundsicherung für Arbeitsuchende erfordert eine Auslegung der Härteregelung, die dem Ziel einer möglichst dauerhaften Eingliederung der erwerbsfähigen leistungsberechtigten Person Rechnung trägt.[74]

Bei Anerkennung einer besonderen Härte steht es nach dem Wortlaut des Gesetzes („können") im Ermessen des Leistungsträgers, ob er Leistungen zur Sicherung des Lebensunterhalts erbringt. Allerdings ist bei Vorliegen eines besonderen Härtefalls im Sinne der o.a. Vorschrift die Hilfeleistung indiziert, so dass sie in der Praxis nicht abgelehnt werden kann (Ermessensreduzierung auf null).

Werden Leistungen zur Sicherung des Lebensunterhalts im Rahmen der Härtefallregelung erbracht, so sind diese nach § 27 Abs. 3 Satz 1 SGB II **als Darlehen** zu erbringen.

Die Rückzahlungsansprüche aus dem Darlehen sind gemäß § 42a Abs. 5 Satz 1 SGB II erst nach Abschluss der Ausbildung fällig. Sollte zu diesem Zeitpunkt ein weitergehender Anspruch auf Arbeitslosengeld II bestehen, würde das Darlehen durch monatliche Aufrechnung in Höhe von 10 % des maßgebenden Regelbedarfs getilgt (vgl. § 42a Abs. 2 Satz 1 SGB II).

71 Vgl. BSG, Urt. vom 1.7.2009 – B 4 AS 67/08 R –, FEVS 61, 104.
72 Vgl. LSG Thüringen, Beschl. vom 5.8.2008 – L 9 AS 112/08 ER –, juris.
73 Vgl. SG Berlin, Beschl. vom 12.11.2007 – S 104 AS 23829/07 ER –, juris.
74 Vgl. BSG, Urt. vom 1.7.2009 – B 4 AS 67/08 R –, FEVS 61, 104.

Leistungen nach § 27 Abs. 3 Satz 2 SGB II
(bei Anerkennung einer besonderen Härte – „spezielle" Härtefallregelung)
Nach § 27 Abs. 3 Satz 2 SGB II ist eine besondere Härte auch anzunehmen, wenn Auszubildenden, deren Bedarf sich nach § 12 oder § 13 Abs. 1 Nr. 1 BAföG bemisst, aufgrund von § 10 Abs. 3 BAföG keine Leistungen zustehen, die Ausbildung im Einzelfall für die Eingliederung der oder des Auszubildenden in das Erwerbsleben zwingend erforderlich ist und ohne die Erbringung von Leistungen zum Lebensunterhalt der Abbruch der Ausbildung droht; in diesem Fall sind Leistungen **als Zuschuss** (und nicht als Darlehen) zu erbringen.

Die Härtefallregelung des § 27 Abs. 3 Satz 2 SGB II ist anzuwenden für Auszubildende, die aus Altersgründen (vgl. § 10 Abs. 3 BAföG) keinen Anspruch auf Ausbildungsförderung haben. Bei Besuchern einer Abendschule ist zu beachten, dass diese in den Fällen des § 10 Abs. 3 BAföG (kein Anspruch auf Leistungen der Ausbildungsförderung wegen des Erreichens der Altersgrenze) unter die Ausnahmeregelung des § 7 Abs. 6 Nr. 3 SGB II fallen und insofern nicht vom Leistungsausschluss betroffen sind.

Die spezielle Härtefallregelung des § 27 Abs. 3 Satz 2 SGB II ist durch den Verweis auf § 12 und § 13 Abs. 1 Nr. 1 BAföG nicht anzuwenden für Studierende an einer Hochschule oder Fachhochschule, unabhängig davon, ob der bzw. die Studierende im Haushalt der Eltern lebt oder nicht.

Weitere Voraussetzung für die Anerkennung einer besonderen Härte i. S. des § 27 Abs. 3 Satz 2 SGB II ist, dass die konkrete Ausbildung für die Eingliederung in Arbeit zwingend erforderlich, also alternativlos ist (was im Einzelfall durch eine fachlich begründete Hypothese des Leistungsträgers festzustellen wäre) und ohne Leistungen zur Sicherung des Lebensunterhalts der Abbruch der Ausbildung droht. „Abbruch" bedeutet, dass die Ausbildung bereits begonnen wurde.

Leistungen nach § 27 Abs. 3 Satz 4 SGB II
(Darlehen für den Monat der Aufnahme einer Ausbildung)
Nach § 27 Abs. 3 Satz 4 SGB II können Leistungen zur Sicherung des Lebensunterhalts für den Monat der Aufnahme einer Ausbildung entsprechend § 24 Abs. 4 Satz 1 SGB II als Darlehen erbracht werden („Start-Darlehen").

Die Vorschrift sollte nach der Gesetzesbegründung eine Anspruchsgrundlage in erster Linie für die Fälle bilden, in denen Auszubildende im ersten Monat der betrieblichen Berufsausbildung erst am Ende des Monats Leistungen der Ausbildungsförderung bzw. Ausbildungsvergütung des Arbeitgebers erhalten. Da das Arbeitslosengeld II (nicht aber die Berufsausbildungsbeihilfe bzw. die Ausbildungsvergütung) monatlich im Voraus erbracht wird, besteht in diesen Fällen eine Zahlungslücke, die einem unbelasteten Beginn der Ausbildung entgegensteht.[75]

Da Auszubildende, die eine **betriebliche** Ausbildung absolvieren, mit Ausnahme der Fälle des § 7 Abs. 5 Satz 2 SGB II nicht vom Leistungsausschluss des § 7 Abs. 5 Satz 1 SGB II betroffen sind, dürfte die Vorschrift in der Praxis kaum noch Bedeutung haben und allenfalls in den Fällen in Betracht kommen, in denen Studierende im Rahmen einer hochschulmäßigen Ausbildung Leistungen nach dem Bundesausbildungsförderungs-

75 Vgl. BT-Drs. 17/3404 S. 103 f.

gesetz (BAföG) beantragt haben, aber noch keine Leistungen der Ausbildungsförderung erhalten. Ein entsprechendes Darlehen kommt allerdings nur für den Monat der Aufnahme der Ausbildung (also für den ersten Monat des Studiums) in Betracht.

Die Leistungen nach § 27 Abs. 3 Satz 1 SGB II sind gegenüber den Leistungen nach § 27 Abs. 2 SGB II nachrangig (vgl. § 27 Abs. 3 Satz 4 SGB II).

4.5.6.4 Auszubildende in der Bedarfsgemeinschaft

Trotz des grundsätzlichen Leistungsausschlusses nach § 7 Abs. 5 SGB II ist nach der Rechtsprechung des Bundessozialgerichtes die/der **Auszubildende** gleichwohl Mitglied der (sog. „gemischten") Bedarfsgemeinschaft, ohne dass ihr/sein Bedarf bei der Bildung des Gesamtbedarfs der Bedarfsgemeinschaft i. S des § 9 Abs. 2 Satz 3 SGB II zu berücksichtigen ist.[76] Sofern nicht krankheits- oder behinderungsbedingt Erwerbsunfähigkeit vorliegt, ist die/der Auszubildende als **erwerbsfähige leistungsberechtigte Person** i. S. des § 7 Abs. 1 Satz 1 SGB II und damit im Einzelfall als Anknüpfungspunkt („Hauptleistungsberechtigter") für die Bildung einer Bedarfsgemeinschaft (vgl. § 7 Abs. 3 Nr. 1 SGB II) anzusehen.

Für diese Auffassung spricht auch, dass Leistungen für Auszubildende, deren Ausbildung nach den Vorschriften des Bundesausbildungsförderungsgesetzes bzw. des Dritten Buches Sozialgesetzbuch dem Grunde nach förderungsfähig ist, von den Leistungen der Grundsicherung für Arbeitsuchende nicht generell ausgeschlossen sind. Durch die Leistungen nach § 27 SGB II und die Leistungen zur beruflichen Integration sollen Auszubildende grundsätzlich im Einzelfall dem System des Zweiten Buches Sozialgesetzbuch zugewiesen werden (eben nur nicht als Leistungsberechtigte nach § 19 Abs. 1 Satz 1 und Satz 2 SGB II).

Das bedeutet auch, dass Angehörige und Personen, die mit dem bzw. der Auszubildenden in einer Bedarfsgemeinschaft i. S. von § 7 Abs. 3 SGB II leben (z. B. Kinder, die das 15. Lebensjahr noch nicht vollendet haben), ggf. einen Anspruch auf Sozialgeld nach § 7 Abs. 2 i. V. m. § 19 Abs. 1 Satz 2 SGB II haben können. Zur Frage der Zurechnung von Einkommen innerhalb der Einsatzgemeinschaft wird auf die Ausführungen unter 4.5.6.5 verwiesen.

4.5.6.5 Ausbildungsförderung als Einkommen bei Leistungen für Auszubildende

Leistungen der Ausbildungsförderung nach dem Bundesausbildungsförderungsgesetz und nach dem Dritten Buch Sozialgesetzbuch sind Einkommen im Sinne von § 11 Abs. 1 Satz 1 SGB II, die für Auszubildende, die gemäß § 7 Abs. 6 SGB II vom Leistungsausschluss nicht betroffen sind, oder bei den Leistungen nach § 27 SGB II unter Berücksichtigung der entsprechenden Absetzbeträge nach § 11b SGB II grundsätzlich anspruchsmindernd zu berücksichtigen sind.

Abweichend von § 11a Abs. 3 Satz 1 SGB II sind die Leistungen der Ausbildungsförderung nach dem Bundesausbildungsförderungsgesetz und die Berufsausbildungs-

76 Vgl. BSG, Urt. vom 15.04.2008 – B 14/7b AS 58/06 R –, NDV-RD 2008, 115 = FEVS 60, 259 = SozR 44200 § 9 Nr. 5.

beihilfe nach dem Dritten Buch Sozialgesetzbuch als Einkommen zu berücksichtigen (vgl. § 11a Abs. 3 Satz 2 SGB II). Damit sind sämtliche Leistungen der Ausbildungsförderung (mit Ausnahme des Kinderbetreuungszuschusses nach § 14b BAföG bzw. § 64 Abs. 3 Satz 1 SGB III) ungeachtet der Zweckbestimmung einzelner Teile als Einkommen zu berücksichtigen.

Von den in § 11a Abs. 3 Satz 2 Nr. 3 SGB II genannten Leistungen sind für die Absetzbeträge nach § 11b Abs. 1 Satz 1 Nr. 3 bis Nr. 5 SGB II mindestens 100,00 € abzusetzen, wenn die Absetzung nicht bereits nach Satz 1 bis Satz 3 vom Erwerbseinkommen erfolgt (vgl. § 11b Abs. 2 Satz 5 SGB II). Durch diese Regelung soll aus Gründen der Gleichbehandlung und Vereinfachung auch von den Leistungen der Ausbildungsförderung – wie beim Erwerbseinkommen – ein Grundfreibetrag von 100,00 € im Monat abgesetzt werden, der die in § 11b Abs. 1 Satz 1 Nr. 3 bis Nr. 5 SGB II vorgesehen Absetzungen pauschaliert. Auf Nachweis sind statt der 100,00 € (Grundfreibetrag) die nachgewiesenen höheren Beträge zu berücksichtigen, was im Einzelfall im Wege einer Vergleichsberechnung festzustellen wäre.

Beispiel

Herr F (28 Jahre alt) ist Student an der Hochschule seiner Heimatstadt. Er wohnt im Haushalt seiner Eltern und erhält Leistungen nach dem Bundesausbildungsförderungsgesetz (BAföG) in Höhe von monatlich 585,00 € (einschließlich des Kranken- und Pflegeversicherungszuschusses).

Für seine Kranken- und Pflegeversicherung (Herr F ist als Student gemäß § 5 Abs. 1 Nr. 9 SGB V versicherungspflichtig) weist er einen monatlichen Beitrag von 89,00 € und für ein Monatsticket (ÖPNV) 55,00 € nach.

Das Studium an der Hochschule ist im vorliegenden Fall förderungsfähig nach § 13 Abs. 1 Nr. 2 i. V. m Abs. 2 Nr. 1 BAföG. Damit ist Herr F ***nicht*** *vom Leistungsausschluss nach § 7 Abs. 5 Satz 1 SGB II betroffen (vgl. § 7 Abs. 6* ***Nr. 2*** *SGB II) und hat einen Anspruch auf Arbeitslosengeld II, sofern er die übrigen Voraussetzungen nach § 7 Abs. 1 Satz 1 SGB II erfüllt. Bei der Anrechnung des Einkommens sind sämtliche Leistungen der Ausbildungsförderung (BAföG) ungeachtet ihrer Zweckbestimmung anspruchsmindernd zu berücksichtigen (also auch der Zuschuss zur Kranken- und Pflegeversicherung).*

Das anrechenbare Einkommen ist wie folgt zu bereinigen:

BAföG (Zahlbetrag)	*585,00 €*
abzgl. Beitrag zur Kranken- und Pflegeversicherung als Pflichtbeitrag zur Sozialversicherung (§ 11b Abs. 1 Satz 1 Nr. 2 SGB II)	*89,00 €*
abzgl. Grundfreibetrag nach § 11b Abs. 2 Satz 5 SGB II	*100,00 €*
anrechenbares Einkommen	***396,00 €***

Da die Leistungen der Ausbildungsförderung (abstrakt) zweckbestimmt sind und nur den Lebens- und den Ausbildungsbedarf der bzw. des Auszubildenden decken sollen, ist es nicht zulässig, entsprechendes Einkommen im Rahmen der Einsatzverpflichtung nach § 9 Abs. 2 Satz 1 und Satz 2 SGB II auf den Bedarf anderer Personen der Bedarfsgemeinschaft anzurechnen.

Die gesetzliche Fiktion des § 9 Abs. 2 Satz 3 SGB II, wonach jede Person der Bedarfsgemeinschaft im Verhältnis des eigenen Bedarfs zum Gesamtbedarf als hilfebedürftig gilt, greift nicht, wenn eine der in § 9 Abs. 2 Satz 1 und 2 SGB II genannten Personen wegen eines vorliegenden Ausschlusstatbestandes nicht leistungsberechtigt (nach § 19 Abs. 1 SGB II) ist, da es ansonsten zu einer faktischen Bedarfsunterdeckung der Bedarfsgemeinschaft kommen würde.[77]

4.5.6.6 Berücksichtigung der anteiligen Bedarfe für Unterkunft und Heizung bei Auszubildenden

Teilweise wurde in der Rechtsprechung die Auffassung vertreten, dass im Einzelfall nicht erwartet werden kann, dass sich der vom Leistungsbezug nach § 7 Abs. 5 SGB II ausgeschlossene Auszubildende (z. B. im Haushalt seiner Eltern, die Arbeitslosengeld II erhalten) mit mehr als dem Betrag, der nach dem Bundesausbildungsförderungsgesetz in der jeweiligen Förderleistung für den Wohnbedarf enthalten ist, an den Unterkunftskosten beteiligt.[78]

Das hätte allerdings zur Folge, dass Leistungen zur Sicherung des Lebensunterhalts (in Höhe der ungedeckten Bedarfe für Unterkunft und Heizung) für eine nach dem Bundesausbildungsförderungsgesetz geförderte Person übernommen würden und insoweit der grundsätzliche Leistungsausschluss nach § 7 Abs. 5 SGB II für Auszubildende unberücksichtigt bliebe.

Daher sind in den Fällen, in denen Auszubildende eine Unterkunft gemeinsam mit anderen Personen nutzen, die Kosten im Regelfall kopfanteilig aufzuteilen. In diesem Zusammenhang ist es unerheblich, ob die Personen Mitglieder einer Bedarfsgemeinschaft sind oder der in der Ausbildungsförderung berücksichtigte Unterkunfts- und Heizkostenbedarf niedriger als der nach Kopfzahl ermittelte Anteil ist.[79]

Sofern der oder die Auszubildende zusammen mit anderen Personen (z. B. den Eltern oder dem Partner bzw. der Partnerin) in einem gemeinsamen Haushalt zusammenlebt, sind ggf. bestehende (vorrangige) Wohngeldansprüche zu prüfen (vgl. auch nachfolgende Hinweise).

Hinweise zum Wohngeld

Nach § 7 Abs. 1 Satz 1 Nr. 1 Wohngeldgesetz (WoGG) sind vom Wohngeld ausgeschlossen Empfängerinnen und Empfänger von Arbeitslosengeld II und Sozialgeld (auch in den Fällen des § 25 SGB II), wenn bei deren Berechnung Kosten der Unterkunft berücksichtigt worden sind. Empfänger von Arbeitslosengeld II bzw. Sozialgeld sind auch die Mitglieder der Bedarfsgemeinschaft nach § 7 Abs. 3 SGB II.

77 Vgl. BSG, Urt. vom 7.11.2006 – B 7b AS 10/06 R –, BSGE 97, 231 = FEVS, 58, 248 = NDV-RD 2007, 47.
78 Vgl. OVG Lüneburg, Urt. vom 23.12.1983 – 4 B 248/83 –, FEVS 34, 108.
79 Vgl. BSG, Urt. vom 27.2.2008 – B 14/11b AS 55/06 R –, ZFSH/SGB 2008, 665 = NZS 2009, 109 = SGb 2010, 163.

Ein Wohngeldanspruch besteht ebenfalls nicht, wenn **allen** Haushaltsmitgliedern Leistungen zur Förderung der Ausbildung nach dem Bundesausbildungsförderungsgesetz oder Leistungen nach den §§ 56, 116 Abs. 3 oder § 122 SGB III dem Grunde nach zustehen (vgl. § 20 Abs. 2 Satz 1 WoGG).

Der Ausschluss vom Wohngeld besteht dagegen nicht, wenn Arbeitslosengeld II bzw. Sozialgeld oder der Zuschuss für Unterkunft und Heizung ausschließlich als Darlehen gewährt werden oder durch Wohngeld die Hilfebedürftigkeit i. S des § 9 Abs. 1 SGB II vermieden oder beseitigt werden kann und die Leistungen nach dem Zweiten Buch Sozialgesetzbuch während der Dauer des Verwaltungsverfahrens zur Feststellung von Grund und Höhe dieser Leistungen noch nicht erbracht worden sind oder der Träger der Grundsicherung für Arbeitsuchende die Leistungen als nachrangig verpflichteter Träger nach § 104 SGB X erbringt (vgl. § 7 Abs. 1 Satz 3 WoGG).

Gemäß § 3 Abs. 4 WoGG ist wohngeldberechtigt auch, wer nach den §§ 7 und 8 Abs. 1 WoGG vom Wohngeld ausgeschlossen ist, aber mit mindestens einem zu berücksichtigenden Haushaltsmitglied (§ 6 WoGG) den Wohnraum gemeinsam bewohnt. In bestimmten Konstellationen (in sog. „Mischhaushalten" von wohngeld- und nicht wohngeldberechtigten Personen) kann daher die vom Wohngeld ausgeschlossene wohngeldberechtigte Person das Wohngeld für die nicht ausgeschlossenen Haushaltsmitglieder (z. B für Kinder) beantragen.

So kann beispielsweise für Auszubildende, die in einem „Mischhaushalt" mit ihren Eltern/-teilen oder ihrem Partner zusammenleben, ein Anspruch auf Wohngeld nach dem Wohngeldgesetz bestehen. Das Wohngeld bemisst sich nach dem Anteil des/der Auszubildenden an den gesamten Unterkunftskosten des „Mischhaushalts" (vgl. § 11 Abs. 3 WoGG).

Auch die in der Ausbildung befindliche alleinerziehende Mutter, die im Rahmen der Leistungen zur Sicherung des Lebensunterhalts nach dem Zweiten Buch Sozialgesetzbuch Leistungen in Form des Mehrbedarfs für Alleinerziehende nach § 27 Abs. 2 i. V. m § 21 Abs. 3 SGB II erhält, kann einen Anspruch auf Wohngeld geltend machen, da in dieser Konstellation nicht allen Mitgliedern des Haushaltes Leistungen zur Förderung der Ausbildung zustehen, so dass Wohngeld nicht ausgeschlossen ist (vgl. § 20 Abs. 2 Satz 1 WoGG).

Das im Haushalt lebende Kind der Auszubildenden erhält in diesem Fall bei Vorliegen der sonstigen Voraussetzungen Sozialgeld unter Berücksichtigung der (kopf-)anteiligen Bedarfe für Unterkunft und Heizung. Die alleinerziehende Mutter kann für ihr im Haushalt lebendes Kind ebenfalls einen Anspruch auf Wohngeld geltend machen. Dies gilt allerdings nur dann, wenn durch das Wohngeld die Hilfebedürftigkeit des Kindes i. S des § 9 Abs. 1 SGB II beseitigt werden kann.

Eine Verpflichtung, Wohngeld nach dem Wohngeldgesetz in Anspruch zu nehmen, besteht nach § 12a Satz 2 Nr. 2 SGB II dagegen nicht, wenn dadurch nicht die Hilfebedürftigkeit **aller** Mitglieder der Bedarfsgemeinschaft für einen zusammenhängenden Zeitraum von mindestens **drei Monaten** beseitigt werden kann.

5. Sozialgeld (anspruchsberechtigter Personenkreis)

Leistungen zur Sicherung des Lebensunterhalts nach dem Zweiten Buch Sozialgesetzbuch werden nicht nur den erwerbsfähigen Leistungsberechtigten selbst erbracht, sondern auch den mit ihnen in einer Bedarfsgemeinschaft im Sinne von §7 Abs. 3 SGB II zusammenlebenden Angehörigen. Diese Personen erhalten **Sozialgeld**, wenn sie selbst die Voraussetzungen nach §7 Abs. 1 Satz 1 SGB II für den Bezug von Arbeitslosengeld II nicht erfüllen und keinen Anspruch auf (vorrangige) Leistungen der Grundsicherung im Alter und bei Erwerbsminderung nach dem 4. Kapitel SGB XII haben (vgl. §§5 Abs. 2 Satz 2, 19 Abs. 1 Satz 2 SGB II).

Anspruchsberechtigt sind auch Personen, bei denen die Dauerhaftigkeit der vollen Erwerbsminderung i.S. von §41 Abs. 1 SGB XII durch den Träger der gesetzlichen Rentenversicherung (noch) nicht festgestellt werden konnte, da diese keine Leistungen der Grundsicherung im Alter und bei Erwerbsminderung nach dem 4. Kapitel SGB XII beanspruchen können.

Sozialgeld wird nicht geleistet, soweit ein Anspruch auf Leistungen nach dem 4. Kapitel SGB XII (Grundsicherung im Alter und bei Erwerbsminderung) besteht bzw. realisiert werden kann.

Ein Anspruch auf Leistungen der Grundsicherung im Alter und bei Erwerbsminderung nach dem 4. Kapitel SGB XII besteht dem Grunde nach für

- Personen, die die Altersgrenze erreicht haben (vgl. §41 Abs. 2 SGB XII),
- Personen, die das 18. Lebensjahr vollendet haben und im Sinne der gesetzlichen Rentenversicherung (vgl. §43 Abs. 2 SGB VI) **dauerhaft** voll erwerbsgemindert sind (vgl. §41 Abs. 3 SGB XII).

Anspruchsvoraussetzungen für **Sozialgeld**
nach § 7 Abs. 2 Satz 1 i. V. m. § 19 Abs. 1 Satz 2 SGB II

kein Anspruch auf Arbeitslosengeld II (Alg II)	Zusammenleben in einer **Bedarfsgemeinschaft** (§ 7 Abs. 3 SGB II) mit mindestens einer erwerbsfähigen leistungsberechtigten Person	**kein Anspruch** auf Leistungen der Grundsicherung im Alter und bei Erwerbsminderung nach dem **4. Kapitel SGB XII**	**kein Anspruchsausschluss** (§ 7 SGB II)

Welche Personen eine **Bedarfsgemeinschaft** bilden, regelt § 7 Abs. 3 SGB II (vgl. Ausführungen zu6.). Bezüglich eines **Anspruchsausschlusses** gelten für das Sozialgeld die gleichen Kriterien wie beim Arbeitslosengeld II (vgl. Ausführungen zu 4.5).

Sozialgeld kommt grundsätzlich auch in Betracht für nicht erwerbsfähige Kinder, wenn es sich bei der erwerbsfähigen leistungsberechtigten Person bzw. dem Elternteil in der Bedarfsgemeinschaft um einen Auszubildenden handelt, der nach § 7 Abs. 5 SGB II vom Anspruch auf Leistungen zur Sicherung des Lebensunterhalts (mit Ausnahme der Leistungen nach § 27 SGB II) ausgeschlossen ist. Der Ausschlusstatbestand des § 7 Abs. 5 SGB II ist als Spezialvorschrift anzusehen, die den Regelfall des § 7 Abs. 1 und Abs. 2 SGB II hinsichtlich des Leistungsbezuges der erwerbsfähigen leistungsberechtigten Person dahingehend modifiziert, dass es auf den tatsächlichen Bezug von Leistungen zur Sicherung des Lebensunterhalts nach dem Zweiten Buch Sozialgesetzbuch durch die erwerbsfähige leistungsberechtigte Person nicht ankommt, sondern auf das Zusammenleben in einer Bedarfsgemeinschaft.[80]

Das Sozialgeld entspricht der Struktur und der Höhe nach dem Arbeitslosengeld II. Wie beim Arbeitslosengeld II gelten insbesondere die Prinzipien der Hilfebedürftigkeit (vgl. § 9 Abs. 1 SGB II), das Verhältnis zu anderen Leistungen (vgl. § 5 SGB II), die Anrechnung von zu berücksichtigendem Einkommen und Vermögen (vgl. §§ 11, 11a, 11b und 12 SGB II) sowie die Verpflichtung zur vorrangigen Inanspruchnahme von Sozialleistungen anderer Träger (vgl. § 12a SGB II).

Der **Leistungsumfang** des Sozialgeldes ergibt sich wie beim Arbeitslosengeld II aus § 19 Abs. 1 Satz 3 SGB II und den ergänzenden Regelungen des § 23 SGB II. Das Sozialgeld umfasst insoweit die Regelbedarfe nach §§ 20, 23 Nr. 1 SGB II, eventuell zustehende Mehrbedarfe nach §§ 21, 23 Nr. 4 SGB II, die Bedarfe für Unterkunft und Heizung nach § 22 SGB II und die (einmalig bzw. abweichend zu erbringenden) Leistungen nach § 24 SGB II (vgl. 7.).

Bezieher von Sozialgeld sind als nicht erwerbsfähige Personen im Gegensatz zu den Beziehern von Arbeitslosengeld II nicht zur Aufnahme einer zumutbaren Arbeit (vgl. § 10 SGB II) verpflichtet. Das Sozialgeld kann im Rahmen einer Sanktionierung wie das Arbeitslosengeld II unter den Voraussetzungen der §§ 31 bis 32 SGB II gemindert werden (vgl. Ausführungen zu 12.2).

80 So auch *Leopold* in jurisPK-SGB II, Rn. 145 zu § 7 SGB II.

6. Die Bedarfsgemeinschaft (§ 7 Abs. 3 SGB II)

Zum anspruchsberechtigten Personenkreis nach dem Zweiten Buch Sozialgesetzbuch gehören nicht nur die erwerbsfähigen Leistungsberechtigten, sondern auch Personen, die selbst nicht die Voraussetzungen nach § 7 Abs. 1 Satz 1 SGB II für den Bezug von Arbeitslosengeld II erfüllen, aber mit einem erwerbsfähigen Leistungsberechtigten in einer **Bedarfsgemeinschaft** zusammenleben (vgl. § 7 Abs. 2 Satz 1 SGB II).

Damit soll erreicht werden, dass – insbesondere aus Gründen der Verwaltungsvereinfachung (Vermeidung von Doppelzuständigkeiten) – die Leistungen für die erwerbsfähigen Leistungsberechtigten und ihre Angehörigen weitgehend durch **einen** Leistungsträger (also „aus einer Hand") erbracht werden.

6.1 Begriff und Bedeutung der Bedarfsgemeinschaft

Die **Bedarfsgemeinschaft** ist einer der zentralen Begriffe der Grundsicherung für Arbeitsuchende nach dem Zweiten Buch Sozialgesetzbuch und von der **Haushaltsgemeinschaft** zu unterscheiden bzw. abzugrenzen. Dabei ist die Haushaltsgemeinschaft grundsätzlich weiter zu fassen und bezeichnet die in einem „familiären Verbund" in einer Wohnung zusammenlebenden verwandten oder verschwägerten Personen. Eine Bedarfsgemeinschaft ist damit immer auch eine Haushaltsgemeinschaft (aber nicht umgekehrt).

Durch die Zuordnung zu einer **Bedarfsgemeinschaft** i.S. des § 7 Abs. 3 SGB II sollen individualrechtliche Leistungsansprüche nicht durch eine „kollektive Bedarfsermittlung" ersetzt werden. **Jedes Mitglied** der Bedarfsgemeinschaft bleibt anspruchs- und leistungsberechtigt, so dass für jede Person der Anspruch (Arbeitslosengeld II bzw. Sozialgeld) durch Gegenüberstellung des Individualbedarfs und des zu berücksichtigenden Einkommens bzw. Vermögens (ggf. auch anderer zum Einkommenseinsatz verpflichteter Personen) zu ermitteln ist.

Der Begriff der **Bedarfsgemeinschaft** ist entscheidungserheblich

- für die **Definition des anspruchsberechtigten Personenkreises** nach § 19 Abs. 1 Satz 2 SGB II und für die Abgrenzung zu den Leistungen der Hilfe zum Lebensunterhalt nach dem 3. Kapitel SGB XII, wobei allerdings einschränkend zu berücksichtigen ist, dass nicht jede Person, die einer Bedarfsgemeinschaft i.S. des § 7 Abs. 3 SGB II zuzurechnen ist, auch Leistungen nach dem Zweiten Buch Sozialgesetzbuch beanspruchen kann,
- für die Anerkennung des maßgebenden Regelbedarfs nach § 20 SGB II,
- für das **Bestehen von Pflichten** (z.B. zumutbarer Einsatz der Arbeitskraft) und
- für die Frage, wer sich ggf. **Einkommen** und **Vermögen** anderer Personen zurechnen lassen muss.

Die Zuordnung zu einer Bedarfsgemeinschaft i. S. von § 7 Abs. 3 SGB II erfolgt nach formalen Kriterien und ist nicht gleichzusetzen mit der sogenannten **„Einsatzgemeinschaft“** (vgl. § 9 Abs. 2 Satz 1 und Satz 2 SGB II). Welche Personen ihr Einkommen und/oder Vermögen für Angehörige oder sonstige Personen der Bedarfsgemeinschaft einsetzen müssen, ist abschließend in § 9 Abs. 2 Satz 1 und 2 SGB II mit den ausschließenden Regelungen in § 9 Abs. 3 SGB II festgelegt (vgl. Ausführungen zu 10.1).

Die Regelungen des § 7 Abs. 3 SGB II und des § 9 Abs. 2 Satz 1 und Satz 2 SGB II sind **nebeneinander** anzuwenden. Im Ergebnis ist die Einsatzgemeinschaft damit enger gefasst als die Bedarfsgemeinschaft.

Die Bildung einer Bedarfsgemeinschaft setzt zwingend das Vorhandensein mindestens **einer erwerbsfähigen leistungsberechtigten Person** (eines sog. „Hauptleistungsberechtigten“) im Sinne von § 7 Abs. 1 Satz 1 SGB II voraus. Ohne das Vorhandensein einer solchen Person wird der Zugang zu den Leistungen nach dem Zweiten Buch Sozialgesetzbuch nicht eröffnet. Dass einer Bedarfsgemeinschaft **mindestens** eine erwerbsfähige leistungsberechtigte Person angehören muss, bedeutet zugleich, dass ihr natürlich auch mehr als eine erwerbsfähige leistungsberechtigte Person (mit Anspruch auf Arbeitslosengeld II) angehören kann.

Eine Bedarfsgemeinschaft in diesem Sinne kann aus **einem** oder **mehreren** Mitgliedern bestehen (insofern irreführender Sprachgebrauch des Gesetzgebers).[81]

Gemäß § 38 Abs. 1 Satz 1 SGB II wird vermutet, dass die oder der erwerbsfähige Leistungsberechtigte bevollmächtigt ist, Leistungen auch für die mit ihm in einer Bedarfsgemeinschaft lebenden Personen zu beantragen und entgegenzunehmen. Leben mehrere erwerbsfähige leistungsberechtigte Personen in einer Bedarfsgemeinschaft, gilt diese Vermutung zugunsten der antragstellenden Person (§ 38 Abs. 1 Satz 2 SGB II). Die Vollmachtsvermutung nach § 38 Abs. 1 SGB II bezieht sich allerdings nicht auf die Zurechnung des Vertreterverschuldens (z. B. im Zusammenhang mit der rechtswidrig erbrachten Hilfe).

81 Vgl. BSG, Urt. vom 7.11.2006 – B 7b AS 6/06 R –, BSGE 97, 211 = FEVS 58, 347 = NDV-RD 2007, 26.

Welche Personen zu einer **Bedarfsgemeinschaft** gehören, ergibt sich abschließend aus § 7 Abs. 3 SGB II.

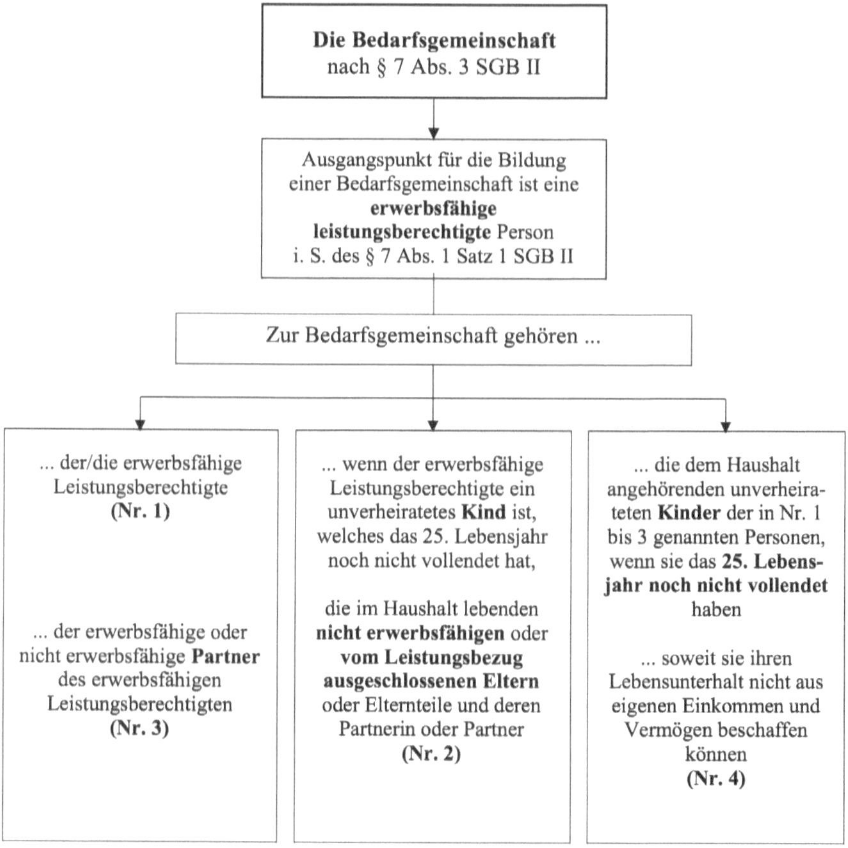

Folgende Personen bilden eine **Bedarfsgemeinschaft** nach § 7 Abs. 3 SGB II:

Nr. 1 die **erwerbsfähigen Leistungsberechtigten**
Die gesetzliche Formulierung („die“) ist irreführend. Gemeint ist der erwerbsfähige Leistungsberechtigte i. S. des § 7 Abs. 1 Satz 1 SGB II, der als Ausgangspunkt für die Bildung einer Bedarfsgemeinschaft dient (sog. „Hauptleistungsberechtigter“). Insofern kann über § 7 Abs. 3 Nr. 1 SGB II immer nur eine Person der Bedarfsgemeinschaft zugerechnet werden.

Nr. 2 die im Haushalt lebenden **Eltern** oder der im Haushalt lebende **Elternteil eines unverheirateten Kindes, welches das 25. Lebensjahr noch nicht vollendet hat**, und der im Haushalt lebende Partner oder die im Haushalt lebende Partnerin dieses Elternteils.

Gemeint sind hier die **nicht erwerbsfähigen** (oder z. B. durch den Bezug einer Altersrente vom Leistungsbezug ausgeschlossenen) Eltern bzw. Elternteile, die zur Bedarfsgemeinschaft gehören, sofern sie mit einem **erwerbsfähigen** Kind in einem gemeinsamen Haushalt leben.

Die Zugehörigkeit zur Bedarfsgemeinschaft über § 7 Abs. 3 Nr. 2 SGB II kommt lediglich in den Fällen in Betracht, in denen „nur" ein unverheiratetes Kind, das das 25. Lebensjahr noch nicht vollendet hat, erwerbsfähige leistungsberechtigte Person i. S. des § 7 Abs. 1 Satz 1 SGB II und damit Ausgangspunkt für die Bildung einer Bedarfsgemeinschaft ist. Sofern die Eltern bzw. Elternteile oder deren Partner selbst erwerbsfähig sind, ist die Bedarfsgemeinschaft über eine dieser Personen als Hauptleistungsberechtigte/r (§ 7 Abs. 3 Nr. 1 SGB II) zu bilden.

Die Bedarfsgemeinschaft endet mit der Auflösung des gemeinsamen Haushaltes, dem Vorliegen der vollen Erwerbsminderung bzw. der Nichterwerbsfähigkeit, der Heirat oder der Vollendung des 25. Lebensjahres des Kindes. In diesen Fällen sind die (nicht erwerbsfähigen) Eltern bzw. Elternteile nicht mehr anspruchsberechtigt auf Leistungen zur Sicherung des Lebensunterhalts nach dem Zweiten Buch Sozialgesetzbuch und haben ggf. einen Anspruch auf Leistungen zum Lebensunterhalt im Rahmen der Sozialhilfe nach dem Zwölften Buch Sozialgesetzbuch.

Nr. 3 als (erwerbsfähiger oder nicht erwerbsfähiger) **Partner** des erwerbsfähigen Leistungsberechtigten

- die nicht dauernd getrennt lebende Ehegattin oder der nicht dauernd getrennt lebende Ehegatte nach Buchstabe a),
- die nicht dauernd getrennt lebende Lebenspartnerin oder der nicht dauernd getrennt lebende Lebenspartner einer eingetragenen Lebenspartnerschaft nach dem Lebenspartnerschaftsgesetz (LPartG) nach Buchstabe b),
- eine Person, die mit der erwerbsfähigen leistungsberechtigten Person in einem gemeinsamen Haushalt so zusammenlebt, dass nach verständiger Würdigung der wechselseitige Wille anzunehmen ist, Verantwortung füreinander zu tragen und füreinander einzustehen („Verantwortungs- und Einstehensgemeinschaft") nach Buchstabe c).

Im Einzelnen wird auf die Ausführungen unter 10.1.1 verwiesen.

Nr. 4 die dem Haushalt angehörenden unverheirateten **Kinder der in den Nummern 1 bis 3 genannten Personen**, wenn sie das 25. Lebensjahr noch nicht vollendet haben, soweit sie nicht aus eigenem Einkommen oder Vermögen die Leistungen zur Sicherung ihres Lebensunterhalts beschaffen können. Der Begriff „Kind" i. S. dieser Vorschrift erfasst leibliche Kinder und die Adoptivkinder.

Ein Kind gehört nicht (mehr) zur Bedarfsgemeinschaft mit seinen Eltern(teilen), wenn das Kind mit einem eigenen Partner im Haushalt der Eltern lebt, selbst als erwerbsfähiges leistungsberechtigtes Kind ein eigenes Kind hat oder seinen Lebensunterhalt aus eigenem Einkommen oder Vermögen bestreiten kann und insofern nicht hilfebedürftig ist.
Das Bundessozialgericht hat im Rahmen des § 7 Abs. 3 Nr. 4 SGB II die Rechtsfigur der **zeitweisen (temporären) Bedarfsgemeinschaft** bzw. eine mögliche Zugehörigkeit zu zwei Bedarfsgemeinschaften (jedenfalls bei minderjährigen Kindern) sowohl mit dem einen als auch mit dem anderen Elternteil anerkannt, wenn Kinder mit einer gewissen Regelmäßigkeit für jeweils länger als einen Tag im Haushalt des jeweiligen Elternteils wohnen. Damit sind die Kinder ggf. bei Vorliegen der sonstigen Voraussetzungen als Mitglieder der Bedarfsgemeinschaft Anspruchsinhaber für Teilzeiträume, wenn auch der Elternteil leistungsberechtigt ist.[82]
Mit dem Konstrukt einer temporären Bedarfsgemeinschaft hat die Rechtsprechung des Bundessozialgerichtes eine Sonderform der Bedarfsgemeinschaft kreiert, um eine Deckung des Bedarfs eines Kindes in zwei unterschiedlichen Haushaltsgemeinschaften begründen zu können.
Die Zugehörigkeit zu zwei Bedarfsgemeinschaften kann insbesondere dann entstehen, wenn sich die (getrennt lebenden) Eltern darauf einigen, das Kind bzw. die Kinder abwechselnd im Haushalt des einen oder anderen zu versorgen. Als Anhaltspunkt für die Regelmäßigkeit des Aufenthalts eines Kindes kann die zwischen den Eltern getroffene Sorge- bzw. Umgangsrechtsvereinbarung herangezogen werden (zur Anrechnung des Kindergeldes bei einer temporären Bedarfsgemeinschaft vgl. Ausführungen unter 8.6.4).
Nicht erwerbsfähige minderjährige Kinder müssen keinen Wohnsitz oder gewöhnlichen Aufenthalt in der Bundesrepublik haben, um mit ihren Eltern/-teilen eine temporäre Bedarfsgemeinschaft zu bilden und um einen Anspruch auf Sozialgeld geltend zu machen.[83]

Die Zugehörigkeit zu einer Bedarfsgemeinschaft besteht unabhängig davon, ob die in die Bedarfsgemeinschaft einbezogene Person selbst leistungsberechtigt nach dem Zweiten Buch Sozialgesetzbuch ist. Dies kann insbesondere in den Fällen relevant werden, in denen die Person unter einen der in § 7 SGB II normierten Ausschlusstatbestände fällt (z. B. bei Inhaftierung oder Bezug einer Altersrente). Das Bestehen eines Leistungsausschlusses ändert grundsätzlich nichts daran, dass die betroffene Person Mitglied einer Bedarfsgemeinschaft ist, sofern die Voraussetzungen des § 7 Abs. 3 SGB II vorliegen.

Allerdings kann die vom Leistungsbezug ausgeschlossene Person (mit Ausnahme von Auszubildenden, deren Ausbildung dem Grunde nach förderungsfähig ist, vgl. Ausführungen zu 4.5.6) ihrerseits keine Bedarfsgemeinschaft nach § 7 Abs. 3 Nr. 1 SGB II (als sog. „hauptleistungsberechtigte" Person) „begründen". Ist beispielsweise

82 Vgl. BSG, Urt. vom 7.11.2006 – B 7b AS 14/06 R –, BSGE 97, 242 = FamRZ 2007, 465 = FEVS 58, 289.
83 Vgl. BSG, Urt. vom 28.10.2014 – B 14 AS 65/13 R –, BSGE 117, 186 = info also 2015, 87.

die in einer Justizvollzugsanstalt inhaftierte Person die einzige erwerbsfähige Person innerhalb der Bedarfsgemeinschaft, kann für die übrigen Personen kein Anspruch auf Sozialgeld entstehen. Im Falle der Hilfebedürftigkeit kämen für diesen Personenkreis Leistungen zum Lebensunterhalt im Rahmen der Sozialhilfe nach dem Zwölften Buch Sozialgesetzbuch in Betracht.

Problem der „Drei-Generationen-Bedarfsgemeinschaft"

Sofern ein erwerbsfähiges und unverheiratetes Kind unter 25 Jahren mit einem eigenen Kind im Haushalt seiner Eltern oder eines Elternteils lebt, käme nach dem Wortlaut des § 7 Abs. 3 SGB II und der dort abstrakt beschriebenen Personengruppen grundsätzlich auch die Bildung einer „Drei-Generationen-Bedarfsgemeinschaft" in Betracht. Dieser Bedarfsgemeinschaft könnten das erwerbsfähige Kind über § 7 Abs. 3 Nr. 1 SGB II, die Eltern/-teile über Nr. 2 und das eigene Kind bzw. Enkelkind seiner Eltern über Nr. 4 zugeordnet werden.

Das Bundessozialgericht[84] hat in einer ähnlichen Konstellation die Möglichkeit gesehen, in der Person des erwerbsfähigen Kindes zwei „überlappende" Bedarfsgemeinschaften (erwerbsfähiges Kind mit eigenem Kind, erwerbsfähiges Kind mit Eltern) oder alternativ eine „Drei-Generationen-Bedarfsgemeinschaft" unter Einbeziehung aller Personen zu bilden. Dabei ist das Gericht zunächst davon ausgegangen, dass § 7 Abs. 3 Nr. 2 SGB II nicht voraussetzt, dass ausschließlich das unverheiratete Kind, sofern es das 25. Lebensjahr noch nicht vollendet hat, erwerbsfähig ist. Damit könne die Bedarfsgemeinschaft über ein solches Kind als Ausgangspunkt gebildet werden, und zwar unabhängig davon, ob die Eltern/-teile erwerbsfähig oder nicht erwerbsfähig sind.

Die zitierte Rechtsprechung des Bundessozialgerichtes ist kritisch zu bewerten. Nach der hier vertretenen Auffassung ist eine solche „Drei-Generationen-Bedarfsgemeinschaft" vom Gesetzgeber (auch in der beschriebenen Konstellation) nicht gewollt. Die Bildung einer „Drei-Generationen-Bedarfsgemeinschaft" mit den entsprechenden leistungsrechtlichen Konsequenzen sollte daher generell nicht erfolgen.[85]

Beispiel

Frau M (20 Jahre alt, erwerbsfähig) lebt mit ihrem zweijährigen Kind im Haushalt ihrer erwerbsfähigen Eltern (jeweils 55 Jahre alt). In diesem Fall sind ***zwei Bedarfsgemeinschaften*** *gemäß § 7 Abs. 3 SGB II innerhalb der Haushaltsgemeinschaft zu bilden (Frau M und ihr Kind / Eltern von Frau M).*

Auch für den Fall, dass die Eltern von Frau M nicht erwerbsfähig bzw. voll erwerbsgemindert sind, käme die Zuordnung zu der über Frau M zu bildenden Bedarfsgemeinschaft nach § 7 Abs. 3 Nr. 2 SGB II nicht in Betracht. Die Eltern wären in dieser Konstellation auf Leistungen der Sozialhilfe nach dem 3. oder 4. Kapitel SGB XII zu verweisen.

84 Vgl. BSG, Urt. vom 17.7.2014 – B 14 AS 54/13 –, BSGE 116, 200 = NDV-RD 2015, 51.

85 So auch Fachliche Hinweise der BA, Rn. 7.68 zu § 7 SGB II (Stand: 20.1.2016).

Auch die vom Bundessozialgericht in Betracht gezogene Möglichkeit zweier „überlappender“ Bedarfsgemeinschaften ist problematisch, da die Höhe des jeweils anzuerkennenden Regelbedarfs grundsätzlich von der Zuordnung zur bzw. der Stellung innerhalb der Bedarfsgemeinschaft abhängig ist. Daher kann eine Person nach der hier vertretenen Auffassung grundsätzlich nur einer Bedarfsgemeinschaft angehören.

6.2 Übungen

Sachverhalt 1
Im Haushalt leben folgende Personen:

- Anna A (28 Jahre, erwerbsfähig),
- Annette A (3 Jahre, Tochter von Frau A) und
- Bertha A (62 Jahre, erwerbsfähig, Mutter von Anna A).

Aufgabe
Stellen Sie fest, welche Personen eine Bedarfsgemeinschaft bilden.

Lösung
Welche Personen zu einer Bedarfsgemeinschaft gehören, ergibt sich aus § 7 Abs. 3 SGB II. Zur Bedarfsgemeinschaft gehören vorliegend Anna A als erwerbsfähige Leistungsberechtigte nach § 7 Abs. 3 Nr. 1 SGB II (sog. Hauptleistungsberechtigte) und Tochter Annette als unter 25-jähriges, unverheiratetes, hilfebedürftiges Kind von Anna A nach § 7 Abs. 3 Nr. 4 SGB II.

Nicht zu dieser Bedarfsgemeinschaft gehört Bertha A. Eine Zuordnung zur Bedarfsgemeinschaft mit Anna A ist nach der Regelung des § 7 Abs. 3 SGB II nicht möglich. Bertha A bildet als erwerbsfähige leistungsberechtigte Person eine eigene Bedarfsgemeinschaft nach § 7 Abs. 3 Nr. 1 SGB II und hat einen eigenständigen Anspruch auf Arbeitslosengeld II.

Sachverhalt 2
Im Haushalt leben folgende Personen:

- Bruno B (48 Jahre, Bezieher einer zeitlich befristeten Rente wegen voller Erwerbsminderung),
- Barbara B (28 Jahre, Tochter von Bruno, erwerbsfähig),
- Bernd (15 Jahre, Sohn von Bruno, Schüler, erwerbsfähig).

Aufgaben
Stellen Sie fest, welche Personen eine Bedarfsgemeinschaft bilden.
Prüfen Sie, wie der Fall zu beurteilen ist, wenn Barbara erst 8 Jahre alt wäre.

Lösung

Zu Aufgabe 1

Welche Personen zu einer Bedarfsgemeinschaft gehören, ergibt sich aus § 7 Abs. 3 SGB II. Bernd ist erwerbsfähiger Leistungsberechtigter gemäß § 7 Abs. 3 Nr. 1 SGB II (sog. „Hauptleistungsberechtigter") und bildet mit seinem Vater, der selbst nicht erwerbsfähig ist, nach § 7 Abs. 3 Nr. 2 SGB II eine Bedarfsgemeinschaft.

Barbara gehört nicht zur Bedarfsgemeinschaft mit ihrem Vater und ihrem Bruder, da sie das 25. Lebensjahr bereits vollendet hat. Eine Zuordnung über § 7 Abs. 3 Nr. 4 SGB II ist daher nicht möglich. Sie bildet als erwerbsfähige leistungsberechtigte Person eine eigene Bedarfsgemeinschaft nach § 7 Abs. 3 Nr. 1 SGB II mit einem eigenständigen Anspruch auf Arbeitslosengeld II.

Zu Aufgabe 2

Barbara ist in diesem Fall der Bedarfsgemeinschaft über § 7 Abs. 3 Nr. 4 SGB II als Kind ihres nicht erwerbsfähigen Vaters (= Person nach § 7 Abs. 3 Nr. 2 SGB II) zuzuordnen. Alle drei Personen bilden also eine Bedarfsgemeinschaft.

Sachverhalt 3

Im Haushalt leben folgende Personen:

- Christian C (45 Jahre, erwerbsfähig),
- Claudia C (43 Jahre, Ehefrau von Christian, erwerbsfähig),
- Nicole C (17 Jahre, gemeinsame Tochter der Eheleute C, erwerbsfähig),
- Nina C (1 Jahr, Tochter von Nicole).

Aufgaben

Stellen Sie fest, welche Personen eine Bedarfsgemeinschaft bilden.

Prüfen Sie, wie der Fall zu beurteilen ist, wenn Nicole nicht erwerbsfähig i. S. des § 8 Abs. 1 SGB II wäre.

Lösung

Zu Aufgabe 1

Welche Personen zu einer Bedarfsgemeinschaft gehören, ergibt sich aus § 7 Abs. 3 SGB II. Christian und seine Ehefrau Claudia bilden als Partner eine Bedarfsgemeinschaft (vgl. § 7 Abs. 3 Nr. 1 und Nr. 3 Buchstabe a SGB II). In dieser Konstellation ist es unerheblich, wer von beiden Partnern als „Hauptleistungsberechtigter" nach § 7 Abs. 3 Nr. 1 SGB II anzusehen ist.

Als unverheiratete Tochter, die das 25. Lebensjahr noch nicht vollendet hat, könnte auch Nicole der Bedarfsgemeinschaft ihrer Eltern zugerechnet werden (vgl. § 7 Abs. 3 Nr. 4 SGB II). Allerdings würde in diesem Fall deren Tochter Nina nicht in die Bedarfsgemeinschaft einbezogen werden können, da sie ein unverheiratetes Kind einer in § 7 Abs. 3 Nr. 4 SGB II genannten Person ist, das das 25. Lebensjahr noch nicht vollendet hat.

Im Ergebnis würde Nicole (als Mutter eines Kindes) selbst als Kind der Bedarfsgemeinschaft ihrer Eltern über § 7 Abs. 3 Nr. 4 SGB II zugerechnet werden und Leistungen nach dem Zweiten Buch Sozialgesetzbuch in Form von Arbeitslosengeld II erhalten, während Nina anspruchsberechtigt nach dem 3. Kapitel SGB XII (Hilfe zum Lebensunterhalt) wäre.

Um eine rechtliche Trennung von Mutter und Kind und die Zuständigkeit zweier Leistungsträger zu vermeiden, ist es sachgerecht, in dieser Fallkonstellation zwei Bedarfsgemeinschaften zu bilden:

Bedarfsgemeinschaft 1 = Eheleute C
Bedarfsgemeinschaft 2 = Nicole und Tochter Nina.

Zu Aufgabe 2
Wenn Nicole nicht erwerbsfähig wäre, könnte sie mit ihrer eigenen Tochter keine Bedarfsgemeinschaft i. S. von § 7 Abs. 3 SGB II bilden (da keine erwerbsfähige leistungsberechtigte Person i. S. des § 7 Abs. 1 Satz 1 SGB II als Ausgangspunkt für die Bildung einer Bedarfsgemeinschaft vorhanden wäre). Nicole würde in diesem Fall als Kind gemäß § 7 Abs. 3 Nr. 4 SGB II der Bedarfsgemeinschaft mit ihren Eltern zugerechnet.

Nina kann in dieser Konstellation der Bedarfsgemeinschaft mit den Eheleuten C über § 7 Abs. 3 Nr. 4 SGB II nicht zugerechnet werden, da sie selbst ein Kind der in § 7 Abs. 3 Nr. 4 SGB II genannten Person (Nicole) ist und daher keinen Anspruch auf Sozialgeld hätte. Für sie bestünde ggf. ein Anspruch auf Leistungen nach dem 3. Kapitel SGB XII (Hilfe zum Lebensunterhalt).

7. Leistungen/Bedarfe zur Sicherung des Lebensunterhalts

Nach § 1 Abs. 3 SGB II umfasst die Grundsicherung für Arbeitsuchende Leistungen zur Beratung, Beendigung oder Verringerung der Hilfebedürftigkeit insbesondere durch Eingliederung in Ausbildung oder Arbeit (d.h. unterstützende und aktivierende Hilfen bei der Aufnahme oder Beibehaltung einer Erwerbstätigkeit) und zur Sicherung des Lebensunterhalts nach den §§ 19 bis 27 SGB II. Die Leistungen zur Sicherung des Lebensunterhalts werden gemäß § 4 Abs. 1 SGB II in Form von Dienstleistungen, Geldleistungen oder (im Einzelfall) als Sachleistung erbracht.

Erwerbsfähige Leistungsberechtigte erhalten nach § 19 Abs. 1 Satz 1 SGB II zur Sicherung des Lebensunterhalts **Arbeitslosengeld II** (Alg II). Personen, die keinen Anspruch auf Arbeitslosengeld II haben (nichterwerbsfähige Leistungsberechtigte), erhalten gemäß §§ 7 Abs. 2 Satz 1, § 19 Abs. 1 Satz 2 SGB II **Sozialgeld**, soweit sie keinen Anspruch auf Leistungen nach dem 4. Kapitel SGB XII (Grundsicherung im Alter und bei Erwerbsminderung) haben.

Das Arbeitslosengeld II und das Sozialgeld umfassen als Leistungen zur Sicherung des Lebensunterhalts den Regelbedarf, die Mehrbedarfe sowie den Bedarf für Unterkunft und Heizung (vgl. § 19 Abs. 1 Satz 3 SGB II). Im Einzelfall kommen weitere Leistungen nach den §§ 24 bis 26 SGB II in Betracht (insbesondere einmalige Leistungen, soweit die entsprechenden Bedarfe nicht von den Regelbedarfen pauschal umfasst sind, vgl. § 24 Abs. 3 SGB II).

Leistungsberechtigte haben gemäß § 19 Abs. 2 Satz 1 SGB II unter den Voraussetzungen des § 28 SGB II Anspruch auf Leistungen für Bildung und Teilhabe, soweit sie keinen Anspruch auf Leistungen der Grundsicherung im Alter und bei Erwerbsminderung nach dem 4. Kapitel SGB XII haben.

Bezieher von Arbeitslosengeld II sind für die Zeit des Leistungsbezuges grundsätzlich pflichtversichert in der gesetzlichen Kranken- und Pflegeversicherung (vgl. § 5 Abs. 1 Nr. 2a SGB V), es sei denn, dass die Leistungen nur darlehensweise gewährt werden oder lediglich Leistungen nach § 24 Abs. 3 Satz 1 SGB II oder § 27 SGB II bezogen werden. Dies gilt auch, wenn die Entscheidung, die zum Bezug von Leistungen geführt hat, rückwirkend aufgehoben oder die Leistung zurückgefordert oder zurückgezahlt worden ist.

Bei erwerbsfähigen Personen wird mit der durch den Bezug von Arbeitslosengeld II eintretenden Versicherungspflicht eine vorherige freiwillige Versicherung verdrängt. Bei Bezieherinnen und Beziehern von Sozialgeld besteht die freiwillig gesetzliche Versicherung weiterhin.

Für Personen, die in der gesetzlichen Krankenversicherung versicherungspflichtig oder freiwillig versichert sind oder unter den Voraussetzungen des § 26 Abs. 1 Satz 1 SGB II privat krankenversichert sind und allein durch die Zahlung des Beitrages hilfebedürftig würden, wird ein Zuschuss zum Beitrag in Höhe des Betrages geleistet, der notwendig ist, um die Hilfebedürftigkeit zu vermeiden (vgl. § 26 Abs. 2 Satz 1 SGB II).

Die Leistungen zur Sicherung des Lebensunterhalts nach dem Zweiten Buch Sozialgesetzbuch sind keine sozialen Versicherungsleistungen, die an das „Lohnprinzip“ gekoppelt sind, sondern werden nach dem **Prinzip der Bedarfsorientierung** (und nicht nach dem Bedarfsdeckungsprinzip des Zwölften Buches Sozialgesetzbuch) erbracht. Damit wird gleichzeitig die im Sozialhilferecht vor dem 1.1.2005 entwickelte gesetzessystematische Aufteilung in laufende und einmalige Leistungen weitgehend aufgegeben.

Die Regelung des § 19 Abs. 3 Satz 1 SGB II unterstreicht nochmals die Nachrangigkeit des Arbeitslosengeldes II (ebenso des Sozialgeldes) gegenüber dem Einsatz des zu berücksichtigenden Einkommens und Vermögens. Dabei deckt das zu berücksichtigende Einkommen und Vermögen zunächst die Bedarfe nach §§ 20, 21 und 23 SGB II, darüber hinaus die Bedarfe nach § 22 SGB II (vgl. § 19 Abs. 3 Satz 2 SGB II). Sind nur noch Leistungen für Bildung und Teilhabe zu leisten, deckt weiteres zu berücksichtigendes Einkommen und Vermögen die Bedarfe in der Reihenfolge der Absätze 2 bis 7 nach § 28 SGB II (vgl. § 19 Abs. 3 Satz 3 SGB II).

Dem in einem ersten Schritt ermittelten Gesamtbedarf zur Sicherung des Lebensunterhalts einer Person (bestehend aus dem Regelbedarf, dem Bedarf für Unterkunft und Heizung und ggf. dem/den Mehrbedarf/en) wird das einzusetzende Einkommen und/oder Vermögen der nach § 9 Abs. 2 Satz 1 und Satz 2 SGB II verpflichteten Personen (vgl. Ausführungen zur sog. „Einsatzgemeinschaft“ nach § 9 Abs. 2 Satz 1 und Satz 2 SGB II unter 10.1) anspruchsmindernd gegenübergestellt. Aus der Höhe des Differenzbetrages (ungedeckter Bedarf) ergibt sich die Höhe der Leistungen zur Sicherung des Lebensunterhalts im Rahmen des Zweiten Buches Sozialgesetzbuch.

Prüfungsraster für die Berechnung der Leistungen zur Sicherung des Lebensunterhalts (Arbeitslosengeld II / Sozialgeld):

1. Schritt	Ermittlung des Gesamtbedarfs (notwendiger Lebensunterhalt)
2. Schritt	Ermittlung des anrechenbaren bzw. einzusetzenden Einkommens und/oder Vermögens
3. Schritt	Gegenüberstellung von Bedarf und Einkommen / Vermögen (Feststellung des ungedeckten Bedarfs)

Gemäß §§ 7 Abs. 2, 19 Abs. 1 Satz 2 SGB II haben nichterwerbsfähige Personen einen Anspruch auf Sozialgeld, soweit sie mit erwerbsfähigen Leistungsberechtigten in einer Bedarfsgemeinschaft im Sinne von § 7 Abs. 3 SGB II zusammenleben. Dabei bestimmt sich die Nichterwerbsfähigkeit in diesem Zusammenhang nicht allein nach § 8 Abs. 1 SGB II, sondern liegt vor, wenn die Person nicht zum Personenkreis des § 7 Abs. 1 Satz 1 SGB II (erwerbsfähige Leistungsberechtigte) gehört.

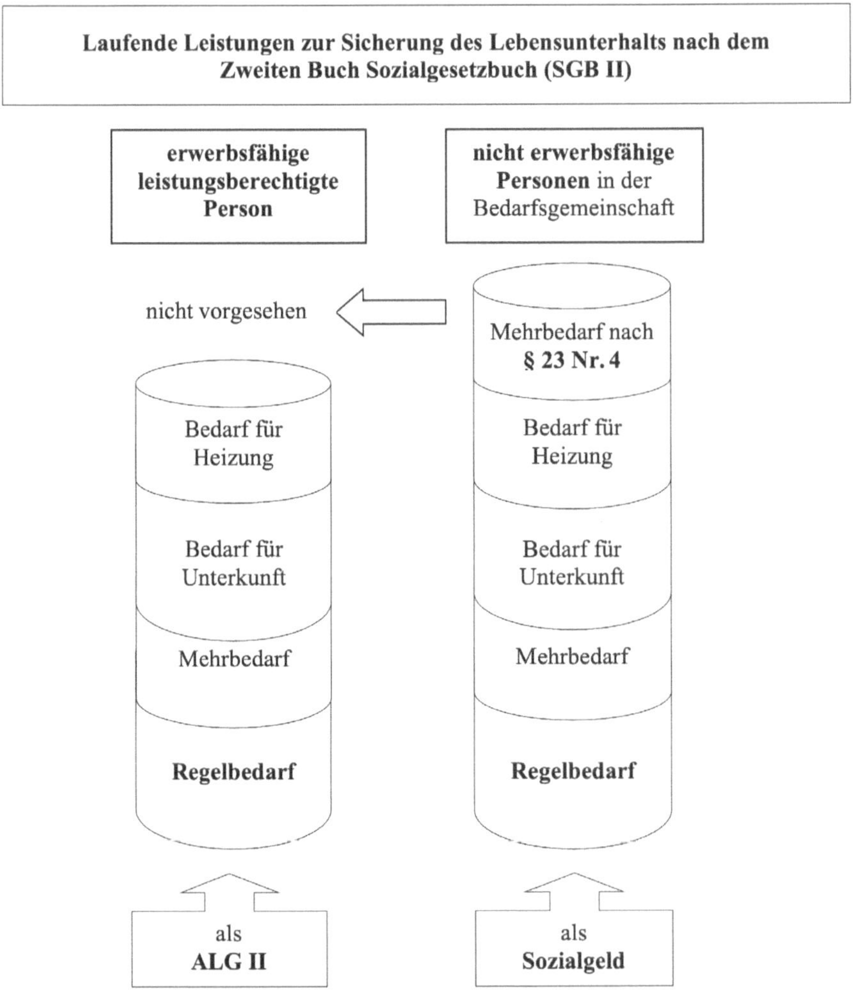

Leistungen zur Sicherung des Lebensunterhalts nach dem Zweiten Buch Sozialgesetzbuch erfordern immer das Vorhandensein **mindestens einer erwerbsfähigen leistungsberechtigten** (also einer Alg II-berechtigten) **Person** i.S. des §7 Abs. 1 Satz 1 SGB II innerhalb einer Bedarfsgemeinschaft. Das Sozialgeld kann daher grundsätzlich nicht als „isolierte" Leistung, sondern nur in der Kombination mit dem Arbeitslosengeld II in Betracht kommen. Dabei ist zu berücksichtigen, dass Hilfebedürftigkeit der erwerbsfähigen leistungsberechtigten Person auch dann vorliegt, wenn zwar – individuell betrachtet – der eigene, nicht aber der Bedarf aller zur Bedarfsgemeinschaft gehörenden Personen (z.B. eines Kindes unter 15 Jahren) aus eigenen Mitteln gedeckt werden kann.

Durch die gesetzliche Fiktion des § 9 Abs. 2 Satz 3 SGB II gilt in dieser Konstellation auch die erwerbsfähige leistungsberechtigte Person im Verhältnis des eigenen Bedarfs zum Gesamtbedarf als hilfebedürftig. Die Hilfebedürftigkeit i. S. des § 9 Abs. 1 SGB II wird also fingiert.

Das Arbeitslosengeld II und das Sozialgeld umfassen identische Leistungen, mit Ausnahme des Mehrbedarfes nach § 23 Nr. 4 SGB II, der nur für nicht erwerbsfähige Personen, die voll erwerbsgemindert nach dem Sechsten Buch Sozialgesetzbuch sind (Empfänger von Sozialgeld), vorgesehen ist.

gesetzl. Rente

7.1 Regelbedarf zur Sicherung des Lebensunterhalts

7.1.1 Inhalt der Regelbedarfe

Der Begriff des Regelbedarfs umfasst den wertmäßigen Betrag, der für die Ermittlung der Hilfebedürftigkeit und die Berechnung der Leistungshöhe für die Leistungen zur Sicherung des Lebensunterhalts zu berücksichtigen ist. Der Regelbedarf zur Sicherung des Lebensunterhalts umfasst gemäß § 20 Abs. 1 Satz 1 SGB II pauschal insbesondere die Bedarfe für Ernährung, Kleidung, Körperpflege, Hausrat, Haushaltsenergie ohne die auf die Heizung und Erzeugung von Warmwasser entfallenden Anteile sowie persönliche Bedürfnisse des täglichen Lebens. Zu den persönlichen Bedürfnissen des täglichen Lebens gehört in vertretbarem Umfang eine Teilhabe am sozialen und kulturellen Leben in der Gemeinschaft (§ 20 Abs. 1 Satz 2 SGB II).

Die pauschalierten Regelbedarfe umfassen neben den laufenden Bedarfen auch die in unregelmäßigen bzw. in größeren Zeitabständen anfallenden Bedarfe. Mit der weitgehenden Pauschalierung von Leistungen soll zum einen der Verwaltungsaufwand für die Bewilligung entsprechender Leistungen verringert werden, zum anderen soll den leistungsberechtigten Personen eine höhere Dispositionsfreiheit im Sinne eines selbstständigen und eigenverantwortlichen Wirtschaftens eingeräumt werden. Da die Ausgaben für langlebige Gebrauchsgüter in unregelmäßigen Abständen anfallen, betont § 20 Abs. 1 Satz 4 Halbs. 2 SGB II die Berücksichtigungspflicht (zur Vornahme entsprechender Rücklagen) für die leistungsberechtigte Person.

Die Höhe der Regelbedarfe setzt sich aus der Summe der regelbedarfsrelevanten Verbrauchsausgaben zusammen. Von den Verbrauchsausgaben der **Einpersonenhaushalte** werden für die Ermittlung des Regelbedarfs beispielsweise folgende Verbrauchsausgaben der einzelnen Abteilungen der Sonderauswertung des Statistischen Bundesamtes zur Einkommens- und Verbrauchsstichprobe 2020 für den Regelbedarf berücksichtigt (vgl. § 5 RBEG und den Begleitmaterialien zum Gesetzgebungsverfahren[86] unter Berücksichtigung der Anpassung zum 1.1.2022):

86 Vgl. BT-Drs. 18/9984 S. 107.

Regelbedarfsrelevante Verbrauchsausgaben der Einpersonenhaushalte – Aufteilung nach EVS-Abteilungen des Regelbedarfs (Werte pro Monat für Personen mit Anspruch auf 100 % des Regelbedarfs)			
		Betrag	**Anteil in %**
Abteilung 1	Nahrungsmittel, alkoholfreie Getränke	155,80 €	34,70
Abteilung 2	Alkoholische Getränke, Tabakwaren	0,00 €	0,00
Abteilung 3	Bekleidung und Schuhe	37,22 €	8,29
Abteilung 4	Wohnen, Energie und andere Brennstoffe sowie Wohnungsinstandhaltung	38,03 €	8,47
Abteilung 5	Innenausstattung, Haushaltsgeräte und Einrichtungsgegenstände	27,34 €	6,09
Abteilung 6	Gesundheitspflege	17,15 €	3,82
Abteilung 7	Verkehr	40,28 €	8,97
Abteilung 8	Nachrichtenübermittlung	40,14 €	8,94
Abteilung 9	Freizeit, Unterhaltung, Kultur	43,78 €	9,75
Abteilung 10	Bildungswesen	1,62 €	0,36
Abteilung 11	Verrechnungswert zum Kauf von Nahrungsmitteln und alkoholfreien Getränken	11,72 €	2,61
Abteilung 12	sonstige Waren- und Dienstleistungen (insbesondere Hygiene und Körperpflege)	35,83 €	7,98
insgesamt gerundet		**448,91 €**	**100,00**
darunter **Strom**		36,19 €	

7.1.2 Aufbau und Höhe der Regelbedarfe

Durch Artikel 6 des Gesetzes zur Ermittlung von Regelbedarfen sowie zur Änderung des Zweiten und Zwölften Buches Sozialgesetzbuch vom 22.12.2016 (BGBl. I, S. 3159) gelten seit dem 1.1.2017 ohne eigenständige Bekanntmachung die jeweils auf der Grundlage des § 28 SGB XII i.V.m. dem Regelbedarfs-Ermittlungsgesetz[87] neu ermittelten und fortgeschriebenen Regelbedarfe unmittelbar auch im Bereich der Grundsicherung für Arbeitsuchende. Die bis Ende 2016 in § 20 SGB II genannten Euro-Beträge werden durch einen Verweis auf die jeweilige Regelbedarfsstufe ersetzt.

Gemäß § 20 Abs. 1a Satz 1 SGB II wird der Regelbedarf in Höhe der jeweiligen Regelbedarfsstufe entsprechend § 28 SGB XII in Verbindung mit dem Regelbedarfs-Ermittlungsgesetz (RBEG) und den §§ 28a und 40 SGB XII in Verbindung mit der für das jeweilige Jahr geltenden Regelbedarfsstufen-Fortschreibungsverordnung anerkannt. Zur Ermittlung pauschalierter Bedarfe für bedarfsabhängige und existenzsichernde Leistungen werden entsprechend § 28 Abs. 1 bis Abs. 3 SGB XII Sonderauswertungen der Einkommens- und Verbraucherstichprobe 2020 zur Ermittlung der durchschnittlichen Verbrauchsausgaben einkommensschwacher Haushalte vorgenommen.

87 Gesetz zur Ermittlung von Regelbedarfen sowie zur Änderung des Zweiten und Zwölften Buches Sozialgesetzbuch (Regelbedarfs-Ermittlungsgesetz – RBEG) vom 22.12.2016 (BGBl. I S. 3159).

Auf der Grundlage der Sonderauswertungen werden nach § 28 Abs. 4 und Abs. 5 SGB XII für das Zweite und Zwölfte Buch Sozialgesetzbuch die Regelbedarfsstufen (vgl. §§ 5 bis 8 RBEG) ermittelt.

Die Regelbedarfsstufen nach der Anlage zu § 28 SGB XII werden gemäß § 8 RBEG wie folgt festgelegt:

gültig ab	Regelbedarfsstufe 1	Regelbedarfsstufe 2	Regelbedarfsstufe 3	Regelbedarfsstufe 4	Regelbedarfsstufe 5	Regelbedarfsstufe 6
1.1.2017	409,00 €	368,00 €	327,00 €	311,00 €	291,00 €	237,00 €
1.1.2018	416,00 €	374,00 €	332,00 €	316,00 €	296,00 €	240,00 €
1.1.2019	424,00 €	382,00 €	339,00 €	322,00 €	302,00 €	245,00 €
1.1.2020	432,00 €	389,00 €	345,00 €	328,00 €	308,00 €	250,00 €
1.1.2021	446,00 €	401,00 €	357,00 €	373,00 €	309,00 €	283,00 €
1.1.2022	449,00 €	404,00 €	360,00 €	376,00 €	311,00 €	285,00 €

Regelbedarfsstufe 1:
Für jede erwachsene Person, die in einer Wohnung nach § 42a Abs. 2 Satz 2 SGB XII lebt und für die nicht die Regelbedarfsstufe 2 gilt.

Regelbedarfsstufe 2:
Für jede erwachsene Person, die in einer Wohnung nach § 42a Abs. 2 Satz 2 SGB XII mit einem Ehegatten oder Lebenspartner oder in eheähnlicher oder lebenspartnerschaftsähnlicher Gemeinschaft mit einem Partner zusammenlebt.

Regelbedarfsstufe 3:
Für jede erwachsene Person, deren notwendiger Lebensunterhalt sich nach § 27b SGB XII bestimmt.

Regelbedarfsstufe 4:
Für eine Jugendliche oder einen Jugendlichen vom Beginn des 15. bis zur Vollendung des 18. Lebensjahres.

Regelbedarfsstufe 5:
Für ein Kind vom Beginn des siebten bis zur Vollendung des 14. Lebensjahres.

Regelbedarfsstufe 6:
Für ein Kind bis zur Vollendung des sechsten Lebensjahres.

Für die Leistungen zur Sicherung des Lebensunterhalts (Arbeitslosengeld II und Sozialgeld) sind die genannten Beschreibungen bzw. Definitionen der einzelnen Regelbedarfsstufen (insbesondere der Regelbedarfsstufen 1 bis 3) zunächst nicht relevant.

Im Bereich der Grundsicherung für Arbeitsuchende wird ein Regelbedarf in Höhe der Regelbedarfsstufe 1 gemäß § 20 Abs. 2 Satz 1 SGB II von monatlich 449,00 € anerkannt für Personen, die

- alleinstehend oder
- alleinerziehend sind oder
- deren Partnerin oder Partner minderjährig ist.

Als **alleinstehend** ist in diesem Zusammenhang eine Person ohne eine/n in der Bedarfsgemeinschaft lebende/n Partner/-in anzusehen. Dies gilt allerdings nicht für (unverheiratete) Kinder bis zur Vollendung des 25. Lebensjahres, die mit ihren Eltern oder einem Elternteil in einer Bedarfsgemeinschaft leben. Eine berufsbedingte (vorübergehende) Abwesenheit vom gemeinsamen Haushalt ist dabei nicht entscheidend. Eine Trennung (z. B. bei Inhaftierung eines Partners) ist allerdings relevant auch für den Fall, dass beide Partner ihre Lebensgemeinschaft aufrechterhalten wollen. In diesem Fall ist der hilfebedürftige (nicht inhaftierte) Partner als alleinstehend anzusehen, für den insoweit ein Regelbedarf in Höhe der Regelbedarfsstufe 1 von monatlich 449,00 € nach § 20 Abs. 2 Satz 1 SGB II anzuerkennen ist.

Alleinerziehend sind Leistungsberechtigte, die alleinstehend sind und mit einem oder mehreren minderjährigen Kindern in einem gemeinsamen Haushalt leben und allein für deren Pflege und Erziehung sorgen (vgl. auch weitere Ausführungen zum Mehrbedarf nach § 21 Abs. 3 SGB II unter 7.2.2).

Sofern **zwei Partner** der Bedarfsgemeinschaft das 18. Lebensjahr vollendet haben, ist als Regelbedarf für jede dieser Personen monatlich ein Betrag in Höhe der Regelbedarfsstufe 2 von jeweils 404,00 € anzuerkennen (§ 20 Abs. 4 SGB II).

Als **Partnerin oder Partner** sind entsprechend der Regelung in § 7 Abs. 3 Nr. 3 SGB II anzusehen die nicht dauernd getrennt lebende Ehegattin oder der nicht getrennt lebende Ehegatte, der eheähnliche bzw. lebenspartnerschaftsähnliche Partner und die nicht dauernd getrennt lebende (gleichgeschlechtliche) Lebenspartnerin oder der nicht dauernd getrennt lebende Lebenspartner einer eingetragenen Lebensgemeinschaft nach dem Lebenspartnerschaftsgesetz (LPartG).

Sofern **beide Partner minderjährig** sind, ist ebenfalls für einen der beiden Partner ein Regelbedarf in Höhe der Regelbedarfsstufe 1 von monatlich 449,00 € anzuerkennen, da die Voraussetzungen nach § 20 Abs. 2 Satz 1 SGB II erfüllt sind.

Für **sonstige erwerbsfähige Angehörige** der Bedarfsgemeinschaft wird als Regelbedarf nach § 20 Abs. 2 Satz 2 Nr. 1 SGB II monatlich ein Betrag in Höhe der Regelbedarfsstufe 4 von 376,00 € anerkannt, sofern sie das 18. Lebensjahr noch nicht vollendet haben, und nach § 20 Abs. 2 Satz 2 Nr. 2 SGB II in Höhe der Regelbedarfsstufe 3 von 360,00 € in den übrigen Fällen. Sonstige erwerbsfähige Angehörige in diesem Sinne sind

- die minderjährige Partnerin oder der minderjährige Partner einer minderjährigen leistungsberechtigten Person,
- die minderjährige Partnerin oder der minderjährige Partner einer volljährigen leistungsberechtigten Person,
- unverheiratete Kinder in der Bedarfsgemeinschaft mit ihren Eltern oder Elternteilen, soweit sie das 15. Lebensjahr vollendet und das 25. Lebensjahr noch nicht vollendet haben.

Eine besondere Regelung für Personen, die das 25. Lebensjahr noch nicht vollendet haben, enthält § 20 Abs. 3 SGB II, wonach für diese Personen bis zur Vollendung des 25. Lebensjahres der in § 20 Abs. 2 Satz 2 Nr. 2 SGB II genannte Betrag (in Höhe der Regelbedarfsstufe 3) als Regelbedarf anzuerkennen ist, wenn sie ohne Zusicherung des zuständigen kommunalen Trägers nach § 22 Abs. 5 SGB II umziehen.

Die Vorschrift des § 20 Abs. 3 SGB II sieht eine Reduzierung des Regelbedarfs allerdings nur in den Fällen vor, in denen nach dem Auszug ein Regelbedarf in Höhe der Regelbedarfsstufe 1 von 449,00 € anzuerkennen wäre. Die Regelung des § 20 Abs. 4 SGB II, die die Höhe der jeweiligen Regelbedarfe für volljährigen Partner bestimmt, wird durch die Vorschrift des § 20 Abs. 3 SGB II nicht tangiert, da der Wortlaut des § 20 Abs. 3 SGB II ausschließlich Bezug auf § 20 Abs. 2 Satz 1 SGB II nimmt.

Beim Sozialgeld gelten im Hinblick auf die Regelbedarfe die ergänzenden Maßgaben nach § 23 Nr. 1 SGB II. Als Regelbedarf wird für Kinder

- bis zur Vollendung des sechsten Lebensjahres ein Betrag in Höhe der Regelbedarfsstufe 6 (285,00 €),
- vom Beginn des 7. bis zur Vollendung des 14. Lebensjahres ein Betrag in Höhe der Regelbedarfsstufe 5 (311,00 €) und
- im 15. Lebensjahr ein Betrag in Höhe der Regelbedarfsstufe 4 (376,00 €) anerkannt.

Übersicht über die Höhe der Regelbedarfe bei Bezug von ...		
Arbeitslosengeld II (Stand: 1.1.2022)		
Personen	**Betrag**	**Rechtsgrundlage**
Alleinstehende	449,- €	§ 20 Abs. 2 Satz 1 SGB II (Regelbedarfsstufe 1)
Alleinerziehende	449,- €	§ 20 Abs. 2 Satz 1 SGB II (Regelbedarfsstufe 1)
Personen, deren Partner minderjährig ist	449,- €	§ 20 Abs. 2 Satz 1 SGB II (Regelbedarfsstufe 1)
zwei volljährige Partner der Bedarfsgemeinschaft	404,- €	§ 20 Abs. 4 SGB II (Regelbedarfsstufe 2)
sonstige erwerbsfähige Angehörige der Bedarfsgemeinschaft, sofern sie das 18. Lebensjahr noch nicht vollendet haben	376,- €	§ 20 Abs. 2 Satz 2 Nr. 1 SGB II (Regelbedarfsstufe 4)
sonstige erwerbsfähigen Angehörige der Bedarfsgemeinschaft, sofern sie das 18. Lebensjahr vollendet haben	360,- €	§ 20 Abs. 2 Satz 2 Nr. 2 SGB II (Regelbedarfsstufe 3)
Personen unter 25 Jahren, die ohne Zusicherung des zuständigen kommunalen Trägers umziehen	360,- €	§ 20 Abs. 3 SGB II (Regelbedarfsstufe 3)

Übersicht über die Höhe der Regelbedarfe bei Bezug von ...		
Sozialgeld (Stand: 1.1.2022)		
Personen	**Betrag**	**Rechtsgrundlage**
Alleinstehende	449,- €	§ 20 Abs. 2 Satz 1 SGB II (Regelbedarfsstufe 1)
Alleinerziehende	449,- €	§ 20 Abs. 2 Satz 1 SGB II (Regelbedarfsstufe 1)
Personen, deren Partner minderjährig ist	449,- €	§ 20 Abs. 2 Satz 1 SGB II (Regelbedarfsstufe 1)
zwei volljährige Partner der Bedarfsgemeinschaft	404,- €	§ 20 Abs. 4 SGB II (Regelbedarfsstufe 2)
Kinder bis zur Vollendung des sechsten Lebensjahres	285,- €	§ 23 Nr. 1 SGB II (Regelbedarfsstufe 6)
Kinder ab Beginn des 7. Lebensjahres bis zur Vollendung des 14. Lebensjahres	311,- €	§ 23 Nr. 1 SGB II (Regelbedarfsstufe 5)
Kinder im 15. Lebensjahr	376,- €	§ 23 Nr. 1 SGB II (Regelbedarfsstufe 4)
sonstige Angehörige der Bedarfsgemeinschaft ab Beginn des 16. Lebensjahres bis zur Vollendung des 18. Lebensjahres	376,- €	§ 20 Abs. 2 Satz 2 Nr. 1 SGB II (analog) (Regelbedarfsstufe 4)
sonstige Angehörige der Bedarfsgemeinschaft, sofern sie das 18. Lebensjahr vollendet haben	360,- €	§ 20 Abs. 2 Satz 2 Nr. 2 SGB II (analog) (Regelbedarfsstufe 3)

7.1.3 Verhältnis zum Zwölften Buch Sozialgesetzbuch als „Referenzsystem" der Regelleistungen / Neuermittlung und Fortschreibung der Regelbedarfe

Durch das Gesetz zur Ermittlung der Regelbedarfe nach § 28 SGB XII (RBEG) erfolgt die konkrete Festlegung der Höhe der Leistungen für den Regelbedarf im Sozialhilferecht, die in der Folge auch für die Leistungen nach dem Zweiten Buch Sozialgesetzbuch gilt, seit dem 1.1.2011 durch ein Bundesgesetz. Nach dem Statistikmodell werden die Regelbedarfe auf der Grundlage von empirisch ermittelten Verbrauchsausgaben (Einkommens- und Verbrauchsstichprobe) im unteren Einkommensbereich (Referenzgruppe) und den Entscheidungen des Gesetzgebers über deren Relevanz für die Gewährleistung eines menschenwürdigen Existenzminimums ermittelt.

Die Einkommens- und Verbrauchsstichprobe (EVS) wird vom Statistischen Bundesamt in etwa fünfjährigen Abständen (zuletzt 2020) durchgeführt und erfasst die Einkommens-, Vermögens- und Schuldensituation sowie das Konsumverhalten von rund 0,2 % aller privaten Haushalte in Deutschland. Das Statistikmodell ist daher unmittelbar mit der Nutzung der EVS als Datengrundlage für die Bemessung der Regelbedarfe verknüpft. Die ermittelten Verbrauchsausgaben der Referenzhaushalte, die vom Gesetzgeber als regelbedarfsrelevant definiert werden, ergeben als Summe ein Budget für die Sicherung des soziokulturellen Existenzminimums, das nach dem Zwölften Buch Sozialgesetzbuch in Regelbedarfsstufen eingeteilt und in Form pauschalierter Sätze zahlbar gemacht wird.

Nach § 28 Abs. 3 SGB XII hat das Bundesministerium für Arbeit und Soziales das Statistische Bundesamt mit Sonderauswertungen zu beauftragen, wenn die Ergebnisse einer neuen EVS vorliegen. Mit Vorlage der EVS 2020 hatte der Gesetzgeber erneut über die Höhe der Regelbedarfe und die Altersstufen zu entscheiden.

Nach § 28a Abs. 1 SGB XII ist in Jahren, für die keine Neubemessung der Regelbedarfe auf Basis der EVS durchgeführt wird, eine Fortschreibung der Regelbedarfsstufen jeweils zum 1. Januar mit der sich nach § 28a Abs. 2 SGB XII ergebenden Veränderungsrate vorzunehmen.

Die jährliche Fortschreibung der Regelbedarfsstufen erfolgt durch Verordnung[88] (Regelbedarfsstufen-Fortschreibungsverordnung) anhand der Veränderung eines sogenannten Mischindexes nach § 28a Abs. 2 SGB XII. Die Veränderungsrate des Mischindex ergibt sich dabei aus der Berücksichtigung der Veränderungsraten, nämlich der bundesdurchschnittlichen Preisentwicklung regelbedarfsrelevanter Güter und Dienstleistungen sowie der Entwicklung der Nettolöhne und -gehälter je beschäftigtem Arbeitnehmer nach der Volkswirtschaftlichen Gesamtrechnung (Mischindex). Beide Veränderungsraten werden nach § 28a Abs. 3 SGB XII vom Statistischen Bundesamt im Auftrag des Bundesministeriums für Arbeit und Soziales ermittelt.

Da durch § 20 Abs. 1a SGB II für den Bereich der Grundsicherung für Arbeitsuchende auf die entsprechende Anwendung des § 28 SGB XII in Verbindung mit dem Regelbedarfs-Ermittlungsgesetz und auf die entsprechende Anwendung der für das

88 Die Ermächtigung für den Erlass der Verordnung enthält § 40 SGB XII.

betreffende Jahr geltenden Regelbedarfsstufen-Fortschreibungsverordnung nach dem §§28a und 40 SGB XII verwiesen wird, wirkt sich die Fortschreibung unmittelbar auch auf die Regelbedarfe im Bereich des Zweiten Buches Sozialgesetzbuch aus.

Das Zwölfte Buch Sozialgesetzbuch ist grundsätzlich das Referenzsystem für die Lebensunterhaltsleistungen in der Grundsicherung für Arbeitsuchende nach dem Zweiten Buch Sozialgesetzbuch. Die Systematik der Regelbedarfe im Zweiten und Zwölften Buch Sozialgesetzbuch scheint allerdings nur auf den ersten Blick identisch zu sein. Während die Höhe der Regelbedarfe im Rahmen der Grundsicherung für Arbeitsuchende von der Stellung innerhalb der Bedarfsgemeinschaft abhängig ist, differenziert §8 RBEG bzw. die Anlage zu §28 SGB XII danach, ob eine erwachsene leistungsberechtigte Person in einer Wohnung nach §42a Abs. 2 Satz 2 SGB XII lebt oder ob sich deren notwendiger Lebensunterhalt nach §27b SGB XII bestimmt.

Mit der Neufassung des Regelbedarfs-Ermittlungsgesetzes (RBEG) wird seit dem 1.1.2017 bei der in §8 RBEG vorgesehenen Abgrenzung der Regelbedarfsstufen für Erwachsene auf das Merkmal der Haushaltsführung verzichtet. Maßgeblich ist vielmehr, ob erwachsene Personen in einer Wohnung und damit in einer räumlich von anderen Unterkünften abtrennbaren Einheit leben. Abgesehen von Erwachsenen, die als Ehegatten, Lebenspartner oder in einer eheähnlichen bzw. lebenspartnerschaftsähnlichen Gemeinschaft zusammenleben, werden im Bereich der Sozialhilfe alle Erwachsenen der Regelbedarfsstufe 1 zugeordnet – unabhängig davon, ob sie einen eigenen Haushalt führen oder im Haushalt anderer Personen leben.

Damit folgt der Gesetzgeber in diesem Zusammenhang der Rechtsprechung des Bundessozialgerichtes[89], wonach die Regelbedarfsstufe 3 nicht für in Haushalten lebende Erwachsene anwendbar ist.

Im Bereich der Grundsicherung für Arbeitsuchende kommt die Regelbedarfsstufe 1 allerdings auch für minderjährige (also nicht erwachsene) Leistungsberechtigte in Betracht, die i.S. des §20 Abs. 2 Satz 1 SGB II als alleinstehend anzusehen sind.

Die Regelbedarfsstufe 3 kommt im Bereich der Leistungen zum Lebensunterhalt nach dem 3. und 4. Kapitel SGB XII nur noch für Personen in Betracht, die in einer stationären Einrichtung leben. Im Bereich der Grundsicherung für Arbeitsuchende ist als Regelbedarf ein Betrag in Höhe der Regelbedarfsstufe 3 dagegen anzuerkennen für sonstige erwerbsfähige Angehörige in der Bedarfsgemeinschaft, sofern sie das 18. Lebensjahr vollendet haben (vgl. §20 Abs. 2 Satz 2 Nr. 2 SGB II), oder für Personen, die das 25. Lebensjahr noch nicht vollendet haben und ohne Zusicherung des zuständigen kommunalen Trägers umziehen (vgl. §20 Abs. 3 SGB II).

Die Abgrenzung der Regelbedarfsstufen 1 bis 3 führt im Bereich der Sozialhilfe zwar zur Angleichung bei der Bestimmung der Höhe der Regelbedarfe von nicht als Partner zusammenlebenden Erwachsenen im Bereich der Grundsicherung für Arbeitsuchende, ein Unterschied besteht jedoch im Hinblick auf die Berücksichtigung der Regelbedarfe von volljährigen Kindern, die zusammen mit ihren Eltern/-teilen in häuslicher Gemeinschaft bzw. in einer Bedarfsgemeinschaft i.S. des §7 Abs. 3 SGB II zusammenleben.

89 Vgl. BSG, Urt. vom 23.7.2014 – B 8 SO 14/13 R –, NDV-RD 2015, 55, – B 8 SO 12/13 R –, info also 2015, 41 (Kurzwiedergabe), – B 8 SO 31/12 R –, BSGE 116, 223.

Beispiel
Herr D (23 Jahre alt, erwerbsfähig) lebt in einem gemeinsamen Haushalt bzw. in einer Bedarfsgemeinschaft mit seinen Eltern. Sofern für ihn die Voraussetzungen nach § 7 Abs. 1 Satz 1 SGB II für den Bezug von Arbeitslosengeld II vorliegen, wäre ein Regelbedarf nach § 20 Abs. 2 Satz 2 Nr. 2 SGB II (als sonstiger erwerbsfähiger Angehöriger der Bedarfsgemeinschaft) ein Betrag in Höhe der Regelbedarfsstufe 3 (360,00 €) anzuerkennen.
Herr E (23 Jahre alt, dauerhaft voll erwerbsgemindert) lebt ebenfalls im Haushalt seiner Eltern. Bei einem für ihn in Betracht kommenden Anspruch auf Leistungen nach dem 4. Kapitel SGB XII (Grundsicherung im Alter und bei Erwerbsminderung) ist ein Regelbedarf gemäß der Anlage zu § 28 SGB XII in Höhe des Betrages der Regelbedarfsstufe 1 (erwachsene Person, die in einer Wohnung lebt und für die nicht die Regelbedarfsstufe 2 gilt) von 449,00 € zu berücksichtigen.

7.1.4 Übungen

Sachverhalt 1
Herr D (25 Jahre) lebt zusammen mit seiner Ehefrau (22 Jahre) in einem Haushalt. Beide Personen sind erwerbsfähig.

Aufgaben
1. Prüfen Sie, welche Regelbedarfe in Betracht kommen.
2. Stellen Sie fest, was sich am Ergebnis ändert, wenn Frau D zeitlich befristet voll erwerbsgemindert im Sinne der gesetzlichen Rentenversicherung wäre.
3. Stellen Sie fest, was sich am Ergebnis ändert, wenn Frau D erst 17 Jahre alt und erwerbsfähig wäre und mit Herrn D in einer eheähnlichen Gemeinschaft (vgl. § 7 Abs. 3 Nr. 3 Buchstabe c SGB II) zusammenleben würde.

Lösung
Zu Aufgabe 1
Beide Personen gehören als erwerbsfähige Leistungsberechtigte im Sinne von § 7 Abs. 1 Satz 1 SGB II zum anspruchsberechtigten Personenkreis für den Bezug von Arbeitslosengeld II nach § 19 Abs. 1 Satz 1 SGB II. Das Arbeitslosengeld II umfasst die sich aus § 19 Abs. 1 Satz 3 SGB II ergebenden Leistungen. Als nicht getrennt lebende Ehepartner bilden sie eine Bedarfsgemeinschaft nach § 7 Abs. 3 Nr. 1 und § 7 Abs. 3 Nr. 3 Buchstabe a) SGB II. Wer von beiden Personen als Ausgangspunkt für die Bildung der Bedarfsgemeinschaft (vgl. § 7 Abs. 3 Nr. 1 SGB II) dient, ist unerheblich.

Haben zwei Partner der Bedarfsgemeinschaft das 18. Lebensjahr vollendet, ist als Regelbedarf für jede dieser Personen gemäß § 20 Abs. 4 SGB II monatlich ein Betrag in Höhe der Regelbedarfsstufe 2 (also jeweils 404,00 €) anzuerkennen.

Zu Aufgabe 2
Frau D ist keine erwerbsfähige leistungsberechtigte Person im Sinne von § 7 Abs. 1 Satz 1 SGB II, da sie voll erwerbsgemindert im Sinne der gesetzlichen Rentenversicherung ist. Herr D ist damit als erwerbsfähiger Leistungsberechtigter Ausgangspunkt für die Bildung der Bedarfsgemeinschaft (sog. Hauptleistungsberechtigter nach § 7 Abs. 3 Nr. 1 SGB II). Frau D gehört als Partnerin zur Bedarfsgemeinschaft mit ihrem nicht getrennt lebenden Ehemann (vgl. § 7 Abs. 3 Nr. 3 Buchstabe a) SGB II) und kann daher Sozialgeld nach §§ 7 Abs. 2 Satz 1, 19 Abs. 1 Satz 2 SGB II erhalten. Vorrangige Leistungen nach dem 4. Kapitel SGB XII kommen für sie nicht in Betracht, da die volle Erwerbsminderung nicht dauerhaft besteht. Das Sozialgeld umfasst die sich aus § 19 Abs. 1 Satz 3 SGB II ergebenden Leistungen.

Auch in diesem Fall ist für beide Partner als Regelbedarf gemäß § 20 Abs. 4 SGB II ein Betrag in Höhe der Regelbedarfsstufe 2 von jeweils 404,00 € anzuerkennen.

Zu Aufgabe 3
Nach § 20 Abs. 2 Satz 1 SGB II wird bei Personen, deren Partnerin oder Partner minderjährig ist (hier also bei Herrn D) als Regelbedarf monatlich ein Betrag in Höhe der Regelbedarfsstufe 1 (also 449,00 €) anerkannt.

Frau D ist in diesem Fall als sonstige erwerbsfähige Angehörige der Bedarfsgemeinschaft zu betrachten, die das 18. Lebensjahr noch nicht vollendet hat (vgl. § 20 Abs. 2 Satz 2 Nr. 1 SGB II), für die als Regelbedarf monatlich ein Betrag in Höhe der Regelbedarfsstufe 4 (also 376,00 €) anzuerkennen ist.

Sachverhalt 2
Herr E (45 Jahre) erhält eine zeitlich befristete Rente wegen voller Erwerbsminderung. Er lebt zusammen mit seiner 15jährigen Tochter Elke (Schülerin, erwerbsfähig) in einem gemeinsamen Haushalt.

Aufgabe
Prüfen Sie, welche Regelbedarfe in Betracht kommen.

Lösung
Elke ist eine erwerbsfähige leistungsberechtigte Person im Sinne von § 7 Abs. 1 Satz 1 SGB II und kann daher – sofern sie die übrigen Voraussetzungen erfüllt – Arbeitslosengeld II nach § 19 Abs. 1 Satz 1 SGB II erhalten. Sie ist der Ausgangspunkt für die Bildung der Bedarfsgemeinschaft nach § 7 Abs. 3 Nr. 1 SGB II (sog. „Hauptleistungsberechtigte“). Herr E gehört zur Bedarfsgemeinschaft nach § 7 Abs. 3 Nr. 2 SGB II als (nicht erwerbsfähiger) Elternteil eines unverheirateten erwerbsfähigen Kindes, welches das 25. Lebensjahr noch nicht vollendet hat.

Nichterwerbsfähige Leistungsberechtigte, die mit erwerbsfähigen Leistungsberechtigten in einer Bedarfsgemeinschaft leben, erhalten nach §§ 7 Abs. 2 Satz 1, 19 Abs. 1 Satz 2 SGB II Sozialgeld, soweit sie keinen Anspruch auf Leistungen nach dem 4. Kapitel SGB XII haben. Herr E hat keinen Anspruch auf Leistungen nach dem 4. Kapitel SGB XII, da die volle Erwerbsminderung nicht dauerhaft besteht.

Das Arbeitslosengeld II und das Sozialgeld umfassen die sich aus § 19 Abs. 1 Satz 3 SGB II ergebenden Leistungen.

Für Herrn E ist als alleinstehende bzw. alleinerziehende Person nach § 20 Abs. 2 Satz 1 SGB II als Regelbedarf monatlich ein Betrag in Höhe der Regelbedarfsstufe 1 von 449,00 € anzuerkennen. Für Elke ist nach § 20 Abs. 2 Satz 2 Nr. 1 SGB II als Regelbedarf ein Betrag in Höhe der Regelbedarfsstufe 4 von 376,00 € anzuerkennen, da es sich bei ihr um eine sonstige erwerbsfähige Angehörige der Bedarfsgemeinschaft handelt, die das 18. Lebensjahr noch nicht vollendet hat.

Sachverhalt 3
Herr F (38 Jahre) und seine Ehefrau (30 Jahre) sind erwerbsfähig. Neben dem gemeinsamen 3jährigen Sohn Frank lebt auch die 16jährige Schwester (Schülerin, erwerbsfähig) von Frau F im Haushalt.

Aufgabe
Prüfen Sie, welche Regelbedarfe in Betracht kommen.

Lösung
Herr und Frau F gehören als erwerbsfähige Leistungsberechtigte im Sinne von § 7 Abs. 1 Satz 1 SGB II zum anspruchsberechtigten Personenkreis für den Bezug von Arbeitslosengeld II nach § 19 Abs. 1 Satz 1 SGB II. Als nicht dauernd getrennt lebende Ehegatten bilden sie eine Bedarfsgemeinschaft nach § 7 Abs. 3 Nr. 1 und § 7 Abs. 3 Nr. 3 Buchstabe a) SGB II. Wer von beiden Personen als Ausgangspunkt für die Bildung der Bedarfsgemeinschaft dient (sog. Hauptleistungsberechtigter nach § 7 Abs. 3 Nr. 1 SGB II), ist unerheblich.

Zur Bedarfsgemeinschaft gehört nach § 7 Abs. 3 Nr. 4 SGB II auch der gemeinsame Sohn Frank, der nach §§ 7 Abs. 2 Satz 1, 19 Abs. 1 Satz 2 SGB II als nicht erwerbsfähiger Angehöriger in Bedarfsgemeinschaft mit erwerbsfähigen Leistungsberechtigten Sozialgeld erhalten kann.

Die Schwester von Frau F gehört nicht zur Bedarfsgemeinschaft mit den Eheleuten F, da eine Zuordnung über § 7 Abs. 3 SGB II nicht möglich ist. Sie ist allerdings selbst erwerbsfähige leistungsberechtigte Person im Sinne von § 7 Abs. 1 Satz 1 SGB II und hat einen eigenständigen Anspruch auf Arbeitslosengeld II nach § 19 Abs. 1 Satz 1 SGB II. Sie bildet damit eine eigene Bedarfsgemeinschaft (vgl. § 7 Abs. 3 Nr. 1 SGB II).

Herr und Frau F sind zwei volljährige Partner der Bedarfsgemeinschaft, für die als Regelbedarf jeweils monatlich ein Betrag in Höhe der Regelbedarfsstufe 2 von 404,00 € gemäß § 20 Abs. 4 SGB II anzuerkennen ist. Für Frank ist bis zur Vollendung des sechsten Lebensjahres ein Regelbedarf nach § 23 Nr. 1 SGB II in Höhe der Regelbedarfsstufe 6 von 285,00 € zu berücksichtigen.

Die Schwester von Frau F ist als alleinstehend zu betrachten (ohne Partner im Haushalt und nicht der Bedarfsgemeinschaft der Eltern angehörend). Für sie ist daher nach § 20 Abs. 2 Satz 1 SGB II als Regelbedarf ein Betrag in Höhe der Regelbedarfsstufe 1 von monatlich 449,00 € anzuerkennen.

7.2 Mehrbedarfe

Die Regelbedarfe zur Sicherung des Lebensunterhalts sollen den laufenden und üblichen Bedarf der leistungsberechtigten Person abdecken. Für bestimmte Personengruppen sieht das Gesetz in §§ 21, 23 Nr. 4 SGB II die Berücksichtigung eines typisierten Mehrbedarfs vor, der bei den berechtigten Personen infolge besonderer Lebensumstände regelmäßig vorhanden und durch die Regelbedarfe nicht gedeckt ist. Auf den jeweils gesetzlich festgelegten Mehrbedarf besteht, soweit die Tatbestandsvoraussetzungen vorliegen, ein Rechtsanspruch.

Der nach § 37 Abs. 1 Satz 1 SGB II erforderliche Antrag auf Leistungen zur Sicherung des Lebensunterhalts umfasst auch die Mehrbedarfe nach §§ 21, 23 Nr. 4 SGB II, die somit nicht gesondert beantragt werden müssen. Dies gilt auch dann, wenn die Voraussetzungen für die Anerkennung eines Mehrbedarfs erst während des laufenden Leistungsbezugs eintreten.

Die Regelungen der §§ 21, 23 Nr. 4 SGB II entsprechen in ihrer Systematik (mit Ausnahme des Mehrbedarfs nach § 21 Abs. 6 SGB II) der Leistung von Mehrbedarfszuschlägen in der Sozialhilfe (vgl. § 30 SGB XII) mit dem Unterschied, dass im Rahmen der Sozialhilfe von den gesetzlich festgelegten Prozentwerten abgewichen werden muss, sofern nach den besonderen Umständen des Einzelfalls ein „abweichender Bedarf" anzuerkennen ist.

Übersicht über die Mehrbedarfe nach § 21 SGB II

Rechtsgrundlage	**Mehrbedarf ...**	**Höhe**
§ 21 **Abs. 2**	für werdende Mütter	**17%** des maßgebenden Regelbedarfs
§ 21 **Abs. 3**	für Alleinerziehende	**12%** bis **60%** der Regelbedarfsstufe 1
§ 21 **Abs. 4**	für erwerbsfähige Leistungsberechtigte mit Behinderung	**35%** des maßgebenden Regelbedarfs
§ 21 **Abs. 5**	für kostenaufwändige Ernährung	nach **Festbeträgen**
§ 21 **Abs. 6**	für unabweisbare, laufende besondere Bedarfe	in Höhe des jeweiligen Bedarfs
§ 21 **Abs. 6a**	zur Anschaffung von Schulbüchern	in Höhe des jeweiligen Bedarfs
§ 21 **Abs. 7**	bei dezentraler Warmwasserversorgung	prozentual gestaffelt nach dem jeweiligen

7.2.1 Mehrbedarf für werdende Mütter (§21 Abs. 2 SGB II)

Nach §21 Abs. 2 SGB II ist ein Mehrbedarf in Höhe von 17% des maßgebenden Regelbedarfs nach §20 SGB II anzuerkennen für werdende Mütter nach der 12. Schwangerschaftswoche (also mit Beginn der 13. Schwangerschaftswoche bzw. 28 Wochen vor dem berechneten Entbindungstermin). Dieser Zeitpunkt ist durch ein ärztliches Zeugnis nachzuweisen oder durch „Rückrechnung" ausgehend vom voraussichtlichen Entbindungstermin zu ermitteln.

Der Mehrbedarf nach §21 Abs. 2 SGB II soll die während der Schwangerschaft anfallenden Sonderbedürfnisse der werdenden Mutter decken (z.B. kostenaufwändigere Ernährung infolge der Schwangerschaft, Änderung der Kleidung, zusätzliche Aufwendungen für Körperpflege, Zuwendungen an Dritte für gelegentliche Hilfeleistungen, Fahrtkosten für Arztbesuche).

Der Anspruch auf den Mehrbedarf für werdende Mütter nach §21 Abs. 2 SGB II wird nach dem ausdrücklichen Wortlaut der Vorschrift bis zum **Ende des Monats**, in welchen die Entbindung fällt, anerkannt.

7.2.2 Mehrbedarf für Alleinerziehende (§21 Abs. 3 SGB II)

Nach §21 Abs. 3 SGB II ist für Personen, die mit einem oder mehreren minderjährigen Kindern zusammenleben und allein für deren Pflege und Erziehung sorgen, ein Mehrbedarf anzuerkennen. Damit können alle minderjährigen Kinder einer alleinerziehenden Person einen Mehrbedarf nach §21 Abs. 3 SGB II auslösen. Die Höhe des im Einzelfall in Betracht kommenden Mehrbedarfs (12%, 24%, 36%, 48% oder 60 %) variiert je nach Anzahl und Alter der zu betreuenden Kinder.

Ein Mehrbedarf für alleinerziehende Personen ist anzuerkennen:

- in Höhe von **36 %** des nach §20 Abs. 2 SGB II maßgebenden Regelbedarfs, wenn sie mit **einem Kind unter 7 Jahren** oder **mit zwei oder drei Kindern unter 16 Jahren** zusammenleben (vgl. §21 Abs. 3 Nr. 1 SGB II), oder
- in Höhe von **12 %** des nach §20 Abs. 2 SGB II maßgebenden Regelbedarfs **für jedes minderjährige Kind**, wenn sich dadurch ein höherer Prozentsatz als nach Nr. 1 ergibt, höchstens jedoch in Höhe von **60 %** des nach §20 Abs. 2 SGB II maßgebenden Regelbedarfs (vgl. §21 Abs. 3 Nr. 2 SGB II).

Der Mehrbedarf für Alleinerziehende nach §21 Abs. 3 SGB II ist damit bereits ab dem ersten minderjährigen Kind (unabhängig von dessen Alter) anzuerkennen, mit dem eine leistungsberechtigte Person zusammenlebt und allein für dessen Pflege und Erziehung sorgt.

Einen Mehrbedarf für Alleinerziehende erhalten nach § 21 Abs. 3 SGB II ...

Nr. 1		**Nr. 2**
Personen, wenn sie mit • einem Kind unter 7 oder • 2 Kindern unter 16 oder • 3 Kinder unter 16 Jahren zusammenleben	der jeweils höhere Betrag ist anzuerkennen	Personen für jedes **(minderjährige) Kind**
36 % des nach § 20 Abs. 2 SGB II maßgebenden Regelbedarfs		**12 %** höchstens jedoch **60 %** des nach § 20 Abs. 2 SGB II maßgebenden Regelbedarfs

Es muss sich nicht notwendigerweise um die eigenen (leiblichen) Kinder handeln. Deshalb ist der Mehrbedarf unter den Voraussetzungen des § 21 Abs. 3 SGB II auch für Personen zu berücksichtigen, die mit dem Kind oder den Kindern in keinem verwandtschaftlichen Verhältnis stehen. Auch kommt es nicht darauf an, ob die betreuende Person rechtlich zur Pflege und Erziehung verpflichtet ist.

So kommt ein Mehrbedarf beispielsweise auch für Personen in Betracht, die ein Pflegekind oder mehrere Pflegekinder in ihrem Haushalt aufgenommen haben und allein für Pflege und Erziehung sorgen.

Voraussetzung für die Berücksichtigung des Mehrbedarfs nach § 21 Abs. 3 SGB II ist die **alleinige** Pflege und Erziehung. Diese Voraussetzung liegt in der Regel nicht vor, wenn Ehegatten, Lebenspartner oder Partner einer eheähnlichen oder lebenspartnerschaftsähnlichen Gemeinschaft mit dem Kind bzw. den Kindern zusammenleben. Sollte allerdings von einer nachhaltigen Entlastung bei der Pflege und Erziehung des Kindes seitens des Partners wegen Krankheit, Behinderung oder Pflegebedürftigkeit nicht ausgegangen werden können, ist ein entsprechender Mehrbedarf anzuerkennen.[90]

Alleinerziehenden darf nicht allein deshalb der Mehrbedarf nach § 21 Abs. 3 SGB II verwehrt werden, weil sie mit weiteren Familienangehörigen (z.B. Geschwistern oder Eltern) in einer Wohnung leben. Für die Berücksichtigung des Mehrbedarfs für Alleinerziehende kommt es nicht auf die (potentielle bzw. abstrakte) Möglichkeit an, regelmäßig auf die Unterstützung der im Haushalt lebenden Angehörigen zurückzugreifen, sondern darauf, ob tatsächlich regelmäßig weitere Personen an der Pflege und Erziehung des Kindes mitwirken.

Nach seinem Sinn und Zweck geht § 21 Abs. 3 SGB II typisierend von einem regelmäßigen Mehrbedarf bei Alleinerziehenden aus, weshalb – nach den tatsächlichen Verhältnissen – nur eine regelmäßige und erhebliche Unterstützung bei der Pflege und

90 Vgl. LSG NRW, Beschl. vom 22.9.2009 – L 7 B 208/09 AS ER –, Sozialgerichtsbarkeit BRD.

Erziehung der Kinder durch weitere im Haushalt lebende Personen einem Anspruch auf den Mehrbedarf entgegenstehen kann.[91]

Der Anerkennung eines Mehrbedarfs für Alleinerziehende steht die Wahrnehmung des Besuchs- und Umgangsrechts des Elternteils, bei dem das Kind nicht lebt, oder der regelmäßige Besuch eines Kindergartens oder einer Kindertagesstätte nicht entgegen. Im Übrigen ist es unerheblich, ob das Kind selbst hilfebedürftig ist und Leistungen zur Sicherung des Lebensunterhalts nach dem Zweiten oder Zwölften Buch Sozialgesetzbuch erhält.

Mit den Begriffen **Pflege und Erziehung** lehnt sich das Gesetz an Art. 6 Abs. 2 GG an. Mit „Pflege" sind dementsprechend die Hilfeleistungen gemeint, die gesunden Kindern aufgrund ihrer naturgegebenen Sorgebedürftigkeit gegeben werden. Pflege im Sinne des Elften Buches Sozialgesetzbuch oder der §§ 61 ff. SGB XII (also die personenbezogene Pflege wegen gesundheitlich bedingter Beeinträchtigungen der Selbständigkeit oder der Fähigkeiten) ist in diesem Zusammenhang nicht gemeint. „Erziehung" ist die Förderung zur Persönlichkeitsentwicklung des Kindes außerhalb von Kindertageseinrichtungen und Schulen.

Der Mehrbedarf für Alleinerziehende wird vor allem berücksichtigt, um zusätzliche Aufwendungen der betreuenden Personen abzugelten. Solche Aufwendungen können z. B. dadurch entstehen, dass die Kinder nicht längere Zeit unbeaufsichtigt bleiben können und deshalb für Einkäufe oder andere Besorgungen Verkehrsmittel benutzt werden müssen und auf Sonderangebote des örtlichen Fachhandels nicht flexibel reagiert werden kann. Aufgefangen werden sollen auch die Kosten, die für gelegentliche Hilfe- bzw. Dienstleistungen durch Dritte (z. B. im Rahmen der Nachbarschaftshilfe) entstehen oder die durch Kontaktpflege zu Verwandten und Bekannten sowie zur Unterrichtung in Erziehungsfragen verursacht werden.

Auch die Anerkennung des **hälftigen** Mehrbedarfs kann aufgrund besonderer Lebensumstände gerechtfertigt sein. Solche Lebensumstände liegen beispielsweise vor, wenn sich geschiedene oder getrennt lebende Eltern bei der Pflege und Erziehung des gemeinsamen Kindes in größeren, mindestens eine Woche umfassenden Intervallen abwechseln und sich die anfallenden Kosten in etwa hälftig teilen. Im Hinblick auf den Zweck des Mehrbedarfs kommt es im Einzelfall entscheidungserheblich darauf an, ob der hilfebedürftige Elternteil entweder während der Betreuungszeit von dem anderen Elternteil oder Partner in einem Umfang unterstützt wird, der es rechtfertigt, von einer nachhaltigen Entlastung auszugehen oder, ob eine derartige Entlastung innerhalb des Zeitraumes, in dem das Kind sich bei dem anderen Elternteil aufhält, eintritt.[92]

Sofern ein Elternteil in geringerem als dem hälftigen zeitlichen Umfang für die Betreuung des Kindes zuständig ist, steht die Leistung allein dem anderen Elternteil zu. Die Anerkennung des hälftigen Mehrbedarfs ist auch dann nicht gerechtfertigt, wenn sich die Betreuung in kürzeren als wöchentlichen Intervallen vollzieht.[93]

91 Vgl. BSG, Urt. vom 23.8.2012 – B 4 AS 167/11 R –, FEVS 64, 389; a. A. Fachliche Hinweise der BA, Rn. 21.9 zu § 21 SGB II (Stand: 19.10.2021). Danach kann grundsätzlich davon ausgegangen werden, dass die Voraussetzungen für die Anerkennung des Mehrbedarfes vorliegen, wenn die volle Regelleistung nach § 20 Abs. 2 SGB II berücksichtigt wird.

92 Vgl. BSG, Urt. vom 3.3.2009 – B 4 AS 50/07 R –, BSGE 102, 290 = NDV-RD 2009, 1214 = FEVS 61, 18.

93 Vgl. BSG, Urt. vom 3.3.2009 – B 4 AS 50/07 R –, BSGE 102, 290 = NDV-RD 2009, 1214 = FEVS 61, 18.

Der Mehrbedarf für Alleinerziehende ist unter den Voraussetzungen des § 21 Abs. 3 SGB II **ab dem Tag der Entbindung** bzw. ab dem Tag der Trennung der Eltern anzuerkennen.

Übersicht über die in Betracht kommenden Mehrbedarfe für Alleinerziehende:

Höhe des Mehrbedarfs für Alleinerziehende (in % des Regelbedarfs nach § 20 Abs. 2 SGB II)					
Minderjährige Kinder (Anzahl/Alter)	**12**	**24**	**36**	**48**	**60**
1 Kind unter 7 Jahre			X		
1 Kind über 7 Jahre	X				
2 Kinder unter 16 Jahre			X		
2 Kinder über 16 Jahre		X			
1 Kind über 7 Jahre, 1 Kind über 16 Jahre		X			
1 Kind unter 7 Jahre, 1 Kind über 16 Jahre			X		
3 Kinder			X		
4 Kinder				X	
5 und mehr Kinder					X

7.2.3 Mehrbedarf für erwerbsfähige Leistungsberechtigte mit Behinderungen (§ 21 Abs. 4 SGB II)

Erwerbsfähige Leistungsberechtigte, die Leistungen zur Teilhabe am Arbeitsleben nach § 49 SGB IX mit Ausnahme der Leistungen nach § 49 Abs. 3 Nr. 2 und Nr. 4 SGB IX sowie sonstige Hilfen zur Erlangung eines geeigneten Platzes im Arbeitsleben oder Eingliederungshilfen nach § 112 SGB IX erhalten, haben nach § 21 Abs. 4 Satz 1 SGB II einen Anspruch auf Anerkennung eines Mehrbedarfs in Höhe von **35 %** des nach § 20 SGB II **maßgebenden** Regelbedarfs.

Der Mehrbedarf soll die durch die Teilnahme am Arbeitsleben bzw. die anderen genannten Hilfemaßnahmen entstehenden Mehrkosten abdecken. Dies geschieht pauschaliert bei **laufenden** Maßnahmen. Auch bei punktuellen, sich jedoch wiederholenden Maßnahmen ist von einem entsprechenden Mehrbedarf auszugehen, wobei ausreichend ist, dass Leistungen zur Teilhabe am Arbeitsleben in Zweijahres-Abständen gewährt werden.[94]

94 Ähnlich auch LSG NRW, Urt. vom 25.2.2010 – L 7 BK 1/09 –, juris.

Ein Mehrbedarf ist auch anzuerkennen für nicht erwerbsfähige Menschen mit Behinderungen, die mit einer erwerbsfähigen leistungsberechtigten Person in einer Bedarfsgemeinschaft leben.

Die Berücksichtigung des Mehrbedarfs nach § 21 Abs. 4 SGB II setzt somit voraus, dass die leistungsberechtigte Person

- zu den Menschen mit Behinderungen i. S. des § 2 SGB IX gehört und
- Leistungen zur Teilhabe am Arbeitsleben nach § 49 SGB IX mit Ausnahme der Leistungen nach § 49 Abs. 3 Nr. 2 und Nr. 4 SGB IX oder sonstige Hilfen zur Erlangung eines geeigneten Platzes im Arbeitsleben oder Eingliederungshilfen nach § 54 Abs. 1 Satz 1 Nr. 1 bis Nr. 3 SGB XII (z. B. bei schulischen Ausbildungen für einen angemessenen Beruf) durch einen Träger i. S. des § 6 SGB IX tatsächlich erhält. Nicht ausreichend ist es, wenn der bzw. die Leistungsberechtigte mit Behinderungen lediglich grundsätzlich die Voraussetzungen hierfür erfüllt.

Leistungsberechtigte Personen, die von einer Behinderung lediglich bedroht bzw. bei denen eine Behinderung zu erwarten ist (§ 2 Abs. 1 Satz 3 SGB IX), haben keinen Anspruch auf den Mehrbedarf.

Der Mehrbedarf gemäß § 21 Abs. 4 SGB II kann auch nach Beendigung der genannten Maßnahmen während einer angemessenen Übergangszeit, insbesondere einer Einarbeitungszeit berücksichtigt werden (vgl. § 21 Abs. 4 Satz 2 SGB II). Hierüber ist nach pflichtgemäßem Ermessen zu entscheiden. Bei der Entscheidung ist zu berücksichtigen, ob der behinderte Mensch schon in vollem Umfang leistungsfähig ist oder (zunächst) nur ein gemindertes Erwerbseinkommen erzielen kann. Die Dauer sollte drei Monate nicht übersteigen.[95]

Nicht anzuerkennen ist ein Mehrbedarf nach § 21 Abs. 4 SGB II im Rahmen der Leistungen für Auszubildende nach § 27 Abs. 2 SGB II für Menschen mit Behinderungen, deren Ausbildung im Rahmen des Bundesausbildungsförderungsgesetzes oder nach den §§ 61 Abs. 2, 62 Abs. 3, 123 Nr. 2 oder 124 Nr. 2 SGB III dem Grunde nach förderungsfähig ist (Leistungsausschluss nach § 7 Abs. 5 Satz 1 und Satz 2 SGB II), soweit nicht die Ausnahmeregelungen des § 7 Abs. 6 SGB II greifen.

7.2.4 Mehrbedarf für kostenaufwändige Ernährung (§ 21 Abs. 5 SGB II)

Nach § 21 Abs. 5 SGB II ist ein Mehrbedarf in **angemessener Höhe** anzuerkennen für Leistungsberechtigte, die aus medizinischen Gründen einer kostenaufwändigen Ernährung bedürfen. Angemessen im Sinne des § 21 Abs. 5 SGB II ist ein Betrag, der ausreicht, die im Regelbedarf nicht berücksichtigten und auch nicht berücksichtigungsfähigen Mehrkosten zu decken, die der leistungsberechtigten Person durch die von ihr aus medizinischen Gründen einzuhaltende spezielle Ernährung entstehen.

95 Vgl. Fachliche Hinweise der BA, Rn. 21.23 zu § 21 SGB II (Stand: 22.1.2018); a. A. Lang/Knickrehm in Eicher/Spellbrink i. S. einer einzelfallbezogenen Entscheidung, Rn. 48 zu § 21 SGB II.

Kostenaufwändig in diesem Sinne ist die Ernährung dann, wenn aus medizinischen Gründen eine Diät einzuhalten ist, die deutlich von den allgemeinen Ernährungsempfehlungen abweicht und deren Beschaffung zwingend zu vergleichsweise höheren Kosten (als bei Gesunden) führt.

Voraussetzung für die Anerkennung des Mehrbedarfs nach § 21 Abs. 5 SGB II ist ein ursächlicher Zusammenhang zwischen einer drohenden oder bestehenden Erkrankung und der Notwendigkeit einer kostenaufwändigen Ernährung. Ein Mehrbedarf kommt insoweit nicht Betracht, wenn eine besondere Ernährung nicht krankheitsbedingt ist oder keine Mehrkosten erfordert. So ist z. B. für Erkrankungen, bei denen keine spezielle Diät, sondern eine Vollkost (Mischkost) empfohlen wird, in der Regel die Notwendigkeit einer kostenaufwändigen Ernährung nicht gegeben.

Anders als in den Fällen des § 21 Abs. 2 bis Abs. 4 SGB II ist der Mehrbedarf für kostenaufwändige Ernährung nach § 21 Abs. 5 SGB II nicht prozentual an den maßgebenden Regelbedarf gemäß § 20 SGB II gekoppelt. Basis für die Höhe der im Einzelfall in Betracht kommenden Mehrbedarfe und die Beschreibung der Krankheitsbilder, die typischerweise einen Mehrbedarf auslösen, sind ernährungswissenschaftliche Untersuchungen, die ständig neueren wissenschaftlichen Erkenntnissen anzupassen sind. Im Hinblick auf die angemessene Höhe des Mehrbedarfs können die hierzu vom Deutschen Verein für öffentliche und private Fürsorge (DV) entwickelten und an typisierten Fallgestaltungen ausgerichteten Empfehlungen zur Gewährung einer Krankenkostzulage in der Sozialhilfe herangezogen werden.[96]

Sofern mehrere Erkrankungen die Voraussetzungen für die Berücksichtigung eines Mehrbedarfes nach § 21 Abs. 5 SGB II erfüllen, ist ein Mehrbedarf entsprechend der jeweils höchsten Krankenkostzulage anzuerkennen.

Die nachfolgende Aufstellung gibt die Empfehlungen des Deutschen Vereins für öffentliche und private Fürsorge mit entsprechenden Ergänzungen der Bundesagentur für Arbeit wieder.[97] Die Aufzählung ist nicht abschließend und bezieht sich auf Kinder, Jugendliche und Erwachsene. Der Anwendungsbereich der Empfehlungen erstreckt sich somit grundsätzlich auch auf minderjährige Leistungsberechtigte. Eine von den Empfehlungen abweichende Bemessung des Mehrbedarfs oder die Anerkennung eines Mehrbedarfs bei anderen (nicht in den Empfehlungen aufgeführten) Erkrankungen ist grundsätzlich im Einzelfall nach Stellungnahme des Medizinischen Dienstes möglich.

---

96 Empfehlungen des Deutschen Vereins für öffentliche und private Fürsorge (DV) zur Gewährung der Krankenkostzulage in der Sozialhilfe vom 10.12.2014.

97 Vgl. Fachliche Hinweise der BA, Anlage 1 zu § 21 SGB II (Stand: 20.4.2016).

Art der Erkrankung	Krankenkost, Kostform, Erläuterungen	Krankenkostzulage	
		in % vom RB	in EURO
Mukoviszidose/zystische Fibrose	Energiereiche, ausgewogene und vitaminreiche Diät; Zufuhr hochwertiger modifizierter Fette	10	46,00
Niereninsuffizienz (Nierenversagen)	Eiweißdefinierte Kost	10	46,00
Niereninsuffizienz mit Hämodialysebehandlung	Dialysediät	20	92,00
Zöliakie/Sprue (Durchfallerkrankung) bedingt durch Überempfindlichkeit gegenüber Klebereiweiß	Glutenfreie Kost	20	92,00
Ein krankheitsbedingter Mehrbedarf für kostenaufwendigere Ernährung ist bei folgenden Erkrankungen in der Regel nur bei schweren Verläufen oder dem Vorliegen besonderer Umstände zu bejahen:			
Krebs (bösartiger Tumor)	Mehrbedarf aufgrund einer verzehrenden Krankheit	10	46,00
HIV-Infektion / AIDS	Mehrbedarf aufgrund einer verzehrenden Krankheit	10	46,00
Multiple Sklerose (degenerative Erkrankung des Zentralnervensystems)	Mehrbedarf aufgrund einer verzehrenden Krankheit	10	46,00
Colitis ulcerosa (mit Geschwürbildung einhergehende Erkrankung der Dickdarmschleimhaut)	Mehrbedarf aufgrund einer verzehrenden Krankheit	10	46,00
Morbus Crohn (Erkrankung des Magen-Darmtrakts mit Neigung zur Bildung von Fisteln und Verengungen	Mehrbedarf aufgrund einer verzehrenden Krankheit	10	46,00

Bei den genannten Erkrankungen ist ein Mehrbedarf in der Regel nur bei einem BMI unter 18,5 oder einem schnellen, krankheitsbedingten Gewichtsverlust (über 5 % des Ausgangsgewichts in den vorausgegangenen drei Monaten) anzunehmen. Dieser darf nicht aus willkürlicher (absichtlicher) Abnahme von Übergewicht beruhen. Der krankheitsbedingte Gewichtsverlust bei Kindern und Jugendlichen bedarf einer individuellen medizinischen Beurteilung.

Bei Nahrungsmittelintoleranzen (z. B. Laktoseintoleranz, Fruktosemalabsorption, Histaminunverträglichkeit) kann die Deckung des jeweiligen Ernährungsbedarfes durch das Meiden unverträglicher und durch Zufuhr verträglicher Lebensmittel erfolgen. Hierdurch kann grundsätzlich ein krankheitsbedingter erhöhter Ernährungsbedarf entstehen. In entsprechenden Fällen besteht insbesondere beim Zusammenwirken mehrerer Nahrungsmittelunverträglichkeiten ein besonderer Prüfungsbedarf.

Bei folgenden Erkrankungen ist ein krankheitsbedingter erhöhter Ernährungsbedarf regelmäßig auszuschließen, da eine Vollkost (gesunde Mischkost) ausreichend und angezeigt ist und davon ausgegangen werden kann, dass der im Regelbedarf enthaltene Anteil für Ernährung den notwendigen Aufwand für Vollkost deckt:

- Hyperlipidämie (Erhöhung der Blutfette),
- Hyperurikämie (Erhöhung der Harnsäure im Blut),
- Gicht (Erkrankung durch Harnsäureablagerungen),
- Hypertonie (Bluthochdruck),
- Kardiale und renale Ödeme (Gewebswasseransammlungen bei Herz- oder Nierenerkrankungen),
- Ulcus duodeni (Geschwür im Zwölffinderdarm),
- Ulcus ventriculi (Magengeschwür),
- Neurodermitis (Überempfindlichkeit der Haut und der Schleimhäute auf genetischer Basis),
- Leberinsuffizienz.

Die Ernährung mit einer Vollkost bei Diabetes mellitus (Zuckerkrankheit Typ I und Typ II, konventionell und intensiviert konventionell behandelt) unterfällt nicht der Regelung des § 21 Abs. 5 SGB II, da es sich nicht um eine Krankenkost handelt, auf die die Vorschrift anzielt, sondern um eine Ernährungsweise, die auf das Leitbild des gesunden Menschen Bezug nimmt. Für die allgemeine Kritik, eine ausgewogene Ernährung sei aus dem Regelsatz nicht zu finanzieren, ist § 21 Abs. 5 SGB II kein Auffangtatbestand.[98]

7.2.5 Mehrbedarf für unabweisbare, laufende besondere Bedarfe (§ 21 Abs. 6 SGB II)

Nach § 21 Abs. 6 Satz 1 SGB II wird bei Leistungsberechtigten ein Mehrbedarf anerkannt, soweit im Einzelfall ein unabweisbarer, besonderer Bedarf besteht. Bei

98 Vgl. BSG, Urt. vom 10.5.2011 – B 4 AS 100/10 R –, SozR 4-4200 § 21 Nr. 12 = EuG 2012, 12.

einmaligen Bedarfen ist weitere Voraussetzung, dass ein Darlehen nach § 24 Abs. 1 SGB II ausnahmsweise nicht zumutbar oder wegen der Art des Bedarfs nicht möglich ist.

Der Mehrbedarf ist **unabweisbar**, wenn er insbesondere nicht durch die Zuwendungen Dritter sowie unter Berücksichtigung von Einsparmöglichkeiten der Leistungsberechtigten gedeckt ist und seiner Höhe nach **erheblich** von einem durchschnittlichen Bedarf abweicht (§ 21 Abs. 6 Satz 2 SGB II). Es muss sich also um einen Bedarf handeln, der seiner Art nach nicht vom Regelbedarf erfasst ist (qualitativer Mehrbedarf) oder zwar grundsätzlich im Regelbedarf enthalten ist, aber im konkreten Einzelfall erheblich überdurchschnittlich ist (quantitativer Mehrbedarf).

Erheblich ist nach der Systematik der Norm ein atypischer Bedarf dann, wenn er von einem durchschnittlichen Bedarf in nicht nur unbedeutenden wirtschaftlichen Umfang abweicht.[99]

Die im Grundsatz gegebene Einsparmöglichkeit durch „Umschichtung“ (also eine Präferenzentscheidung dahingehend, einen höheren Bedarf in einem Lebensbereich durch geringere Ausgaben in einem anderen auszugleichen) kommt nur bei Bedarfen zum Tragen, die dem Grunde nach vom Regelbedarf umfasst sind. Eine allgemeine Bagatellgrenze (z. B. 10 % des Regelbedarfs) ist der Vorschrift des § 21 Abs. 6 SGB II nicht zu entnehmen.[100]

Ein **besonderer** Bedarf liegt vor, wenn er neben den üblichen durchschnittlichen Bedarfen, die mit dem Regelbedarf abgedeckt sind, in einer atypischen Lebenslage besteht (atypischer Bedarf).

Ein Mehrbedarf nach § 21 Abs. 6 SGB II kann beispielsweise in folgenden Fällen anerkannt werden:

- Pflege- und Hygieneartikel, die aus gesundheitlichen Gründen laufend benötigt werden und nicht durch Leistungen der gesetzlichen Krankenversicherung (SGB V) gedeckt sind,
- Kosten für eine Haushaltshilfe für körperlich stark beeinträchtigte Personen (z. B. bei Rollstuhlfahrern), soweit entsprechende Bedarfe nicht durch Leistungen der gesetzlichen Pflegeversicherung nach dem Elften Buch Sozialgesetzbuch oder im Rahmen der Hilfe zur Pflege nach dem 7. Kapitel SGB XII gedeckt werden,[101]
- Kosten zur Wahrnehmung des Umgangsrechts (bei Fahrtkosten kann bei Benutzung eines Pkw in Anlehnung an § 5 Abs. 1 BRKG eine Kilometerpauschale für die tatsächlich gefahrenen Kilometer von 0,20 € zugrunde gelegt werden[102]),
- Fahrtkosten bei außergewöhnlichen Umständen (z. B. bei einem Krankenhausaufenthalt von Familienangehörigen),
- Aufwand für Schulbücher, die selbst beschafft werden müssen, wenn nach landesrechtlichen Vorschriften keine Lernmittelfreiheit besteht,[103]

99 Vgl. BSG, Urt. vom 11.12.2007 – B 8/9b SO 21/06 R –, BSGE 99, 252 = SozR 4-3500 § 28 Nr. 3.
100 Vgl. BSG, Urt. vom 4.6.2014 – B 14 AS 30/13 –, NDV-RD 2005, 6 = SozR 4-4200 § 21 Nr. 18.
101 Dies wird grundsätzlich nur dann der Fall sein, wenn ein pflegerischer Bedarf auch im Bereich der Grundpflege festgestellt wird.
102 Vgl. BSG, Urt. vom 4.6.2014 – B 14 AS 30/13 –, NDV-RD 2005, 6 = SozR 4-4200 § 21 Nr. 18.
103 Vgl. BSG, Urt. vom 8.5.2019 – B 14 AS 13/18 R –, juris.

- Kosten für Nachhilfeunterricht in besonderen Einzelfällen (z. B. bei langfristiger Erkrankung des Schülers). Allerdings sind vorrangig kostenfreie schulische Angebote (z. B. Förderkurse) zu nutzen.

Eine leistungsberechtigte Person hat alle Möglichkeiten zur Reduzierung seiner Aufwendungen für besondere unabweisbare Bedarfe i. S. des § 21 Abs. 6 SGB II zu nutzen. So ist beispielsweise bei den Kosten zur Wahrnehmung des Umgangsrechts auf das preisgünstigste Verkehrsmittel bzw. die Inanspruchnahme von Fahrpreisermäßigungen zu verweisen.

Dagegen hat das Landessozialgericht Rheinland-Pfalz entschieden, dass im Einzelfall auch die Kosten für Flug und Unterkunft nach § 21 Abs. 6 SGB II für die leistungsberechtigte Person im Rahmen ihres Umgangsrechts mit ihrem (bei der Mutter in den USA lebenden) sechsjährigen Kind von rund 900,00 € einmal im Quartal anzuerkennen sind. Begründet wurde die Entscheidung damit, dass entsprechende Kosten im Hinblick auf die hohe Bedeutung des verfassungsrechtlich geschützten Umgangsrechts in dem Umfang übernommen werden müssen, den auch ein Erwerbstätiger üblicherweise maximal aufwenden würde.[104]

7.2.6 Mehrbedarf zur Anschaffung von Schulbüchern (§ 21 Abs. 6a SGB II

Soweit eine Schülerin oder ein Schüler aufgrund der schulrechtlichen Bestimmungen oder schulischen Vorgaben des jeweiligen Bundeslandes Aufwendungen zur Anschaffung oder Ausleihe von Schulbüchern oder gleichstehenden Arbeitsheften (mit ISBN) hat, sind sie als Mehrbedarf anzuerkennen.

Voraussetzung für die Anerkennung eines entsprechenden Mehrbedarfs ist, dass für die betroffenen Schülerinnen und Schüler im jeweiligen Bundesland oder in der jeweiligen Schule **keine Lernmittelfreiheit** und damit keine Möglichkeit einer unentgeltlichen Anschaffung oder Ausleihe besteht.

7.2.7 Mehrbedarf bei dezentraler Warmwassererzeugung (§ 21 Abs. 7 SGB II)

Anteile für die Erzeugung von Warmwasser werden von den Regelbedarfen nicht umfasst (vgl. § 20 Abs. 1 Satz 1 SGB II) und werden im Regelfall bei den Bedarfen für Unterkunft und Heizung berücksichtigt. Nach § 21 Abs. 7 Satz 1 SGB II wird ein Mehrbedarf anerkannt, soweit Warmwasser durch in der Wohnung installierte Vorrichtungen (Durchlauferhitzer, Boiler u. ä.) erzeugt wird und deshalb keine Bedarfe für zentral bereitgestelltes Warmwasser im Rahmen der Bedarfe für Unterkunft und Heizung nach § 22 SGB II anerkannt werden.

104 Vgl. LSG Rheinland-Pfalz, Beschl. vom 24.11.2010 – L 1 SO 133/10 B ER –, ZFSH/SGB 2011, 168 = NJW 2011, 1837 = FamRZ 2011,1098.

Der Mehrbedarf wird in seiner Höhe für jede im Haushalt lebende leistungsberechtigte Person nach dem für sie maßgebenden Regelbedarf prozentual gestaffelt und beträgt gemäß § 21 Abs. 7 Satz 2 SGB II jeweils

1. 2,3 % des für sie geltenden Regelbedarfs nach § 20 Abs. 2 Satz 1 oder Satz 2 Nr. 2, Abs. 3 oder 4 SGB II,
2. 1,4 % des für sie geltenden Regelbedarfs nach § 20 Abs. 2 Satz 2 Nr. 1 oder § 23 Nr. 1 SGB II bei Leistungsberechtigten im 15. Lebensjahr,
3. 1,2 % des Regelbedarfs nach § 23 Nr. 1 SGB II bei Leistungsberechtigten vom Beginn des siebten bis zur Vollendung des 14. Lebensjahres oder
4. 0,8 % des Regelbedarfs nach § 23 Nr. 1 SGB II bei Leistungsberechtigten bis zur Vollendung des sechsten Lebensjahres.

Höhere Aufwendungen sind abweichend von § 21 Abs. 7 Satz 2 SGB II nur zu berücksichtigen, soweit sie durch eine separate Messeinrichtung nachgewiesen werden. Nur durch entsprechende Messeinrichtungen sind abweichende Aufwendungen ohne einen erheblichen Verwaltungsaufwand feststellbar bzw. nachweisbar. Denkbar ist beispielsweise, dass ausschließlich die Warmwasserbereitung durch einen Gasboiler erfolgt. In diesem Fall wäre der konkrete monatliche Abschlag berücksichtigungsfähig.

7.2.8 Mehrbedarf für nicht erwerbsfähige Personen (§ 23 Nr. 4 SGB II)

Nach § 23 Nr. 4 SGB II ist ein Mehrbedarf von **17 %** der nach § 20 SGB II **maßgebenden** Regelbedarfe anzuerkennen für nicht erwerbsfähige Personen, die voll erwerbsgemindert nach dem Sechsten Buch Sozialgesetzbuch sind, wenn sie Inhaberin oder Inhaber eines Ausweises nach § 152 Abs. 5 SGB IX (Schwerbehindertenausweis) mit dem Merkzeichen G sind. Dies gilt nicht, wenn bereits ein Anspruch auf einen Mehrbedarf wegen Behinderung nach § 21 Abs. 4 oder nach § 23 Nr. 2 oder 3 SGB II besteht (vgl. § 23 Nr. 4 Halbs. 2 SGB II).

Nach dem Wortlaut des § 23 Nr. 4 SGB II können nur Personen, die im Sinne des Rentenversicherungsrechtes voll erwerbsgemindert sind (vgl. § 43 Abs. 1 Satz 2 SGB VI), den Mehrbedarf erhalten. Eine Berücksichtigung des Mehrbedarfs bei Angehörigen der Bedarfsgemeinschaft, die aufgrund ihres Alters (Nichterreichen des 15. Lebensjahres) zwar nicht erwerbsfähig im Sinne des Zweiten Buches Sozialgesetzbuch, aber nicht voll erwerbsgemindert nach dem Sechsten Buch Sozialgesetzbuch sind, kommt nicht in Betracht. So hat beispielsweise ein sechsjähriges, behindertes und chronisch krankes Kind mit einem Schwerbehindertenausweis mit Merkzeichen G keinen Anspruch auf Anerkennung des Mehrbedarfs, da es sich um keine nicht erwerbsfähige Person im Sinne dieser Vorschrift handelt.[105]

105 Vgl. BSG, Urt. vom 6.5.2010 – B 14 AS 3/09 R –, FEVS 62, 177 = SozR 4-4200 § 28 Nr. 3 = EuG 2011, 221.

Die Berücksichtigung des Mehrbedarfs nach § 23 Nr. 4 SGB II setzt den **Besitz** eines Ausweises nach § 152 Abs. 5 SGB IX (Schwerbehindertenausweis) mit dem Merkzeichen „G" (für Gehbehinderung) voraus. Es ist daher nicht wie im Sozialhilferecht (vgl. § 30 Abs. 1 SGB XII) ausreichend, lediglich einen entsprechenden Bewilligungsbescheid erhalten zu haben.

Empfänger von Arbeitslosengeld II, die im Besitz eines Schwerbehindertenausweises mit dem Merkzeichen G sind, können einen entsprechenden Mehrbedarf nicht beanspruchen, da Ausgangs- und Anknüpfungspunkt für die Anerkennung des Mehrbedarfs nicht die Schwerbehinderung und der Besitz eines Schwerbehindertenausweises mit dem Merkzeichen G ist, sondern die Erwerbsunfähigkeit bzw. die volle Erwerbsminderung der leistungsberechtigten Person.[106]

7.2.9 Gesamtsumme der Mehrbedarfe (§ 21 Abs. 8 SGB II)

Grundsätzlich sind alle Mehrbedarfe nebeneinander anzuerkennen, soweit die jeweiligen gesetzlichen Voraussetzungen vorliegen. Die Summe der insgesamt anerkannten Mehrbedarfe nach § 21 Abs. 2 bis Abs. 5 SGB II darf gemäß § 21 Abs. 8 SGB II die Höhe des für erwerbsfähige Leistungsberechtigte maßgebenden Regelbedarfs nicht übersteigen.

Bei der Nichteinbeziehung des Mehrbedarfs nach § 23 Nr. 4 SGB II in die Deckelung der Mehrbedarfe nach § 21 Abs. 8 SGB II handelt es sich offenbar um ein redaktionelles Versehen des Gesetzgebers.

7.2.10 Übungen

Sachverhalt 1
Frau J (32 Jahre, erwerbsfähig) ist alleinstehend und versorgt ihren dreijährigen Sohn. Sie befindet sich im sechsten Schwangerschaftsmonat.

Aufgabe
Ermitteln Sie die Höhe des zu berücksichtigenden Mehrbedarfs. Auf andere Bedarfsmerkmale ist nicht einzugehen.

Lösung
Nach § 21 Abs. 2 SGB II ist für werdende Mütter nach der 12. Schwangerschaftswoche (d. h. also mit Beginn der 13. Schwangerschaftswoche) bis zum Ende des Monats, in welchen die Entbindung fällt ein Mehrbedarf in Höhe von 17 % des nach § 20 SGB II maßgebenden Regelbedarfs anzuerkennen.

Da sich Frau J bereits im sechsten Schwangerschaftsmonat befindet, erfüllt sie die Voraussetzungen für diesen Mehrbedarf.

106 So auch BSG, Urt. vom 21.12.2009 – B 14 AS 42/08 R – (zu § 28 Abs. 1 Satz 3 Nr. 3 SGB II a. F.), BSGE 105, 201 = NDV-RD 2010, 101 = FEVS 62, 15.

Nach § 21 Abs. 3 SGB II ist für Personen, die mit einem oder mehreren minderjährigen Kindern zusammenleben und allein für deren Pflege und Erziehung sorgen, ein Mehrbedarf anzuerkennen. Da Frau J ihren Sohn allein versorgt, erfüllt sie die Voraussetzungen für diesen Mehrbedarf. Da das Kind unter sieben Jahre alt ist, bemisst sich der Mehrbedarf nach § 21 Abs. 3 Nr. 1 SGB II und beträgt 36 % des nach § 20 Abs. 2 SGB II maßgebenden Regelbedarfs. Nach § 21 Abs. 3 Nr. 2 SGB II ergibt sich hier kein höherer Prozentsatz.

Es ergeben sich Mehrbedarfe in folgender Höhe:

nach § 21 Abs. 2 SGB II (17 % von 449,00 €)	76,33 €
nach § 21 Abs. 3 Nr. 1 SGB II (36 % von 449,00 €)	161,64 €
Mehrbedarf insgesamt	**237,97 €**

Die Mehrbedarfe sind nebeneinander zu erbringen. Der maßgebende Regelbedarf wird nicht überschritten (vgl. § 21 Abs. 8 SGB II).

Sachverhalt 2

Frau H (38 Jahre, erwerbsfähig) ist alleinstehend und versorgt ihre beiden im Haushalt lebenden Kinder im Alter von neun und 16 Jahren.

Aufgabe

Ermitteln Sie die Höhe des zu berücksichtigenden Mehrbedarfs. Auf andere Bedarfsmerkmale ist nicht einzugehen.

Lösung

Nach § 21 Abs. 3 SGB II ist für Personen, die mit einem oder mehreren minderjährigen Kindern zusammenleben und allein für deren Pflege und Erziehung sorgen, ein Mehrbedarf anzuerkennen. Da Frau H ihre minderjährigen Kinder allein versorgt, erfüllt sie die Voraussetzungen für diesen Mehrbedarf, der in der Höhe abhängig ist von der Anzahl und vom Alter der betreuten Kinder.

Nach § 21 Abs. 3 Nr. 2 SGB II ist ein Mehrbedarf für Alleinerziehende in Höhe von 12 Prozent des nach § 20 Abs. 2 SGB II maßgebenden Regelbedarfs für jedes minderjährige Kind anzuerkennen, wenn sich dadurch ein höherer Prozentsatz als nach § 21 Abs. 3 Nr. 1 SGB II ergibt.

Da die Voraussetzungen nach § 21 Abs. 3 Nr. 1 SGB II (ein Kind unter sieben Jahren oder zwei oder drei Kinder unter sechzehn Jahren) nicht vorliegen (Mehrbedarf wäre also 0,00 €), ist ein Mehrbedarf nach § 21 Abs. 3 Nr. 2 SGB II in Höhe von 24 % des nach § 20 Abs. 2 SGB II maßgebenden Regelbedarfs (also 24 % von 449,00 € = 107,76 €) anzuerkennen.

7.3 Bedarfe für Unterkunft und Heizung

7.3.1 Begriff der Unterkunft und Aufwendungen

Als „Unterkunft" bezeichnet man die zur Deckung des Wohnbedarfs geeigneten und tatsächlich genutzten Räumlichkeiten, auch wenn deren Nutzung zivil- oder baurechtlich nicht rechtmäßig ist oder untersagt werden könnte. Nicht anerkannt werden können daher Aufwendungen für Räumlichkeiten, die gewerblich oder nicht selbst zu Wohnzwecken genutzt werden.

Der Bedarf für Unterkunft gehört zu den Leistungen zur Sicherung des Lebensunterhalts (vgl. § 19 Abs. 1 Satz 3 SGB II) und wird zusätzlich zu den Regel- und Mehrbedarfen berücksichtigt.

Bedarfe für die Unterkunft werden gemäß § 22 Abs. 1 Satz 1 SGB II in Höhe der **tatsächlichen Aufwendungen** anerkannt, **soweit diese angemessen** sind. Nutzen leistungsberechtigte Personen eine Unterkunft gemeinsam, so sind die Kosten im Regelfall unabhängig von Alter und Nutzungsintensität und ohne Rücksicht darauf, wen die vertraglichen Zahlungsverpflichtungen treffen, aus Praktikabilitätsgründen anteilig pro Kopf aufzuteilen (Kopfteilprinzip).[107] Dies gilt unabhängig davon, ob die Personen Mitglieder der Bedarfsgemeinschaft i. S. des § 7 Abs. 3 SGB II sind. Hintergrund für dieses auf die Rechtsprechung des Bundesverwaltungsgerichts[108] zurückgehende **Kopfteilprinzip** sind Gründe der Verwaltungsvereinfachung sowie die Überlegung, dass die gemeinsame Nutzung einer Wohnung durch mehrere Personen deren Unterkunftsbedarf insgesamt abdeckt und in aller Regel eine an der unterschiedlichen Intensität der Nutzung des Wohnraumes ausgerichtete Aufteilung der Aufwendungen für die Erfüllung des Grundbedürfnisses Wohnen nicht zulässt.

Im Falle der vorübergehenden Abwesenheit eines Mitgliedes der Bedarfsgemeinschaft (z. B. bei Inhaftierung) ist es den verbliebenen Mitgliedern der Bedarfsgemeinschaft jedoch bei einer auf bis zu sechs Monate beschränkten Abwesenheit nicht zumutbar, die Unterkunftskosten zu senken, so dass in entsprechenden Fällen die Aufteilung der Kosten auf die verbliebenen Personen vorzunehmen ist.[109]

Nach § 22a Abs. 1 Satz 1 SGB II können die Länder die Kreise und kreisfreien Städte durch Gesetz ermächtigen oder verpflichten, durch Satzung zu bestimmen, in welcher Höhe Aufwendungen für Unterkunft (und Heizung) in ihrem Gebiet angemessen sind. Damit soll den Kommunen die Möglichkeit eröffnet werden, die entsprechenden Bedarfe unter Berücksichtigung der Gegebenheiten auf dem örtlichen Wohnungsmarkt transparent und rechtssicher festzusetzen und ihrer Höhe nach zu konkretisieren.

Die Länder können die Kreise und kreisfreien Städte auch ermächtigen, abweichend von § 22 Abs. 1 Satz 1 SGB II die Bedarfe für Unterkunft und Heizung in ihrem Gebiet durch eine monatliche **Pauschale** zu berücksichtigen, wenn auf dem örtlichen Wohnungsmarkt ausreichend freier Wohnraum verfügbar ist und dies dem

---

107 Vgl. BSG, Urt. vom 27.2.2008 – B 14/11b AS 55/06 R –, NZS 2009, 109 = ZFSH/SGB 2008, 665.

108 Vgl. BVerwG, Urt. vom 21.1.1988 – 5 C 68/85 –, BVerwGE 79, 17.

109 Vgl. BSG, Urt. vom 19.10.2010 – B 14 AS 50/10 R –, SozR 4-4200 § 22 Nr. 42 = info also 2011, 90 (Kurzwiedergabe).

Grundsatz der Wirtschaftlichkeit entspricht (§ 22a Abs. 2 Satz 1 SGB II). Soweit Landesrecht eine derartige Regelung vorsieht und die Kreise und kreisfreien Städte hiervon Gebrauch machen, sind bei der Bemessung der Pauschalen die persönlichen und familiären Verhältnisse, die Größe und Beschaffenheit der Wohnung und die regionalen Besonderheiten des Wohnungsmarktes zu berücksichtigen.

Nach § 22 Abs. 1 Satz 2 SGB II werden bei einem **nicht erforderlichen** Umzug die Kosten der Unterkunft auf den bisherigen Bedarf begrenzt, soweit sich die angemessenen Aufwendungen für die neue Wohnung erhöhen. Die Regelung stellt klar, dass der Bedarf für die Unterkunft (und Heizung) auch dann nur in Höhe der bisherigen Aufwendungen anerkannt wird, wenn ein Umzug ohne Zusicherung des zuständigen Leistungsträgers von einer angemessenen in eine unangemessene Wohnung innerhalb des Zuständigkeitsbereiches erfolgt.

Der jeweilige Bedarf für die Unterkunft ergibt sich bei **Mietwohnungen** oder **untervermieteten Räumen** aus der Höhe der vertraglich geschuldeten Miete einschließlich der umlagefähigen Neben- bzw. Betriebskosten, bei **Eigenheimen** oder **Eigentumswohnungen** aus den monatlichen Belastungen (u. a. Steuern, Gebühren und Abgaben), bei **Obdachlosen-** oder Übergangswohnheimen für Wohnungslose und Zuwanderer aus der Nutzungsentschädigung und bei der Unterbringung in einer **Pension** oder einem **Hotel** aus den Logiskosten.

Mietwohnungen

Der Bedarf für die Unterkunft setzt sich aus der für die Gebrauchsüberlassung des Wohnraumes zu zahlenden Miete bzw. Untermiete und den umlagefähigen Mietnebenkosten (Betriebskosten) zusammen, soweit sie neben dem Kaltmietzins mietvertraglich geschuldet sind. Auch die Nachforderungsbeträge aus einer **Nebenkostenabrechnung**, die in einer Summe fällig werden, sind als tatsächlicher, aktueller Bedarf im Zeitpunkt ihrer Fälligkeit anzuerkennen.

Sofern ein (schriftlicher) Mietvertrag nicht existiert, können die tatsächlichen Mietkosten anhand von Quittungen oder Überweisungsbelegen ermittelt werden. Umlagefähige Mietnebenkosten sind z. B. die Kosten für

- Abfallbeseitigung,
- Beleuchtung der Gemeinschaftsräume (z. B. Treppenhaus),
- Wasserversorgung / Oberflächenwasser Abwasserbeseitigung,
- Schornsteinfeger,
- Straßenreinigungsgebühren,
- Grundsteuern,
- Gebäudehaftpflichtversicherung,
- Hausverwaltung / Hausmeister,
- Betrieb einer Gemeinschaftsantenne,
- laufende Kosten für Sondereinrichtungen (z. B. für eine Fahrstuhlanlage) und
- Gartendienst, Winterdienst.

Kosten, die bereits durch die Regelbedarfe abgegolten sind (z.B. die Kosten für die Kochfeuerung oder sonstige Haushaltsenergie), können nicht berücksichtigt werden und sind ggf. aus den Gesamtkosten für die Unterkunft herauszurechnen.

Auch die Kosten für einen **Kabelanschluss** sind prinzipiell den persönlichen Bedürfnissen des täglichen Lebens zuzurechnen und insofern von den Regelbedarfen umfasst, wenn der Kabelanschluss nicht integraler Bestandteil des Mietvertrages ist und es zur Nutzung eines gesonderten Vertrages mit dem Versorger bzw. Anbieter bedarf. Etwas anderes gilt jedoch in den Fällen, in denen die leistungsberechtigte Person die Kabelanschlussgebühren nicht im Einvernehmen mit dem Vermieter nach einer Kabelanschlusssperre als Mietnebenkosten ausschließen kann, so dass eine mietvertragliche Abschlussverpflichtung im Einzelfall besteht.[110]

In einem derartigen Fall gehören die entsprechenden Gebühren nicht zu den persönlichen Bedürfnissen der leistungsberechtigten Person, sondern zu den Bedarfen für die Unterkunft. Dies gilt insbesondere dann, wenn die leistungsberechtigte Person eine Wohnung mit einem bereits vorhandenen Kabelanschluss bezieht und damit keinen mietrechtlichen Anspruch hat, einen reduzierten Kabelempfang bzw. eine Programmeinschränkung zu verlangen.

In diesen Fällen stellen die Kabelanschlussgebühren Aufwendungen dar, die der leistungsberechtigten Person für die Gewinnung oder den Erhalt der Unterkunft zwangsläufig erwachsen, unabhängig davon, ob die Bereithaltung des Kabelanschlusses und die Möglichkeit der Nutzung ihrem Willen bzw. ihren persönlichen Bedürfnissen entspricht.

Im Einzelfall kann auch die Berücksichtigung der **Garagen- oder Stellplatzmiete** ausnahmsweise in Betracht kommen, wenn

- die Anmietung der Garage oder des Stellplatzes zwingend im Zusammenhang mit der Anmietung der Wohnung steht und sich der Mietpreis bei fehlender „Abtrennbarkeit“ der Garage noch innerhalb des angemessenen Rahmens hält[111] und
- eine Weitervermietung aufgrund der örtlichen Verhältnisse nicht möglich oder nicht zumutbar ist und die entsprechenden Kosten aus Sicht des Mieters insofern nicht abwendbar sind.

Eigenheime/Eigentumswohnungen

Bei selbstgenutzten Eigenheimen oder Eigentumswohnungen, die nach der Regelung des § 12 Abs. 3 Satz 1 Nr. 4 SGB II dem nicht zu berücksichtigenden (geschützten) Vermögen zuzurechnen sind, können folgende Kosten mit einem Zwölftel der jährlichen Ausgaben als monatlicher Bedarf zugrunde gelegt werden:

- Schuldzinsen, soweit sie mit dem Gebäude oder der Eigentumswohnung in unmittelbarem Zusammenhang stehen, und dauernde Lasten (z.B. Erbbauzinsen),

110 Vgl. BVerwG, Urt. vom 28.11.2001 – 5 C 9/01 –, BVerwGE 115, 256 = FEVS 53, 300 = NDV-RD 2002, 37; ähnlich auch BSG, Urt. vom 19.0.2009 – B 4 AS 48/08 R –, BSGE 102, 274 = FEVS 61, 33.

111 Vgl. BSG, Urteil vom 7.11.2006 – B 7b AS 10/06 R –, BSGE 97, 231 = FEVS 58, 268 = NDV-RD, 2007, 47.

- Steuern vom Grundbesitz (Grundsteuern) und sonstige öffentliche Abgaben (z. B. Gebühren für die Abfallbeseitigung, Entwässerung bzw. Kanalisation und traßenreinigung) oder
- sonstige Aufwendungen zur Bewirtschaftung des Haus- und Grundbesitzes (z. B. Kosten für Heizungswartung und Schornsteinfeger, Wassergeld, Treppenhaus- und Kellerbeleuchtung, Verwaltungskosten, Gebäudeversicherungen, Garten- und Winterdienst).

Tilgungsleistungen gehören grundsätzlich nicht zu den berücksichtigungsfähigen Aufwendungen, da diese kapitalbildenden Charakter haben und insoweit nicht als leistungsrechtlicher Bedarf anerkannt werden können. Im Einzelfall können solche Kosten im Rahmen des § 22 Abs. 8 SGB II ausnahmsweise bis zur Höhe der abstrakt angemessenen Kosten für eine Mietwohnung als Darlehen übernommen werden, wenn eine Aussetzung der Tilgung von der kreditgebenden Bank nicht länger akzeptiert wird und die Zwangsversteigerung und damit der Verlust der Unterkunft droht.[112]

Das Spannungsverhältnis zwischen Schutz des Wohnungseigentums einerseits (und die Möglichkeit der Übernahme von Tilgungsleistungen im Ausnahmefall) und den Zielen der Existenzsicherung anderseits besteht allerdings nur dann, wenn der Erwerb der Immobilie außerhalb des Leistungsbezuges eingetreten ist.[113]

Als Bedarf für die Unterkunft werden nach § 22 Abs. 2 Satz 1 SGB II auch unabweisbare Aufwendungen für die **Instandhaltung** und **Reparatur** bei selbst bewohntem Wohneigentum im Sinne des § 12 Abs. 3 Satz 1 Nr. 4 SGB II anerkannt, wenn diese tatsächlich anfallen und nicht zu einer Verbesserung des Standards des selbst genutzten Wohneigentums führen. Maßgeblich ist daher, ob entsprechende Maßnahmen der Erhaltung oder Wiederherstellung des Wohneigentums in seiner bisherigen Substanz oder der Schaffung eines neuen, verbesserten Zustandes dienen.[114]

Wertsteigernde Erneuerungsmaßnahmen (z. B. die Sanierung des Balkons) sind grundsätzlich von der Regelung des § 22 SGB II nicht erfasst, weil es nicht Aufgabe der aus öffentlichen Steuermitteln finanzierten Transferleistungen ist, grundlegende Sanierungs- und Erhaltungsarbeiten zu finanzieren und dem Leistungsempfänger somit einen Zuwachs seines Vermögens zu ermöglichen, den dieser auch noch nach einem eventuellen Ausscheiden aus dem Leistungsbezug realisieren könnte. Bei notwendigen Erhaltungs- und Erneuerungsarbeiten ist dieser Grundsatz allerdings zu modifizieren. Der mit einer notwendigen Erneuerung in größerem Umfang zumeist verbundene Wertzuwachs ist nur Folge der notwendigen Erhaltung und lässt die Berücksichtigungsfähigkeit nicht entfallen.[115]

Die Vorschrift des § 22 Abs. 2 Satz 1 SGB II begrenzt die zu berücksichtigenden Aufwendungen für die Instandhaltung und Reparatur auf die innerhalb von zwölf Monaten insgesamt als angemessen anzuerkennenden Bedarfe für die Unterkunft.

112 Vgl. BSG, Urt. vom 7.11.2006 – B 7b AS 8/06 R –, BSGE 97, 217 = FEVS 58, 259 = NDV-RD 2007, 3.
113 Vgl. BSG, Urt. vom 16.2.2012 – B 4 AS 14/11 R –, juris = SGb 2012, 218 (Kurzwiedergabe) = info also 2012, 229 (Kurzwiedergabe).
114 Vgl. Hessisches LSG, Beschl. vom 28.10.2009 – L 7 AS 326/09 B ER –, juris.
115 Vgl. LSG NRW, Urt. vom 28.2.2013 – L 7 AS 506/11 –, juris.

Es ist somit ein Vergleich vorzunehmen zwischen den auf einen Zeitraum von zwölf Monaten hochgerechneten, abstrakt angemessenen Unterkunftskosten (Obergrenze) und den tatsächlichen Aufwendungen, die ohne Instandhaltungskosten voraussichtlich innerhalb eines Jahres entstehen werden. Nur soweit die sonstigen Aufwendungen unterhalb der Obergrenze liegen, kommt ein **Zuschuss** für die Instandhaltung und Reparatur bis zur Höhe des Differenzbetrages in Betracht.

Soweit die (unabweisbaren) Aufwendungen den Bedarf für die Unterkunft nach § 22 Abs. 2 Satz 1 SGB II übersteigen, kann der kommunale Träger zur Deckung dieses Teils der Aufwendungen ein **Darlehen** erbringen (vgl. § 22 Abs. 2 Satz 2 SGB II). Der Zuschuss ist somit Voraussetzung für ein ergänzendes Darlehen, das der kommunale Träger nach pflichtgemäßem Ermessen erbringen kann. Bei der Ermessensentscheidung sind u. a. das Interesse des bzw. der Leistungsberechtigten an der Beibehaltung des bisherigen Lebensmittelpunktes, die Höhe der konkret in Rede stehenden Aufwendungen und die Frage, ob eine Aufgabe der selbstgenutzten Immobilie im Hinblick auf die entstehenden Folgekosten unwirtschaftlich wäre, zu berücksichtigen.

Weiterhin ist zu beachten, dass ein Darlehen nur dann in Betracht kommen kann, wenn der Bedarf weder durch nicht anrechenbares Vermögen nach § 12 Abs. 2 Satz 1 Nr. 1, Nr. 1a und Nr. 4 SGB II noch auf andere Weise (z. B. durch ein Privatdarlehen) gedeckt werden kann (vgl. § 42a Abs. 1 Satz 1 SGB II).

Sofern bereits die laufenden Kosten der Unterkunft unangemessen sind, kommt auch für unabweisbare Instandhaltungsmaßnahmen ein Darlehen nach § 22 Abs. 2 Satz 2 SGB II nicht in Betracht.

Beispiel

Der Leistungsberechtigte bewohnt eine schuldenfreie Eigentumswohnung, für die laufende Kosten (Grundsteuer, Gebäudeversicherung, Wasser, Abwasser, Verwaltungskosten und andere Nebenkosten) in Höhe von monatlich 175,00 € entstehen. Die vom kommunalen Träger festgesetzte Obergrenze für die angemessenen Kosten der Unterkunft beträgt 290,00 €.

Die Gastherme des Wohnungseigentümers ist defekt und muss ausgetauscht werden, da eine Reparatur nicht lohnenswert ist. Für eine neue Therme müssen lt. Kostenvoranschlag einer Fachfirma 5.000,00 € aufgewendet werden. Hierbei handelt es sich um einen unabweisbaren Bedarf.

Da die tatsächlichen laufenden Bedarfe für die Unterkunft die Angemessenheitsgrenze nicht überschreiten, kommt ein ***Zuschuss*** *nach § 22 Abs. 2 Satz 1 SGB II in Höhe von 1.380,00 € (290,00 € ./. 175,00 € x 12 Monate) in Betracht. Der Restbetrag in Höhe von 3.620,00 € kann als* ***Darlehen*** *nach § 22 Abs. 2 Satz 2 SGB II erbracht werden.*

Eine Umlage, die der Eigentümer einer selbstgenutzten Eigentumswohnung gegenüber der Eigentümergemeinschaft auf der Grundlage des von der Eigentümergemeinschaft beschlossenen Wirtschaftsplanes zu zahlen hat und die der Erhaltung des Gebäudes dient, gehört zum Bedarf für die Unterkunft nach § 22 SGB II.[116]

Obdachlosen- oder Übergangswohnheime
Bei Bewohnern von Obdachlosen- und Übergangswohnheimen sind als Bedarf für die Unterkunft die Nutzungsentgelte (Benutzungsgebühr und Verbrauchskosten) nach Satzung der jeweiligen Gemeinde und nach Abzug der durch die Regelbedarfe abgegoltenen Energiekosten zu berücksichtigen.

Pensionen / Hotels
Sofern im Einzelfall die Notwendigkeit besteht, die leistungsberechtigte Person vorübergehend in einer Pension oder einem Hotel unterzubringen (z. B. nach einem Wohnungsbrand), sind die anfallenden Kosten der Logis als Bedarf bzw. Aufwendungen für die Unterkunft anzuerkennen.

Wohnwagen / Wohnmobile
Unter den Begriff der Unterkunft i. S. des § 22 SGB II fallen auch Wohnwagen und Wohnmobile. Als „Unterkunft" in diesem Sinne ist jede Einrichtung oder Anlage zu verstehen, die geeignet ist, vor den Unbilden des Wetters bzw. der Witterung zu schützen und eine gewisse Privatsphäre (einschließlich der Möglichkeit, private Gegenstände zu verwahren) gewährleistet.

Nicht maßgeblich ist dabei, dass die dauerhafte Nutzung eines Wohnmobils oder Wohnwagens im öffentlichen Straßenraum ordnungsrechtlich als Sondernutzung unzulässig ist. Aus dem Vergleich mit den Nebenkosten, die im Falle eines selbst genutzten Wohneigentums geltend gemacht werden könnten, ergibt sich, dass auch ein Anspruch auf Anerkennung der Kraftfahrzeugsteuer und der Kosten für die Kraftfahrzeughaftpflichtversicherung zusteht.[117]

7.3.2 Angemessenheit der Unterkunftskosten

Bedarfe für die Unterkunft werden grundsätzlich in der **tatsächlichen Höhe** anerkannt, soweit sie **angemessen** sind. Allerdings sind nach § 22 Abs. 1 Satz 4 SGB II auch Unterkunftskosten, die den nach der Besonderheit des Einzelfalles angemessenen Umfang übersteigen, zunächst ebenfalls in tatsächlicher Höhe anzuerkennen. Dies gilt solange, als es der alleinstehenden leistungsberechtigten Person oder der Bedarfsgemeinschaft nicht möglich oder nicht zuzumuten ist, durch einen Wohnungswechsel, durch Vermieten oder auf andere Weise die Aufwendungen zu senken, **in der Regel jedoch längstens für sechs Monate**.

116 Vgl. BSG, Urt. vom 18.9.2014 – B 14 AS 48/13 R –, juris.
117 Vgl. BSG, Urt. vom 17.6.2010 – B 14 AS 79/09 R –, NDV-RD 2010, 698 = FEVS 62, 248 = EuG 2011, 157.

Die „Angemessenheit" der anzuerkennenden Unterkunftskosten unterliegt als unbestimmter Rechtsbegriff in vollem Umfang der gerichtlichen Kontrolle. Sie ist danach zu beurteilen, ob sich die Kosten im Rahmen dessen halten, was bei Wohnungen, die dem anzuerkennenden Wohnbedarf der leistungsberechtigten Person und der sonstigen Personen der Bedarfsgemeinschaft genügen, ortsüblicherweise erwartet werden muss. Dabei ist als Vergleichsmaßstab auf die Lebensgewohnheiten in den Verbrauchergruppen mit niedrigem Einkommen abzustellen.

Die sachgerechte Beurteilung der im Einzelfall zu prüfenden Angemessenheit der Bedarfe für die Unterkunft und der leistungsrechtlichen Konsequenzen bei unangemessenem Wohnraum hat die Lage auf dem örtlichen Wohnungsmarkt ebenso zu berücksichtigen wie die Person des Leistungsberechtigten, die Art und die voraussichtliche Dauer seines Bedarfs, die Zahl und das Alter der Personen in der Bedarfsgemeinschaft sowie individuelle Besonderheiten des Einzelfalls (z. B. Erkrankungen, Behinderungen, Wohnumfeld, Sozialisation von Kindern).

Die Angemessenheit der Bedarfe für die Unterkunft ist nach der Rechtsprechung des Bundessozialgerichtes unter Berücksichtigung aller Umstände des jeweiligen Einzelfalles in **drei Schritten** zu prüfen.[118]

Für die Prüfung der Angemessenheit einer Unterkunft ist in einem **ersten Schritt** unabhängig von den konkreten örtlichen Gegebenheiten zu bestimmen, welche Wohnungsgröße für Leistungsberechtigte bzw. Bedarfsgemeinschaften abstrakt als angemessen anzusehen sind. Ausgangspunkt für die Berechnung der Wohnfläche ist nach Rechtsprechung des Bundessozialgerichtes die Zahl der Mitglieder der Bedarfsgemeinschaft.[119]

Zur Festlegung der angemessenen Wohnfläche ist auf die Wohnungsgrößen für Wohnberechtigte im sozialen Mietwohnungsbau abzustellen. Für das Land Nordrhein-Westfalen sind in diesem Zusammenhang ab dem 1.1.2010 die Bestimmungen der Ziffer 8.2 der Wohnraumnutzungsbestimmungen (WNB)[120] maßgeblich. Damit existiert eine aktuelle Bestimmung zur Wohnungsfläche im sozialen Wohnungsbau, die anzuwenden ist.[121]

118 Vgl. BSG, Urt. vom 7.11.2006 – B 7b AS 18/06 R –, BSGE 97, 254 = NDV-RD 2007, 34 = FEVS 58, 271.

119 Vgl. BSG, Urt. vom 19.10.2010 – B 14 AS 50/10 R –, juris = SGb 2010, 709 (Kurzwiedergabe) = info also 2011, 90 (Kurzwiedergabe).

120 Vgl. Runderlass des Ministeriums für Bauen und Verkehr NRW – IV.5-619-1665/09 – vom 12.12.2009 zum Vollzug der Teile 4 bis 6 des Gesetzes zur Förderung und Nutzung von Wohnraum für das Land Nordrhein-Westfalen (WFNG NRW) vom 8.12.2009 (MBl. NRW 2010 S. 1).

121 Vgl. BSG, Urt. vom 16.5.2012 – B 4 AS 109/11 R –, juris = SGb 2012, 401 (Kurzwiedergabe) = info also 2012, 231 (Kurzwiedergabe).

Danach ist von folgenden Wohnflächen auszugehen:

1 Person	ca. 50 qm
2 Personen	ca. 65 qm / 2 Wohnräume
3 Personen	ca. 80 qm / 3 Wohnräume
4 Personen	ca. 95 qm / 4 Wohnräume
für jede weitere Person	ca. 15 qm

Ein zusätzlicher Raum oder eine zusätzliche Wohnfläche von 15 qm ist wegen besonderer persönlicher Umstände oder beruflicher Bedürfnisse einer haushaltsangehörigen Person oder eines in absehbarer Zeit zu erwartenden zusätzlichen Raumbedarfs zuzubilligen (z. B. bei Blinden und Rollstuhlfahrern, bei Alleinerziehenden oder bei Geburt eines Kindes).

Die genannten Wohnflächengrenzen stellen Höchstgrenzen und keinen Mindestanspruch der leistungsberechtigten Person dar. Eine tatsächlich kleinere Wohnung begründet damit keinen Anspruch auf Umzug in eine (noch angemessene) größere Wohnung. Sollte die leistungsberechtigte Person dennoch umziehen, wird gemäß § 22 Abs. 1 Satz 2 SGB II nur der bisherige Bedarf für die Unterkunft anerkannt.

Nach Feststellung der Wohnungsgröße sind in einem **zweiten Schritt** der Wohnungsstandard bzw. die hierfür anzuerkennenden Kosten festzustellen (sog. „Referenzmiete“). Angemessen sind die Aufwendungen für eine Wohnung, die nach Ausstattung, Lage und Bausubstanz einfachen und grundlegenden Bedürfnissen genügt und keinen gehobenen Wohnstandard aufweist. Die Wohnung muss im unteren Segment der nach der Größe in Betracht kommenden Wohnungen innerhalb des räumlichen Bezirkes liegen, der den Vergleichsmaßstab bildet. Als Vergleichsmaßstab ist regelmäßig die Miete am Wohnort heranzuziehen. Dabei ist nicht nur auf die tatsächlich am Markt angebotenen Mieten abzustellen, sondern auch auf vermietete Wohnungen.[122]

Zur Bestimmung der angemessenen Kosten sind grundsätzlich alle erreichbaren Erkenntnisquellen heranzuziehen. Anhaltspunkt für den Maßstab der Angemessenheit können hinsichtlich der Miethöhe die ortsüblichen Mieten nach Mietspiegel, Mietenberichten oder Mietdatenbanken sein. Die örtlichen Mietspiegel weisen in aller Regel die Kaltmiete ohne Nebenkosten aus, wobei in den Kostenvergleich – also den Vergleich der von der leistungsberechtigten Person zu entrichtenden Miete mit der Miete für eine vergleichbare Wohnung – in der Regel nur eine Wohnung der **Ausstattungsklasse 3** (gemäß einer Klassifizierung nach Ausstattungsklassen von 1 bis 5) einzubeziehen ist.
Die Tabellenwerte in § 8 Wohngeldgesetz (WoGG) stellen grundsätzlich keinen geeigneten Maßstab für die Feststellung der angemessenen Unterkunftskosten dar, weil sie zum einen die örtlichen Gegebenheiten nicht angemessen widerspiegeln und zum anderen nicht darauf abstellen, ob der Wohnraum bedarfsangemessen ist.[123]

122 Vgl. BSG, Urt. vom 2.7.2009 – B 14 AS 33/08 R –, NDV-RD 2010, 3 = SozR 4-4200 § 22 Nr. 25.
123 Vgl. BSG, Urt. vom 18.6.2008 – B 14/7b AS 44/06 R –, FEVS 60, 145.

Viele kommunale Träger sind zwischenzeitlich dazu übergegangen, auf der Grundlage der Rechtsprechung des Bundessozialgerichtes für ihren Bereich betragliche Höchstgrenzen für einen angemessenen Mietpreis festzulegen. Gleichzeitig wird ausgehend von einer abstrakt angemessenen Wohnungsgröße (Wohnflächengrenzen nach dem Wohnraumförderungsgesetz oder nach landesrechtlichen Regelungen) eine Obergrenze für die im Einzelfall anzuerkennenden Unterkunftskosten aus dem Produkt von maximaler Wohnfläche und Höchstgrenze pro Quadratmeter ermittelt (Referenzmiete) und zwar unabhängig von der tatsächlichen Wohnungsgröße (sog. **„Volumen-“** oder **„Produkttheorie“**)[124].

Das Bundessozialgericht folgt damit der vom Bundesverwaltungsgericht[125] entwickelten **Produkttheorie**, wonach die angemessene Höhe der Unterkunftskosten als Produkt aus der für die leistungsberechtigte Person abstrakt bemessenen Wohnungsgröße und dem nach den örtlichen Verhältnissen angemessenen Mietzins pro Quadratmeter zu ermitteln ist. Dabei müssen nicht beide Faktoren (Wohnungsgröße und Wohnungsstandard bzw. Mietzins pro Quadratmeter) für sich betrachtet angemessen sein. Insofern kann der bzw. die Leistungsberechtigte zugunsten des einen Faktors auf Teile des anderen verzichten.

Dies bedeutet beispielsweise, dass bei kleineren Wohnungen, deren Quadratmeterzahl unter der abstrakt angemessenen Wohnungsgröße liegt, der Mietpreis hingenommen werden kann, wenn das „Volumen“ (Produkt aus Wohnungsgröße und Quadratmeterpreis) nicht überschritten wird und eine insgesamt angemessene Wohnungsmiete ergibt.

Dagegen hat das Bundessozialgericht die Bildung einer Gesamtangemessenheitsgrenze für Unterkunfts- und Heizkosten im Sinne einer sog. „erweiterten Produkttheorie“ abgelehnt, da diese die Festlegung eines abstrakt angemessenen Heizkostenpreises pro Quadratmeter für eine „einfache“ Wohnung (gestaffelt nach abstrakt angemessenen Wohnungsgrößen) im unteren Segment des Wohnungsmarktes erfordert, allerdings nicht erkennbar ist, wie ein solcher abstrakter Wert als notwendiger Faktor für eine als abstrakt angemessen anzusehende Bruttowarmmiete von den Trägern der Grundsicherung und der Rechtsprechung verlässlich ermittelt werden könnte.[126]

In diesem Zusammenhang ist zu beachten, dass die Höhe der Heizkosten in der Regel zu einem wesentlichen Teil von Faktoren abhängig ist, die von der leistungsberechtigten Person nicht oder nicht kurzfristig zu beeinflussen sind (z. B. Größe, Lage und Beschaffenheit der Wohnung, unzureichende Wärme- und Fensterisolierung, Wartungszustand der Heizungsanlage, regional uneinheitliche Tarife für die Energieversorgung, regionale und periodische Klima- und Witterungsverhältnisse, persönliche Verhältnisse wie Klein- und „Krabbelkinder“, die im Regelfall einen besonderen bzw. zusätzlichen Wärmebedarf erfordern).

---

124 Zur Produkttheorie vgl. BSG, Urt. vom 7.11.2006 – B 7b AS 10/06 R –, BSGE 97, 231 = FEVS 58, 248 = NDV-RD 2007, 47.

125 Vgl. BVerwG, Urt. vom 28.4.2005 – 5 C 15/04 –, FEVS 57, 208 = NDV-RD 2005, 109 = info also 2006, 33.

126 Vgl. BSG, Urt. vom 2.7.2009 – B 14 AS 36/08 R –, BSGE 104,41 = NDV-RD 2009, 139 = FEVS 61, 352.

Darüber hinaus ist in einem **dritten Schritt** zu prüfen, ob nach der Struktur des regionalen Wohnungsmarktes angemessener Wohnraum überhaupt zur Verfügung steht bzw. für den Betroffenen die Möglichkeit besteht, im Vergleichsgebiet (Bereich des zuständigen kommunalen Trägers) eine abstrakt als „angemessen" zu bezeichnende Wohnung anmieten zu können. Besteht eine solche Möglichkeit nachweislich nicht, sind die tatsächlichen Aufwendungen für die bisherige Unterkunft im Einzelfall als konkret angemessen anzusehen.[127]

Im Vergleich zu den Bedarfen für die Unterkunft bei Mietwohnungen bestehen zu denen bei einem **Wohneigentum** (Eigentumswohnung oder Eigenheim) zwei grundsätzliche Unterschiede. Zum einen entstehen Eigentümern andere Unterkunftskosten als Mietern (z.B. Schuldzinsen statt Miete), zum anderen gehört das selbst genutzte Wohneigentum, soweit es angemessen ist, zu dem nicht zu berücksichtigenden (geschützten) Vermögen nach § 12 Abs. 3 Satz 1 Nr. 4 SGB II. Im Rahmen der anzuerkennenden Bedarfe für die Unterkunft darf jedoch keine Privilegierung der leistungsberechtigten Eigentümer gegenüber einem Mieter eintreten.

Damit sind die zu Mietwohnungen dargestellten Grundsätze im Hinblick auf die Angemessenheit der Unterkunftskosten auch auf leistungsberechtigte Eigentümer eines selbstgenutzten Hausgrundstücks oder einer selbstgenutzten Eigentumswohnung anzuwenden. Die Angemessenheit des Hausgrundstücks i.S. des § 12 Abs. 3 Satz 1 Nr. 4 SGB II indiziert nicht die Angemessenheit der Unterkunftskosten für das Wohneigentum i.S. des § 22 Abs. 1 SGB II. Eine Differenzierung danach, ob der Wohnbedarf bis zur Grenze der Angemessenheit durch Eigentum oder Miete entsteht, sieht die Regelung des § 22 Abs. 1 SGB II nicht vor.

Aus diesem Grund sind auch nicht die für das Wohneigentum (im Rahmen der vermögensrechtlichen Schutzvorschriften maßgebenden), sondern die für Mietwohnungen geltenden Wohnflächengrenzen bei der Angemessenheitsprüfung nach § 22 Abs. 1 SGB II zu berücksichtigen. Ansonsten ergäbe sich im Hinblick auf das Gleichbehandlungsgebot aus Art. 3 Abs. 1 GG eine nicht gerechtfertigte Besserstellung von Haus- und Wohnungseigentümern gegenüber Mietern.[128]

Gemäß § 22 Abs. 10 Satz 1 SGB II ist zur Beurteilung der Angemessenheit der Aufwendungen für Unterkunft und Heizung die Bildung einer **Gesamtangemessenheitsgrenze** zulässig. Dabei kann für die Aufwendungen für Heizung der Wert berücksichtigt werden, der bei einer gesonderten Beurteilung der Angemessenheit der Aufwendungen für Unterkunft und der Aufwendungen für Heizung ohne Prüfung der Angemessenheit im Einzelfall höchstens anzuerkennen wäre (§ 22 Abs. 10 Satz 2 SG II).

Eine Gesamtangemessenheitsgrenze besteht aus den Summanden „angemessene Aufwendungen für die Unterkunft" und „angemessene Aufwendungen für die Heizung". Damit können im Einzelfall höhere Aufwendungen für die Unterkunft durch geringere Aufwendungen für die Heizung (oder umgekehrt) ausgeglichen werden.

127 Vgl. BSG, Urt. vom 7.11.2006 – B 7b AS 18/06 R –, BSGE 97, 254 = NDV-RD 2007, 34 = FEVS 58, 271.
128 Vgl. BSG, Urt. vom 2.7.2009 – B 14 AS 33/08 R –, NDV-RD, 2010, 3 = SozR 4-4200 § 22 Nr. 25.

Besonderheiten bei leistungsberechtigten Personen, die einer Wohnsitzregelung nach § 12a Abs. 2 und Abs. 3 AufenthG unterliegen

Gemäß § 22 Abs. 1a SGB II bestimmt sich die Angemessenheit der Aufwendungen für Unterkunft und Heizung bei leistungsberechtigten Personen, die einer Wohnsitzregelung nach § 12a Abs. 2 und Abs. 3 AufenthG unterliegen, nach dem Ort, an dem die leistungsberechtigte Person ihren Wohnsitz zu nehmen hat.

Zur Förderung seiner nachhaltigen Integration ist ein Ausländer, der als Asylbewerber, Flüchtling i. S. v. § 3 Abs. 1 AsylG oder subsidiär Schutzberechtigter i. S. v. § 4 Abs. 1 AsylG anerkannt worden ist oder dem nach §§ 22, 23 oder 25 Abs. 3 AufenthG erstmalig eine Aufenthaltserlaubnis erteilt worden ist, gemäß § 12a Abs. 1 Satz 1 AufenthG verpflichtet, für den Zeitraum von drei Jahren ab Anerkennung oder Erteilung der Aufenthaltserlaubnis in dem Land seinen gewöhnlichen Aufenthalt (Wohnsitz) zu nehmen, in das er zur Durchführung seines Asylverfahrens oder im Rahmen seines Aufnahmeverfahrens zugewiesen worden ist.

Ein Ausländer, der dieser Verpflichtung unterliegt und der in einer Aufnahmeeinrichtung oder einer anderen vorübergehenden Einrichtung wohnt, kann innerhalb von sechs Monaten nach Anerkennung oder Aufnahme längstens bis zum Ablauf der nach § 12a Abs. 1 AufenthG geltenden Frist zu seiner Versorgung mit angemessenem Wohnraum verpflichtet werden, seinen Wohnsitz an einem bestimmten Ort zu nehmen, wenn dies der Förderung seiner nachhaltigen Integration in die Lebensverhältnisse der Bundesrepublik Deutschland nicht entgegensteht (vgl. § 12a Abs. 2 Satz 1 AufenthG). Soweit im Einzelfall eine Zuweisung angemessenen Wohnraums innerhalb von sechs Monaten nicht möglich war, kann eine Zuweisung nach Satz 1 innerhalb von einmalig weiteren sechs Monaten erfolgen (§ 12a Abs. 2 Satz 2 AufenthG).

Zur Förderung seiner nachhaltigen Integration in die Lebensverhältnisse der Bundesrepublik Deutschland kann ein Ausländer, der der Verpflichtung nach § 12a Abs. 1 AufenthG unterliegt, innerhalb von sechs Monaten nach Anerkennung oder erstmaliger Erteilung der Aufenthaltserlaubnis verpflichtet werden, längstens bis zum Ablauf der nach Abs. 1 geltenden Frist seinen Wohnsitz an einem bestimmten Ort zu nehmen, wenn dadurch

1. seine Versorgung mit angemessenem Wohnraum,
2. sein Erwerb hinreichender mündlicher Deutschkenntnisse im Sinne des Niveaus A2 des Gemeinsamen Europäischen Referenzrahmens für Sprachen und
3. unter Berücksichtigung der örtlichen Lage am Ausbildungs- und Arbeitsmarkt die Aufnahme einer Erwerbstätigkeit erleichtert werden kann.

7.3.3 Verfahren bei unangemessenen Aufwendungen für die Unterkunft

Anerkennung unangemessener Bedarfe für die Unterkunft im Einzelfall

Übersteigen die Aufwendungen für die Unterkunft den der Besonderheit des Einzelfalles angemessenen Umfang, sind sie als Bedarf solange anzuerkennen, wie es der oder dem alleinstehenden Leistungsberechtigten oder der Bedarfsgemeinschaft nicht möglich oder nicht zuzumuten ist, durch einen Wohnungswechsel, durch Vermieten oder auf andere Weise die Aufwendungen zu senken, **in der Regel** jedoch längstens für **sechs Monate** (vgl. § 22 Abs. 1 Satz 3 SGB II).

Die Vorschrift ist anzuwenden bei leistungsberechtigten Personen, die bereits bei Leistungsbeginn eine im Hinblick auf die Kosten unangemessene Wohnung bewohnen (Wohnung wurde vor Leistungsbeginn aus eigenen Mitteln finanziert) oder bei denen eine zunächst angemessene Unterkunft durch Mieterhöhung oder andere Umstände (z. B. bei Auszug eines Familienangehörigen oder eines Mitbewohners) unangemessen teuer wird bzw. nicht mehr den Angemessenheitskriterien des kommunalen Trägers entspricht.

Ist die Notlage voraussichtlich nur vorübergehend (z. B. Arbeitsaufnahme kurzfristig geplant bzw. absehbar), können ein Wohnungswechsel oder andere Kostensenkungsmaßnahmen regelmäßig nicht gefordert werden. Als Bedarf sind in einem solchen Fall stets die tatsächlichen Aufwendungen für die Unterkunft – ggf. auch in unangemessener Höhe – für einen **befristeten** Zeitraum anzuerkennen.

Unangemessene Aufwendungen für die Unterkunft müssen auch **längerfristig** anerkannt werden, wenn dem Verbleib in der bisherigen Wohnung aus besonderen Gründen des Einzelfalles durch den kommunalen Träger zugestimmt wurde oder die Reduzierung des Aufwandes objektiv nicht möglich (z. B. bei Wohnungsknappheit auf dem örtlichen Wohnungsmarkt) oder nicht zuzumuten ist (z. B. bei Erkrankungen, die die Mobilität erheblich einschränken, wegen der Organisation der Kinderbetreuung oder bei Leistungsberechtigten, die aus besonderen Gründen auf bestehende soziale Bezüge in ihrem Wohnumfeld angewiesen sind).

Eine weitergehende Bindung an das unmittelbare Wohnumfeld und damit die subjektive Unzumutbarkeit eines Umzuges kann bei Familien mit schulpflichtigen Kindern vorliegen, wenn mit einem Wohnungswechsel auch zeitgleich ein Schulwechsel verbunden wäre.[129]

Weitere Gründe, die eine Berücksichtigung unangemessener Aufwendungen für die Unterkunft nach den Besonderheiten des Einzelfalls rechtfertigen, können sein:

- Veränderung der familiären Situation (Haftentlassung, Betreuung von pflegebedürftigen Angehörigen im häuslichen Bereich, Rückkehr von Kindern aus der Heimerziehung u. ä.),
- regelmäßige Ausübung des Umgangsrechts bei regelmäßigem Besuch der leiblichen Kinder bzw. bei „temporären Bedarfsgemeinschaften“,
- pflegebedingter Raumbedarf,
- Notwendigkeit bestimmter sozialer Bezüge und Kontakte im Wohnumfeld.

129 Vgl. BSG, Urt. vom 19.2.2009 – B 4 AS 30/08 R –, BSGE 102, 263 = NDV-RD 2009, 94 = ZFSH/SGB 2009, 543.

Nach § 22 Abs. 1 Satz 4 SGB II muss eine Absenkung der unangemessenen Aufwendungen für die Unterkunft **nicht** gefordert werden, wenn diese unter Berücksichtigung der bei einem Wohnungswechsel zu erbringenden Leistungen **unwirtschaftlich** wäre.

Maßstab für die Wirtschaftlichkeitsprüfung in diesem Zusammenhang sind in erster Linie die bei einem vom zuständigen Träger der Grundsicherung für Arbeitsuchende geforderten Umzug zu erwartenden Folgekosten (Übernahme von Umzugskosten, der Mietkaution und weiterer Wohnungsbeschaffungskosten) und die durch einen Verzicht auf einen Wohnungswechsel zu berücksichtigenden unangemessenen Unterkunftskosten. Bei der anzustellenden Prognoseentscheidung sind insbesondere die Dauer des zukünftigen Leistungsbezuges (z. B. bei geplanter bzw. in Aussicht stehender Arbeitsaufnahme) und die sonstigen Umstände des Einzelfalles zu berücksichtigen.

Kostensenkungsverfahren
Sofern keine Besonderheiten des Einzelfalls vorliegen, die eine kurz- oder längerfristige Anerkennung unangemessener Aufwendungen für die Unterkunft rechtfertigen, ist der oder die Leistungsberechtigte über die Unangemessenheit in Kenntnis zu setzen und aufzufordern, die Aufwendungen innerhalb von **sechs Monaten** auf das angemessene Maß zu senken. Diese Frist wird regelmäßig erst durch eine ausdrückliche Aufforderung zur Kostensenkung in Gang gesetzt. Hierbei handelt es sich nicht um einen feststellenden oder Leistungen für die Zukunft ablehnenden Verwaltungsakt.

Eine Aufforderung zur Kostensenkung hat lediglich Aufklärungs- und Warnfunktion, damit die leistungsberechtigte Person Klarheit über die aus Sicht des Leistungsträgers angemessenen Aufwendungen für Unterkunft und Heizung sowie einen Hinweis auf die Rechtslage erhält.[130]

Damit soll der oder die Leistungsberechtigte von einer abrupten Änderung seiner gefestigten Wohnsituation und von einem etwaigen Verlust seines bisherigen sozialen Umfeldes zumindest für eine Übergangsfrist verschont bleiben.

Eine Senkung der Aufwendungen für die Unterkunft ist im Einzelfall möglich

- durch einen Umzug bzw. Wohnungswechsel (soweit entsprechende Alternativen bestehen),
- durch (Unter)Vermietung (sofern der Vermieter zustimmt und geeignete Räume vorhanden sind) oder
- auf andere Weise (z. B. durch Verhandlung mit dem Vermieter über eine Mietsenkung, Kündigung von Nebenräumen bzw. einer zur Wohnung gehörenden Garage oder durch zweckbestimmte freiwillige Zuwendungen Dritter).

130 Vgl. BSG, Urt. vom 7.11.2006 – B 7b AS 10/06 R –, BSGE 97, 231 = FEVS 58, 248 = NDV-RD 2007, 47.

Im Falle der **Untervermietung** ist zu beachten, dass die hieraus erzielten Mieteinnahmen zunächst den Teil der unangemessenen (und nicht anzuerkennenden) Unterkunftskosten decken und insoweit nicht als anrechenbares Einkommen zu berücksichtigen sind. Darüber hinausgehende Einnahmen aus dem Untermietverhältnis mindern die Bedarfe für Unterkunft.[131]

Die **Sechsmonatsfrist** nach § 22 Abs. 1 Satz 3 SGB II ist **keine** „Schonfrist", sondern eine Regelhöchstfrist.[132] Sie kann in bestimmten Fällen auch kürzer sein. Das Maß der Verkürzung dürfte im Regelfall insbesondere abhängig sein von der Kündigungsfrist, der regionalen Wohnungsmarktlage sowie dem Grad der Überschreitung der Angemessenheitsgrenze.

Das bedeutet, dass in den Fällen, in denen unangemessene Aufwendungen für die Unterkunft befristet als Bedarf anerkannt werden und eine Reduzierung der Kosten grundsätzlich möglich und zumutbar ist, von dem oder der Leistungsberechtigten bereits während der (in der Regel sechsmonatigen) Übergangsfrist Bemühungen zur Senkung der Unterkunftskosten zu unternehmen sind (z. B. Nachweise über die Vorsprache bei der Wohnraumvermittlung der Kommune, Anschreiben an Wohnungsgesellschaften und Recherchen im Internet).

Werden entsprechende Initiativen von dem oder der Leistungsberechtigten nicht nachgewiesen und die Aufwendungen für die Unterkunft innerhalb von sechs Monaten nicht auf das angemessene Maß reduziert, obwohl dies möglich bzw. zumutbar gewesen wäre, sind vom Träger der Grundsicherung für Arbeitsuchende nur noch die abstrakt angemessenen Aufwendungen anzuerkennen. Damit hat die leistungsberechtigte Person in jedem Fall zumindest Anspruch auf Anerkennung der Bedarfe für die Unterkunft in Höhe der Referenzmiete.

Kann der oder die Leistungsberechtigte verfügbaren angemessenen Wohnraum trotz nachweislicher Bemühungen nicht anmieten, sind die tatsächlichen Aufwendungen für die Unterkunft als konkret angemessen zu berücksichtigen und mindestens solange anzuerkennen, bis eine konkrete Alternative besteht.[133]

Anders ist die Situation zu beurteilen, wenn die Hilfebedürftigkeit im Rahmen der Leistungen zur Sicherung des Lebensunterhalts nach dem Zweiten Buch Sozialgesetzbuch durch den Bezug einer neuen (unangemessenen) Wohnung ausgelöst wird oder wenn die leistungsberechtigte Person während des Bezuges laufender Leistungen ihre Wohnung wechselt. Sofern sich nach einem nicht erforderlichen Umzug die angemessenen Aufwendungen für die Unterkunft und Heizung erhöhen, wird nur der bisherige Bedarf für die Unterkunft anerkannt (vgl. § 22 Abs. 1 Satz 2 SGB II). Entsprechende leistungsrechtliche Konsequenzen müssen sich erst recht in den Fällen ergeben, in denen ein nicht erforderlicher Umzug von einer angemessenen in eine nicht angemessene Wohnung erfolgt.[134]

131 Vgl. Fachliche Hinweise der BA, Rn. 11.75 zu § 11 SGB II (Stand: 20.9.2012).
132 Vgl. *Berlit* in LPK-SGB II, Rn. 84 zu § 22 SGB II.
133 Vgl. BSG, Urt. vom 7.11.2006 – B 7b AS 18/06 R –, BSGE 97, 254 = NDV-RD 2007, 34 = FEVS 58, 271.
134 So auch *Krauss* in Hauck/Noftz, Rn. 92 zu § 22 SGB II.

Zusicherungsverfahren

Für einen **Umzug des oder der Leistungsberechtigten während des Leistungsbezuges** trifft §22 Abs. 4 Satz 1 SGB II eine ergänzende Sonderregelung, wonach die erwerbsfähige leistungsberechtigte Person die Obliegenheit trifft, **vor Abschluss** eines Vertrages über eine neue Unterkunft die Zusicherung des für die neue Unterkunft örtlich zuständigen kommunalen Trägers zur Berücksichtigung der Aufwendungen für die neue Unterkunft einzuholen. Hierbei handelt es sich um eine Zusicherung i. S. des §34 SGB X.

Eine entsprechende behördliche Erklärung beinhaltet die Zusage, einen bestimmten Verwaltungsakt (also die Bewilligung von Leistungen unter Berücksichtigung der Bedarfe für die Unterkunft) zu erlassen.

Der kommunale Träger ist gemäß §22 Abs. 4 Satz 2 SGB II zur Zusicherung verpflichtet, wenn der Umzug erforderlich ist und die Aufwendungen für die neue Unterkunft angemessen sind.

Die fehlende Erforderlichkeit eines Umzuges führt allerdings nicht dazu, dass die Anerkennung der Bedarfe für Unterkunft und Heizung am Zuzugsort beschränkt werden könnte. Eine fehlende Erforderlichkeit des Umzuges wirkt sich nur bei der Anwendung des §22 Abs. 1 Satz 2 SGB II aus, der nur für Umzüge innerhalb des Zuständigkeitsbereiches eines kommunalen Trägers Rechtswirkung entfaltet. Zudem ist die Erforderlichkeit des Umzuges Anspruchsvoraussetzung für die Zusicherung der Übernahme von Wohnungsbeschaffungskosten und Umzugskosten nach §22 Abs. 6 SGB II, die von dem für die bisherige Unterkunft örtlich zuständigen kommunalen Träger getragen bzw. berücksichtigt werden.[135]

Gegenstand der Zusicherung ist die Anerkennung der Bedarfe für die Unterkunft bei der (zukünftigen) Leistungserbringung für eine konkrete Wohnung im Rahmen der festgestellten Angemessenheitsgrenzen. Maßgeblich für die Prüfung der Angemessenheit der neuen Unterkunft sind die örtlichen Verhältnisse am Zuzugsort.

Allerdings ist die Einholung der Zusicherung durch den kommunalen Träger keine Voraussetzung für die weitere Berücksichtigung der Bedarfe für Unterkunft und Heizung, d. h. die Missachtung der vorherigen Informationspflicht des oder der Leistungsberechtigten nach §22 Abs. 4 Satz 1 SGB II führt nicht zu einem generellen Anspruchsverlust auf Anerkennung der Unterkunftskosten. Der Leistungsträger hat insofern die Aufwendungen für eine neue Unterkunft **jedenfalls** in **angemessener Höhe** zu berücksichtigen.[136] Dies gilt nicht für leistungsberechtigte Personen, die das 25. Lebensjahr noch nicht vollendet haben, da für diesen Personenkreis die besonderen Vorschriften des §22 Abs. 5 SGB II zu berücksichtigen sind.

135 Vgl. BT-Drs. 18/8041 S. 38, 39.

136 Vgl. BVerwG, Urt. vom 1.10.1998 – 5 C 6/98 –, BVerwGE 107, 239 = FEVS, 145 = NDV-RD 1999, 30.

Die Zusicherung des für die neue Unterkunft örtlich zuständigen kommunalen Trägers ist von der leistungsberechtigten Person **vor** dem geplanten Umzug und der Anmietung einer neuen Wohnung einzuholen. Wird die Zusicherung trotz rechtzeitiger Beantragung nicht vor dem Umzug erteilt, führt dies nicht dazu, dass Bedarfe für die Unterkunft lediglich in der bisherigen Höhe anzuerkennen sind, wenn die Zusicherung hätte erteilt werden müssen.[137]

Das „Zusicherungsverfahren" nach § 22 Abs. 4 SGB II hat in erster Linie Aufklärungs- und Hinweisfunktion und soll der leistungsberechtigten Person vor Abschluss eines neuen Mietvertrages Klarheit über die leistungsrechtlichen Angemessenheitskriterien (ggf. auch des neu zuständig werdenden Leistungsträgers) verschaffen.

7.3.4 Sonderregelung für Personen, die das 25. Lebensjahr noch nichtvollendet haben

Nach § 22 Abs. 5 Satz 1 SGB II werden Bedarfe für Unterkunft und Heizung für Personen, die das 25. Lebensjahr noch nicht vollendet haben und umziehen, für die Zeit nach dem Umzug bis zur Vollendung des 25. Lebensjahres nur anerkannt, wenn der kommunale Träger dies **vor Abschluss** des Vertrages über die Unterkunft zugesichert hat. Die Zusicherung ist (anders als die Zusicherung nach § 22 Abs. 4 SGB II) materielle Anspruchsvoraussetzung für die Anerkennung der Kosten für die neue Wohnung.

Durch die Regelung soll der im Regelfall kostenträchtige Erstbezug einer Wohnung durch Personen begrenzt werden, die bislang wegen Unterstützung innerhalb der Haushaltsgemeinschaft mit ihren Eltern/-teilen keinen Anspruch auf Leistungen zur Sicherung des Lebensunterhalts hatten oder als Teil einer Bedarfsgemeinschaft niedrigere Leistungen bezogen haben. Leistungsberechtigte, die das 25. Lebensjahr noch nicht vollendet haben, sollen mit Ausnahme der Sonderfälle nach § 22 Abs. 5 Satz 2 SGB II grundsätzlich und unabhängig von bestehenden Unterhaltspflichten in der elterlichen Wohnung verbleiben.[138]

Zuständig für die Erteilung der Zusicherung ist in analoger Anwendung des § 20 Abs. 4 SGB II der Träger der Grundsicherung für Arbeitsuchende des **bisherigen** Wohnsitzes, der den ggf. neu zuständig werdenden Träger des Zuzugsortes zu beteiligen hat.

Von dieser Regelung sollen jugendliche Leistungsberechtigte erfasst werden, die bisher im elterlichen Haushalt gelebt haben und **erstmalig** eine eigene Wohnung beziehen wollen.[139] Die Vorschrift erfasst entgegen ihrem Wortlaut („umziehen") lediglich den ersten Auszug aus der elterlichen Wohnung, nicht jedoch den Umzug einer jugendlichen leistungsberechtigten Person aus einer eigenen Wohnung. Bei einem entsprechenden Folgeumzug ist es daher auch nicht möglich, die leistungsberechtigte Person auf den elterlichen Haushalt zu verweisen.[140]

137 Vgl. LSG Berlin-Brandenburg, Beschl. vom 26.6.2006 – L 14 B 471/06 AS ER –, juris.
138 Vgl. BT-Drs. 16/688 S. 14.
139 Vgl. BT-Drs. 16/688 S. 14.
140 Ähnlich auch Krauss in Hauck/Noftz, Rn. 265-266 zu § 22 SGB II.

Ebenfalls nicht erfasst von der Regelung des § 22 Abs. 5 SGB II werden die Fälle, in denen die Eltern aus der mit dem Jugendlichen bewohnten Wohnung ausziehen. Erfolgt der Auszug aber lediglich zu dem Zweck, höhere Leistungsansprüche zu begründen, kommt eine Haftung der Eltern wegen verschuldeter Hilfebedürftigkeit nach § 34 SGB II in Betracht.[141]

In der Rechtsprechung wird dagegen teilweise die Auffassung vertreten, dass die Vorschrift (bereits nach seinem Wortlaut) auf jeden Wohnungswechsel eines unter 25jährigen Leistungsberechtigten anzuwenden.[142]

Kritisch zu sehen ist die vom Bundessozialgericht[143] vertretene Auffassung, dass das Zusicherungserfordernis und die leistungsrechtlichen Folgen seiner Nichteinhaltung nach dem Wortlaut des § 22 Abs. 5 Satz 1 SGB II nur dann greifen, wenn eine leistungsberechtigte Person, die das 25. Lebensjahr noch nicht vollendet hat, in eine Unterkunft umzieht, über die durch den jungen Erwachsenen **vor dem Umzug „ein Vertrag"** abgeschlossen wird. Einer Zusicherung durch den kommunalen Träger bedarf es demnach nicht bei jedem Umzug, sondern lediglich vor einem Umzug, der mit konkreten vertraglichen Verpflichtungen zur Zahlung von Aufwendungen (d. h. also Miet- oder Untermietvertrag) durch die leistungsberechtigte Person verbunden ist.

In der Praxis könnte das Zusicherungserfordernis dadurch umgangen werden, dass der (erstmalige) Auszug aus dem elterlichen Haushalt **ohne** das Eingehen vertraglicher Verpflichtungen zunächst in den Haushalt von Bekannten oder Verwandten erfolgt, um anschließend (ggf. auch nach nur kurzer Verweildauer als Mitbewohner bzw. Mitnutzer) von dort aus in eine selbst angemietete Wohnung umzuziehen.

Folgt man der Auffassung, dass § 22 Abs. 5 Satz 1 SGB II lediglich auf den **erstmaligen** Um- bzw. Auszug aus dem Haushalt der Eltern (und nicht auf Folgeumzüge) anzuwenden ist, wäre die Berücksichtigung von Unterkunftskosten in einem solchen Fall nicht (mehr) von der Zusicherung des kommunalen Trägers abhängig zu machen.

Der kommunale Träger ist nach § 22 Abs. 5 Satz 2 Nr. 1 bis 3 SGB II **zur Zusicherung verpflichtet**, wenn

- die oder der Betroffene aus schwerwiegenden sozialen Gründen nicht auf die Wohnung der Eltern oder eines Elternteils verwiesen werden kann (z. B. bei sexuellen oder gewalttätigen Übergriffen insbesondere bei Stiefelternteilen, Suchtproblematik innerhalb der Familie o. ä.),
- der Bezug der Unterkunft zur Eingliederung in den Arbeitsmarkt erforderlich ist (z. B. wenn die leistungsberechtigte Person ihren Ausbildungs- oder Arbeitsplatz von der Wohnung ihrer Eltern nicht in angemessener Zeit erreichen kann, wobei die Höchstgrenze der noch zumutbaren Wegstrecke nach § 140 Abs. 4 SGB III einen Anhaltspunkt bietet, wonach in der Regel Pendelzeiten von zweieinhalb Stunden bei

141 So auch LSG Niedersachsen-Bremen, Beschl. vom 30.3.2007 – L 13 AS 38/07 ER –, juris.

142 Vgl. LSG Berlin-Brandenburg, Beschl. vom 26.11.2010 – L 5 AS 1880/10 B ER –, ZFSH/SGB 2011, 218 (mit Verweis auf die Antwort der Bundesregierung auf die Kleine Anfrage der Fraktion DIE LINKE, BT-Drs. 16/16092 vom 19.7.2007 S. 1).

143 Vgl. BSG, Urt. vom 25.4.2018 – B 14 AS 21/17 R –, juris.

einer täglichen Arbeitszeit von mehr als sechs Stunden und von zwei Stunden bei einer täglichen Arbeitszeit von weniger als sechs Stunden zumutbar sind) oder

- ein sonstiger, ähnlich schwerwiegender Grund vorliegt (insbesondere bei objektiv beengten Wohnverhältnissen innerhalb des elterlichen Haushaltes, z. B. gemeinsames Kinderzimmer für erwachsene Geschwister).

Für die Annahme eines schwerwiegenden sozialen oder eines sonstigen, ähnlich schwerwiegenden Grundes i. S. des § 22 Abs. 5 Satz 2 SGB II dürften dagegen übliche familiäre Auseinandersetzungen zwischen Eltern und ihren (ggf. volljährigen) Kindern nicht ausreichen.

Die Zusicherung steht nicht im Ermessen des zuständigen Trägers der Grundsicherung für Arbeitsuchende. Sofern die Voraussetzungen nach § 22 Abs. 5 Satz 2 SGB II vorliegen, ist die Zustimmung zwingend zu erteilen.

Vom Erfordernis der Zusicherung kann unter den Voraussetzungen des § 22 Abs. 5 Satz 2 SGB II abgesehen werden, wenn es dem Betroffenen aus wichtigem Grund nicht zumutbar war, die Zusicherung einzuholen (vgl. § 22 Abs. 5 Satz 3 SGB II). Das ist beispielsweise dann der Fall, wenn eine Entscheidung des kommunalen Trägers wegen der besonderen Dringlichkeit des Auszuges aus dem elterlichen Haushalt nicht mehr rechtzeitig eingeholt werden konnte.

Das Zusicherungsverfahren nach § 22 Abs. 5 Satz 1 SGB II kommt nur in den Fällen in Betracht, in denen Jugendliche bzw. junge Erwachsene (unter 25 Jahren) im Zeitpunkt des Abschlusses eines Mietvertrages bzw. des Auszuges Mitglied einer Bedarfsgemeinschaft nach § 7 Abs. 3 SGB II mit ihren Eltern/-teilen gewesen sind und Leistungen zur Sicherung des Lebensunterhalts erhalten haben.

Sollte der Jugendliche bzw. junge Erwachsene **vor** dem Leistungsbezug bzw. vor einem entsprechenden Antrag aus dem elterlichen Haushalt ausgezogen sein, ist ggf. § 22 Abs. 5 Satz 4 SGB II zu prüfen. Nach § 22 Abs. 5 Satz 4 SGB II werden Bedarfe für Unterkunft und Heizung für Personen, die das 25. Lebensjahr noch nicht vollendet haben, **nicht** anerkannt, wenn diese **vor der Beantragung** von Leistungen in eine Unterkunft in der Absicht umziehen, die Voraussetzungen für die Gewährung der Leistungen herbeizuführen.

Das Vorliegen einer Absicht in diesem Sinne setzt voraus, dass ein zielgerichtetes, auf die Schaffung der Voraussetzungen für die Leistungsgewährung gerichtetes Verhalten vorliegt. Ein bloßes Inkaufnehmen reicht dagegen nicht aus.[144]

Die Regelungen zum Zusicherungsvorbehalt nach § 22 Abs. 5 Satz 1 SGB II werden flankiert von § 24 Abs. 6 SGB II (keine Leistungen für die Erstausstattung einer Wohnung) und von § 20 Abs. 3 SGB II, wonach abweichend von § 20 Abs. 2 Satz 1 SGB II bei Personen, die das 25. Lebensjahr noch nicht vollendet haben und **ohne** Zusicherung des zuständigen kommunalen Trägers umziehen, bis zur Vollendung des 25. Lebensjahres (nur) der in § 20 Abs. 2 Satz 2 Nr. 2 SGB II genannte Betrag als Regelbedarf anzuerkennen ist.

144 Vgl. Sächsisches LSG, Urt. vom 2.7.2009 – L 3 AS 128/08 –, juris.

7.3.5 Wohnungsbeschaffungskosten, Mietkautionen, Genossenschaftsanteile und Umzugskosten

Gemäß § 22 Abs. 6 Satz 1 Halbs. 1 SGB II können Wohnungsbeschaffungskosten und Umzugskosten bei vorheriger Zusicherung durch den bis zum Umzug örtlich zuständigen kommunalen Träger als Bedarf anerkannt werden. Aufwendungen für eine Mietkaution und für den Erwerb von Genossenschaftsanteilen können bei vorheriger Zusicherung durch den am Ort der neuen Unterkunft zuständigen kommunalen Träger als Bedarf anerkannt werden (§ 22 Abs. 6 Satz 1 Halbs. 2 SGB II). Nach § 22 Abs. 6 Satz 2 SGB II **soll** die Zusicherung erteilt werden, wenn der Umzug durch den zuständigen kommunalen Träger veranlasst wird oder aus anderen Gründen notwendig ist und wenn ohne die Zusicherung eine Unterkunft in einem angemessenen Zeitraum nicht gefunden werden kann.

Ein Umzug ist notwendig, wenn für ihn ein plausibler, nachvollziehbarer Grund vorliegt, vom dem sich auch ein Nichtleistungsberechtigter leiten lassen würde.[145]

Soweit der Umzug wegen des Kostensenkungsverfahrens erforderlich bzw. vom Leistungsträger gefordert wurde, ist die Zusicherung zu erteilen, wenn die neue Wohnung den Angemessenheitskriterien des zuständigen kommunalen Trägers entsprechen. Weitere Gründe für die Erforderlichkeit eines Umzuges können u.a. in folgenden Fällen vorliegen:

- Bauliche Mängel des Wohnobjektes beeinträchtigen die Gesundheit der leistungsberechtigten Person (z.B. starker Schimmelbefall). In diesem Zusammenhang wäre jedoch eine vorrangige Verpflichtung des Vermieters im Hinblick auf die Beseitigung entsprechender Mängel zu prüfen.
- Die (bisher bewohnte) Wohnung wurde vom Vermieter gekündigt (z.B. bei rechtmäßiger Eigenbedarfskündigung).
- Veränderungen der familiären Situation machen einen Umzug erforderlich (z.B. bei Trennung der Partner oder der gemeinsamen Begründung eines Hausstandes der Partner, bei Geburt eines Kindes, bei Zu- oder Auszug von Familienangehörigen).
- Ein Wohnungswechsel ist wegen der Aufnahme einer Erwerbstätigkeit oder usbildung erforderlich und der Arbeits- bzw. Ausbildungsplatz ist von der bisher bewohnten Wohnung nicht in angemessener Zeit zu erreichen. Einen Anhaltspunkt können in diesem Zusammenhang die Regelungen zum zumutbaren Pendelbereich nach § 140 Abs. 4 SGB III bieten. In entsprechenden Fällen sind die Fördermöglichkeiten aus dem Vermittlungsbudget zur Aktivierung und zur beruflichen Eingliederung nach § 44 ff. SGB III zu berücksichtigen.
- Ein Umzug bzw. Wohnungswechsel ist aus gesundheitlichen (z.B. wegen mobilitätseinschränkender Erkrankungen) erforderlich.

145 Vgl. BSG, Urt. vom 24.11.2011 – B 14 AS 107/10 R –, SozR 4-4200 § 22 Nr. 52 = SGb 2012, 34.

Wohnungsbeschaffungskosten

Wohnungsbeschaffungskosten sind die Aufwendungen, die im Zusammenhang mit einem Unterkunftswechsel und der Beschaffung bzw. Anmietung einer neuen Wohnung anfallen. Nach den Besonderheiten des Einzelfalles gehören dazu insbesondere **Maklergebühren** (soweit auf andere Weise kein geeigneter Wohnraum gefunden werden kann) sowie die Kosten für **Wohnungsinserate**. Die Kosten für eine **Einzugsrenovierung** sind erstattungsfähige Unterkunftskosten (und keine Wohnungsbeschaffungskosten), wenn die Einzugsrenovierung ortsüblich bzw. mietvertraglich vereinbart worden ist und zur Herstellung des Wohnstandards im unteren Wohnsegment erforderlich ist.[146]

Soweit bei einem notwendigen Umzug die jeweiligen Mietzeiträume für die alte und neue Wohnung wegen bestehender Kündigungsfristen nicht nahtlos aufeinander abgestimmt werden können, kommt auch die Übernahme von **Doppelmieten** im Rahmen der Wohnungsbeschaffungskosten in Betracht.[147]

Mietkautionen und Genossenschaftsanteile

Bei Mietwohnungen verlangen die Vermieter in der Regel die Gestellung einer Mietsicherheit. Die **Mietkaution** stellt gemäß § 551 BGB eine Absicherung des Vermieters für den Fall dar, dass der Mieter seine vertraglichen Pflichten verletzt. Die geforderte Mietkaution darf maximal drei Monatsmieten (Grundmiete ohne Nebenkosten) betragen.

Eine Mietkaution kann gemäß § 22 Abs. 6 Satz 1 Halbs. 2 SGB II bei vorheriger Zusicherung durch den am Ort der neuen Unterkunft zuständigen kommunalen Träger als Bedarf anerkannt werden. Gleiches gilt für Aufwendungen für den Erwerb von Genossenschaftsanteilen. Die mit den Leistungen erworbenen Anteile gehen in das (nicht verwertbare) Vermögen der leistungsberechtigten Person über.

Aus dem Charakter der Mietkaution als einer im Grundsatz rückzahlbaren Sicherheitsleistung folgt zugleich, dass ein entsprechender Bedarf leistungsrechtlich anders zu bewerten ist als andere Notlagen. Bei der Frage der Übernahme einer Mietkaution bzw. der Aufwendungen für Genossenschaftsanteile ist insbesondere zu bedenken, dass entsprechende Leistungen bei vertragsgerechtem Verhalten des Mieters bzw. der leistungsberechtigten Person vom Vermieter zurückzuzahlen sind. Deshalb **sollen** Aufwendungen für eine Mietkaution und für Genossenschaftsanteile regelmäßig nur als **Darlehen** geleistet werden (vgl. § 22 Abs. 6 Satz 3 SGB II), um sicherzustellen, dass die Leistungen bei ordnungsgemäßer Beendigung des Mietverhältnisses – also bei Wegfall des Sicherungszweckes – an den Leistungsträger zurückfließen.

Ein entsprechendes Darlehen wird gemäß § 42a Abs. 1 Satz 1 SGB II nur erbracht, wenn ein Bedarf weder durch Vermögen nach § 12 Abs. 2 Satz 1 Nr. 1, Nr. 1a und Nr. 4 SGB II (d. h. also durch Vermögen unterhalb der im Einzelfall zu berücksichtigenden Freibeträge nach § 12 Abs. 2 SGB II) noch auf andere Weise gedeckt werden kann.

Darlehen können nach § 42a Abs. 1 Satz 2 SGB II an einzelne Mitglieder von Bedarfsgemeinschaften oder an mehrere gemeinsam vergeben werden. Der zuständige Träger der Grundsicherung für Arbeitsuchende hat bei seiner Ermessensentschei-

146 Vgl. BSG, Urt. vom 16.12.2008 – B 4 AS 49/07 R –, BSGE 102, 194 = FEVS 60, 529 = DVP 2009, 438.
147 Vgl. LSG Berlin-Brandenburg, Beschl. vom 10.1.2007 – L 5 B 1221/06 AS ER –, juris.

dung, an welche Personen ein Darlehen vergeben wird, zu berücksichtigen, bei wem der entsprechende Bedarf entsteht. Bei Mietkautionen und Genossenschaftsanteilen entsteht der Bedarf regelmäßig beim Mieter der Wohnung, der zur Zahlung der Mietkaution verpflichtet ist. Die Rückzahlungsverpflichtung trifft nach § 42a Abs. 1 Satz 3 SGB II nur die Darlehensnehmer.

Solange der Darlehensnehmer Leistungen zur Sicherung des Lebensunterhalts bezieht, werden Rückzahlungsansprüche aus Darlehen ab dem Monat, der auf die Auszahlung folgt, durch monatliche **Aufrechnung** in Höhe von 10 % des maßgebenden Regelbedarfs getilgt (vgl. 42a Abs. 2 Satz 1 SGB II).

Die Aufrechnung ordnet das Ausfallrisiko der Mietkaution bzw. des Genossenschaftsanteils der leistungsberechtigten Person zu, die es damit selbst in der Hand hat, die Mietsache bis zur Beendigung des Mietverhältnisses in gutem Zustand zu erhalten und damit ihren vollen Rückzahlungsanspruch zu sichern. Demnach werden der Sinn und Zweck einer Mietkaution bzw. eines Genossenschaftsanteils durch die Aufrechnung gestärkt, indem der aufgerechnete Betrag faktisch dem Vermögen der leistungsberechtigten Person zugeführt wird. Sofern die Mietkaution während des Leistungsbezuges vollständig aufgerechnet worden ist, ist sie – auch im Fall der Rückzahlung durch den Vermieter – nicht dem Einkommen, sondern dem Barvermögen der leistungsberechtigten Person zuzurechnen.

Die Rückzahlungsansprüche aus Darlehen nach § 22 Abs. 6 SGB II sind bei Rückzahlung durch den Vermieter sofort in Höhe des noch nicht getilgten Darlehensbetrages fällig (vgl. § 42a Abs. 3 Satz 1 SGB II).

In der Praxis werden entsprechende Leistungen durch Direktzahlung an den Vermieter oder alternativ durch Abgabe einer entsprechenden Garantieerklärung des Leistungsträgers an den Vermieter abgewickelt.

Umzugskosten

Nach § 22 Abs. 6 Satz 1 Halbs. 1 SGB II können auch die Kosten eines **notwendigen Umzugs** als Bedarf anerkannt werden. Die Umzugskosten sind damit gesetzessystematisch wie z. B. Mietkautionen dem Bedarf für die Unterkunft zugeordnet.

Die leistungsberechtigte Person ist im Rahmen ihrer Selbsthilfemöglichkeiten verpflichtet, die anfallenden Aufwendungen so gering wie möglich zu halten. Sofern die Voraussetzungen zur Übernahme der Umzugskosten vorliegen, kann grundsätzlich erwartet werden, dass der Umzug – wie in weiten Kreisen der Bevölkerung und insbesondere in unteren Einkommensschichten die Regel – in eigener Regie und mit kostenloser Hilfe von Bekannten und Verwandten durchgeführt wird. Damit besteht eine Übernahmepflicht von Umzugskosten durch den Träger der Grundsicherung für Arbeitsuchende grundsätzlich nur bei selbstorganisierten Umzügen.[148]

Als notwendige Kosten können z.B. die Aufwendungen für einen Mietwagen (inkl. Benzinkosten), für Umzugskartons, für die Sperrmüllentsorgung und für die Versorgung bzw. übliche „Bewirtung“ von Umzugshelfern (in der Regel durch eine Pauschale je nach Anzahl der Umzugshelfer) anerkannt werden.

148 Vgl. BSG, Urt. vom 6.5.2010 – B 14 AS 7/09 R –, BSGE 106, 135 = FEVS 62, 157 = SGb 2011, 286.

Ist der bzw. die Leistungsberechtigte objektiv nicht in der Lage, den Umzug in Eigenhilfe zu organisieren und durchzuführen (z. B. aus gesundheitlichen Gründen oder weil Verwandte und Bekannte nicht zur Verfügung stehen), kann im Einzelfall ausnahmsweise die Übernahme der angemessenen Kosten für einen gewerblich organisierten Umzug durch ein Umzugsunternehmen in Betracht kommen. In derartigen Fällen kann der Leistungsträger die Vorlage mehrerer Kostenvoranschläge verlangen und das günstigste Angebot auswählen.

Die Kosten für die Inanspruchnahme einer Umzugsfirma bzw. Spedition sind auch für eine leistungsberechtigte Person, die keinen Führerschein besitzt, nicht als notwendig anzusehen, da bei einem Umzug (insbesondere im großstädtischen Bereich) in der Regel davon ausgegangen werden kann, ein Helfer mit Führerschein im Bekanntenkreis gefunden werden kann.[149]

Zuständigkeiten bei einem Umzug in den Bereich eines anderen Leistungsträgers

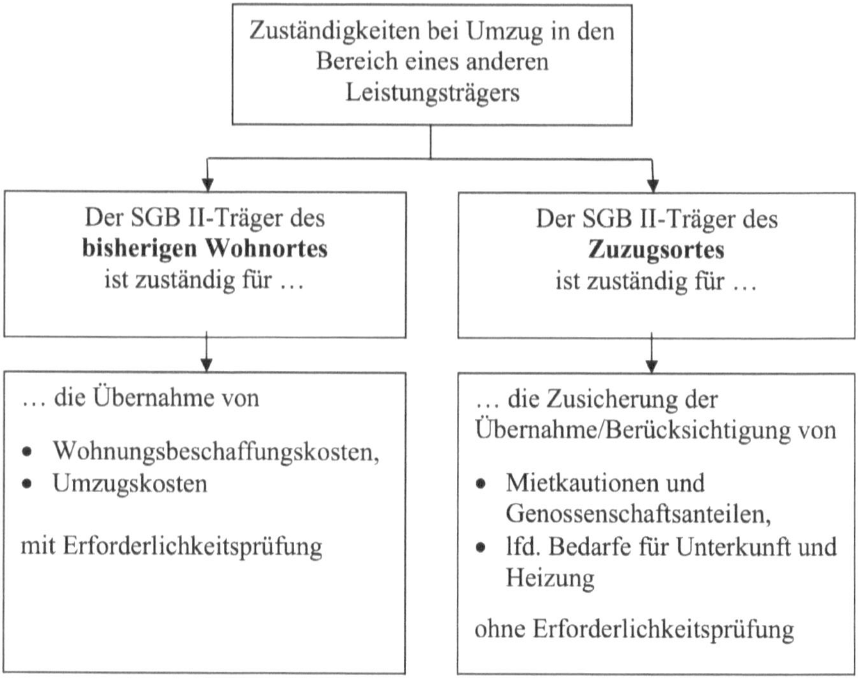

Bei einem geplanten **Umzug in den Zuständigkeitsbereich eines anderen Leistungsträgers** soll vor Abschluss des Mietvertrages die Zusicherung zur Kostenübernahme für die neue Wohnung bei dem für die neue Unterkunft örtlich zuständigen

149 Vgl. LSG Berlin-Brandenburg, Urt. vom 5.2.2008 – L 10 B 2193/07 –, FEVS 60, 66.

kommunalen Träger von der leistungsberechtigten Person eingeholt werden (vgl. § 22 Abs. 4 Satz 1 SGB II).

Wohnungsbeschaffungskosten und Umzugskosten können bei vorheriger Zusicherung durch den bis zum Umzug zuständigen kommunalen Träger als Bedarf anerkannt werden; eine Mietkaution kann bei vorheriger Zusicherung durch den am Ort der neuen Unterkunft örtlich zuständigen kommunalen Träger als Bedarf anerkannt werden (§ 22 Abs. 6 Satz 1 Halbs. 2 SGB II).

7.3.6 Bedarfe für Heizung

Als Bedarfe für die Heizung kommen nach § 22 Abs. 1 Satz 1 SGB II in Betracht

- die regelmäßig zu entrichtenden Voraus- bzw. Abschlagszahlungen an den Vermieter (für eine zentrale Heizungsanlage) oder an das Energieversorgungsunternehmen (Gas-, Strom- oder Fernwärmeheizung),
- die Kosten für die nach Ablauf der Heizperiode errechnete Nachzahlung,
- die Kosten für die periodische Beschaffung von Brennstoffen für eine selbstbetriebene Heizungsanlage oder Einzelöfen (Kohle oder Heizöl) sowie
- die Kosten für deren Wartung und Instandhaltung.

Die Höhe der im Einzelfall zu berücksichtigenden Heizkosten ergibt sich aus dem Mietvertrag oder den vom Energieversorger festgesetzten Vorauszahlungen (Pauschalen). Für die Beschaffung von Brennstoffen für eine selbst betriebene Heizungsanlage oder für Einzelöfen kommt in der Regel die Zahlung einer einmaligen Beihilfe zu Beginn der Heizperiode in Betracht.

Gemäß § 22 Abs. 1 Satz 1 SGB II sind die Bedarfe für die Heizung (Heizkosten) wie die Bedarfe für die Unterkunft in **tatsächlicher Höhe** zu berücksichtigen, soweit sie **angemessenen** sind.

Die Prüfung der Frage, ob die Bedarfe für die Heizung im Einzelfall angemessen sind oder nicht, ist in der Praxis nicht unproblematisch, da die Höhe der Heizkosten durch eine Vielzahl von Faktoren beeinflusst wird. Für die Aufwendungen, die als laufende Heizkosten nach dem Mietvertrag oder den Vorauszahlungsfestsetzungen der Energie- bzw. Fernwärmeversorgungsunternehmen zu erbringen sind, spricht zunächst eine Vermutung der Angemessenheit, soweit nicht konkrete Anhaltspunkte für ein unwirtschaftliches und damit unangemessenes Heizverhalten vorliegen.

Dies bedeutet allerdings nicht, dass die Heizkosten in jedem Fall und in jeder Höhe zu übernehmen sind. Insofern stehen auch die Bedarfe für Heizung gemäß § 22 Abs. 1 Satz 1 SGB II unter dem Leistungsvorbehalt der Angemessenheit.

Heizkosten sind lediglich dann nicht übernahmefähig, wenn sie bei sachgerechter und wirtschaftlicher Beheizung der Höhe nach nicht erforderlich wären. Eklatant kostspieliges oder unwirtschaftliches Heizen ist auch vom Leistungsträger nicht zu finanzieren. Dies setzt eine konkrete Prüfung im Einzelfall unter Berücksichtigung individueller Gegebenheiten voraus. Eine Verwendung von Richtwerten als „Kappungsgrenze“ ist nicht zulässig. Das Überschreiten bestimmter Grenzwerte eines lokalen bzw. (soweit ein solcher nicht existiert) des bundesweiten Heizspiegels kann insoweit lediglich als Indiz für die fehlende Erforderlichkeit angesehen werden. [150]

In diesem Zusammenhang ist zu beachten, dass die Höhe der Heizkosten in der Regel zu einem wesentlichen Teil von Faktoren abhängig ist, die von der leistungsberechtigten Person nicht oder nicht kurzfristig zu beeinflussen sind (z.B. Größe, Lage und Beschaffenheit der Wohnung, unzureichende Wärme- und Fensterisolierung oder andere bauliche Mängel, Wartungszustand der Heizungsanlage, regional uneinheitliche Tarife für die Energieversorgung, regionale und periodische Klima- und Witterungsverhältnisse, persönliche Verhältnisse wie Klein- und „Krabbelkinder", die einen besonderen bzw. zusätzlichen Wärmebedarf erzeugen).

Die Prüfung der Angemessenheit der Bedarfe für die Heizung erfolgt getrennt von der Prüfung der Angemessenheit der Unterkunftskosten. Eine Pauschalierung der Heizkosten nach dem „Flächenüberhangprinzip" (Berücksichtigung von Heizkosten bei einer unangemessen großen Wohnung anteilig, entsprechend dem Verhältnis zur angemessenen Wohnungsgröße) ist nicht zulässig.[151]

Auch die Berücksichtigung unangemessener Heizkosten für eine Übergangsfrist von längstens sechs Monaten ist nach § 22 Abs. 1 Satz 3 SGB II möglich. Der leistungsberechtigten Person muss also die Möglichkeit eingeräumt werden, ihr Heizverhalten zu ändern bzw. anzupassen.

Für die in der Heizkostenpauschale ggf. enthaltenen Anteile für die **Warmwasserversorgung** ist ein prozentualer Abzug **nicht** vorzunehmen, da entsprechende Kosten nicht aus dem Regelbedarf zu bestreiten sind (vgl. § 20 Abs. 1 Satz 1 SGB II). Soweit Warmwasser durch in der Unterkunft installierte Vorrichtungen erzeugt wird (dezentrale Warmwassererzeugung) und deshalb keine Bedarfe für Warmwasser nach § 22 SGB II berücksichtigt werden können, kommt die Anerkennung eines Mehrbedarfs nach § 21 Abs. 7 SGB II in Betracht.

Auch die **Nachforderung** aus der Heizkostenabrechnung ist grundsätzlich als Bedarf für die Heizung anzuerkennen. Unerheblich ist in diesem Zusammenhang, dass entsprechende Verbindlichkeiten (ganz oder teilweise) auf dem Verbrauch in Zeiträumen beruhen, in denen keine Hilfebedürftigkeit bestand. Soweit Nachforderungsbeträge erst nach Eintritt der Hilfebedürftigkeit entstanden sind und fällig werden, gehören sie – jedenfalls solange die Wohnung von der leistungsberechtigten Person auch weiterhin bewohnt wird – zu den Aufwendungen i.S. des § 22 Abs. 1 Satz 1 SGB II. Wenn dagegen zum Zeitpunkt der Fälligkeit keine Hilfebedürftigkeit besteht, sind entsprechende Nachforderungen als **Schulden** anzusehen und nur unter den eingeschränkten Voraussetzungen des § 22 Abs. 8 SGB II übernahmefähig.[152]

---

150 Vgl. BSG, Urt. vom 22.9.2009 – B 4 AS 70/08 R –, SGb 2009, 663 (Kurzwiedergabe) = info also 2010, 40 (Kurzwiedergabe).

151 Vgl. BSG, Urt. vom 2.7.2009 – B 14 AS 36/08 R –, BSGE 104, 41 = NDV-RD 2009, 139 = FEVS 61, 352.

152 Vgl. BSG, Urt. vom 24.11.2011 – B 14 AS 121/10 R –, NDV-RD 2012, 37.

7.3.7 Zahlung an Vermieter oder andere Empfangsberechtigte

Nach § 22 Abs. 7 Satz 1 SGB II **ist** der Bedarf für Unterkunft und Heizung **auf Antrag** der leistungsberechtigten Person an den Vermieter oder andere Empfangsberechtigte zu zahlen. Nach § 22 Abs. 7 Satz 2 SGB II **sollen** die Bedarfe für Unterkunft und Heizung direkt an den Vermieter oder andere Empfangsberechtigte gezahlt werden, wenn die zweckentsprechende Verwendung durch die leistungsberechtigte Person nicht sichergestellt ist.

Eine direkte Zahlung an den Vermieter oder andere Empfangsberechtigte gegen oder ohne den Willen des bzw. der Leistungsberechtigten setzt somit konkrete Zweifel an der zweckkonformen Verwendung der Leistungen voraus. Die Vorschrift des § 22 Abs. 7 Satz 3 SGB II nennt einen nicht abschließenden („insbesondere“) Katalog relevanter Fallkonstellationen (z. B. bestehende Miet- oder Energiekostenrückstände, die zu einer außerordentlichen Kündigung des Mietverhältnisses oder zu einer Unterbrechung der Energieversorgung berechtigen, oder das Vorliegen konkreter Anhaltspunkte für ein krankheits- oder suchtbedingtes Unvermögen der leistungsberechtigten Person, die Mittel zweckentsprechend zu verwenden).

Problematisch in der Praxis dürfte in diesem Zusammenhang insbesondere der Umstand sein, dass die unbestimmten Rechtsbegriffe wie „suchtbedingtes Unvermögen“ oder „Abhängigkeit“ erhebliche Operationalisierungsschwierigkeiten aufweisen. Zum einen indiziert nicht jeder (eventuell sogar missbräuchliche) Konsum eine Abhängigkeit bzw. ein suchtbedingtes Verhalten, zum anderen wird es aus Sicht des jeweils zuständigen Leistungsträgers kaum möglich sein, bereits bei Leistungsbeginn das Unvermögen des Betroffenen, die Mittel zweckentsprechend zu verwenden, festzustellen. Eine häufig verspätete oder unregelmäßige Zahlung dürfte wegen der Multikausalität derartiger Verzugshandlungen in der Regel nicht ausreichen.

In den zuvor dargestellten Fallkonstellationen sollte der Leistungsträger im Zuge des Antragsverfahrens das Einverständnis der leistungsberechtigten Person für eine Direktüberweisung der Unterkunfts- und Heizkosten einholen bzw. einen entsprechenden Antrag aufnehmen.

Vom Vorliegen konkreter Zweifel an der zukünftigen sachgerechten Mittelverwendung kann dagegen ausgegangen werden, wenn die leistungsberechtigte Person bereits in der Vergangenheit Leistungen zur Sicherung des Lebensunterhalts zur Deckung der Bedarfe für Unterkunft und Heizung nicht zweckentsprechend verwendet hat.

Durch die unmittelbare Zahlung der Unterkunfts- und Heizkosten an den Vermieter oder andere Empfangsberechtigte wird lediglich eine Empfangsberechtigung durch die genannten Dritten begründet. Weitergehende Rechte und Pflichten von Vermietern oder anderen Empfangsberechtigten gegenüber dem Leistungsträger entstehen durch die Zahlungsbestimmung nicht.

Im Falle einer Sanktionierung und einer Minderung des Arbeitslosengeldes II um mindestens 60 % des für die erwerbsfähige leistungsberechtigte Person nach § 20 SGB II maßgebenden Regelbedarfs soll das Arbeitslosengeld II, soweit es für den Bedarf für Unterkunft und Heizung nach § 22 Abs. 1 SGB II erbracht wird, an den

Vermieter oder andere Empfangsberechtigte gezahlt werden (vgl. § 31a Abs. 3 Satz 3 SGB II). Da das Bundesverfassungsgericht eine über 30 % des maßgebenden Regelbedarfs hinausgehende Minderung des Arbeitslosengeldes II im Rahmen einer Sanktion allerdings grundsätzlich für verfassungswidrig erklärt hat,[153] dürfte dieser Aspekt in der Praxis keine Bedeutung haben.

7.3.8 Mietschulden und Energiekostenrückstände

Nach § 22 Abs. 8 Satz 1 SGB II **können** in Fällen, in denen ein **laufender** Anspruch auf Leistungen zur Sicherung des Lebensunterhalts besteht („sofern Arbeitslosengeld II für den Bedarf für Unterkunft und Heizung geleistet wird") auch Schulden übernommen werden, soweit dies zur Sicherung der Unterkunft (Mietschulden) oder zur Behebung einer vergleichbaren Notlage (Energiekostenrückstände) gerechtfertigt ist. Entsprechende Schulden können vor Eintritt der Hilfebedürftigkeit oder im laufenden Leistungsbezug entstanden sein.

Kosten für Haushaltsenergie sind (soweit sie nicht den Heizkosten oder den Kosten für die Erzeugung von Warmwasser zuzuordnen sind) Bestandteil des jeweils maßgebenden Regelbedarfs. Bei entsprechenden Schulden (rückständige Vorauszahlungen bzw. Abschläge oder Nachforderungen aus der Jahresrechnung des Energieversorgers) ist zu differenzieren, ob sie vor oder nach Eintritt der Hilfebedürftigkeit bzw. Beginn des laufenden Leistungsbezugs entstanden sind.

Laufen während des Bezuges von Arbeitslosengeld II Zahlungsrückstände für Haushaltsenergie auf, können diese nicht als Schulden nach § 22 Abs. 8 SGB II, sondern als Darlehen nach § 24 Abs. 1 SGB II unter der Voraussetzung übernommen werden, dass ein im Einzelfall unabweisbarer Bedarf nicht auf andere Weise (z. B. durch eine Ratenzahlungsvereinbarung mit dem Energieversorger) gedeckt werden kann.

Der Antrag auf laufende Leistungen in Form von Arbeitslosengeld II / Sozialgeld (vgl. § 37 Abs. 1 Satz 1 SGB II) umfasst nicht bereits die Schuldenübernahme. Es muss vielmehr die weitergehende Notwendigkeit von zusätzlichen Geldleistungen zur Sicherung der Unterkunft oder zur Behebung einer vergleichbaren Notlage zum Ausdruck gebracht werden, um eine Leistungsgewährung nach § 22 Abs. 8 SGB II auszulösen.[154]

Entgegen der Praxis einiger Grundsicherungsträger ist im Rahmen des auszuübenden Ermessens kein – wie auch immer zu bestimmender – Höchstbetrag maßgeblich. Ein entsprechendes Darlehen für die Schuldenübernahme (vgl. § 22 Abs. 8 Satz 4 SGB II) ist betragsmäßig nicht begrenzt.[155]

Voraussetzung nach dem Wortlaut des § 22 Abs. 8 Satz 1 SGB II ist, dass Arbeitslosengeld II bzw. Sozialgeld für den Bedarf für Unterkunft und Heizung aktuell erbracht wird. Sofern ein Anspruch auf laufende Leistungen zur Sicherung des Lebensunterhalts nach dem Zweiten Buch Sozialgesetzbuch aufgrund der Einkom-

153 Vgl. BVerfG, Urt. vom 5.11.2019 – 1 BvL 7/16 –.
154 Vgl. BSG, Urt. vom 17.6.2010 – B 14 AS 58/09 R –, BSGE 106, 190 = FEVS 62, 444.
155 So auch LSG NRW, Beschl. vom 17.9.2013 – L 19 AS 1501/13 B –, juris.

mens- bzw. Vermögensverhältnisse **nicht** besteht, kommt die Übernahme von derartigen Schuldverpflichtungen aber durch den zuständigen Träger der Sozialhilfe in Betracht (vgl. § 21 Satz 2 SGB XII i. V. m. § 36 SGB XII).

Die Hilfe muss nach § 22 Abs. 8 Satz 1 SGB II **gerechtfertigt** sein. Dies ist regelmäßig bei der Übernahme von **Mietschulden** zur Abwendung der Rechtswirksamkeit einer Kündigung durch den Vermieter der Fall.

Weitere Voraussetzung ist die Angemessenheit der Kosten der Unterkunft des mit dem Darlehen nach § 22 Abs. 8 Satz 4 SGB II zu sichernden Wohnraums. Nicht gerechtfertigt ist grundsätzlich die Schuldenübernahme zur Sicherung einer nicht kostenangemessenen Unterkunft.[156] Auch die Übernahme von Schulden aus einem beendeten Mietverhältnis, für das der ehemalige Vermieter rückständige Forderungen geltend macht, kommt nicht in Betracht, da wohnraumsichernde Leistungen im Rahmen des § 22 Abs. 8 SGB II grundsätzlich an die Sicherung der konkret bewohnten Wohnung anknüpfen.

Sie ist ebenfalls nicht gerechtfertigt, wenn ihre Begleichung nicht mehr zur Unwirksamkeit der fristlosen Kündigung nach § 569 Abs. 3 Nr. 2 BGB führen kann. Dies gilt erst recht, wenn bereits ein rechtskräftiger Räumungstitel vorliegt und trotz Schuldenübernahme langfristig der Erhalt der Wohnung nicht gesichert werden kann, weil der Vermieter nicht bereit ist, auch bei Begleichung der Mietschulden die Räumungsklage zurückzunehmen oder die Wohnung bereits geräumt ist (also die Räumung auch bei Übernahme der Rückstände nicht mehr abgewendet werden kann). Die Übernahme von Mietschulden darf keinesfalls dazu dienen, die leistungsberechtigte Person von zivilrechtlichen Erstattungsansprüchen eines Vermieters freizustellen.[157]

Ausnahmsweise kann trotz eines rechtskräftigen Räumungstitels die Schuldenübernahme gerechtfertigt sein, wenn sich der Vermieter für diesen Fall bereiterklärt, einen neuen Mietvertrag abzuschließen.[158]

Leistungen nach § 22 Abs. 8 Satz 1 SGB II kommen auch in Betracht für Notlagen, die mit der Gefährdung der Sicherung bzw. dem Verlust der Unterkunft vergleichbar sind. Eine **vergleichbare Notlage** im Sinne dieser Vorschrift kann vorliegen, wenn infolge rückständiger Gas-, Elektrizitäts-, Wasser- oder Heizkosten die Gefahr besteht, dass die Energie- oder Wasserversorgung unterbrochen wird. Die faktische Unbewohnbarkeit einer Wohnung infolge der Sperrung der Energie- bzw. Wasserzufuhr kommt dem Verlust der Wohnung gleich.[159]

Allerdings ist in jedem Fall zu prüfen, ob der relevante Bedarf vom Regelbedarf nach § 20 SGB II umfasst wird, weil insoweit als speziellere Rechtsgrundlage die Darlehensgewährung nach § 24 Abs. 1 SGB II in Betracht kommt.

Nach § 22 Abs. 8 Satz 2 SGB II **sollen** Schuldverpflichtungen übernommen werden, wenn dies **gerechtfertigt** und notwendig ist und sonst **Wohnungslosigkeit** einzutreten droht. Der Verlust der (bisher) bewohnten Wohnung droht, wenn eine Kündigungslage

156 Vgl. LSG Niedersachsen-Bremen, Urt vom 21.2.2007 – L 7 AS 22/07 ER –, FEVS 58, 539.
157 Vgl. LSG NRW, Beschl. vom 31.8.2010 – L 19 AS 1106/10 B ER –, FEVS 62, 285.
158 Vgl. LSG Sachsen-Anhalt, Beschl. vom 23.2.2010 – L 5 AS 2/10 B ER –, juris.
159 Vgl. LSG Berlin-Brandenburg, Beschl. vom 22.6.2006 – L 25 B 459/06 AS ER –, NDV-RD, 2006, 85 = info also 2006,180.

nach § 543 Abs. 2 BGB vorliegt (z. B. wenn sich Mieter an zwei aufeinanderfolgenden Terminen mit mehr als einer Monatsmiete in Verzug befinden) und der Vermieter eine hierauf gestützte Kündigung des Mietverhältnisses mit dem Ziel der Räumung ausgesprochen bzw. konkret in Aussicht gestellt hat.

Mit der Formulierung „sollen" ist das Ermessen im Falle drohender Obdachlosigkeit unabhängig von der Höhe der Mietschulden eingeschränkt. Nur in atypischen Ausnahmefällen[160] kann eine Übernahme abgelehnt werden. Grundsätzlich scheidet eine Übernahme von Mietschulden nur dann aus, wenn es wiederholt zu Zahlungsrückständen gekommen ist und ein Wille des Leistungsberechtigten, sein Verhalten diesbezüglich zu ändern, nicht erkennbar ist.[161]

Insbesondere denkbar ist die Übernahme rückständiger Mieten (Mietschulden) durch den Träger der Grundsicherung für Arbeitsuchende, wenn hierdurch der Erlass eines Räumungsurteils oder eine Zwangsräumung vermieden werden kann. Da bei entsprechenden Zahlungsrückständen grundsätzlich die Gefahr einer Räumungsklage und damit die Gefahr des Wohnungsverlustes besteht, sieht § 22 Abs. 9 SGB II eine Mitteilungspflicht des betreffenden Gerichts an den zuständigen Leistungsträger vor, wenn eine Klage auf Räumung von Wohnraum im Falle der Kündigung des Mietverhältnisses nach § 543 Abs. 1, Abs. 2 Satz 1 Nr. 3 i. V. m. § 569 Abs. 3 BGB eingeht (Räumungsklage), damit dieser rechtzeitig über eine Schuldenübernahme entscheiden kann.

Das zu berücksichtigende Vermögen der leistungsberechtigten Person, dessen Einsatz wegen der Berücksichtigung des Grundfreibetrages nach § 12 Abs. 2 Satz 1 Nr. 1 SGB II zur Deckung des laufenden Bedarfs nicht gefordert werden kann, ist hierbei vorrangig einzusetzen (vgl. § 22 Abs. 8 Satz 3 SGB II). Darüber hinaus kann auch der Einsatz des Freibetrages nach § 12 Abs. 2 Nr. 4 SGB II verlangt werden, da gerade dieser Betrag zum Einsatz in unvorhergesehenen Bedarfslagen gedacht ist.[162]

Leistungen nach § 22 Abs. 8 SGB II **sollen** als **Darlehen** erbracht werden (vgl. § 22 Abs. 8 Satz 4 SGB II). Das Ermessen des Leistungsträgers ist insofern eingeschränkt („soll"). Ein Zuschuss kommt lediglich in atypischen Fällen in Betracht. Das Darlehen wird nach § 42a Abs. 2 SGB II ab dem Monat, der auf die Auszahlung folgt, durch monatliche **Aufrechnung** mit dem Arbeitslosengeld II bzw. Sozialgeld in Höhe von 10 % des maßgebenden Regelbedarfs getilgt. Bei Beendigung des Leistungsbezugs ist der bis dahin noch nicht getilgte Darlehensbetrag gemäß § 42a Abs. 4 Satz 1 SGB II sofort zur Rückzahlung an den Leist8ungsträger fällig.

Nach der Rechtsprechung des Bundessozialgerichts ist allerdings nur die durch Mietvertrag zivilrechtlich verpflichtete Person als Darlehensnehmer anzusehen. Am Mietvertrag nicht beteiligte Personen der Bedarfsgemeinschaft (insbesondere minderjährige Kinder) sind im Rahmen der Rückzahlungsverpflichtung des Darlehens von der Gesamtschuldnerschaft ausgenommen.[163]

---

160 Vgl. dazu BSG, Urt. vom 17.6.2010 – B 14 AS 58/09 –, BSGE 106, 190 = FEVS 62, 444.
161 Vgl. LSG Hessen, Beschl. vom 17.5.2013 – L 9 AS 247/13 B ER –, ZFSH/SGB 2013, 426.
162 Vgl. BSG, Urt. vom 17.6.2010 – B 14 AS 58/09 R –, BSGE 106, 190 = FEVS 62, 444.
163 Vgl. BSG, Urt. vom 18.11.2014 –B 4 AS 3/14 R –, NDV-RD 2015, 36 = SGb 2015, 32.

7.3.9 Satzungsermächtigung und Möglichkeit der Pauschalierung von Bedarfen für Unterkunft und Heizung

Nach § 22a Abs. 1 Satz 1 SGB II können die Länder die Kreise und kreisfreien Städte durch Gesetz ermächtigen oder verpflichten, durch Satzung zu bestimmen, in welcher Höhe Aufwendungen für Unterkunft und Heizung in ihrem Gebiet angemessen sind. Damit wird den kommunalen Trägern ermöglicht, die Angemessenheit der nach § 22 Abs. 1 Satz 1 SGB II zu berücksichtigenden Aufwendungen der Höhe nach unter Berücksichtigung der Gegebenheiten des örtlichen Wohnungsmarktes zu konkretisieren.

Die Satzungsermächtigung kann nur durch ein entsprechendes Landesgesetz geschaffen werden. Den Ländern obliegt damit die Gestaltungsbefugnis für einen einheitlichen Rahmen der kommunalen Satzungen. Sie können darüber entscheiden, ob die kommunalen Träger Satzungen erlassen dürfen oder müssen (Verpflichtung zum Satzungserlass) und ob eine entsprechende Satzung der vorherigen Zustimmung der obersten Landesbehörde oder einer von ihr bestimmten Stelle bedarf (vgl. § 22a Abs. 1 Satz 2 SGB II).

Die Länder können die Kreise und kreisfreien Städte gemäß § 22a Abs. 2 Satz 1 SGB II auch ermächtigen, die Bedarfe für Unterkunft und Heizung in ihrem Gebiet in Form einer Pauschale zu berücksichtigen. Soweit Landesrecht eine derartige Regelung vorsieht und die kommunalen Träger hiervon Gebrauch machen, sind bei der Festlegung der Pauschalen die individuellen persönlichen und familiären Verhältnisse, die Größe und Beschaffenheit der Wohnung, die vorhandene Heizmöglichkeit und die örtlichen Gegebenheiten zu berücksichtigen. In der Satzung sind Regelungen für den Fall vorzusehen, dass die Pauschalierung im Einzelfall zu unzumutbaren Ergebnissen führt (§ 22a Abs. 2 Satz 2 SGB II).

Gemäß § 22a Abs. 3 Satz 1 SGB II soll die Bestimmung der angemessenen Aufwendungen für Unterkunft und Heizung die Verhältnisse des einfachen Standards auf dem örtlichen Wohnungsmarkt abbilden. Bezugspunkt des Vergleichs ist in diesem Zusammenhang nicht ein allgemeiner bzw. ein gehobener, sondern der im unteren Marktsegment liegende Standard. Maßgeblich für die Festsetzung der Angemessenheitswerte sind demnach Aufwendungen für Unterkunft und Heizung, die Haushalte im unteren Einkommensbereich üblicherweise hierfür aufbringen müssen.

Den Inhalt der Satzung bestimmt § 22b SGB II (insbesondere Regelungen zur Angemessenheit der Wohnfläche und der Höhe der Aufwendungen für die Unterkunft). Die Satzungen der Kreise und kreisfreien Städte haben zu bestimmen, welche Wohnfläche entsprechend der Struktur des örtlichen Wohnungsmarktes anerkannt wird und in welcher Höhe Aufwendungen für die Unterkunft als angemessen anerkannt werden (vgl. § 22b Abs. 1 SGB II). Die Vorschrift des § 22b Abs. 1 Satz 3 SGB II schafft für die kommunalen Träger die Grundlage, eine „Gesamtangemessenheitsgrenze“ unter Berücksichtigung sowohl der Unterkunfts- als auch der Heizkosten festzusetzen.

Damit besteht die Möglichkeit, die Aufwendungen für Unterkunft und Heizung ohne Rücksicht auf ihre jeweilige Angemessenheit bis zur festgelegten Obergrenze sowohl für die Grundmiete, Nebenkosten und Heizkosten als angemessen anzuerkennen („Bruttowarmmietenkonzept“).

7.3.10 Guthaben aus Nebenkosten- und Heizkostenabrechnungen

Rückzahlungen und Guthaben, die aus bereits erbrachten Leistungen für Unterkunft und Heizung resultieren, mindern die Aufwendungen für Unterkunft und Heizung nach dem Monat der Rückzahlung oder der Gutschrift (§ 22 Abs. 3 Halbs. 1 SGB II) und führen damit zu einer bedarfsmindernden „Direktanrechnung" bei den Bedarfen für Unterkunft und Heizung im Folgemonat. Damit wird sichergestellt, dass von entsprechenden Rückzahlungen oder Guthaben der Leistungsträger profitiert, der für die Finanzierung der Unterkunfts- und Heizkosten zuständig ist.

Ausgeschlossen von einer Direktanrechnung sind nach § 22 Abs. 3 Halbs. 2 SGB II Rückzahlungen, die sich auf die Kosten für Haushaltsenergie oder nicht anerkannte Aufwendungen für Unterkunft und Heizung beziehen, da diese (mit Ausnahme der Kosten für die Warmwasserbereitung) Bestandteil der Regelbedarfe nach § 20 SGB II sind. Entsprechende Gutschriften sind auch nicht als Einkommen zu berücksichtigen.

Beispiel
Die Eheleute E erhalten seit Januar Arbeitslosengeld II. Die Miete einschließlich der umlagefähigen Nebenkosten beträgt 520,00 €. Ab dem 1.7. berücksichtigt das Jobcenter wegen Unangemessenheit nur noch 450,00 €. Im März des Folgejahres erhalten die Eheleute vom Vermieter das Guthaben aus der Nebenkostenabrechnung in Höhe von 200,00 €.
Die Rückzahlung ist nicht als Einkommen zu berücksichtigen, da die Leistungsberechtigten für die Monate Juli bis Dezember insgesamt 420,00 € (6 x 70,00 €) aus Eigenmitteln bestritten haben.

7.4 Abweichende Erbringung von Leistungen (§24 SGB II)

Die Vorschrift des §24 SGB II regelt Fallkonstellationen, die eine vom Regelfall abweichende Leistungserbringung erfordern.

Abweichende Erbringung von Leistungen nach § 24 SGB II

bei **unabweisbarem Bedarf** (§ 24 **Abs. 1** SGB II)	bei **Drogen- oder Alkohol-abhängigkeit, unwirtschaftlichem Verhalten** (§ 24 **Abs. 2** SGB II)	bei **vom Regelbedarf nicht umfassten Bedarfen** (§ 24 **Abs. 3** SGB II)	bei **voraussichtlicher Erzielung von Einkommen** (§ 24 **Abs. 4** SGB II)
als Geld- oder Sachleistung	voll oder anteilig als Sachleistung	als Geld- oder Sachleistung	als Geld- oder Sachleistung
als Darlehen	als Beihilfe	als Beihilfe	als Darlehen

Bezüglich der Möglichkeit der Erbringung von Darlehen nach §24 Abs. 5 SGB II bei zu berücksichtigendem Vermögen, dessen sofortige Verwertung nicht möglich ist oder für den Leistungsberechtigten eine besondere Härte bedeuten würde, wird auf die Ausführungen unter 9.6 verwiesen.

7.4.1 Unabweisbarer Bedarf (§24 Abs. 1 SGB II)

Durch die Berücksichtigung von Regelbedarfen soll der notwendige Lebensunterhalt insbesondere für Ernährung, Kleidung, Körperpflege, Hausrat, Haushaltsenergie sowie persönliche Bedürfnisse des täglichen Lebens sichergestellt werden (vgl. §20 Abs. 1 Satz 1 SGB II). Dabei handelt es sich grundsätzlich um ein geschlossenes System der Bedarfsdeckung. Durch den weitgehenden Wegfall der zusätzlichen einmaligen Leistungen zum 31.12.2004 sind leistungsberechtigte Personen gehalten, für einmalige Bedarfe, die unregelmäßig oder größeren Zeitabständen anfallen, Rücklagen zu bilden.

Soweit im Einzelfall ein vom Regelbedarf zur Sicherung des Lebensunterhalts umfasster und nach den Umständen unabweisbarer Bedarf nicht gedeckt werden kann, erbringt der zuständige Leistungsträger bei entsprechendem Nachweis den Bedarf als Sach- oder Geldleistung und gewährt der oder dem Leistungsberechtigten in beiden Fällen ein entsprechendes **Darlehen** (vgl. §24 Abs. 1 Satz 1 SGB II).

Damit wird dem Leistungsträger **kein Ermessen** hinsichtlich der Leistungsgewährung eingeräumt („erbringt" und „gewährt"). Bei Sachleistungen wird das Darlehen in Höhe des für die Agentur für Arbeit entstandenen Anschaffungswertes erbracht. Weitergehende Leistungen sind ausgeschlossen (§ 24 Abs. 1 Satz 2 und Satz 3 SGB II).

Hierbei geht es vorrangig um Bedarfe für kostenaufwändige Anschaffungen, die grundsätzlich vom Regelbedarf umfasst sind und für deren Deckung die leistungsberechtigte Person entsprechende Rücklagen nicht geschaffen hat. Die Vorschrift ist allerdings nicht als generelle Auffangnorm für Individualbedarfe, die durch die Regelbedarfe nach § 20 SGB II abgegolten sind, sondern als „Öffnungsklausel" vor dem Hintergrund der seit dem 1.1.2005 veränderten Regelsatzsystematik zu interpretieren.

Für die Anerkennung eines „abweichenden Bedarfs" i.S. von § 24 Abs. 1 SGB II und der Gewährung eines entsprechenden Darlehens müssen im Einzelfall folgende Voraussetzungen vorliegen:

- Nach § 24 Abs. 1 SGB II können nur **einmalige bzw. nicht regelmäßig auftretende laufende** Bedarfe (sog. „Bedarfsspitzen") berücksichtigt werden, die **vom Regelbedarf** zur Sicherung des Lebensunterhalts **umfasst** sind (z.B. Ersatzbeschaffung von Hausrat und Bekleidung, Renovierung). Nicht anerkannt werden können damit ungedeckte Bedarfslagen bei den Mehrbedarfen nach § 21 SGB II und den Bedarfen für Unterkunft und Heizung nach § 22 SGB II.
- Der konkrete Bedarf muss nach den Umständen **unabweisbar** sein. „Unabweisbar" in diesem Zusammenhang heißt, dass der Bedarf akut gedeckt werden muss und im Sinne einer gesteigerten Dringlichkeit zeitlich nicht aufschiebbar oder nicht teilbar ist bzw. die Verweisung auf eine Bedarfsdeckung nach einer weiteren Ansparphase nicht in Betracht kommen kann (z.B. bei Reparatur oder Ersatzbeschaffung von defekten Haushaltsgeräten, Sperrung der Energieversorgung durch den Betreiber) und die oder der Leistungsberechtigte insoweit nicht auf noch vorzunehmende Ansparungen verwiesen werden kann.
- Weitere Voraussetzung ist, dass die oder der Leistungsberechtigte den Bedarf weder durch das **Vermögen** nach § 12 Abs. 2 Satz 1 Nr. 1, 1a und 4 SGB II noch auf **andere Weise** decken kann (vgl. § 42a Abs. 1 Satz 1 SGB II). In diesem Zusammenhang sind an die Selbsthilfemöglichkeiten der Leistungsberechtigten erhöhte Anforderungen zu stellen (z.B. durch die vorrangige Inanspruchnahme von Kleiderkammern und Gebrauchtwarenlagern, Ratenzahlungsangeboten von Warenhäusern, den Einsatz von privilegiertem Einkommen). Ein Anspruch auf fabrikneue Gegenstände besteht nicht.[164]

  Im Rahmen der Selbsthilfemöglichkeiten kann vom Antragsteller vor der Inanspruchnahme staatlicher Darlehensleistungen im Einzelfall auch verlangt werden, (soweit die Möglichkeit besteht) einen Dispositions- bzw. Kontokorrentkredit in Anspruch zu nehmen.[165]

164 Vgl. BT-Drs. 15/1516 S. 57.

165 Ähnlich auch LSG Berlin-Brandenburg, Beschl. vom 14.3.2012 – L 29 AS 28/12 B ER –, juris; a. A. LSG Sachsen, Beschl. vom 4.12.2012 – L 3 AS 1000/12 B ER –, juris.

Erforderlich für ein entsprechendes (zinsloses) Darlehen im Rahmen des § 24 Abs. 1 SGB II ist ein – ggf. auch formloser – **Antrag** der leistungsberechtigten Person.

Nach § 42a Abs. 2 Satz 1 SGB II wird das Darlehen während des laufenden Leistungsbezuges ab dem Monat, der auf die Auszahlung folgt, durch monatliche Aufrechnung in Höhe von **10 %** des maßgebenden Regelbedarfs getilgt.

Entsprechende Darlehen können an einzelne Mitglieder von Bedarfsgemeinschaften oder an mehrere gemeinsam vergeben werden. Durch die Einbeziehung in die Stellung als Darlehensnehmer kann die Rückzahlungsverpflichtung auf mehrere Mitglieder der Bedarfsgemeinschaft ausgedehnt werden (§ 42a Abs. 1 Satz 2 SGB II. Sofern das Darlehen an mehrere Mitglieder der Bedarfsgemeinschaft gemeinsam vergeben wird, trifft die Rückzahlungsverpflichtung alle Darlehensnehmer (vgl. § 42a Abs. 1 Satz 3 SGB II).

Die monatliche Tilgungsrate von 10 % der maßgebenden Regelbedarfe bezieht sich in diesen Fällen auf jede Person der Bedarfsgemeinschaft und stellt eine monatliche **Obergrenze** dar, unabhängig davon, in welcher Höhe weitere Darlehen zur Rückzahlung fällig sind. Nach Beendigung des Leistungsbezuges ist der noch nicht getilgte Darlehensbetrag sofort fällig (§ 42a Abs. 4 Satz 1 SGB II). Über die Rückzahlung des ausstehenden Betrages an den Leistungsträger soll eine Vereinbarung unter Berücksichtigung der wirtschaftlichen Verhältnisse der Darlehensnehmer getroffen werden (vgl. § 42a Abs. 4 Satz 2 SGB II).

Vorschuss nach § 42 Abs. 2 SGB II als Alternative zum Darlehen nach § 24 Abs. 1 SGB II

Alternativ zu einem (relativ verwaltungsaufwändigen) Verfahren zur Darlehensgewährung nach § 24 Abs. 1 SGB II kommt die Möglichkeit eines **Vorschusses** nach § 42 SGB II in Betracht (Wahlmöglichkeit der leistungsberechtigten Person zum Darlehen nach § 24 SGB II).

Gemäß § 42 Abs. 2 Satz 1 SGB II können auf Antrag der leistungsberechtigten Person durch Bewilligungsbescheid festgesetzte, zum nächsten Zahlungszeitpunkt fällige Leistungsansprüche vorzeitig erbracht werden. Der Vorschuss ist nach § 42 Abs. 2 Satz 2 SGB II auf **maximal 100,00 €** (pro leistungsberechtigte Person der Bedarfsgemeinschaft) begrenzt. Durch die Vorschusszahlung verringert sich der individuelle Auszahlungsanspruch im Folgemonat oder (soweit rechnerisch keine Verringerung möglich ist) **nur** für den zweiten auf die Bewilligung der vorzeitigen Leistung folgenden Monat entsprechend (vgl. § 42 Abs. 2 Satz 3 und Satz 4 SGB II).

Sofern eine Absetzung des vorausgezahlten Betrages im Folgemonat wegen Aushebung des Bewilligungsbescheides nach §§ 45, 48 SGB X nicht (mehr) möglich ist, ist die vorzeitig erbrachte Leistung nach § 50 Abs. 1 SGB X zu erstatten.

Benötigen leistungsberechtige Personen in einem Monat also eine zusätzliche Leistung (Individualanspruch bis 100,00 €), kann es ausreichen, wenn diese durch eine Zahlung oder eine Sachleistung gedeckt wird, die sofort mit der nächsten Monatszahlung verrechnet wird. Dies entspricht der eigenverantwortlichen Deckung des Lebensunterhalts mit den Gesamtleistungen für den Zeitraum von zwei Monaten.[166]

166 Vgl. BT-Drs. 18/8041 Seite 55.

Die vorzeitige Leistung ist gemäß § 42 Abs. 2 Satz 5 SGB II ausgeschlossen,

1. wenn im laufenden Monat oder im Monat der Verringerung des Leistungsanspruchs eine Aufrechnung zu erwarten ist,
2. wenn der Leistungsanspruch im Folgemonat durch eine Sanktion gemindert ist oder
3. wenn sie bereits in einem der vorangegangenen zwei Kalendermonate in Anspruch genommen wurde.

Aufgrund des Individualanspruchs eines jeden Mitglieds der Bedarfsgemeinschaft gelten die Regelungen für jede (leistungsberechtigte) Person der Bedarfsgemeinschaft.

7.4.2 Drogen- oder Alkoholabhängigkeit, unwirtschaftliches Verhalten (§ 24 Abs. 2 SGB II)

Die Leistungen der Grundsicherung für Arbeitsuchende werden im Regelfall in Form von **Geldleistungen** erbracht. Dies ergibt sich aus dem systematischen Vergleich mit den Vorschriften des § 24 Abs. 2 SGB II und des § 10 Abs. 3 SGB XII. Nach § 24 Abs. 2 SGB II kann das Arbeitslosengeld II bis zur Höhe des Regelbedarfs für den Lebensunterhalt in voller Höhe oder anteilig in Form von **Sachleistungen** erbracht werden, solange sich Leistungsberechtigte, insbesondere bei Drogen- oder Alkoholabhängigkeit sowie im Falle unwirtschaftlichen Verhaltens, als ungeeignet erweisen, mit den Leistungen für den Regelbedarf nach § 20 SGB II ihren Bedarf zu decken.

Voraussetzung für die Bedarfsdeckung durch eine Sachleistung ist die tatsächliche Ungeeignetheit der leistungsberechtigten Person, die Leistungen für den Regelbedarf zweckentsprechend zu disponieren. Bezüglich einer Drogen- und/oder Alkoholabhängigkeit dürfte ein bloßer Verdacht oder eine Vermutung seitens des Leistungsträgers nicht ausreichen.

Ein unwirtschaftliches Verhalten i. S. des § 24 Abs. 2 SGB II ist grundsätzlich bei einem vorwerfbaren (also nicht bei einem krankheits- oder suchtbedingtem) Verhalten anzunehmen, das von einem verschwenderischen und mit wirtschaftlichen Maßstäben nicht zu vereinbarenden Umgang mit bereitgestellten sozialen Transferleistungen gekennzeichnet ist.

Als Sachleistungen kommen im Einzelfall Gegenstände zur Bedarfsdeckung (z. B. Hausrat und/oder Kleidung), Wert- bzw. Berechtigungsscheine sowie andere unbare Formen der Leistungserbringung in Betracht. Die Entscheidung, ob, in welchem Umfang und für welchen Zeitraum Sachleistungen im Einzelfall anstelle von Geldleistungen erbracht werden, steht im pflichtgemäßen Ermessen des zuständigen Leistungsträgers.

7.4.3 Von den Regelbedarfen nicht umfasste Bedarfe (§ 24 Abs. 3 SGB II)

Die Regelung des § 24 Abs. 3 SGB II enthält eine abschließende Aufzählung von Leistungen, die nicht vom Regelbedarf nach § 20 SGB II umfasst ist und im Bedarfsfall als Beihilfe gesondert zu erbringen ist.

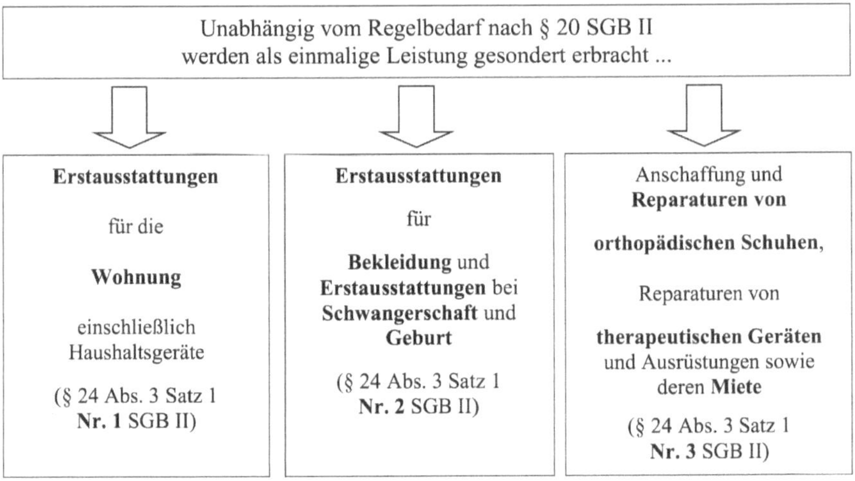

Die Leistungen können mit Ausnahme der Leistungen nach § 24 Abs. 3 Satz 1 Nr. 3 SGB II als Sachleistung oder Geldleistung, auch in Form von Pauschalbeträgen, erbracht werden (vgl. § 24 Abs. 3 Satz 4 SGB II). Bei der Bemessung der Pauschalbeträge sind geeignete Angaben über die erforderlichen Aufwendungen und nachvollziehbare Erfahrungswerte zu berücksichtigen (§ 24 Abs. 3 Satz 5 SGB II).

Erstausstattung für die Wohnung einschließlich Haushaltsgeräten (§ 24 Abs. 3 Satz 1 Nr. 1 SGB II)

Zur Erstausstattung einer Wohnung gehören wohnraumbezogene Gegenstände, die für eine geordnete Haushaltsführung und ein an den herrschenden Lebensgewohnheiten orientiertes Wohnen erforderlich sind. Ein Anspruch auf eine vollständige und bestmögliche Ausstattung besteht nicht.[167]

Entsprechende Leistungen setzen voraus, dass die oder der Leistungsberechtigte bisher nicht oder nicht mehr über die notwendige Wohnungsausstattung verfügt. Dies ist z. B. der Fall bei der erstmaligen Anmietung einer Wohnung nach Verlassen des Elternhauses, nach der Haftentlassung, nach Aufgabe des Wohnsitzes im Ausland und bei Auszug aus einem Übergangswohnheim bzw. bei der Sesshaftwerdung von Obdachlosen und Flüchtlingen. Eine entsprechende Leistung kann aber auch nach einem Wohnungsbrand in Betracht kommen oder wenn nach Umzug bzw. Zuzug weiterer Personen oder nach der Geburt eines Kindes wesentliche Teile des Hausrates **erstmalig** zu beschaffen sind.

Die Voraussetzungen für die Gewährung einer Wohnungserstausstattung nach § 24 Abs. 3 Satz 1 Nr. 1 SGB II sind auch erfüllt, wenn aufgrund eines vom Leistungsträger veranlassten Umzuges wegen einer unangemessenen Unterkunft vorhandene Möbel oder Elektrogeräte unbrauchbar werden und insoweit eine Ersatzbeschaffung erforderlich ist.[168]

Der Begriff „Erstausstattung" trifft keine zwingende Aussage über den Umfang der Ausstattung, sondern beschränkt Ansprüche auf Konstellationen, in denen **erstmalig** oder in einer der erstmaligen Anschaffung vergleichbaren Bedarfssituation eine Ausstattung ggf. auch mit einzelnen Einrichtungsgeräten oder -gegenständen, die eine geordnete Haushaltsführung und ein an den herrschenden Lebensgewohnheiten orientiertes Wohnen ermöglichen, erforderlich ist.[169]

Damit ist auch die **erstmalige Anschaffung einzelner Haushaltsgegenstände bzw. eines notwendigen Haushaltsgerätes** (z. B. einer Waschmaschine) in einer ansonsten eingerichteten Wohnung eine Erstausstattung i. S. des § 24 Abs. 3 Satz 1 Nr. 1 SGB II.

Dagegen gehört ein Fernsehgerät nach der Rechtsprechung des Bundessozialgerichtes nicht zur Erstausstattung einer Wohnung, da es sich weder um einen Einrichtungsgegenstand noch um ein Haushaltsgerät handelt. Um Teil der Erstausstattung einer Wohnung zu sein, genügt es nicht, dass es sich um einen wohnraumbezogenen Ausstattungsgegenstand handelt, der Beziehungen zur Umwelt, Informationsdeckung und Teilhabe am kulturellen Leben ermöglicht. Leistungen für erforderliche Konsumgeräte, die wie ein Fernsehgerät auch in einkommensschwachen Bevölkerungsschichten entsprechend verbreitet sind, aber nicht zur Erstausstattung einer Wohnung zählen, können nur darlehensweise nach § 24 Abs. 1 SGB II erbracht werden.[170]

---

167 Vgl. BSG, Urt. vom 13.4.2011 – B 14 AS 53/10 R –, SozR 4-4200 § 23 Nr. 12.
168 Vgl. BSG, Urt. vom 1.7.2009 – B 4 AS 77/08 R –, FEVS 61, 145 = SGb 2009, 536.
169 Vgl. BSG, Urt. vom 16.12.2008 – B 4 AS 49/07 R –, BSGE 102, 194 = FEVS 60, 529 = DVP 2009, 438.
170 Vgl. BSG, Urt. vom 24.2.2011 – B 14 AS 75/10 R –, NDV-RD 2011, 123 = DVP 2012, 86 = EuG 2011, 485.

Eine Erstausstattung für die Wohnung kann auch in Betracht kommen für getrennt lebende Leistungsberechtigte, die die eheliche bzw. gemeinsame Wohnung ohne Mitnahme von Hausrat verlassen haben bzw. eine eigene Wohnung nach Aufteilung des Hausrates bezogen haben. Allerdings besteht auch in diesem Zusammenhang die generelle Verpflichtung der leistungsberechtigten Person, alle Möglichkeiten zur Beseitigung oder Verringerung des Hilfebedarfs auszuschöpfen. Dabei wurde in der Rechtsprechung in der Regel auf den Anspruch zur Überlassung und Zuteilung von Hausrat nach §§ 6 bis 9 Hausratsverordnung[171] verwiesen.[172]

Mit der Neuregelung des familiengerichtlichen Verfahrens und der Reform des Zugewinnausgleichs- und Vormundschaftsrechts[173] wurde die Hausratsverordnung zum 1.9.2009 aufgehoben. Die inhaltlichen Regelungen zur Überlassung und Übertragung des im gemeinsamen Eigentum stehenden Hausrates wurden in den §§ 1568a und 1568b BGB übernommen.

Die Erstausstattung für die Wohnung ist inhaltlich abzugrenzen vom Erhaltungsbedarf (**Ersatzbeschaffung** von Hausrat oder Haushaltsgeräten). Ist ein Bedarf allein auf die übliche Abnutzung zurückzuführen, so handelt es sich nicht um eine Erstausstattung. Derartige Bedarfe sind grundsätzlich mit dem Regelbedarf nach § 20 SGB II abgegolten und können unter den Voraussetzungen des § 24 Abs. 1 SGB II ggf. als Darlehen gedeckt werden.

Bei Leistungsberechtigten, die das 25. Lebensjahr noch nicht vollendet haben, werden Leistungen für Erstausstattungen für die Wohnung nur erbracht, wenn der kommunale Träger die Übernahme der Leistungen für Unterkunft und Heizung zugesichert hat oder vom Erfordernis der Zusicherung abgesehen werden konnte (vgl. § 24 Abs. 6 SGB II).

Erstausstattung für Bekleidung und Erstausstattung bei Schwangerschaft und Geburt (§ 24 Abs. 3 Satz 1 Nr. 2 SGB II)

Leistungen für die Erstausstattung für Bekleidung kommen in Betracht, wenn eine entsprechende Grundausstattung nicht vorhanden ist, z.B. durch Gesamtverlust nach einem Wohnungsbrand oder nach Haftentlassung, soweit nachweislich keine ausreichende Bekleidung vorhanden ist (Bestätigung der Justizvollzugsanstalt auf dem Entlassungsschein). Hinsichtlich eines Ergänzungsbedarfs an Bekleidung ist der Betroffene auf Ansparungen aus dem Regelbedarf zu verweisen. Unter den Voraussetzungen des § 24 Abs. 1 SGB II kommt ggf. ein Darlehen in Betracht.

Auch eine (durch ärztliches Zeugnis nachgewiesene) erhebliche krankheitsbedingte kurzfristige Gewichtszunahme oder -abnahme kann eine Leistung für eine Erstausstattung für Bekleidung begründen, wenn der Umfang der erforderlichen Bekleidung einer Erstausstattung gleichkommt.[174]

---

171 Verordnung über die Behandlung der Ehewohnung und des Hausrates (Hausratsverordnung, BGBl. III Gliederungsnummer 404-3), zuletzt geändert durch Art. 62 des Gesetzes vom 17.12.2008 (BGBl. I 2008 S. 2586), aufgehoben durch das Gesetz zur Änderung des Zugewinnausgleichs- und Vormundschaftsrechts vom 6.7.2009 (BGBl. I 2009 S. 1696).

172 So auch BSG, Urt. vom 19.9.2008 – B 14 AS 64/07 R –, BSGE 101, 268 = FEVS 60, 513 = NVwZ-RR 2009, 965.

173 BGBl. I 2009 S. 1696.

174 Vgl. LSG Hamburg, Urt. vom 27.10.2011 – L 5 AS 342/10 –, NDV-RD 2012, 18.

Weiterhin kommen in Betracht Leistungen zur Beschaffung von Schwangerschaftsbekleidung sowie die Erstausstattung anlässlich der Geburt eines Kindes. Diese ist nicht auf die Bekleidung beschränkt, sondern bezieht sich auch auf andere notwendige Bedarfe für den Säugling, soweit die benötigten Gegenstände nicht unter die Wohnungserstausstattung nach § 24 Abs. 3 Satz 1 Nr. 1 SGB II fallen (z. B. Kinderwagen mit Zubehör, Babybadewanne, Wickelauflage, Babyschlafsack, Kinderbett, Kinderhochstuhl). Der beim Heranwachsen des Kindes entstehende Bedarf (z. B. Bett, Schrank) ist im Rahmen der Erstausstattung für die Wohnung nach § 24 Abs. 3 Satz 1 Nr. 1 SGB II abzudecken.

Bei Mehrlingsgeburten sind entsprechende Leistungen je Kind zu erbringen.

Bedarfe nach § 24 Abs. 3 Satz 1 Nr. 3 SGB II

Nicht vom Regelbedarf nach § 20 SGB II umfasst sind auch Bedarfe für Anschaffung und Reparaturen von orthopädischen Schuhen, Reparaturen von therapeutischen Geräten und Ausrüstungen sowie die Miete von therapeutischen Geräten. Die entsprechenden Bedarfe für diese Positionen der Einkommens- und Verbrauchsstichprobe fließen nicht (mehr) in die Bemessung der Regelbedarfe ein, so dass derartige (eher seltene und untypische) Bedarfslagen insbesondere wegen der Höhe der benötigten Mittel gesondert berücksichtigt werden.[175]

Da die leistungsberechtigten Personen in der Regel krankenversichert sind, ist der Vorrang der gesetzlichen Krankenversicherung nach dem Fünften Buch Sozialgesetzbuch zu berücksichtigen, so dass sich entsprechende Bedarfe in erster Linie auf zu tragende Eigenleistungen beschränken dürften. Sofern es sich um Gegenstände und Ausrüstungen handelt, die unter das Hilfsmittelverzeichnis nach § 139 SGB V fallen, ist ebenfalls der Vorrang der Leistungen der gesetzlichen Krankenversicherung zu beachten.

7.4.4 Leistungen für Personen, die keine laufenden Leistungen zur Sicherung des Lebensunterhalts erhalten (§ 24 Abs. 3 Satz 3 und Satz 4 SGB II)

Personen, die einen Anspruch auf „laufende" Leistungen zur Sicherung des Lebensunterhalts (Arbeitslosengeld II / Sozialgeld) haben, erfüllen im Bedarfsfall auch die Voraussetzungen zum Bezug „einmaliger" Leistungen nach § 24 Abs. 3 Satz 1 SGB II. Nach § 24 Abs. 3 Satz 3 SGB II werden diese Leistungen auch erbracht, wenn Leistungsberechtigte zwar keine (laufenden) Leistungen zur Sicherung des Lebensunterhalts einschließlich der angemessenen Kosten der Unterkunft und Heizung benötigen, den Bedarf nach § 24 Abs. 3 Satz 1 SGB II jedoch aus eigenen Kräften und Mitteln nicht voll decken können.

Nach § 24 Abs. 3 Satz 4 SGB II **kann** in einem solchen Fall das den maßgebenden Bedarfssatz übersteigende Einkommen berücksichtigt werden, das Leistungs-

175 Vgl. BT-Drs. 17/3404 S. 169.

berechtigte innerhalb eines Zeitraums von bis zu sechs Monaten nach Ablauf des Monats erwerben, in dem über die Leistung entschieden wird. Das übersteigende Einkommen kann nach pflichtgemäßem Ermessen also für **maximal sieben Monate** (Entscheidungsmonat und sechs Folgemonate) als Eigenleistung auf den Bedarf angerechnet werden.

Bei der Ermessensentscheidung, **ob** und **in welcher Höhe** der Leistungsträger von der Ermächtigung nach § 24 Abs. 3 Satz 4 SGB II im Einzelfall Gebrauch machen will, hat er insbesondere folgende Beurteilungskriterien zu beachten:

- die Art und Höhe des Bedarfs,
- die Vorhersehbarkeit, Teilbarkeit und Aufschiebbarkeit des Bedarfs im Hinblick auf die Möglichkeit zukünftiger Ansparungen,
- die Art und Höhe der gegenwärtig vorhandenen und für die Zukunft zu erwartenden Einkünfte,
- etwaige Besonderheiten in der jeweiligen Lebenssituation der leistungsberechtigten Person (z.B. weitere Zahlungsverpflichtungen und besondere finanzielle Belastungen).

7.4.5 Übung

Sachverhalt
Frau K (38 Jahre alt, erwerbsfähig) ist alleinstehend. Das für sie zu berücksichtigende und um die Absetzbeträge nach § 11b SGB II bereinigte Einkommen übersteigt den Bedarfssatz für laufende Leistungen zur Sicherung des Lebensunterhalts nach dem Zweiten Buch Sozialgesetzbuch um monatlich 50,00 €.

Frau K hat nach Feststellung des medizinischen Dienstes der Agentur für Arbeit innerhalb weniger Wochen krankheitsbedingt erheblich an Körpergewicht zugenommen. Sie beantragt im Juni beim zuständigen Träger der Grundsicherung für Arbeitsuchende Leistungen zur Beschaffung neuer Bekleidung.

Aufgabe
Prüfen Sie, ob und ggf. in welcher Höhe Leistungen nach § 24 Abs. 3 SGB II zu erbringen sind. Dabei ist lediglich die Anwendung des § 24 Abs. 3 SGB II darzustellen. Gehen Sie davon aus, dass der Leistungsträger bei Bedarfen für die Erstausstattung für Bekleidung bei Erwachsenen eine Pauschale in Höhe von 450,00 € vorgesehen hat.

Lösung
Gemäß § 24 Abs. 3 Satz 1 **Nr. 2** SGB II sind Leistungen für Erstausstattungen für Bekleidung nicht von den Regelbedarfen nach § 20 SGB II umfasst und gesondert zu erbringen. Erstausstattungen kommen u.a. auch bei krankheitsbedingter starker Körpergewichtszunahme in Betracht.

Nach §24 Abs. 3 Satz 3 SGB II werden entsprechende Leistungen auch erbracht, wenn die leistungsberechtigte Person zwar keine (laufenden) Leistungen zur Sicherung des Lebensunterhalts benötigt, den Bedarf nach §24 Abs. 3 Satz 1 SGB II jedoch aus eigenen Mitteln und Kräften nicht voll decken kann. Das zur Verfügung stehende Einkommen reicht vorliegend aus, um den (laufenden) Lebensunterhalt zu bestreiten. Für die Deckung des Bedarfs der Kosten für eine Erstausstattung für Bekleidung stehen Frau K im Entscheidungsmonat (Juni) aber nur 50,00 € zur Verfügung.

Deshalb besteht zunächst ein Anspruch auf eine Leistung nach §24 Abs. 3 Satz 1 Nr. 2 SGB II in Höhe von 450,00 €.

Nach §24 Abs. 3 Satz 4 SGB II kann in diesem Fall aber auch das Einkommen berücksichtigt werden, das Leistungsberechtigte nach Ablauf des Monats erwerben, in dem über die Leistung entschieden worden ist. Dabei kann auf einen Zeitraum von bis zu sechs Monaten abgestellt werden. Eine Umsetzung der Vorschrift wäre nur möglich durch eine Leistung „erweiterter Hilfe“, die im Bereich des Zweiten Buches Sozialgesetzbuch allerdings nicht vorgesehen ist.

Im vorliegenden Fall wäre es daher nicht möglich, auch auf das Einkommen der Folgemonate abzustellen, da der Bedarf für die Erstausstattung für Bekleidung akut besteht und nicht aufschiebbar ist. Es ist nicht zumutbar, Frau K hinsichtlich des konkret bestehenden Bedarfes auf weitere Ansparungen zu verweisen und den Einkommenseinsatz für die folgenden sechs Monate zu fordern.

Es erscheint sachgerecht, das den Bedarfssatz übersteigende Einkommen **einmalig** in Höhe von 50,00 € als Eigenleistung auf den Erstausstattungsbedarf anzurechnen, sodass eine Hilfeleistung im Rahmen des §24 Abs. 3 Satz 1 Nr. 2 SGB II in Höhe von 400,00 € in Betracht kommt.

7.4.6 Darlehen bei voraussichtlichem Einkommenszufluss (§24 Abs. 4 SGB II)

Nach §24 Abs. 4 SGB II können Leistungen zur Sicherung des Lebensunterhalts als Darlehen erbracht werden, soweit in dem Monat, für den die Leistungen erbracht werden, voraussichtlich Einnahmen anfallen. Durch diese Regelung sollen Fälle erfasst werden, bei denen im Voraus bekannt ist, dass die Hilfebedürftigkeit im Hinblick auf einen späteren Einkommenszufluss entfällt (z.B. Hilfeleistung bei Arbeitsaufnahme bis zur ersten Lohnzahlung am Monatsende).

Die Entscheidung steht im pflichtgemäßen Ermessen des Leistungsträgers. Die Regelung des §24 Abs. 4 SGB II ermöglicht nicht nur die darlehensweise Erbringung der Regel- und Mehrbedarfe, sondern auch der Bedarfe für Unterkunft und Heizung.

Gemäß §42a Abs. 1 Satz 1 SGB II kommt ein Darlehen allerdings nur in Betracht, wenn ein Bedarf weder durch Vermögen nach §12 Abs. 2 Satz 1 Nr. 1, 1a und 4 SGB II noch auf andere Weise gedeckt werden kann. Nach Beendigung des Leistungsbezuges ist der noch nicht getilgte Darlehensbetrag sofort zur Rückzahlung an den Leistungsträger fällig (§42a Abs. 4 Satz 1 SGB II). Über die Rückzahlung des ausstehenden Betrags soll eine Vereinbarung unter Berücksichtigung der wirtschaftlichen Verhältnisse der Darlehensnehmer getroffen werden (§42a Abs. 4 Satz 2 SGB II).

Stellt sich im Einzelfall heraus, dass im Monat der Leistungserbringung keine oder keine bedarfsdeckenden Einnahmen anfallen, ist der Bescheid über die Darlehensgewährung nach § 44 SGB X aufzuheben und das Darlehen in eine Beihilfe umzuwandeln.

7.5 Bedarfe für Bildung und Teilhabe

Nach § 28 Abs. 1 Satz 1 SGB II werden Bedarfe für Bildung und Teilhabe am sozialen und kulturellen Leben in der Gemeinschaft bei Kindern, Jugendlichen und jungen Erwachsenen neben den Regelbedarfen nach Maßgabe der Absätze 2 bis 7 gesondert berücksichtigt. Träger der Leistungen sind die Kreise und kreisfreien Städte (vgl. § 6 Abs. 1 Satz 1 Nr. 2 SGB II).

Bis auf die Leistungen nach § 28 Abs. 3 SGB II („Schulpaket") sind entsprechende Leistungen gesondert zu beantragen (vgl. § 37 Abs. 1 Satz 2 SGB II). Der Antrag auf Leistungen für die Bedarfe nach § 28 Abs. 7 SGB II (Teilhabe) wirkt, soweit daneben andere Leistungen zur Sicherung des Lebensunterhalts erbracht werden, auf den Beginn des aktuellen **Bewilligungszeitraumes** nach § 41 Abs. 1 Satz 4 bzw. Satz 5 SGB II zurück (vgl. § 37 Abs. 2 Satz 3 SGB II).

Sofern die leistungsberechtigte Person durch Zahlung an den Anbieter in Vorleistung geht, ist der kommunale Träger zur Übernahme der berücksichtigungsfähigen Aufwendungen nach § 28 Abs. 2 und Abs. 5 bis 7 SGB II verpflichtet, soweit die Voraussetzungen einer Leistungsgewährung im Zeitpunkt der Selbsthilfe vorgelegen haben und zum Zeitpunkt der Selbsthilfe der Zweck der Leistung durch Erbringung als Sach- oder Dienstleistung ohne eigenes Verschulden nicht oder nicht rechtzeitig zu erreichen war (vgl. § 30 Satz 1 SGB II). War es der leistungsberechtigten Person nicht möglich, rechtzeitig einen Antrag zu stellen, gilt dieser als zum Zeitpunkt der Selbstvornahme gestellt (§ 30 Satz 2 SGB II).

Mit dem Starke-Familien-Gesetz[176] sind die Leistungen ab August 2019 angepasst bzw. erhöht worden. Gleichzeitig wird im Bereich der Grundsicherung für Arbeitsuchende im Wesentlichen auf eine gesonderte Antragstellung für Bildungs- und Teilhabeleistungen verzichtet. Lediglich Leistungen für die Lernförderung sind gesondert zu beantragen. Die übrigen Leistungen gelten durch den Haupt- oder Weiterbewilligungsantrag auf Arbeitslosengeld II als gleichzeitig (stillschweigend) mitbeantragt. Hierdurch soll sichergestellt werden, dass die Leistungen ggf. auch rückwirkend ab dem Monat der Antragstellung erbracht werden kann, auch wenn der Bedarf erst später im Laufe des Bewilligungszeitraumes konkretisiert werden kann.

Die kommunalen Träger bestimmen, in welcher Form sie die Leistungen erbringen (vgl. § 29 Abs. 1 Satz 2 SGB II). Die Leistungen zur Deckung der Bedarfe für den persönlichen Schulbedarf (§ 28 Abs. 3 SGB II) und für die Kosten der Schulbeförderung (§ 28 Abs. 4 SGB II) werden jeweils durch Geldleistungen erbracht (vgl. § 29 Abs. 1 Satz 3 SGB II).

176 Gesetz zur zielgenauen Stärkung von Familien und ihren Kindern durch die Neugestaltung des Kinderzuschlages und die Verbesserung der Leistungen für Bildung und Teilhabe (Starke-Familien-Gesetz, BGBl. I S. 530).

7.5.1 Bedarfe für Bildung

Leistungen für **Bildung** erhalten hilfebedürftige Schülerinnen und Schüler bis zur Vollendung des 25. Lebensjahres, die eine allgemein- oder berufsbildende Schule besuchen und hierfür keine Ausbildungsvergütung erhalten. Einen Teil der Bildungsleistungen erhalten auch hilfebedürftige Kinder in Kindertagesstätten und in der Kindertagespflege. Leistungen für die Teilhabe am sozialen und kulturellen Leben in der Gemeinschaft werden für alle hilfebedürftigen Kinder und Jugendliche bis zum vollendeten 18. Lebensjahr erbracht.

Allgemeinbildende Schulen sind insbesondere öffentliche und private Grundschulen, Förderschulen, Hauptschulen, Realschulen, Gesamtschulen und Gymnasien sowie Ersatzschulen (z. B. Waldorfschulen). Berufsbildende Schulen sind insbesondere Berufsschulen (z. B. Fachklassen des dualen Systems) und Berufsfachschulen (einschließlich beruflicher Gymnasien) sowie Fachoberschulen und Fachschulen.

Im Rahmen des sog. „Bildungspaketes“ kommen Leistungen für folgende Bedarfe in Betracht:

Schulausflüge und (Klassen)Fahrten
Für anspruchsberechtigte Schülerinnen und Schüler sowie für Kinder, die in einer Kindertageseinrichtung untergebracht sind, werden die anfallenden Kosten für eintägige Ausflüge und mehrtägige (Klassen)Fahrten gemäß § 28 Abs. 2 SGB II anerkannt. Nach dem Wortlaut der Vorschrift sind die **tatsächlich** anfallenden Kosten zu übernehmen, soweit sie sich im Rahmen der schulrechtlichen Bestimmungen bewegen. Die Festlegung eines Höchstbetrages ist nicht zulässig, was insbesondere auch für Klassenfahrten ins Ausland gilt.[177]
Die Teilnahme an einem **Schüleraustausch** gilt dann als mehrtägige Klassenfahrt, wenn dieser als schulische Veranstaltung dem Unterricht dient, jedoch nicht, wenn es sich um eine rein private Freizeitveranstaltung handelt. Übernommen werden können daher nur die Kosten für einen Schüleraustausch, an dem die gesamte Klasse während der regulären Unterrichtszeit am Unterricht einer an einem anderen Ort (ggf. auch in einem anderen Land) gelegenen Schule teilnimmt.[178]

So hat das Bundessozialgericht[179] die Berücksichtigung der Kosten für einen einmonatigen Schüleraustausch in den USA bejaht. Die Aufwendungen seien dann zu übernehmen, wenn die Veranstaltung den Vorgaben entspreche, die die bundesrechtliche Rahmenbestimmung vorgebe und für die im Landesrecht eine (schulrechtliche) Grundlage vorhanden sei.Nach der Begründung des Gesetzentwurfs sind Bedarfe i.S. des § 28 Abs. 2 SGB II nur diejenigen, die von der Schule selbst unmittelbar veranlasst sind. Taschengelder für zusätzliche Aufgaben während der Klassenfahrten und Ausflüge sind davon nicht erfasst und müssen aus dem Regelbedarf bestritten werden.[180]

177 Vgl. BSG, Urt. vom 13.11.2008 – B 14 AS 36/07 R –, BSGE 102, 68 = NDV-RD 2009, 67 = FEVS 60, 433.
178 Vgl. Ministerium für Arbeit, Integration und Soziales des Landes Nordrhein-Westfalen, Arbeitshilfe „Bildungs- und Teilhabepaket“, 4. Auflage, S. 25 (Stand: 1.8.2018).
179 Vgl. BSG, Urt. vom 22.11.2011 – B 4 AS 204/10 R –.
180 Vgl. BT-Drs. 17/3404 S. 172.

Leistungen für Klassenfahrten und Ausflüge im Rahmen des § 28 Abs. 2 SGB II werden insbesondere durch personalisierte Gutscheine oder Direktzahlungen an den Anbieter erbracht (vgl. § 29 Abs. 1 Satz 1 SGB II). Der kommunale Träger kann auch bestimmen, dass entsprechende Leistungen durch Geldleistungen gedeckt werden (vgl. § 29 Abs. 1 Satz 2 SGB II). Ab dem 1.8.2019 besteht die Möglichkeit der **Sammelabrechnung** bzw. Sammelauszahlung über Schulen bei eintägigen Ausflügen.

Ausstattung mit persönlichem Schulbedarf („Schulbedarfspaket")

Schülerinnen und Schüler, die eine allgemein- oder berufsbildende Schule besuchen, erhalten gemäß § 28 Abs. 3 SGB II i. V. m. § 34 Abs. 3 und Abs. 3a SGB XII bis zur Vollendung des 25. Lebensjahres für die Ausstattung mit persönlichem Schulbedarf jeweils zum Schuljahresbeginn am **1. August** eines Jahres **100,00 €** (für das erste Schulhalbjahr) und zum **1. Februar** weitere **50,00 €** (für das zweite Schulhalbjahr). Die entsprechenden Leistungen des „Schulbedarfspakets" werden gemäß § 29 Abs. 1 Satz 3 SGB II als **Geldleistung** erbracht und sollen die Finanzierung der Gegenstände erleichtern, die für den Schulbesuch benötigt werden. Die Erbringung als Sachleistung scheidet aus.

Entsprechende Leistungen können nur in Betracht kommen, wenn das Kind bzw. der/die Jugendliche zum jeweiligen Stichtag tatsächlich hilfebedürftig ist.

Ab dem Jahr 2021 erfolgt eine Erhöhung des Schulbedarfspakets zusammen mit der Fortschreibung der Regelbedarfsstufen nach § 28 SGB XII auf **154,50 €**, da der Bedarf für die Ausstattung mit persönlichem Schulbedarf grundsätzlich ebenso Preissteigerungen unterliegt wie andere Ge- und Verbrauchsgüter des täglichen Bedarfs.

Zum persönlichen Schulbedarf gehören neben Schultasche und Sportzeug insbesondere die für den persönlichen Ge- und Verbrauch bestimmten Schreib-, Rechen- und Zeichenmaterialien (z. B. Füller, Blei- und Malstifte, Taschenrechner, Hefte, Bastelmaterialien etc.). Weitere bzw. zusätzliche Ausgaben für entsprechende Materialien, die regelmäßig nachgekauft werden müssen, sind aus dem Regelbedarf zu bestreiten.

Die Leistungen für das Schulpaket werden **ohne** zusätzlichen Antrag (vgl. § 37 Abs. 1 SGB II) „automatisch" jeweils zum Beginn des Schulhalbjahres am 1. Februar und 1. August mit den laufenden Leistungen zur Sicherung des Lebensunterhalts erbracht.

Kosten für Schülerbeförderung

Bei Schülerinnen und Schülern, die für den Besuch der nächstgelegenen Schule des gewählten Bildungsganges auf Schulbeförderung angewiesen sind, werden nach § 28 Abs. 4 Satz 1 SGB II die dafür erforderlichen tatsächlichen Aufwendungen berücksichtigt, soweit sie nicht von Dritten übernommen werden. Als „nächstgelegene Schule des gewählten Bildungsgangs" gehören auch Schulen mit besonderem Profil (z. B. mit sportlichem oder sprachlichem Profil oder Ganztagsschulen).

Die Kosten für die Schülerbeförderung werden auch dann übernommen, wenn die Schülerfahrkarte zu allgemeinen Fahrten außerhalb des Schulverkehrs berechtigt.

Entsprechende Leistungen können nur Personen erhalten, die für den Besuch der Schule auf Schulbeförderung **angewiesen** sind. Bei Auslegung des unbestimmten Rechtsbegriffes sind die individuellen Umstände des Einzelfalles zu berücksichtigen (Alter und körperliche Konstitution des Schülers, Länge und Sicherheit der Wegstrecke etc.). Ein entsprechender Bedarf ist darüber hinaus nur zu berücksichtigen, wenn für den Schulweg **tatsächlich** kostenpflichtige Verkehrsdienstleistungen (z.B. für den öffentlichen Personennahverkehr) genutzt werden und die Kosten nicht durch den jeweiligen Schulträger im Rahmen landesrechtlicher Bestimmungen übernommen werden.

Lernförderung

Bei Schülerinnen und Schülern wird nach § 28 Abs. 5 SGB II eine (schulische Angebote ergänzende) angemessene Lernförderung berücksichtigt, soweit diese geeignet und zusätzlich erforderlich ist, um die nach den schulrechtlichen Bestimmungen festgelegten wesentlichen Lernziele zu erreichen.

Entsprechende Leistungen kommen in den Fällen in Betracht, in denen eine weitere (außerschulische) Lernförderung erforderlich ist, die von der Schule selbst (z.B. durch Ergänzungsstunden bzw. Förderung im Rahmen eines Ganztagsangebotes) nicht erbracht werden kann. Insofern sind schulische Angebote vorrangig in Anspruch zu nehmen. Vorrangig sind ebenso Leistungen nach § 35a SGB VIII (Eingliederungshilfe für seelische behinderte Kinder und Jugendliche).

Eine außerschulische Lernförderung ist nur in Ausnahmefällen geeignet bzw. erforderlich und in der Regel nur kurzfristig notwendig, um vorübergehende Lernschwächen zu beheben. Eine längerfristig erforderliche, kontinuierliche Nachhilfeleistung kann nicht die Grundlage für die Bewilligung einer Förderung nach § 28 Abs. 5 SGB II bilden.[181]

Voraussetzung für eine Lernförderung ist, dass das Erreichen der nach den schulrechtlichen Bestimmungen festgelegten wesentlichen Lernziele gefährdet ist. Auf eine bestehende Versetzungsgefährdung kommt es dabei nicht an (vgl. § 28 Abs. 5 Satz 2 SGB II). Der Nachweis der Erforderlichkeit wird von der Schule bzw. Schulleitung erstellt. Die Lernförderung kann z. B. durch Lehramtsstudierende, pensionierte Lehrkräfte oder anerkannte Weiterbildungsträger durchgeführt werden.

Leistungen für Lernförderung im Rahmen des § 28 Abs. 5 SGB II werden insbesondere durch personalisierte Gutscheine oder Direktzahlungen an den Anbieter entsprechender Leistungen erbracht (vgl. § 29 Abs. 1 Satz 1 SGB II).

181 Vgl. BT-Drs. 17/3404, S. 105.

Mittagsverpflegung

Nach § 28 Abs. 6 SGB II werden bei Teilnahme an einer gemeinschaftlichen Mittagsverpflegung die entstehenden Aufwendungen (ohne Kostenbeitrag) berücksichtigt für Schülerinnen und Schüler sowie Kinder, die eine Tageseinrichtung besuchen oder für die Kindertagespflege geleistet wird. Die Möglichkeit der Teilnahme an der Mittagsverpflegung dient konzeptionell nicht allein dem Zweck der Nahrungsaufnahme, sondern hat daneben auch eine sozialintegrative Funktion.[182]

Für Schülerinnen und Schüler kommen entsprechende Leistungen nur unter der Voraussetzung in Betracht, dass die Mittagsverpflegung in schulischer Verantwortung angeboten wird oder durch einen Kooperationsvertrag zwischen Schule und Tageseinrichtung vereinbart ist (vgl. § 28 Abs. 6 Satz 2 SGB II). Die schulische Verantwortung ist nicht gegeben, wenn die Mittagsverpflegung weder in den Räumlichkeiten der Schule durchgeführt noch von der Schule organisiert wird.

Gemäß § 28 Abs. 6 Satz 3 SGB II ist für die Ermittlung des monatlichen Bedarfs die Anzahl der Schultage in dem Land zugrunde zu legen, in dem der Schulbesuch stattfindet. Abweichungen aufgrund von beweglichen Feiertagen, Unterrichtsausfall, schulinternen Fortbildungen, vorübergehenden Erkrankungen und Klassenfahrten sind nicht zu berücksichtigen.[183]

7.5.2 Bedarfe für Teilhabe

Nach § 28 Abs. 7 Satz 1 SGB II wird bei leistungsberechtigten Kindern und Jugendlichen bis zur Vollendung des **18. Lebensjahres** ein Bedarf zur Teilhabe am sozialen und kulturellen Leben in der Gemeinschaft in Höhe von insgesamt 15,00 € monatlich berücksichtigt für **Mitgliedsbeiträge** in den Bereichen Sport, Spiel, Kultur und Geselligkeit, für **Unterricht in künstlerischen Fächern** (z. B. Musikunterricht) und vergleichbare angeleitete Aktivitäten der kulturellen Bildung sowie die **Teilnahme an Freizeiten**.

Mit entsprechenden Leistungen soll es Kindern und Jugendlichen ermöglicht werden, sich in Vereins- und Gemeinschaftsstrukturen zu engagieren, dort mitzuwirken und Kontakte zu Gleichaltrigen aufzubauen.

Nicht zu übernehmen sind die Leihgebühren für ein schulisch genutztes Musikinstrument, da im Rahmen des § 28 Abs. 7 SGB II grundsätzlich nur Bedarfe auf Grund außerschulischer Aktivitäten im Teilhabebereich gedeckt werden.[184]

Der Betrag von **15,00 €** kann monatlich oder als Gesamtbetrag für den jeweiligen Bewilligungszeitraum im Voraus in Anspruch genommen werden (vgl. auch § 29 Abs. 2 Satz 3 SGB II). Dabei können angesparte Beträge auch auf den folgenden Bewilligungsabschnitt übertragen werden (maximal für 12 Monate, also 180,00 €).[185]

---

182 Vgl. BT-Drs. 17/3404, S. 174.
183 Vgl. BT-Drs. 17/3404, S. 106.
184 Vgl. BSG, Urt. vom 10.9.2013 – B 4 AS 12/13 –, juris.
185 Vgl. Ministerium für Arbeit, Integration und Soziales des Landes Nordrhein-Westfalen, Arbeitshilfe „Bildungs- und Teilhabepaket“, 4. Auflage, S. 60 (Stand: 1.9.2012).

Leistungen nach § 28 Abs. 7 SGB II werden insbesondere durch personalisierte Gutscheine, Geldleistungen oder Direktzahlungen an den Anbieter von entsprechenden Leistungen erbracht (vgl. § 29 Abs. 1 Satz 1 SGB II).

7.5.3 Prüfung der Hilfebedürftigkeit im Rahmen der Leistungen für Bildung und Teilhabe

Sofern eine leistungsberechtigte Person in der Bedarfsgemeinschaft laufende Leistungen zur Sicherung des Lebensunterhalts erhält, hat sie – ohne weitere Prüfung der wirtschaftlichen Situation – auch einen Anspruch auf die (zusätzlichen) Leistungen für Bildung und Teilhabe. Wenn bereits das Einkommen und Vermögen nicht zur Deckung des „allgemeinen Lebensunterhalts" (Regelbedarf, Bedarfe für Unterkunft und Heizung, Mehrbedarf) ausreicht, reicht es auch nicht zur Finanzierung zusätzlicher im Zweiten Buch Sozialgesetzbuch vorgesehener Bedarfe aus.

Einer näheren Überprüfung der Hilfebedürftigkeit bedarf es somit in diesen Fällen nicht. Es genügt, wenn die sachlichen Voraussetzungen für den Bezug der Bildungs- und Teilhabeleistungen vorliegen.

Ungleich schwerer zu beantworten ist die Frage der Anspruchsberechtigung allerdings, wenn zwar ausreichendes Einkommen und/oder Vermögen zur Deckung des allgemeinen Lebensunterhalts vorhanden ist, nicht aber für die Leistungsgruppen der Bildungs- und Teilhabebedarfe. Der Gesetzgeber hat für diese Fallkonstellation eine Reihe von Sonderregelungen normiert.[186]

Leistungen nach § 28 SGB II sind zwar den Leistungen zur Sicherung des Lebensunterhalts zuzurechnen, werden aber neben dem Regelbedarf gesondert berücksichtigt (vgl. § 28 Abs. 1 Satz 1 SGB II). Gemäß § 7 Abs. 2 Satz 3 SGB II erhalten Kinder und Jugendliche zur Deckung der Bedarfe nach § 28 SGB II auch dann Leistungen für Bildung und Teilhabe, wenn sie mit Personen in einem Haushalt zusammenleben, mit denen sie nur deshalb keine Bedarfsgemeinschaft bilden, weil diese (d.h. die Personen der Bedarfsgemeinschaft) aufgrund des zu berücksichtigenden Einkommens oder Vermögens selbst nicht leistungsberechtigt sind. Diese Regelung ermöglicht die Leistungsgewährung für einen ausschließlichen Bedarf nach § 28 SGB II.

Bei der Verteilung von Einkommen innerhalb der Bedarfsgemeinschaft nach der Bedarfsanteilsmethode bleiben die Bedarfe nach § 28 SGB II außer Betracht (vgl. § 9 Abs. 2 Satz 3 SGB II). Sollte nach Deckung aller Bedarfe außerhalb des § 28 SGB II noch Einkommen vorhanden sein, steht dies zur Deckung der Bildungs- und Teilhabeleistungen zur Verfügung. Bei mehreren Kindern und Jugendlichen, die nach § 28 SGB II leistungsberechtigt sind, ist das Einkommen in diesen Fällen **zu gleichen Teilen** auf die Bedarfe der Kinder bzw. Jugendlichen anzurechnen (vgl. § 9 Abs. 2 Satz 4 SGB II).

---

186 Vgl. die Abhandlung von Weber, „Die Prüfung der Hilfebedürftigkeit bei der Gewährung von Bildungs- und Teilhabeleistungen nach dem SGB II", DVP 07/2012 S. 289-298.

In § 5a Alg II-V werden Beträge vorgegeben, um die Prüfung der Hilfebedürftigkeit bei den Bildungs- und Teilhabeleistungen verwaltungstechnisch zu vereinfachen.

Gemäß § 5a Nr. 1 Alg II-V wird für **Schulausflüge** (§ 28 Abs. 2 Satz 1 Nr. 1 SGB II) zur Prüfung der Hilfebedürftigkeit ein Betrag von 3,00 € zugrunde gelegt. Die Kosten für Schulausflüge sind nach § 28 Abs. 2 Satz 1 Nr. 1 SGB II in tatsächlicher Höhe zu übernehmen. Insofern ist die Regelung als „fiktive Bedarfsberücksichtigung" ausgestaltet. Der Bedarf für eintägige Schulausflüge wird damit bei Personen, die keinen laufenden Leistungsanspruch haben, zur Prüfung der Hilfebedürftigkeit nur rechnerisch mit monatlich 3,00 € berücksichtigt.

Bei **mehrtägigen Klassenfahrten** sieht § 5a Nr. 2 Alg II-V zur Prüfung der Hilfebedürftigkeit ebenfalls eine Einkommenseinsatz vor. Danach ist monatlich ein Betrag zugrunde zu legen, der sich bei Teilung der Aufwendungen, die für die mehrtägige Klassenfahrt entstehen, auf einen Zeitraum von sechs Monaten ab Beginn des auf Antrag folgenden Monats ergibt. Für diese sechs Monate ist demzufolge ein Sechstel der Kosten für die Klassenfahrt als monatlicher Bedarf zu berücksichtigen.

8. Einsatz von Einkommen

Leistungen zur Sicherung des Lebensunterhalts nach dem Zweiten Buch Sozialgesetzbuch sind grundsätzlich vom Einkommen und Vermögen der leistungsberechtigten Person abhängig (vgl. §§ 9 Abs. 1 Satz 1, 19 Abs. 3 Satz 1 SGB II). Der Leistungsanspruch hängt dabei unter den Voraussetzungen des § 9 Abs. 2 SGB II auch vom Einkommen und Vermögen anderer Personen ab (verpflichtete Personen im Rahmen der sog. „Einsatzgemeinschaft").

Der Einsatz von Einkommen und Vermögen sowie Einzelheiten zur Berechnung und Berücksichtigung bzw. Nichtberücksichtigung bestimmter Einkommensarten sind geregelt in den §§ 11, 11a, 11b und 12 SGB II und in der Arbeitslosengeld II / Sozialgeld-Verordnung (Alg II-V).[187]

Die Berücksichtigung von Einkommen und/oder Vermögen kann sich bei den Leistungen zur Sicherung des Lebensunterhalts nach dem Zweiten Buch Sozialgesetzbuch als **bedarfsorientierte Hilfe**

- anspruchsmindernd oder
- anspruchsvernichtend auswirken.

In diesem Zusammenhang ist zu berücksichtigen, dass eine Minderung der Leistungen zur Sicherung des Lebensunterhalts im Rahmen der Grundsicherung für Arbeitsuchende durch die Anrechnung des zu berücksichtigenden Einkommens und Vermögens gemäß § 19 Abs. 3 Satz 2 SGB II zunächst bei den Leistungen der Bundesagentur für Arbeit (Regelbedarfe und Mehrbedarfe nach §§ 20, 21 und 23 SGB II) und, soweit darüber hinaus weiteres Einkommen oder Vermögen zu berücksichtigen ist, bei den Leistungen des kommunalen Trägers (Bedarfe für Unterkunft und Heizung nach § 22 SGB II) erfolgt.

Sind nur noch Leistungen für Bildung und Teilhabe zu gewähren, deckt weiteres zu berücksichtigendes Einkommen und Vermögen die Bedarfe in der Reihenfolge der Absätze 2 bis 7 nach § 28 SGB II (§ 19 Abs. 3 Satz 3 SGB II).

8.1 Begriff des Einkommens / Abgrenzung zum Vermögen

Als **Einkommen** zu berücksichtigen sind gemäß § 11 Abs. 1 Satz 1 SGB II **Einnahmen in Geld** abzüglich der nach § 11b SGB II abzusetzenden Beträge mit Ausnahme der in § 11a SGB II genannten Einnahmen. Einnahmen in **Geldeswert** sind mit Ausnahme von Sachbezügen, die im Rahmen einer Erwerbstätigkeit, des Bundesfreiwilligendienstes oder eines Jugendfreiwilligendienstes zufließen (vgl. § 11 Abs. 1 Satz 2 SGB II) grundsätzlich nicht als Einkommen zu berücksichtigen. Sie sind ab

187 Verordnung zur Berechnung von Einkommen sowie zur Nichtberücksichtigung von Einkommen und Vermögen beim Arbeitslosengeld II/Sozialgeld (Alg II-V) vom 17.12.2007 (BGBl. I 2007 S. 2942), zuletzt geändert durch Art. 1 der 6. Änderungsverordnung vom 19.12.2011 (BGBl. I S. 2833).

dem Ersten des Monats, der auf den Monat des Zuflusses folgt, dem Vermögen der leistungsberechtigten Person zuzuordnen und mit dem entsprechenden Verkehrswert zu berücksichtigen (z. B. Erbschaft einer nicht selbst bewohnten Immobilie).

Als Einkommen sind nach § 11 Abs. 1 Satz 3 SGB II auch Zuflüsse aus darlehensweise gewährten Sozialleistungen zu berücksichtigen, soweit sie dem Lebensunterhalt dienen (z. B. Leistungen nach dem Bundesausbildungsförderungsgesetz oder nach dem Aufstiegsfortbildungsförderungsgesetz, sog. „Meister-BAföG").

Bei der Prüfung des Einkommenseinsatzes im Rahmen der Grundsicherung für Arbeitsuchende sind folgende **Prüfungsschritte** bzw. **Fragestellungen** zu beachten:

1. Handelt es sich bei den zur Verfügung stehenden Einkünften um Einkommen i. S. des § 11 SGB II?

2. Ist dieses Einkommen leistungsrechtlich nicht zu berücksichtigen bzw. privilegiert (vgl. § 11a SGB II, § 1 Alg II-V sowie spezielle gesetzliche Regelungen)?

3. Welche Beträge sind ggf. vom Einkommen abzusetzen / Einkommensbereinigung (vgl. § 11b SGB II, § 6 Alg II-V)?

Nach den Vorschriften der Arbeitslosengeld II / Sozialgeld-Verordnung (Alg II-V) sind folgende Einkommensarten zu unterscheiden:

- Einkommen aus nichtselbstständiger Arbeit (vgl. § 2 Alg II-V),
- Einkommen aus selbstständiger Arbeit, Gewerbebetrieb oder Land- und Forstwirtschaft (vgl. § 3 Alg II-V),
- Einkommen in sonstigen Fällen (vgl. § 4 Alg II-V).

Bei der Berechnung der zu berücksichtigenden Einnahmen, die nach § 11 Abs. 1 Satz 1 SGB II zum Einkommen gehören, sind grundsätzlich alle **Einnahmen in Geld** ohne Rücksicht auf ihre Herkunft und Rechtsnatur zugrunde zu legen. Unerheblich ist, ob sie zu den Einkunftsarten i. S. des Einkommenssteuergesetzes gehören, ob sie der Steuerpflicht unterliegen, ob sie einmalig, unregelmäßig oder laufend anfallen und ob sie zur Deckung des notwendigen Lebensunterhalts bestimmt sind. Ein Verlustausgleich zwischen einzelnen Einkommensarten (wie im Steuerrecht) ist gemäß § 5 Alg II-V nicht zulässig.

Das Gesetz differenziert – wie das Zwölfte Buch Sozialgesetzbuch (Sozialhilfe) – zwischen **Einkommen** und **Vermögen**, ohne dass bezüglich der Abgrenzung eine eindeutige Unterscheidung getroffen wird. Eine entsprechende Zuordnung ist allerdings grundsätzlich vorzunehmen, da für die Einkommens- und Vermögensanrechnung unterschiedliche Voraussetzungen und Rechtsfolgen (d. h. divergierende Einsatzregelungen) vorgesehen sind.

Einkommen im Sinne des Zweiten Buches Sozialgesetzbuch ist alles, was jemand in der Bedarfszeit – regelmäßig dem jeweiligen Kalendermonat – wertmäßig dazuerhält. **Vermögen** ist das, was er in der Bedarfszeit bereits hat bzw. was davor zugegangen ist oder in der Bedarfszeit nicht verwendet wurde. Dabei ist grundsätzlich vom **tatsächlichen Zufluss** (d.h. vom Zeitpunkt des Zahlungseingangs) auszugehen, es sei denn, rechtlich wird ein anderer Zufluss als maßgeblich bestimmt.[188]

Ein solcher rechtlich maßgeblich anderer Zufluss ergibt sich z. B. bei einer **Erbschaft** aus § 1922 Abs. 1 BGB, wonach mit dem Tod einer Person (Erbfall) deren Vermögen als Ganzes auf den oder die Erben übergeht. Bereits ab diesem Zeitpunkt kann der Erbe aufgrund seiner durch den Erbfall erlangten rechtlichen Position über seinen Anteil am Nachlass verfügen. Ob der Erbe schon zum Zeitpunkt des Erbfalls tatsächlich – zumindest bedarfsmindernde – Vorteile aus seiner Erbenstellung ziehen kann, ist dabei zunächst ohne Belang. Entscheidend für die Abgrenzung von Einkommen und Vermögen ist daher, ob der Erbfall jedenfalls vor der (ersten) Antragstellung eingetreten ist. Liegt der Erbfall **vor** der ersten Antragstellung, handelt es sich um Vermögen.[189]

Sofern der Erbfall **nach** der ersten Antragstellung liegt, wäre das Erbe (sofern es sich um Barmittel und nicht um Sachwerte handelt) als Einkommen (und nicht als Vermögen) zu behandeln. Eine anspruchsmindernde Berücksichtigung dieses Einkommens kann aber erst dann erfolgen, wenn das Erbe der leistungsberechtigten Person als „bereites Mittel" zur Verfügung steht.

Nicht entscheidend ist somit das Schicksal der Forderung. Das gilt auch dann, wenn der Grund für den Zufluss vor dem Beginn des jeweiligen Bedarfszeitraumes geschaffen wurde. So ist z.B. die Auszahlung einer **Steuererstattung** ein Zufluss i. S. von § 11 Abs. 1 Satz 1 SGB II und grundsätzlich für den Monat des Zuflusses als Einkommen zu berücksichtigen, auch wenn dessen Grund die zu viel entrichtete Einkommenssteuer des Vorjahres ist und es sich insofern um Einnahmen aus einer bereits bestehenden Rechtsposition handelt.[190]

Das Bundessozialgericht hat mehrfach die modifizierte Zuflusstheorie (d.h. Anrechnung von Einkommen im Zuflussmonat und ggf. Anrechnung innerhalb eines angemessenen Verteilzeitraumes) bestätigt.[191] Vom Anknüpfungspunkt des tatsächlichen Zuflusses als Differenzkriterium zwischen Einkommen und Vermögen ist auch dann auszugehen, wenn es sich um durch Zwangsvollstreckungsmaßnahmen erzwungene Teilzahlungen auf einen titulierten Anspruch auf eine **Abfindung gegen den Arbeitgeber** handelt.[192]

188 Vgl. BVerwG, Urt. vom 18.2.1999 – 5 C 35/97 – unter ausdrücklicher Aufgabe der sog. „Identitäts-theorie", BVerwGE 108, 296 = FEVS 51, 1, = ZFSH SGB 1999, 550; BSG, Beschl. vom 23.11.2006 – B 11b AS 17/06 B –, FEVS 58, 304.

189 Vgl. BSG, Urt. vom 24.2.2011 – B 14 AS 45/09 R –, NDV-RD 2011, 77 = FamRZ 2011, 155 = NZS 2011, 874; BSG, Urt. vom 25.1.2012 – B 14 AS 101/11 R –, SozR 4-4200 § 11 Nr. 47 = Fa-mRZ 2012, 1136.

190 Vgl. LSG NRW, Urt. vom 20.8.2007 – L 20 AS 99/06 –, juris.

191 Vgl. BSG, Urt. vom 30.7.2008 – B 14 AS 26/07 –, ZFSH/SGB 2009, 34 = FEVS 60, 404 = NVwZ-RR 2009, 963; BSG, Urt. vom 30.7.2008 – B 14 AS 43/07 R –, info also 2009, 38 (Kurzwiedergabe).

192 Vgl. BSG, Urt. vom 3.3.2009 – B 4 AS 47/08 R –, BSGE 102, 295 = ZFSH/SGB 2009, 550 = NJW 2009, 3323.

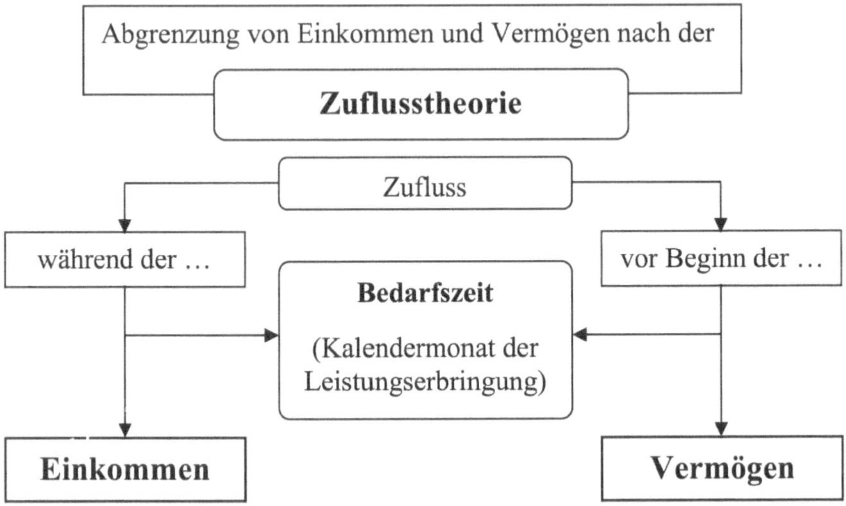

Zu beachten ist in diesem Zusammenhang, dass nach § 37 Abs. 2 Satz 2 SGB II der Antrag auf Leistungen zur Sicherung des Lebensunterhalts auf den Ersten des Monats der Antragstellung zurückwirkt. Damit sind auch Einnahmen, die vor dem Tag der Antragstellung aber nach dem Ersten des Monats, für den die Leistungen zu erbringen sind, als Einkommen zu berücksichtigen.

Nicht als Einkommen zu berücksichtigen sind Mittel aus einem (privaten) **Darlehen**, da diese mit Rücksicht auf die Verpflichtung zur Rückzahlung die Vermögenssituation der leistungsberechtigten Person nicht verändern, es sei denn, die Rückzahlungsverpflichtung entfällt. Entscheidungserheblich in diesem Zusammenhang ist damit, ob im Zeitpunkt der Bereitstellung des Darlehens bzw. des Geldzuflusses die Rückzahlungsverpflichtung eindeutig festgestellt werden kann.[193]

Eine Ausnahme von der Nichtberücksichtigung gilt ausdrücklich für **Darlehen aus Sozialleistungen** (vgl. § 11 Abs. 1 Satz 2 SGB II).

An den Nachweis des Abschlusses und der Verbindlichkeit eines Darlehensvertrags unter **Verwandten** sind strenge Anforderungen zu stellen, um eine Darlehensgewährung eindeutig von einer (verdeckten) Schenkung oder einer Unterhaltsleistung abgrenzen zu können. Entscheidend für die Abgrenzung ist allein, ob ein Darlehensvertrag gemäß § 488 BGB zivilrechtlich wirksam abgeschlossen worden ist. Bei der Prüfung, ob ein wirksamer Darlehensvertrag abgeschlossen wurde, können einzelne Kriterien des sogenannten „Fremdvergleichs" herangezogen werden. Der Leistungsberechtigte muss nachweisen, dass mit dem Darlehensvertrag konkret und nachvollziehbar die Rückzahlungsmodalitäten vereinbart sind. Nicht erforderlich ist dabei, dass sowohl die Gestaltung (z. B. Schriftform, Zinsabrede, Sicherheiten) als auch die Durchführung des Vereinbarten in jedem Punkt dem zwischen Fremden Üblichen entsprechen müssen.[194]

193 Vgl. LSG NRW, Urt. vom 11.12.2008 – L 7 AS 62/08 –, 315, juris.

194 Vgl. BSG, Urt. vom 17.6.2010 – B 14 AS 46/09 R –, BSGE 106, 85 = FEVS 62, 293 NDV-RD 2011, 6

Ebenso ist der **Erlös aus Vermögen**, das durch Verkauf verwertet wurde, kein Einkommen, denn der Kaufpreis ist lediglich der geldliche Gegenwert des verkauften Gegenstandes (Vermögensumschichtung). In diesem Sinne hat auch das Bundesverwaltungsgericht bezogen auf **Schadensersatz**leistungen ausgeführt, dass der bloße Ersatz für etwas, das jemand bereits gehabt hat, keinen Zufluss bewirke, sondern wie das Ersetzte wiederum Vermögen sei.[195]

8.2 Einnahmen in Geld oder Geldeswert

Einnahmen in **Geld** sind die Zahlungsmittel in der Währung der Europäischen Union (Euro) ohne Rücksicht darauf, in welcher Form sie zufließen und wie sie verwaltet werden (z. B. als Bargeld, auf Giro- oder Sparkonten). Zuflüsse in anderen Währungen sind mit ihrem Kurswert in Euro umzurechnen.

Einnahmen in diesem Sinne sind u.a Einkünfte aus selbstständiger und nichtselbstständiger Arbeit sowie aus Land- und Forstwirtschaft, aus Vermietung und Verpachtung, Kapitalerträge, Unterhaltszahlungen, sonstige Zuwendungen Dritter (z.B. Geschenke), Erbschaften, Spiel- und Lotteriegewinne[196], Kindergeld, Lohnersatzleistungen wie Arbeitslosengeld (Alg I), Krankengeld, Übergangsgeld, Kurzarbeitergeld sowie weitere Sozialleistungen wie Renten aus der gesetzlichen Rentenversicherung, Unterhaltsvorschuss, Wohngeld und Leistungen der Ausbildungsförderung.

Einnahmen in **Geldeswert** sind vor allem Natural- und Sachbezüge (z. B. Deputate, Teil- oder Vollverpflegung) sowie alle Zahlungsersatzmittel, die eine unmittelbare und allgemeine Teilnahme am wirtschaftlichen Verkehr ermöglichen (z. B. Waren- oder Einkaufsgutscheine).

Gemäß § 1 Abs. 1 Nr. 11 Alg II-V ist **Verpflegung**, die außerhalb der in den §§ 2, 3 und 4 Nr. 4 Alg II-V Einkommensarten bereitgestellt wird, nicht als Einkommen zu berücksichtigen. Vom Arbeitgeber bereitgestellte **Vollverpflegung** ist pro Arbeitstag pauschal in Höhe von 1 % des nach § 20 SGB II maßgebenden monatlichen Regelbedarfs zu berücksichtigen. Wird **Teilverpflegung** bereitgestellt, entfallen auf das Frühstück ein Anteil von 20 % und auf das Mittag- und Abendessen Anteile von je 40 % (vgl. § 2 Abs. 5 Alg II-V).

Für die Berücksichtigung als Einkommen ist die Bereitstellung ausreichend. Es kommt nicht darauf an, ob die bereitgestellte Verpflegung auch tatsächlich in Anspruch genommen wird.[197]

---

195 Vgl. BVerwG, Urt. vom 18.2.1999 – 5 C 14/98 –, FEVS 51, 51 = NJW 1999, 3137.

196 Bzgl. der Berücksichtigung von Lotteriegewinnen vgl. LSG NRW, Urt. vom 13.12.2010 – L 19 AS 77/09 –, juris.

197 Vgl. Fachliche Hinweise der BA, Rn. 11.25 zu § 11 SGB II (Stand: 18.8.2016).

Im Einzelfall ergeben sich bei fünf Arbeitstagen pro Woche bzw. 19 Arbeitstagen pro Monat folgende Anrechnungsbeträge:

Bei einem Regebedarf von ...		**449,00 €**	**404,00 €**	**360,00 €**
bei 19 Arbeitstagen	Anteil Frühstück	17,07 €	15,36 €	13,68 €
	Anteil Mittagessen	34,12 €	30,70 €	27,36 €
	Anteil Abendessen	34,12 €	30,70 €	27,36 €
	insgesamt	**85,31 €**	**76,76 €**	**68,40 €**

Sonstige Einnahmen in Geldeswert sind gemäß § 2 Abs. 6 Satz 1 Alg II-V mit ihrem Verkehrswert als Einkommen anzusetzen.

8.3 Verfügbarkeit der Einnahmen

Ohne besondere gesetzliche Erwähnung sind nur die **tatsächlich verfügbaren Einnahmen** als Einkommen i.S. des § 11 Abs. 1 Satz 1 SGB II zu berücksichtigen. Hinzukommen muss die tatsächliche bedarfsbezogene Verwendungsmöglichkeit als „bereites Mittel“ und die jederzeitige Einsatzmöglichkeit zur Bedarfsdeckung.[198]

Auch bei **einmalig zufließendem Einkommen** kommt es darauf an, ob es im Verteilzeitraum als „bereites Mittel“ geeignet ist, den konkreten Bedarf im jeweiligen Monat zu decken bzw. die Hilfebedürftigkeit ganz oder teilweise zu beseitigen. Zwar ist der Hilfebedürftige bei Zufluss einer einmaligen Einnahme grundsätzlich gehalten, das Geld zur Sicherung des Lebensunterhalts (und nicht zur Schuldentilgung) einzusetzen. Wenn die einmalige Einnahme, deren Berücksichtigung als Einkommen in Rede steht, tatsächlich aber nicht (mehr) uneingeschränkt zur Verfügung steht, ist ein Leistungsanspruch nicht ausgeschlossen. Soweit der Leistungsberechtigte die einmalige Einnahme nicht zur Sicherung des Lebensunterhalts verwendet und so Hilfebedürftigkeit herbeiführt, kann dies einen Ersatzanspruch nach § 34 SGB II auslösen.[199]

Zahlungsverpflichtungen, die nicht reduzierbar oder aufschiebbar sind, stellen **kein Einkommen** dar, da diese Mittel für die leistungsberechtigte Person tatsächlich nicht frei verfügbar sind.

So stehen z.B. gepfändete Einkommensteile aufgrund eines titulierten Unterhaltsanspruchs der leistungsberechtigten Person tatsächlich nicht als „bereite Mittel“ zur Verfügung. Dies gilt – wegen der jederzeitigen Pfändbarkeit – auch für nicht gepfändete, aber titulierte Unterhaltsansprüche bis zur jeweiligen Pfändungsfreigrenze, wenn es sich um Unterhaltspflichten gegenüber Personen handelt, die im Verhältnis zu den Mitgliedern der Bedarfsgemeinschaft des Unterhaltspflichtigen unterhaltsrechtlich vorrangig sind oder diesen zumindest im Rang gleichstehen und wenn der Unterhaltspflichtige die tatsächliche Erbringung der Unterhaltsleistungen nachweist (vgl. auch § 11b Abs. 1 Satz 1 Nr. 7 SGB II).

198 Vgl. BSG, Urt. vom 30.7.2008 – B 14 AS 26/07 R –, FEVS 60, 404 = ZFSH/SGB 2009, 34 = NVwZ-RR 2009, 963.
199 Vgl. BSG, Urt. vom 29.11.2012, BSGE 112, 229 = NDV-RD 2013, 78 = FEVS 65, 16.

Gleiches gilt für **Leistungen eines vorrangigen Sozialleistungsträgers**, die dieser (noch) nicht erbringt; in derartigen Fällen ist der Nachrang der Leistungen zur Sicherung des Lebensunterhalts nach dem Zweiten Buch Sozialgesetzbuch ggf. durch das Erstattungsverfahren nach §§ 102 ff. SGB X gegenüber dem vorrangig verpflichteten Sozialleistungsträger wieder herzustellen.

Unberührt bleibt die sich aus dem Nachranggrundsatz ergebende Verpflichtung der leistungsberechtigten Person, ggf. eine Aussetzung der Pfändung oder eine Heraufsetzung des pfändungsfreien Betrages geltend zu machen bzw. eine Abänderung des Unterhaltstitels anzustreben.

Die Berücksichtigung bzw. die anspruchsmindernde Anrechnung „fiktiver Einkünfte" ist generell unzulässig, da es sich hierbei nicht um Einkommen i. S. des Zweiten Buches Sozialgesetzbuch handelt.

Dagegen sind **rechtswidrig** bzw. **zu Unrecht erbrachte Sozialleistungen** als Einkommen zu betrachten, auch wenn sie von der leistungsberechtigten Person erstattet werden müssen. Soweit „bereite Mittel" vorhanden sind, sind diese immer zur Reduzierung der Hilfebedürftigkeit einzusetzen. Entscheidend ist, dass die Mittel bereit (also verfügbar) sind. Dass die Einnahme mit einer Rückzahlungsforderung des Leistungsträgers belastet ist, führt nur dann zu einer Nichtberücksichtigung als Einkommen, wenn die Rückforderung bereits im Monat des Zuflusses als Erstattungsanspruch vom Sozialleistungsträger geltend gemacht wurde. Rückzahlungsverpflichtungen, die in späteren Monaten entstehen, bleiben als Schulden im Zweiten Buch Sozialgesetzbuch unbeachtet.[200]

8.4. Verfahren bei der Anrechnung von Einkommen

Die Vorschriften des § 11 SGB II und der Alg II-V unterscheiden im Hinblick auf die Anrechnungsmodalitäten

- **laufende Einnahmen**, die in Abständen von **bis zu einem Monat** anfallen (z. B. Arbeitsentgelt, Renten, Arbeitslosengeld, Kindergeld, Leistungen der Ausbildungsförderung),
- **laufende Einnahmen**, die in **größeren als monatlichen Zeitabständen** oder in **unterschiedlicher Höhe** zufließen (z. B. Weihnachts- und Urlaubsgeld[201]) und
- **einmalige** Einnahmen (z. B. Erbschaften, Lottogewinne, Abfindungen, Leistungsprämien, Jubiläumszuwendungen, Steuererstattungen, Nachzahlungen von Sozialleistungen oder Arbeitsentgelt).

Gemäß § 11 Abs. 2 Satz 1 SGB II sind **laufende Einnahmen** für den Monat zu berücksichtigen, in dem sie zufließen. Hierzu zählen auch Einnahmen, die an einzelnen Tagen eines Monats aufgrund von kurzzeitigen Beschäftigungsverhältnissen erzielt werden (vgl. § 11 Abs. 2 Satz 2 SGB II). So kann z. B. das Arbeitslosengeld (Alg I),

200 Vgl. BSG, Urt. vom 23.8.2011 – B 14 AS 165/10 R –, SozR 4-4200 § 11 Nr. 43 = NDV-RD 2012, 39.
201 So auch Geiger in LPK-SGB II, Rn. 38 zu § 11 SGB II.

das letztmalig am 28.5. rückwirkend für den Zeitraum vom 1. bis 28.5. zufließt, nicht als Einkommen bei der Berechnung des Anspruchs auf Arbeitslosengeld II für den Monat Juni angerechnet werden.

Nach § 337 Abs. 2 SGB III wird der Anspruch auf laufende Geldleistungen nach dem Dritten Buch Sozialgesetzbuch (z. B. Arbeitslosengeld) grundsätzlich zum Ende des Anspruchsmonats der leistungsberechtigten Person gutgeschrieben. Damit wird in der Praxis das letztmalig gezahlte Arbeitslosengeld (Alg I) nur dann auf das Arbeitslosengeld II (Alg II) anzurechnen sein, wenn der Antrag auf Leistungen zur Sicherung des Lebensunterhalts nach dem Zweiten Buch Sozialgesetzbuch im letzten Anspruchsmonat von Arbeitslosengeld (Alg I) gestellt wird und in diesem Monat auch ein Anspruch auf Arbeitslosengeld II (Alg II) besteht.

Die Beurteilung der Frage, ob es sich bei Einkünften um **laufende** Einnahmen handelt, richtet sich nach der Art der Vergütung – also danach, ob sie üblicherweise wiederkehrend bzw. regelmäßig erbracht werden und auf demselben Rechtsgrund beruhen.[202] Daher ist neben regelmäßig erfolgenden Zahlungen aus einem Arbeitsverhältnis auch das letztmalig vom Arbeitgeber gezahlte Arbeitsentgelt nach Beendigung einer Beschäftigung im ersten Monat der Bewilligung von Arbeitslosengeld II als laufende Einnahme und nicht als einmalige Einnahme zu berücksichtigen, soweit es der leistungsberechtigten Person im ersten Anspruchsmonat zufließt.

Laufende Einnahmen, die **in größeren als monatlichen Zeitabständen** oder in **unterschiedlicher Höhe** zufließen, und **einmalige Einnahmen** sind gemäß § 11 Abs. 3 Satz 1 SGB II in dem Monat zu berücksichtigen, in dem sie zufließen (vgl. § 11 Abs. 2 Satz 3 SGB II). Zu den einmaligen Einnahmen gehören gemäß § 11 Abs. 3 Satz 2 SGB II auch als **Nachzahlung** zufließende Einnahmen, die nicht für den Monat des Zuflusses erbracht werden. Durch die Regelung wird klargestellt, dass Nachzahlungen von Arbeitsentgelt oder Sozialleistungen wie einmalige Einnahmen zu berücksichtigen sind (ggf. mit normativer Verschiebung auf den Folgemonat und Bildung eines Verteilzeit-raumes). Laufende Einnahmen in monatlich **unterschiedlicher Höhe** können für jeden Monat mit dem entsprechenden Zahlbetrag berücksichtigt werden.

Nach § 11 Abs. 3 Satz 2 SGB II ist eine Berücksichtigung ab dem Monat, der auf den Zuflussmonat folgt, zulässig, wenn Leistungen für den Monat des Zuflusses ohne Berücksichtigung der einmaligen Einnahme bereits erbracht worden sind.

Bei **einmaligen und laufenden Einnahmen**, die in **größeren als monatlichen Zeitabständen** zufließen, ist die Anrechnung im Regelfall unter Berücksichtigung der Absetzbeträge nach § 11b SGB II in einer Summe vorzunehmen, wenn das zu berücksichtigende Einkommen den Gesamtbedarf bei den Leistungen zur Sicherung des Lebensunterhalts nicht übersteigt bzw. die Hilfebedürftigkeit für den entsprechenden Monat nicht beseitigt wird. Sofern der Leistungsanspruch durch die Berücksichtigung in einem Monat entfallen würde, ist die einmalige Einnahme auf einen Zeitraum **von sechs Monaten gleichmäßig aufzuteilen** und mit dem entsprechenden Teilbetrag zu berücksichtigen (vgl. § 11 Abs. 3 Satz 4 SGB II). Dies gilt unabhängig davon, ob dann für diesen Zeitraum die Hilfebedürftigkeit entfällt oder nicht.

202 Vgl. BSG, Urt. vom 7.5.2009 – B 14 AS 4/08 R –, ZFSH/SGB 2009, 740.

Eine nach Antragstellung zugeflossene einmalige Einnahme in Geld (z.B. aus einer Erbschaft) bleibt somit rechtlich auch über den Zuflussmonat und den Bewilligungszeitraum hinaus zu berücksichtigendes Einkommen.

Die Aufteilung des Einkommens auf einen Zeitraum von sechs Monaten ist auch dann vorzunehmen, wenn der Leistungsanspruch absehbar innerhalb einer kürzeren Frist endet. Der Verteilzeitraum wird auch nicht durch das Ende eines Bewilligungsabschnitts begrenzt, sondern wird nur dann beendet, wenn für mindestens einen Monat die Hilfebedürftigkeit (ohne Berücksichtigung der einmaligen Einnahme) entfallen würde. Dies kann z.B. durch die Aufnahme einer Erwerbstätigkeit erfolgen. Der bis dahin noch nicht berücksichtigte Teil der einmaligen Einnahme ist dann bei einer erneuten Antragstellung dem Vermögen zuzuordnen.[203]

Zu berücksichtigen ist, dass bei der Verteilung einer einmaligen Einnahme nach § 11 Abs. 3 Satz 4 SGB II die auf die einmalige Einnahme im Zuflussmonat entfallenden Beträge nach § 11b Abs. 1 Satz 1 Nr. 1, 2, 5 und 6 SGB II vorweg abzusetzen sind (vgl. § 11b Abs. 1 Satz 2 SGB II). Aus dem Umkehrschluss dieser Vorschrift ergibt sich, dass die dort nicht genannten Absetzbeträge im Verteilzeitraum (d.h. im jeweiligen Monat einschließlich des Zuflussmonats) abzusetzen sind.

Der Grundfreibetrag nach § 11b Abs. 2 Satz 1 SGB II ist für einmalige Einnahmen, die verteilt werden, nicht abzusetzen.[204] Die Vorschrift des § 11b Abs. 2 Satz 2 SGB II ist als vorrangige Spezialregelung gegenüber der Regelung des § 11b Abs. 2 Satz 1 SGB II zu sehen.

8.5 Einnahmen, die nicht als Einkommen zu berücksichtigen sind

Eine Reihe von Einnahmen sind **nicht** als Einkommen bei der Bemessung der Leistungen zur Sicherung des Lebensunterhalts nach dem Zweiten Buch Sozialgesetzbuch zu berücksichtigen und daher leistungsrechtlich nicht relevant (sog. „privilegiertes Einkommen“). Entsprechende Ausnahmen sind in § 11a SGB II, in § 1 Alg II-V sowie in sondergesetzlichen Regelungen genannt.

8.5.1 Ausnahmen nach § 11a SGB II

Folgende Einkommensarten sind auf Grund der Regelungen in § 11a Abs. 1 SGB II von der Berücksichtigung als Einkommen ausgenommen:

- Leistungen nach dem Zweiten Buch Sozialgesetzbuch (u.a. das Arbeitslosengeld II, das Sozialgeld und das Einstiegsgeld nach § 16b SGB II),
- die Grundrente nach dem Bundesversorgungsgesetz (BVG),
- Grundrenten nach Gesetzen, die eine entsprechende Anwendung des Bundesversorgungsgesetzes vorsehen, z.B. für

203 Vgl. BSG, Urt. vom 30.9.2008 – B 4 AS 29/07 R –, BSGE 101, 291 = NDV-RD 2009, 87 = FEVS 60, 337.
204 Vgl. Fachliche Hinweise der BA, Rn. 11.16 zu § 11 SGB II (Stand: 18.8.2016).

- Opfer von Gewalttaten nach dem Gesetz über die Entschädigung für Opfer von Gewalttaten (§ 1 Abs. 1 OEG),
- politische Häftlinge nach dem Häftlingshilfegesetz (§ 4 HHG),
- Wehrdienst- und Zivildienstopfer nach dem Soldatenversorgungsgesetz (§§ 80 ff. SVG) und Zivildienstgesetz (§ 50 ZDG),
- Impfgeschädigte nach dem Infektionsschutzgesetz (§ 60 Abs. 1 IfSG),
- Grenzdienstopfer nach dem Bundesgrenzschutzgesetz (§§ 59 ff. BGSG),
- zu Unrecht Verhaftete bzw. rechtsstaatswidrig Strafverfolgte nach §§ 21 und 22 Strafrechtliches Rehabilitierungsgesetz (StrRehaG),
- behinderte Menschen nach dem Conterganstiftungsgesetz (ContStifG) und

• die Renten oder Beihilfen, die nach dem Bundesentschädigungsgesetz (BEG) für Schaden an Leben sowie an Körper oder Gesundheit erbracht werden (Opfer nationalsozialistischer Verfolgung) bis zur Höhe der vergleichbaren Grundrente nach dem Bundesversorgungsgesetz,
• Aufwandsentschädigungen nach § 1835a BGB (Aufwandsentschädigungen für jede Vormundschaft, für die dem Vormund keine Vergütung zusteht) kalenderjährlich bis zu dem in § 3 Nr. 26 Satz 1 EStG genannten Betrag.

Nach § 11a Abs. 2 SGB II sind **Entschädigungen** nicht als Einkommen zu berücksichtigen, die wegen eines Schadens, der nicht Vermögensschaden ist, nach § 253 Abs. 2 BGB geleistet werden. Die Regelung bezieht sich auf das sog. **„Schmerzensgeld“**, das im Rahmen der Haftung aus unerlaubter Handlung vom Schädiger aufgrund einer Verletzung des Körpers, der Gesundheit, der Freiheit oder der sexuellen Selbstbestimmung (immaterielle Schäden) zu zahlen ist.

Die Nichtberücksichtigung erfolgt unabhängig davon, ob das Schmerzensgeld als laufende (d.h. monatliche) Geldleistung oder in Form einer (einmaligen) Kapitalabfindung gezahlt wird. Im Rahmen der Kapitalabfindung ist die Gesamtausgleichsleistung weder als Einkommen noch als Vermögen im Hinblick auf die Härteregelung nach § 12 Abs. 3 Satz 1 Nr. 6 SGB II (bezogen auf den nicht verbrauchten Teil im Folgemonat) zu berücksichtigen. Dies gilt auch für „angespartes“ Schmerzensgeld, da es grundsätzlich innerhalb der Dispositionsfreiheit des Geschädigten liegt, wie er mit den aus einem Schadensereignis resultierenden Beträgen zum Ausgleich des immateriellen Schadens umgeht.[205]

Dieser wegen der besonderen Funktion des Schmerzensgeldes herausgehobene Schutz führt allerdings nicht dazu, dass Zuflüsse, die nicht unmittelbar zu diesem Vermögensstamm gehören, ebenfalls privilegiert werden. Zinseinkünfte aus Schmerzensgeld sind vielmehr – wie alle anderen Zuflüsse in Geld auch – als Einkommen i. S. des § 11 Abs. 1 Satz 1 SGB II zu berücksichtigen.[206]

205 Vgl. BSG, Urt. vom 15.4.2008 – B 14/7b AS 6/07 R –, NDV-RD 2008, 102 = FEVS 60, 1 = SozR 4-4200 § 12 Nr. 9.
206 Vgl. BSG, Urt. vom 22.08.2012 – B 14 AS 103/11 R –, SozR 4-4200 § 11 Nr. 56, info also 2013, 135 (Kurzwiedergabe).

Nach § 11a Abs. 3 Satz 1 SGB II sind Leistungen, die auf Grund öffentlich-rechtlicher Vorschriften zu einem ausdrücklich genannten Zweck erbracht werden **(zweckbestimmte Leistungen)**, nur soweit als Einkommen zu berücksichtigen, als die Leistungen nach dem Zweiten Buch Sozialgesetzbuch im Einzelfall demselben Zweck dienen.

Mit der Formulierung „soweit" hat der Gesetzgeber zum Ausdruck gebracht, dass die Voraussetzungen nach § 11a Abs. 3 Satz 1 SGB II auch teilweise gegeben sein können. In diesen Fällen bleibt das jeweilige Einkommen mit seinem berücksichtigungsfreien Anteil anrechnungsfrei, wird aber im Übrigen in die Einkommensanrechnung einbezogen.

Zu den zweckbestimmten Einnahmen, die auf Grund öffentlich-rechtlicher Vorschriften zu einem ausdrücklich genannten Zweck erbracht werden und einen anderen Zweck als das Arbeitslosengeld II / Sozialgeld dienen, gehören insbesondere:

- das Ausbildungsgeld nach § 122 Abs. 1 Nr. 3 SGB III für Teilnehmer an Maßnahmen im Eingangsbereich und Berufsbildungsbereich einer Werkstatt für behinderte Menschen (WfbM),[207]
- das Blindengeld nach den Landesblindengeldgesetzen und Leistungen für Blindenführhunde,
- Leistungen nach § 7 Unterhaltssicherungsgesetz (USG),
- Pflegegeld aus der gesetzlichen Unfallversicherung nach § 44 SGB VII,
- Pflegezulage nach § 35 Abs. 1 Bundesversorgungsgesetz (BVG),
- der im Pflegegeld nach § 39 SGB VIII enthaltene Anteil für den **Sachaufwand** (Entgelt für die tatsächlichen Ausgaben der Pflegeeltern im Zusammenhang mit der Vollzeitpflege),
- Mobilitäts- und Arbeitnehmerhilfen zur Förderung der Aufnahme einer Beschäftigung nach § 44 ff. SGB III,
- Arbeitsförderungsgeld nach § 43 SGB IX für die im Arbeitsbereich einer Werkstatt für behinderte Menschen beschäftigten Personen,
- der im „Meister-BAföG" nach dem Aufstiegsfortbildungsförderungsgesetz enthaltene Maßnahmebeitrag sowie der Zuschuss zu den Kosten der Kinderbetreuung. Der Unterhaltsbeitrag, der auch für Familienmitglieder erbracht werden kann, dient demselben Zweck wie die Grundsicherungsleistungen nach dem Zweiten Buch Sozialgesetzbuch und ist nach Abzug des **Grundfreibetrages** in Höhe von **100,00 €** gemäß § 11b Abs. 2 Satz 5 SGB II als Einkommen zu berücksichtigen, auch wenn dieser nur als Darlehen gewährt wird (vgl. § 11 Abs. 1 Satz 3 SGB II).

Die vom Arbeitgeber zusätzlich im Rahmen des Arbeitslohnes gezahlten vermögenswirksamen Leistungen stellen private und damit keine öffentlich-rechtlichen Leistungen dar. Sie können nur unberücksichtigt bleiben, weil es sich im Sinne der Zuflusstheorie um nicht bereite Mittel handelt. Aufgrund des Nachranggrundsatzes

207 Vgl. Fachliche Hinweise der BA, Rn. 11.84 zu § 11a SGB II (Stand: 7.2.2020). Das BSG hat in einem Urteil zum Sozialhilferecht entschieden, dass das Ausbildungsgeld im Berufsbildungsbereich einer Werkstatt für behinderte Menschen zwar keine zweckbestimmte Leistung ist, aber zur Vermeidung einer Ungleichbehandlung mit Beschäftigten im Arbeitsbereich als Einkommen in voller Höhe über eine Absetzung nach § 82 Abs. 3 Satz 3 SGB XII unberücksichtigt bleibt (Urt. vom 23.3.2010 – B 8 SO 17/09 R–).

sind die den vermögenswirksamen Leistungen zu Grunde liegenden Verträge zu kündigen und die freiwerdenden Mittel zur Bedarfsdeckung einzusetzen.

Dagegen kommt eine Privilegierung von Bezügen oder Einnahmen aus einer ehrenamtlichen Tätigkeit (z.B. als Übungsleiter, Ausbilder, Erzieher oder Betreuer) oder einer nebenberuflichen Tätigkeit im gemeinnützigen oder kirchlichen Bereich, die nach § 3 Nr. 12, 26, 26a oder 26b Einkommenssteuergesetz (EStG) steuerfrei sind, nicht in Betracht. Damit stellt eine steuerliche Privilegierung für sich gesehen keine ausreichende Zweckbestimmung dar. Allerdings sind in diesem Zusammenhang die Regelung über die Berücksichtigung von Absetzbeträgen nach § 11b Abs. 2 Satz 3 SGB II zu beachten.

Abweichend von § 11a Abs. 3 Satz 1 SGB II sind als Einkommen zu berücksichtigen sämtliche Leistungen der **Ausbildungsförderung** nach dem Bundesausbildungsförderungsgesetz (BAföG) sowie der Berufsausbildungsbeihilfe nach dem Dritten Buch Sozialgesetzbuch mit Ausnahme des Kinderbetreuungszuschusses nach § 14b Abs. 2 Satz 1 BAföG bzw. § 64 Abs. 3 Satz 1 SGB III (vgl. § 11a Abs. 3 Satz 2 Nr. 3 und Nr. 4 SGB II).

Für die **Betreuung von Pflegekindern** erhalten die Pflegeeltern bei Vollzeitpflege das Pflegegeld nach § 39 SGB VIII. Das Pflegegeld setzt sich aus dem **Sachaufwand** (Entgelt für die tatsächlichen Ausgaben der Pflegeeltern im Zusammenhang mit der Vollzeitpflege) und dem **Erziehungsbeitrag** (Anerkennung für den erzieherischen Einsatz) zusammen. Abweichend von § 11a Abs. 3 Satz 1 SGB II sind gemäß § 11a Abs. 3 Satz 2 Nr. 1 SGB II die Leistungen nach § 39 SGB VIII, die für den erzieherischen Einsatz erbracht werden in folgender Höhe als Einkommen zu berücksichtigen:

- für das erste und zweite Pflegekind gar nicht,
- für das dritte Pflegekind zu 75 %,
- für das vierte und jedes weitere Pflegekind in voller Höhe.

Die Rangfolge bestimmt sich nach dem Datum des Betreuungsvertrages. Die im Pflegegeld nach § 39 SGB VIII enthaltenen Kosten für den Sachaufwand sind als zweckbestimmte Leistungen als Einkommen bei den Pflegeeltern anrechnungsfrei.

Ebenso als Einkommen zu berücksichtigen sind gemäß § 11a Abs. 3 Satz 2 Nr. 2 SGB II Leistungen der **Kindertagespflege** nach § 23 SGB VIII.

Erhalten die Pflegeeltern für das Pflegekind bzw. die Pflegekinder Kindergeld, ist dies bei den Pflegeeltern als Einkommen zu berücksichtigen, weil es nicht zur Sicherung des Lebensunterhalts des Kindes benötigt wird, da dieser durch die Leistungen nach § 39 SGB VIII gedeckt ist. Das Kindergeld wird jedoch in Höhe der Hälfte (für das älteste Kind der Pflegefamilie) bzw. eines Viertels des Kindergeldes, das für ein erstes Kind zu zahlen ist, auf das Pflegegeld angerechnet (vgl. § 39 Abs. 6 SGB VIII). Eine Anrechnung des Kindergeldes ist daher nur in dem Umfang vorzunehmen, in dem es bei der Bewilligung des Pflegegeldes noch nicht berücksichtigt wurde.[208]

208 Vgl. Fachliche Hinweise der BA, Rn. 11.94 zu § 11 SGB II (Stand: 18.8.2016).

Nach § 11a Abs. 4 SGB II sind nicht als Einkommen zu berücksichtigen die Zuwendungen der freien **Wohlfahrtspflege**, soweit sie die Lage der Empfängerinnen und Empfänger nicht so günstig beeinflussen, dass daneben Leistungen nach dem Zweiten Buch Sozialgesetzbuch nicht gerechtfertigt wären.

Zu den Verbänden der freien Wohlfahrtspflege zählen alle Personenvereinigungen und Institutionen, die sich in Spitzenverbänden organisiert haben, u. a. der Deutsche Caritasverband (DCV), das Diakonische Werk, das Deutsche Rote Kreuz (DRK), die Arbeiterwohlfahrt (AWO), der Paritätische Gesamtverband mit seinen einzelnen Mitgliedern und die Zentralwohlfahrtsstelle der Juden in Deutschland (ZWST). Diese Spitzenverbände haben sich in der „Bundesarbeitsgemeinschaft der freien Wohlfahrtspflege“ zusammengeschlossen.

Die Leistungen dürfen die Lage des Empfängers nicht so günstig beeinflussen, dass daneben Leistungen nach dem Zweiten Buch Sozialgesetzbuch nicht gerechtfertigt wären. In diesem Zusammenhang hat der Leistungsträger eine Rechtfertigungsprüfung vorzunehmen. Maßstab für die Rechtfertigungsprüfung sind Art, Wert, Umfang und Häufigkeit der Zuwendungen.[209]

Gelegentliche Leistungen der freien Wohlfahrtspflege beeinflussen die Lage der leistungsberechtigten Person grundsätzlich nicht so günstig, dass daneben Leistungen zur Sicherung des Lebensunterhalts nach dem Zweiten Buch Sozialgesetzbuch ungerechtfertigt wären. In der Regel wird die Vermutung gelten, dass Zuwendungen der freien Wohlfahrtspflege bewusst unabhängig von staatlichen Transferleistungen erbracht werden, wenn sie tatsächlich gerechtfertigt bzw. vertretbar sind und insofern in erster Linie karitativen Charakter haben.

Nach § 11a Abs. 5 SGB II sind nicht als Einkommen zu berücksichtigen **Zuwendungen**, die ein anderer erbringt, ohne hierzu eine **rechtliche** oder **sittliche** Pflicht zu haben, soweit ihre Berücksichtigung für die Leistungsberechtigten grob unbillig wäre (§ 11a Abs. 5 Nr. 1 SGB II) oder sie die Lage der Leistungsberechtigten nicht so günstig beeinflussen, dass daneben Leistungen nach dem Zweiten Buch Sozialgesetzbuch nicht gerechtfertigt wären (§ 11a Abs. 5 Nr. 2 SGB II).

Eine **rechtliche** Verpflichtung kann sich aus Gesetz (z. B. im Rahmen der gesetzlichen Unterhaltspflicht), aus Vertrag (z. B. Arbeitsverträge) oder den Umständen der Zuwendung ergeben (z. B. aus Gewohnheitsrecht). Ob eine Zuwendung **sittlich** geschuldet wird, ist nach der allgemeinen Gepflogenheit und unter Berücksichtigung aller Umstände des jeweiligen Einzelfalles zu beurteilen.

Relevant sind in erster Linie Fälle, bei denen eine Berücksichtigung des zugewendeten Betrages ohne Rücksicht auf dessen Höhe nicht akzeptabel wäre und die Zuwendung erkennbar nicht auch zur Deckung des physischen Existenzminimums verwendet werden soll (z. B. Soforthilfen bei Katastrophen, Ehrengaben aus öffentlichen Mitteln, Spendenmittel für bedürftige Menschen oder Zuwendungen Dritter, die an den Bezug von Arbeitslosengeld II / Sozialgeld geknüpft sind, z. B. kommunale Zuschüsse für Fahrtkosten im Rahmen des öffentlichen Personennahverkehrs oder für Eintrittsgelder bei Benutzung öffentlicher Einrichtungen).[210]

209 Vgl. BT-Drs. 17/3404 S. 156.
210 Vgl. BT-Drs. 17/3404 S. 94.

Gleiches gilt auch für Lebensmittelspenden der „Tafeln“ oder Möbelspenden in geringwertigen Umfang.

Obergrenze für die Nichtberücksichtigung entsprechender Zuwendungen i. S. des § 11a Abs. 5 SGB II sind die geltenden Vermögensfreibeträge.

Gemäß § 11a Abs. 6 SGB II sind das Überbrückungsgeld nach § 51 des Strafvollzugsgesetzes oder vergleichbare Leistungen nach landesrechtlichen Regelungen nicht als Einkommen zu berücksichtigen. Die Regelung soll den Zugang zu den Leistungen der Grundsicherung für Arbeitsuchende im Anschluss an eine Haftentlassung verbessern.

8.5.2 Ausnahmen nach § 1 Abs. 1 Alg II-V

Mit der Verordnung zur Berechnung von Einkommen sowie zur Nichtberücksichtigung von Einkommen und Vermögen beim Arbeitslosengeld II / Sozialgeld (Arbeitslosengeld II / Sozialgeld-Verordnung – Alg II-V) hat das Bundesministerium für Arbeit und Soziales von seiner Ermächtigung nach § 13 Abs. 1 Nr. 1 SGB II Gebrauch gemacht, durch Rechtsverordnung zu bestimmen, welche (weiteren) Einnahmen nicht als Einkommen zu berücksichtigen sind.

Dies sind nach § 1 Abs. 1 Alg II-V:

- **Bagatellbeträge** (§ 1 Abs. 1 Nr. 1 Alg II-V)
  Einnahmen, die innerhalb eines Kalendermonats **10,00 €** nicht übersteigen, bleiben als Einkommen unberücksichtigt. Die Regelung gilt bei geringfügigen Einnahmen bzw. Bagatellbeträgen (z. B. bei kleineren Geldgeschenken) für jedes leistungsberechtigte Mitglied der Bedarfsgemeinschaft. Sofern die Einkünfte höher als 10,00 € im Monat sind, erfolgt kein Abzug der 10,00 € als Freibetrag. Die Einnahmen sind dann in voller Höhe als Einkommen zu berücksichtigen.
- **Häusliche Ersparnisse** (§ 1 Abs. 1 Nr. 2 Alg II-V)
  Die Regelung ist mit Wirkung zum 1.3.2020 durch die 8. Verordnung zur Änderung der Arbeitslosengeld II / Sozialgeld-Verordnung aufgehoben worden.[211]
- **Einnahmen aus Kapitalvermögen** (§ 1 Abs. 1 Nr. 3 Alg II-V)
  Nicht als Einkommen zu berücksichtigen sind Einnahmen aus Kapitalvermögen (insbesondere Zinserträge und Dividenden), soweit sie **100,00 €** kalenderjährlich nicht übersteigen.

211 Vgl. BGBl. 2020, Teil I, Nr. 26, S. 1026.

Beispiel
Die leistungsberechtigte Person erzielt im Januar Zinseinkünfte aus Kapitalvermögen für das Vorjahr in Höhe von 60,00 € und im März des gleichen Jahres eine Dividende aus Wertpapieren in Höhe von 80,00 €. Im April sind 40,00 € als Einkommen anspruchsmindernd zu berücksichtigen, falls die Versicherungspauschale (30,00 €) bei einer anderen Einkommensart abgesetzt wurde.

- **Nicht steuerpflichtige Einnahmen einer Pflegeperson** (§ 1 Abs. 1 Nr. 4 Alg II-V)
  Als Einkommen anrechnungsfrei bleiben nicht steuerpflichtige Einnahmen einer Pflegeperson bis zur Höhe des Pflegegeldes nach § 37 SGB XI für Leistungen der Grundpflege und der hauswirtschaftlichen Versorgung.
  Das von der pflegebedürftigen Person als Anerkennung bzw. als Motivationsanreiz zur Aufrechterhaltung der Pflegebereitschaft **weitergegebene** Pflegegeld nach § 37 SGB XI oder § 64a SGB XII an nicht professionelle (also ehrenamtlich tätige) Pflegepersonen aus dem persönlichen Umfeld des bzw. der Pflegebedürftigen ist nach § 3 Nr. 36 Satz 1 Einkommensteuergesetz (EStG) steuerfrei und daher nicht auf Leistungen zur Sicherung des Lebensunterhalts nach dem Zweiten Buch Sozialgesetzbuch anzurechnen, vor allem dann, wenn es sich bei der Pflegeperson um einen Angehörigen oder eine andere Person handelt, die damit eine sittliche bzw. moralische Verpflichtung gegenüber der pflegebedürftigen Person erfüllt.
  Gleiches gilt für Einnahmen aus privaten Pflegepflichtversicherungsleistungen nach den Vorgaben der §§ 23 Abs. 1 und 110 Abs. 1 Nr. 1 SGB XI.
- **Auslandsverwendungszuschlag für Soldaten** (§ 1 Abs. 1 Nr. 5 Alg II-V)
  Der Auslandsverwendungszuschlag nach § 8f Wehrsoldgesetz (WSG)[212] bleibt anrechnungsfrei, um einen finanziellen Anreiz für humanitäre Auslandseinsätze für Soldaten und Soldatinnen der Bundeswehr zu schaffen.
- **Tarifvertragliche Überbrückungsbeihilfe an ehemalige (zivile) Arbeitnehmer der Stationierungsstreitkräfte** (§ 1 Abs. 1 Nr. 6 Alg II-V)
  Nicht als Einkommen zu berücksichtigen sind die aus Mitteln des Bundes gezahlte Überbrückungsbeihilfe nach Art. IX Abs. 4 des Abkommens zwischen den Parteien des Nordatlantikvertrages über die Rechtsstellung ihrer Truppen (NATO-Truppenstatut) vom 19.6.1951 (BGBl. 1961 II S. 1190) an ehemalige Arbeitnehmer bei den Stationierungsstreitkräften und nach Art. 5 des Gesetzes zu den Notenwechseln vom 25. September 1990 und 23. September 1991 über die Rechtsstellung der in Deutschland stationierten verbündeten Streitkräfte und zu den Übereinkommen vom 25. September 1990 zur Regelung bestimmter Fragen in Bezug auf Berlin vom 3.1.1994 (BGBl. II 1994 S. 26) an ehemalige Arbeitnehmer bei den alliierten Streitkräften in Berlin.
  Die Regelung soll einen Härteausgleich im Hinblick auf die Besonderheit des Arbeitsverhältnisses bewirken.

212 Gesetz über die Geld- und Sachbezüge der Soldaten, die auf Grund der Wehrpflicht Wehrdienst leisten (Wehrsoldgesetz – WSG) in der Fassung der Bekanntmachung vom 13.8.2008 (BGBl. I S. 1718), zuletzt geändert durch Art. 2 Abs. 8 des Gesetzes vom 8.4.2013 (BGBl. I S. 730).

- **Eigenheimzulage** (§ 1 Abs. 1 Nr. 7 Alg II-V)
Die Regelung ist zum 1.3.2020 durch die 8. Verordnung zur Änderung der Arbeitslosengeld II / Sozialgeld-Verordnung aufgehoben worden.[213]
- **Kindergeld** für nicht im Haushalt des Leistungsberechtigten lebende Kinder (§ 1 Abs. 1 Nr. 8 Alg II-V)
Nicht als Einkommen zu berücksichtigen ist das Kindergeld nach dem Einkommensteuergesetz oder dem Bundeskindergeldgesetz für Kinder der leistungsberechtigten Person, soweit es nachweislich an das **nicht im Haushalt** der leistungsberechtigten Person lebende Kind weitergeleitet wird. Der Nachweis kann in einfacher Form (z. B. durch Überweisungsbelege oder durch eine entsprechende Erklärung des Kindes) geführt werden.
Soweit das (nicht im Haushalt der Eltern lebende) Kind selbst hilfebedürftig i. S. von § 9 Abs. 1 SGB II ist, ist das von den Eltern weitergeleitete Kindergeld als Einkommen des Kindes bei den Leistungen zur Sicherung des Lebensunterhalts anspruchsmindernd zu berücksichtigen.
- **Einnahmen aus Erwerbstätigkeit bei Sozialgeldempfängern unter 15 Jahren** (§ 1 Abs. 1 Nr. 9 Alg II-V)
Bei Sozialgeldempfängern, die das 15. Lebensjahr noch nicht vollendet haben, bleiben Einnahmen aus Erwerbstätigkeit anrechnungsfrei, soweit sie einen Betrag von **100,00 €** monatlich nicht übersteigen.
Die Regelung betrifft insbesondere Kinder von erwerbsfähigen Leistungsberechtigten, die im Rahmen von Aushilfs- oder Ferienjobs geringfügig erwerbstätig sind und das 15. Lebensjahr noch nicht vollendet haben und damit den Grundfreibetrag nach § 11b Abs. 2 Satz 1 SGB II für erwerbsfähige Leistungsberechtigte, die erwerbstätig sind, nicht geltend machen können.
- **Beihilfen und Unterstützungen aufgrund der COVID-19-Pandemie** (§ 1 Abs. 1 Nr. 10 Alg II-V)
Nicht als Einkommen zu berücksichtigen sind Beihilfen und Unterstützungen bis zu einem Betrag von insgesamt 1.500,00 €, die Arbeitgeber ihren Arbeitnehmern aufgrund der COVID-19-Pandemie in der Zeit vom 1.3. bis 31.12.2020 zusätzlich zum ohnehin geschuldeten Arbeitslohn nach § 3 Nr. 11 des Einkommenssteuergesetzes steuerfrei gewähren; den Beihilfen und Unterstützungen seitens der Arbeitgeber stehen entsprechende Zahlungen aus den Haushalten des Bundes und der Länder gleich.
Hintergrund solcher Zahlungen kann insbesondere die Würdigung eines überobligatorischen Einsatzes der Arbeitnehmer/innen im Rahmen der Pandemie sein. Diese finanzielle Anerkennung soll auch Leistungsberechtigten nach dem Zweiten Buch Sozialgesetzbuch zugutekommen. Die Vorschrift entspricht (auch hinsichtlich der Höchstgrenze) dem Einkommenssteuerrecht, wo derartige Sonderzuwendungen ebenfalls steuerfrei sind.
Soweit entsprechende Sonderzuwendungen die Höchstgrenze von 1.500,00 € überschreiten, sind sie wie sonstiges Erwerbseinkommen zu behandeln – ggf. sind insbesondere die Erwerbstätigenfreibeträge zu berücksichtigen. Diese werden durch

213 Vgl. BGBl. 2020, Teil I, Nr. 26, S. 1026.

das von der Freistellung erfasste Einkommen nicht „verbraucht“. Maßgeblich ist der Gesamtbetrag der im Zeitraum vom 1.3. bis 31.12.2020 gewährten Zuwendungen. Hierdurch soll gewährleistet werden, dass auch Arbeitnehmern/innen deren Arbeitgeber möglicherweise mehrere kleine Sonderzuwendungen gewähren, die Freistellung in voller Höhe zugutekommt.

- **Sachbezüge für Verpflegung** (§ 1 Abs. 1 Nr. 11 Alg II-V)
  Nicht als Einkommen zu berücksichtigen sind Sachbezüge für Verpflegung, die außerhalb der in den §§ 2, 3 und 4 Nr. 4 Alg II-V genannten Einkommensarten (z.B. während einer stationären Krankenhausbehandlung, bei Beköstigung durch Angehörige oder bei Kindern, deren Verpflegung in einer Kindertageseinrichtung oder Schule kostenfrei zur Verfügung gestellt wird) bereitgestellt wird.
  Die Bestimmungen der kommunalen Träger zu § 28 SGB II bleiben unberührt.
- **Geldgeschenke zu kirchlichen oder ähnlichen Anlässen**
  (§ 1 Abs. 1 Nr. 12 Alg II- V)
  Anrechnungsfrei sind Geldgeschenke an Minderjährige anlässlich der Firmung, Kommunion, Konfirmation oder vergleichbarer religiöser Feste sowie anlässlich der Jugendweihe, soweit sie den in § 12 Abs. 2 Satz 1 Nr. 1a SGB II genannten Vermögensfreibetrag (also 3.100,00 €) nicht überschreiten.
- **Außerordentliche Wirtschaftshilfen** (§ 1 Abs. 1 Nr. 13 Alg II-V)
  ... die aufgrund eines Bundesprogramms zur Abfederung von Einnahmeausfällen gezahlt werden, die ab dem 2.11.2020 infolge der vorübergehenden Schließung von Betrieben und Einrichtungen entstanden sind, sind ebenfalls nicht als Einkommen zu berücksichtigen.
- **Überbrückungshilfe III** (§ 1 Abs. 1 Nr. 14 Alg II-V)
  Anrechnungsfrei bleiben die pauschalierten Betriebskostenzuschüsse, die aufgrund des Förderelements „Neustarthilfe“ des Bundesprogramms Überbrückungshilfe III gezahlt werden.
- **Hilfen zur Beschaffung von Hygiene- oder Gesundheitsartikeln**
  (§ 1 Abs. 1 Nr. 15 Alg II-V)
  Nicht als Einkommen zu berücksichtigen sind Hilfen zur Beschaffung von Hygiene- oder Gesundheitsartikeln, die aufgrund einer epidemischen Lage von nationaler Tragweite, die vom Deutschen Bundestag gemäß § 5 Abs. 1 Satz 1 des Infektionsschutzgesetzes festgestellt worden ist, aus Mitteln des Bundes oder der Länder gezahlt werden.

8.5.3 Ausnahmen nach § 1 Abs. 3 und Abs. 4 Alg II-V

- **Einkommen aus Ferienjobs (§ 1 Abs. 4 Alg II-V)**
  Gemäß § 1 Abs. 4 Satz 1 Alg II-V sind nicht als Einkommen zu berücksichtigen Einnahmen von Schülerinnen und Schülern allgemein- oder berufsbildender Schulen, die das 25. Lebensjahr noch nicht vollendet haben, aus Erwerbstätigkeiten, die in den Schulferien ausgeübt werden, soweit diese einen Betrag in Höhe von 2.400,00 € kalenderjährlich nicht überschreiten. Die Regelung ist nicht anzuwenden

für Schülerinnen und Schüler, die einen Anspruch auf Ausbildungsvergütung haben (§ 1 Abs. 4 Satz 3 Alg II-V). Der Zeitpunkt des Zuflusses entsprechender Einkünfte ist nicht relevant.
Als Schulferien zu bezeichnen ist der Zeitraum zwischen zwei Schulabschnitten (z.B. Oster- oder Sommerferien). Die Privilegierung erstreckt sich demnach nicht auf Einnahmen aus einer Erwerbstätigkeit in den dem letzten Schuljahr folgenden Schulferien. Schulferien liegen auch vor, wenn nach Abschluss einer allgemeinbildenden Schule eine berufsbildende Schule besucht wird.[214]
Zu berücksichtigen sind nur solche Ferienjobs, die während des Bezuges von Arbeitslosengeld II oder Sozialgeld ausgeübt werden. Unberücksichtigt bleiben dagegen in den Schulferien ausgeübte Erwerbstätigkeiten („Taschengeldjobs“) mit einem monatlichen Einkommen unterhalb des Grundfreibetrages nach § 11b Abs. 2 Satz 1 SGB II von 100,00 € (vgl. § 1 Abs. 4 Satz 2 Alg II-V).

- **Verletztenrente nach dem Siebten Buch Sozialgesetzbuch (§ 1 Abs. 3 Alg II-V)**
Die Verletztenrente nach dem Siebten Buch Sozialgesetzbuch ist teilweise nicht als Einkommen zu berücksichtigen, wenn sie aufgrund eines in Ausübung der Wehrpflicht bei der Nationalen Volksarmee der ehemaligen Deutschen Demokratischen Republik erlittenen Gesundheitsschadens erbracht wird (§ 1 Abs. 3 Satz 1 Alg II-V). Gemäß § 1 Abs. 3 Satz 2 Alg II-V bestimmt sich die Höhe des nicht zu berücksichtigenden Betrages nach der Höhe der Grundrente nach § 31 Bundesversorgungsgesetz (BVG), die für den Grad der Schädigungsfolgen zu zahlen ist, der der jeweiligen Minderung der Erwerbsfähigkeit entspricht.
Bei einer Minderung der Erwerbsfähigkeit um 20 % beträgt der nicht zu berücksichtigende Betrag zwei Drittel, bei einer Minderung der Erwerbsfähigkeit um 10 % ein Drittel der Minderungsgrundrente nach dem Bundesversorgungsgesetz (§ 1 Abs. 3 Satz 3 Alg II-V).
Mit der Regelung wird der betroffene Personenkreis hinsichtlich der Berücksichtigung der in diesen Fällen gezahlten Verletztenrente ehemaligen Wehrpflichtigen gleichgestellt, die eine Schädigung während des Wehrdienstes bei der Bundeswehr erlitten haben und bei denen deshalb entsprechendes Einkommen bis zur Höhe der Grundrente nach dem Bundesversorgungsgesetz nach § 11a Abs. 1 SGB II nicht zu berücksichtigen ist.

8.5.4 Ausnahmen aufgrund spezialgesetzlicher Regelungen

Bestimmte Einkünfte sind kraft spezialgesetzlicher Regelungen von einer Berücksichtigung im Rahmen der Leistungen zur Sicherung des Lebensunterhalts nach dem Zweiten Buch Sozialgesetzbuch ausgenommen. Diese Einkünfte verfolgen entweder ein sozialpolitisches Ziel oder stellen eine finanzielle Entschädigung für gesundheitliche Beeinträchtigungen dar, für die der Staat eine Verantwortung empfindet.

214 Vgl. Fachliche Hinweise der BA, Rn. 11.119 zu 11 SGB II (Stand: 18.8.2016).

Hierzu gehören u. a:

- Leistungen nach dem Gesetz zur Errichtung der Stiftung „Mutter und Kind – Schutz des ungeborenen Lebens“ (vgl. § 5 Abs. 2 MukStiftG),
- Leistungen nach dem HIV-Hilfegesetz (HIVHG) für durch Blutprodukte infizierte Personen (vgl. § 17 Abs. 2 HIVHG),
- bestimmte Leistungen nach dem Lastenausgleichsgesetz (vgl. §§ 292 Abs. 2 Nr. 1 bis 3, 274, 280 und 284 LAG),
- Leistungen nach dem Gesetz über den Ausgleich beruflicher Benachteiligung für Opfer politischer Verfolgung im Beitrittsgebiet (vgl. § 9 Abs. 1 BerRehaG),
- monatliche Renten nach dem Gesetz über die Hilfe für durch Anti-D-Immunprophylaxe mit dem Hepatitis-C-Virus infizierte Personen (Anti-D-HilfeG) zur Hälfte und Einmalzahlungen in voller Höhe (vgl. § 6 Abs. 1 Anti-D-HilfeG),
- der Kinderbetreuungszuschlag nach § 14b BAföG als zweckbestimmter Teil der Ausbildungsförderung (vgl. § 14b Abs. 2 Satz 1 BAföG),
- Leistungen der gesetzlichen Pflegeversicherung nach dem Elften Buch Sozialgesetzbuch und nach Art und Umfang vergleichbare Leistungen der privaten Pflegeversicherung (vgl. § 13 Abs. 5 SGB XI),
- das Elterngeld unter den Voraussetzungen des § 10 Abs. 5 BEEG.

8.6 Besondere Einkommensarten

8.6.1 Einkommen aus selbstständiger Tätigkeit und Gewerbebetrieb

Merkmale selbstständiger Tätigkeit
Unter **selbstständiger Tätigkeit** ist mit Blick auf das Einkommensteuerrecht (vgl. § 18 Abs. 1 EStG) die freiberufliche Tätigkeit zu verstehen. Hierzu gehören u. a folgende Berufsgruppen:

Bereich	**Berufsbezeichnung**
Juristische Berufe	Rechtsanwalt, Patentanwalt, Rentenberater, Notar (soweit nicht Beamter)
Wirtschaftswissenschaftliche Berufe	Wirtschaftsprüfer, vereidigter Buchprüfer, Steuerberater, Steuerbevollmächtigter, Sachverständiger für betriebswirtschaftliche Bewertungen, beratender Betriebs- oder Volkswirt
Heilberufe	Arzt, Apotheker, Tierarzt, Zahnarzt, Heilpraktiker, Hebamme, Physiotherapeut / Krankengymnast, Logopäde, Ergotherapeut
Kreative Berufe	Künstler, Musiker, Regisseur, Choreograf, Schriftsteller, Schauspieler, Designer

Bereich	**Berufsbezeichnung**
Publizistische Berufe	Journalist, Reporter, Dolmetscher / Übersetzer, Fremdsprachenkorrespondent
Naturwissenschaftliche und technische Berufe	Diplom-Ingenieure (z. B als Berater oder Sachverständiger), Architekt, Stadtplaner, Diplom-Biologe, Diplom-Geograf, Diplom-Informatiker, Lotse
Pädagogische und verwandte Berufe	Dozent, Erzieher und Lehrer, Kinder-/Tagesmutter

Merkmale der selbstständigen Arbeit sind die persönliche Betätigung gegen Vergütung (ohne dass Weisungsgebundenheit gegenüber dem Auftraggeber besteht, vgl. § 7 SGB IV) und die Tätigkeit auf eigene Rechnung und eigenes Risiko.

Bei der **gewerblichen Tätigkeit** steht nicht die persönliche berufliche Betätigung, sondern das Unternehmen als solches im Vordergrund. Unabhängig von der Zahl der Beschäftigten ist bei einem Gewerbebetrieb nicht die persönliche Ausführung einer bestimmten Dienstleistung, sondern vielmehr die Erfüllung konkreter Aufträge geschuldet.

Berechnung der Einnahmen

Bei der Berechnung des Einkommens aus selbstständiger Tätigkeit und Gewerbebetrieb ist vom erwirtschafteten Bruttoentgelt auszugehen (Betriebseinnahmen i. S. des § 3 Abs. 1 Satz 1 Alg II-V). Nach § 3 Abs. 1 Satz 2 Alg II-V sind Betriebseinahmen alle die aus selbstständiger bzw. gewerblicher Tätigkeit erzielten Einnahmen, die im Bewilligungszeit-raum tatsächlich zufließen und durch die selbstständige bzw. gewerbliche Tätigkeit veranlasst sind (z. B. Forderungseingänge, die vom Finanzamt erstattete Umsatzsteuer, Erlöse aus dem Verkauf von Betriebsgütern). Keine Betriebseinnahmen i. S. des § 3 Alg II-V sind dagegen Verkaufserlöse von zum Privatvermögen gehörenden und nach § 12 Abs. 3 SGB II geschützten Vermögensgegenständen, die betrieblich genutzt werden (z. B. PKW, Computer). [215]

Das Arbeitslosengeld II wird für Bewilligungszeiträume von in der Regel zwölf Monaten erbracht (vgl. § 41 Abs. 3 Satz 1 SGB II). Der Bewilligungszeitraum soll insbesondere in den Fällen **regelmäßig** auf **sechs Monate** verkürzt werden, in denen über den Leistungsanspruch vorläufig entschieden wird (vgl. § 41 Abs. 3 Satz 2 SGB II). Über die Erbringung von Geld- und Sachleistungen ist gemäß § 41a Abs. 1 Satz 1 Nr. 2 SGB II vorläufig zu entscheiden, wenn der Anspruch dem Grunde nach besteht und zur Feststellung seiner Höhe voraussichtlich längere Zeit erforderlich ist (weil das tatsächliche Einkommen in entsprechenden Fällen erst am Ende des Bewilligungszeitraumes bekannt sein wird). Das tatsächliche Einkommen ist bei **schwankenden** Einkünften erst im Nachhinein feststellbar.

Umgekehrt bedeutet dies, dass in den (seltenen) Fällen, in denen ein monatlich **gleichbleibendes** Einkommen aus selbstständiger oder freiberuflicher Tätigkeit zu erwarten ist, durch den Leistungsträger abschließend für **12 Monate** bewilligt werden muss.

215 Vgl. BSG, Urt. vom 19.9.2007 – B 1 KR 1/07 R –, NZS 2008, 482 = SozR 4-2500 § 62 Nr. 4.

Die Vorschrift des § 41 Abs. 3 Satz 2 SGB II enthält ein gebundenes Ermessen („regelmäßig"). Insofern ist nur in atypischen Fallkonstellationen von der Verkürzung des Bewilligungszeitraumes abzusehen. Denkbar ist das beispielsweise in Fällen, in denen wegen der Eigenart einer selbstständigen Erwerbstätigkeit eine jahresbezogene Berechnung des Einkommens aus dieser Tätigkeit erforderlich ist.

Wenn der Bewilligungszeitraum festgelegt wurde, ist für jeden Monat der Teil des Einkommens zu berücksichtigen, der sich bei der Teilung des Gesamteinkommens im Bewilligungszeitraum durch die Anzahl der Monate im Bewilligungszeitraum ergibt (vgl. § 3 Abs. 4 Satz 1 Alg II-V). Damit soll dem Betroffenen die Möglichkeit gegeben werden, Einnahmen und Ausgaben für seine Tätigkeit innerhalb des Bewilligungszeitraumes miteinander auszugleichen.

Sofern eine Erwerbstätigkeit i. S. des § 3 Alg II-V nur während eines Teils des Bewilligungszeitraumes ausgeübt wird (z. B. weil die Tätigkeit beendet oder erst im Laufe des Bewilligungszeitraumes aufgenommen wird), ist das Einkommen auch nur für diesen Zeitraum zu berechnen (vgl. § 3 Abs. 1 Satz 3 Alg II-V). In diesen Fällen gilt als monatliches Einkommen derjenige Teil des Einkommens, der der Anzahl der in den in § 3 Abs. 1 Satz 3 Alg II-V genannten Zeitraum entfallenden Monate entspricht (vgl. § 3 Abs. 4 Satz 2 Alg II-V).

Beispiel

Arbeitslosengeld II wurde für den Zeitraum vom 1.1. bis 31.12. bewilligt. Am 1.4. wird eine selbstständige Tätigkeit aufgenommen, aus der auch positives (schwankendes) Einkommen erzielt wird. Der Bewilligungszeitraum wird daraufhin vom Leistungsträger gemäß § 41 Abs. 3 Satz 2 Nr. 1 SGB II i. V. m. § 41a Abs. 1 Satz 1 SGB II bis zum 30.9. begrenzt (vgl. § 40 Abs. 4 SGB II – Aufhebung des Alg II-Bescheides ab 01.4.).

Das Gesamteinkommen für die Monate April bis September ist mit dem entsprechenden Durchschnittseinkommen (unabhängig vom Zuflussprinzip – wobei das Einkommen aber im jeweiligen Bewilligungszeitraum zugeflossen sein muss) auf die Monate April bis September zu verteilen.

Berücksichtigung von Betriebsausgaben

Von den Betriebseinnahmen sind die im Bewilligungszeitraum tatsächlich geleisteten notwendigen **Betriebsausgaben** (mit Ausnahme der nach § 11b SGB II zu berücksichtigenden Beträge) ohne Rücksicht auf steuerrechtliche Vorschriften abzusetzen (vgl. § 3 Abs. 2 Alg II-V). Aufwendungen, die bei der Bereinigung des Einkommens nach § 11b Abs. 1 SGB II abgesetzt werden, sind keine betrieblichen Ausgaben.

Die Berücksichtigung entsprechender Ausgaben erfordert, dass ein **wirtschaftlicher Zusammenhang** zwischen Aufwendungen und Betrieb (Beruf) besteht. Liegt ein solcher Zusammenhang vor, so können die Aufwendungen bei der Ermittlung des Gewinns (der Liquidität nach § 3 Alg II-V) grundsätzlich in Abzug gebracht werden. Handelt es sich dagegen um Kosten, die dem privaten Bereich zuzurechnen sind, so kommt ein Abzug nicht im Rahmen des § 3 Abs. 2 Alg II-V, sondern ggf. nach § 11b Abs. 1 Satz 1 SGB II in Betracht.

Es ist daher im Einzelfall eine differenzierende Prüfung vorzunehmen, die die betrieblich veranlassten Kosten eindeutig erkennen lassen (z. B. Büromiete, Wareneinkäufe, Investitionen), weil diese mit dem Betriebsrisiko in Verbindung stehen und insofern von den Kosten der privaten Alters- und Risikovorsorge bzw. der allgemeinen Lebensführung abzugrenzen sind.

Bei sog. „Mischkosten“ (z. B. Kontoführungsgebühren, Unterhaltungskosten für ein Kraftfahrzeug) ist der „betriebliche Anteil“ zu ermitteln. Hinsichtlich der Kosten für ein Fahrzeug werden diese gemäß § 3 Abs. 7 Alg II-V dem Betrieb zugeordnet, wenn das Fahrzeug mindestens zu 50 % betrieblich genutzt wird. In diesem Fall werden alle notwendigen Kosten (mit Ausnahme der Benzinkosten) in voller Höhe als Betriebsausgaben anerkannt. Wird eine mindestens 50%ige Nutzung nicht nachgewiesen, erfolgt keine Berücksichtigung.

Gemäß § 3 Abs. 3 Satz 4 und Satz 5 Alg II-V sind Ausgaben ferner nicht abzusetzen, soweit für sie **Darlehen oder Zuschüsse** nach dem Zweiten Buch Sozialgesetzbuch erbracht oder betriebliche Darlehen aufgenommen worden sind. Dies gilt auch für Ausgaben, soweit zu deren Finanzierung andere Darlehen verwandt werden. Die Regelungen sind auf alle Arten von (echten) Darlehen für betriebliche Investitionen anzuwenden.

Beispiel

Herr B bezieht laufend Arbeitslosengeld II. Er ist selbstständig tätig und beabsichtigt für seine gewerbliche Tätigkeit eine Investition (Kauf einer Maschine) in Höhe von 5.000,00 € vorzunehmen. Dafür nimmt er bei seiner Hausbank einen entsprechenden zweckgebundenen Kredit auf. Die Bank überweist den Betrag auf das Betriebskonto. Nach Zahlungseingang kauft Herr B für seinen Betrieb eine neue Maschine im Wert von 5.000,00 € und überweist den Betrag an den Verkäufer.

*Beide Transaktionen werden für die Berechnung des Einkommens aus selbstständiger Tätigkeit gemäß § 3 Abs. 1 und Abs. 2 Alg II-V nicht berücksichtigt. Die Überweisung der Kreditsumme durch die Hausbank stellt **kein Einkommen** (vgl. § 11 Abs. 1 Satz 2 SGB II) und die Zahlung an den Verkäufer **keine Ausgabe** (vgl. § 3 Abs. 3 Satz 4 Alg II-V) dar, weil sich keine Auswirkungen auf die Liquidität des Betriebes ergeben. In diesem Zusammenhang ist es auch unerheblich, ob die Bereitstellung des Kredites und die Zahlung an den Verkäufer innerhalb desselben Bewilligungszeitraumes erfolgt sind.*

Im Gegensatz zum Steuerrecht bleiben kalkulatorische Kosten wie Abschreibungen, Rückstellungen oder pauschale Abzüge unberücksichtigt, da es sich nicht um tatsächlich geleistete Ausgaben (Mittelabflüsse) handelt.

Keine Berücksichtigung finden gemäß § 3 Abs. 3 Satz 1 Alg II-V ferner Ausgaben, soweit diese ganz oder teilweise vermeidbar sind oder offensichtlich nicht den Lebensumständen während des Bezuges der Leistungen der Grundsicherung für Arbeitsuchende entsprechen und damit nicht als **notwendige** Betriebsausgaben gelten. Ebenso können Ausgaben nicht abgesetzt werden, soweit das Verhältnis der Ausgaben zu den jeweiligen Erträgen in einem auffälligen Missverhältnis steht (vgl. § 3 Abs. 3 Satz 3 Alg II-V), da derartige Ausgaben in diesem Umfang nicht notwendig sind. Durch die Nichtberücksichtigung entsprechender Ausgaben soll vermieden werden, dass die Hilfebedürftigkeit allein dadurch entsteht, dass betriebliche Ausgaben für überteuerte oder nicht notwendige Artikel ungeprüft als Betriebsausgaben abgesetzt werden.

Auch ein Ausgleich negativer Einkünfte aus selbstständiger Tätigkeit mit anderen Einkommensarten (Verlustausgleich) ist nicht zulässig (vgl. § 5 Alg II-V). Dies gilt auch für mehrere parallel ausgeübte selbstständige Tätigkeiten, von denen ggf. nur eine einen Gewinn abwirft. In diesem Fall können erwirtschaftete Verluste (negative Gewinne) nicht mit positiven Gewinnen „aufgerechnet" werden.[216]

Für die Frage, ob ein oder mehrere selbstständige Tätigkeiten bzw. Gewerbebetriebe vorliegen (bzw. ob ein sogenannter „horizontaler Verlustausgleich" zulässig ist), kann auf die Rechtsprechung des Bundesfinanzhofes (BFH) zurückgegriffen werden. Danach erfordert die Zusammenfassung mehrerer Betätigungen zu einem einzigen Gewerbebetrieb einen wirtschaftlichen (Kunden- und Lieferantenkreis), organisatorischen (Art der Betätigung, Ort der Betriebsstätten und finanziellen Zusammenhang (Umfang und Zusammensetzung des Aktivvermögens) zwischen den Betätigungen.

Eine besondere Bedeutung kommt aber der Gleichartigkeit der Betätigungen zu. So werden räumlich weit voneinander entfernt ausgeübte, ungleichartige gewerbliche Betätigungen regelmäßig in eigenständigen Gewerbebetrieben ausgeübt, während für einen einheitlichen Gewerbebetrieb gleichartige, in räumlicher Nähe zueinander ausgeübte gewerbliche Betätigungen (also ein wirtschaftlicher, organisatorischer und finanzieller Zusammenhang) sprechen.[217]

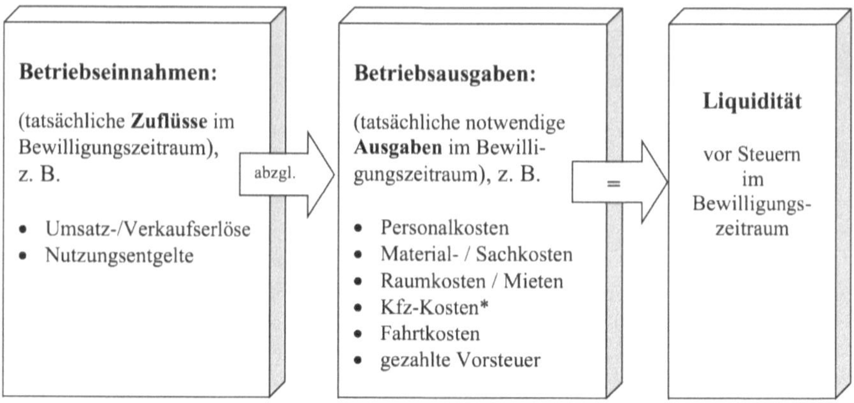

* Wird ein Kraftfahrzeug überwiegend betrieblich genutzt, sind die tatsächlich geleisteten notwendigen Ausgaben für dieses Kraftfahrzeug als betriebliche Ausgabe abzusetzen (§ 3 Abs. 7 Satz 1 Alg II-V).

216 Vgl. BSG, Urt. vom 17.2.2016 – B 4 AS 17/15 R –, juris.

217 Vgl. LSG Berlin-Brandenburg, Urt. vom 12.6.2015 – L 25 AS 3370/13 –, juris, mit Verweisen auf die Rechtsprechung des Bundesfinanzhofes (BFH).

Verfahren bei der Anrechnung/vorläufige Bewilligung

Nach Abzug der Betriebsausgaben ergibt sich das dem Arbeitnehmereinkommen vergleichbare Bruttoeinkommen (Brutto-Überschuss), das die Grundlage für die Berechnung des Freibetrages für Erwerbstätige nach § 11b Abs. 1 Satz 1 Nr. 6 i.V.m. § 11b Abs. 3 SGB II bildet. Daneben ist das Einkommen um die übrigen in § 11b Abs. 1 Satz 1 SGB II vorgesehenen Absetzbeträge zu bereinigen.

Grundsätzlich beträgt der Bewilligungszeitraum für die Leistungen zur Sicherung des Lebensunterhalts zwölf Monate (vgl. § 41 Abs. 3 Satz 1 SGB II). Eine Verkürzung des Bewilligungszeitraumes auf sechs Monate ist insbesondere in den Fällen des § 41 Abs. 3 Satz 2 SGB II vorgesehen. Dabei handelt es sich um Fallgestaltungen, bei denen entweder Leistungen **vorläufig** erbracht wurden (z.B. bei Erzielung von Einkommen aus einer selbstständigen Erwerbstätigkeit) oder unangemessene Aufwendungen für Unterkunft und Heizung eine Überprüfung des Leistungsanspruchs bereits nach sechs Monaten erforderlich machen.

Die Regelung sieht ein **gebundenes Ermessen** vor, um in **atypischen** Fallgestaltungen von einer Verkürzung absehen zu können.

In Betracht kommt dies zum Beispiel in Fällen, in denen wegen der Eigenart einer selbstständigen Erwerbstätigkeit eine jahresbezogene Berechnung des Einkommens aus dieser Tätigkeit erforderlich ist. Das wäre beispielsweise der Fall, wenn es sich um eine saisonale Selbstständigkeit handelt, bei der in einer Saison (z.B. in den Sommermonaten) hohe Einnahmen und außerhalb dieser Saison nur geringe oder keine Einnahmen erwirtschaftet werden. Entsprechende Sachverhalte wurden bis zum 31.7.2016 über § 3 Abs. 5 Alg II-V a.F. geregelt (die Vorschrift wurde zum 1.8.2016 im Verordnungstext gestrichen) und sind nunmehr über eine atypische Betrachtung zu lösen.

Beispiel

Herr E betreibt als Pächter eine Eisdiele, die turnusmäßig am 1.5. eines Jahres öffnet und wegen der Beendigung der Saison am 30.9. wieder geschlossen wird. Herr E beantragt am 1.10. Arbeitslosengeld II.

Der Bewilligungszeitraum beginnt in diesem Fall am 1.10. und endet am 30.9. des Folgejahres.

Da das Einkommen aus selbstständiger oder freiberuflicher Tätigkeit bzw. Gewerbebetrieb für den gesamten Bewilligungszeitraum in der Regel im Voraus nicht bekannt sein wird, ist über den Leistungsanspruch gemäß § 41a Abs. 1 Satz 1 Nr. 1 SGB II **vorläufig** zu entscheiden. Nach Ablauf des Bewilligungszeitraumes ist auf der Grundlage der Nachweise über die tatsächlichen Betriebseinnahmen und der tatsächlich getätigten notwendigen Ausgaben eine endgültige Entscheidung bezüglich der Leistungshöhe zu treffen.

Dabei ist gemäß § 3 Abs. 4 Satz 1 Alg II-V für jeden Monat der Teil des Einkommens zu berücksichtigen, der sich bei der Teilung des Gesamteinkommens im Bewilligungszeitraum durch die Anzahl der Monate im Bewilligungszeitraum ergibt (normatives Einkommen).

Nach § 41a Abs. 2 Satz 2 und Satz 3 SGB II ist die vorläufige Leistung so zu bemessen, dass der monatliche Bedarf der leistungsberechtigten Person(en) zur Sicherung des Lebensunterhalts gedeckt ist. Dabei kann der Absetzbetrag nach § 11b Abs. 1 Satz 1 Nr. 6 SGB II (Freibetrag für Erwerbstätige) ganz oder teilweise unberücksichtigt bleiben. Hierbei sind die im Zeitpunkt der Entscheidung bekannten und prognostizierten Verhältnisse zugrunde zu legen.

Bei selbstständig Tätigen ist es nicht unüblich, dass in einzelnen Monaten des Bewilligungszeitraumes höhere Einnahmen zufließen, während in anderen Monaten keine oder nur geringe Einkünfte erzielt bzw. erwirtschaftet werden. Derartige Schwankungen sind durch den Selbstständigen durch den Vordruck „EKS" (der von fast allen SGB II – Leistungsträgern bundesweit genutzt wird) im Rahmen einer Prognose, die sich so nah wie möglich an der konkreten wirtschaftlichen Entwicklung orientieren sollte (z. B. Berücksichtigung der bereits vorliegenden Aufträge), darzustellen.

Die Regelungen des § 41a Abs. 4 SGB II sind für eine abschließende Entscheidung bei selbstständig Tätigen nicht anzuwenden.

8.6.2 Einnahmen aus Vermietung und Verpachtung

Die Frage, welche Einnahmen zu den Einnahmen aus Vermietung und Verpachtung gehören, kann in Anlehnung an das Sozialhilferecht beantwortet werden (vgl. § 7 Abs. 1 VO zu § 82 SGB XII mit dem Verweis auf das Steuerrecht).

Bei Vermietung von Räumen ist der Überschuss der Einnahmen über die mit ihrer Erzielung verbundenen notwendigen Ausgaben als Einkommen anzusetzen. Die berücksichtigungsfähigen Ausgaben sind insoweit nicht von den Einnahmen abzusetzen, als sie auf den vom Vermieter oder Verpächter selbst genutzten Teil der Wohnfläche entfallen. Notwendige Ausgaben (vgl. § 7 Abs. 2 Satz 1 Halbs. 2 VO zu § 82 SGB XII) in diesem Zusammenhang sind die im Verhältnis zur Gesamtwohnfläche anteiligen Aufwendungen für

- (anteilige) Grundsteuern,
- sonstige öffentliche Abgaben (z. B. für Abwasser und Kanalisation, Müllabfuhr, Straßen- und Schornsteinreinigung),
- Gebäudeversicherung und Verwaltungskosten, soweit diese Aufwendungen nicht als umlagefähige Betriebs- bzw. Nebenkosten zusammen mit der vertraglich vereinbarten Miete erhoben werden,
- Schuldzinsen für Hypothekendarlehen (ohne Tilgungsleistungen),
- dauernde Lasten (z. B. Altenteillasten aufgrund von Überlassungsverträgen),
- sonstige Aufwendungen zur Bewirtschaftung des Haus- und Grundbesitzes (ohne besonderen Nachweis in Höhe von 1 v. H. der Jahresroheinnahmen) und

- Ausgaben für die Instandsetzung und Instandhaltung (Erhaltungsaufwand, jedoch keine Ausgaben für Verbesserungen). Ohne Nachweis können bei Wohngrundstücken, die vor dem 1.1.1925 bezugsfertig geworden sind, 15 v.H. und bei Wohngrundstücken, die nach dem 31.12.1924 bezugsfertig geworden sind, 10 v.H. der Jahresroheinnahmen als Erhaltungsaufwand berücksichtigt werden.[218]

Soweit die leistungsberechtigte Person die Wohneinheit **nicht selbst bewohnt**, sind als Einnahmen aus der Vermietung von möblierten Wohnungen und Zimmern anzusetzen

- bei möblierten Wohnungen 80 v.H.,
- bei möblierten Zimmern 70 v.H.,
- bei Leerzimmern 90 v.H.

der **Roheinnahmen** (d.h. Bruttoeinnahmen abzüglich der vom Mieter zu ersetzenden Entgelte für Strom und Wasser etc.).

Im Falle einer **Untervermietung** ist zu beachten, dass die hieraus erzielten Mieteinnahmen zunächst den Teil der ggf. unangemessenen (und nicht anzuerkennenden) Bedarfe für die Unterkunft decken und insoweit nicht als anrechenbares Einkommen zu berücksichtigen sind. Diese Verfahrensweise erscheint auch deshalb sachgerecht, da die Untervermietung vom Gesetzgeber als eine Möglichkeit zur Reduzierung unangemessener Unterkunftskosten ausdrücklich genannt wird (vgl. § 22 Abs. 1 Satz 3 SGB II). Darüber hinausgehende Einnahmen aus dem Untermietverhältnis mindern unmittelbar die Bedarfe für die Unterkunft.[219]

Sofern die Vermietung oder Verpachtung bzw. die Vermietung von möblierten Wohnungen und Zimmern **gewerbsmäßig** durchgeführt wird, handelt es sich bei den erzielten Einnahmen um Einkommen aus selbstständiger Erwerbstätigkeit.

Bei nachgewiesenen Einnahmen aus Vermietung oder Verpachtung dürfte im Regelfall zu berücksichtigendes Vermögen in Form von Immobilien vorhanden sein, dessen Verwertung vorrangig (vor Berücksichtigung entsprechender Einnahmen) durch Veräußerung zu verlangen ist. Sofern die Verwertung nicht sofort möglich ist oder für die leistungsberechtigte Person eine besondere Härte bedeutet, kommt ein Darlehen nach § 24 Abs. 5 SGB II in Betracht.

218 Vgl. Fachliche Hinweise der BA, Rn. 11.69 zu § 11 SGB II (Stand: 18.8.2016).
219 Vgl. Fachliche Hinweise der BA, Rn. 11.72 zu § 11 SGB II (Stand: 18.8.2016).

8.6.3 Einnahmen aus Kapitalvermögen

In Anlehnung an das Sozialhilferecht (vgl. § 6 Abs. 1 der Verordnung zur Durchführung des § 82 SGB XII) wird im Hinblick auf die Frage, welche Einnahmen dazu gehören, auf das Einkommensteuergesetz (EStG) verwiesen.

Nach § 20 Abs. 1 bis Abs. 3 EStG sind dies insbesondere Dividenden, sonstige Bezüge aus Aktien, Gewinnanteile an Gesellschaften mit beschränkter Haftung, Fondserträge, Bezüge aus Liquidation von Kapitalgesellschaften, Erträge aus Lebensversicherungen sowie Gewinnanteile und Zinsen aus Kapitalforderungen jeder Art (z. B. aus Einlagen und Guthaben bei Kreditinstituten). Das Einkommen aus Kapitalvermögen wird in der Regel einmalig oder jährlich wiederkehrend erzielt.

Zinsgutschriften aus Sparvermögen sind auch dann als Einkommen zu berücksichtigen, wenn es sich bei dem verzinsten Kapital um Schonvermögen handelt. Dies gilt auch dann, wenn die Zinsen erst nach Ablauf des Anlagezeitraumes zusammen mit dem angelegten Kapital zur Auszahlung kommen.[220]

Die Wertstellung von Kapitalerträgen (insbesondere bei Sparbüchern) erfolgt jeweils zum 31.12. eines Jahres. Der **Tag der Wertstellung** ist auch der Tag des Zuflusses. Dies gilt unabhängig davon, wann der Vermögensinhaber die Zinsgutschrift von seinem Kreditinstitut nachtragen lässt.[221]

Bei der Berechnung der Einnahmen aus Kapitalvermögen sind die Jahresroheinnahmen anzusetzen und um die Kapitalertragssteuer bzw. Abgeltungssteuer und die mit der Erzielung des Einkommens verbundenen notwendigen Ausgaben (vgl. § 11b Abs. 1 Satz 1 Nr. 1 und Nr. 5 SGB II) zu vermindern. Als notwendige Ausgaben kommen in diesem Zusammenhang z. B. Bankspesen und Depotgebühren bei Wertpapieranlagen in Betracht.

Da es sich in diesem Zusammenhang um laufende Einnahmen handelt, die in größeren als monatlichen Zeitabständen zufließen, ist für die Berücksichtigung von Kapitalerträgen § 11 Abs. 2 Satz 3 i. V. m. Abs. 3 SGB II anzuwenden. Sie sind im Monat ihres Zuflusses bzw. im Folgemonat in voller Höhe zu berücksichtigen (soweit sie den Betrag von 100,00 € kalenderjährlich übersteigen; vgl. § 1 Abs. 1 Nr. 3 Alg II-V), wenn dies **nicht** zum Wegfall des Leistungsanspruchs führt. Andernfalls sind die Einnahmen auf einen Zeitraum von sechs Monaten gleichmäßig aufzuteilen und monatlich mit einem entsprechenden Teilbetrag zu berücksichtigen.

8.6.4 Elterngeld / Betreuungsgeld / Mutterschaftsgeld

Gemäß § 10 Abs. 5 Satz 1 BEEG werden das **Elterngeld** und vergleichbare Leistungen der Länder sowie die nach § 3 BEEG auf das Elterngeld angerechneten Leistungen grundsätzlich – also auch in Höhe des Mindestbetrages von 300,00 € (Basiselterngeld) bzw. 150,00 € (ElterngeldPlus) – bei der Berechnung der Leistungen zur Sicherung des Lebensunterhalts in vollem Umfang berücksichtigt.

220 Vgl. BSG, Urt. vom 30.9.2008 – B 4 AS 57/07 R –, FEVS 60, 392 = SozR 4-4200 § 11 Nr. 16.
221 Vgl. Fachliche Hinweise der BA, Rn. 11.108 zu § 11 SGB II (Stand: 7.2.2020).

Alle Elterngeldberechtigten, die Arbeitslosengeld II oder Sozialgeld beziehen und die vor der Geburt ihres Kindes **erwerbstätig** waren, erhalten einen **Elterngeldfreibetrag**. Nach § 10 Abs. 5 Satz 2 BEEG bleibt bei der Bemessung der Leistungen nach dem Zweiten Buch Sozialgesetzbuch das Elterngeld in Höhe des vor der Geburt durchschnittlich monatlich erzielten Einkommens der letzten zwölf Kalendermonate bzw. der positiven Einkünfte aus selbstständiger Tätigkeit aus dem Bemessungszeitraum nach § 2b BEEG bis zu einem Betrag von 300,00 € (Basiselterngeld) bzw. 150,00 € (ElterngeldPlus) monatlich als Einkommen unberücksichtigt.

Soweit das Elterngeld den ermittelten Elterngeldfreibetrag übersteigt, ist es in der übersteigenden Höhe bei der Berechnung der Leistungen zur Sicherung des Lebensunterhalts zu berücksichtigen.

Das **Betreuungsgeld** ist in voller Höhe als Einkommen zu berücksichtigen. Ein Freibetrag – wie beim Elterngeld – ist nicht in Abzug zu bringen. Es sind lediglich die Absetzbeträge nach § 11b Abs. 1 SGB II (insbesondere die Pauschale für angemessene private Versicherungen i. H. v. 30,00 €) abzuziehen, sofern diese nicht bereits bei anderen Einkommensarten berücksichtigt wurden.

Mutterschaftsleistungen (Mutterschaftsgeld und Arbeitgeberzuschuss) werden in voller Höhe auf das Elterngeld lebensmonatsbezogen und tagegenau angerechnet (vgl. § 3 Abs. 1 BEEG). Dies kann im Einzelfall dazu führen, dass während des Bezuges von Mutterschaftsleistungen der Anspruch auf Elterngeld in einer geringeren Höhe oder ggf. gar nicht besteht.

In diesen Fällen sind die Mutterschaftsleistungen zusammen mit einem ggf. vorhandenen Elterngeldanspruch in Höhe des nach § 10 Abs. 5 Satz 2 und Satz 3 BEEG ermittelten Betrages (maximal bis zu 300,00 €) **nicht** zu berücksichtigen.

8.6.5 Kindergeld

Das Kindergeld (sowohl nach dem Einkommenssteuergesetz als auch nach dem Bundeskindergeldgesetz) ist nach § 64 Abs. 2 EStG grundsätzlich Einkommen der kindergeldberechtigten Person (in der Regel eines Elternteils). Nach § 11 Abs. 1 Satz 4 und Satz 5 SGB II ist jedoch das Kindergeld für die **zur Bedarfsgemeinschaft gehörenden Kinder** als Einkommen dem jeweiligen Kind **zuzurechnen**, soweit es bei ihm zur Sicherung des Lebensunterhaltes (mit Ausnahme der Bedarfe für Bildung und Teilhabe nach § 28 SGB II) benötigt wird.

Das Kindergeld ist in der **tatsächlich gezahlten Höhe** dem jeweiligen Kind als Einkommen zuzurechnen.

Bereits die Formulierung „ist zuzurechnen" macht deutlich, dass die Vorschriften des § 11 Abs. 1 Satz 4 und Satz 5 SGB II lediglich die Zurechnung (normative Verteilung) erzielten Einkommens betreffen, ohne die Einkommensqualität oder den Zufluss des Kindergeldes selbst regeln zu wollen. Abweichend von dem durch § 9 Abs. 2 Satz 3 SGB II modifizierten Grundsatz, dass Einkommen zunächst bei demjenigen zu berücksichtigen ist, dem es zufließt, erfolgt lediglich die Berücksichtigung des Einkommens zunächst beim Kind, und das auch nur, soweit das Kind es zur

Deckung seines individuellen Bedarfs benötigt. Die Zurechnung des Kindergeldes auf den Bedarf des Kindes ändert aber nichts daran, dass das Kindergeld Einkommen der kindergeldberechtigten Person bleibt.[222]

Der den Bedarf des Kindes übersteigende Kindergeldbetrag (in den Fällen, in denen das Kind über weiteres Einkommen wie z. B. Unterhalt oder eine Waisenrente verfügt) ist der kindergeldberechtigten Person – in der Regel also einem Elternteil – (ggf. auch anteilig) als Einkommen zuzurechnen.

Kindergeldbeträge			
Jahr	**Kind 1 und 2**	**Kind 3**	**ab Kind 4**
ab 1.1.2016	190,00 €	196,00 €	221,00 €
ab 1.1.2017	192,00 €	198,00 €	223,00 €
ab 1.1.2018	194,00 €	200,00 €	225,00 €
ab 1.7.2019	204,00 €	210,00 €	235,00 €
ab 1.1.2021	219,00 €	225,00 €	250,00 €

Beispiel

Frau P (38 Jahre) ist erwerbsfähig und alleinerziehend. In ihrem Haushalt leben die Kinder Patrick (5 Jahre) und Paula (4 Jahre). Neben dem Kindergeld in Höhe von jeweils 219,00 € erhält Frau P für beide Kinder eine Halbwaisenrente von jeweils 220,00 €.

Die angemessenen Kosten der Unterkunft betragen 300,00 € und die angemessenen Heizkosten monatlich 60,00 €.

Für die Kinder ergibt sich folgende Bedarfsberechnung:

	Patrick	*Paula*
Regelbedarf	*285,00 €*	*285,00 €*
anteilige Bedarfe der Unterkunft	*100,00 €*	*100,00 €*
anteilige Bedarfe für Heizung	*20,00 €*	*20,00 €*
Gesamtbedarf	***405,00 €***	***405,00 €***
Einkommen:		
Halbwaisenrente	*220,00 €*	*220,00 €*
Kindergeld	*185,00 €*	*185,00 €*
Gesamteinkommen	***405,00 €***	***405,00 €***

222 So auch Deutscher Verein für öffentliche und private Fürsorge, NDV 2005, 264, 267.

Zur Bedarfsdeckung bzw. zur Sicherung des Lebensunterhalts benötigen beide Kinder 185,00 € vom Kindergeld. Nur in dieser Höhe ist das Kindergeld als Einkommen den Kindern gemäß § 11 Abs. 1 Satz 4 und Satz 5 SGB II zuzurechnen. Im Ergebnis ist festzustellen, dass beide Kinder den Bedarf zur Sicherung ihres Lebensunterhalts aus eigenem Einkommen beschaffen können. Sie sind somit nicht hilfebedürftig i. S. des § 9 Abs. 1 SGB II bzw. anspruchsberechtigt und daher nicht (mehr) der Bedarfsgemeinschaft mit ihrer Mutter nach § 7 Abs. 3 Nr. 4 SGB II zuzurechnen.
*Das rechnerisch **nicht** zur Bedarfsdeckung der beiden Kinder benötigte Kindergeld (2 x 34,00 € = **68,00 €**) ist als **Einkommen der Mutter** bei der Berechnung des für sie in Betracht kommenden Arbeitslosengeldes II anspruchsmindernd zu berücksichtigen.*

Das Kindergeld für Kinder, die nicht der Bedarfsgemeinschaft mit ihren Eltern oder einem ihrer Elternteile zuzurechnen sind, ist grundsätzlich als **Einkommen der kindergeldberechtigten Person** (also eines der beiden Elternteile) zu berücksichtigen. Dies gilt nicht, wenn

- die zuständige Familienkasse auf Antrag das Kindergeld an das Kind auszahlt (vgl. § 74 EStG) oder
- das Kindergeld von den Eltern bzw. von dem kindergeldberechtigten Elternteil nachweislich an das nicht im Haushalt der leistungsberechtigten Person lebende Kind weitergeleitet wird (vgl. § 1 Abs. 1 Nr. 8 Alg II-V).

In diesen Fällen ist das Kindergeld ggf. dem hilfebedürftigen bzw. leistungsberechtigten Kind als Einkommen zuzurechnen.
Bei einer **temporären (doppelten) Bedarfsgemeinschaft** sowohl mit dem einen als auch mit dem anderen Elternteil findet die Zurechnungsregelung des § 11 Abs. 1 Satz 4 und 5 SGB II nur dann Anwendung, wenn sowohl der oder die Kindergeldberechtigte als auch das Kind, für das das Kindergeld gezahlt wird, der Bedarfsgemeinschaft angehören.[223]

Das bedeutet, dass das Kindergeld für ein minderjähriges Kind, das wechselweise bei beiden getrennt lebenden oder geschiedenen Elternteilen lebt, nur in der Bedarfsgemeinschaft als Einkommen zu berücksichtigen ist, in der auch die kindergeldberechtigte Person lebt. Das beispielsweise an den kindergeldberechtigten Vater gezahlte Kindergeld ist **nicht** anteilig für die Dauer des Aufenthalts des Kindes bei der Mutter als Einkommen dem Kind zuzurechnen.

Bei einem in der Bedarfsgemeinschaft mit den Eltern oder einem Elternteil lebenden Kind, das schwanger ist oder ein eigenes Kind bis zur Vollendung des sechsten Lebensjahres betreut, ist die Berücksichtigung des Kindergeldes im Rahmen des § 11 Abs. 1 Satz 4 und Satz 5 SGB II zulasten des Kindes durch die Schutzvorschrift des § 9 Abs. 3 SGB II ausgeschlossen.

223 Vgl. BSG, Urt. vom 2.7.2009 – B 14 AS 75/08 R –, NDV-RD 2009, 142 = FEVS 61, 345 = NJW 2010, 2381.

Die Vorschrift des § 9 Abs. 3 SGB II bezweckt die Freistellung der geschützten Schwangeren und ihr Kind betreuenden Kinder von möglichem wirtschaftlichen Druck der anderen Mitglieder der Bedarfsgemeinschaft, deren Einkommen und Vermögen sonst nach § 9 Abs. 2 Satz 2 SGB II zu berücksichtigen wäre. Das hierdurch „geschützte" Kind soll vielmehr einen eigenen Leistungsanspruch ohne Berücksichtigung von Einkommen und Vermögen der anderen Bedarfsgemeinschaftsmitglieder haben. Diese Situation besteht in gleicher Weise, wenn das steuerrechtlich geregelte Kindergeld nach §§ 31, 62 ff. EStG, das ohne die besondere grundsicherungsrechtliche Zurechnungsregelung in § 11 Abs. 1 Satz 4 und Satz 5 SGB II ohnehin Einkommen des kindergeldberechtigten Elternteils und nicht des Kindes darstellt, über diese Regelung dem Kind zugerechnet würde.[224]

8.6.6 Kinderzuschlag (Exkurs)

Allgemeines

Um Eltern/-teilen einen Anreiz zu geben, eine Beschäftigung bzw. Erwerbstätigkeit aufzunehmen bzw. fortzusetzen, wurde im Zuge der Reformen zur Modernisierung des Arbeitsmarktes der Kinderzuschlag nach § 6a Bundeskindergeldgesetz (BKGG) zum 1.1.2005 eingeführt.

Der Kinderzuschlag ist als Kombileistung für den Niedriglohnsektor ausgestaltet und mit der Verankerung im Bundeskindergeldgesetz eine Familienleistung mit sozial- und arbeitsmarktpolitischer Bedeutung. Er kommt für Eltern bzw. Elternteile in Betracht, die zwar ihren eigenen Bedarf für den notwendigen Lebensunterhalt aus eigenem Einkommen und/oder Vermögen bestreiten können, aber nicht über ausreichende finanzielle Mittel verfügen, um den Bedarf ihrer im Haushalt lebenden Kinder zu decken. Mit der Zahlung des Kinderzuschlags und einem ggf. bestehenden Wohngeldanspruch für anspruchsberechtigte Familien soll die Hilfebedürftigkeit im Rahmen der Grundsicherung für Arbeitsuchende (§ 9 Abs. 1 SG II) vermieden werden.

Das bedeutet, dass mit Kinderzuschlag und ggf. Wohngeld **keine** Hilfebedürftigkeit i. S. des § 9 Abs. 1 SGB II bestehen darf. Eine Ausnahme hiervon besteht, wenn lediglich bis zu 100,00 € fehlen, um den Bedarf vollständig zu decken (vgl. § 6 Abs. 1a Nr. 1 BKGG). In entsprechenden Fällen kann unter bestimmten zusätzlichen Voraussetzungen der „erweiterte Zugang" zum Kinderzuschlag in Anspruch genommen werden.

Der Kinderzuschlag soll so ausgestaltet werden, dass er dauerhaft zusammen mit dem für ein erstes Kind nach § 66 EStG zu zahlenden Kindergeld ein Zwölftel des steuerfrei zu stellenden sächlichen Existenzminimums eines Kindes für das jeweilige Kalenderjahr mit Ausnahme des Anteils für Bildung und Teilhabe deckt. Die Bildungs- und Teilhabeleistungen werden den Kindern gesondert gewährt.[225] Steht das Existenzminimum eines Kindes zu Beginn eines Jahres nicht fest, ist insoweit der für das Jahr geltende Betrag für den Mindestunterhalt eines Kindes in der zweiten Altersstufe nach Mindestunterhaltsverordnung maßgeblich (vgl. § 6a Abs. 2 Satz 2 BKGG).

224 Vgl. BSG, Urt. vom 17.7.2014 – B 14 AS 54/13 R –, BSGE 116, 200 = NDV-RD 2015, 51.
225 Vgl. BT-Drs. 19/7504 S. 22.

Der Kinderzuschlag (KiZ) ist – wie das Kindergeld – gemäß § 11 Abs. 1 Satz 4 und Satz 5 SGB II als Einkommen dem zur Bedarfsgemeinschaft angehörenden Kind zuzurechnen.

Der höchstmögliche (ungeminderte) Kinderzuschlag beträgt für **jedes** im gemeinsamen Haushalt lebende unverheiratete Kind, das noch nicht das 25. Lebensjahr vollendet hat, **209,00 €** monatlich für die Zeit ab 1.1.2021 (vgl. § 20 Abs. 3 BKGG). Aus der Summe des für jedes Kind einzeln zu berechnenden Kinderzuschlags ergibt sich der **Gesamtkinderzuschlag** (vgl. § 6a Abs. 4 BKGG). Bei Leistungsberechtigten mit einem Kind entspricht der Kinderzuschlag für dieses Kind dem Gesamtkinderzuschlag.

Der Kinderzuschlag wird, soweit die Anspruchsvoraussetzungen vorliegen, für ein Kind längstens bis zur Vollendung des 25. Lebensjahres gezahlt (vgl. § 6a Abs. 1 BKGG). Für **volljährige Kinder** besteht ein Anspruch auf Kinderzuschlag bis zur Vollendung des 25. Lebensjahres nur dann, wenn eine der besonderen Anspruchsvoraussetzungen des § 32 Abs. 4 EStG bzw. des § 2 Abs. 2 BKGG vorliegt (z. B. bei einen Arbeits- oder Ausbildungsplatz suchenden Kindern).

Der Kinderzuschlag ist eine Sozialleistung (vgl. § 25 Abs. 1 Satz 2 SGB I), die zusätzlich zum Kindergeld nach dem Einkommenssteuergesetz (EStG) oder dem Bundeskindergeldgesetz (BKGG) oder zu einer dem Kindergeld vergleichbaren Leistung nach § 65 Abs. 1 EStG bzw. § 4 Abs. 1 BKGG gewährt wird, so dass die Vorschriften des Ersten und Zehnten Buches Sozialgesetzbuch grundsätzlich anwendbar sind. Für die Aufhebung von Verwaltungsakten sowie die vorläufige Zahlungseinstellung sind die Vorschriften des Dritten Buches Sozialgesetzbuch entsprechend anwendbar (vgl. § 11 Abs. 6 BKGG).

Zuständig für die Entgegennahme des Antrages und die Entscheidung über den Anspruch auf den Kinderzuschlag ist die Familienkasse der Bundesagentur für Arbeit, in deren Bezirk der Antragsteller bzw. Berechtigte seinen Wohnsitz hat (vgl. § 13 Abs. 1 Satz 1 BKGG).

Anspruchsvoraussetzungen

Voraussetzung für die Leistung des Kinderzuschlages nach § 6a Abs. 1 BKGG ist, dass

- die Eltern bzw. der Elternteil als Kindergeldberechtigte einen Anspruch auf Kindergeld nach dem Bundeskindergeldgesetz oder nach dem X. Abschnitt des Einkommensteuergesetzes oder eine das Kindergeld ausschließende Leistung (vgl. § 4 BKGG) für ihre im Haushalt lebenden[226] und zur Bedarfsgemeinschaft i. S. des § 7 Abs. 3 SGB II gehörenden unverheirateten oder nicht „verpartnerten" Kinder hat/haben (vgl. § 6a Abs. 1 **Nr. 1** BKGG) und

226 Durch eine zeitweilige auswärtige Unterbringung im Rahmen der Schul- oder Berufsausbildung wird die Haushaltszugehörigkeit in der Regel nicht unterbrochen.

- das Einkommen der Eltern bzw. des Elternteils im Sinne des § 11 Abs. 1 Satz 1 SGB II (z. B. Bruttoeinkommen aus Erwerbstätigkeit, Arbeitslosengeld, Krankengeld mit Ausnahme des Wohngeldes, des Kindergeldes und des Kinderzuschlags) eine sog. „**Mindest**einkommensgrenze" von **900,00 €** (bei Elternpaaren) bzw. **600,00 €** (bei alleinerziehenden Elternteilen) erreicht, wobei Beträge nach § 11b SGB II nicht abzusetzen sind (vgl. § 6a Abs. 1 **Nr. 2** BKGG) und
- bei Bezug des Kinderzuschlags **keine Hilfebedürftigkeit** nach § 9 SGB II besteht, wobei die Bedarfe nach § 28 SGB II (Leistungen für Bildung und Teilhabe) außer Betracht bleiben (vgl. § 6 Abs. 1 **Nr. 3** BKGG).

Einmalige Bedarfe nach § 24 Abs. 3 SGB II (z. B. für die Erstausstattung der Wohnung und für Bekleidung bei Schwangerschaft und Geburt) sowie einmalige Leistungen für Unterkunft und Heizung in Höhe der Aufwendungen für die Beschaffung von Brennstoffen werden bei der Prüfung, ob der Bedarf der Bedarfsgemeinschaft mit dem Kinderzuschlag (und eventuell zustehendem Wohngeld) gedeckt ist, nicht berücksichtigt. Leistungen für diese besonderen Bedarfe können aber zusätzlich zum Kinderzuschlag vom Träger der Grundsicherung für Arbeitsuchende erbracht werden.

Dagegen sind die Beiträge zur Kranken- und Pflegeversicherung zu berücksichtigen. Sofern ein Mitglied der Bedarfsgemeinschaft nach Beendigung des Bezugs von Arbeitslosengeld II entsprechende Beiträge entrichtet, muss die Hilfebedürftigkeit insgesamt (also inklusive künftig zu entrichtender Kranken- und Pflegeversicherungsbeiträge) vermieden werden. Ein Anspruch auf Kinderzuschlag besteht nicht, sofern ergänzend ein Zuschuss nach § 26 SGB II notwendig wäre, weil die Voraussetzung der (vollständigen) Vermeidung von Hilfebedürftigkeit nicht erfüllt ist.[227]

Durch die Zahlung des Kinderzuschlags muss der ggf. vorhandene (rechnerische) Bedarf im Bereich der Grundsicherung für Arbeitsuchende gedeckt sein. Es darf also unter Berücksichtigung des Kinderzuschlags **keine Hilfebedürftigkeit** i. S. des § 9 Abs. 1 SGB II (mehr) bestehen. Eine Ausnahme hiervon besteht lediglich im Rahmen des sog. **„erweiterten Zugangs"**.

- Gemäß § 6a Abs. 1a BKGG besteht abweichend von § 6a Abs. 1 Nr. 3 BKGG ein Anspruch auf Kinderzuschlag (erweiterter Zugang), wenn
- bei Bezug von Kinderzuschlag Hilfebedürftigkeit besteht, der Bedarfsgemeinschaft zur Vermeidung von Hilfebedürftigkeit aber mit ihrem Einkommen, dem Kinderzuschlag und dem Wohngeld höchstens **100,00 €** fehlen,
- die Eltern über Einkommen aus einer Erwerbstätigkeit verfügen,
- sich bei der Ermittlung des Einkommens der Eltern nach § 11b Abs. 2 und 3 SGB II wegen Einkommen aus Erwerbstätigkeit Absetzbeträge in Höhe von mindestens 100,00 € ergeben und
- kein Mitglied der Bedarfsgemeinschaft Leistungen nach dem Zweiten oder nach dem Zwölften Buch Sozialgesetzbuch erhält oder beantragt hat.

227 Vgl. Durchführungsanweisung Kinderzuschlag (DA-KiZ), Familienkasse Direktion RV1, S. 14 (Stand: 1.7.2019).

Mindesteinkommensgrenze nach § 6a Abs. 1 Nr. 2 BKGG
Nach § 6a Abs. 1 Nr. 2 BKGG besteht ein Anspruch auf Kinderzuschlag, wenn mit Ausnahme von Wohngeld, Kindergeld und Kinderzuschlag ein Brutto-Einkommen i.S. des § 11 Abs. 1 Satz 1 SGB II in Höhe von mindestens **900,00 €** bei Paaren oder in Höhe von mindestens **600,00 €** bei Alleinerziehenden vorhanden ist (Mindesteinkommensgrenze).

Dabei sind die Absetzbeträge nach § 11b SGB II nicht zu berücksichtigen. Bei Personen, die selbstständig erwerbstätig sind, sind die Betriebseinnahmen ohne Berücksichtigung von Betriebsausgaben und gesetzlichen Abzügen maßgeblich. Bei Beziehern von Arbeitslosengeld (Alg I) wird zur Prüfung der Mindesteinkommensgrenze der Leistungssatz nach § 149 SGB III zugrunde gelegt. Bei Beziehern einer Rente aus der gesetzlichen Rentenversicherung wird die „Brutto-Rente" inklusive der Beiträge zur Kranken- und Pflegeversicherung herangezogen.

Für die Prüfung, ob die Mindesteinkommensgrenze erreicht wird, ist das durchschnittliche Brutto-Einkommen der letzten sechs Monate vor der Antragstellung zu berechnen (sog. „Bemessungszeitraum" nach § 6a Abs. 8 Satz 1 BKGG). Dabei sind ggf. auch die im Bemessungszeitraum zugeflossenen einmaligen Einnahmen zu berücksichtigen. Nicht zu berücksichtigen sind dagegen gemäß § 6a Abs. 5 Satz 1 BKGG i.m. § 11a SGB II die Leistungen der Grundsicherung für Arbeitsuchende.

Sofern Einkommen, Vermögen und Kinderzuschlag nicht ausreichen, um die Hilfebedürftigkeit der Bedarfsgemeinschaft zu vermeiden, ist zu prüfen, ob dies ggf. unter Einbeziehung von Wohngeld der Fall wäre. Im Einzelfall ist eine fiktive Wohngeldberechnung durchzuführen.

Minderung des Kinderzuschlags (Anrechnung von Einkommen und Vermögen)
Für die Berechnung des Gesamtkinderzuschlags ist zunächst für jedes Kind der individuelle Anspruch (Kinderzuschlag) zu ermitteln. Dazu wird der Höchstbetrag bzw. maximale Kinderzuschlag (209,00 € pro Kind) um anzurechnendes **Einkommen und Vermögen des Kindes** gemindert. Die Summe der (ggf. geminderten) Kinderzuschläge wird in einem weiteren Schritt um **Einkommen und Vermögen der Eltern** gemindert, soweit es den Gesamtbedarf der Eltern übersteigt.

Einkommen und Vermögen des Kindes
Der maximale Kinderzuschlag (also 209,00 € pro Kind) mindert sich um das nach den §§ 11 bis 11b SGB II zu berücksichtigende **Einkommen und das nach § 12 SGB II zu berücksichtigende Vermögen des Kindes** (vgl. § 6a Abs. 3 Satz 1 BKGG). Dabei bleiben das Kindergeld, der Kinderzuschlag und das Wohngeld außer Betracht (vgl. § 6a Abs. 3 Satz 2 BKGG). Auch die Leistungen nach dem Zweiten Buch Sozialgesetzbuch sind nicht als Einkommen zu berücksichtigen.

Zu den zu berücksichtigenden Einkünften von Kindern gehören in erster Linie Unterhaltszahlungen, Leistungen nach dem Unterhaltsvorschussgesetz (UVG), Waisen- und Halbwaisenrenten, Leistungen der Ausbildungsförderung, Ausbildungsvergütung bei einer betrieblichen Ausbildung sowie Einkünfte aus nichtselbstständiger Arbeit (z.B. im Rahmen eines Praktikums oder bei Ferienjobs).

Der Kinderzuschlag mindert sich um **45 %** des nach § 11 SGB II zu berücksichtigenden Einkommens **des Kindes** (vgl. § 6a Abs. 3 Satz 3 BKGG). Für die Ermittlung des Einkommens gelten grundsätzlich die Vorschriften der §§ 11 bis 11b SGB II. Der Umfang des zu berücksichtigenden Vermögens richtet sich nach der Vorschrift des § 12 SGB II.

Beispiel
Frau F ist alleinerziehend und lebt zusammen mit ihrer 4-jährigen Tochter, für die Leistungen nach dem Unterhaltsvorschussgesetz (UVG) in Höhe von monatlich 174,00 € gewährt werden. Dieser Betrag mindert den Kinderzuschlag um 78,30 € (174,00 € x 45%).
*Es besteht ein Anspruch auf Kinderzuschlag in Höhe von **130,70 €** (209,00 € ./. 78,30 €).*

Für die Berücksichtigung bzw. Anrechnung von **Vermögen** eines Kindes gelten die Regelungen des § 12 SGB II.

Sofern für mehrere Kinder ein Kinderzuschlag in Betracht kommt, ist zu beachten, dass deren einzusetzendes Einkommen und Vermögen nicht von der Summe des höchstmöglichen Gesamtkinderzuschlagsbetrages in Abzug gebracht wird. Vielmehr wird von dem für jedes einzelne Kind in Betracht kommenden (höchstmöglichen) Kinderzuschlag das jeweilige Einkommen und Vermögen dieses Kindes (außer Kindergeld, Kinderzuschlag und Wohngeld) abgezogen. Der individuell geminderte Betrag für jedes Kind ergibt in der Summe den **Gesamtkinderzuschlag**.

Einkommen und Vermögen der Eltern
Der (Gesamt-)Kinderzuschlag wird darüber hinaus gemäß § 6a Abs. 6 Satz 1 BKGG stufenweise gemindert, wenn das nach §§ 11 bis 12 SGB II (mit Ausnahme des Wohngeldes) zu berücksichtigende **elterliche Einkommen oder Vermögen** den eigenen Bedarf (sog. „Bemessungsgrenze") übersteigt. Sofern das Einkommen und Vermögen der Eltern im Bereich zwischen Mindesteinkommensgrenze und Gesamtbedarf der Eltern liegt, wird der Gesamtkinderzuschlag ungemindert ausgezahlt.

Zur **Feststellung des Gesamtbedarfs** der Eltern sind neben den pauschalierten Leistungen zur Sicherung des Lebensunterhalts (Regelbedarfe und Mehrbedarfe) die Bedarfe für Unterkunft und Heizung in dem Verhältnis aufzuteilen, das sich aus dem jeweils aktuellen Bericht der Bundesregierung über die Höhe des Existenzminimums von Erwachsenen und Kindern festgestellten entsprechenden Bedarfen für Alleinstehende, Ehepaare, Lebens-partnerschaften und Kinder ergibt (vgl. § 6a Abs. 5 Satz 3 BKGG). Einmalige Bedarfe nach § 24 Abs. 3 SGB II bleiben außer Betracht.

Nach dem **Existenzminimumbericht 2020** der Bundesregierung[228] ergeben sich folgende Anteile:

Bei Berechnung der **Bemessungsgrenze** wird der Unterkunftskosten- und Heizkostenanteil der Eltern nach dem **Existenzminimumbericht** in folgender Höhe festgelegt.

1 Elternteil mit	**Anteil KdU** und Heizkosten
1 Kind	77 %
2 Kindern	63 %
3 Kindern	53 %
4 Kindern	46 %
5 Kindern	40 %

Elternpaare mit	**Anteil KdU** und Heizkosten
1 Kind	83 %
2 Kindern	71 %
3 Kindern	62 %
4 Kindern	55 %
5 Kindern	50 %

Sofern im Haushalt Personen leben, die nicht zur Bedarfsgemeinschaft gehören, ist der entsprechende Kopfteil der Unterkunfts- und Heizkosten in Abzug zu bringen.

Als **elterliches Einkommen** oder Vermögen gilt dabei gemäß § 6a Abs. 5 Satz 2 BKGG dasjenige der Mitglieder der Bedarfsgemeinschaft mit Ausnahme des Einkommens oder Vermögens der im Haushalt lebenden Kinder. Für die Ermittlung des monatlich zu berücksichtigenden Einkommens ist gemäß § 6a Abs. 8 Satz 1 BKGG der Durchschnitt des Einkommens aus den sechs Monaten vor Beginn des Bewilligungszeitraums maßgeblich (sog. **Bemessungszeitraum**).

Der Gesamtkinderzuschlag wird gemäß § 6a Abs. 6 Satz 1 BKGG stufenweise gemindert, wenn das zu berücksichtigende Einkommen oder Vermögen der Eltern den Gesamtbedarf (Bemessungsgrenze) übersteigt. Dabei mindert **Erwerbseinkommen** den Gesamtkinderzuschlag um **45 %** des Betrags, den die monatlichen Erwerbseinkünfte den Gesamtbedarf der Eltern übersteigen. **Anderes Einkommen** der Eltern mindert den Gesamtkinderzuschlag in voller Höhe, d.h. also zu **100 %** (vgl. § 6a Abs. 6 Satz 3 und Satz 4 BKGG).

Wenn das zu berücksichtigende Einkommen der Eltern nicht nur aus Erwerbseinkünften besteht, ist gemäß § 6a Abs. 6 Satz 2 BKGG davon auszugehen, dass die Überschreitung des Gesamtbedarfs der Eltern vorrangig durch die Erwerbseinkünfte verursacht wird, wenn nicht die Summe der anderen Einkommensteile oder des Vermögens für sich genommen den Gesamtbedarf übersteigt.

Für die Berücksichtigung bzw. Anrechnung von **Vermögen** der Eltern gelten die Regelungen des § 12 SGB II. Sofern das anzurechnende Vermögen der Eltern den ermittelten monatlichen Anspruch auf Kinderzuschlag übersteigt, entfällt der Anspruch.

228 Bericht über die Höhe des steuerfrei zu stellenden Existenzminimums von Erwachsenen und Kindern für das Jahr 2020 (12. Existenzminimumbericht).

Beispiel für die Berechnung des Kinderzuschlags (Eltern mit zwei Kindern)

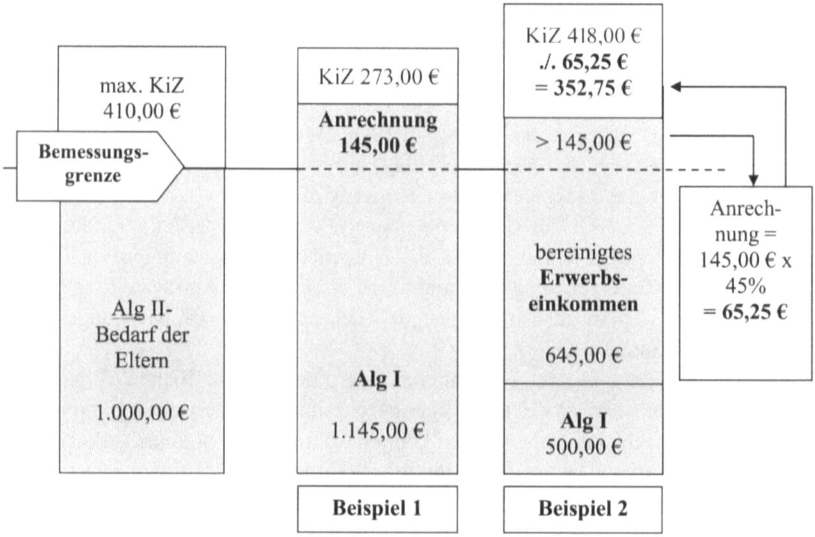

*Im **Beispiel 1** übersteigt das zu berücksichtigende Einkommen der Eltern (Alg I) den eigenen Bedarf (Bemessungsgrenze) um 145,00 €. Da es sich **nicht** um Einkommen aus Erwerbstätigkeit handelt, erfolgt eine Anrechnung auf den Kinderzuschlag (maximal 418,00 € für zwei Kinder) gemäß § 6a Abs. 6 Satz 4 BKGG **in voller Höhe**. Soweit die Hilfebedürftigkeit der Bedarfsgemeinschaft insgesamt beseitigt werden kann, besteht ein Anspruch auf Gewährung des Kinderzuschlags nach § 6a BKGG für zwei Kinder in Höhe von monatlich 273,00 € (Gesamtkinderzuschlag).*
*Im **Beispiel 2** übersteigt das zu berücksichtigende Einkommen der Eltern die Bemessungsgrenze ebenfalls um 145,00 €. Da es sich in diesem Fall zumindest teilweise um Einkommen aus Erwerbstätigkeit handelt, erfolgt eine Anrechnung auf den maximalen Kinderzuschlag gemäß § 6a Abs. 6 Satz 2 und Satz 3 BKGG nur in Höhe von **45 %** der Erwerbseinkünfte über der Bemessungsgrenze (also 145,00 € x 45% = 65,25 €).*
Soweit die Bedürftigkeit der Bedarfsgemeinschaft insgesamt beseitigt werden kann, besteht in dieser Konstellation ein Anspruch auf Gewährung des Kinderzuschlags nach § 6a BKGG in Höhe von monatlich 352,75 € (Gesamtkinderzuschlag).

Weitere Hinweise zum Kinderzuschlag
Über den Gesamtkinderzuschlag ist nach § 6a Abs. 7 Satz 1 BKGG jeweils für **sechs Monate** zu entscheiden (Bewilligungszeitraum). Der **Bewilligungszeitraum** beginnt mit dem Monat, in dem der Antrag gestellt wird, jedoch frühestens nach Ende eines

laufenden Bewilligungszeitraumes (§ 6a Abs. 7 Satz 2 BKGG). Änderungen in den tatsächlichen oder rechtlichen Verhältnissen während des laufenden Bewilligungszeitraums sind unbeachtlich bzw. abweichend von § 48 SGB X nicht zu berücksichtigen, es sei denn, die Zusammensetzung der Bedarfsgemeinschaft (z. B. bei voraussichtlicher Geburt eines Kindes) oder der Höchstbetrag des Kinderzuschlags nach § 6a Abs. 2 BKKG ändert sich (§ 6a Abs. 7 Satz 3 BKGG).

Sofern ein Kind während des sechsmonatigen Bewilligungszeitraums das 25. Lebensjahr vollendet, ist der Kinderzuschlag nur bis zum Ablauf des Monats zu bewilligen, in dem das 25. Lebensjahr vollendet wird.

Nach § 5 Abs. 3 BKGG besteht der Anspruch auf Kinderzuschlag frühestens ab dem Monat der Antragstellung, soweit die Anspruchsvoraussetzungen im Einzelfall erfüllt sind. Der Kinderzuschlag wird nicht für Zeiten vor der Antragstellung gewährt. Mit dem Monat, in dem der Antrag gestellt wird, beginnt der Bewilligungszeitraum (vgl. § 6a Abs. 7 Satz 2 BKGG).

Sonstige Änderungen in den persönlichen und/oder wirtschaftlichen Verhältnissen, die voraussichtlich während des Bewilligungszeitraums eintreten und ggf. im Ergebnis eine Aufhebung nach sich ziehen lassen können, führen nicht zu einer Verkürzung des Bewilligungszeitraums. Auch eine vorläufige Bewilligung des Kinderzuschlages kann nicht in Betracht kommen.

Der Kinderzuschlag wird nur für **volle Monate** gezahlt und wird bis zum Ende des Monats gewährt, in dem die Anspruchsvoraussetzungen wegfallen.

Die Vorschrift des § 6a Abs. 7 Satz 3 BKGG schränkt die Anwendung des § 48 SGB X bei Änderung der Verhältnisse im jeweiligen Bewilligungszeitraum ein. Die Rücknahme eines rechtswidrigen nicht begünstigenden Verwaltungsaktes nach § 44 SGB X und die Rücknahme eines rechtswidrigen begünstigenden Verwaltungsaktes nach § 45 SGB X ist dagegen grundsätzlich möglich.

Soweit die genannten Voraussetzungen für die Zahlung des Kinderzuschlages nach § 6a BKGG im Einzelfall vorliegen, handelt es sich um einen **vorrangig zu realisierenden Leistungsanspruch** (ggf. ist bei „Vorleistung" durch den Träger der Grundsicherung für Arbeitsuchende im Erstattungsverfahren nach § 104 SGB X die Nachrangigkeit der Leistungen nach dem Zweiten Buch Sozialgesetzbuch wiederherzustellen).

Leistungsberechtigte sind gemäß § 12a SGB II SGB II **verpflichtet**, Kinderzuschlag in Anspruch zu nehmen bzw. zu beantragen, wenn dadurch die Hilfebedürftigkeit aller Mitglieder der Bedarfsgemeinschaft für einen zusammenhängenden Zeitraum von mindestens **drei Monaten** beseitigt wird.

8.7 Absetzungen vom Einkommen (Einkommensbereinigung)

Die Leistungen zur Sicherung des Lebensunterhalts nach dem Zweiten Buch Sozialgesetzbuch werden unter Berücksichtigung der jeweiligen „Nettozuflüsse“ (bereinigtes Einkommen) berechnet. Durch § 11b SGB II – ergänzt durch § 6 Alg II-V – wird festgelegt, welche Beträge vom Einkommen vor dessen Anrechnung abzusetzen sind.

Die Bereinigung des Einkommens wird differenziert und bezogen auf die jeweilige Einkommensart vorgenommen. Ein Verlustausgleich (d. h. Verrechnung von positiven und negativen Einnahmen) zwischen den verschiedenen Einkommensarten (wie im Bereich des Steuerrechts) findet nicht statt.

Im Einzelnen handelt es sich um die nachfolgend beschriebenen Absetzungsmöglichkeiten und Freibeträge.

8.7.1 Auf das Einkommen entrichtete Steuern (§ 11b Abs. 1 Satz 1 Nr. 1 SGB II)

Auf das zu berücksichtigende Einkommen entrichtete Steuern sind in Höhe der tatsächlichen Abzüge

- die Einkommensteuer und Lohnsteuer,
- die Kirchensteuer,
- der Solidaritätszuschlag,
- die Kapitalertragssteuer bzw. Abgeltungssteuer sowie die ausländische Quellensteuer,
- die Gewerbesteuer (einschließlich der Gewerbekapitalsteuer).

Die Höhe der im Einzelfall zu berücksichtigenden bzw. abzusetzenden Steuerbeträge ergibt sich in der Regel aus dem jeweiligen Steuerbescheid, aus der Gehaltsbescheinigung des Arbeitgebers bzw. aus der Bescheinigung des Kreditinstitutes über die Höhe der Kapitalerträge. Die Steuern müssen nach dem Gesetzeswortlaut „entrichtet“ sein. Andere, sich nicht auf das Einkommen beziehende Steuern (z. B. die Kfz-Steuer sowie sog. „Verkehrssteuern“ wie die Mehrwertsteuer, Umsatzsteuer, Grundsteuer) sind nicht nach § 11b Abs. 1 Satz 1 Nr. 1 SGB II absetzbar, können aber ggf. zu den mit der Erzielung des Einkommens verbundenen Ausgaben i. S. des § 11b Abs. 1 Satz 1 Nr. 5 SGB II gehören.

Es obliegt der leistungsberechtigten Person, im Rahmen der Selbsthilfemöglichkeiten steuergünstigere Alternativen (z. B. Wechsel der Steuerklasse) zu nutzen, um das Nettoeinkommen zu erhöhen.

8.7.2 Pflichtbeiträge zur Sozialversicherung einschließlich der Beiträge zur Arbeitsförderung (§ 11b Abs. 1 Satz 1 Nr. 2 SGB II)

Die absetzbaren Pflichtbeiträge zur Sozialversicherung sind die aufgrund der gesetzlichen Versicherungspflicht vom Versicherten selbst zu tragenden Beiträge für die gesetzliche Kranken- und Pflegeversicherung, die gesetzliche Rentenversicherung und die Arbeitslosenversicherung (Arbeitsförderung). Ebenfalls abzusetzen sind Sozialversicherungsbeiträge einschließlich der Unfall- und Handwerkerversicherung von versicherungspflichtigen Selbstständigen.

Die Berücksichtigung entsprechender Pflichtbeiträge zur Sozialversicherung erfordert ein konkretes Einkommen, auf das sie erhoben werden, und wirkt sich nur auf dieses einkommensmindernd aus. Zusatzbeiträge zur gesetzlichen Krankenversicherung (vgl. § 242 SGB V) sind grundsätzlich als Pflichtbeiträge zur Sozialversicherung zu berücksichtigen.

Die ab dem 1.1.2015 durch das Gesetz zur Weiterentwicklung der Finanzstruktur und der Qualität in der gesetzlichen Krankenversicherung neu geregelten Zusatzbeiträge sind ebenfalls als Pflichtbeiträge zur Sozialversicherung vom Einkommen abzusetzen. Unerheblich ist in diesem Zusammenhang die individuelle Höhe des Zusatzbeitrages. Die leistungsberechtigten Personen sind nicht auf andere gesetzliche Krankenversicherungen zu verweisen, um die Hilfebedürftigkeit zu reduzieren.[229]

Abzusetzen ist auch der vom Arbeitnehmer bei einem geringfügigen Beschäftigungsverhältnis („450 Euro-Job“) zu leistende eigene Rentenversicherungsbeitrag in Höhe des den Arbeitgeberanteil von 15 v.H. übersteigenden Pflichtversicherungsbeitrages (vgl. § 168 Abs. 1 Nr. 1b SGB VI) bei schriftlichem Verzicht gegenüber dem Arbeitgeber auf die Versicherungsfreiheit.

8.7.3 Sonstige Versicherungsbeiträge (§ 11b Abs. 1 Satz 1 Nr. 3 SGB II)

Beiträge zu öffentlichen oder privaten Versicherungen sowie zu ähnlichen Einrichtungen sind nach § 11b Abs. 1 Satz 1 Nr. 3 SGB II vom Einkommen abzusetzen, soweit sie gesetzlich vorgeschrieben oder nach Grund und Höhe angemessen sind.

Gesetzlich vorgeschrieben sind insbesondere

- die Kfz-Haftpflichtversicherung nach § 1 PflVG[230] (die allerdings nur zu berücksichtigen bzw. vom Einkommen abzusetzen ist für Personen, deren angemessenes Kraftfahrzeug nicht als Vermögen nach § 12 Abs. 3 Satz 1 Nr. 2 SGB II zu berücksichtigen ist bzw. als Vermögenswert „geschützt“ ist),[231]

229 Vgl. Fachliche Hinweise der BA, Rn. 11.125 zu § 11 SGB II (Stand: 18.8.2016).

230 Gesetz über die Pflichtversicherung für Kraftfahrzeughalter (Pflichtversicherungsgesetz – PflVG) vom 5.4.1965 (BGBl. I S. 213), zuletzt geändert durch Art. 1 der Verordnung vom 6.12.2011 (BGBl. I S. 2628).

231 Ähnlich auch Hengelhaupt in Hauck/Noftz, Rn. 8 zu § 11b SGB II; Mecke in Eicher/Spellbrink, Rn. 107 zu § 11 SGB II; offen gelassen BSG, Urt. vom 7.11.2006 – B 7b AS 18/06 R –, BSGE 97, 254 = NDV-RD 2007, 34 = FEVS 58, 271.

- die Pflegeversicherung für privat Krankenversicherte (vgl. § 23 SGB XI),
- Berufshaftpflichtversicherungen für bestimmte Berufsgruppen (z. B. für Rechtsanwälte nach § 51 BRAO[232], Ärzte, Hebammen).

Nicht in jedem Fall vorgeschrieben ist dagegen die Gebäudeversicherung. Entsprechende Versicherungsbeiträge können daher (da, wo sie nicht gesetzlich vorgeschrieben sind) nicht im Rahmen der Einkommensbereinigung berücksichtigt, sondern im Rahmen der Bedarfe für die Unterkunft nach § 22 Abs. 1 Satz 1 SGB II anerkannt werden, soweit sie angemessen sind.

Für gesetzlich vorgeschriebene Versicherungen ist gemäß § 6 Abs. 1 Nr. 3 Alg II-V vom Einkommen leistungsberechtigter Personen ein Betrag in Höhe eines Zwölftels der zum Zeitpunkt der Entscheidung über den Leistungsanspruch nachgewiesenen Jahresbeiträge abzusetzen. Insofern kommt es nicht auf den Zahlungsrhythmus bzw. auf die Fälligkeit der Versicherung an.

Nicht gesetzlich vorgeschriebene Versicherungsbeiträge sind nach § 11b Abs. 1 Satz 1 Nr. 3 SGB II absetzbar, soweit sie nach **Grund und Höhe angemessen** sind.

Dem Grunde nach angemessen sind die bei einer der leistungsberechtigten Person vergleichbaren Bevölkerungsgruppe unterer Einkommensschichten üblichen und notwendigen Vorkehrungen zur Absicherung typischer Risiken des Alltags. Dazu gehören nach § 11b Abs. 1 Satz 1 Nr. 3 Halbs. 2 SGB II die Beiträge

- zur Vorsorge für den Fall der Krankheit und der Pflegebedürftigkeit für Personen, die in der gesetzlichen Krankenversicherung nicht versicherungspflichtig sind,
- zur Altersvorsorge von Personen, die von der Versicherungspflicht in der gesetzlichen Rentenversicherung befreit sind,

soweit die Beiträge nicht nach § 26 SGB II bezuschusst werden. Hierzu gehören z. B. die Beiträge für eine freiwillige oder private Kranken- und Pflegeversicherung.

Für eine Berücksichtigung können daneben vor allem Beiträge für eine Hausrat-, Personenhaftplicht- und Sterbegeldversicherung, Kfz-Teilkaskoversicherung sowie für sonstige freiwillige oder private Kranken, Pflege- oder Rentenversicherungsbeiträge in Betracht kommen.

Der Höhe nach angemessen sind die Beiträge in der Regel, soweit sie einen im Rahmen des Üblichen liegenden Versicherungsschutz unter Berücksichtigung der individuellen Lebenssituation bewirken. Auszugehen ist dabei von der Höhe der Versicherungssumme sowie vom Umfang des Versicherungsschutzes bzw. der vertraglich vereinbarten Leistung.

Nach § 6 Abs. 1 Nr. 1 Alg II-V ist für die Beiträge zu **privaten** Versicherungen, die nach Grund und Höhe angemessen sind (vgl. § 11b Abs. 1 Satz 1 Nr. 3 Alt. 2 SGB II) **pauschal** ein Betrag von **monatlich 30,00 €** vom Einkommen einer jeden volljährigen leistungsberechtigten Person ohne weiteren Nachweis abzusetzen. Damit

232 Bundesrechtsanwaltsordnung in der im BGBl. Teil III, Gliederungs-Nr. 303-8 veröffentlichten bereinigten Fassung, zuletzt geändert durch Art. 8 des Gesetzes vom 6.12.2011 (BGBl. I S. 2515).

ist die Pauschale auch vom Kindergeld abzusetzen, das dem volljährigen Kind als Einkommen zuzurechnen ist.

Auch auf Nachweis können keine höheren Beträge berücksichtigt werden.[233] Die Versicherungspauschale von 30,00 € kann grundsätzlich auch vom Kindergeld eines volljährigen Kindes abgesetzt werden.

Grundsätzlich sind die Pauschale für angemessene (private) Versicherungen und die Beiträge für gesetzlich vorgeschriebene Versicherungen vom Einkommen der Person abzusetzen, die es erzielt. Soweit die Absetzbeträge nach § 11b Abs. 1 Satz 1 Nr. 3 SGB II das zu berücksichtigende Einkommen übersteigen, können die darüber hinausgehenden Beträge auch vom Einkommen anderer volljähriger Leistungsberechtigter in der Bedarfsgemeinschaft abgesetzt werden.[234]

Vom Einkommen minderjähriger Kinder ist die Versicherungspauschale für die Beiträge zu privaten Versicherungen, die nach Grund und Höhe angemessen sind, nur abzusetzen, wenn der oder die Minderjährige eine entsprechende Versicherung abgeschlossen hat (vgl. § 6 Abs. 1 Nr. 2 Alg II-V). Dies wird allerdings nur in wenigen Einzelfällen in Betracht kommen, da in der Regel ein entsprechender Versicherungsschutz (z.B. bei Hausrat und Haftpflicht) durch die ggf. bestehenden Versicherungen der Eltern gewährleistet sein dürfte.

Den Beiträgen zu öffentlichen oder privaten Versicherungen, die gesetzlich vorgeschrieben oder nach Grund und Höhe angemessen sind, werden gleichgestellt die Beiträge zu „ähnlichen Einrichtungen". Dies sind in erster Linie Gemeinschaftseinrichtungen, die vergleichbare Risiken abdecken (z. B. Betriebskassen für Altersgeld, Zusatzversorgungseinrichtungen und betriebliche Sterbekassen).

8.7.4 Geförderte Altersvorsorgebeiträge (§ 11b Abs. 1 Satz 1 Nr. 4 SGB II)

Gemäß § 11b Abs. 1 Satz 1 Nr. 4 SGB II sind nach § 82 EStG geförderte Altersvorsorgebeiträge für einen zertifizierten privaten Altersvorsorgevertrag (sog. „Riester-Rente") vom Einkommen abzusetzen.

Nach § 6 Abs. 1 Nr. 4 Alg II-V ist der Abzug pauschal mit einem Betrag in Höhe von **3 %** des monatlich zu berücksichtigenden (Brutto-)Einkommens vorzunehmen. Der Prozentwert mindert sich um 1,5 Prozentpunkte für jedes zulageberechtigte Kind im Haushalt der leistungsberechtigten Person. Liegt der aus dem Vorjahreseinkommen zu errechnende Mindesteigenbetrag abzüglich der staatlichen Zulagen unterhalb eines Sockelbetrages in Höhe von derzeit 60,00 €, ist stattdessen der Sockelbetrag als Mindesteigenbetrag für Bezieher geringer Einkommen zu leisten (vgl. § 86 Abs. 1 Satz 4 und Satz 5 EStG). Der auf den Monat umgerechnete Betrag in Höhe von **5,00 €** ist damit (mindestens) vom Einkommen abzusetzen.

233 Vgl. Fachliche Hinweise der BA, Rn. 11.130 zu § 11 SGB II (Stand: 7.2.2020).
234 Vgl. Fachliche Hinweise der BA, Rn. 11.134 zu § 11 SGB II (Stand: 7.2.2020).

Die Beiträge für eine persönliche Leibrente nach § 10 Abs. 1 Nr. 2b EStG (sog. „Rürup-Rente“) sind nicht absetzbar, da § 82 EStG ausschließlich auf die nach dem Altersvorsorgezertifizierungsgesetz vorgesehenen Verträge Bezug nimmt. Ebenso nicht zu berücksichtigen sind Beiträge zu einer betrieblichen Altersvorsorge (vgl. § 3 Nr. 63 EStG), die der Arbeitgeber an einen Pensionsfonds, eine Pensionskasse oder für eine Direktversicherung zahlt und durch den Arbeitgeber finanziert werden.

8.7.5 Die mit der Erzielung des Einkommens verbundenen notwendigen Ausgaben (§ 11b Abs. 1 Satz 1 Nr. 5 SGB II)

Vom Einkommen sind weiterhin gemäß § 11b Abs. 1 Satz 1 Nr. 5 SGB II die mit der Erzielung des Einkommens verbundenen notwendigen Ausgaben (sog. „Werbungskosten“) abzusetzen.

Notwendig im Sinne dieser Vorschrift sind Aufwendungen, die durch die Einkommenserzielung nach Grund und Höhe – zumindest mittelbar – bedingt sind. Als unabweisbar notwendige Ausgaben können im Einzelfall z. B. in Betracht kommen:

- Beiträge zu Berufsverbänden und Gewerkschaften,
- Mehraufwendungen für die Führung eines doppelten Haushaltes (doppelte Haushaltsführung),
- Kinderbetreuungskosten (wobei entsprechende Kosten – z. B. Beiträge und Gebühren für Kindertagesstätten – vorrangig im Rahmen der Kinder- und Jugendhilfe nach den §§ 22 ff. SGB VIII zu übernehmen sind),
- Fortbildungskosten,
- Aufwendungen für Berufskleidung, Arbeitsmittel, Arbeitsmaterialien und Fachliteratur,
- Bewerbungskosten, Reise- bzw. Fahrtkosten,
- Umzugskosten.

Kosten für eine **doppelte Haushaltsführung** sind als Absetzbetrag zu berücksichtigen, wenn die erwerbstätige leistungsberechtigte Person außerhalb ihres Wohnortes beschäftigt ist und ihr weder der Umzug noch die tägliche Rückkehr an den Ort ihres Wohnsitzes möglich ist oder zugemutet werden kann. Die Kosten für die Unterkunft und Heizung am auswärtigen Ort sind ggf. in Höhe der tatsächlichen und erforderlichen Aufwendungen absetzbar. Über die Erforderlichkeit (Größe und Ausstattung der Wohnung, Höhe der Kosten) ist im Einzelfall zu entscheiden. Als Obergrenze sind die bei einer alleinstehenden Person als angemessen im Sinne des § 22 Abs. 1 SGB II geltenden Bedarfe für Unterkunft und Heizung anzusehen.[235]

---

235 Vgl. Fachliche Hinweise der BA, Rn. 11.142 zu § 11 SGB II (Stand: 7.2.2020).

In welcher Höhe Absetzungen für die mit der Erzielung des Einkommens verbundenen notwendigen Ausgaben nach § 11b Abs. 1 Satz 1 Nr. 5 SGB II im Einzelfall vorgenommen werden können, wird in § 6 Abs. 1 Nr. 5 Alg II-V teilweise konkretisiert.

Danach sind vom Einkommen Erwerbstätiger für die Beträge nach § 11b Abs. 1 Satz 1 Nr. 5 SGB II abzusetzen für die **Fahrt zwischen Wohnung und Arbeitsstätte** bei Benutzung eines **Kraftfahrzeugs** unter den einschränkenden Voraussetzungen des § 6 Abs. 2 Alg II-V **0,20 €** für jeden Entfernungskilometer zwischen Wohnung und Arbeitsstätte der kürzesten Straßenverbindung für Wegstrecken (einfache Entfernung) zur Ausübung der Erwerbstätigkeit als Kilometerpauschale.

Sofern für die Fahrt zur Arbeitsstätte öffentliche Verkehrsmittel (ÖPNV) genutzt werden, sind die Kosten für ein Monatsticket unmittelbar über § 11b Abs. 1 Satz 1 Nr. 5 SGB II als Fahrtkosten absetzbar.

Im Hinblick auf die Absetzung der Wegstreckenentschädigung bei Benutzung eines Kraftfahrzeugs (0,20 € pro Entfernungskilometer) sind bei einer 5Tage-Arbeitswoche 19 Arbeitstage pro Monat zu berücksichtigen. Soweit die Arbeitswoche mehr oder weniger Arbeitstage umfasst, ist die Zahl der Arbeitstage im Verhältnis entsprechend zu erhöhen oder zu mindern.[236]

Sind die bei Benutzung eines Kraftfahrzeugs entstehenden Fahrtkosten im Vergleich zu den Kosten bei Benutzung eines öffentlichen Verkehrsmittels unangemessen hoch, sind gemäß § 6 Abs. 2 Alg II-V nur die Kosten für das öffentliche Verkehrsmittel pauschal abzusetzen. Allerdings ist die Regelung des § 6 Abs. 2 Alg II-V nicht auf einen reinen Kostenvergleich zu reduzieren; entscheidend ist die Frage, ob die Benutzung eines öffentlichen Verkehrsmittels im Einzelfall **zumutbar** ist.[237]

Soweit der oder die erwerbsfähige Leistungsberechtigte **höhere Ausgaben** für Fahrtkosten nachweist, sind diese vom Einkommen abzusetzen (vgl. § 6 Abs. 1 Nr. 5 Halbsatz 2 Alg II-V).

Nicht abgesetzt werden können nach § 11b Abs. 1 Satz 1 Nr. 5 SGB II Reparatur- und Wartungskosten für das zur Erlangung des Erwerbseinkommens eingesetzte Kraftfahrzeug.[238]

Beispiel 1

Leistungsberechtigte benutzt für die Fahrt von der Wohnung zur Arbeitsstätte (einfache Entfernung = 15 km) ein Kraftfahrzeug. Weitere Aufwendungen werden nicht nachgewiesen. Als mit der Erzielung des Einkommens verbundene notwendige Ausgaben nach § 11b Abs. 1 Satz 1 Nr. 5 i. V. m. § 6 Abs. 1 Nr. 5 Alg II-V sind vom Erwerbseinkommen abzusetzen:

Fahrtkostenpauschale (15 km x 0,20 € x 19 Arbeitstage)	*57,00 €*

Weitere Werbungskosten sind nur in der nachgewiesenen Höhe absetzbar.

236 Vgl. Fachliche Hinweise der BA, Rn. 11.146 zu § 11 SGB II (Stand: 7.2.2020).
237 Ähnlich auch Geiger in LPK-SGB II, Rn. 18 zu § 11b SGB II.
238 Vgl. LSG Berlin-Brandenburg, Urt. vom 8.12.2011 – L 20 AS 47/08 –, juris.

Beispiel 2

Der Leistungsberechtigte fährt mit öffentlichen Verkehrsmitteln zur Arbeitsstätte (Kosten für eine Monatskarte 60,00 €). Für den Gewerkschaftsbeitrag und für Arbeitsmittel weist er monatliche Aufwendungen von 35,00 € nach. Als mit der Erzielung des Einkommens verbundene notwendige Ausgaben nach § 11b Abs. 1 Satz 1 Nr. 5 SGB II werden vom Erwerbseinkommen abgesetzt:

Fahrtkostenpauschale (Monatskarte)	*60,00 €*
Werbungskosten (hier: Gewerkschaftsbeitrag/Arbeitsmittel) in nachgewiesener Höhe	*35,00 €*
insgesamt	*95,00 €*

8.7.6 Grundfreibetrag (§ 11b Abs. 2 Satz 1 SGB II)

Anstelle der unter 8.7.3 bis 8.7.5 beschriebenen Aufwendungen (vgl. § 11b Abs. 1 Satz 1 Nr. 3 bis Nr. 5 SGB II) ist bei erwerbsfähigen Leistungsberechtigten, die erwerbstätig sind, **vom Erwerbseinkommen** ohne weiteren Nachweis ein **Grundfreibetrag in Höhe von 100,00 €** monatlich abzusetzen (vgl. § 11b Abs. 2 Satz 1 SGB II). Erwerbseinkommen in diesem Sinne sind Einkünfte aus einer nichtselbstständigen oder selbstständigen Tätigkeit. Die Tätigkeit muss darauf gerichtet sein, unter Einsatz der eigenen Arbeitskraft Erträge zu Bestreitung des notwendigen Lebensunterhalts zu erzielen. Der zeitliche Umfang der Arbeitszeit oder das Bestehen von Sozialversicherungspflicht sind dabei unerheblich.

Die Grundfreibetragsregelung stellt eine spezialgesetzliche Regelung zu § 11b Abs. 1 Satz 1 Nr. 3 bis Nr. 5 SGB II dar und ist deshalb vorrangig anzuwenden. Damit ist im Ergebnis das Erwerbseinkommen aus selbstständiger oder nichtselbstständiger Tätigkeit grundsätzlich bis zu einer Höhe von 100,00 € monatlich anrechnungsfrei.

Der Grundfreibetrag ersetzt

- die Beiträge zu öffentlichen oder privaten Versicherungen oder ähnlichen Einrichtungen, soweit diese Beiträge gesetzlich vorgeschrieben oder nach Grund und Höhe angemessen sind (§ 11b Abs. 1 Satz 1 Nr. 3 SGB II), somit auch den Pauschalbetrag in Höhe von 30,00 € für angemessene private Versicherungen (vgl. § 6 Abs. 1 Nr. 1 Alg II-V),
- die nach dem Einkommensteuergesetz geförderten Altersvorsorgebeträge für einen zertifizierten privaten Altersvorsorgevertrag (§ 11b Abs. 1 Satz 1 Nr. 4 SGB II),
- die Fahrtkostenpauschale bei Benutzung eines Kraftfahrzeuges in Höhe von 0,20 € pro Entfernungskilometer der kürzesten Straßenverbindung zwischen Wohnung und Arbeitsstätte zur Ausübung der Erwerbstätigkeit (§ 11b Abs. 1 Satz 1 Nr. 5 i. V. m. § 6 Abs. 1 Nr. 5 Alg II-V) oder sonstige nachgewiesene notwendige Fahrtkosten für die Benutzung öffentlicher Verkehrsmittel und
- sonstige (nachgewiesene) mit der Erzielung des Einkommens verbundene notwendige Ausgaben (§ 11b Abs. 1 Satz 1 Nr. 5 SGB II).

Der Grundfreibetrag nach § 11b Abs. 2 Satz 1 SGB II in Höhe von 100,00 € ist auch dann anzuerkennen, wenn einzelne der von § 11b Abs. 1 Satz 1 Nr. 3 bis Nr. 5 SGB II erfassten Ausgaben tatsächlich gar nicht anfallen oder nach § 26 SGB II bezuschusst werden.

Für erwerbsfähige Leistungsberechtigte, die erwerbstätig sind, sind nach § 11b Abs. 2 Satz 2 SGB II alternativ zum Grundfreibetrag höhere Aufwendungen gemäß § 11b Abs. 1 Satz 1 Nr. 3 bis Nr. 5 SGB II abzusetzen, soweit diese nachgewiesen werden. Der Nachweis höherer tatsächlicher Aufwendungen steht allerdings nur erwerbstätigen Personen offen, die einen monatlichen Bruttolohn von mehr als 400,00 € erzielen.

Das bedeutet, dass bei einem Bruttolohn von weniger als 400,01 € im Monat „nur" der Grundfreibetrag in Höhe von 100,00 € zu berücksichtigen ist, auch wenn im Einzelfall höhere Aufwendungen für die Absetzungsmöglichkeiten nach § 11b Abs. 1 Satz 1 Nr. 3 bis Nr. 5 SGB II nachgewiesen werden (§ 11b Abs. 2 Satz 2 SGB II im Umkehrschluss). In diesem Fall kann der über dem Grundfreibetrag liegende Teil der einkommensunabhängigen Absetzungen (§ 11b Abs. 1 Satz 1 Nr. 3 und 4 SGB II) auch nicht auf andere Einkommensarten „übertragen" werden.[239]

Beispiel

Der Leistungsberechtigte erhält von der Agentur für Arbeit Arbeitslosengeld (Alg I) in Höhe von 620,00 € im Monat und aus einer geringfügigen Beschäftigung ein monatliches Erwerbseinkommen von 250,00 €. Folgende Aufwendungen werden geltend gemacht bzw. sind zu berücksichtigen:

Fahrtkosten	*38,00 €*
Pauschale für private Versicherungen	*30,00 €*
Kfz-Haftpflichtversicherung (1/12 des Jahresbeitrages)	*44,47 €*
insgesamt	***112,47 €***

Im Hinblick auf das Erwerbseinkommen ist ein Grundfreibetrag gemäß § 11b Abs. 2 Satz 1 SGB II in Höhe von 100,00 € anzuerkennen. Da das Erwerbseinkommen unterhalb von 400,00 € liegt, ist § 11b Abs. 2 Satz 2 SGB II nicht anzuwenden. Die zu berücksichtigenden Aufwendungen übersteigen in diesem Fall den Grundfreibetrag um 12,47 €. Dieser Betrag kann beim Arbeitslosengeld (Alg I) nicht einkommensmindernd berücksichtigt bzw. abgesetzt werden.
Allerdings können im Einzelfall Absetzungen nach § 11b Abs. 1 Satz 1 Nr. 5 SGB II von einem weiteren Einkommen vorgenommen werden, bei dessen Erzielung sie tatsächlich angefallen sind – sie also mit der Erzielung dieses Einkommens „verbunden" sind.[240]

239 Vgl. BSG, Urt. vom 5.6.2014 – B 4 AS 49/13 R –, NDV-RD 2015, 12 = FEVS 66, 216.
240 Vgl. BSG, Urt. vom 27.9.2011 – B 4 AS 180/10 R –, FEVS 63, 529 = SGb 2011, 640.

Der Grundfreibetrag in Höhe von 100,00 € nach § 11b Abs. 2 Satz 1 SGB II kann – soweit die leistungsberechtigte Person mehrere Beschäftigungen ausübt – nur **einmal** abgesetzt werden.[241]

Die Regelungen des § 11b Abs. 2 Satz 1 und Satz 2 SGB II beziehen sich nach dem Wortlaut des Gesetzes auf Absetzungen vom **Erwerbs**einkommen **erwerbsfähiger** Leistungsberechtigter. Für Personen, die nicht erwerbsfähig i. S. des § 8 Abs. 1 SGB II sind, aber dennoch Erwerbseinkommen erzielen, kommt die Freibetragsregelung nicht in Betracht.[242] Für eine analoge Anwendung fehlt es an einer Regelungslücke, weil die nicht erwerbsfähige, aber erwerbstätige leistungsberechtigte Person die Absetzbeträge nach § 11b Abs. 1 Satz 1 Nr. 3 bis Nr. 5 SGB II geltend machen kann.

Eine spezielle Regelung zum Grundfreibetrag enthält § 11b Abs. 2 Satz 3 SGB II. Danach gilt:

Erhält eine leistungsberechtigte Person mindestens aus einer Tätigkeit Bezüge oder Einnahmen, die nach § 3 Nr. 12, Nr. 26, Nr. 26a oder Nr. 26b EStG steuerfrei sind, gelten § 11b Abs. 2 Satz 1 und Satz 2 SGB II mit den Maßgaben, dass jeweils an die Stelle des Betrages von 100,00 € monatlich der Betrag von 250,00 € monatlich tritt, höchstens jedoch der Betrag, der sich aus der Summe von 100,00 € und dem Betrag der steuerfreien Bezüge oder Einnahmen ergibt, und an die Stelle des Betrages von 400,00 € der Betrag, der sich nach Nr. 1 ergibt.

Ein **erhöhter Grundfreibetrag** ist auch in den Fällen vom Einkommen abzusetzen, in denen gleichzeitig Einnahmen aus nebenberuflicher und **steuerfreier ehrenamtlicher Tätigkeit** (z. B. als Übungsleiter, Erzieher, Betreuer, Aufwandsentschädigungen für Ratsmitglieder) erzielt werden.

Der Gesetzeswortlaut will entsprechend der Rechtsprechung des Bundessozialgerichts[243] beim Zusammentreffen von Einkünften aus Erwerbstätigkeit (als nicht steuerprivilegiertes Einkommen) und Einkünften aus steuerprivilegierter (ehrenamtlicher) Tätigkeit erreichen, dass Absetzbeträge für jede Tätigkeit **gesondert** anzusetzen sind und maximal ein Grundfreibetrag von 250,00 € anerkannt wird. Prinzipiell kann für Einkommen aus Erwerbstätigkeit ein Grundfreibetrag von 100,00 € vom Einkommen abgesetzt werden. Zusätzlich können maximal weitere 150,00 € für erzieltes Einkommen aus steuerprivilegierter Tätigkeit einkommensmindernd berücksichtigt werden (erhöhter Grundfreibetrag).

Der erhöhte Grundfreibetrag kann auf zweierlei Weise erreicht werden:

- In der ersten Variante setzt sich der erhöhte Grundfreibetrag aus dem „allgemeinen“ Grundfreibetrag und einem weiteren Freibetrag für erzieltes steuerprivilegiertes Einkommen zusammen.
  Der Freibetrag kann durch Einkommen aus steuerbefreiter Tätigkeit i. S. des § 11b Abs. 2 Satz 3 SGB II auf maximal 250,00 € erhöht werden. Eine solche Erhöhung setzt allerdings voraus, dass auch ein entsprechendes steuerprivi-

241 Vgl. BT-Drs. 15/5446 S. 4.
242 Vgl. BSG, Urt. vom 30.9.2008 – B 4 AS 57/07 R –, FEVS 60, 392 = SozR 4-4200 § 11 Nr. 16.
243 Vgl. BSG, Urt. vom 28.10.2014 – B 14 AS 61/13 R –, juris, Rn. 14 ff.

legiertes Einkommen erzielt wird, so dass die Summe aus steuerprivilegiertem und nicht steuerprivilegiertem Einkommen mindestens 250,00 € beträgt. Ist das steuerprivilegierte Einkommen geringer als 150,00 €, erhöht sich der Freibetrag auch nur im Umfang des erzielten steuerprivilegierten Einkommens (siehe nachfolgendes Beispiel).

- Alternativ kann auch ein Einkommen ausschließlich aus steuerprivilegierter Tätigkeit zu einem erhöhten Grundfreibetrag führen, denn der Gesetzeswortlaut verlangt lediglich, dass höchstens der Grundfreibetrag einzuräumen ist, der sich aus der Summe von 100,00 € und dem Betrag der steuerfreien Bezüge oder Einnahmen ergibt. Insofern wird nicht darauf abgestellt, aus welcher Tätigkeit die „ersten 100,00 €" stammen. Auch steuerprivilegiertes Einkommen ist in diesem Zusammenhang als Einkommen aus Erwerbstätigkeit zu betrachten. In diesem Fall können also ebenfalls maximal 250,00 € als erhöhter Grundfreibetrag anerkannt werden. Ist das steuerprivilegierte Einkommen geringer als 250,00 €, kann auch nur ein entsprechend geringerer Freibetrag eingeräumt werden.

Im Ergebnis werden Einnahmen aus ehrenamtlicher Tätigkeit unter 150,00 € immer in voller Höhe privilegiert – über 150,00 € jedoch nur dann, wenn das steuerpflichtige Einkommen geringer als 100,00 € oder kein entsprechendes Einkommen erzielt wird.

Beispiel
Die leistungsberechtigte Person erzielt Einkommen aus ehrenamtlicher Tätigkeit in Höhe von 40,00 € und Einkommen aus Erwerbstätigkeit in Höhe von 400,00 € im Monat.
Der in § 11b Abs. 2 Satz 1 SGB II geregelte Grundfreibetrag einerseits sowie der Freibetrag für steuerprivilegierte (ehrenamtliche) Tätigkeit andererseits sind jeweils gesondert zu ermitteln. Bei einem Einkommen aus Erwerbstätigkeit von 400,00 € ist ein Grundfreibetrag von 100,00 € einkommensmindernd zu berücksichtigen. Zusätzlich könnte ein weiterer Freibetrag von 150,00 € für die steuerprivilegierte Tätigkeit angesetzt werden. Dies setzt aber voraus, dass auch steuerprivilegiertes Einkommen in dieser Höhe erzielt wird.
Da dies nicht der Fall ist, wird nur ein Freibetrag in Höhe von 40,00 € nach § 11b Abs. 2 Satz 3 SGB II anerkannt (insgesamt somit 140,00 €).

In einer solchen Fallkonstellation, in der ein erhöhter Grundfreibetrag zu berücksichtigen ist, wird der Freibetrag für Erwerbstätige (vgl. § 11b Abs. 1 Satz 1 Nr. 6 i.V.m. § 11b Abs. 3 SGB II) entgegen dem Wortlaut **nicht** ab einem Betrag von 100,00 €, sondern ab dem erhöhten Grundfreibetrag berechnet.[244]

244 So BT-Drs. 66/16 S. 36; noch anders BSG, Urt. vom 28.10.2014 – B 14 AS 61/13 R –, juris, Rn. 24 ff.

Beispiel

Im o. g. Beispiel beträgt der erhöhte Freibetrag 140,00 €. Das Bruttoeinkommen aus Erwerbstätigkeit beträgt insgesamt 440,00 €. Zum Bruttoeinkommen aus Erwerbstätigkeit zählt insofern auch das Einkommen aus steuerprivilegierter ehrenamtlicher Tätigkeit. Der Erwerbstätigenfreibetrag wird aus der Differenz des ***erhöhten*** *Grundfreibetrages von 140,00 € und dem Gesamteinkommen von 440,00 € berechnet (d. h. also 300,00 € x 20 v. H. = 60,00 €).*

Nach der (aber vom Gesetzgeber offensichtlich nicht mehr gewollten[245]) Auffassung des Bundessozialgerichts[246] setzt der Freibetrag für Erwerbstätige erst ab dem anzuerkennenden erhöhten Grundfreibetrag ein. Eine andere Sichtweise würde dazu führen, dass Einkommen doppelt privilegiert wäre, nämlich durch die Berücksichtigung von Freibeträgen nach § 11b Abs. 2 SGB II und darüber hinaus – soweit diese Beträge 100,00 € überschreiten – durch die Berücksichtigung bei der Ermittlung des Erwerbstätigenfreibetrages nach § 11b Abs. 1 Satz 1 Nr. 6 i. V. m. § 11b Abs. 3 SGB II.

Diese Auffassung entspricht nicht dem Wortlaut der Norm, so dass der Gesetzgeber offenbar davon ausging, dass der Erwerbstätigenfreibetrag bereits ab 100,00 € zu berechnen sei. Dies entspricht nicht der Auffassung des Bundessozialgerichts.

Danach werden die Freibeträge beispielsweise wie folgt ermittelt:

Beispiele

	Beispiel 1	***Beispiel 2***	***Beispiel 3***	***Beispiel 4***	***Beispiel 5***
Einkommen aus Übungsleitertätigkeit	*500,00 €*	*135,00 €*	*175,00 €*	*105,00 €*	*50,00 €*
Einkommen aus Erwerbstätigkeit	*0,00 €*	*0,00 €*	*400,00 €*	*400,00 €*	*400,00 €*
Bruttoeinkommen (vgl. § 2 Abs. 1 Alg II-V)	*500,00 €*	*135,00 €*	*575,00 €*	*505,00 €*	*450,00 €*
./. Grundfreibetrag nach § 11b Abs. 2 Satz 3 SGB II	*250,00 €*	*135,00 €*	*250,00 €*	*205,00 €*	*150,00 €*
./. Erwerbstätigenfreibetrag nach § 11b Abs. 3 SGB II	*50,00 €*	*0,00 €*	*65,00 €*	*60,00 €*	*60,00 €*
anrechenbares Einkommen	***200,00 €***	***0,00 €***	***260,00 €***	***250,00 €***	***240,00 €***

245 Vgl. BT-Drs. 66/16 S. 39.

246 Vgl. BSG, Urt. vom 12.9.2018 – B 14 AS 36/17 R –, juris, Rn. 36; BSG, Urt. vom 28.10.2014 – B 14 AS 61/13 R –, juris, Rn. 25; Hessisches LSG, Urt. vom 5.2.2020 – L 6 AS 292/18 –, juris, Rn. 80.

Im Einzelfall können bei einem Einkommen von mehr als 250,00 € Aufwendungen nach § 11b Abs. 1 Satz 1 Nr. 3 bis Nr. 5 SGB II geltend gemacht werden, wenn sie den erhöhten Grundfreibetrag übersteigen ohne dass das Einkommen mehr als 400,00 € betragen muss (vgl. § 11b Abs. 2 Satz 3 SGB II).

Steuerbegünstigte Einnahmen aus einer **Ratstätigkeit** sind (mit Ausnahme der Fahrtkostenerstattung) keine zweckbestimmten Einnahmen i. S. des § 11a Abs. 3 Satz 1 SGB II. Die Entschädigungszahlungen sollen allgemein die Kosten der Mandatstätigkeit pauschal abdecken. Damit stellen sie nur insoweit kein Entgelt dar, als sie dazu bestimmt sind, die durch die Mandatstätigkeit bedingten Aufwendungen auszugleichen. Soweit keine konkreten Aufwendungen nachgewiesen werden, handelt es sich um Entgelt zur freien Verfügung des Mandatsträgers und damit um eine zweckidentische Leistung, die deshalb als Einkommen zu berücksichtigen ist. Es gibt „nur" eine Privilegierung in Höhe eines erhöhten Grundfreibetrages.[247]

Nach § 11b Abs. 2 Satz 6 SGB II ist von dem Taschengeld nach § 2 Nr. 4 des Bundesfreiwilligendienstgesetzes oder § 2 Abs. 1 Nr. 3 des Jugendfreiwilligendienstgesetzes anstelle der Beträge nach § 11b Abs. 1 Satz 1 Nr. 3 bis 5 SGB II ein Betrag von insgesamt 250,00 € monatlich abzusetzen, soweit die Absetzung nicht bereits nach § 11b Abs. 2 Satz 1 bis Satz 3 SGB II erfolgt.

8.7.7 Freibetrag für Erwerbstätige (§ 11b Abs. 1 Satz 1 Nr. 6 SGB II)

Gemäß § 11b Abs. 1 Satz 1 Nr. 6 SGB II ist für **erwerbsfähige** Leistungsberechtigte, die erwerbstätig sind, ein Freibetrag vom monatlichen Einkommen aus Erwerbstätigkeit abzusetzen, dessen Berechnung in § 11b Abs. 3 SGB II konkretisiert wird. Damit soll ein wirtschaftlicher Anreiz zur Aufnahme bzw. Fortsetzung einer bereits bestehenden Beschäftigung geschaffen werden.

Der Freibetrag wird bei der Erzielung von Einkommen aus einer Erwerbstätigkeit berücksichtigt. Auf Art und Umfang der Tätigkeit, den arbeitsrechtlichen Status bzw. auf die Steuer- bzw. Sozialversicherungspflicht einer Beschäftigung kommt es nicht an. Relevant sind in diesem Zusammenhang auch Einkünfte aus selbstständiger oder freiberuflicher Tätigkeit, aus kurzzeitigen Beschäftigungsverhältnissen oder Ausbildungsverhältnissen. Von Lohnersatzleistungen bei Arbeitslosigkeit oder Krankheit (Arbeitslosengeld, Krankengeld, Rente wegen Erwerbsminderung) oder wegen der Beendigung eines Arbeitsverhältnisses gezahlte Leistungen (z. B. Abfindungen des Arbeitgebers) ist dagegen kein Freibetrag in Abzug zu bringen.

247 Vgl. BSG, Urt. vom 26.5.2011 – B 14 AS 93/10 R –, SozR 4-4200 § 11 Nr. 41, a. A. noch in der Vorgängerinstanz: Sächsisches Landessozialgericht, Urt. vom 17.5.2010 – L 7 AS 25/07 –, NZS 2011, 551 und Fachliche Hinweise der BA, Rn. 11.18 zu § 11b SGB II (Stand: 20.2.2012), wonach Sitzungsgelder und Fahrtkosten als zweckbestimmte Einnahmen nach § 11a Abs. 3 Satz 1 SGB II unberücksichtigt bleiben.

Berechnungsgrundlage zur Berechnung des Freibetrages nach § 11b Abs. 1 Satz 1 Nr. 6 i. V. m. § 11b Abs. 3 SGB II ist bei nichtselbstständig Erwerbstätigen das jeweilige monatliche Bruttoeinkommen und bei Einkommen aus selbstständiger oder freiberuflicher Tätigkeit der sog. „Bruttoüberschuss" vor Steuern im Bewilligungszeitraum.

Der Freibetrag nach § 11b Abs. 3 Satz 2 SGB II beträgt in den Bruttobetragsstufen für den Teil des monatlichen Einkommens

- nach **Nr. 1** von 100,01 € bis 1.000,00 € **20 %** (1. Stufe) und
- nach **Nr. 2** von 1.000,01 € bis 1.200,00 € **10 %** (2. Stufe)

des auf die jeweiligen Stufen entfallenden Bruttoeinkommens.

Ausgehend vom Bruttoeinkommen wird der Freibetrag für Erwerbstätige gemäß § 11b Abs. 3 Satz 2 SGB II somit in zwei Stufen ermittelt. Dabei ist zu berücksichtigen, dass das Erwerbseinkommen durch den Grundfreibetrag nach § 11b Abs. 2 Satz 1 SGB II bis zu einer Höhe von 100,00 € komplett anrechnungsfrei bleibt. Soweit die erwerbstätige leistungsberechtigte Person ein Erwerbseinkommen von mehr als 400,00 € monatlich erzielt und höhere tatsächliche Aufwendungen nachweist (§ 11b Abs. 1 Satz 1 Nr. 3 bis Nr. 5 SGB II), treten diese nach § 11b Abs. 2 Satz 2 SGB II an die Stelle des Grundfreibetrages.

Bei der Ermittlung des Erwerbstätigenfreibetrages nach § 11 Abs. 1 Satz 1 Nr. 6 i. V. m. § 11b Abs. 3 SGB II ist allerdings grundsätzlich – auch bei Nachweis höherer Aufwendungen – der Grundfreibetrag von 100,00 € anzusetzen.

In der 2. Stufe ist der Höchstbetrag von 1.200,00 € auf 1.500,00 € zu erhöhen, soweit die erwerbsfähige leistungsberechtigte Person entweder mit mindestens einem minderjährigen Kind (nicht notwendigerweise dem eigenen) in einer Bedarfsgemeinschaft zusammenlebt oder mindestens ein minderjähriges Kind hat (sog. „Kinderkomponente"). Die minderjährigen leiblichen Kinder oder Adoptivkinder müssen in Hinblick auf die Anhebung der Einkommensstufe auf 1.500,00 € nicht notwendigerweise im Haushalt des erwerbstätigen Elternteils leben.

Der Freibetrag nach § 11b Abs. 3 Satz 2 Nr. 1 SGB II (1. Stufe) kann somit höchstens 180,00 € und nach § 11b Abs. 3 Satz 2 Nr. 2 (2. Stufe) höchstens 50,00 € (insgesamt also maximal 230,00 €) betragen.

Beispiele

Bruttolohn	**Grund-freibetrag** (*§ 11b Abs. 2 Satz 1 SGB II*)	***Freibetrag*** (*§ 11b Abs. 1 Satz 1 Nr. 6 i. V. m.* § 11b Abs. 3 SGB II) *1. Stufe*	*2. Stufe*	***Gesamt-freibetrag***
100,00 €	*100,00 €*	-	-	*100,00 €*
200,00 €	*100,00 €*	*20,00 €*	-	*120,00 €*
400,00 €	*100,00 €*	*60,00 €*	-	*160,00 €*
600,00 €	*100,00 €*	*100,00 €*	-	*200,00 €*
800,00 €	*100,00 €*	*140,00 €*	-	*240,00 €*
900,00 €	*100,00 €*	*160,00 €*	-	*260,00 €*
1.000,00 €	*100,00 €*	*180,00 €*	-	*280,00 €*
1.200,00 €	*100,00 €*	*180,00 €*	*20,00 €*	*300,00 €*
*1.500,00 €**	*100,00 €*	*180,00 €*	*50,00 €*	*330,00 €*

** bei Berücksichtigung der „Kinderkomponente“*

Nach dem Wortlaut des § 11b Abs. 3 Satz 1 SGB II ist der Freibetrag nur bei Erwerbstätigen zu berücksichtigen, die erwerbs**fähig** im Sinne von § 8 Abs. 1 SGB II sind.

Die bestehende Regelungslücke für nicht erwerbsfähige (aber erwerbstätige) sozialgeldberechtigte Personen ist durch eine entsprechende Anwendung des § 82 Abs. 3 SGB XII zu schließen, wonach bei der Hilfe zum Lebensunterhalt nach dem 3. Kapitel SGB XII und der Grundsicherung im Alter und bei Erwerbsminderung nach dem 4. Kapitel SGB XII ein Betrag in Höhe von 30 v.H. (höchstens jedoch 50 v.H. der Regelbedarfsstufe 1 nach der Anlage zu § 28 SGB XII) des (Brutto-)Einkommens aus selbstständiger und nichtselbstständiger Tätigkeit der leistungsberechtigten Person abzusetzen ist.

Der Absetzbetrag bestimmt sich somit wie in § 11b Abs. 3 SGB II unabhängig von den übrigen Absetzbeträgen. Diese sind – soweit sie konkret anfallen – zunächst gesondert zu berücksichtigen.

Damit wird vermieden, dass (nichterwerbsfähige) Personen, die über einen Familienangehörigen und die entsprechenden Regelungen zur Bedarfsgemeinschaft nach § 7 Abs. 3 SGB II in das Leistungssystem des Zweiten Buches Sozialgesetzbuch einbezogen werden, aber von der Geltendmachung eines anrechnungsfreien Betrages ausgeschlossen sind, schlechtergestellt werden als Leistungsberechtigte nach dem 3. oder 4. Kapitel SGB XII.[248]

248 Vgl. BSG, Urt. vom 24.11.2011 – B 14 AS 201/10 R –, NDV-RD 2012, 51.

8.7.8 Aufwendungen zur Erfüllung gesetzlicher Unterhaltsverpflichtungen (§ 11b Abs. 1 Satz 1 Nr. 7 SGB II)

Aufwendungen zur Erfüllung gesetzlicher Unterhaltsverpflichtungen stehen bis zu dem in einem Unterhaltstitel oder in einer notariell beurkundeten Unterhaltsvereinbarung festgesetzten Betrag dem Betroffenen nicht als „bereite Mittel" zur Bedarfsdeckung zur Verfügung und sind insoweit vom Einkommen der (unterhaltspflichtigen) leistungsberechtigten Person abzusetzen. Gleiches gilt wegen der jederzeitigen Pfändbarkeit auch für nicht gepfändete Ansprüche, die aber wegen des titulierten Unterhaltsanspruches jederzeit gepfändet werden können.[249] Bei den Unterhaltstiteln kann es sich auch um solche handeln, die nach § 59 Abs. 1 Satz 1 Nr. 4 und Nr. 4 i. V. m. § 60 SGB VIII kostenfrei beim Träger der Jugendhilfe beschafft werden können.[250]

Voraussetzung für eine entsprechende Absetzung vom Einkommen in diesem Zusammenhang ist, dass es sich um einen **laufenden** Unterhaltsanspruch handelt, der auch **pfändbar** ist und dass die **tatsächliche Zahlung** („Aufwendungen") des Unterhaltsbeitrages von der leistungsberechtigten Person entsprechend nachgewiesen wird. Aufwendungen für Unterhaltsrückstände können nicht vom Einkommen abgesetzt werden.[251]

8.7.9 Bei der Ausbildungsförderung bereits berücksichtigtes Einkommen (§ 11b Abs. 1 Satz 1 Nr. 8 SGB II)

Nach § 11b Abs. 1 Satz 1 Nr. 8 SGB II ist bei erwerbsfähigen Leistungsberechtigten der Teil des Einkommens abzusetzen, der bereits bei der Berechnung von Leistungen der Ausbildungsförderung für mindestens ein Kind nach

- dem 4. Abschnitt des Bundesausbildungsförderungsgesetzes (BAföG),
- § 67 SGB III (Berufsausbildungsbeihilfe) oder
- § 126 SGB III (Ausbildungsgeld)

berücksichtigt wurde. Die Regelung war erforderlich, weil für die Anrechnung des Einkommens der Eltern im Rahmen der Ausbildungsförderung eines Kindes die Einkommensverhältnisse im vorletzten Kalenderjahr vor Beginn des Bewilligungszeitraumes der Förderleistungen maßgebend sind (vgl. § 24 Abs. 1 BAföG bzw. § 67 Abs. 2 Satz 1 SGB III).

249 Vgl. BT-Drs. 16/1410 S. 20.
250 Vgl. Söhngen in jurisPK-SGB II, Rn. 94 zu § 11 SGB II.
251 Vgl. BSG, Urt. vom 20.2.2014 – B 14 AS 53/12 R –, FamRZ 2014, 1196 = ZFSH/SGB 2014, 416.

Die Berücksichtigung von Einkommen der Eltern bei der Berechnung der Höhe der Ausbildungsförderung folgt dem bürgerlichen Unterhaltsrecht und vollzieht dieses pauschaliert nach. Die Berücksichtigung von Elterneinkommen in der Ausbildungsförderung spiegelt in etwa die nach bürgerlichem Recht zustehenden (und damit einklagbaren) Ansprüche wider.[252]

8.7.10 Freibeträge für Personen mit Grundrentenzeiten (§ 11b Abs. 2a SGB II)

Mit Inkrafttreten des Grundrentengesetzes[253] zum 1.1.2021 treten auch die Freibetragsregelungen nach § 82a SGB XII für Leistungsberechtigte in Kraft, die über die erforderlichen Grundrentenjahre verfügen. Gemäß§ 11b Abs. 2a SGB II gelten die Regelungen für der Bereich der Grundsicherung für Arbeitsuchende entsprechend.

Gemäß § 82a Abs. 1 SGB XII ist für Personen, die mindestens 33 Jahre an Grundrentenzeiten nach § 76g Abs. 2 SGB VI erreicht haben und Leistungen nach dem Zweiten Buch Sozialgesetzbuch erhalten (als Bezieher einer Erwerbsminderungs- oder Hinterbliebenenrente, ein Betrag in Höhe von **100,00 €** monatlich aus der gesetzlichen Rente **zuzüglich 30 %** des diesen Betrag übersteigenden Einkommens aus der gesetzlichen Rente vom Einkommen nach § 82 Abs. 1 SGB XII abzusetzen, **höchstens** jedoch ein Betrag in Höhe von **50 % der Regelbedarfsstufe 1** nach der Anlage zu § 28 SGB XII.

Entsprechendes gilt nach § 82a Abs. 2 SGB XII für Personen, die **mindestens 33 Jahre** (an Grundrentenzeiten) vergleichbaren Zeiten in anderen Alterssicherungssystemen haben bzw. von der Versicherungspflicht in der gesetzlichen Rentenversicherung befreit waren.

Hinweise zur Grundrente:
Das Gesetz zum Grundrentenzuschlag ist am 1.1.2021 in Kraft getreten. Davon profitieren sollen Rentnerinnen und Rentner, die während ihres Arbeitslebens einen der Höhe nach unterdurchschnittlichen Verdienst erzielt haben. Das Erwerbseinkommen muss über das gesamte Arbeitsleben mindestens 30 %, aber höchstens 80 % der deutschen Durchschnittsverdienste betragen (z. B. zwischen 1.013,00 € und 2.073,00 € im Jahr 2020).

252 Vgl. BT-Drs. 16/1410 S. 20.
253 Gesetz zur Einführung der Grundrente für langjährige Versicherung in der gesetzlichen Rentenversicherung mit unterdurchschnittlichem Einkommen und für weitere Maßnahmen zur Erhöhung der Alterseinkommen – Grundrentengesetz, in der Fassung der Bekanntmachung vom 12.8.2020 (BGBl. I 1879, 2020, Nr. 38).

Um die Grundrente im Rahmen der gesetzlichen Rentenversicherung zu erhalten, sind mindestens 33 Jahre (396 Monate) an **Grundrentenzeiten** erforderlich. Der **volle** Grundrentenzuschlag kommt erst ab 35 Jahren (420 Monate) in Betracht. Als Grundrentenzeiten werden anerkannt Zeiten, in denen eine versicherungspflichtige Beschäftigung ausgeübt wurde, Pflegebeitrags- oder Pflegeberücksichtigungszeiten, Zeiten des Bezuges von Krankengeld, Übergangsgeld und Kurzarbeitergeld sowie Ersatzzeiten.

Der Grundrentenzuschlag ist einkommensabhängig. Die volle Grundrente erhält nur, wer nicht mehr als 1.250,00 € (Alleinstehende) bzw. 1.950,00 € (Paare) an zu versteuernden Einkommen bezieht. Das darüber hinausgehende Einkommen wird zu 60 % auf die Grundrente angerechnet. Eine Vermögensprüfung erfolgt nicht.

Der maximale Zuschlag durch die Grundrente beträgt ca. 400,00 € im Monat.

8.8 Übungen

Sachverhalt 1

Die Eheleute Paul (38 Jahre, erwerbsfähig) und Petra P (35 Jahre, zeitlich befristet voll erwerbsgemindert) leben zusammen mit ihrem 13jährigen Sohn Patrick in einem gemeinsamen Haushalt. Am 1. November beantragt Herr P beim zuständigen Leistungsträger für sich und seine Familie Leistungen zur Sicherung des Lebensunterhalts nach dem Zweiten Buch Sozialgesetzbuch. Die wirtschaftliche Situation stellt sich wie folgt dar:

Monatliche Einkünfte:	
Arbeitslosengeld (Herr P)	480,00 €
Rente wegen voller Erwerbsminderung (Frau P)	270,00 €
Kindergeld für Patrick (Kindergeldberechtigter ist Herr P)	219,00 €

Monatliche Ausgaben/Abzüge:	
Hausratversicherung	10,25 €
Familienhaftpflichtversicherung	16,50 €
Kfz-Haftpflichtversicherung (Herr P	37,50 €

Aufgabe

Prüfen Sie, in welcher Höhe Einkommen für die Bedarfsdeckung einzusetzen ist.

Lösung

Zunächst ist zu klären, welche der genannten Einnahmen als Einkommen im Sinne des § 11 Abs. 1 SGB II anzusehen sind. Als Einkommen zu berücksichtigen sind gemäß § 11 Abs. 1 Satz 1 SGB II alle Einnahmen in Geld oder Geldeswert abzüglich der nach § 11b SGB II abzusetzenden Beträge mit bestimmten Ausnahmen, von denen vorliegend allerdings keine zutrifft.

Die Rente wegen voller Erwerbsminderung der Frau P ist keine Grund- oder Entschädigungsrente im Sinne von § 11a Abs. 1 Nr. 2 und 3 SGB II. Sie bleibt wie das Arbeitslosengeld (Alg I) des Herrn P auch nicht nach den Ausnahmeregelungen in § 11a SGB II und § 1 Alg II-V sowie nach spezialgesetzlichen Bestimmungen unberücksichtigt und ist somit grundsätzlich als Einkommen nach § 11 Abs. 1 Satz 1 SGB II zur Bedarfsdeckung einzusetzen.

Dasselbe gilt für das an Herrn P gezahlte Kindergeld. Es fällt unter keine der genannten Ausnahmeregelung und ist als Einkommen anspruchsmindernd zu berücksichtigen. Kindergeld ist grundsätzlich Einkommen der kindergeldberechtigten Person. Bei zur Bedarfsgemeinschaft gehörenden Kindern ist es nach § 11 Abs. 1 Satz 4 und Satz 5 SGB II allerdings als Einkommen dem jeweiligen Kind zuzurechnen, soweit es bei diesem zur Sicherung des Lebensunterhalts (mit Ausnahme der Bedarfe nach § 28 SGB II) benötigt wird. Patrick gehört zur Bedarfsgemeinschaft mit seinen Eltern (vgl. § 7 Abs. 3 Nr. 4 SGB II) und verfügt über keine weiteren Mittel zur Bedarfsdeckung. Das Kindergeld in Höhe von 219,00 € ist ihm somit als Einkommen zuzurechnen.

Nach § 11b SGB II sind vom Einkommen bestimmte Beträge abzusetzen. Im vorliegenden Fall sind dies im Einzelnen:

- vom Arbeitslosengeld (Alg I) des Herrn P gemäß § 11b Abs. 1 Satz 1 Nr. 3 SGB II der Beitrag zur Kfz-Haftpflichtversicherung in nachgewiesener Höhe (37,50 €), da es sich hierbei um Beiträge zu einer privaten Versicherung handelt, die gesetzlich vorgeschrieben ist (unabhängig von der Frage, ob Herr P erwerbstätig ist bzw. das Kraftfahrzeug für die Fahrt zur Arbeitsstätte benötigt wird),
- vom Arbeitslosengeld (Alg I) des Herrn P und von der Erwerbsminderungsrente der Ehefrau gemäß § 11b Abs. 1 Satz 1 Nr. 3 i.V.m. § 6 Abs. 1 Nr. 1 Alg II-V ein Betrag von jeweils 30,00 € monatlich (ohne weiteren Nachweis) für die Beiträge zu privaten Versicherungen, die nach Grund und Höhe angemessen sind.

Dieser Pauschalbetrag ist vom Einkommen einer jeden volljährigen leistungsberechtigten Person abzusetzen. Damit sind die vom Antragsteller geltend gemachten Beiträge für die Hausrat- und Haftpflichtversicherung pauschal abgegolten.

Zur Bedarfsdeckung sind damit bei den Eheleuten P insgesamt 652,50 € und bei Patrick 219,00 € (Kindergeld) einzusetzen.

Sachverhalt 2

Herr T (42 Jahre, erwerbsfähig) ist alleinstehend und beantragt am 1.2. beim zuständigen Leistungsträger Arbeitslosengeld II. Der Antragsteller erzielt bei einer 5-Tage-Arbeitswoche ein monatliches Brutto-Erwerbseinkommen von 1.200,00 €. Nach der vorgelegten Gehaltsabrechnung des Arbeitgebers sind davon monatlich 55,00 € an Steuern und 240,00 € an Sozialversicherungsbeiträgen zu entrichten.

Herr T benutzt für die Fahrt zur Arbeitsstätte (einfache Entfernung 10 km) seinen PKW. Die Fahrtkosten sind im Vergleich zu den bei Benutzung eines zumutbaren öffentlichen Verkehrsmittels anfallenden Kosten nicht unangemessen hoch. Der Beitrag zur Kfz-Haftpflichtversicherung beträgt 41,67 € pro Monat. Weitere Aufwendungen werden nicht geltend gemacht.

Aufgabe

Prüfen Sie, in welcher Höhe Einkommen von Herrn T für die Bedarfsdeckung einzusetzen ist.

Lösung

Als Einkommen zu berücksichtigen sind gemäß § 11 Abs. 1 Satz 1 SGB II alle Einnahmen in Geld oder Geldeswert abzüglich der nach § 11b SGB II abzusetzenden Beträge mit bestimmten Ausnahmen. Das von Herrn T erzielte Erwerbseinkommen ist als Einkommen in diesem Sinne zu berücksichtigen und bleibt auch nicht nach den Ausnahmeregelungen in § 11a SGB II, § 1 Alg II-V sowie nach spezialgesetzlichen Bestimmungen unberücksichtigt. Es ist somit grundsätzlich zur Bedarfsdeckung einzusetzen.

Nach § 11b SGB II sind vom Einkommen bestimmte Beträge abzusetzen. Dies sind im Einzelnen:

Erwerbseinkommen (brutto)	1.200,00 €
./. auf das Einkommen entrichtete Steuern (§ 11b Abs. 1 Satz 1 Nr. 1 SGB II)	55,00 €
./. Pflichtbeiträge zur Sozialversicherung (§ 11b Abs. 1 Satz 1 Nr. 2 SGB II)	240,00 €
./. Pauschalbetrag für private Versicherungen, die nach Grund und Höhe angemessen sind (§ 11b Abs. 1 Satz 1 Nr. 3 SGB II i. V. m. § 6 Abs. 1 Nr. 1 Alg II-V)	30,00 €
./. Beitrag zur Kfz-Haftpflichtversicherung als gesetzlich vorgeschriebene Versicherung (§ 11b Abs. 1 Satz 1 Nr. 3 SGB II)	41,67 €
./. Fahrtkosten 10 km x 0,20 € x 19 Tage (§ 11b Abs. 1 Satz 1 Nr. 5 SGB II i. V. m. § 6 Abs. 1 Nr. 5 Alg II-V)	38,00 €
bereinigtes Netto-Erwerbseinkommen	**795,33 €**

Nach § 11b Abs. 2 Satz 2 SGB II besteht für erwerbsfähige Leistungsberechtigte, die erwerbstätig sind, die Möglichkeit, alternativ zum Grundfreibetrag gemäß § 11b Abs. 2 Satz 1 SGB II (100,00 €) höhere Aufwendungen gemäß § 11b Abs. 1 Satz 1 Nr. 3 bis Nr. 5 SGB II abzusetzen, soweit diese nachgewiesen werden, was im Wege einer **Vergleichsberechnung** festzustellen ist. Der Nachweis höherer tatsächlicher Aufwendungen steht allerdings nur Erwerbstätigen offen, die ein monatliches Brutto-Erwerbseinkommen von mehr als 400,00 € erzielen.

Da Herr T ein Brutto-Erwerbseinkommen von monatlich 1.200,00 € erzielt und höhere Aufwendungen i. S. von § 11b Abs. 1 Satz 1 Nr. 3 bis Nr. 5 SGB II nachweist (insgesamt 109,67 €), sind diese Aufwendungen (statt des Grundfreibetrages) in tatsächlicher Höhe vom Erwerbseinkommen abzusetzen.

Vom Einkommen ist ferner der Freibetrag für Erwerbstätige nach § 11b Abs. 1 Satz 1 Nr. 6 i. V. m. § 11b Abs. 3 SGB II abzusetzen. Ausgehend vom Brutto-Erwerbseinkommen wird der Freibetrag gemäß § 11b Abs. 3 Satz 2 SGB II in zwei Stufen ermittelt. Dabei bleibt das Erwerbseinkommen durch den Grundfreibetrag nach § 11b Abs. 2 Satz 1 SGB II bis zu einer Höhe von 100,00 € komplett anrechnungsfrei. Dies gilt auch wenn – wie in diesem Fall – höhere Aufwendungen nachgewiesen werden.

Der Freibetrag für Erwerbstätige nach § 11b Abs. 3 Satz 2 Nr. 1 SGB II beträgt in den Bruttobetragsstufen von 100,01 € bis 1.000,00 € (1. Stufe) 20 % (180,00 €) und nach § 11b Abs. 3 Satz 2 Nr. 2 SGB II von 1.000,01 € bis maximal 1.200,00 € (2. Stufe) 10 % (20,00 €) des auf die jeweiligen Stufen entfallenden Bruttoeinkommen, insgesamt also 200,00 €.

Damit ist bei Herrn T Einkommen in Höhe von 595,33 € (795,33 € ./. 200,00 €) für die Bedarfsdeckung einzusetzen.

9. Einsatz von Vermögen

Nach § 9 Abs. 1 SGB II ist nur diejenige Person hilfebedürftig, die ihren Lebensunterhalt nicht oder nicht ausreichend aus dem zu berücksichtigenden Einkommen oder Vermögen sichern kann und die erforderliche Hilfe nicht von anderen, insbesondere von Angehörigen oder von Trägern anderer Sozialleistungen erhält.

Der Einsatz von Vermögen im Rahmen der Leistungen zur Sicherung des Lebensunterhalts nach dem Zweiten Buch Sozialgesetzbuch richtet sich nach § 12 SGB II. Die Vorschrift konkretisiert den Grundsatz der Subsidiarität (vgl. §§ 2, 3 Abs. 3 und 9 Abs. 1 SGB II), wonach die nachfragende Person zum vorrangigen Einsatz ihres Vermögens verpflichtet ist. Weitere Regelungen bzw. Modifikationen zum Vermögenseinsatz enthalten die §§ 24 Abs. 5 (Darlehen) und § 65 Abs. 5 SGB II (allgemeine Übergangsvorschriften) sowie § 7 Abs. 1 (Aufnahme oder Fortsetzung der Berufsausbildung oder der Erwerbstätigkeit) und § 8 Alg II-V (Berücksichtigung mit dem Verkehrswert).

Bei der Prüfung, ob und ggf. in welchem Umfang vorrangig Vermögen für die Bedarfsdeckung der hilfesuchenden Person einzusetzen ist, sollte nach folgendem Prüfungsraster verfahren werden:

1. Arbeitsschritt:	Feststellung, ob das Vermögen **verwertbar** i. S. von § 12 Abs. 1 SGB II ist
2. Arbeitsschritt:	Feststellung, ob das Vermögen nach § 12 Abs. 3 SGB II oder § 7 Abs. 1 Alg II-V nicht zu berücksichtigen bzw. **geschützt** ist (Zurechnung zum sog. „Schonvermögen")
3. Arbeitsschritt:	Feststellung des aktuellen **Verkehrs-** bzw. **Sachwertes** (vgl. § 12 Abs. 4 SGB II, § 8 Alg II-V)
4. Arbeitsschritt:	Berechnung der **Absetzungs-** bzw. **Freibeträge** nach § 12 Abs. 2 SGB II
5. Arbeitsschritt:	Prüfung, ob ein **Darlehen** nach § 24 Abs. 5 SGB II in Betracht kommt (die **sofortige** Verwertung des Vermögens ist nicht möglich oder bedeutet eine **besondere Härte**)

Hinweis für die Praxis:
Bei Prüfung der wirtschaftlichen Verhältnisse, u. a. auch der Vermögenssituation im Zuge des Antragsverfahrens, sind der nachfragenden Person die Vorschriften des § 60 SGB I (allgemeine Mitwirkungspflichten), des § 66 SGB I (Folgen fehlender Mitwirkung) sowie des § 263 StGB (Betrug) eingehend zu erläutern. Die „Anlage VM" ist vom Antragsteller (aus Beweisgründen) in jedem Fall zu unterschreiben.
Falsche oder unvollständige Angaben des Antragstellers zur Vermögenssituation können im Einzelfall strafrechtliche Konsequenzen nach sich ziehen (Strafanzeige).

Zur vollständigen Prüfung der Vermögenssituation sollten vom Leistungsträger generell Kopien der erteilten Freistellungsaufträge angefordert werden. Sollte der Höchstbetrag von ***801,00 €*** *bzw.* ***1.602,00 €*** *(vgl. § 20 EStG) für Ehepartner gesplittet sein, deutet dies darauf hin, dass noch weitere Konten bzw. Vermögensanlagen vorhanden sind.*

9.1 Begriff des Vermögens

Der Begriff des Vermögens wird im Zweiten Buch Sozialgesetzbuch nicht näher definiert. Er ergibt sich insbesondere aus der Abgrenzung zu dem in § 11 Abs. 1 Satz 1 SGB II festgelegten Einkommensbegriff (vgl. 8.1). Auszugehen ist in diesem Zusammenhang von der Gesamtheit (dem Bestand) der in Geld messbaren Güter. Dabei ist das Vermögen ohne Rücksicht auf steuerrechtliche Vorschriften mit seinem **Verkehrswert** zu berücksichtigen (vgl. § 8 Alg II-V).

Unter dem „Verkehrswert" ist der Geldwert zu verstehen, der durch eine Veräußerung des Vermögensgegenstandes im freien Geschäftsverkehr zum gegenwärtigen Zeitpunkt zu erzielen ist. So ist beispielsweise bei einer kapitalbildenden Lebensversicherung der aktuelle Rückkaufswert (Auszahlungsbetrag bei vorzeitiger Kündigung unter Berücksichtigung von Gebühren und Kosten) anzusetzen.

Zum Vermögen im Sinne von § 12 Abs. 1 SGB II gehören insbesondere

- Geld oder Geldwerte (u.a. Bargeld, Guthaben bzw. Einlagen auf Giro- oder Sparkonten), soweit sie nicht dem Einkommen zuzurechnen sind,
- bewegliche oder unbewegliche Sachen wie z.B. Immobilien (bebaute und unbebaute Grundstücke, Eigentumswohnungen, Miteigentumsanteile, Kraftfahrzeuge, Schmuckstücke, Münzen, Gemälde, Musikinstrumente, Sammlungen, elektronische Geräte und Hausrat,
- auf Geld gerichtete Forderungen (z.B. aus Wertpapieren, Versicherungen, Bausparverträgen, Gesellschaftsanteile, Fondsanteilen oder aus nicht vertraglichen Schuldverhältnissen, Ansprüche auf Zahlung von Zugewinnausgleich) und
- sonstige vermögenswerte Rechte (z.B. Nießbrauch, Gesellschaftsanteile, Urheberrechte Grundschulden).

Auch die Geldwerte, die aus der Verwertung (z.B. der Veräußerung) von Vermögen zum Verkehrswert erzielt werden, stellen Vermögen dar, da es an die Stelle des verwerteten Vermögens tritt („Umschichtung" von Vermögen). Dies gilt auch für **Schadensersatzleistungen** für die Wertminderung oder den Verlust eines Vermögensgegenstandes, da in entsprechenden Fällen für den Betroffenen kein wertmäßiger Zuwachs des Vermögensbestandes erfolgt.

Als Vermögen ist die Summe der **aktiven** Vermögenswerte anzusehen, während die Berücksichtigung von Verbindlichkeiten (z.B. Hypotheken) erst bei der Frage der Verwertbarkeit bzw. der Zumutbarkeit der Verwertung erfolgt.[254] Allerdings ist im Rahmen der Bedürftigkeitsprüfung eine generelle Saldierung aller Aktiva und Passiva nicht zulässig. Dies folgt aus der Subsidiarität staatlicher Fürsorge, die erst eingreifen soll, wenn die hilfebedürftige Person die ihr zur Verfügung stehenden Mittel verbraucht hat. Die Berücksichtigung von Verbindlichkeiten bei der Feststellung der vorhandenen Vermögenswerte ist allenfalls geboten, wenn eine Verbindlichkeit unmittelbar auf dem fraglichen Vermögensgegenstand lastet (z. B. eine auf ein Grundstück eingetragene Hypothek), da der Vermögensgegenstand in diesem Fall nicht ohne die entsprechenden Abzüge veräußert werden kann.[255]

Bei **Sparbüchern** bzw. **Sparguthaben** oder ähnlichen Anlageformen ist **Inhaber** der Vermögensforderung grundsätzlich die Person, die als Kontoinhaber benannt ist. Legen Verwandte (z. B. Großeltern oder Paten) ein Sparbuch für ein Kind an und behalten dieses in ihrem Besitz, bleiben sie in der Regel Gläubiger der Forderung gegenüber dem Geldinstitut und damit Vermögensinhaber.

Gibt der/die Verwandte das auf den Namen des Kindes angelegte Sparbuch nicht aus der Hand, so ist aus diesem Verhalten zu schließen, dass sich der/die Verwandte die Verfügung über das Sparguthaben bis zu einem bestimmten Zeitpunkt vorbehalten will, mit der Konsequenz, dass ihm/ihr das Sparvermögen (weiterhin) zuzurechnen ist. Anders ist der Fall zu beurteilen, wenn jemand auf ein anderes (fremdes) Sparbuch einzahlt.

In einem solchen Fall wird der Kontoinhaber als Partei des Sparvertrages bzw. Sparbuches berechtigt und verpflichtet.

9.2 Verwertbarkeit von Vermögen

Der Grundsatz, dass alle Vermögensgegenstände leistungsrechtlich relevant sind, wird bereits in § 12 Abs. 1 SGB II dahingehend beschränkt, dass nur das **verwertbare** Vermögen zu berücksichtigen ist.

Verwertbar ist der Teil des Vermögens, der durch Verbrauch, Verkauf, Übertragung, Beleihung (z. B. durch Bestellung eines Grundpfandrechtes), Vermietung oder Verpachtung wirtschaftlich nutzbar gemacht werden kann. Die Verwertbarkeit setzt somit die uneingeschränkte Verfügungsgewalt des Betroffenen über den Vermögensgegenstand voraus. Von verwertbarem Vermögen ist grundsätzlich auch dann auszugehen, wenn es aus Sozialleistungen (z. B. dem Elterngeld) angespart wurde.

Grundsätzlich kann die leistungsberechtigte Person zwischen den Verwertungsarten wählen (z. B. Verkauf, Vermietung, Verpachtung oder Beleihung), die den Hilfebedarf in etwa gleicher Weise decken. Andernfalls hat sie regelmäßig die Verwertungsart zu wählen, die den höchsten Deckungsbeitrag erbringt.[256]

254 Vgl. Mecke in Eicher, Rn. 14 zu § 12 SGB II.
255 Ähnlich auch BSG, Urt. vom 15.4.2008 – B 14/7b AS 52/06 R –, NDV-RD 2008, 120 = FEVS 60, 297.
256 Vgl. BSG, Urt. vom 16.5.2007 – B 11b AS 37/06 R –, BSGE 98, 243 = FEVS 59, 49 = NDV-RD 2007, 115 und BSG, Urt. vom 22.3.2012 – B 4 AS 99/11 R –, juris.

Nicht verwertbar sind dagegen Vermögensgegenstände, soweit der Inhaber bzw. die Inhaberin **rechtlich** oder **tatsächlich** in der Verfügung beschränkt ist und die Aufhebung der Beschränkung innerhalb des Bewilligungszeitraumes absehbar nicht bewirken kann. Dies ist anhand einer Prognoseentscheidung für den jeweiligen Bewilligungszeitraum festzustellen.[257]

Eine rechtliche oder tatsächliche Unverwertbarkeit von Vermögen kann z. B. vorliegen bei

- einem gesetzlichen Verwertungsausschluss (z. B. Ansprüche aus betrieblicher Altersvorsorge in Form eines Pensionsfonds oder einer Direktversicherung nach § 2 BetrAVG[258], Leistungen aus der Stiftung „Hilfswerk für behinderte Kinder" oder Lebensversicherungen, wenn ein Verwertungsausschluss nach § 168 Abs. 3 Versicherungsvertragsgesetz vereinbart wurde und eine Beleihung nicht möglich ist),
- Rechten, die einem Dritten zustehen (z. B. bei Beschlagnahme, Verpfändung, Rückübertragungsanspruch aus einer Sicherungsübereignung),
- einer wirksamen Abtretung eines Anspruches (z. B. eine Lebensversicherung, die zur Tilgung eines Hypothekendarlehens an die Bank abgetreten wurde),
- einem durch Erbschaft erworbenen Vermögen, wenn es im Wege der (nicht befreiten) Vorerbschaft zugeflossen ist,
- einem Nachlassgegenstand, über den der Miterbe nicht verfügen kann, solange dieser Gegenstand der Testamentsvollstreckung unterliegt oder ohne Anordnung einer Testamentsvollstreckung die (ungeteilte) Erbengemeinschaft noch nicht auseinandergesetzt ist,
- einer Immobilie, die mit einem Nießbrauch und einem wirksamen, zeitlich unbegrenzten Verfügungsverbot belastet ist,
- weiteren nicht aufhebbaren Beschränkungen einer Verwertung (z. B. Mietkautionen in der Hand des Vermieters, testamentarischen Verfügungen, Insolvenz oder Zwangsverwaltung),
- sonstiger faktischer Unverwertbarkeit (z. B. Aktien, deren Handel an der Börse auf nicht absehbare Zeit ausgesetzt ist, Guthaben auf Sperrkonten).

Bei der Verwertung von **Erbanteilen** eines Miterben im Rahmen einer **Erbengemeinschaft** ist zu beachten, dass nach dem Grundsatz der Gesamtrechtsnachfolge (§ 1922 Abs. 1 BGB) mit dem Tod einer Person (Erbfall) deren Vermögen (Erbschaft) als Ganzes auf eine oder mehrere Personen (Erben) übergeht. Der Nachlass steht den Erben gemeinschaftlich zur gesamten Hand zu (§ 2032 BGB).

Rechtliche oder tatsächliche Hindernisse bezüglich der Verwertbarkeit des Erbteils eines Miterben bestehen grundsätzlich nicht. Solange die ungeteilte Erbengemeinschaft fortbesteht, kann die hilfesuchende Person grundsätzlich ihren Anteil durch Verkauf oder durch Verpfändung verwerten. Daneben besteht die Möglichkeit, die Auseinandersetzung des Erbes nach §§ 2042 ff. BGB zu verlangen.[259]

257 Vgl. BSG, Urt. vom 27.1.2009 – B 14 AS 52/07 R –, SGb 2009, 153 (Kurzwiedergabe).
258 Gesetz zur Verbesserung der betrieblichen Altersversorgung (Betriebsrentengesetz – BetrAVG) vom 19.12.1974 (BGBl. I S. 3610), zuletzt geändert durch Art. 4e des Gesetzes vom 21.12.2015 (BGBl. I S. 2553).
259 Vgl. BSG, Urt. vom 27.1.2009 – B 14 AS 42/07 R –, juris.

Zu berücksichtigen ist das zum Zeitpunkt der geltend gemachten Hilfebedürftigkeit vorhandene Vermögen. Es kommt insofern nicht darauf an, ob dieses Vermögen bereits für einen zuvor eingetretenen Bedarf hätte eingesetzt werden können (und somit theoretisch nicht mehr vorhanden wäre), tatsächlich jedoch nicht eingesetzt worden ist. Einsetzbares, nicht verwertetes Vermögen kann damit für jeden Bedarfszeitraum „aufs Neue" anspruchsmindernd berücksichtigt werden und einem Anspruch auf Leistungen zur Sicherung des Lebensunterhalts entgegenstehen.

Um verwertbares Vermögen handelt es sich auch in den Fällen, in denen der **sofortige** Verbrauch oder die **sofortige** Verwertung nicht möglich ist bzw. die „technische" Abwicklung eine gewisse Zeit in Anspruch nimmt (z.B. bei der Veräußerung von Immobilien) oder für den, der das Vermögen einzusetzen hat, eine **besondere Härte** bedeuten würde. In solchen Fällen sind Leistungen zur Sicherung des Lebensunterhalts **als Darlehen** zu erbringen (vgl. §24 Abs. 5 Satz 1 SGB II).

Die Leistungen der Grundsicherung für Arbeitsuchende als Darlehen können davon abhängig gemacht werden, dass der Anspruch auf Rückzahlung des Darlehens dinglich (regelmäßig durch Bestellung einer Hypothek oder Grundschuld) oder in anderer Weise (z.B. durch eine Forderungsabtretung) gesichert wird (vgl. §24 Abs. 5 Satz 2 SGB II).

Damit ist im Zusammenhang mit der Prüfung der Verwertbarkeit von Vermögen immer auch eine **zeitliche Komponente** zu berücksichtigen. Für die Anwendung der Darlehensregelung reicht es nicht aus, dass dem Betroffenen (abstrakt) Vermögen zusteht, wenn im maßgeblichen Zeitpunkt bis auf weiteres nicht absehbar ist, ob und wann er hieraus einen wirtschaftlichen Nutzen ziehen kann. Das Kriterium der Absehbarkeit einer Vermögensverwertung ist dabei auf den jeweiligen Bewilligungszeitraum nach §41 Abs. 3 SGB II zu beziehen. Wenn eine Verwertung bzw. Verwertungsmöglichkeit nicht absehbar bzw. erst zu einem bestimmten Zeitpunkt in ferner Zukunft möglich ist, etwa weil sie vom Tod einer bestimmten Person abhängt (z.B. bei Erbbau- und Nießbrauchrechten), handelt es sich in jedem Fall um tatsächlich nicht verwertbares Vermögen.[260]

Ist eine (rechtliche oder tatsächliche) Verwertbarkeit des Vermögens innerhalb des jeweiligen Bewilligungszeitraumes prognostisch nicht gegeben, kommt eine Darlehensgewährung nach §24 Abs. 5 SGB II nicht in Betracht. Die Hilfe ist stattdessen in Form einer nicht zurückzahlbaren Beihilfe zu gewähren.

9.3 Kein fiktiver Vermögensverbrauch

Zur Prüfung der Hilfebedürftigkeit nach §9 Abs. 1 SGB II ist der Einsatz von (verwertbarem) Vermögen im Einzelfall grundsätzlich Monat für Monat zu prüfen. Ein **fiktiver Verbrauch** von Vermögenswerten kommt in Ermangelung einer gesetzlichen Grundlage nicht Betracht.

260 Vgl. BSG, Urt. vom 6.12.2007 – B 14/7b AS 46/06 R –, BSGE 99, 248 = FEVS 99, 348 = NDV-RD 2008, 91. Teilweise werden hierzu von den Landessozialgerichten andere Auffassungen vertreten (so z.B. LSG Nordrhein-Westfalen, Urt. vom 12.12.2007 – L 12 SO 12/07 –, juris; LSG Niedersachsen-Bremen, Beschl. vom 15.1.2008 – L 13 AS 207/07 ER –, juris; LSG Schleswig-Holstein, Urt. vom 18.11.2008 – L 11 AS 45/07 –, ZFSH/SGB 2009, 297).

Das bedeutet, dass das zur Bedarfsdeckung einzusetzende Vermögen solange (Monat für Monat) anspruchsmindernd zu berücksichtigen ist, als es noch vorhanden ist und nicht bis zur Grenze der anzuerkennenden Vermögensfreibeträge (§ 12 Abs. 2 SGB II) verbraucht wurde. Soweit die leistungsberechtigte Person den Vermögenseinsatz verweigert – also das Vermögen „vor sich herschiebt“ –, ist ihr weiterhin nur der ggf. verbleibende Restanspruch zu gewähren. Sofern das (noch) nicht eingesetzte bzw. verwertete Vermögen den gesamten Bedarf für einen Monat deckt, besteht wegen fehlender Hilfebedürftigkeit kein Anspruch auf Leistungen zur Sicherung des Lebensunterhalts.

9.4 Nicht zu berücksichtigendes Vermögen („Schonvermögen“)

Die Regelung des § 12 Abs. 3 Satz 1 SGB II nennt bestimmte Vermögenswerte, die zwar grundsätzlich verwertbares Vermögen darstellen, aber leistungsrechtlich nicht als solches zu berücksichtigen und insoweit als **geschütztes Vermögen („Schonvermögen“)** zu betrachten sind. Das bedeutet, dass die Leistungserbringung im Rahmen der Grundsicherung für Arbeitsuchende nicht vom Einsatz dieses Vermögens abhängig gemacht werden darf.

Dabei orientiert sich die Beurteilung, ob die in § 12 Abs. 3 Satz 1 Nr. 1 bis 4 SGB II genannten Vermögenswerte „angemessen“ sind, an den Lebensumständen während des Bezuges der Leistungen zur Grundsicherung für Arbeitsuchende und nicht am bisherigen Lebensstandard (vgl. § 12 Abs. 3 Satz 2 SGB II).

9.4.1 Angemessener Hausrat (§ 12 Abs. 3 Satz 1 Nr. 1 SGB II)

Zum Hausrat gehören im Wesentlichen alle beweglichen Sachen, die der Einrichtung oder dem Gebrauch dienen.

Bei der Prüfung der Angemessenheit des Hausrates sind (anders als im Sozialhilferecht, vgl. § 90 Abs. 2 Nr. 4 SGB XII) nicht die bisherigen Lebensverhältnisse der leistungsberechtigten Person, sondern die Lebensumstände während des Bezuges der Leistungen der Grundsicherung für Arbeitsuchende maßgebend. Dem liegt zugrunde, dass sich die Leistungen der Grundsicherung für Arbeitsuchende nicht am Lebensstandardprinzip, sondern am Bedarfsdeckungsprinzip orientieren.[261]

Im Einzelfall kann die Verwertung von Teilen des Hausrates nur dann gefordert werden, wenn sie deutlich über das Übliche hinausgehend als **Luxusgegenstände** angesehen werden können (z.B. wertvolle Teppiche oder Bilder, Designermöbel u. ä.). Sofern ein Gegenstand wegen seines besonderen Wertes nicht angemessen i. S des § 12 Abs. 3 Satz 1 Nr. 1 SGB II ist, aber seiner Funktion nach zum notwendigen Hausrat gehört, ist die nachfragende Person verpflichtet, den Gegenstand gegen einen solchen von angemessenem Wert „einzutauschen“ und die Wertdifferenz zur Bestreitung des Lebensunterhalts einzusetzen.

261 Vgl. Hengelhaupt in Hauck/Noftz, Rn. 162 zu § 12 SGB II.

9.4.2 Angemessenes Kraftfahrzeug (§ 12 Abs. 3 Satz 1 Nr. 2 SGB II)

Gemäß § 12 Abs. 3 Satz 1 Nr. 2 SGB II ist ein angemessenes Kraftfahrzeug für jede in der Bedarfsgemeinschaft lebende erwerbsfähige Person nicht als Vermögen zu berücksichtigen. Dies gilt demnach auch für Personen, die nicht erwerbstätig sind oder denen eine Erwerbstätigkeit nicht zuzumuten ist (vgl. § 10 SGB II). Dem liegt die typisierende Annahme zugrunde, ein Kraftfahrzeug diene der Erhaltung der Mobilität und Flexibilität zur besseren Arbeitsmarktintegration.[262] Dagegen ist ein Kraftfahrzeug **nicht** als geschütztes Vermögen anzuerkennen bei Personen der Bedarfsgemeinschaft, die **nicht erwerbsfähig** bzw. sozialgeldberechtigt sind.

Die Prüfung der Angemessenheit erfolgt im Grundsatz unter Berücksichtigung aller Umstände des Einzelfalles (u. a. Größe der Bedarfsgemeinschaft, Dauer der Hilfeleistung, Entfernung zwischen Wohnung und Arbeitsstätte bei erwerbstätigen Leistungsberechtigten, Wert des Kraftfahrzeuges, regionale Gegebenheiten, Zahl der bereits vorhandenen Kraftfahrzeuge in der Bedarfsgemeinschaft).

Aus der Verwendung des unbestimmten Rechtsbegriffes „angemessen" in der Norm kann abgeleitet werden, dass eine starre Wertgrenze nicht Bewertungsmaßstab sein kann. In diesem Zusammenhang ist zu berücksichtigen, dass nach sozial- und arbeitsmarktpolitischer Intention dem Arbeitsuchenden bereits die im Falle seiner Vermittlung für eine Arbeitsaufnahme erforderliche Mobilität (Möglichkeit zur Aufnahme auch räumlich entfernt liegender Arbeitsangebote) erhalten werden soll. Geschützt ist das Kraftfahrzeug damit in erster Linie nicht als Vermögenswert, sondern als Verkehrs- bzw. Fortbewegungsmittel.

Kritisch zu sehen ist vor diesem Hintergrund, dass das Bundessozialgericht den Ansatz der Bundesagentur für Arbeit teilt, wonach die Wertgrenze für die Prüfung der Angemessenheit eines PKW strikt zu monetarisieren ist und damit den Verkehrswert als einziges tragfähiges Kriterium für die Angemessenheit betrachtet.

Nach der Rechtsprechung des Bundessozialgerichtes ist ein PKW mit einem Verkehrswert von bis zu **7.500,00 €** pauschal als angemessen zu betrachten. Maßstab für die Ermittlung des Verkehrswertes ist nicht der Händlereinkaufs- oder -verkaufspreis, sondern der von privaten Veräußerern aktuell (z. B. nach „Schwacke-Liste") erzielbare Preis. Liegt der Verkehrswert eines PKW über diesem Betrag, so ist er im Regelfall ohne weitere Prüfung als unangemessen anzusehen.[263]

Dies hat ggf. zur Konsequenz, dass im Einzelfall ein PKW als Vermögenswert „teilweise geschützt" und nur der über den Betrag von 7.500,00 € hinausgehende Wert dem sonstigen verwertbaren und nicht geschützten Vermögen hinzuzurechnen bzw. in die weitere Prüfung des Vermögenseinsatzes einzubeziehen ist.

Das Bundessozialgericht orientiert sich bei seiner Entscheidung an der Kraftfahrzeughilfeverordnung, die einen Wert von 9.500,00 € für die Beschaffung von Autos im Zusammenhang mit der Teilhabe behinderter Arbeitnehmer am Arbeitsleben festsetzt. Allerdings gehe der Gesetzgeber davon aus, dass Leistungsempfänger nach dem Zweiten Buch Sozialgesetzbuch grundsätzlich nur einen Lebensstandard

262 Vgl. BSG, Urt. vom 18.3.2008 – B 8/9 b SO 11/06 R –, BSGE 100, 139 = FEVS 60, 103 = SozR 4-3500 § 82 Nr. 4.
263 Vgl. BSG, Urt. vom 6.9.2007 – B 14/7b AS 66/06 R –, BSGE 99, 77 = FEVS 59, 385 = NDV-RD 2008, 77.

beanspruchen können wie er den unteren 20 % der Haushalte in der Einkommens- und Verbraucherstichprobe entspricht. Von daher waren die aus der Kraftfahrzeughilfeverordnung gewonnenen Anhaltspunkte für den Wert eines durchschnittlichen Arbeitnehmer-PKW (unter Berücksichtigung der Entwicklung der Lebenshaltungskosten) auf den Betrag von 7.500,00 € zu reduzieren.[264]

Ein nicht angemessenes Kraftfahrzeug kann nicht im Wege einer Kumulierung der jeder erwerbsfähigen leistungsberechtigten Person in der Bedarfsgemeinschaft zugestandenen Angemessenheitsgröße für ein Fahrzeug vor der Verwertung geschützt werden (z. B. ein PKW mit einem Verkehrswert von 15.000,00 € und zwei erwerbsfähigen leistungsberechtigten Ehepartnern).[265]

Soweit im Einzelfall ein Kraftfahrzeug im Hinblick auf den Verkehrswert nicht als angemessen bezeichnet werden kann, ist allerdings nur der den angemessenen Wert (7.500,00 €) übersteigende Betrag zu berücksichtigen und auf den Vermögensfreibetrag nach § 12 Abs. 2 Satz 1 Nr. 1 und Nr. 4 SGB II (vgl. 9.5.4) anzurechnen. Damit ist ein isoliert betrachtet unangemessener Vermögensgegenstand nicht in jedem Fall zu verwerten. Vielmehr ist im Rahmen des § 12 SGB II eine Gesamtbetrachtung aller Vermögensgegenstände und Vermögenswerte im Hinblick auf die Regelungen zum geschützten Vermögen nach § 12 Abs. 3 SGB II und zu den Freibeträgen nach § 12 Abs. 2 SGB II anzustellen.

Aus dem Umstand, dass nach § 12 Abs. 3 Satz 1 Nr. 2 SGB II ein angemessenes Kraftfahrzeug nicht als Vermögen zu berücksichtigen ist, folgt jedoch nicht, dass die leistungsberechtigte Person auch einen Anspruch auf Übernahme von **Reparaturkosten** hat. Aus der gesetzgeberischen Wertung, dass ein Vermögensgegenstand nicht zur Bestreitung des Lebensunterhalts eingesetzt werden muss, lässt sich nicht ableiten, dass auch die damit zusammenhängenden Aufwendungen auf der Bedarfsseite berücksichtigt werden müssten.[266]

9.4.3 Altersvorsorgevermögen bei Befreiung von der gesetzlichen Rentenversicherungspflicht (§ 12 Abs. 3 Satz 1 Nr. 3 SGB II)

Nach § 12 Abs. 3 Satz 1 Nr. 3 SGB II geschützt sind von der Inhaberin oder dem Inhaber als für die Altersvorsorge bestimmt bezeichnete Vermögensgegenstände (Sachen und Rechte) in angemessenem Umfang, wenn die erwerbsfähige leistungsberechtigte Person oder deren Partnerin oder Partner – unabhängig von der Rechtsgrundlage – von der Versicherungspflicht in der gesetzlichen Rentenversicherung befreit ist.

Soweit eine Befreiung nicht (mehr) besteht, ist im Einzelfall (z. B. bei selbstständiger Erwerbstätigkeit über einen längeren Zeitraum) zu prüfen, ob das Altersvorsorgevermögen über die Härteregelung nach § 12 Abs. 3 Satz 1 Nr. 6 SGB II als geschütztes Vermögen zu berücksichtigen ist.

264 Vgl. BSG, Urt. vom 6.9.2007 – B 14/7b AS 66/06 R –, BSGE 99, 77 = FEVS 59, 385 = NDV-RD 2008, 77.
265 Ähnlich auch Geiger in LPK-SGB II, Rn. 41 zu § 12 SGB II.
266 Vgl. BSG, Urt. vom 1.6.2010 – B 4 AS 63/09 R –, SGb 2010, 418.

Gemäß § 6 Abs. 1 Satz 1 SGB VI werden von der gesetzlichen Rentenversicherungspflicht befreit u. a.

- Beschäftigte und selbstständig Tätige für die Beschäftigung oder selbständige Tätigkeit, wegen der sie aufgrund einer durch Gesetz angeordneten oder auf Gesetz beruhenden Verpflichtung Mitglied einer öffentlich-rechtlichen Versorgungseinrichtung oder Versorgungseinrichtung ihrer Berufsgruppe (berufsständische Versorgungseinrichtung) und zugleich kraft gesetzlicher Verpflichtung Mitglied einer berufsständischen Kammer sind (vgl. § 6 Abs. 1 Satz 1 Nr. 1 SGB VI), wenn die dort genannten Voraussetzungen vorliegen,
- Gewerbetreibende in Handwerksbetrieben, wenn für sie mindestens 18 Jahre lang Pflichtbeiträge gezahlt worden sind (vgl. § 6 Abs. 1 Satz 1 Nr. 4 SGB VI).

Die Befreiung von der Versicherungspflicht erfolgt in diesen Fällen auf Antrag des Versicherten (vgl. § 6 Abs. 2 SGB VI). Über die Befreiung entscheidet der Träger der Rentenversicherung, nachdem in den Fällen des § 6 Abs. 1 Satz 1 Nr. 1 SGB VI die für die berufsständische Versorgungseinrichtung zuständige oberste Verwaltungsbehörde das Vorliegen der Voraussetzungen bestätigt hat (vgl. § 6 Abs. 3 SGB VI).

Soweit die Befreiung von der Versicherungspflicht nachgewiesen wird, ist das Vermögen zwar unabhängig von der Höhe nicht zu berücksichtigen, es muss sich jedoch um Vermögenswerte in angemessenem Umfang handeln, die erkennbar für die Alterssicherung bestimmt sind. Als Nachweis kann beispielsweise die Vorlage einer Versicherungspolice über eine kapitalbildende Lebensversicherung dienen.

Dabei kann als „angemessen" nur das bezeichnet werden, was sich im Alter als Rente bei einer rentenversicherungspflichtigen Tätigkeit für die leistungsberechtigte Person ergeben würde, wenn sie entsprechend ihrer Fähigkeiten und ihrer Qualifikation beschäftigt gewesen wäre.[267]

9.4.4 Selbstgenutztes Hausgrundstück von angemessener Größe (§ 12 Abs. 3 Satz 1 Nr. 4 SGB II)

Nach § 12 Abs. 3 Satz 1 Nr. 4 SGB II ist ein Hausgrundstück oder eine Eigentumswohnung von angemessener Größe von der Pflicht zur Verwertung ausgenommen, soweit die Immobilie **selbst genutzt**, d. h. vom Eigentümer allein oder zusammen mit Angehörigen selbst bewohnt wird (Hauptwohnsitz). Zweck dieser Regelung ist nicht der Schutz der Immobilie als Vermögensgegenstand, sondern allein der Schutz der Wohnung im Sinne der Erfüllung des Grundbedürfnisses „Wohnen" und als räumlicher Lebensmittelpunkt.[268]

267 Mecke in Eicher geht bei einem entsprechenden Vergleich in diesem Zusammenhang von einer Standardrente aus, vgl. Rn. 68 zu § 12 SGB II.

268 Vgl. BSG, Urt. vom 7.11.2006 – B 7b AS 2/05 R –, BSGE 97, 203 = FEVS 58, 241 = NDV-RD 2007, 23.

Der Begriff „Hausgrundstück“ umfasst das Hauseigentum, das rechtlich mit dem Grundstück verbunden ist, das Hauseigentum ohne Eigentum am Grundstück (Erbbaurecht) sowie das Eigentum an einer Wohnung (Eigentumswohnung). Dies gilt sowohl für das Allein- als auch für das Miteigentum.

Anders als im Sozialhilferecht („angemessenes Hausgrundstück“, vgl. § 90 Abs. 2 Nr. 8 SGB XII) ist nach dem Wortlaut des § 12 Abs. 3 Satz 1 Nr. 4 SGB II („Hausgrundstück von angemessener Größe“) die Frage der Angemessenheit ausschließlich nach der **Größe der Wohnfläche und des Grundstückes** zu beurteilen. Dagegen ist beispielsweise der Verkehrswert des Hausgrundstückes und des Wohngebäudes bzw. der Eigentumswohnung oder die Ausstattung kein entscheidungserhebliches Kriterium.

Die isolierte Orientierung an der Wohn- bzw. Grundstücksfläche des Wohneigentums im Hinblick auf die Frage der Angemessenheit privilegiert die leistungsberechtigte Person in der Grundsicherung für Arbeitsuchende gegenüber einer Person, die Sozialhilfe bezieht, soweit Letztere eine Immobilie von angemessener Größe verwerten muss, wenn deren wirtschaftlicher Wert dies erfordert.

Grundsätzlich beurteilt sich die Angemessenheit nach den Lebensumständen im Einzelfall, insbesondere nach der Zahl der im Haushalt lebenden Personen, der voraussichtlichen Dauer der Hilfebedürftigkeit sowie der Berücksichtigung besonderer Wohnbedarfe (z. B. bei behinderten Menschen). Insoweit verbietet sich eine rein schematische Betrachtungsweise.

Das Bundessozialgericht hat in diesem Zusammenhang entschieden, dass für die Bestimmung der angemessenen Wohnraumgröße eines selbst genutzten Wohneigentums in erster Linie die Zahl der Bewohner (und nicht die Mitglieder der Bedarfsgemeinschaft) relevant ist.[269] Um die Frage zu entscheiden, wann ein selbstgenutztes Wohneigentum angemessen ist, um dem geschützten Vermögen nach § 12 Abs. 3 Satz 1 Nr. 4 SGB II zugerechnet zu werden, hat das Bundessozialgericht das am 31.12.2001 außer Kraft getretene Zweite Wohnungsbaugesetz (Wohnungsbau- und Familienheimgesetz – 2. WoBauG) als Auslegungshilfe herangezogen.

Danach sind als angemessen i. S des § 12 Abs. 3 Satz 1 Nr. 4 SGB II für ein selbst genutztes Wohneigentum anzusehen:

bewohnt mit ... Personen	**Eigentumswohnung**	**Eigenheim**
1–2 Personen	80 qm	0 qm
3 Personen	100 qm	110 qm
4 Personen	120 qm	130 qm
sowie 20 qm für jede weitere Person im Haushalt	–	–

269 Vgl. BSG, Urt. vom 7.11.2006 – B 7b AS 2/05 R –, BSGE 97, 203 = FEVS 58, 241 = NDV-RD 2007, 23.

Auch die angemessene Größe einer **Eigentumswohnung** soll sich an nach den Vorgaben des Zweiten Wohnungsbaugesetzes (WoBauG) orientieren. Der dort enthaltene Grenzwert von 120 qm (vgl. § 82 WoBauG) bei einer Bewohnerzahl von weniger als vier ist grundsätzlich um 20 qm pro Person bis zu einer Mindestgröße von 80 qm zu mindern.[270] Eine weitere Reduzierung auf 60 qm für einen 1-Personen-Haushalt ist aus Gründen der Verwaltungspraktikabilität nicht angebracht, so dass auch bei Alleinstehenden eine Wohnfläche von 80 qm typisierend festzusetzen ist.[271]

Diese Grenzwerte können jedoch nicht als quasi normative Größe herangezogen werden. Unter Berücksichtigung der besonderen Umstände im Einzelfall bedarf es einer entsprechenden Anpassung.

Mit Festlegung der genannten Wohnflächengrenzen wird der unbestimmte Rechtsbegriff „angemessen" beim Vermögenseinsatz und bei der Berücksichtigung von Unterkunftskosten nach § 22 Abs. 1 Satz 1 SGB II unterschiedlich ausgelegt, was vor dem Hintergrund der Regelungsinhalte und der unterschiedlichen Zuständigkeiten durchaus als sachgerecht anzusehen ist. Während die Frage des angemessenen Wohneigentums Tatbestandsvoraussetzung bei der Prüfung der grundsätzlichen Hilfebedürftigkeit bzw. des vorrangigen Vermögensschutzes ist, ist der Begriff „angemessen" im Zusammenhang mit den Bedarfen für die Unterkunft Voraussetzung für die Anerkennung entsprechender Aufwendungen bzw. Erbringung entsprechender Leistungen (vgl. § 22 Abs. 1 Satz 1 SGB II).

Darüber hinaus sind verschiedene Leistungsträger betroffen. Soweit die Bundesagentur für Arbeit Leistungsträger ist, soll eine bundeseinheitliche Rechtsauslegung (u.a. im Hinblick auf das einzusetzende Vermögen) gewährleistet werden. Als Auslegungshilfe sind hierfür regional unterschiedliche Ausführungsgesetze nicht dienlich. Für die Übernahme der Aufwendungen für Unterkunft und Heizung sind die jeweiligen kommunalen Träger zuständig. Ein bundeseinheitlicher Auslegungsmaßstab würde die regionalen Besonderheiten auf dem örtlichen Wohnungsmarkt dagegen nicht berücksichtigen können.

Die **Grundstücksfläche kann in der Regel** bis zu einer Größe von **500 qm** in städtischen und von **800 qm** im ländlichen Bereich als angemessen im Sinne des § 12 Abs. 3 Satz 1 Nr. 4 SGB II angesehen werden. Darüber hinaus sind im Einzelfall auch höhere Werte anzuerkennen, wenn diese in den jeweiligen Bebauungsplänen festgelegt sind.[272]

Sofern die Größe einer (selbst genutzten) Immobilie nicht angemessen ist oder die Immobilie nicht selbst genutzt bzw. selbst bewohnt wird, ist die Verwertung von eigentumsrechtlich abtrennbaren Gebäude- oder Grundstücksteilen vorrangig durch Verkauf oder Beleihung zu verlangen (z.B. durch Bildung in sich abgeschlossener Eigentumswohnungen oder Teilung des Grundstücks). Im Einzelfall kann vorrangig eine Nutzung möglicher Ertragsquellen (Beleihung, Verpachtung, zimmerweise Vermietung) in Betracht kommen. Ggf. ist in entsprechenden Fällen die Hilfe in Form eines Darlehens nach § 24 Abs. 5 SGB II zu erbringen.

270 Vgl. BSG, Urt. vom 07.11.2006 – B 7b AS 2/05 R –, BSGE 97, 203 = FEVS 58, 241 = NDV-RD 2007, 23.
271 Vgl. BSG, Urt. vom 18.6.2008 – B 14/11 b AS 67/06 R –, NDV-RD 2009, 14 = FEVS 60, 293 = SozR 4-4200 § 22 Nr. 13.
272 Vgl. BSG, Urt. vom 15.4.2008 – B 14/7 b AS 34/06 R –, BSGE 100, 186 = FEVS 60, 241 = SozR 4-4200 § 12 Nr. 10.

Geschützt ist nur das Hausgrundstück und nicht ohne weiteres das Gesamtgrundstück. Der die angemessene Fläche übersteigende Grundstücksteil ist, sofern er sich rechtlich und wirtschaftlich selbstständig verwerten lässt, nicht geschützt. Sofern die Immobilie nicht selbst genutzt wird, ist sie vorrangig durch Verkauf oder Beleihung zu verwerten.

Aus der nach der Wohnfläche beurteilten Angemessenheit des selbst genutzten Hausgrundstücks gemäß § 12 Abs. 3 Satz 1 Nr. 4 SGB II folgt nicht ohne weiteres, dass die Grundstücksgröße keine weitere Berücksichtigung findet. Dies ist nur dann der Fall, wenn Haus und Grundstück eine solche Einheit bilden, dass sie nur als einheitlicher Vermögensgegenstand betrachtet werden können. Bei einer Grundstücksgröße von beispielsweise 1.000 qm besteht regelmäßig Anlass, zu überprüfen, ob nach den tatsächlichen und rechtlichen örtlichen Gegebenheiten die Grundstücksfläche als angemessen anzusehen ist oder eine gesonderte Verwertung des die Angemessenheit übersteigenden Grundstücksteiles als selbständige Immobilie in Betracht kommt.[273]

Bei der Feststellung des Immobilienwertes (soweit es sich nicht um geschütztes Vermögen handelt) sind dingliche Belastungen wie Grundschulden, Hypotheken und Nießbrauch zu berücksichtigen. Andere Verbindlichkeiten bleiben außer Betracht.

Hinweis für die Praxis:
Da oftmals im ***Grundbuch eingetragene Schuldverpflichtungen*** *zwar (zumindest teilweise) getilgt wurden, ohne allerdings entsprechende Löschungen im Grundbuch vorzunehmen, sollten zur Ermittlung der aktuell noch bestehenden tatsächlichen Belastungen diesbezügliche Rückfragen bei den eingetragenen Geldinstituten vorgenommen oder von der leistungsberechtigten Person nachgewiesen werden.*

Als Nachweis für den Verkehrswert der Immobilie können der jeweilige Kaufvertrag oder (wenn vorhanden) Verkehrswertgutachten akzeptiert werden, soweit diese noch aktuell sind und der Entwicklung auf dem regionalen Immobilienmarkt entsprechen. Bei bebauten Grundstücksflächen oder Eigentumswohnungen kann die Ermittlung des Verkehrswertes auch im Wege der Amtshilfe durch Auskunft aus der Kaufpreissammlung der Gutachterausschüsse bei den Vermessungs- und Katasterämtern bzw. durch die kommunalen Bewertungsstellen erfolgen. In diesen Fällen besteht gemäß § 64 Abs. 2 Satz 1 SGB X Kostenfreiheit.

Auch im Rahmen der Prüfung, ob eine selbst genutzte Immobilie dem geschützte Vermögen nach § 12 Abs. 3 Satz 1 Nr. 4 SGB II zuzurechnen ist, ist im Rahmen des § 12 SGB II eine Gesamtbetrachtung aller Vermögensgegenstände und Vermögenswerte im Hinblick die Frage der Verwertbarkeit (§ 12 Abs. 1 SGB II), auf die Regelungen zum geschützten Vermögen nach § 12 Abs. 3 SGB II und zu den Freibeträgen nach § 12 Abs. 2 SGB II anzustellen. Im Einzelfall ist damit ein isoliert betrachtet unangemessenes Hausgrundstück oder eine unangemessene Eigentumswohnung nicht in jedem Fall zu verwerten.

---

273 Vgl. BSG, Urt. vom 15.4.2008 – B 14/7b AS 34/06 R –, BSGE 100, 186 = FEVS 60, 241 = SozR 4-4200 § 12 Nr. 10.

Prüfungsraster „Verwertung einer selbst genutzten (bewohnten) Immobilie"

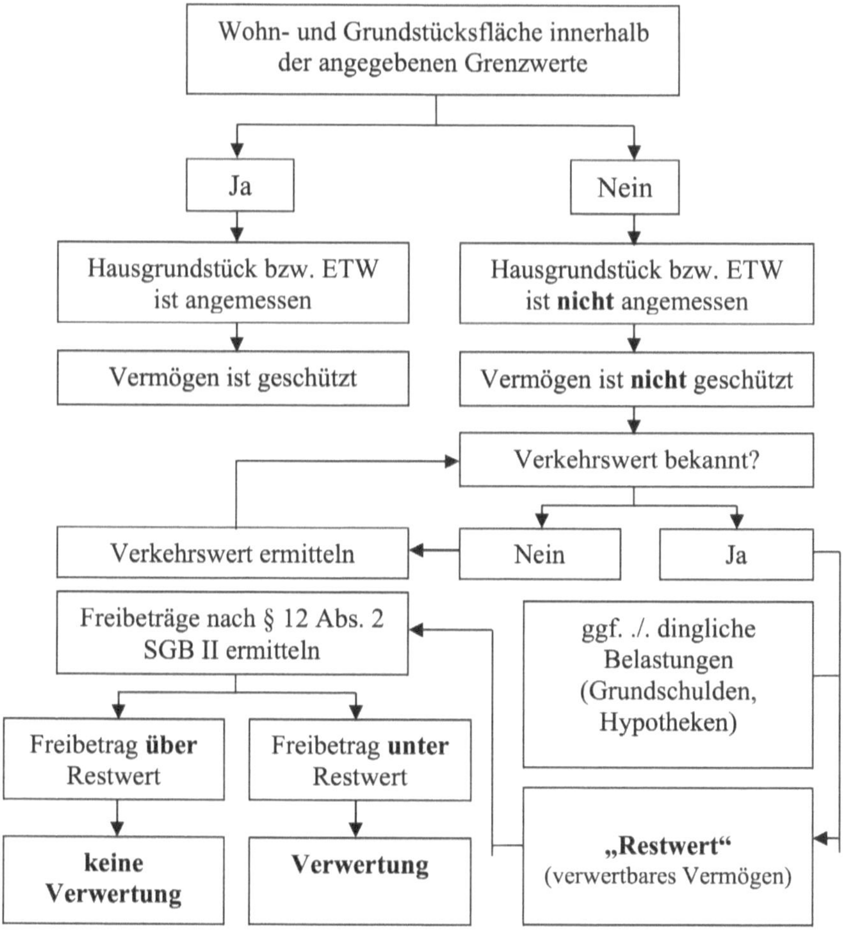

9.4.5 Vermögen zur Beschaffung oder Erhaltung eines Hausgrundstücks für behinderte oder pflegebedürftige Menschen (§ 12 Abs. 3 Satz 1 Nr. 5 SGB II)

Leistungsrechtlich nicht zu berücksichtigen ist nach § 12 Abs. 3 Satz 1 Nr. 5 SGB II auch Vermögen, solange es nachweislich zur baldigen Beschaffung oder Erhaltung eines Hausgrundstücks von angemessener Größe bestimmt ist, soweit dieses zu Wohnzwecken behinderter (vgl. §§ 53 Abs. 1 Satz 1 und 72 SGB XII) oder pflegebedürftiger Menschen (vgl. § 61 Abs. 1 SGB XII) dient oder dienen soll und dieser Zweck durch den Einsatz oder die Verwertung des Vermögens gefährdet würde. Bei pflegebedürftigen Menschen dürfte auch ein Hilfebedarf in geringem Umfang (also ggf. auch beim Pflegegrad 1) ausreichend sein.

Nicht erforderlich ist, dass es sich um Vermögen des behinderten oder pflegebedürftigen Menschen handelt. Weiterhin ist nicht erforderlich, dass die behinderte oder pflegebedürftige Person der Bedarfsgemeinschaft nach § 7 Abs. 3 SGB II angehört.

Die Beschaffung eines Hausgrundstücks (Eigenheim oder Eigentumswohnung) umfasst sowohl den Erwerb oder den Neubau als auch den Ausbau bzw. Anbau, den Abschluss eines Erbbauvertrages oder den Erwerb eines Dauerwohnrechtes sowie die behinderten- oder pflegegerechte Ausstattung eines bereits vorhandenen Objektes. Die Erhaltung eines Hausgrundstücks erstreckt sich auf instandsetzende oder instandhaltende Maßnahmen (z. B. Wärmeisolierung, Modernisierung der Heizungsanlage), nicht aber auf reine Verschönerungsmaßnahmen.

Die Absicht zur baldigen Beschaffung oder Erhaltung muss nachgewiesen werden. Als Nachweis kommen z. B. Kaufverträge, Bau- und Finanzierungspläne oder Verträge mit Handwerkern oder Baugesellschaften in Betracht. Wegen der vielfältigen Möglichkeiten, die Absicht zur baldigen Beschaffung oder Erhaltung eines angemessenen Hausgrundstücks umzusetzen, ist ein konkreter Zeitrahmen nicht allgemeingültig bestimmbar. „Baldige Beschaffung“ in diesem Zusammenhang meint die zielgerichtete und realistische Planung, wobei eine bestimmte Zeitgrenze nicht gefordert wird.[274]

Das zu beschaffende oder zu erhaltende angemessene Hausgrundstück muss Wohnzwecken dienen. Darüber hinaus wird verlangt, dass der Zweck (also die beabsichtigte Beschaffung oder Erhaltung) durch den Einsatz oder die Verwertung des Vermögens gefährdet würde. Diese Forderung verlangt eine fiktive Betrachtung, ob die Beschaffungs- oder Erhaltungsmaßnahme auch dann durchgeführt werden könnte, wenn das vorhandene Vermögen zur Bedarfsdeckung eingesetzt werden müsste. Insoweit ist u. a. von Bedeutung, wie hoch der im Einzelfall zu deckende Bedarf ist, ob er laufend oder einmalig anfällt und welche Fremdmittel zum Ausgleich des nicht geschützten Vermögens eingesetzt werden müssten.
Der Vermögensschutz nach § 12 Abs. 3 Satz 1 Nr. 5 SGB II entfällt, wenn der Wohnzweck für die behinderte oder pflegebedürftige Person nicht mehr erreichbar ist (z. B. wegen dauerhafter Aufnahme und Betreuung in einer stationären Einrichtung) oder wenn die Bauabsicht aufgegeben wird.

9.4.6 Offensichtliche Unwirtschaftlichkeit oder besondere Härte (§ 12 Abs. 3 Satz 1 Nr. 6 SGB II)

Nach § 12 Abs. 3 Satz 1 Nr. 6 SGB II ist Vermögen nicht zu berücksichtigen, soweit die Verwertung **offensichtlich unwirtschaftlich** ist oder für den Betroffenen eine **besondere Härte** bedeuten würde. Es handelt sich jeweils um unbestimmte Rechtsbegriffe, die nach den besonderen Umständen des jeweiligen Einzelfalls auszulegen sind.

274 Ähnlich auch Hessisches LSG, Urt. vom 26.1.2009 – L 9 SO 48/07 –, FEVS 61, 165.

Offensichtliche Unwirtschaftlichkeit

Die Verwertung von Sachen und Rechten ist nicht offensichtlich unwirtschaftlich, wenn im Ergebnis unter Berücksichtigung der Verwertungskosten der Verkehrswert geringfügig unter dem Substanzwert (z. B. Summe der eingezahlten Beträge in eine Lebensversicherung) liegt. Die nachfragende Person darf insoweit auch auf die Verwertung verwiesen werden, wenn damit ein wirtschaftlicher Verlust verbunden ist.

So ist beispielsweise die vorzeitige Kündigung und der Einsatz eines Bausparvertrages nicht allein deshalb offensichtlich unwirtschaftlich, weil damit der Verlust der Bausparprämie, des Schlussbonus oder der Arbeitnehmersparzulage einhergehen würde. Gleiches gilt für die Auflösung langfristiger Sparverträge und den damit verbundenen Zinsverlusten.

Von einer offensichtlichen Unwirtschaftlichkeit i. S des § 12 Abs. 3 Satz 1 Nr. 6 SGB II ist dagegen auszugehen, wenn der durch die Vermögensverwertung zu erzielende Erlös in einem deutlichen Missverhältnis zum tatsächlichen Wert des Vermögensgegenstandes stehen würde („Verschleuderung" von Vermögen bzw. wirtschaftlicher „Ausverkauf") oder die Aufhebung einer Vermögensbeschränkung nur unter erheblichen wirtschaftlichen Nachteilen erreicht werden kann.

Eine besondere Bedeutung hat die Regelung für die Praxis insbesondere im Hinblick auf kapitalbildende **Lebensversicherungen**. Die bisher zum Sozialhilferecht überwiegend ergangene Rechtsprechung sieht es für einen Vermögensschutz nicht als ausreichend an, dass der Rückkaufswert einer Lebensversicherung um mehr als die Hälfte hinter der vom Versicherungsnehmer erbrachten Eigenleistung zurückbleibt.[275]

Das Bundessozialgericht hat die Entscheidung des Bundesverwaltungsgerichtes für den Bereich der Grundsicherung für Arbeitsuchende für nicht anwendbar erachtet und entschieden, dass die Grenze der offensichtlichen Unwirtschaftlichkeit i. S des § 12 Abs. 3 Satz 1 Nr. 6 SGB II noch nicht erreicht ist, wenn der Rückkaufswert (Verkehrswert) einer Lebensversicherung 12,9 % unter der Summe der ein gezahlten Beiträgen (Substanzwert) liegt – allerdings bereits in Frage gestellt, ob ein Verlust von 18,5 % (bei rein isolierter Betrachtung des Verhältnisses von eingezahlten Beiträgen und Rückkaufswert) noch im Bereich der Wirtschaftlichkeit liegt.[276]

Die Prüfung der **Verwertung** einer Lebensversicherung **durch Beleihung** ist in der Regel erst im letzten Fünftel der vertraglich vereinbarten Laufzeit vorzunehmen, da vorher in der Regel davon auszugehen ist, dass aufgrund der langen Beleihungsphase der Auszahlungsbetrag durch die Zinsbelastung so stark gemindert wird, dass keine Wirtschaftlichkeit mehr vorliegt.[277]

Bei einer Vermögensanlage in Aktien, Aktien- oder Rentenfonds (oder anderen Wertpapieren mit Tageskurs) ist aus der Sicht des Anlegers ein grundsätzliches Risiko gegeben. Bei einer Nichtberücksichtigung entsprechender Vermögenswerte wegen einer ungünstigen Wertentwicklung würde dieses Anlagerisiko praktisch durch den

---

275 Vgl. BVerwG, Urt. vom 19.12.1997 – 5 C 7/96 –, BVerwGE 106, 105 = FEVS 48, 145 = ZFSH/SGB 1998, 215.

276 Vgl. BSG, Urt. vom 6.9.2007 – B 14/7b AS 66/06 R –, BSGE 99, 77 = FEVS 59, 385 = NDV-RD 2008, 77.

277 So auch *Geiger* in LPK-SGB II, Rn. 61 zu § 12 SGB II mit Verweisen auf Fachliche Hinweise der BA, Rn. 12.37a zu § 12 SGB II (Stand: 20.8.2012).

Leistungsträger übernommen, so dass entsprechende Anlageformen unabhängig vom ursprünglichen Kaufpreis in diesem Zusammenhang nicht geschützt sein können.

Besondere Härte

Eine Verwertung von Vermögen ist nach § 12 Abs. 3 Satz 1 Nr. 6 SGB II weiterhin ausgeschlossen, wenn dies für die betroffene Person eine **besondere Härte** bedeuten würde.

Die Regelung ist als „Auffangtatbestand“ für alle Vermögenswerte anwendbar, die nicht oder nur zum Teil unter die übrigen Schutzbestimmungen des § 12 Abs. 3 Satz 1 SGB II fallen (so z. B. auch bei nicht angemessenem Kfz oder Wohnungseigentum). Sie ermöglicht dem Leistungsträger, Besonderheiten des Einzelfalles Rechnung zu tragen. Die Härteregelung stellt insofern auf atypische Fallkonstellationen ab, bei denen besondere (Lebens-)Umstände die Verwertung des Vermögens für die betroffene Person als übermäßig hart und damit als unzumutbar erscheinen lassen.

Ob eine besondere Härte im Sinne dieser Vorschrift vorliegt, ist nach objektiven Gesichtspunkten zu beurteilen. Es kommt nicht darauf an, ob die nachfragende Person subjektiv den Verweis auf die Vermögensverwertung als Härte empfindet. Vielmehr ist zu prüfen, welche individuellen Umstände den Einzelfall gegenüber der Situation vergleichbarer Gruppen von Leistungsberechtigten als atypisch und damit als besonderen Härtefall charakterisieren.

Zu den bei der Prüfung einer besonderen Härte zu berücksichtigenden Kriterien können insbesondere

- die Herkunft des Vermögens und eine etwaige Zweckbindung,
- der Zeitpunkt der Verfügbarkeit,
- die voraussichtliche Dauer der Hilfebedürftigkeit sowie
- besondere Lebensumstände des Vermögensinhabers und/oder seiner Angehörigen

gehören.

So ist z. B. ein angemessenes **Kraftfahrzeug** nur für die **erwerbsfähigen** leistungsberechtigten Personen nach § 12 Abs. 3 Satz 1 Nr. 2 SGB II als geschütztes Vermögen zu berücksichtigen. Bei **nicht erwerbsfähigen** Personen mit einem Anspruch auf Sozialgeld kann es über die Anerkennung einer besonderen Härte unberücksichtigt bleiben, wenn aufgrund der besonderen persönlichen Situation (z. B. wegen einer Behinderung) die weitere Benutzung des Kraftfahrzeuges (z. B. für regelmäßige Arztbesuche o. ä.) geboten ist.

Eine besondere Härte in diesem Sinne kann auch anerkannt werden bei der Verwertung von **Familien-** oder **Erbstücken**, wenn ihr Besitz für die nachfragende Person oder deren Familie aus Gründen der Familientradition oder des Andenkens an Verstorbene von besonderer Bedeutung ist (z. B. Familienschmuck), sowie bei Gegenständen, die zur Befriedigung geistiger, insbesondere **wissenschaftlicher** oder **künstlerischer Bedürfnisse** (z. B. Musikinstrumente, Bücher, Sammlungen etc.) dienen und deren Besitz kein Luxus ist. Voraussetzung ist **nicht**, dass diese Gegenstände zur Ausübung einer Erwerbstätigkeit benötigt werden.

Eine besondere Härte ist auch in den Fällen anzunehmen, in denen Vermögensrückstellungen für eine **würdige Beerdigung** und **angemessene Grabpflege** vorgenommen werden (Bestattungssparbuch, Treuhandvermögen oder Dauerpflegevertrag). In diesem Zusammenhang kommt der besondere Vermögensanlagezweck im Hinblick auf die Menschenwürde (Art. 1 GG) und der Glaubensfreiheit (Art. 4 GG) zum Tragen, zumal der Vermögensschutz auch im öffentlichen Interesse liegt.[278]

Auch die Berücksichtigung der aus einer **Kapitalabfindung herrührenden Schmerzensgeldzahlung** nach § 253 Abs. 2 BGB stellt für den Betroffenen eine besondere Härte i. S. des § 12 Abs. 3 Satz 1 Nr. 6 SGB II dar.[279]

9.4.7 Gegenstände zur Aufnahme oder Fortsetzung einer Berufsausbildung oder Erwerbstätigkeit (§ 7 Abs. 1 Alg II-V)

Über die Vorschrift des § 12 Abs. 3 Satz 1 SGB II hinausgehend regelt § 7 Abs. 1 Alg IIV, dass Gegenstände, die für die Aufnahme oder Fortsetzung einer Berufsausbildung oder einer Erwerbstätigkeit unentbehrlich sind, als geschütztes Vermögen zu betrachten sind. Mit dem Hinweis auf § 12 Abs. 3 SGB II wird klargestellt, dass es sich um **angemessenes** Vermögen handeln muss. Darüber hinaus werden nur **Sachvermögenswerte** (Vermögensgegenstände) und kein Barvermögen geschützt. Weiterhin müssen die Sachvermögenswerte (Anlage- und/oder Umlaufvermögen) für die Aufnahme oder Fortsetzung der Erwerbstätigkeit **unentbehrlich** sein.

Die Regelung soll das Kernziel der Leistungen der Grundsicherung für Arbeitsuchende unterstreichen, wonach erwerbsfähige Leistungsberechtigte so schnell wie möglich dauerhaft in das Erwerbsleben integriert werden sollen. Gleichzeitig soll vermieden werden, dass entsprechende Vermögensgegenstände für die Bedarfsdeckung eingesetzt werden, die zu einem späteren Zeitpunkt ggf. im Rahmen von Integrationsleistungen wiederbeschafft werden müssten.

In Betracht kommen können in diesem Zusammenhang z. B. Computer (und entsprechendes Zubehör), Fachliteratur, Musikinstrumente, Werkzeuge sowie Vorräte an Arbeitsmaterialien.

9.5 Absetzungs- und Freibeträge (§ 12 Abs. 2 SGB II)

Soweit Vermögen grundsätzlich verwertbar und nicht (oder nur teilweise) als geschütztes Vermögen zu betrachten ist, regelt § 12 Abs. 2 Satz 1 SGB II in den Nummern 1 bis 4 die Absetzungs- und Freibeträge, bis zu deren Höhe Vermögen von der nachfragenden Person nicht einzusetzen ist. Trotz der abweichenden gesetzlichen Reihenfolge sind vor Anwendung des § 12 Abs. 2 SGB II die Regelungen zum geschützten Vermögen nach § 12 Abs. 3 SGB II zu prüfen, da Freibeträge nur von dem grundsätzlich zu berücksichtigenden Vermögen abgesetzt werden können.

278 So auch *Geiger* in LPK-SGB II, Rn. 84 zu § 12 SGB II.
279 Vgl. BSG, Urt. vom 15.4.2008 – B 14/7b AS 6/07 R –, FEVS 60, 1 = NDV-RD 2008, 102 = SozR 4-4200 § 12 Nr. 9.

Die Freibeträge sind – mit Ausnahme des Grundfreibetrages nach § 12 Abs. 2 Satz 1 Nr. 1 und Nr. 1a SGB II zweckgebunden – und kumulativ zu berücksichtigen.

Eine Übertragung nicht ausgeschöpfter Freibeträge der Eltern auf das Vermögen der Kinder bzw. nicht ausgeschöpfter Freibeträge der Kinder auf das Vermögen der Eltern ist nicht möglich.

9.5.1 Grundfreibetrag (§ 12 Abs. 2 Satz 1 Nr. 1 und Nr. 1a und Satz 2 Nr. 1 bis 3 SGB II)

Nach § 12 Abs. 2 Satz 1 Nr. 1 SGB II ist für jede in der Bedarfsgemeinschaft lebende volljährige Person und deren Partnerin oder Partner (auf die Erwerbsfähigkeit oder einen möglichen Leistungsausschluss kommt es in diesem Zusammenhang nicht an) und nach § 12 Abs. 2 Satz 1 Nr. 1a SGB II für jedes leistungsberechtigte minderjährige Kind ein Grundfreibetrag zu berücksichtigen. Der Grundfreibetrag ist damit sowohl bei einem Anspruch auf Arbeitslosengeld II als auch bei einem Anspruch auf Sozialgeld einzuräumen. Der Grundfreibetrag ist an keinen bestimmten Zweck gebunden und damit auf jedes Vermögen anzurechnen.

Der Grundfreibetrag beträgt jeweils **150,00 € je vollendetem Lebensjahr** für jede in der Bedarfsgemeinschaft lebende volljährige Person **und** deren Partnerin oder Partner (nicht dauernd getrennt lebende/r Ehegattin oder Ehegatte, eheähnliche/r bzw. lebenspartnerschaftsähnliche/r Partnerin oder Partner oder nicht dauernd getrennt lebende/r Lebenspartnerin oder Lebenspartner), **mindestens jedoch 3.100,00 €** und maximal 9.750,00 € für Personen die vor dem 1.1.1958 geboren sind (vgl. § 12 Abs. 2 Satz 2 Nr. 1 SGB II), 9.900,00 € für Personen, die nach dem 31.12.1957 und vor dem 1.1.1964 geboren sind (vgl. § 12 Abs. 2 Satz 2 Nr. 2 SGB II) bzw. 10.050,00 € für Personen, die nach dem 31.12.1963 geboren sind (vgl. § 12 Abs. 2 Satz 2 Nr. 3 SGB II).

Da sich Partner im Rahmen der Einsatzverpflichtung nach § 9 Abs. 2 Satz 1 SGB II das Vermögen des jeweils anderen Partners zurechnen lassen müssen, ist es sachgerecht, den Grundfreibetrag für beide Personen zusammen zu berechnen und von dem gemeinsamen zu berücksichtigenden Vermögen abzusetzen.

Für jedes **minderjährige leistungsberechtigte Kind** ist nach § 12 Abs. 2 Satz 1 Nr. 1a SGB II ein einheitlicher Grundfreibetrag von **3.100,00 €** zu berücksichtigen. Der für Kinder einzuräumende Grundfreibetrag ist allerdings nur von dessen zu berücksichtigendem Vermögen abzusetzen. Da das Kind zunächst eigenes Vermögen zur Deckung seines Lebensunterhalts einzusetzen hat, bevor es nach dessen Verbrauch zur Bedarfsgemeinschaft gehört (§ 7 Abs. 3 Nr. 4 SGB II), kann sich eine entsprechende Freibetragsregelung auch nur auf dessen eigenes Vermögen beziehen.[280]

Nach der Übergangsvorschrift des § 65 Abs. 5 SGB II i. V. m. § 4 Abs. 2 Satz 2 der Arbeitslosenhilfe-Verordnung vom 13.12.2001 in der Fassung vom 31.12.2004 wird Personen, die vor dem 1.1.1948 geboren sind, an Stelle des Betrages von 150,00 € ein Grundfreibetrag von 520,00 € je vollendetes Lebensjahr eingeräumt, maximal

280 Vgl. BSG, Urt. vom 13.5.2009 – B 4 AS 58/08 R –, BSGE 103, 153 = NZS 2010, 410 = SozR 4-4200 § 12 Nr. 13.

jedoch 33.800,00 €. Diese Regelung gilt generell und unabhängig davon, ob vor dem Bezug von Arbeitslosengeld II bzw. Sozialgeld Arbeitslosenhilfe bezogen wurde. Die Regelung kann noch bei gemischten Bedarfsgemeinschaften relevant sein.

Beispiele für die Ermittlung des Grundfreibetrages nach § 12 Abs. 2 Satz 1 Nr. 1 und Nr. 1a SGB II

Sachverhalt	Berechnung	Ergebnis
Alleinstehende erwerbsfähige leistungsberechtigte Person (19 Jahre alt)	19 Jahre x 150,00 € = 2.850,00 € (mind. jedoch 3.100,00 €)	3.100,00 €
Ehepaar, beide erwerbsfähig (48 und 45 Jahre alt)	93 Jahre x 150,00 €	13.950,00 €
Ehepaar (70 und 52 Jahre alt)	70 Jahre x 520,00 €* 52 Jahre x 150,00 €	41.600,00 €
Ehepaar, beide erwerbsfähig (32 und 30 Jahre alt), mit 6jährigem Kind	Eltern: 62 Jahre x 150,00 € Kind: 3.100,00 €	9.300,00 € 3.100,00 €**

* 520,00 € pro Lebensjahr, aber maximal 33.800,00 € nach § 65 Abs. 5 SGB II
** sofern eigenes Vermögen vorhanden ist

9.5.2 Altersvorsorge/„Riester-Rente" (§ 12 Abs. 2 Satz 1 Nr. 2 SGB II)

Ein als Altersvorsorge durch das Altersvermögensgesetz[281] gefördertes Vermögen (sog. „Riester-Rente") ist in der Ansparphase (nicht dagegen zum Zeitpunkt der Auszahlung) grundsätzlich ohne betragliche Obergrenze privilegiert.

Die Regelung des § 12 Abs. 2 Satz 1 Nr. 2 SGB II findet Anwendung für jede in der Bedarfsgemeinschaft lebende Person, die Inhaberin oder Inhaber einer entsprechenden Altersvorsorgeanlage nach Maßgabe des § 10a EStG, also auch für ein minderjähriges Kind, für das ein entsprechender Altersvorsorgevertrag abgeschlossen wurde. Um ein entsprechendes Altersvorsorgevermögen handelt es sich nur dann, wenn ein nach § 5 AltZertG[282] durch die Bundesanstalt für Finanzdienstleistungsaufsicht zertifizierter Altersvorsorgevertrag zugrunde liegt. Als Nachweis dient die jährliche Bescheinigung des Anbieters der Altersvorsorge nach § 92 Nr. 5 EStG über den Stand des Altersvorsorgevermögens (amtlich vorgeschriebener Vordruck).

281 Gesetz zur Reform der gesetzlichen Rentenversicherung und zur Förderung eines kapitalgedeckten Altersvorsorgevermögens (Altersvermögensgesetz – AVmG) vom 26.6.2001 (BGBl. I S. 1310).

282 Gesetz über die Zertifizierung von Altersvorsorge- und Basisrentenverträgen (Altersvorsorgeverträge-Zertifizierungsgesetz) vom 28.6.2001 (BGBl. I S. 1310), zuletzt geändert durch Art. 12 des Gesetzes vom 8.12.2010 (BGBl. I S. 1768).

Über die Freibetragsregelung geschützt sind die geförderten Altersvorsorgeaufwendungen (Eigenbeträge und Zulagen) sowie die Erträge hieraus. Der Höchstbetrag der staatlichen Förderung und damit auch der Höchstbetrag für die Aufwendungen nach § 12 Abs. 2 Satz 1 Nr. 2 SGB II richtet sich durch die Verweisung auf die ausdrückliche bundesrechtliche Förderung nach den §§ 10a bzw. 79 ff. EStG und beträgt seit dem 1.1.2008 jährlich 2.100,00 €.

Wird das Altersvorsorgevermögen vorzeitig gekündigt und nicht innerhalb eines Monats für eine entsprechende neue Anlage verwendet, so führt dies zum Wegfall der steuerrechtlichen Vergünstigungen. Gleichzeitig entfällt – je nach Zeitpunkt des Zuflusses – der Schutz als nicht einzusetzendes Vermögen oder Einkommen.

9.5.3 Sonstige Altersvorsorge (§ 12 Abs. 2 Satz 1 Nr. 3 SGB II)

Nach § 12 Abs. 2 Satz 1 Nr. 3 SGB II sind vom Vermögen abzusetzen geldwerte Ansprüche, die der Altersvorsorge dienen (z.B. Lebensversicherungen), soweit die Inhaberin oder der Inhaber sie vor dem Eintritt in den Ruhestand auf Grund einer unwiderruflichen vertraglichen Vereinbarung nicht verwerten kann und der Wert der geldwerten Ansprüche **750,00 €** je vollendetem Lebensjahr der erwerbsfähigen leistungsberechtigten Person oder deren Partnerin oder Partner, höchstens jedoch den nach § 12 Abs. 2 Satz 2 SGB II maßgebenden Höchstbetrag nicht übersteigt.

Die Höchstbetrage nach § 12 Abs. 2 Satz 2 SGB II betragen:

- 48.750,00 € für Personen, die vor dem 1.1.1958 geboren sind,
- 49.500,00 € für Personen, die nach dem 31.12.1957 und vor dem 1.1.1964 geboren sind und
- 50.250,00 € für Personen, die nach dem 31.12.1963 geboren sind.

Es handelt sich hier um einen zweckbestimmten Freibetrag, der grundsätzlich für jede Form der Altersvorsorge (ausgenommen „Riester- und Rürup-Anlagen") gilt. Eine Verwertung (Rückkauf, Kündigung oder Beleihung) muss allerdings vor Eintritt in den Ruhestand vertraglich unwiderruflich ausgeschlossen sein. Eine bestimmte Anlageform ist dagegen nicht erforderlich. Der Ausschluss der Verwertung bzw. Verfügbarkeit bis zur Vollendung des 60. Lebensjahres ist ausreichend, da dies der früheste Zeitpunkt für einen Anspruch auf eine Altersrente ist (vgl. z.B. § 236a Abs. 2 Satz 1 SGB VI).[283] Sofern für bestimmte Berufsgruppen (z.B. Piloten) ein früherer Rentenbeginn vorgesehen ist, gilt diese Altersgrenze.

Zweck dieser Regelung ist es, erwerbsfähige Leistungsberechtigte davor zu schützen, dass sie Vermögen, das für die Altersvorsorge bestimmt ist, vorher zur Bestreitung ihres Lebensunterhalts einsetzen müssen. Gleichzeitig soll der Ausschluss der Verwertbarkeit vor Erreichen des Ruhestandes Missbrauch verhindern.[284]

283 Vgl. *Mecke* in Eicher/Spellbrink, Rn. 52 zu § 12 SGB II.
284 Vgl. BT-Drs. 15/1749 S. 31.

Der Verwertungsausschluss muss aus dem Vertragstext eindeutig hervorgehen. Bei Versicherungsleistungen kann in der Regel die vorzeitige Verwertbarkeit in Höhe der eingeräumten Freibeträge ausgeschlossen werden.

Soweit die Freibeträge nach § 12 Abs. 2 Satz 1 Nr. 3 SGB II durch die geldwerten Ansprüche aus der Altersvorsorge überschritten werden, ist der Differenzbetrag (unter Berücksichtigung der sonstigen Freibeträge nach § 12 Abs. 2 SGB II) als einzusetzendes Vermögen zu berücksichtigen. Eine Umschichtung von ungeschütztem Vermögen in Altersvorsorgebeträge i. S des § 12 Abs. 2 Satz 1 Nr. 3 SGB II vor und während des laufenden Leistungsbezuges ist zulässig.

9.5.4 Freibetrag für notwendige Anschaffungen (§ 12 Abs. 2 Satz 1 Nr. 4 SGB II)

Der Freibetrag nach § 12 Abs. 2 Satz 1 Nr. 4 SGB II für notwendige Anschaffungen in Höhe von 750,00 € wird neben dem Freibetrag nach § 12 Abs. 2 Satz 1 Nr. 1 und Nr. 1a SGB II **jedem** in der Bedarfsgemeinschaft lebenden Leistungsberechtigten eingeräumt – also auch für die leistungsberechtigten Kinder ohne eigenes Vermögen im Hinblick auf das zu berücksichtigende Vermögen der Eltern bzw. Elternteile. Nicht anzuerkennen ist der Freibetrag dagegen nach dem eindeutigen Gesetzeswortlaut für Personen innerhalb der Bedarfsgemeinschaft, die (z. B. als Bezieher einer Altersrente) vom Leistungsbezug ausgeschlossen sind.

Der Freibetrag für notwendige Anschaffungen nach § 12 Abs. 2 Satz 1 Nr. 4 SGB II ist flexibel einsetzbar. Sofern das Vermögen eines Kindes dessen Grundfreibetrag nach § 12 Abs. 2 Satz 1 Nr. 1a SGB II nicht oder um weniger als 750,00 € übersteigt, kann der nicht ausgeschöpfte Freibetrag für notwendige Anschaffungen auf die Eltern/-teile „übertragen" werden.

Beispiel
Die leistungsberechtigten Eltern leben mit ihrem gemeinsamen 15-jährigen Sohn in einer Bedarfsgemeinschaft i. S des § 7 Abs. 3 SGB II zusammen. Der Sohn verfügt über eigenes Vermögen in Form eines Sparbuches mit einem aktuellen Guthaben von 3.500,00 €.
Der für das Kind zu berücksichtigende Gesamtfreibetrag i. H. v. 3.850,00 € (3.100,00 € nach § 12 Abs. 2 Satz 1 Nr. 1a SGB II zzgl. 750,00 € nach § 12 Abs. 2 Satz 1 Nr. 4 SGB II) wird nicht überschritten. Das Sparguthaben ist zur Bedarfsdeckung des Sohnes nicht einzusetzen. Der nicht ausgeschöpfte Freibetrag für notwendige Anschaffungen (350,00 €) nach § 12 Abs. 2 Satz 1 Nr. 4 SGB II ist daher auf die Eltern zu „übertragen".

Die Regelung des § 12 Abs. 2 Satz 1 Nr. 4 SGB II korrespondiert mit der Konzeption bzw. dem Inhalt der Regelbedarfe, die alle pauschalierbaren Leistungen (mit Ausnahme der in § 24 Abs. 3 SGB II genannten) umfasst, und soll der leistungsberechtigen Person die Möglichkeit geben, entsprechende Rücklagen für einmalige Bedarfe mit höheren Anschaffungskosten zu bilden.[285]

Da Ansparungen für größere Anschaffungen (Winterbekleidung, Ersatzbeschaffung von Hausratgegenständen etc.) durch die leistungsberechtigte Person bzw. durch die Bedarfsgemeinschaft vorgenommen werden sollen, sind die angesparten Beträge konsequenterweise bei der Vermögensanrechnung (ggf. auch ohne Nachweis entsprechender Rücklagen) unberücksichtigt zu lassen.

Vorhandenes Vermögen ist infolge dieser Zweckbestimmung vorrangig auf diesen Freibetrag anzurechnen. Dementsprechend ist das zu berücksichtigende Vermögen (auch unterhalb des Freibetrages von 750,00 €) für notwendige Anschaffungen, die von den Regelbedarfen umfasst sind, einzusetzen, bevor ein Darlehen für unabweisbare Bedarfe nach § 24 Abs. 1 SGB II in Betracht kommen kann.

9.6 Darlehen (§ 24 Abs. 5 SGB II)

Leistungen zur Sicherung des Lebensunterhalts nach dem Zweiten Buch Sozialgesetzbuch sind nach § 24 Abs. 5 SGB II in Form eines Darlehens zu erbringen, soweit Vermögen nach Prüfung des § 12 SGB II zwar grundsätzlich zu berücksichtigen ist, der leistungsberechtigten Person jedoch der sofortige Verbrauch oder die sofortige Verwertung

- nicht möglich ist oder
- für die betroffene Person eine besondere Härte bedeuten würde.

„Nicht möglich" in diesem Zusammenhang bedeutet, dass der Vermögensinhaber rechtlich oder tatsächlich am sofortigen Verbrauch bzw. an der sofortigen Verwertung des Vermögens zum Zwecke der Bedarfsdeckung vorübergehend gehindert ist (z. B. bei Verfügungsbeschränkungen im Erbfall) oder die Abwicklung der Veräußerung (z. B. bei Immobilienverkäufen) eine gewisse Zeit (maximal aber innerhalb des Bewilligungszeitraums) in Anspruch nimmt und damit nicht in enger zeitlicher Nähe zur Beseitigung der Notlage liegt.

Eine besondere Härte im Sinne dieser Vorschrift ist anzunehmen, wenn die sofortige Verwertung bzw. der sofortige Verbrauch zum gegenwärtigen Zeitpunkt wirtschaftlich besonders ungünstig wäre (wenn z. B. eine kapitalbildende Lebensversicherung kurz vor dem vereinbarten Auszahlungszeitpunkt verwertet werden soll und damit erhebliche finanzielle Verluste verbunden wären).

Eine besondere Härte in diesem Sinne kann nur im Hinblick auf die **sofortige** Verwertung bzw. durch die dadurch bedingten Nachteile und nicht – wie in § 12 Abs. 3

285 Vgl. BT-Drs. 15/1516 S. 3 und S. 53.

Satz 1 Nr. 6 SGB II – in der Beeinträchtigung der persönlichen und sozialen Stellung des Betroffenen begründet sein.

Soweit die genannten Voraussetzungen nach § 24 Abs. 5 SGB II vorliegen, sind alle Leistungen nach dem 2. Abschnitt des 3. Kapitels SGB II (Leistungen zur Sicherung des Lebensunterhalts) als Darlehen zu erbringen. Für die Zeit der Darlehenserbringung sind Leistungsempfänger durch den Bezug von Arbeitslosengeld II nicht versicherungspflichtig in der gesetzlichen Krankenversicherung (vgl. § 5 Abs. 1 Nr. 2a SGB V).

Die Entscheidung über die Hilfeleistung in Form eines Darlehens nach § 24 Abs. 5 SGB II sowie die Auszahlungs-, Zins- und Rückzahlungsmodalitäten können durch einen Darlehensvertrag (öffentlich-rechtlicher Vertrag nach §§ 53 ff. SGB X) mit der leistungsberechtigten Person vereinbart oder einseitig durch Verwaltungsakt geregelt werden. Eine Verzinsung erfolgt nur dann, wenn dies ausdrücklich vereinbart ist. In der Regel handelt es sich um ein **zinsloses** Darlehen.

Die Entscheidung, ob Leistungen als Darlehen zu erbringen sind, **können** davon abhängig gemacht werden, dass der Anspruch auf Rückzahlung dinglich oder in anderer Weise gesichert wird (vgl. § 24 Abs. 5 Satz 2 SGB II). Bei Immobilien erfolgt eine dingliche Sicherung des Darlehens in der Regel durch die Bestellung von Grundpfandrechten (Hypothek, Grundschuld). Die Sicherung in anderer Weise bei anderen Vermögenswerten erfolgt in erster Linie durch eine Sicherungsübereignung (vgl. § 930 BGB) oder durch eine Forderungsabtretung (vgl. §§ 398 ff. BGB).

9.7 Übung

Sachverhalt

Herr U (50 Jahre, erwerbsfähig) und seine Ehefrau (50 Jahre, erwerbsfähig) beantragen beim zuständigen Träger der Grundsicherung für Arbeitsuchende Arbeitslosengeld II, da das Einkommen aus einer nichtselbstständigen Tätigkeit des Herrn U nicht ausreicht, um den notwendigen Lebensunterhalt der Eheleute zu bestreiten. Frau U verfügt über kein eigenes Einkommen.

Neben dem angemessenen Hausrat stehen folgende Vermögenswerte zur Verfügung:

• selbst bewohnte Eigentumswohnung (80 qm), aktueller Verkehrswert	120.000,00 €
• Sparguthaben (Herr U)	7.000,00 €
• Sparguthaben (Frau U)	9.000,00 €
• PKW (Herr U), aktueller Verkehrswert ca.	6.600,00 €
• Familienschmuck (Frau U) mit einem Wert von ca.	1.000,00 €

Wegen ungünstiger Verkehrsverbindungen im Bereich des öffentlichen Personennahverkehrs (ÖPNV) ist Herr U für die Fahrt zur Arbeitsstätte auf seinen PKW angewiesen. Bei dem Familienschmuck handelt es sich um ein Erbstück der vor wenigen Monaten verstorbenen Mutter von Frau U.

Aufgabe
Prüfen Sie, ob und ggf. in welchem Umfang Vermögen der Eheleute U zur Sicherung des Lebensunterhalts einzusetzen ist. Gehen Sie davon aus, dass der PKW für das Erreichen der Arbeitsstätte unentbehrlich ist.

Lösung
Grundsätzlich sind die Leistungen zur Sicherung des Lebensunterhalts nach dem Zweiten Buch Sozialgesetzbuch neben dem Einkommen auch vom Vermögen des Hilfesuchenden und des nicht getrennt lebenden Ehegatten abhängig (vgl. § 9 Abs. 1 und Abs. 2 Satz 1 i.V.m. § 7 Abs. 3 Nr. 3 Buchstabe a SGB II). Nach § 12 Abs. 1 SGB II sind alle verwertbaren Vermögensgegenstände zu berücksichtigen.

Alle im Sachverhalt genannten Vermögenswerte stellen Vermögen dar, das sich – durch Verkauf oder Realisierung der Forderungen gegenüber der Bank – verwerten lässt. Dass für den PKW und die Eigentumswohnung zunächst ein Käufer gefunden werden muss, steht der grundsätzlichen Verwertbarkeit nicht entgegen.

Fraglich ist, ob die genannten Vermögenswerte nach § 12 Abs. 3 Satz 1 SGB II als geschütztes Vermögen von einer Verwertungspflicht ausgenommen bzw. nicht zu berücksichtigen sind.

In Betracht kommt hier zunächst § 7 Abs. 1 Alg II-V. Danach sind Vermögensgegenstände nicht zu berücksichtigen, die zur Aufnahme oder Fortsetzung der Erwerbstätigkeit **unentbehrlich** sind. Da der PKW für die Fahrt zur Arbeitsstätte erforderlich ist, kann eine Verwertung nicht verlangt werden. Auch die Nichtberücksichtigung des PKW nach § 12 Abs. 3 Satz 1 Nr. 2 SGB II ist vertretbar, da Herr U erwerbsfähig ist und das Kraftfahrzeug im Hinblick auf die vom Bundessozialgericht festgelegte Wertgrenze als „angemessen" zu bezeichnen ist.

Der (angemessene) Hausrat ist gemäß § 12 Abs. 3 Satz 1 Nr. 1 SGB II nicht zu berücksichtigen. Da die Eigentumswohnung der Eheleute U selbst genutzt wird und von angemessener Größe ist, unterliegt sie nach § 12 Abs. 3 Satz 1 Nr. 4 SGB II ebenfalls keiner Verwertungspflicht. Gleiches gilt für den Familienschmuck, dessen Verwertung für Frau U eine besondere Härte i.S. von § 12 Abs. 3 Satz 1 Nr. 6 SGB II bedeuten würde, da davon ausgegangen werden kann, dass der persönliche Wert (aus Gründen des Andenkens an die verstorbene Mutter bzw. der Familientradition) höher einzuschätzen ist als der materielle Wert.

Das Sparguthaben der Eheleute U unterliegt dagegen **nicht** der Schutzvorschrift des § 12 Abs. 3 Satz 1 SGB II. Im Hinblick auf die Feststellung der Absetzungs- bzw. Freibeträge nach § 12 Abs. 2 Satz 1 SGB II ist es zulässig, das Sparguthaben beider Personen betraglich zusammenzurechnen, da es sich vorliegend um eine aus Ehegatten (Partnern) bestehende Einsatzgemeinschaft (vgl. § 9 Abs. 2 Satz 1 SGB II) handelt. Die der volljährigen leistungsberechtigten Person und ihrer nicht dauernd getrennt lebenden Ehegattin bzw. ihrem nicht dauernd getrennt lebenden Ehegatten jeweils zustehenden Absetzungs- bzw. Freibeträge nach § 12 Abs. 2 Satz 1 SGB II sind ebenfalls betraglich zusammenzufassen und dem zu berücksichtigenden (gemeinsamen) Vermögen gegenüberzustellen.

Sparguthaben der Eheleute insgesamt	16.000,00 €
./. Freibetrag nach § 12 Abs. 2 Satz 1 Nr. 1 SGB II (100 Jahre x 150,00 €)	15.000,00 €
./. Freibetrag nach § 12 Abs. 2 Satz 1 Nr. 4 SGB II (2 x 750,00 €)	1.500,00 €
Gesamtfreibetrag	**16.500,00 €**

Die relevanten Höchstbeträge nach § 12 Abs. 2 Satz 2 SGB II werden nicht überschritten. Das Sparguthaben unterliegt somit der Freibetragsregelung nach § 12 Abs. 2 SGB II und ist damit zur Sicherung des Lebensunterhalts **nicht** einzusetzen.

10. Einsatz der Mittel anderer Personen

Nach § 9 Abs. 1 SGB II ist hilfebedürftig, wer seinen Lebensunterhalt nicht oder nicht ausreichend aus dem zu berücksichtigenden Einkommen oder Vermögen sichern kann und die erforderliche Hilfe nicht von anderen, insbesondere von Angehörigen oder von Trägern anderer Sozialleistungen erhält.

Jede leistungsberechtigte Person hat unabhängig von ihrem Alter und ihrer Stellung innerhalb der Haushalts- bzw. Bedarfsgemeinschaft einen eigenständigen Rechtsanspruch auf Leistungen zur Sicherung des Lebensunterhalts nach dem Zweiten Buch Sozialgesetzbuch. Eine Gesamtbetrachtung (d.h. Gegenüberstellung der Summe der Bedarfe aller Mitglieder der Bedarfsgemeinschaft und der Summe aller Einnahmen) ist nicht ausreichend.

In diesem Zusammenhang ist zu berücksichtigen, dass nach dem Wortlaut des § 7 Abs. 1 Satz 1 und Abs. 2 Satz 1 SGB II sowie des § 9 Abs. 2 Satz 3 SGB II Personen entweder als erwerbsfähige Leistungsberechtigte oder als Angehörige einer Bedarfsgemeinschaft (und nicht die Bedarfsgemeinschaft als solche) leistungsberechtigt sind.

Neben den Mitteln der nachfragenden Person ist bei der Prüfung der Hilfebedürftigkeit im Rahmen der Leistungen zur Sicherung des Lebensunterhalts im Einzelfall auch das Einkommen und Vermögen anderer Personen der Bedarfsgemeinschaft zu berücksichtigen. Wer Mitglied einer Bedarfsgemeinschaft ist, ergibt sich abschließend aus § 7 Abs. 3 SGB II. Im Einzelfall sind somit auch Einkommen und Vermögen von Personen zu berücksichtigen, die selbst vom Leistungssystem der Grundsicherung für Arbeitsuchende ausgeschlossen sind (z.B. Bezieher einer Altersrente) oder einen vorrangigen Anspruch auf Leistungen nach dem 4. Kapitel SGB XII (Grundsicherung im Alter und bei Erwerbsminderung) haben.

10.1 Die Einsatzgemeinschaft

Grundsätzlich ergibt sich für die einzelne nachfragende Person der Anspruch auf Leistungen zur Sicherung des Lebensunterhalts durch die Gegenüberstellung des eigenen Bedarfs mit den eigenen Mitteln im jeweiligen Bedarfszeitraum (sog. „Horizontalberechnung“). Bei der Bedarfsermittlung (vgl. Ausführungen unter 7.) sind die Regelbedarfe (§§ 20, 23 SGB II), die Mehrbedarfe (§§ 21, 23 SGB II) sowie die laufenden Bedarfe für Unterkunft und Heizung (§ 22 Abs. 1 SGB II) – ggf. aufgeteilt nach Kopfanteilen – zu berücksichtigen.

Bei Personen, die in einer Bedarfsgemeinschaft leben, sieht § 9 Abs. 2 Satz 1 und Satz 2 SGB II zur Sicherung des Lebensunterhalts nicht nur den Einsatz eigener Mittel, sondern darüber hinausgehend den Einsatz von Einkommen und Vermögen anderer Personen in zwei Konstellationen vor:

1. Inanspruchnahme der Partnerin oder des Partners,
2. Inanspruchnahme der Eltern oder des Elternteils und dessen in Bedarfsgemeinschaft lebende(n) Partnerin oder Partners.

Dabei ist das Einkommen der einsatzpflichtigen Personen im Verhältnis des eigenen Bedarfs zum Gesamtbedarf der Bedarfsgemeinschaft auf der Grundlage des § 9 Abs. 2 Satz 3 SGB II nach der sog. „Bedarfsanteilsmethode“ zu verteilen (vgl. hierzu Ausführungen unter 10.1.4).

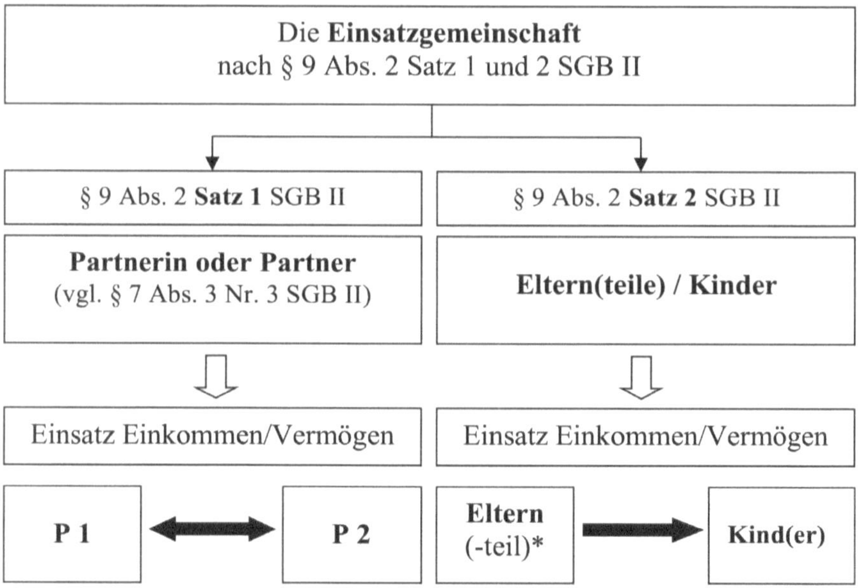

* und dessen/deren in Bedarfsgemeinschaft lebende Partnerin bzw. lebender Partner

10.1.1 Inanspruchnahme der Partnerin oder des Partners

Bei Personen, die in einer Bedarfsgemeinschaft leben, ist nach § 9 Abs. 2 Satz 1 SGB II das Einkommen und Vermögen beider Partner gemeinsam zu berücksichtigen. Das bedeutet, dass sich Partnerinnen bzw. Partner auch das Einkommen und Vermögen des jeweils anderen zurechnen lassen müssen. Zu den verpflichteten Personen gehören nach § 9 Abs. 2 Satz 1 i. V. m. § 7 Abs. 3 Nr. 3 SGB II als Partnerin oder Partner der erwerbsfähigen Leistungsberechtigten

- die nicht dauernd getrennt lebende Ehegattin oder der nicht dauernd getrennt lebende Ehegatte (vgl. § 7 Abs. 3 Nr. 3 Buchstabe a SGB II),
- die nicht dauernd getrennt lebende Lebenspartnerin oder der nicht dauernd getrennt lebende Lebenspartner (vgl. § 7 Abs. 3 Nr. 3 Buchstabe b) SGB II),

- eine Person, die mit der erwerbsfähigen leistungsberechtigten Person in einem gemeinsamen Haushalt so zusammenlebt, dass nach verständiger Würdigung der wechselseitige Wille anzunehmen ist, Verantwortung füreinander zu tragen und füreinander einzustehen („Verantwortungs- und Einstehensgemeinschaft"; vgl. § 7 Abs. 3 Nr. 3 Buchstabe c), Abs. 3a SGB II).

Nicht dauernd getrennt lebende Ehegatten

Ehegatten leben getrennt, wenn die Lebensgemeinschaft zwischen ihnen nach den tatsächlichen Verhältnissen nicht nur vorübergehend aufgehoben ist. Es muss zumindest nach außen erkennbar der Wille mindestens eines Partners nachvollziehbar sein, mit dem anderen Partner nicht mehr zusammenleben zu wollen.[286] Ein vorübergehender – z. B. berufsbedingter – Aufenthalt an einem anderen Ort stellt bei fehlendem Trennungswillen kein „Getrenntleben" im familienrechtlichen Sinne dar, weil es sich nicht um eine bewusste oder gewollte Aufhebung der partnerschaftlichen Beziehung (Ehe oder Lebenspartnerschaft) handelt.

Führen Ehepartner getrennte Haushalte, fehlt es an einer für eine Ehe typischen Haushalts- und Wirtschaftsgemeinschaft, sodass die Ehegatten objektiv voneinander getrennt leben. Fehlt es aber gleichzeitig an dem Willen der Ehepartner, die Ehe zu beenden, weil sie sich bewusst für eine solche Form des ehelichen Lebens entschieden haben, kann von einem Getrenntleben im familienrechtlichen Sinne nicht ausgegangen werden. In diesem Fall bilden die Partner trotz getrennter Haushalte eine Bedarfsgemeinschaft i. S. des § Abs. 3 SGB II.[287]

Auch im Falle der Inhaftierung eines Partners ist erst dann von einem Getrenntleben auszugehen, wenn mindestens einem der Partner der erkennbare Wille zur Fortsetzung der Lebensgemeinschaft fehlt.

Das Getrenntleben erfordert nicht zwingend eine räumliche Trennung der Partner. Eine gemeinsame Wohnadresse ist insoweit kein Ausschlusskriterium für ein Getrenntleben. Nicht selten verbleiben die (bisherigen) Partner trotz Trennung – ggf. auch nur vorübergehend – in der gemeinsamen Wohnung, etwa weil die gemeinsamen Kinder zu betreuen sind oder eine angemessene Wohnung nicht zeitnah gefunden werden kann. Hier wird im Zweifel eine andere räumliche Aufteilung der Wohnung, eine getrennte Wirtschaftsführung oder ggf. eine Änderung der Steuerklasse den Willen zur Aufhebung der bisherigen Lebensgemeinschaft dokumentieren.

Lebenspartnerinnen und Lebenspartner

Eine Einsatzverpflichtung nach § 9 Abs. 2 Satz 1 SGB II besteht auch zwischen Lebenspartnerinnen und Lebenspartnern. Entsprechend der Definition in § 33b SGB I handelt es sich hierbei um die eingetragene Lebenspartnerschaft zweier gleichgeschlechtlicher Partnerinnen bzw. Partner nach dem am 1.8.2001 in Kraft getretenen Lebenspartnerschaftsgesetz (LPartG)[288].

286 Vgl. BVerwG, Urt. vom 29.9.1971 – 5 C 115/70 –, BVerwGE 38, 302 = NDV 1972, 53 = FEVS 18, 441.

287 Vgl. BSG, Urt. vom 18.2.2010 – B 4 AS 49/09 R –, BSGE 105, 291 = FEVS 62, 1 = SozR 4-4200 § 7 Nr. 16.

288 Gesetz über die Eingetragene Lebenspartnerschaft (Lebenspartnerschaftsgesetz – LPartG) vom 16.2.2001 (BGBl. I S. 266), zuletzt geändert durch Art. 3 des Gesetzes vom 18.12.2018 (BGBl. I S. 2639).

Gleichgeschlechtliche Lebenspartnerinnen bzw. Lebenspartner, die ihre Verbindung nach § 9 LPartG eintragen lassen, sind damit wie Ehegatten gegenseitig zum Einsatz von Einkommen und Vermögen im Rahmen der Einsatzgemeinschaft nach § 9 Abs. 2 Satz 1 SGB II verpflichtet, sofern sie nicht dauernd getrennt leben. Eine dauerhafte Trennung ist nach den gleichen Kriterien wie bei Ehegatten anzunehmen.

Durch das Gesetz zur Einführung des Rechts auf Eheschließung für Personen gleichen Geschlechts wurde mit Wirkung vom 1.10.2017 **die Ehe auch für gleichgeschlechtliche Paare** ermöglicht. Ab dem 1.10.2017 können Lebenspartnerschaften nicht mehr begründet werden. Das Lebenspartnerschaftsgesetz gilt daher im Wesentlichen nur noch für vor dem 1.10.2017 begründete Lebenspartnerschaften, sofern diese nicht in eine Ehe umgewandelt worden sind.

Verantwortungs- und Einstehensgemeinschaft

Nach § 7 Abs. 3 Nr. 3 Buchstabe c) SGB II gehört zur Bedarfsgemeinschaft als Partnerin oder Partner der erwerbsfähigen Leistungsberechtigten die Person, die mit der erwerbsfähigen leistungsberechtigten Person in einem gemeinsamen Haushalt so zusammenlebt, dass nach verständiger Würdigung der wechselseitige Wille anzunehmen ist, Verantwortung füreinander zu tragen und füreinander einzustehen (Verantwortungs- und Einstehensgemeinschaft). Als Partner in diesem Sinne kommen neben den eheähnlichen (heterosexuellen) auch die lebenspartnerschaftsähnlichen (also gleichgeschlechtlichen) Partner einer nicht eingetragenen Lebenspartnerschaft in Betracht. Sie bilden eine Bedarfs- und Einsatzgemeinschaft.

Geschwister oder andere Verwandte, die in einem gemeinsamen Haushalt leben, bilden keine Verantwortungs- und Einstehensgemeinschaft i. S. des § 7 Abs. 3 Nr. 3 Buchstabe c) SGB II. Gleiches gilt für Personen, die sich lediglich aus Kostengründen eine Wohnung teilen (Zweck- bzw. Wohngemeinschaft).

Unter den Voraussetzungen des § 7 Abs. 3a SGB II kann der oben genannte wechselseitige Wille vermutet werden, um den Leistungsträger von der „Ausforschung“ im Bereich der privaten Lebenssphäre der Betroffenen zu entbinden, Eingriffe in deren Intimsphäre zu vermeiden und diese nicht zu nötigen, gegen ihren Willen persönlichste und innerste Gedanken und Motive für das Zusammenleben mitzuteilen.[289] Der wechselseitige Wille, Verantwortung füreinander zu tragen und füreinander einzustehen (Verantwortungs- und Einstehensgemeinschaft) wird gemäß § 7 Abs. 3a SGB II vermutet, wenn Partnerinnen oder Partner

1. länger als ein Jahr zusammenleben,
2. mit einem gemeinsamen Kind zusammenleben,
3. Kinder oder Angehörige im Haushalt versorgen (z. B. Stiefkinder) oder
4. befugt sind, über Einkommen oder Vermögen des anderen zu verfügen (z. B. bei gegenseitiger Konto-Vollmacht).

289 Vgl. BSG, Urt. vom 5.5.2009 – B 13 R 53/08 R –, BSGE 103, 91 = NZS 2010, 400 = SozR 4-2600 § 46 Nr. 5.

Ob eine Verantwortungs- und Einstehensgemeinschaft in diesem Sinne vorliegt, ist anhand von Indizien und im Wege einer Gesamtwürdigung festzustellen.

Für das Vorliegen einer eheähnlichen bzw. lebenspartnerschaftsähnlichen Gemeinschaft müssen kumulativ **drei Voraussetzungen** erfüllt sein. Das Bundessozialgericht[290] differenziert in diesem Zusammenhang zwischen **objektiven** (Nr. 1 und Nr. 2) und **subjektiven** (Nr. 3) Voraussetzungen. Demnach muss es sich im Einzelfall

1. um **Partner** handeln, die
2. in einem gemeinsamen Haushalt **zusammenleben**, und zwar
3. so, dass nach verständiger Würdigung der wechselseitige Wille anzunehmen ist, Verantwortung füreinander zu tragen und füreinander einzustehen (Verantwortungs- und Einstehensgemeinschaft).

Vom Bestehen einer **Partnerschaft** ist auszugehen, wenn eine gewisse Ausschließlichkeit der Beziehung gegeben ist, die keine vergleichbare Lebensgemeinschaft daneben zulässt. Zudem muss zwischen der leistungsberechtigten Person und dem Dritten die grundsätzliche rechtlich zulässige Möglichkeit der Heirat bzw. Begründung einer Lebenspartnerschaft bestehen.[291]

Eine Partnerschaft zeichnet sich nach dem allgemeinen Sprachgebrauch dadurch aus, dass sich ihre Mitglieder zueinander in dem Sinne bekennen, der jeweils andere sei „die Partnerin bzw. der Partner“ oder „die Freundin oder der Freund“, man sei „zusammen“ oder lebe in einer Beziehung oder dergleichen; wesensimmanent ist das all diesen Bezeichnungen zugrunde liegende Bekenntnis zueinander, wobei es nicht entscheidend ist, was die Beteiligten gegenüber Behörden auf Nachfrage angeben, sondern wie ihr Verhältnis zueinander im Sinne eines objektiven Tatbestandsmerkmals tatsächlich ausgestaltet ist.[292]

Das **Zusammenleben** in einem gemeinsamen Haushalt erfordert das Bestehen einer Wohn- und Wirtschaftsgemeinschaft. Damit stellt § 7 Abs. 3 Nr. 3 Buchstabe c) SGB II auf zwei Elemente ab – nämlich das Zusammenleben (häusliche Gemeinschaft) und kumulativ das gemeinsame Wirtschaften aus einem Topf.[293]

Die Anforderungen an das gemeinsame Wirtschaften gehen dabei über die gemeinsame Nutzung von Räumen, das gemeinsame Einkaufen und das Führen einer Gemeinschaftskasse (Haushaltskasse) hinaus. Entscheidend ist, dass der Haushalt von beiden Partnern geführt wird und das Bestreiten der Kosten des Haushalts gemeinschaftlich erfolgt, was allerdings nicht bedeutet, dass der finanzielle Anteil oder der Wert der Haushaltsführung selbst gleichwertig sein müssen. Ausreichend ist eine konkrete Absprache zwischen den Partnern, wie sie die Haushaltsführung zum Wohle des partnerschaftlichen Zusammenlebens untereinander aufteilen.[294]

290 Vgl. BSG, Urt. vom 23.8.2012 – B 4 AS 34/12 –, BSGE 111, 250 = NDV RD 2013, 203.
291 Vgl. BVerfG, Urt. vom 17.11.1992 – 1 BvL 8/87 –, BVerfGE 87, 234 = SozR 3-4100 § 137 Nr. 3 = SGb 1193, 364.
292 Vgl. LSG Niedersachsen-Bremen, Urt. vom 29.5.2013 – L 13 AS 268/11 –, juris.
293 Zur Haushaltsgemeinschaft vgl. auch BSG, Urt. vom 27.1.2009 – B 14 AS 6/08 R –, NZS 2009, 681 = SozR 4-4200 § 9 Nr. 6; BSG, Urt. vom 19.2.2009 – B 4 AS 68/07 R –, BSGE 102, 258 = SozR 4-4225 § 1 Nr. 1.
294 Vgl. BSG, Urt. vom 23.8.2012 – B 4 AS 34/12 –, BSGE 111, 250 = NDV RD 2013, 203.

Eine Partnerschaft und das Zusammenleben in einem gemeinsamen Haushalt sind zugleich Anknüpfungspunkte für die gesetzliche Vermutung nach § 7 Abs. 3a SGB II. Die subjektive Seite (also der gemeinsame Wille, füreinander Verantwortung zu tragen und füreinander einzustehen) wird bei positiver Feststellung einer der dort genannten Fälle allerdings vermutet. Die Vermutungsregelung des § 7 Abs. 3a SGB II bezieht sich insofern nur auf das Vorhandensein der subjektiven Einstellung aufgrund des Vorliegens bestimmter Indizien, begründet aber keine Aussagen über das Vorliegen der objektiven Voraussetzungen.

Die gesetzliche Vermutung kann grundsätzlich von der nachfragenden Person widerlegt werden, was den Leistungsträger allerdings nicht von seiner Amtsermittlungspflicht (vgl. §§ 20, 21 SGB X) befreit. Dabei ist die bloße Behauptung, dass trotz Vorliegens einer der genannten Kriterien keine Verantwortungs- und Einstehensgemeinschaft besteht, nicht ausreichend. Vielmehr hat die betroffene Person glaubhaft zu machen und durch geeignete Nachweise zu belegen, dass die gesetzliche Vermutung den tatsächlichen Lebensverhältnissen nicht entspricht.

Die Kriterien des § 7 Abs. 3a SGB II, anhand derer der innere Wille, in den Not- und Wechselfällen des Lebens füreinander einzustehen, nach außen in Erscheinung tritt, sind lediglich in Bezug auf die „Vermutensregelung" abschließend. Liegt keine der genannten Voraussetzungen vor, können auch andere äußere (ggf. von Amts wegen festzustellende) Tatsachen bzw. Indizien das Vorliegen einer Verantwortungs- und Einstehensgemeinschaft begründen.

Beispiel 1
Herr A (38 Jahre) und Frau B (32 Jahre, Lebensgefährtin von Herrn A) leben seit sechs Wochen in einer gemeinsamen Wohnung. Bei Antragstellung geben sie an, innerhalb der kommenden drei Monate heiraten zu wollen.

Beispiel 2
Herr C (58 Jahre) und Frau D (49 Jahre, Lebensgefährtin von Herrn C) leben seit zwei Monaten zusammen in einer gemeinsam erworbenen Eigentumswohnung. Es besteht eine gemeinsame Hausratversicherung. Herr C hat zudem eine Lebensversicherung abgeschlossen, bei der Frau D als Begünstigte vorgesehen ist.
In beiden Fällen kann trotz des kurzzeitigen Zusammenlebens wegen der konkreten Heiratsabsicht bzw. der gemeinsamen Vermögensdispositionen von einer Verantwortungs- und Einstehensgemeinschaft im Sinne von § 7 Abs. 3 Nr. 3 Buchstabe c) SGB II ausgegangen werden.

In derartigen Fällen obliegt die Beweislast für das Bestehen einer eheähnlichen oder lebenspartnerschaftsähnlichen Gemeinschaft (wegen der ggf. anspruchsvernichtenden Rechtswirkung) dem Leistungsträger. Der Leistungsträger kann in diesem Zusammenhang nicht allein auf die persönlichen Erklärungen der Betroffenen abstellen und wird im Regelfall im Rahmen der Amtsermittlungspflicht weitere Untersuchungen zur Aufklärung der Sachlage anstellen (z. B. durch Befragung der Betroffenen, Vernehmung von Zeugen oder durch eine Inaugenscheinnahme der Wohnverhältnisse).

Bei der Prüfung, ob eine eheähnliche oder lebenspartnerschaftsähnliche Gemeinschaft im Einzelfall vorliegt, können z. B. folgende Indizien herangezogen werden:

- gemeinsame Kontoführung bzw. gegenseitige Kontovollmacht,
- gemeinsamer Mietvertrag,
- gemeinsame Versicherungen,
- gemeinsame Freizeitgestaltung,
- gemeinsame Haushaltskasse, Haushaltsführung und Einkäufe,
- Bestehen sexueller Kontakte bzw. Beziehungen,
- Befugnis, über Vermögenswerte des Partners zu verfügen,
- gegenseitige Erbeinsetzung,
- weitere Vermögensdispositionen zu Gunsten des anderen (Abschluss einer Lebensversicherung o. ä.),
- vertraglich vereinbarte (gegenseitige) Unterstützung,
- Dauer des Zusammenlebens,
- Aufteilung, Größe und Zuschnitt der Wohnung, (gemeinsame) Nutzung der Räume,
- eigene Wohnung des Partners (bestehendes Mietverhältnis),
- gemeinsame Umzüge in der Vergangenheit,
- gemeinsame oder gemeinsam betreute Kinder im Haushalt,
- weitere Zukunftsplanung (z. B. das Bestehen einer konkreten Heiratsabsicht in Zeit).

Entscheidungserheblich in diesem Zusammenhang ist das **Gesamtbild** des jeweiligen Einzelfalles und nicht die Frage, ob bzw. wie viele der einzelnen Kriterien des (nicht abschließenden) Kataloges zutreffen. Es ist im Einzelfall Sache der nachfragenden Person, plausible Gründe darzulegen und glaubhaft zu machen, die das Zusammenleben als reine Zweck- bzw. Wohngemeinschaft erkennen lassen.[295]

295 VGH Baden-Württemberg, Urt. vom 14.4.1997 – 7 S 1816/95 –, FEVS 48, 29 = NDV-RD 1998, 35 = ZFSH/SGB 1998, 471.

10.1.2 Inanspruchnahme der Eltern oder des Elternteils und dessen in Bedarfsgemeinschaft lebenden Partners

Nach § 9 Abs. 2 Satz 2 SGB II ist bei **unverheirateten Kindern bis zur Vollendung des 25. Lebensjahres**, die mit ihren Eltern oder einem Elternteil in einer Bedarfsgemeinschaft i. S. des § 7 Abs. 3 SGB II leben und ihren Lebensunterhalt nicht aus eigenem Einkommen oder Vermögen sichern können, auch das Einkommen und Vermögen der Eltern oder des Elternteils (leibliche Eltern/-teile oder Adoptiveltern/-teile) und dessen in Bedarfsgemeinschaft lebender Partnerin oder dessen in Bedarfsgemeinschaft lebenden Partners zu berücksichtigen.

Dies hat zur Folge, dass sowohl bei verheirateten als auch bei nicht verheirateten Partnern das Einkommen und Vermögen des leiblichen **und** des nicht leiblichen Elternteils (z.B. des Stiefvaters) sowie des eheähnlichen oder lebenspartnerschaftsähnlichen Partners des leiblichen Elternteils auf den Bedarf des Kindes bzw. der Kinder anzurechnen ist.

Zum unmittelbaren Einkommens- und Vermögenseinsatz sind Eltern oder Elternteile sowie in Bedarfsgemeinschaft lebende Partner nur verpflichtet, soweit die Kinder

- das 25. Lebensjahr noch nicht vollendet haben,
- unverheiratet sind,
- im Haushalt der Eltern oder des Elternteils leben und
- ihren Lebensunterhalt nicht aus eigenem Einkommen und Vermögen sichern können.

Unverheiratet sind Kinder, die ledig, verwitwet oder geschieden sind.

Soweit ein Kind über eigenes einzusetzendes Einkommen oder Vermögen verfügt, besteht die Einsatzverpflichtung der Eltern oder des Elternteils und dessen in Bedarfsgemeinschaft lebenden Partners nur insoweit, als die dem jeweiligen Kind zur Verfügung stehenden Mittel nicht ausreichen, um den Lebensunterhalt selbst sicherzustellen. Hierbei ist auch das Kindergeld zu berücksichtigen, das nach § 11 Abs. 1 Satz 4 und Satz 5 SGB II dem zur Bedarfsgemeinschaft gehörenden Kind zuzurechnen ist, soweit es bei dem jeweiligen Kind zur Sicherung seines Lebensunterhalts (mit Ausnahme der Bedarfe nach § 28 SGB II) benötigt wird.

Eine Einsatzverpflichtung der Eltern, des Elternteils bzw. dessen in Bedarfsgemeinschaft lebender Partnerin oder lebenden Partners nach § 9 Abs. 2 Satz 2 SGB II findet lediglich einseitig in Richtung hilfebedürftiger Kinder statt, nicht jedoch umgekehrt bei Hilfebedürftigkeit der Eltern/-teile und übersteigendem (d.h. rechnerisch nicht zur Bedarfsdeckung benötigtem) Einkommen oder einzusetzendem Vermögen des Kindes in Richtung Eltern/-teile (§ 9 Abs. 2 Satz 2 SGB II im Umkehrschluss).

In entsprechenden Fällen ist das Kind bzw. sind die Kinder nicht hilfebedürftig im Sinne von § 9 Abs. 1 SGB II und gehören nicht (mehr) zur Bedarfsgemeinschaft nach § 7 Abs. 3 SGB II. Allerdings kann in entsprechenden Fallkonstellationen die Vermutung der Bedarfsdeckung (vgl. § 9 Abs. 5 SGB II) eine Rolle spielen.

10.1.3 Ausnahme zur elterlichen Einsatzverpflichtung

Nach § 9 Abs. 3 SGB II sind das Einkommen und Vermögen der Eltern oder des Elternteils und dessen in Bedarfsgemeinschaft lebender Partnerin oder lebenden Partners nicht zu berücksichtigen, wenn das zur Bedarfsgemeinschaft gehörende leistungsberechtigte Kind schwanger ist oder sein eigenes leibliches Kind bis zur Vollendung des sechsten Lebensjahres betreut.

Auch die normative Zurechnung des Kindergeldes nach § 11 Abs. 1 Satz 4 und Satz 5 SGB II für diese Kinder ist nach der Schutzvorschrift des § 9 Abs. 3 SGB II ausgeschlossen (vgl. hierzu Kapitel 8.6.5).

Die Ausnahmebestimmung des § 9 Abs. 3 SGB II wurde als flankierende Vorschrift zum Schutz des ungeborenen Lebens in das Leistungsrecht der Grundsicherung für Arbeitsuchende aufgenommen, um Eltern vor der finanziellen Belastung aufgrund der frühen Elternschaft ihrer Kinder zu befreien und den Schwangeren unter diesem Aspekt die Entscheidung für das Kind zu erleichtern.[296]

Liegt ein Ausnahmefall der Schwangerschaft oder Kinderbetreuung im Sinne von § 9 Abs. 3 SGB II vor, so ist auch die Vermutung der Bedarfsdeckung nach § 9 Abs. 5 SGB II ausgeschlossen. Die Regelung des § 9 Abs. 3 SGB II soll der des Sozialhilferechts entsprechen.[297] Die gleichen Gesichtspunkte, die bisher auch schon im Sozialhilferecht eine Ausnahme von der Vermutung der Bedarfsdeckung für diesen Personenkreis geboten haben (vgl. § 39 Satz 3 Nr. 1 SGB XII), nämlich deransonsten unvollständige Schutz schwangerer Frauen im Hinblick auf die Entscheidung zum Schwangerschaftsabbruch, gebietet ebenso in § 9 Abs. 5 SGB II die Nichteinbeziehung dieses Personenkreises in die Vermutensregelung.

10.1.4 Bedarfsdeckung / Einkommensverteilung / Bedarfsanteilsmethode

Soweit einzelne Mitglieder der Bedarfsgemeinschaft über eigenes zu berücksichtigendes Einkommen verfügen und im Rahmen des § 9 Abs. 2 Satz 1 und Satz 2 SGB II zum Einkommenseinsatz gegenüber anderen Personen verpflichtet sind (Einsatzgemeinschaft), stellt sich die Frage, wie die Einkommensanrechnung und -verteilung erfolgt. Dabei ergeben sich zum Sozialhilferecht nach dem Zwölften Buch Sozialgesetzbuch zwei wesentliche Unterschiede:

1. Bei den Leistungen zum Lebensunterhalt nach dem 3. und 4. Kapitel SGB XII ist eine Person nicht hilfebedürftig, deren Einkommen und/oder Vermögen ausreicht, um den eigenen Bedarf zu decken, auch wenn es nicht zur Deckung des Bedarfs der übrigen leistungsberechtigten Angehörigen ausreicht.
2. Dabei wird das jeweils zu berücksichtigende Einkommen zunächst nur auf den leistungsrechtlichen Bedarf der Person angerechnet, die das Einkommen bezieht. Lediglich ein etwaiger rechnerischer Einkommensüberschuss ist anderen Personen

296 Vgl. BT-Drs. 15/1516 S. 53.
297 Vgl. BT-Drs. 15/1516 S. 53.

der Einsatzgemeinschaft zuzurechnen (vgl. §§ 27 Abs. 2 Satz 2 und Satz 3, 43 Abs. 1 Halbs. 1 SGB XII).

Bei den Leistungen zur Sicherung des Lebensunterhalts nach dem Zweiten Buch Sozialgesetzbuch wird dagegen eine andere Berechnungs- und Verteilungssystematik angewendet (sog. „Bedarfsanteilsmethode“). In diesem Zusammenhang ist zu beachten, dass nach der gesetzlichen Fiktion des § 9 Abs. 2 Satz 3 SGB II jede Person der Bedarfsgemeinschaft im Verhältnis des eigenen Bedarfs zum Gesamtbedarf als hilfebedürftig gilt, wenn in einer Bedarfsgemeinschaft nicht der gesamte Bedarf aus eigenen Kräften und Mitteln gedeckt ist.

Zur Feststellung der Hilfebedürftigkeit bzw. des Leistungsanspruchs wird zunächst für jedes Mitglied der Bedarfsgemeinschaft der individuelle Bedarf und der sich hieraus ergebende Gesamtbedarf der Bedarfsgemeinschaft ermittelt. In einem zweiten Schritt ist ggf. dem Bedarf der in der Bedarfsgemeinschaft lebenden Kinder deren Einkommen gegenüberzustellen, um zu ermitteln, in welchen Umfang das Kindergeld dem jeweiligen Kind oder der kindergeldberechtigten Person zuzurechnen ist (vgl. § 11 Abs. 1 Satz 3 und Satz 3 SGB II), ob das Kind hilfebedürftig ist und weiterhin der Bedarfsgemeinschaft angehört (vgl. § 7 Abs. 3 Nr. 4 SGB II).

Ist dies nicht der Fall, kommen Leistungen zur Sicherung des Lebensunterhalts nach dem Zweiten Buch Sozialgesetzbuch für das Kind nicht in Betracht. Die Regelung des § 9 Abs. 2 Satz 3 SGB II ist in dieser Konstellation bzw. im Hinblick auf das Einkommen des Kindes nicht anzuwenden.

In einem weiteren Schritt ist aus dem errechneten Gesamtbedarf der Bedarfsgemeinschaft für jede Person der individuelle prozentuale Bedarfsanteil am verbleibenden Gesamtbedarf festzustellen. Schließlich ist das zu berücksichtigende Gesamteinkommen der Eltern bzw. Elternteile (und ggf. der Partnerin oder des Partners des Elternteils) zusammenzufassen und nach dem Verhältnis des eigenen Bedarfes am Gesamtbedarf der Bedarfsgemeinschaft in entsprechender Anwendung des § 9 Abs. 2 Satz 3 SGB II auf alle Mitglieder der Bedarfsgemeinschaft zu verteilen. Dabei erfolgt die Verteilung nicht nach dem Anteil des eigenen ungedeckten Bedarfs am insgesamt ungedeckten Bedarf der Bedarfsgemeinschaft, sondern nach dem Anteil des eigenen Bedarfs am Gesamtbedarf, unabhängig davon, in welchem Umfang der eigene bzw. der Gesamtbedarf durch das eigene Einkommen gedeckt ist.

Diese Berechnungsvariante, die auch dem Berechnungs- und Zahlungsprogramm der Bundesagentur für Arbeit zugrunde liegt, stößt teilweise auf heftige Ablehnung, da die Einkommensverteilung nach der Bedarfsanteilsmethode dazu führt, dass auch diejenige Person im Ergebnis als hilfebedürftig i. S. des § 9 Abs. 1 SGB II anzusehen ist, deren Einkommen zur eigenen Bedarfsdeckung ausreicht. Teilweise sind unter Berufung auf die Rechtsprechung des Bundesverfassungsgerichtes zur Steuerfreiheit des Existenzminimums verfassungsrechtliche Bedenken geltend gemacht worden.[298]

298 Vgl. BVerfGE, Beschl. vom 25.9.1992 – 2 BvL 5/91, 2 BvL 8/91, 2 BvL 14/91 –, BVerfGE 87, 153 = NDV 1992, 413 = NJW 1992, 3153.

Vielfach wird daneben die Auffassung vertreten, dass eine solche Berechnungssystematik mit dem Wortlaut des § 9 Abs. 2 Satz 3 SGB II nicht zu vereinbaren ist.[299] Begründet wird diese Auffassung damit, dass die Norm eine Zuordnungsvorschrift darstellt, die den anspruchsberechtigten Personenkreis erweitert (z. B. in den Fällen, in denen die einzige erwerbsfähige Person innerhalb der Bedarfsgemeinschaft über bedarfsdeckendes Einkommen verfügt).

Weiterhin wird argumentiert, dass die Vorschrift des § 9 Abs. 2 Satz 3 SGB II lediglich eine Verteilungsregelung hinsichtlich des Einkommensüberschusses in den Fallkonstellationen des § 9 Abs. 2 Satz 1 und Satz 2 SGB II enthält,[300] da die Frage, inwieweit Einkommen und Vermögen innerhalb der Bedarfsgemeinschaft eingesetzt werden muss, innerhalb dieser Vorschriften abschließend und ausschließlich geregelt ist.

Eine entsprechende Berechnungs- und Verteilungssystematik orientiert sich an der in der Sozialhilfe angewandten **Proportional- bzw. Verhältnismethode**, die ihr Vorbild in der unterhaltsrechtlichen Mangelverteilung hat. Dabei wird lediglich ein ggf. bestehender Einkommensüberschuss auf die Mitglieder der Einsatzgemeinschaft nach dem Verhältnis des eigenen ungedeckten Bedarfs zum gesamten ungedeckten Bedarf verteilt.

Das Bundessozialgericht teilt derartige Bedenken gegen eine entsprechende Auslegung des § 9 Abs. 2 Satz 3 SGB II nicht. Bei der Grundsicherung für Arbeitsuchende nach dem Zweiten Buch Sozialgesetzbuch habe der „fiktiv Hilfebedürftige" sogar einen Vorteil, da ihm eigene Leistungsansprüche erwüchsen.[301]

In den nachfolgenden Fallbeispielen wird deshalb die Berechnung des Leistungsanspruchs anhand der Bedarfsanteilsmethode dargestellt:

Beispiel 1

In einem Haushalt leben die Eheleute A. Herr A (50 Jahre) ist erwerbsfähig und erhält von der Agentur für Arbeit Arbeitslosengeld I (Alg I) in Höhe von monatlich 638,00 €. Frau A (48 Jahre) ist nach Feststellung des Medizinischen Dienstes nicht erwerbsfähig und verfügt über kein eigenes Einkommen.

Die angemessenen Kosten der Unterkunft betragen monatlich 340,00 €, die angemessenen Heizkosten (einschließlich der Anteile für die Warmwassererzeugung) monatlich 60,00 €.

---

299 So auch Kievel: Die Bedeutung des § 9 Abs. 2 Satz 3 SGB II und die Frage, ob das Berechnungsprogramm der Bundesagentur für Arbeit das Gesetz richtig umsetzt, ZfF 2005 S. 217.

300 Vgl. LSG Nordrhein-Westfalen, Beschl. vom 12.5.2005 – L 9 B 12/05 AS ER –, NDV 2005, 318 (Kurzwiedergabe).

301 Vgl. BSG, Urt. vom 7.11.2006 – B 7b AS 8/06 –, BSGE 97, 217 = FEVS 58, 259 = NDV-RD 2007, 73; BSG, Urt. vom 28.10.2009 – B 14 AS 55/08 R –, FEVS 61, 439.

Bedarfsberechnung

	Herr A	*Frau A*	*insgesamt*
Regelbedarf (§ 20 Abs. 4 SGB II)	*404,00 €*	*404,00 €*	*808,00 €*
Bedarf für die Unterkunft (§ 22 Abs. 1 SGB II)	*170,00 €*	*170,00 €*	*340,00 €*
Bedarf für Heizung (§ 22 Abs. 1 SGB II)	*30,00 €*	*30,00 €*	*60,00 €*
Gesamtbedarf	***604,00 €***	***604,00 €***	***1.208,00 €***

Einsatz eigener Mittel und Mittel anderer Personen nach Bedarfsanteilsmethode:

Nach Abzug der Versicherungspauschale von 30,00 € gemäß § 11b Abs. 1 Satz 1 Nr. 3 Alternative 2 SGB II i. V. m. § 6 Abs. 1 Nr. 1 Alg II-V ergibt sich ein anzurechnendes Einkommen von 608,00 € im Monat.

	Herr A	*Frau A*	*insgesamt*
Gesamtbedarf	*604,00 €*	*604,00 €*	*1.208,00 €*
individuelle Bedarfsanteile	*50 %*	*50 %*	*100 %*
Arbeitslosengeld I (Verteilung nach der Bedarfsanteilsmethode)	*304,00 €*	*304,00 €*	*608,00 €*
Gesamtanspruch	***300,00 €***	***300,00 €***	***600,00 €***

Anknüpfungspunkt für die Bildung einer Bedarfsgemeinschaft ist Herr A als erwerbsfähiger Leistungsberechtigter (vgl. § 7 Abs. 1 Satz 1 i. V. m. § 7 Abs. 3 Nr. 1 SGB II). Erwerbsfähige Leistungsberechtigte erhalten gemäß § 19 Abs. 1 Satz 1 SGB II Arbeitslosengeld II. Zur Bedarfsgemeinschaft gehört nach § 7 Abs. 3 Nr. 3 Buchstabe a) SGB II die nicht dauernd getrennt lebende Ehegattin. Frau A hat selbst keinen Anspruch auf Arbeitslosengeld II, da sie nicht erwerbsfähig ist.
Für Frau A kommt damit gemäß § 7 Abs. 2 Satz 1 i. V. m. § 19 Abs. 1 Satz 2 SGB II als Leistung zur Sicherung des Lebensunterhalts das Sozialgeld in Betracht. Sie ist auch nicht auf die insofern vorrangige Leistung nach dem 4. Kapitel SGB XII zu verweisen.
Gemäß § 9 Abs. 2 Satz 1 SGB II sind bei Personen, die in einer Bedarfsgemeinschaft leben auch das Einkommen und Vermögen des Partners zu berücksichtigen. Frau A muss sich somit grundsätzlich das Einkommen ihres Ehemannes (Partner) im Rahmen der Einsatzgemeinschaft zurechnen lassen.

Herr A ist im Hinblick auf sein Einkommen – individuell betrachtet – nicht hilfebedürftig i. S. des § 9 Abs. 1 SGB II, seine Hilfebedürftigkeit wird jedoch fingiert. Er gilt gemäß § 9 Abs. 2 Satz 3 SGB II im Verhältnis des eigenen Bedarfs zum Gesamtbedarf der Bedarfsgemeinschaft als hilfebedürftig.
Das (bereinigte) Gesamteinkommen ist nach dem Verhältnis der individuellen Bedarfe (hier jeweils 50 %) auf die Mitglieder der Bedarfsgemeinschaft bzw. die Eheleute zu verteilen.

Beispiel 2
Im Haushalt leben die Eheleute B (40 und 38 Jahre alt, beide erwerbsfähig) und die gemeinsame Tochter Beate (10 Jahre). Herr B bezieht von der Agentur für Arbeit Arbeitslosengeld (Alg I) in Höhe von monatlich 830,00 € und als Kindergeldberechtigter das Kindergeld für seine Tochter (219,00 €). Frau B verfügt über kein eigenes Einkommen.
Die angemessenen Kosten der Unterkunft betragen monatlich 420,00 €, die angemessenen Heizkosten (einschließlich der Anteile für die Warmwassererzeugung) monatlich 90,00 €.

Bedarfsberechnung

	Herr B	***Frau B***	***Tochter***	***insgesamt***
Regelbedarf (§§ 20 Abs. 4, 23 Nr. 1 SGB II)	*404,00 €*	*404,00 €*	*311,00 €*	*1.119,00 €*
Bedarf für die Unterkunft (§ 22 Abs. 1 Satz 1 SGB II)	*140,00 €*	*140,00 €*	*140,00 €*	*420,00 €*
Bedarf für Heizung (§ 22 Abs. 1 Satz 1 SGB II)	*30,00 €*	*30,00 €*	*30,00 €*	*90,00 €*
Gesamtbedarf	***574,00 €***	***574,00 €***	***481,00 €***	***1.629,00 €***

Einsatz eigener Mittel und Mittel anderer Personen nach Bedarfsanteilsmethode:

Nach Abzug der Versicherungspauschale von 30,00 € gemäß § 11b Abs. 1 Satz 1 Nr. 3 Alt. 2 SGB II i. V. m. § 6 Abs. 1 Nr. 1 Alg II-V ergibt sich für Herrn B ein anzurechnendes (bereinigtes) Einkommen von 800,00 € im Monat. Da Beate über kein eigenes Einkommen verfügt, ist ihr das Kindergeld gemäß § 11 Abs. 1 Satz 4 und Satz 5 SGB II als Einkommen zuzurechnen, da es (in voller Höhe) zur Bedarfsdeckung benötigt wird.

	Herr B	*Frau B*	*Tochter*	*insgesamt*
Gesamtbedarf	*574,00 €*	*574,00 €*	*481,00 €*	*1.629,00 €*
Kindergeld	*–*	*–*	*219,00 €*	*219,00 €*
Restbedarf	*574,00 €*	*574,00 €*	*262,00 €*	*1.410,00 €*
individuelle Bedarfsanteile	*40,71 %*	*40,71 %*	*18,58 %*	*100 %*
Arbeitslosengeld I (Verteilung nach der Bedarfsanteilsmethode)	*325,68 €*	*325,68 €*	*148,64 €*	*800,00 €*
Gesamtanspruch	***248,32 €***	***248,32 €***	***113,36 €***	***610,00 €***

Herr und Frau B sind erwerbsfähige Leistungsberechtigte im Sinne des § 7 Abs. 1 Satz 1 SGB II, die Leistungen zur Sicherung des Lebensunterhalts in Form von Arbeitslosengeld II erhalten (vgl. § 19 Abs. 1 Satz 1 SGB II). Beate gehört nach § 7 Abs. 3 Nr. 4 SGB II als Kind zur Bedarfsgemeinschaft ihrer Eltern und ist damit sozialgeldberechtigt (vgl. § 7 Abs. 2 i. V. m. § 19 Abs. 1 Satz 2 SGB II).
Im Hinblick auf sein Einkommen ist Herr B – individuell betrachtet – nicht hilfebedürftig i. S. des § 9 Abs. 1 SGB II. Seine Hilfebedürftigkeit wir jedoch fingiert. Gemäß § 9 Abs. 2 Satz 3 SGB II gilt Herr B im Verhältnis des eigenen Bedarfs zum Gesamtbedarf der Bedarfsgemeinschaft als hilfebedürftig, wenn das Einkommen zur Deckung des gesamten Bedarfs der Bedarfsgemeinschaft nicht ausreicht.
Das zu berücksichtigende Einkommen des Herrn B müssen sich sowohl seine Ehefrau (Partnerin) und seine Tochter im Rahmen der Einsatzgemeinschaft nach § 9 Abs. 2 Satz 1 und Satz 2 SGB II zurechnen lassen.
In einem ersten Schritt ist das Kindergeld als Einkommen der Tochter Beate zuzurechnen (vgl. § 11 Abs. 1 Satz 4 und 5 SGB II) und ihrem Bedarf gegenüberzustellen. In einem zweiten Schritt ist das (bereinigte) Gesamteinkommen des Herrn B nach dem Verhältnis des eigenen Bedarfs am Gesamtbedarf in entsprechender Anwendung des § 9 Abs. 2 Satz 3 SGB II (sog. „Bedarfsanteilsmethode") auf alle Mitglieder der Bedarfsgemeinschaft (Eheleute B und Tochter Beate) zu verteilen.

Auf die Darstellung der in einem weiteren Schritt vorzunehmenden Anrechnung des Einkommens zunächst auf die von der Bundesagentur für Arbeit zu finanzierenden Leistungen und danach auf die Leistungen des jeweils zuständigen kommunalen Trägers (vgl. § 19 Abs. 3 Satz 2 SGB II) wird an dieser Stelle verzichtet.

Nicht anzuwenden ist die Verteilmethode entsprechend der jeweiligen Bedarfsanteile nach § 9 Abs. 2 Satz 3 SGB II (Bedarfsanteilsmethode) in den Fällen, in denen ein Mitglied der Bedarfsgemeinschaft **vom Leistungsbezug** (z. B. wegen des Bezugs einer Altersrente) **ausgeschlossen** ist. In entsprechenden Konstellationen ist die vom Leistungsbezug ausgeschlossene Person auf Leistungen der Sozialhilfe nach dem 3. oder 4. Kapitel SGB XII zu verweisen. Sofern ein Anspruch auf entsprechende Leistungen wegen fehlender Hilfebedürftigkeit ebenfalls nicht besteht, würde faktisch eine Bedarfsunterdeckung der Bedarfsgemeinschaft entstehen. In entsprechenden Fällen ist daher eine vertikale Einkommensanrechnung vorzunehmen und „überschüssiges" Einkommen auf die im Rahmen der Grundsicherung für Arbeitsuchende leistungsberechtigte(n) Person(en) zu verteilen.[302]

Damit findet im Ergebnis eine Leistungsgewährung nur an die vom Leistungsbezug nicht ausgeschlossene(n) Person(en) statt, so dass der Hilfebedarf der Bedarfsgemeinschaft als Ganzes durch Leistungen des Trägers der Grundsicherung für Arbeitsuchende gesichert ist.

Beispiel 3

In einem gemeinsamen Haushalt leben die Eheleute C. Herr C (60 Jahre) bezieht eine vorzeitige (d. h. mit Abschlägen verbundene) Altersrente aus der gesetzlichen Rentenversicherung in Höhe von monatlich 960,00 € (netto). Seine Ehefrau (50 Jahre, erwerbsfähig) bezieht ein geringfügiges Einkommen aus einer Nebenbeschäftigung („Mini-Job").

Frau C erfüllt (vorbehaltlich der festzustellenden Hilfebedürftigkeit) die Anspruchsvoraussetzungen nach § 7 Abs. 1 Satz 1 i. V. m. § 19 Abs. 1 Satz 1 SGB II für den Bezug von Arbeitslosengeld II (erwerbsfähige Leistungsberechtigte), während Herr C als Bezieher einer Altersrente gemäß § 7 Abs. 4 Satz 1 SGB II von den Leistungen der Grundsicherung für Arbeitsuchende ausgeschlossen ist. Dabei ist es unerheblich, dass die Altersrente vorzeitig (also mit Abschlägen) in Anspruch genommen wird.

Damit wäre Herr C auf die Leistungen nach dem 3. Kapitel SGB XII (Hilfe zum Lebensunterhalt) zu verweisen, ist aber wegen der Höhe seiner Altersrente offensichtlich nicht hilfebedürftig i. S. des § 19 Abs. 1 SGB XII.

Dass Herr C als Bezieher einer Altersrente selbst keine Leistungen nach dem Zweiten Buch Sozialgesetzbuch erhalten kann, steht seiner Einbeziehung in die Bedarfsgemeinschaft als Partner von Frau C (vgl. § 7 Abs. 3 Nr. 3 Buchstabe a) SGB II) nicht entgegen. Bei Prüfung der Hilfebedürftigkeit (Frau C) ist gemäß § 9 Abs. 2 Satz 1 SGB II bei Personen, die in einer Bedarfsgemeinschaft leben, auch das Einkommen/Vermögen des Partners zu berücksichtigen.

302 Vgl. BSG, Urt. vom 15.4.2008 – B 14/7b AS 58/06 R –, NDV-RD 2008, 115 = FEVS 60, 259.

In diesem Fall ist allerdings die Zurechnung bzw. Verteilung des Einkommens entsprechend der jeweiligen Bedarfsanteile („Bedarfsanteilsmethode") auf der Grundlage der gesetzlichen Fiktion des § 9 Abs. 2 Satz 3 SGB II nicht vorzunehmen. Stattdessen ist – wie in der Sozialhilfe – eine vertikale Einkommensanrechnung durchzuführen und rechnerisch „überschüssiges" Einkommen des Herrn C zu verteilen („Überschussmethode"). Für die Einkommensbereinigung bzw. die Berücksichtigung von Absetzbeträgen (Einkommen des Ehemannes) sind die Regelungen des § 11b SGB II und der Arbeitslosengeld II/Sozialgeld-Verordnung (Alg II-V) anzuwenden.
Im Ergebnis muss sich Frau C zur Feststellung ihres individuellen Leistungsanspruchs (Arbeitslosengeld II) also ihr eigenes und gemäß § 9 Abs. 2 Satz 1 SGB II das (rechnerisch) überschüssige Einkommen ihres Ehemannes zurechnen lassen. Bei dieser Berechnungsvariante kann Herr C sein Einkommen zur Bedarfsdeckung seiner Ehefrau „abgegeben", so dass der Hilfebedarf der Bedarfsgemeinschaft als Ganzes durch die Leistungen des Trägers der Grundsicherung für Arbeitsuchende gesichert wird.

10.2 Vermutung der Bedarfsdeckung (§ 9 Abs. 5 SGB II)

Nach § 9 Abs. 5 SGB II wird vermutet, dass Hilfebedürftige, die in Haushaltsgemeinschaft mit Verwandten oder Verschwägerten leben, von ihnen Leistungen erhalten, soweit dies nach deren Einkommen und Vermögen erwartet werden kann. Dabei muss der entsprechende Zufluss im Einzelnen nicht nachgewiesen werden.[303] Die gesetzliche Vermutung besteht unabhängig von zivilrechtlichen Unterhaltspflichten.

10.2.1 Einbezogener Personenkreis

Die Regelung des § 9 Abs. 5 SGB II erfasst Personen, die nicht zum Kreis der Einsatzpflichtigen nach § 9 Abs. 2 Satz 1 und 2 SGB II gehören. Sie knüpft an ein tradiertes Familienbild an und trägt dem Gedanken der sog. „Notgemeinschaft" Rechnung, wonach Verwandte oder Verschwägerte, die in einer Haushaltsgemeinschaft leben, sich gegenseitig im Rahmen ihrer finanziellen Möglichkeiten unterstützen, auch wenn **keine Unterhaltsverpflichtung** nach dem Bürgerlichen Gesetzbuch besteht, weil sich die Rechtsvermutung des § 9 Abs. 5 SGB II gerade von unterhaltsrechtlichen Maßstäben löst.[304]

303 Vgl. BSG, Urt. vom 18.2.2010 – B 14 AS 32/08 R –, SozR 4-4200 § 9 Nr. 9 = FEVS 62, 168.
304 So jedenfalls BSG, Urt. vom 19.2.2009 – B 4 AS 68/07 R –, BSGE 102, 258 = SozR 4-4225 § 1 Nr. 1.

Verwandte / Verschwägerte

Verwandte sind nach § 1589 BGB Personen, deren eine von der anderen abstammt (z.B. Eltern und Kinder, Großeltern und Enkelkinder) oder die von derselben dritten Person abstammen (z.B. Geschwister, Tante/Onkel, Nichte/Neffe).

Verwandte eines Ehegatten sind nach § 1590 Abs. 1 BGB mit dem anderen Ehegatten verschwägert (z.B. Schwiegereltern, Schwager/Schwägerin, Stiefkind). Auch die Verwandten des eingetragenen Lebenspartners gelten nach § 11 Abs. 2 LPartG als mit dem anderen Lebenspartner verschwägert. Die Schwägerschaft dauert fort, auch wenn die Ehe oder Partnerschaft, durch die sie begründet wurde, aufgelöst ist (vgl. § 1590 Abs. 2 BGB bzw. § 11 Abs. 2 LPartG).

Ehegatten und Lebenspartner selbst sind miteinander weder verwandt noch verschwägert. Für sie ist die Vermutung der Bedarfsdeckung nach § 9 Abs. 5 SGB II nicht anzuwenden. Sofern sie nicht dauernd getrennt leben, bilden sie eine Bedarfsgemeinschaft nach § 7 Abs. 3 Nr. 3 SGB II und sind unmittelbar einsatzpflichtig im Rahmen der Einsatzgemeinschaft nach § 9 Abs. 2 Satz 1 SGB II.

Die Anwendung des § 9 Abs. 5 SGB II wird nicht ausdrücklich ausgeschlossen für Kinder, die schwanger sind oder ihr eigenes Kind bis zur Vollendung des 6. Lebensjahres betreuen (anders als in § 9 Abs. 3 SGB II oder in der Parallelvorschrift des § 39 Satz 3 Nr. 1 SGB XII). Nach Sinn und Zweck dieser Vorschriften (Schutz des ungeborenen Lebens bzw. Vermeidung von Schwangerschaftsabbrüchen bei Kindern aus wirtschaftlichen Gründen) gebietet auch die Regelung des § 9 Abs. 5 SGB II die Nichteinbeziehung des entsprechenden Personenkreises, so dass in diesen Fällen die Vermutung der Bedarfsdeckung nicht angestellt wird. Dasselbe Ergebnis liefert auch ein juristischer „Erst-Recht-Schluss".

Haushaltsgemeinschaft

Eine Haushaltsgemeinschaft liegt vor, wenn deren Mitglieder innerhalb eines familiären Verbundes nicht nur vorübergehend in einer Wohnung **zusammenleben** und einen gemeinsamen Haushalt führen. Kennzeichnend hierfür ist das Wirtschaften der Verwandten oder Verschwägerten mit der im selben Haushalt lebenden hilfebedürftigen Person „aus einem Topf". Die Vorschrift des § 9 Abs. 5 SGB II enthält (anders als § 39 SGB XII) keine Vermutungsregelung dahingehend, dass bereits dann, wenn Verwandte oder Verschwägerte in einer gemeinsamen Wohnung leben, auch eine Haushaltsgemeinschaft vorliegt.

Für die Anwendung des § 9 Abs. 5 SGB II reicht es nicht aus, wenn Verwandte oder Verschwägerte in einem Haushalt lediglich zusammen wohnen. Vielmehr muss über die bloße Wohngemeinschaft hinaus der Haushalt im Sinne einer Wirtschaftsgemeinschaft gemeinsam geführt werden. Die Anforderungen an das gemeinsame Wirtschaften gehen daher über die gemeinsame Nutzung von Bad, Küche und anderen Gemeinschaftsräumen hinaus. Auch der in Wohngemeinschaften übliche gemeinsame Einkauf von Grundnahrungsmitteln, Reinigungs- und Sanitärartikeln aus einer von allen Mitgliedern zu gleichen Teilen gespeisten Gemeinschaftskasse begründet noch keine Wirtschaftsgemeinschaft.

Die Voraussetzungen für das Vorliegen einer solchen Wirtschaftsgemeinschaft müssen vom jeweiligen Grundsicherungsträger von Amts wegen positiv festgestellt werden (z. B. im Hinblick auf die Frage, wie das Zusammenleben gestaltet ist, wer die Einkäufe tätigt, ob es gemeinsame Absprachen bezüglich der Haushaltsführung gibt und wer Vollmachten über welches Konto hat etc.).[305]

10.2.2 Leistungsfähigkeit/Auskunftspflicht

Die gesetzliche Vermutung der Leistungserbringung durch den Verwandten oder Verschwägerten setzt dessen Leistungsfähigkeit voraus. Der Umfang der Leistungen, die von der oder dem Verwandten oder Verschwägerten erwartet werden kann, hängt von der Höhe des Einkommens und Vermögens sowie von der Höhe des Eigenbedarfs, der ihr bzw. ihm und den unterhaltsberechtigten Angehörigen zuzubilligen ist, ab.

Die **Auskunftspflicht** der verwandten oder verschwägerten Personen bezüglich ihrer Einkommens- und Vermögensverhältnisse ergibt sich nach der hier vertretenen Auffassung aus §60 Abs. 1 SGB II. Das Auskunftsverlangen des Trägers der Grundsicherung für Arbeitsuchende stellt für den Auskunftspflichtigen einen selbstständig anfechtbaren, belastenden Verwaltungsakt dar.

Ob bzw. in welchem Umfang von einer Vermutung der Bedarfsdeckung im Einzelfall ausgegangen werden kann (Leistungsfähigkeit), ergibt sich aus der Regelung zur Freibetragsermittlung nach § 1 Abs. 2 Alg II-V.

Bezüglich des Einkommens sind gemäß § 1 Abs. 2 Satz 1 Alg II-V die um die Absetzungsbeträge (vgl. § 11b SGB II) bereinigten Einnahmen in der Regel nicht als Einkommen zu berücksichtigen, soweit sie einen **Freibetrag** in Höhe des doppelten Betrags des nach §20 Abs. 2 Satz 1 SGB II maßgebenden Regelbedarfs zuzüglich der anteiligen Aufwendungen für Unterkunft und Heizung sowie darüber hinausgehend 50% der diesen Freibetrag übersteigenden bereinigten Einnahmen nicht überschreiten. Die Regelung des § 11a SGB II (nicht zu berücksichtigendes Einkommen) gilt entsprechend (vgl. § 1 Abs. 2 Satz 2 Alg II-V).

Abweichend von dem in § 1 Abs. 2 Alg II-V beschriebenen Regelfall wird der Einsatz des Einkommens von Angehörigen, die in ihrer Person die Voraussetzungen für die Anerkennung eines Mehrbedarfs entsprechend §§21, 23 SGB II bzw. §30 SGB XII erfüllen, nur erwartet werden können, soweit die Einnahmen zusätzlich zum Freibetrag den für den jeweiligen Mehrbedarf vorgesehenen Betrag überschreiten.[306]

Da Leistungen nur erwartet werden können, wenn der oder dem Verwandten oder Verschwägerten ein deutlich über den Leistungen zur Sicherung des Lebensunterhalts liegendes Eigenbedarfsniveau verbleibt, können im Einzelfall besondere Belastungen vom Einkommen abgesetzt werden (z.B. Unterhaltszahlungen an Unterhaltsberechtigte außerhalb der Haushaltsgemeinschaft, Kosten für die eigene Fort- und Weiterbildung, Zinsen und Tilgungsbeträge aus Schuldverpflichtungen, Beiträge

305 Ähnlich auch BSG, Urt. vom 27.1.2009 – B 14 AS 6/08 R –, NZS 2009, 681 = SozR 4-4200 §9 Nr. 6.
306 Vgl. BSG, Urteil vom 18.2.2010 – B 14 AS 32/08 R –, SozR 4-4200 §9 Nr. 9 = FEVS 62, 168.

für Versicherungen).[307] Durch die Formulierung in § 1 Abs. 2 Satz 1 Alg II-V „in der Regel" soll die Berücksichtigung entsprechender Ausnahmetatbestände und dadurch hervorgerufener zusätzlicher Belastungen ermöglicht werden.

Beispiel
Sabine S (28 Jahre, erwerbsfähig) lebt in Haushaltsgemeinschaft mit ihren Eltern und beantragt beim zuständigen Leistungsträger die Zahlung von Arbeitslosengeld II, da sie über kein eigenes Einkommen verfügt. Der Vater erzielt ein um die Absetzbeträge nach § 11b SGB II bereinigtes Einkommen von 1.862,00 € monatlich. Weiteres Einkommen steht nicht zur Verfügung.
Die angemessenen Kosten der Unterkunft betragen 420,00 €, die angemessenen Heizkosten 90,00 € monatlich.

Berechnung des Freibetrags nach § 1 Abs. 2 Alg II-V

Herr S (Vater)	*Regelbedarf (449,00 € x 2)*	*898,00 €*
	anteilige Bedarfe für die Unterkunft	*140,00 €*
	anteilige Bedarfe für die Heizung	*30,00 €*
Frau S (Mutter)	*Regelbedarf*	*404,00 €*
	anteilige Bedarfe für die Unterkunft	*140,00 €*
	anteilige Bedarfe für die Heizung	*30,00 €*
Freibetrag		***1.642,00 €***

Das den Freibetrag übersteigende Einkommen (220,00 €) ist zu 50 % (also mit 110,00 €) auf den Bedarf von Sabine anzurechnen. In diesem Umfang können im Rahmen der Vermutung der Bedarfsdeckung nach § 9 Abs. 5 SGB II Leistungen zur Sicherung des Lebensunterhalts von Herrn S für seine Tochter erwartet werden.
Sofern die leistungsberechtigte Person – wie in diesem Fall – über kein weiteres zu berücksichtigendes Einkommen verfügt, ist nach der hier vertretenen Auffassung die Versicherungspauschale (30,00 €) in Abzug zu bringen.

Vermögen ist im Rahmen der gesetzlichen Vermutung des § 9 Abs. 5 SGB II gemäß § 7 Abs. 2 Alg II-V nicht zu berücksichtigen, soweit es nach § 12 Abs. 2 SGB II abzusetzen oder nach § 12 Abs. 3 SGB II nicht zu berücksichtigen ist. Darüber hinausgehendes Vermögen begründet allerdings (noch) nicht die Vermutung der Leistungserbringung. Die Regelung ist vielmehr als absolute **betragliche Untergrenze** anzusehen. Eine andere – eng am Wortlaut der Verordnung orientierte – Interpretation würde im Ergebnis zu einer unzulässigen Erweiterung des einsatzpflichtigen Personenkreises (Einsatzgemeinschaft) nach § 9 Abs. 2 Satz 1 und Satz 2 SGB II führen.

Nicht zulässig ist insbesondere die bloße Zurechnung bzw. Zuordnung des die Freibeträge nach § 12 Abs. 2 SGB II übersteigenden Vermögens des/der Angehörigen

307 So auch Fachliche Hinweise der BA, Rn. 9.32 zu § 9 SGB II (Stand: 20.6.2014).

auf die hilfesuchende Person. In diesem Zusammenhang ist zu berücksichtigen, dass es sich bei den Unterstützungsleistungen „in der Sache“ um **Einkommen** i.S. des § 11 Abs. 1 SGB II handelt. Dies folgt bereits aus dem Wortlaut des §9 Abs. 5 SGB II, da sich die Rechtsvermutung auf das Erhalten von (Unterhalts-)Leistungen bezieht, die Einkommen i.S. des § 11 Abs. 1 SGB II darstellen.[308]

10.2.3 Widerlegung der Vermutung

Soweit der mit dem Hilfebedürftigen in einer Haushaltsgemeinschaft lebende Verwandte oder Verschwägerte leistungsfähig ist, tritt die gesetzliche Vermutung der Leistungserbringung ein. Es wird also die **tatsächliche** Erbringung von Unterstützungsleistungen in dem jeweils ermittelten Umfang vermutet. Diese Vermutung kann allerdings widerlegt werden, auch wenn dies (anders als in §39 Satz 1 SGB XII) nicht ausdrücklich geregelt ist,[309] wobei die Beweislast bzw. Glaubhaftmachung im Einzelfall der hilfebedürftigen Person obliegt. In diesem Zusammenhang sind insbesondere auch der Grad der Verwandtschaft oder Schwägerschaft, die wirtschaftliche Situation sowie die Dauer der bestehenden Haushaltsgemeinschaft zu berücksichtigen.

Je höher das Einkommen und/oder das Vermögen der Angehörigen und je enger das bestehende Verwandtschaftsverhältnis ist, umso höher sind die Anforderungen an die Widerlegung der Vermutung.

Für den Nachweis, dass von der leistungsfähigen (verwandten oder verschwägerten) Person keine finanziellen Zuwendungen erbracht werden, reicht die bloße Erklärung der hilfebedürftigen Person nicht aus. Diese muss Tatsachen benennen bzw. vortragen, die geeignet sind, Zweifel an der Richtigkeit der Rechtsvermutung des §9 Abs. 5 SGB II zu begründen. Zwar wäre eine Konkordanz mit unterhaltsrechtlichen Regelungen des Bürgerlichen Rechts möglich, jedoch nicht zwingend erforderlich. Eine Lösung nach den Maßstäben des SGB II ist zumindest im Verhältnis zu unterhaltsverpflichteten Angehörigen nicht zu beanstanden.[310]

Abzulehnen ist auch die in der Praxis verbreitete Auffassung, dass die Rechtsvermutung nur in den Fällen relevant wird, in denen Unterstützungsleistungen **tatsächlich zufließen**. Es würde einen Zirkelschluss darstellen, wenn man bei Anwendung des §9 Abs. 5 SGB II auf den tatsächlichen Nachweis entsprechender Zuwendungen bzw. den faktischen Zufluss abstellt. Denn dann wäre die Vorschrift überflüssig, da jede tatsächliche Unterstützung durch Dritte ohne Rücksicht auf deren Herkunft – auch wenn sie nicht aufgrund einer rechtlichen Verbindlichkeit erfolgt – der Hilfebedürftigkeit insoweit entgegensteht bzw. als Einkommen anspruchsmindernd zu berücksichtigen ist.

Wird die Vermutung nicht widerlegt, liegt Hilfebedürftigkeit gemäß §9 Abs. 1 SGB II insoweit nicht vor, weil die oder der Hilfesuchende die erforderliche Hilfe ganz oder teilweise von anderen erhält.

---

308 So jedenfalls BSG, Urt. vom 3.9.2020 – B 14 AS 55/19 R –, juris.

309 Vgl. BT-Drs. 15/1516 S. 53.

310 Vgl. BSG, Urt. vom 19.2.2009 – B 4 AS 68/07 R –, BSGE 102, 258 = ZFSH/SGB 2009, 285 = FEVS 61, 1.

11. Einsatz der Arbeitskraft

Der Anspruch auf Leistungen zur Sicherung des Lebensunterhalts im Rahmen der Grundsicherung für Arbeitsuchende nach dem Zweiten Buch Sozialgesetzbuch setzt voraus, dass der notwendige Lebensunterhalt nicht oder nicht ausreichend aus dem zu berücksichtigenden Einkommen und Vermögen gesichert werden kann (vgl. § 9 Abs. 1 SGB II).

Bei erwerbsfähigen Leistungsberechtigten ist wesentliches Mittel zur Beendigung oder Verringerung der Hilfebedürftigkeit neben dem Einsatz von vorhandenem Einkommen und Vermögen grundsätzlich auch der Einsatz der eigenen Arbeitskraft, soweit dieser für den Betroffenen im Einzelfall zuzumuten ist (vgl. § 10 SGB II).

11.1 Erwerbsbezogene Selbsthilfeverpflichtung

Nach dem in § 2 Abs. 1 Satz 1 SGB II normierten **Grundsatz des Forderns** müssen erwerbsfähige leistungsberechtigte Personen und die mit ihnen in einer Bedarfsgemeinschaft lebenden Personen alle Möglichkeiten zur Beendigung oder Verringerung ihrer Hilfebedürftigkeit ausschöpfen. In diesem Zusammenhang besteht die Verpflichtung der erwerbsfähigen leistungsberechtigten Person, aktiv an allen Maßnahmen zu ihrer Eingliederung in Arbeit mitzuwirken und – wenn eine Erwerbstätigkeit auf dem allgemeinen Arbeitsmarkt nicht möglich ist – eine ihr angebotene zumutbare Arbeitsgelegenheit zu übernehmen (vgl. § 2 Abs. 1 Satz 2 und 3 SGB II).

Dieser Grundsatz wird in § 2 Abs. 2 Satz 2 SGB II dahingehend konkretisiert, dass erwerbsfähige leistungsberechtigte Personen ihre Arbeitskraft zur Beschaffung des Lebensunterhalts für sich und die mit ihnen in Bedarfsgemeinschaft lebenden Personen einsetzen müssen. Damit wird die zentrale Forderung im Leistungssystem des Zweiten Buches Sozialgesetzbuch sowie der Grundsatz der Nachrangigkeit der Leistungen zur Sicherung des Lebensunterhalts gegenüber der Selbsthilfeverpflichtung der leistungsberechtigten Person unterstrichen. Diese muss sich vorrangig eigeninitiativ und in eigener Verantwortung um die Beendigung ihrer Erwerbslosigkeit und die Integration in den allgemeinen Arbeitsmarkt bemühen.

Die Verpflichtung zum Einsatz der Arbeitskraft beschränkt sich nicht auf die Aufnahme einer sozialversicherungspflichtigen Beschäftigung auf dem ersten Arbeitsmarkt, sondern umfasst insbesondere auch die Teilnahme an Qualifizierungs- bzw. berufsvorbereitende Bildungsmaßnahmen und sonstigen Maßnahmen zur Eingliederung in Arbeit, die Übernahme von Arbeitsgelegenheiten nach § 16d SGB II oder einer mit einem Beschäftigungszuschuss nach § 16e SGB II geförderte Arbeit und die Aufnahme von geringfügigen Beschäftigungsverhältnissen.

Art, Umfang und Intensität der zu verlangenden Eigenbemühungen bestimmen sich nach den Umständen des Einzelfalles und unterliegen den in § 10 SGB II festgelegten Zumutbarkeitsgrenzen.

11.2 Zumutbarkeit (§ 10 SGB II)

Anders als beim Arbeitslosengeld (Alg I) im „Versicherungssystem“ des Dritten Buches Sozialgesetzbuch ist grundsätzlich jeder erwerbsfähigen leistungsberechtigten Person im Rahmen ihrer Selbsthilfeverpflichtung jede Erwerbstätigkeit zuzumuten. Dies gilt auch für die Teilnahme an Maßnahmen zur Eingliederung in Arbeit (vgl. § 10 Abs. 3 SGB II).

Der Begriff der Zumutbarkeit ist ein unbestimmter Rechtsbegriff, der der gerichtlichen Überprüfung unterliegt. Bei der Beurteilung der Frage, ob der Einsatz der Arbeitskraft zumutbar ist, ist auf die konkrete Beschäftigungsmöglichkeit und die persönliche Situation der betroffenen Person im Einzelfall abzustellen. Die von der leistungsberechtigten Person hinsichtlich ihrer beruflichen Eingliederung zum Ausdruck gebrachten Vorstellungen und Neigungen sind vom Leistungsträger allerdings nur im Rahmen der eng auszulegenden Zumutbarkeitskriterien des § 10 SGB II zu berücksichtigen.

Dabei muss der Träger der Grundsicherung für Arbeitsuchende stets zwischen den gewichtigen Belangen der Allgemeinheit an der Finanzierung des notwendigen Lebensunterhalts bedürftiger Personen aus Steuermitteln möglichst nur über einen kurzen Zeitraum hinweg sowie den Interessen von leistungsberechtigten Personen an einer ihren Fähigkeiten und ihrer Motivation entsprechenden Erwerbstätigkeit sachgerecht abwägen.[311]

Die Zumutbarkeit einer Arbeit richtet sich dabei nicht nach der Höhe des Entgelts einer Beschäftigung. Eine untertarifliche Entlohnung oder eine Entlohnung unter dem ortsüblichen Entgelt stehen der Zumutbarkeit der Arbeitsaufnahme nur dann entgegen, wenn die Entlohnung gegen Gesetz oder gute Sitten verstößt.

Eine **Sittenwidrigkeit** ist für die Fälle anzunehmen, in denen die Lohngestaltung durch ein auffälliges Missverhältnis gegenüber dem allgemeinen Lohnniveau für vergleichbare Arbeiten gekennzeichnet ist. Ein solches auffälliges Missverhältnis liegt nach Auffassung des Bundesarbeitsgerichts vor, wenn die Entlohnung nicht einmal zwei Drittel eines in der betreffenden Branche und Wirtschaftsregion üblicherweise gezahlten Tariflohns beträgt. In Bereichen, in denen keine einschlägigen Tarifverträge bestehen, sind ggf. verwandte Tarifverträge als Vergleichsmaßstab heranzuziehen. Auch nach Inkrafttreten des Mindestlohngesetzes ist die Rechtsprechung weiterhin anzuwenden. Auf den Mindestlohn ist als Vergleichsmaßstab nur dann zurückzugreifen, wenn ein höheres Arbeitsentgelt weder tarifvertraglich festgelegt noch ortsüblich ist.[312]

Eine Arbeit ist auch dann zumutbar, wenn sie nicht der früheren beruflichen Tätigkeit entspricht, im Hinblick auf die bisher erworbenen Qualifikationen als subjektiv **geringwertig** erscheint, der Beschäftigungsort vom Wohnort der erwerbsfähigen leistungsberechtigten Person weiter entfernt ist als ein früherer Beschäftigungsort oder die Arbeitsbedingungen – z. B. wegen der niedrigeren Entlohnung oder

311 Vgl. BSG, Urt. vom 22.8.2012 – B 14 AS 197/11 R –, info also 2013, 81.

312 Vgl. Fachliche Hinweise der BA, Rn. 10.03 zu § 10 SGB II (Stand: 01.07.2021) mit Verweisen auf die Rechtsprechung des Bundesarbeitsgerichtes, vgl. BAG, Urt. vom 22.4.2009 – 5 AZR 436/08 –, juris.

anderer Arbeitszeiten (Schichtbetrieb o.ä.) – ungünstiger sind als bei einer früheren Beschäftigung (vgl. § 10 Abs. 2 Nr. 1 bis 4 SGB II).

Die Frage der **Erreichbarkeit** des Arbeitsplatzes ist nicht im Rahmen eines wichtigen Grundes (vgl. § 31 Abs. 1 Satz 2 SGB II) zu prüfen, sondern ist eine Frage der Zumutbarkeit des Arbeitsangebotes. Dabei geht der Gesetzgeber davon aus, dass es in der Regel keinen unerreichbaren Arbeitsplatz gibt und ggf. auch ein Umzug der leistungsberechtigten Person ins Auge zu fassen ist – es sei denn, dem stehen wichtige Gründe entgegen, so dass die Aufnahme einer solchen Beschäftigung unzumutbar im Sinne des § 10 Abs. 1 Nr. 5 SGB II erscheint.[313]

Grundsätzlich ist bei der Beurteilung von zumutbaren **Pendelzeiten** eine Entfernung (Wohnung – Arbeitsstätte) als zumutbar anzusehen, die in der jeweiligen Region bei vergleichbaren Arbeitnehmern üblicherweise anfällt. Als Vergleichswerte können in diesem Zusammenhang angesehen werden

- bei einer täglichen Arbeitszeit von sechs und weniger Stunden bis zu zwei Stunden Pendelzeit,
- bei einer täglichen Arbeitszeit von mehr als sechs Stunden bis zu 2,5 Stunden Pendelzeit.

Eine Arbeit ist darüber hinaus gemäß § 10 Abs. 2 Nr. 5 SGB II nicht allein deshalb unzumutbar, weil sie mit der Beendigung einer Erwerbstätigkeit (z.B. Minijob oder selbstständige Erwerbstätigkeit) verbunden ist, es sei denn, es liegen begründete Anhaltspunkte vor, dass durch die bisherige Tätigkeit künftig die Hilfebedürftigkeit beendet werden kann. Insbesondere bei einer bisher ausgeübten selbstständigen Erwerbstätigkeit ist durch Bewertung der bisherigen Geschäftsergebnisse und der ggf. vorliegenden Geschäftsplanung im Einzelfall zu prognostizieren, ob eine andere (ggf. vom Leistungsträger angebotene) Tätigkeit mit einer höheren Wahrscheinlichkeit die Hilfebedürftigkeit beseitigt oder verringert.

Dem Grundsatz „Jede Arbeit ist zumutbar“ stehen allerdings die in der abschließenden Aufzählung des § 10 Abs. 1 Nr. 1 bis Nr. 5 SGB II genannten Hinderungsgründe einschränkend entgegen:

Körperliche, geistige oder seelische Unfähigkeit zur Arbeit (§ 10 Abs. 1 Nr. 1 SGB II)
Den erwerbsfähigen leistungsberechtigten Personen ist eine Arbeit nicht zuzumuten, wenn sie zur Ausübung der bestimmten Arbeit körperlich, geistig oder seelisch nicht in der Lage ist. In diesem Zusammenhang sind in erster Linie gesundheitliche Gründe (z.B. eine temporäre Arbeitsunfähigkeit) relevant. Im Einzelfall können aber auch intellektuelle Einschränkungen der betroffenen leistungsberechtigten Person (Überforderung) bzw. eine unzureichende berufliche Qualifizierung die konkrete Arbeitsaufnahme unzumutbar erscheinen lassen.

313 Vgl. Bayerisches LSG, Beschl. vom 2.3.2009 – L 11 B 994/08 AS PKH –, ZFSH/SGB 2009, 431.

Bei werdenden Müttern ist bei einer problemlos verlaufenden Schwangerschaft grundsätzlich die Aufnahme bzw. Fortsetzung einer Beschäftigung zuzumuten. Dies gilt allerdings nur bis zum Eintritt des Beschäftigungsverbotes nach § 3 Abs. 2, Halbs. 1 MuSchG, wonach es einem Arbeitgeber untersagt ist, werdende Mütter in den letzten sechs Wochen vor der Entbindung zu beschäftigen.

Wesentliche Erschwernis künftiger Arbeit (§ 10 Abs. 1 Nr. 2 SGB II)

Die Ausübung einer Arbeit ist für die erwerbsfähige leistungsberechtigten Person weiterhin nicht zuzumuten, wenn die künftige Ausübung der bisherigen überwiegenden Arbeit wesentlich erschwert würde, weil an diese besondere körperliche Anforderungen gestellt werden.

Damit ist lediglich der drohende Verlust körperlicher Fähigkeiten und Fertigkeiten als Grundlage für die bisherige Tätigkeit erheblich (Beispiel: Dem arbeitslosen Konzertmusiker ist eine Arbeitsgelegenheit als Waldarbeiter wegen möglicher Verletzungsgefahren nicht zuzumuten).

Die fortschreitende „Entfremdung" vom erlernten bzw. bisher ausgeübten Beruf oder eine ungünstig erscheinende Berufsbiographie mit Blick auf die Ausübung einer vermeintlich niederschwelligen Tätigkeit stehen der Zumutbarkeit allerdings nicht entgegen.

Gefährdung der Erziehung eines Kindes (§ 10 Abs. 1 Nr. 3 SGB II)

Der erwerbsfähigen leistungsberechtigten Person ist eine Arbeit ebenfalls nicht zuzumuten, wenn die Ausübung der Arbeit die Erziehung ihres Kindes oder des Kindes ihrer Partnerin oder ihres Partners gefährden würde.

Die Erziehung eines Kindes, das das dritte Lebensjahr vollendet hat, ist in der Regel nicht gefährdet, soweit seine Betreuung in einer Tageseinrichtung oder in Tagespflege im Sinne der Vorschriften des Achten Buches Sozialgesetzbuch (vgl. §§ 22 Abs. 1, 23 Abs. 1 SGB VIII) oder auf sonstige Weise sichergestellt ist. Dies soll die Bedeutung einer ständig bereitstehenden Bezugsperson in den ersten Jahren für die weitere Entwicklung des Kindes Rechnung tragen[314] und entspricht der Regelung zur Elternzeit nach § 15 Abs. 2 BEEG und dem Mindestzeitrahmen beim Betreuungsunterhalt nach § 1560 BGB.

Die zuständigen kommunalen Träger sollen gemäß § 10 Abs. 1 Nr. 3 Halbs. 3 SGB II darauf hinwirken, dass erwerbsfähigen Erziehenden vorrangig ein Platz zur Tagesbetreuung des Kindes angeboten wird. Diese Vorgabe korrespondiert mit § 24 SGB VIII, wonach Plätze in Tageseinrichtungen vorrangig für Kinder von erwerbstätigen oder Arbeit suchenden Erziehungsberechtigten zur Verfügung gestellt werden sollen.

314 Vgl. OVG Hamburg, Urt. vom 1.7.2002 – 4 Bs 190/01 –, FEVS 54, 540.

Erwerbsfähige Erziehende müssen im Rahmen ihrer Verpflichtung zur Selbsthilfe (vgl. § 2 Abs. 1 Satz 1 SGB II) in diesen Fällen entsprechende Betreuungsangebote für ihr Kind bzw. ihre Kinder wahrnehmen. Ob entsprechende Betreuungsangebote im örtlichen Bereich vorhanden sind, ist im Einzelfall vom Leistungsträger von Amts wegen festzustellen.

Dagegen ist bei erwerbsfähigen leistungsberechtigten Personen, die ein Kind **unter drei Jahren** zu betreuen haben, der Einsatz der Arbeitskraft nicht zuzumuten. Der Zumutbarkeit steht dies allerdings nur entgegen, wenn das Kind auch tatsächlich von dem Elternteil betreut wird. Insofern ist rechtlicher Maßstab für die Zumutbarkeit einer Arbeit ausschließlich, ob die Erziehung eines Kindes tatsächlich i. S. des § 10 Abs. 1 Nr. 3 SGB II sichergestellt ist. Maßgeblich ist insofern die objektive Betreuungssituation, die im Einzelfall von Amts wegen zu ermitteln ist.[315]

Soweit in einer Familie beide Elternteile keiner Erwerbstätigkeitnachgehen, kann sich allerdings nur ein Partner wegen der Kinderbetreuung auf die Unzumutbarkeit der Arbeitsaufnahme berufen. Dabei obliegt die Entscheidung, welcher Elternteil die Kinderbetreuung übernimmt, den leistungsberechtigten Personen selbst und nicht dem Leistungsträger. Auch in den Fällen, in denen sich beide Partner dafür entscheiden, gleichzeitig das Elterngeld in Anspruch zu nehmen, kann sich nur einer der Partner auf die Unzumutbarkeit einer Arbeitsaufnahme wegen der Kinderbetreuung berufen.

Kinder in diesem Zusammenhang sind die im Haushalt lebenden leiblichen und adoptierten Kinder, Pflege-, Stief- und Enkelkinder.

Bei Kindern, die das dritte Lebensjahr vollendet haben, ist eine Arbeitsaufnahme (auch alleinerziehenden Personen) in der Regel zuzumuten. Sie ist nur dann nicht zumutbar, wenn die Betreuungssituation (insbesondere bei mehreren Kindern) nicht gewährleistet ist bzw. nicht organisierbar ist, weil keine geeigneten Betreuungsmöglichkeiten zur Verfügung stehen. Insoweit kann von der Regelvermutung nach § 10 Abs. 1 Nr. 3 Halbs. 2 SGB II im Einzelfall abgewichen werden. Dies gilt insbesondere dann, wenn besondere Gründe vorliegen, die die Betreuung und Erziehung eines Kindes durch Dritte ausschließen, oder eine Betreuung objektiv nicht zu organisieren ist (z. B. bei größeren Familien, in denen die Hausarbeit und Kinderbetreuung eine Vollzeitkraft erfordert). Im Einzelfall kann sich auch eine Beschränkung der zumutbaren Beschäftigung auf eine Halbtagstätigkeit ergeben.

Nichtvereinbarkeit mit der Pflege von Angehörigen (§ 10 Abs. 1 Nr. 4 SGB II)
Eine Arbeit ist ebenfalls nicht zumutbar, wenn sie mit der notwendigen Pflege einer oder eines Angehörigen nicht vereinbar wäre und die Pflege nicht auf andere Weise sichergestellt werden kann.

Sowohl der Begriff „Angehörige“ als auch der Begriff „Pflege“ sind weit auszulegen. Nicht erforderlich ist eine Pflegebedürftigkeit i. S. des § 14 SGB XI bzw. des § 61a SGB XII.[316] So können sich beispielsweise Einschränkungen im Hinblick auf den Arbeitseinsatz durch einen besonderen krankheitsbedingten Betreuungsaufwand ergeben, der unterhalb des Pflegegrades 1 (z. B. bei Pflegebedarfen, die schub-

315 Vgl. OVG Hamburg, Urt. vom 1.7.2002 – 4 Bs 190/01 –, FEVS 54, 540.
316 Ähnlich auch *Dauber* in Mergler/Zink, Rn. 21 zu § 10 SGB II.

weise auftreten). Dabei ist insbesondere auch die sozialpolitische Intention zu berücksichtigen, dass die ambulante (häusliche) Pflege grundsätzlich Vorrang vor einer stationären Betreuung hat (vgl. § 3 SGB XI und § 13 Abs. 1 Satz 2 SGB XII).

Die Beurteilung, ob und ggf. in welchem zeitlichen Umfang der Einsatz der Arbeitskraft einer Pflegeperson wegen der ehrenamtlichen Pflege von Angehörigen im ambulanten Bereich zuzumuten ist bzw. verlangt werden kann, ist daher im Einzelfall nicht ausschließlich am Ausmaß bzw. an der Schwere der Pflegebedürftigkeit (d. h. am „Schematismus" eines Pflegegrades), sondern unter Berücksichtigung des konkreten, individuellen Pflegeaufwandes vorzunehmen.

Nicht zu folgen ist der Auffassung der Bundesagentur für Arbeit, die beim Pflegegrad 1 in der Regel eine Vollzeitbeschäftigung und in den Pflegegraden 2 und 3 eine Beschäftigung in Abhängigkeit von der erforderlichen Präsenz der Pflegeperson von bis zu sechs Stunden pro Tag für zumutbar hält.[317]

Die Frage der Vereinbarkeit oder Nichtvereinbarkeit einer Arbeitsaufnahme mit der notwendigen Pflege ist **im Einzelfall** unter Berücksichtigung einer Vielzahl von Faktoren zu entscheiden. In diesem Zusammenhang sind beispielsweise folgende Aspekte bzw. Fragen entscheidungsrelevant zu berücksichtigen:

- konkrete Belastungssituation der Pflegeperson
- Zusammenleben des Leistungsberechtigten mit der pflegebedürftigen Person in einem gemeinsamen Haushalt (grds. ist davon auszugehen, dass in diesem Fall der Betreuungsaufwand bzw. die physischen und psychischen Anforderungen an die Pflegeperson höher sind)
- Notwendigkeit von Pflege auch während der Nachtstunden
- Welche Personen bzw. Angehörige beteiligen sich (noch) an der Pflege? Ist daneben ein professioneller ambulanter Pflegedienst im Einsatz (ggfs. in welchem Umfang)?
- Notwendigkeit der Beaufsichtigung der Pflegeperson (insbesondere bei zeitlicher und örtlicher Desorientierung)
- Inanspruchnahme von Betreuungsangeboten (z. B. Tages- und Nachtpflegeeinrichtungen)

Hinweis für die Praxis:
In jedem Fall sollte der Träger der Grundsicherung in entsprechenden Fällen von der leistungsberechtigten Person die Vorlage des MdK-Gutachtens und einen Nachweis der für die pflegebedürftige Person zuständigen Pflegekasse anfordern, aus dem hervorgeht, dass die leistungsberechtigte Person dort als Pflegeperson gemeldet bzw. registriert ist.

317 Vgl. Fachliche Hinweise der BA, Rn. 10.18 zu § 10 SGB II (Stand: 30.3.2017).

Sonstiger wichtiger Grund (§ 10 Abs. 1 Nr. 5 SGB II)
Eine Arbeit ist weiterhin unzumutbar, wenn der Ausübung der Arbeit ein sonstiger wichtiger Grund entgegensteht. Die Regelung ist nach der Begründung im Gesetzentwurf des Vierten Gesetzes über moderne Dienstleistungen am Arbeitsmarkt restriktiv anzuwenden. Der einer Aufnahme der Arbeitstätigkeit entgegenstehende „individuelle Grund“ des Betroffenen muss im Verhältnis zu den Interessen der Allgemeinheit, die Leistungen der Grundsicherung für Arbeitsuchende aus Steuermitteln erbringt, ein besonderes Gewicht haben.[318]

Als sonstiger wichtiger Grund ist z. B. in diesem Zusammenhang anzuerkennen:

- der Besuch einer allgemeinbildenden (auch weiterführenden) Schule, einer Berufsfachschule und einer berufsvorbereitenden Bildungsmaßnahme,
- der Erwerb des Abschlusses einer Berufsausbildung, wenn die erwerbsfähige leistungsberechtigte Person nicht über einen Berufsabschluss verfügt, der Abschluss einer Aufstiegsfortbildung oder eines Praktikums, das zur Anerkennung eines Berufsabschlusses oder als Voraussetzung für den Besuch einer Berufsfachschule erforderlich ist,
- das Absolvieren eines Jugendfreiwilligendienstes oder eines Bundesfreiwilligendienstes (freiwilliges soziales oder ökologisches Jahr),
- die Inanspruchnahme einer bis zu sechsmonatigen Pflegezeit nach dem Pflegezeitgesetz[319], wenn nicht aufgrund des geringen Umfanges der Pflege und/oder der Pflege durch weitere nahe Angehörige die Aufnahme einer (Teilzeit-)Beschäftigung erwartet werden kann,[320]
- die Ausübung einer bestimmten Beschäftigung bei Angehörigen bestimmter Volksgruppen oder Religionsgemeinschaften, wenn dabei religiöse Konflikte hervorgerufen oder Tabus berührt werden (z. B. bei einem strenggläubigen Muslim, der in einer Schnapsbrennerei arbeiten soll),
- Lohnwucher (die Arbeitsvergütung erreicht nicht einmal zwei Drittel eines in der betreffenden Branche und Wirtschaftsregion üblicherweise gezahlten Tariflohns)[321] oder die Entlohnung verstößt gegen ein Gesetz[322],
- die Ausübung einer Beschäftigung oder einer Dienstleistung mit sexuellem Bezug (z. B. Telefon-Sex),
- die Beschäftigung in einem unbezahlten Praktikum bzw. die Beschäftigung in einem Probearbeitsverhältnis, wenn die Regel- bzw. Höchstförderdauer (acht bzw. zwölf Wochen) überschritten wird,

---

318 Vgl. BT-Drs. 15/1516 S. 53.
319 Gesetz über die Pflegezeit (Pflegezeitgesetz – PflegeZG) vom 28.5.2008 (BGBl. I 2008 S. 874).
320 Vgl. Fachliche Hinweise der BA, Rn. 10.22 zu § 10 SGB II (Stand: 30.3.2017).
321 So auch BAG, Urt. vom 22.4.2009 – 5 AZR 436/08 –, juris.
322 Mit Wirkung zum 1.1.2015 ist das Mindestlohngesetz (MiLoG) in Kraft getreten. Danach haben Arbeitnehmer einen Anspruch auf eine Mindestvergütung von 9,60 € je Zeitstunde (Stand: 1.12.2021). Ausgenommen sind insbesondere bestimmte Praktika und Einstiegsqualifizierungen nach § 54a SGB III, Jugendliche unter 18 Jahren ohne abgeschlossene Ausbildung, Berufsausbildungsverhältnisse und ehrenamtliche Tätigkeiten, Langzeitarbeitslose in den ersten sechs Monaten der Beschäftigung.

- die Ausübung einer Beschäftigung bei einem Arbeitgeber, bei dem der bzw. die Betroffene in der Vergangenheit schon einmal beschäftigt war und berechtigt war, das Arbeitsverhältnis aus einem wichtigen Grund zu kündigen (z. B. Mobbing, sexuelle Belästigung).[323]

Die Zumutbarkeitsregelungen des § 10 Abs. 1 und Abs. 2 SGB II gelten auch für Maßnahmen zur Eingliederung in Arbeit (vgl. § 10 Abs. 3 SGB II). Dies sind Eingliederungsmaßnahmen nach den §§ 16 ff. SGB II i. V. m. den entsprechenden Vorschriften des Dritten Buches Sozialgesetzbuch (z. B. Trainingsmaßnahmen, Weiterbildungsmaßnahmen, und Arbeitsgelegenheiten).

Kein Ausschluss der Zumutbarkeit (§ 10 Abs. 2 SGB II)

Gemäß § 10 Abs. 2 **Nr. 1** SGB II ist eine Arbeit nicht allein deshalb unzumutbar, weil sie nicht einer früheren beruflichen Tätigkeit entspricht, für die die erwerbsfähige leistungsberechtigte Person ausgebildet ist oder die früher ausgeübt wurde. Für die Bezieher von Arbeitslosengeld II gibt es somit **keinen Berufsschutz**. Sie haben sich vielmehr den Möglichkeiten und Bedingungen des allgemeinen Arbeitsmarktes anzupassen.

Die Aufnahme einer Arbeit ist ebenso nicht allein deshalb unzumutbar, weil sie im Hinblick auf die Ausbildung der erwerbsfähigen leistungsberechtigten Person als geringwertig anzusehen ist (vgl. § 10 Abs. 2 **Nr. 2** SGB II). Damit knüpft der Gesetzgeber an den Grundsatz des Forderns aus § 2 Abs. 1 Satz 1 SGB II an, wonach erwerbsfähige Leistungsberechtigte alle Möglichkeiten zur Beendigung oder Verringerung ihrer Hilfebedürftigkeit ausschöpfen müssen und gibt der Obliegenheit zur Aufnahme (auch einer noch so geringwertig erscheinenden) Arbeit den absoluten Vorrang vor individuellen Berufswünschen bzw. der beruflichen Selbstverwirklichung.

Somit sind beispielsweise einem Akademiker auch Aushilfstätigkeiten oder Beschäftigungen, die geringer entlohnt werden als bei früheren Beschäftigungsverhältnissen, grundsätzlich zumutbar.

Auch eine weitere Entfernung des neuen Beschäftigungsortes vom Wohnort der eistungsberechtigten Person als bei einer früheren Beschäftigung steht der Zumutbarkeit einer Arbeitsaufnahme nicht entgegen (vgl. § 10 Abs. 2 **Nr. 3** SGB II). Generell wird von erwerbsfähigen Leistungsberechtigten ein hohes Maß an Flexibilität und Mobilität zu erwarten sein, die grundsätzlich auch die Inkaufnahme längerer Pendelzeiten, ggf. auch eine doppelte Haushaltsführung oder einen Umzug einschließen, soweit diesem kein wichtiger Grund entgegensteht (§ 10 Abs. 1 Nr. 5 SGB II). Bei der Beurteilung der zumutbaren Pendelzeiten sind in Anlehnung an das Arbeitsförderungsrecht (vgl. § 140 Abs. 4 SGB III) folgende Vergleichswerte heranzuziehen:

- **zwei Stunden** Pendelzeit bei einer täglichen Arbeitszeit von sechs oder weniger Stunden,
- **zweieinhalb Stunden** bei einer täglichen Arbeitszeit von mehr als sechs Stunden.

323 Vgl. Fachliche Hinweise der BA, Rn. 10.22 zu § 10 SGB II (Stand: 10.3.2017).

Auch ungünstigere Arbeitsbedingungen (z. B. Schichtbetrieb, befristete Arbeitsverhältnisse, Personal-Leasing, geringere Entlohnung) gegenüber einer früheren Beschäftigung sind zumutbar (vgl. § 10 Abs. 2 **Nr. 4** SGB II).

Gemäß § 10 Abs. 2 **Nr. 5** SGB II ist eine Arbeit nicht allein bereits deshalb unzumutbar, weil sie die Beendigung einer aktuell bestehenden selbstständigen oder nichtselbstständigen Beschäftigung erfordert. Somit kann eine erwerbsfähige leistungsberechtigte Person auch bei einer aktuell ausgeübten (selbstständigen oder nichtselbstständigen) Erwerbstätigkeit auf eine andere Tätigkeit verwiesen werden, insbesondere dann, wenn die bisherige Beschäftigung seit längerer Zeit keine Tendenz zur Beseitigung der Hilfebedürftigkeit erkennen lässt und die aufzunehmende bzw. angebotene Tätigkeit mit hoher Wahrscheinlichkeit die Hilfebedürftigkeit beendet.

Bei der Frage der Zumutbarkeit der Aufnahme einer neuen und Beendigung einer bisherigen Beschäftigung sind u. a. Aspekte des Kündigungsschutzes bzw. das Absolvieren einer Probezeit, die bisherige Beschäftigungsdauer und der ggf. in Aussicht stehende Mehrverdienst zu berücksichtigen.

11.3 Die Eingliederungsvereinbarung

Kernelement der Grundsicherung für Arbeitsuchende ist ein umfassendes und auf die jeweilige Problemlage des Betroffenen zugeschnittenes Betreuungskonzept. Die Eingliederungsvereinbarung soll als arbeitsmarktpolitisches Instrument den Aktivierungs- und Integrationsprozess maßgebend unterstützen und damit den Grundsatz „Arbeit statt passiver Leistung" umsetzen.[324]

Nach § 15 Abs. 2 Satz 1 SGB II soll die Agentur für Arbeit im Einvernehmen mit dem kommunalen Träger auf der Grundlage einer nach § 15 Abs. 1 Satz 1 SGB II durchgeführten Potenzialanalyse mit jeder erwerbsfähigen leistungsberechtigten Person die für ihre Eingliederung in das Erwerbsleben erforderlichen Leistungen vereinbaren (Eingliederungsvereinbarung).

Die Eingliederungsvereinbarung konkretisiert das Sozialrechtsverhältnis zwischen der erwerbsfähigen leistungsberechtigten Person und dem Träger der Grundsicherung bzw. aufgrund der gesetzlichen Aufgabenübertragung nach § 44b Abs. 1 Satz 2 SGB II der gemeinsamen Einrichtung (gE).

Die Eingliederungsvereinbarung ist individuell auszugestalten und mit den erwerbsfähigen Leistungsberechtigten **gemeinsam** zu erarbeiten, wobei individuelle Unterstützungsbedarfe vorhandene Fähigkeiten, Wünsche und Vorschläge der Betroffenen nach Möglichkeit einzubeziehen sind. Zu beachten ist ebenso, dass die Vereinbarungen nicht einseitig übermäßig belastend oder begünstigend sind. Die Verteilung der Rechte und Pflichten sollte für beide Vertragspartner ausgewogen sein.

324 Vgl. BT-Drs. 15/1516 S. 44.

11.3.1 Inhalt und Bedeutung der Eingliederungsvereinbarung nach § 15 SGB II im Leistungsprozess

Die Eingliederungsvereinbarung ist das zentrale Planungs- und Steuerungsinstrument zur Erzeugung von Verbindlichkeit aktivierender und kooperativer Integrationsleistungen. Sie bildet den formellen Rahmen für einen strukturierten Eingliederungsprozess in das Erwerbsleben und koppelt staatliche Hilfeleistungen an Gegenleistungen im Hinblick auf Kooperation, Koproduktion und Eigenbemühungen der leistungsberechtigten Person. Gegenstand der Eingliederungsvereinbarung dürfen nur die für die Eingliederung in Arbeit erforderlichen Leistungen im engeren Sinne sein (vgl. 3. Kapitel, 2. Abschnitt SGB II). Leistungen zur Sicherung des Lebensunterhalts dürfen dagegen nicht mit einbezogen werden.

Die Eingliederungsvereinbarung ist damit nicht nur ein **methodisches Instrument**, sondern bildet das formale „Arbeitsbündnis" zwischen dem Träger der Grundsicherung für Arbeitsuchende und der leistungsberechtigten Person ab. Die Eingliederungsvereinbarung definiert dabei rechtsverbindlich die Rolle und Pflichten der leistungsberechtigten Person und die im Einzelfall erforderlichen Eingliederungsleistungen des Trägers der Grundsicherung für Arbeitsuchende.

Der **Integrations- bzw. Hilfeplan** und die nach § 15 SGB II vorgeschriebene Eingliederungsvereinbarung bilden eine Einheit. Beide schaffen die notwendige Verbindlichkeit im „Arbeitsbündnis". Die Integrationsplanung bildet dabei den Hilfeprozess ab (d.h. konkrete Planung und Terminierung von Maßnahmen und Arbeitsschritten), während die Eingliederungsvereinbarung das schriftliche „Regelwerk" bzw. den rechtlichen Rahmen hierzu darstellt.

Dem Abschluss einer Eingliederungsvereinbarung geht zwingend ein umfassendes und systematisches **Profiling** voraus, das in erster Linie dazu dient, den „beruflichen Standort" des Betroffenen zu bestimmen. Dazu soll die Agentur für Arbeit gemäß § 15 Abs. 1 Satz 1 SGB II unverzüglich zusammen mit jeder erwerbsfähigen leistungsberechtigten Person die für die Eingliederung erforderlichen persönlichen Merkmale, berufliche Fähigkeiten und die Eignung feststellen (Potenzialanalyse).

Die Eingliederungsvereinbarung soll nicht als Mittel missverstanden werden, von Gesetzes wegen bestehende Pflichten im Wege einer einvernehmlichen Vereinbarung zu regeln. Dies gilt insbesondere für die im Rahmen der Selbsthilfeverpflichtung nach §§ 5 Abs. 3 und 12a SGB II bereits bestimmten Pflichten zur Beantragung von vorrangigen Leistungen. Jedoch müssen Leistungen anderer Sozialleistungsträger, die der Eingliederung in Arbeit dienen (z.B. Leistungen der beruflichen Rehabilitation), in die Vereinbarung einbezogen werden, auch um sicherzustellen, dass die Jobcenter vorrangige Leistungen prüfen und deren Inanspruchnahme unterstützen.[325]

Ausgangspunkt des gesamten Eingliederungsprozesses müssen die individuell festgestellten Kompetenzen der erwerbsfähigen leistungsberechtigten Person sein. In Anlehnung an das aus dem Arbeitsförderungsrecht bekannte Instrument der **Potenzialanalyse** wird hierzu bereits zu Beginn der Leistungsgewährung eine individuelle Einschätzung durchgeführt, die die Grundlage der Integrationsprognose

325 Vgl. BT-Drs. 18/8041 S. 35.

für die Vermittlung und Beratung sowie den Einsatz von Eingliederungsleistungen bildet.

Auf Basis einer abgesicherten Datenerhebung, der Potenzialanalyse und Dateninterpretation (Assessment) werden gemeinsam konkrete Schritte zum Abbau von Vermittlungshemmnissen (z.B. mangelnde Qualifikation) und zur kurz-, mittel- oder langfristigen Integration in den allgemeinen Arbeitsmarkt entwickelt.

Nach § 15 Abs. 2 Satz 2 SGB II soll die Eingliederungsvereinbarung insbesondere bestimmen,

1. welche Leistungen die leistungsberechtigte Person zur Eingliederung in Ausbildung oder in Arbeit erhält,
2. welche Bemühungen erwerbsfähige Leistungsberechtigte in welcher Häufigkeit zur Eingliederung in Arbeit mindestens unternehmen sollen und in welcher Form diese Bemühungen nachzuweisen sind,
3. wie Leistungen anderer Leistungsträger in den Leistungsprozess einbezogen werden (z.B. Leistungen der beruflichen Rehabilitation).

Die Eingliederungsvereinbarung sollte grundsätzlich die sozialen und arbeitsmarktorientierten Unterstützungsleistungen (vgl. §§ 16 bis 16d SGB II) und die Leistungen der aktiven Arbeits- und Beschäftigungsförderung (vgl. §§ 16e bis 16g SGB II) einschließlich der eingebundenen Leistungen nach dem Dritten Buch Sozialgesetzbuch beinhalten. Als vereinbarungsfähige Leistungen zur Eingliederung kommen grundsätzlich nur solche in Betracht, die im Ermessen des Grundsicherungsträgers stehen und auf die die leistungsberechtigte Person demnach keinen Rechtsanspruch hat.

Daneben soll in der Eingliederungsvereinbarung insbesondere bestimmt werden, welche Bemühungen die erwerbsfähige leistungsberechtigte Person in welcher Häufigkeit zur Eingliederung in das Erwerbsleben mindestens unternehmen muss (z.B. eine bestimmte Zahl und die Art bzw. Form von Bewerbungen sowie die in Betracht kommenden Tätigkeiten bzw. Branchen) und in welcher Form die Bemühungen nachzuweisen sind. Dabei müssen die Verpflichtungen der leistungsberechtigten Person klar und verständlich formuliert werden, und es muss gleichzeitig ausdrücklich und verständlich auf die konkreten Rechtsfolgen bei Nichteinhalten der Vereinbarung hingewiesen werden.

Der Umfang der Eigenbemühungen bzw. die Anzahl von Bewerbungen innerhalb eines bestimmten Zeitraumes und die in Betracht kommenden Branchen hängen von den individuellen Umständen des Einzelfalls (regionaler Arbeitsmarkt, Qualifizierung des Betroffenen etc.) ab. Sofern von der leistungsberechtigten Person die Anfertigung schriftlicher Bewerbungsunterlagen gefordert wird, ist eine Kostenerstattungsregelung notwendig. Über § 16 Abs. 1 SGB II ist das 3. Kapitel SGB III (u.a. eine Förderung aus dem Vermittlungsbudget) anwendbar.

Nach dem Grundsatz des Förderns und Forderns muss die Eingliederungsvereinbarung bzw. der sie ersetzende Verwaltungsakt konkrete und bestimmbare

Pflichten **für beide** Vertragspartner enthalten. So sind die in der Eingliederungsvereinbarung bei einem Gewerbetreibenden beispielsweise festgelegten Pflichten zur Anzeige ungeplanter Betriebsausgaben und zur Vorlage einer monatlichen Gewinn- und Verlustrechnung keine geeigneten Maßnahmen zur Eingliederung in Arbeit, sondern dienen allein der Überprüfung der Leistungsberechtigung. Diese Überprüfung ist aber nicht Sinn und Zweck einer Eingliederungsvereinbarung.[326]

Unter den Voraussetzungen des § 3 Abs. 2b Satz 1 SGB II ist auch die Verpflichtung zur Teilnahme an einem Integrationskurs des Bundesamtes für Migration und Flüchtlinge nach § 43 AufenthG als vorrangige Maßnahme in die Eingliederungsvereinbarung aufzunehmen (vgl. § 3 Abs. 2b Satz 2 SGB II).

In der Eingliederungsvereinbarung kann auch vereinbart werden, welche Leistungen die Personen erhalten, die mit der oder dem erwerbsfähigen Leistungsberechtigten in einer Bedarfsgemeinschaft leben (vgl. § 15 Abs. 4 Satz 1 SGB II). Dies dürften insbesondere die kommunalen Eingliederungsleistungen nach § 16a SGB II sein. Diese Personen sind hierbei zu beteiligen (vgl. § 15 Abs. 4 Satz 2 SGB II).

Gemäß § 56 Abs. 1 Satz 1 SGB II sollen erwerbsfähige Leistungsberechtigte, die Leistungen zur Sicherung des Lebensunterhalts beantragt haben oder beziehen, in der Eingliederungsvereinbarung oder in dem diese ersetzenden Verwaltungsakt nach § 15 Abs. 3 Satz 3 SGB II verpflichtet werden, eine eingetretene Arbeitsunfähigkeit und deren voraussichtliche Dauer unverzüglich anzuzeigen und spätestens vor Ablauf des dritten Kalendertages nach Eintritt der Arbeitsunfähigkeit eine ärztliche Bescheinigung über die Arbeitsunfähigkeit und deren voraussichtliche Dauer vorzulegen.

Die Anzeige- und Bescheinigungspflicht dient im Wesentlichen dazu, dass Vermittlungsvorschläge, die aus Unkenntnis des Grundsicherungsträgers über eine aktuelle Arbeitsunfähigkeit ins Leere laufen, vermieden werden. Allerdings hat ein Verstoß gegen die Anzeige- und Bescheinigungspflicht keine Sanktion zur Folge (vgl. § 56 Abs. 1 Satz 2 SGB II).

Nach dem Wortlaut des § 15 Abs. 2 Satz 1 SGB II soll mit jeder erwerbsfähigen leistungsberechtigten Person eine Eingliederungsvereinbarung abgeschlossen werden. Der Abschluss einer Eingliederungsvereinbarung mit einem minderjährigen erwerbsfähigen Leistungsberechtigten bedarf der Zustimmung des gesetzlichen Vertreters. Sofern mehrere erwerbsfähige Leistungsberechtigte in einer Bedarfsgemeinschaft leben, soll mit jeder einzelnen Person eine Eingliederungsvereinbarung abgeschlossen werden. Damit wird dem zuständigen Leistungsträger ein gebundenes Ermessen eingeräumt. Nur bei Vorliegen atypischer Umstände gibt es einen Ermessensspielraum. Denkbar ist der **Verzicht einer Eingliederungsvereinbarung**, wenn

- die betroffene Person auch ohne Eingliederungsvereinbarung mit hoher Wahrscheinlichkeit in den Arbeits- oder Ausbildungsmarkt integriert werden kann (z. B. bei Personen mit einer festen Einstellungszusage),
- die betroffene Person bereits auf dem allgemeinen Arbeitsmarkt integriert ist, ergänzende Leistungen zur Sicherung des Lebensunterhalts erhält und es nicht erwartet werden kann, dass der Leistungsbezug durch eine Änderung des

326 Ähnlich auch LSG NRW, Beschl. vom 26.11.2012, juris.

Beschäftigungsverhältnisses, eines Stellenwechsels oder durch das Angebot von Eingliederungsmaßnahmen (z.B. durch eine berufsbegleitende Fortbildung) nachhaltig beendet werden kann oder Lebensunterhaltsleistungen gesenkt werden können,[327] vorübergehend eine Erwerbstätigkeit oder Eingliederungsmaßnahme im Hinblick auf die Regelungen des § 10 Abs. 1 SGB II nicht zumutbar ist (vgl. 11.3),
- Arbeitslosengeld II „aufstockend" zum Arbeitslosengeld (Alg I) gezahlt wird. Die leistungsberechtigten Personen werden in diesen Fällen für den Bereich der Arbeitsvermittlung durch die Agentur für Arbeit betreut, die nach § 37 SGB III mit dem Ausbildungs- oder Arbeitsuchenden auf der Grundlage einer Potenzialanalyse eine Eingliederungsvereinbarung trifft.

Die Eingliederungsvereinbarung im Prozess der individuellen Hilfeplanung:

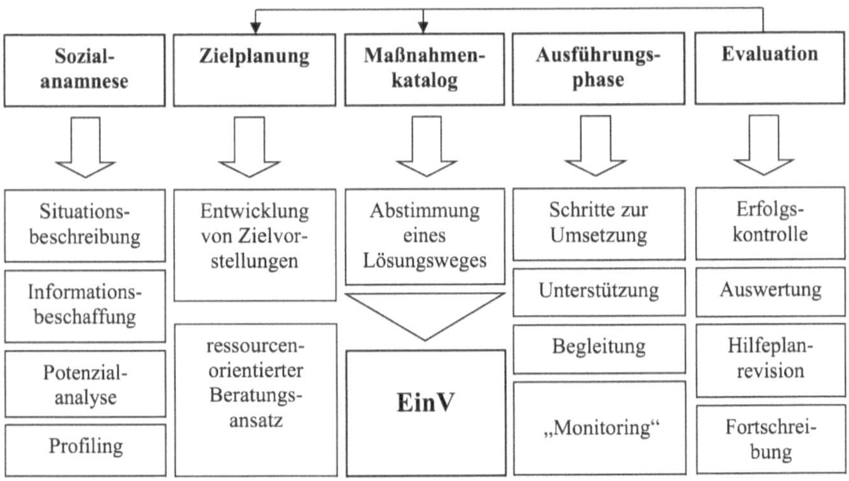

11.3.2 Rechtlicher und zeitlicher Rahmen

Die Eingliederungsvereinbarung ist ihrer Rechtsqualität nach ein öffentlich-rechtlicher Vertrag in der Form des subordinationsrechtlichen Austauschvertrages nach §§ 53 Abs. 1 Satz 2, 55 SGB X,[328] der schriftlich abzuschließen (vgl. § 56 SGB X) und von beiden Vertragsparteien zu unterschreiben ist. Die Inhalte der Eingliederungsvereinbarung sind für beide Vertragsparteien verbindlich. Kommt es zu einer Verletzung der vertraglich vereinbarten Pflichten, können nach entsprechender Belehrung unmittelbare Rechtsfolgen (Sanktionen) eintreten.

327 Vgl. Fachliche Hinweise der BA, Rn. 15.9 zu § 15 SGB II (Stand: 20.10.2016).
328 Vgl. BSG, Urt. vom 23.6.2016 – B 14 AS 30/15 R –, BSGE 121 = SozR 4-4200 § 15 Nr. 5.

Das **Einvernehmen** bzw. die Zustimmung des kommunalen Trägers ist vor Abschluss der Eingliederungsvereinbarung einzuholen, soweit Leistungen erbracht werden sollen, die vom kommunalen Träger zu finanzieren sind (also die kommunalen Eingliederungsleistungen nach § 16a SGB II).

Zur Umsetzung des Zweiten Buches Sozialgesetzbuch hat der Gesetzgeber verschiedene Ausgestaltungsformen vorgesehen. Mehrheitlich wurden zwischen der Arbeitsagentur und den kommunalen Trägern gemeinsame Einrichtungen (Jobcenter) gebildet (vgl. § 44b und § 6d SGB II), in denen „unter einem Dach" die Leistungen zur Eingliederung in das Erwerbsleben und zur Sicherung des Lebensunterhalts erbracht werden. Es kann davon ausgegangen werden, dass in einem Jobcenter zwischen den Trägern vereinbart wird, dass das Einvernehmen nicht in jedem Einzelfall hergestellt werden muss, sondern als grundsätzlich erteilt gilt.

Die Eingliederungsvereinbarung soll gemäß § 15 Abs. 3 Satz 1 SGB II regelmäßig, spätestens nach Ablauf von **sechs Monaten** gemeinsam überprüft und fortgeschrieben werden. Damit hat der Gesetzgeber auf die Vorgabe eines festen Geltungszeitraumes verzichtet. Vielmehr kann der Geltungszeitraum unter Berücksichtigung der jeweiligen Eingliederungssituation oder der individuellen Lebenslage der leistungsberechtigten Person **flexibel** geregelt werden (z. B. im Hinblick auf die Dauer einer Maßnahme oder die absehbare Beendigung des Leistungsbezuges). Dies schließt auch die Möglichkeit einer unbefristeten Geltung („bis auf weiteres") ein.[329]

Bei jeder folgenden Eingliederungsvereinbarung sind die bisher gewonnenen Erfahrungen zu berücksichtigen (§ 15 Abs. 3 Satz 2 SGB II).

Dass die Eingliederungsvereinbarung das maßgebliche Werkzeug zur Planung und Gestaltung des Eingliederungsprozesses und zur Festlegung gegenseitiger Rechte und Pflichten ist, wird durch die Aktualisierungsverpflichtung unterstrichen. Hierzu sollen aufgrund der Erfahrungen und des Verlaufs der bisherigen Leistungen zur Eingliederung Anpassungen des Eingliederungsprozesses erfolgen, die auch dokumentiert werden. Dabei ist die Laufzeit der Eingliederungsvereinbarung nicht (mehr) regelhaft auf sechs Monate festgelegt, sondern im Interesse eines kontinuierlichen Eingliederungsprozesses auf den spätesten Zeitpunkt für eine Überprüfung und Aktualisierung der Vereinbarung.[330]

Tritt nach einer Unterbrechung des Leistungsbezuges erneut Hilfebedürftigkeit innerhalb der Geltungsdauer der ursprünglichen Eingliederungsvereinbarung ein, lebt die Gültigkeit dieser Eingliederungsvereinbarung nicht automatisch wieder auf. Es entsteht somit keine „Bindungswirkung" hinsichtlich der ursprünglichen Vereinbarungen.[331]

Bei erwerbsfähigen leistungsberechtigten Personen, die das **25. Lebensjahr noch nicht vollendet** haben, sollte die Eingliederungsvereinbarung auf den Tag vor Vollendung des 25. Lebensjahres befristet werden, weil die Eingliederungsvereinbarung mit der für diesen Personenkreis maßgeblichen Rechtsfolgenbelehrung verknüpft ist. Für den nachfolgenden Zeitraum ist mit der leistungsberechtigten Person

329 So auch BSG, Urt. vom 21.3.2019 – B 14 AS 28/18 R –, juris.
330 Vgl. BT-Drs. 18/8041 S. 36.
331 Vgl. Fachliche Hinweise der BA, Rn. 15.15 zu § 15 SGB II (Stand: 20.8.2012).

eine neue Eingliederungsvereinbarung mit der entsprechenden Rechtsfolgenbelehrung für leistungsberechtigte Personen ab dem vollendeten 25. Lebensjahr abzuschließen.

Soweit eine erwerbsfähige leistungsberechtigte Person nicht bereit ist, eine ihr angebotene Eingliederungsvereinbarung abzuschließen bzw. diese nicht zustande kommt, erfolgen die Regelungen zu den Leistungen der sozialen und beruflichen Integration sowie zum Umfang der geforderten Eigenbemühungen durch **Verwaltungsakt** (vgl. § 15 Abs. 3 Satz 3 SGB II). Der (ersetzende) Verwaltungsakt hat im Wesentlichen denselben Inhalt wie die Eingliederungsvereinbarung und muss die leistungsrechtlichen Bestandteile mit einer Konkretisierung der Mitwirkungsobliegenheiten zusammenfassen. Darüber hinaus ist festzulegen, für welchen Zeitraum der Verwaltungsakt Wirkung entfalten soll. Hierbei sollte entsprechend § 15 Abs. 3 Satz 1 SGB II eine Dauer von sechs Monaten bestimmt werden.

Sofern die leistungsberechtigte Person Rechtsmittel gegen den Verwaltungsakt einlegt, haben diese gemäß § 39 Nr. 1 SGB II keine aufschiebende Wirkung. Wenn sich die leistungsberechtigte Person nach Erlass des Verwaltungsaktes doch noch zum Abschluss einer Eingliederungsvereinbarung bereit erklären sollte, so ist der erwaltungsakt gemäß § 48 Abs. 1 Satz 1 SGB X für die Zukunft aufzuheben.

Nach der Rechtsprechung des Bundessozialgerichtes ist das Nichtzustandekommen einer Eingliederungsvereinbarung keine Voraussetzung für einen ersetzenden Verwaltungsakt. Vielmehr steht dem Grundsicherungsträger diese Alternative schon dann zu, wenn sie ihm im Einzelfall als der besser geeignete Weg erscheint.[332] Allerdings muss nach einer neueren Entscheidung des Bundessozialgerichtes vom Grundsicherungsträger zuvor zumindest der Versuch unternommen worden sein, mit der leistungsberechtigten Person eine Eingliederungsvereinbarung abzuschließen, oder es müssen im Einzelfall besondere Gründe vorliegen, die den Abschluss einer Eingliederungsvereinbarung als nicht sachgerecht erscheinen lassen, was im Einzelnen vom Grundsicherungsträger in dem ersetzenden Verwaltungsakt darzulegen wäre.[333]

Das bedeutet jedoch nicht, dass der zuständige Leistungsträger eine bereits abgeschlossene und weiterhin geltende Eingliederungsvereinbarung durch einen Verwaltungsakt ergänzen, ändern oder ersetzen darf, wenn er dies für erforderlich hält, da bereits aus dem Wortlaut der Vorschrift des § 15 Abs. 3 Satz 3 SGB II deutlich wird, dass sie nur anwendbar ist, wenn keine Eingliederungsvereinbarung besteht bzw. zustande gekommen ist.

Sowohl die Eingliederungsvereinbarung als auch der sie ersetzende Verwaltungsakt muss eine Rechtsfolgenbelehrung enthalten (vgl. § 31 Abs. 1 Satz 1 SGB II), die auf die konkreten leistungsrechtlichen Konsequenzen bei Nichteinhaltung der Vereinbarungen bzw. bei Verstoß gegen die Inhalte der Eingliederungsvereinbarung bzw. des Verwaltungsaktes hinweist.

Die Regelung des § 15 SGB II enthält keine Rechtsfolgen für den Fall, dass eine Eingliederungsvereinbarung nicht zustande kommt. Allerdings wird das Arbeitslosengeld II nach § 31 Abs. 1 Satz 1 Nr. 1 i. V. m. § 31a SGB II im Rahmen der Sanktionierung gemindert, wenn sich die erwerbsfähige leistungsberechtigte Person trotz schriftlicher

332 Vgl. BSG, Urteil vom 22.09.2009, B 4 AS 13/09 R, BSGE 104, 185 = SGb 2010, 612 = SozR 4-4200 § 15 Nr. 1.
333 Vgl. BSG, Urteil vom 14.02.2013, B 14 AS 195/11 R, SozR 4-4200 § 15 Nr. 2.

Belehrung über die Rechtsfolgen oder deren Kenntnis ohne wichtigen Grund weigert, die in der Eingliederungsvereinbarung oder in dem sie ersetzenden Verwaltungsakt nach § 15 Abs. 3 Satz 3 SGB II festgelegten Pflichten zu erfüllen (vgl. 12.4.9).

Unter den Voraussetzungen des § 59 Abs. 1 Satz 1 SGB X ist eine Anpassung oder **Kündigung** der vertraglichen Regelung bei einer wesentlichen Änderung der Verhältnisse durch eine der Vertragsparteien möglich. Allerdings berechtigt nicht jede wesentliche Änderung der Verhältnisse, die für die Festsetzung des Vertragsinhalts maßgebend gewesen sind, zur Kündigung des Vertrags. Voraussetzung ist vielmehr, dass es sich um eine derart wesentliche Änderung handelt, dass dem betroffenen Vertragspartner ein weiteres Festhalten am Vertrag nicht zuzumuten ist.

So scheidet eine Kündigung der Eingliederungsvereinbarung aus, wenn der Kündigende einerseits das Risiko bestimmter Veränderungen bewusst übernommen hat, sein Vertragspartner andererseits aber wesentliche Nachteile für den Fall der Kündigung hinzunehmen hätte. Auch Veränderungen in den Verhältnissen, die nach § 48 SGB X zu einer Aufhebung der Leistungsbewilligung führen, führen nicht automatisch dazu, dass der Vertrag bzw. die Eingliederungsvereinbarung (z. B. im Hinblick auf die Weiterfinanzierung einer Fortbildung durch das Jobcenter) gelöst wird.[334]

334 So auch BSG, Urt. vom 6.12.2012 – B 11 AL 15/11 R –, BSGE 112, 241 = SozR 4-1300 § 59 Nr. 1.

12. Anreize und Sanktionen

Das Konzept des aktivierenden Sozialstaates verlangt von den Leistungsempfängern eine verstärkte Eigeninitiative im Hinblick auf eine möglichst nachhaltige Überwindung der Hilfebedürftigkeit und eine dauerhafte Integration in das Erwerbsleben. Dem Grundgedanken des „Förderns und Forderns" folgend hat der Gesetzgeber sowohl ergänzende Förderinstrumente (Anreize) als auch die Rechtsfolgen bei bestimmten Pflichtverletzungen (Sanktionen) normiert.

12.1 Anreize

12.1.1 Einstiegsgeld (§ 16b SGB II)

Das Einstiegsgeld nach § 16b SGB II ist eine Leistung der Grundsicherung für Arbeitsuchende zur Eingliederung in Arbeit und damit eine Maßnahme aktiver Arbeitsmarktförderung. Als zeitlich befristeter Zuschuss soll das Einstiegsgeld neben dem Freibetrag für Erwerbstätige nach § 11b Abs. 1 Satz 1 Nr. 6 i.V.m. § 11b Abs. 3 SGB II einen zusätzlichen finanziellen Anreiz zur Aufnahme einer sozialversicherungspflichtigen oder selbständigen Erwerbstätigkeit schaffen.

Voraussetzungen
Nach § 16b Abs. 1 Satz 1 SGB II **kann** erwerbsfähigen leistungsberechtigten Personen, die arbeitslos sind, zur Überwindung von Hilfebedürftigkeit bei Aufnahme einer sozialversicherungspflichtigen oder selbstständigen Erwerbstätigkeit ein Einstiegsgeld erbracht werden, wenn dies zur Eingliederung in den allgemeinen Arbeitsmarkt erforderlich ist. Es handelt sich um eine Ermessensleistung. Dabei gestattet § 16b Abs. 1 Satz 2 SGB II die Leistung auch an Personen, bei denen durch oder nach Aufnahme der Erwerbstätigkeit keine Hilfebedürftigkeit im Sinne des § 9 Abs. 1 SGB II mehr vorliegt.

Kriterien bei der Ermessensausübung sind in diesem Zusammenhang insbesondere die Dauer der Arbeitslosigkeit, die Größe der Bedarfsgemeinschaft, das individuelle Leistungsvermögen des Betroffenen, aber auch die Höhe des voraussichtlich erzielbaren Erwerbseinkommens.

Das Einstiegsgeld ist nicht als Zuschuss zum Arbeitslosengeld II zu betrachten, sondern kann – soweit die übrigen Voraussetzungen vorliegen – als eigenständige Integrationsleistung und ergänzendes Förderinstrument im Rahmen der Grundsicherung für Arbeitsuchende in Betracht kommen und als „Kombilohn" unabhängig vom weiteren Vorliegen der Hilfebedürftigkeit und dem Bewilligungszeitraum für das Arbeitslosengeld II erbracht werden.

Im Rahmen der Ermessensentscheidung, ob und ggf. in welcher Höhe das Einstiegsgeld zu erbringen ist, hat der Leistungsträger insbesondere Fehlanreizen, die mit der Aufnahme einer Erwerbstätigkeit verbunden sein können, entgegenzuwirken. So kann z.B. im Einzelfall eine demotivierende Wirkung kompensiert werden, die dadurch entsteht, dass die Aufnahme einer „bedarfsdeckenden" Beschäftigung vom Betroffenen wegen einer nur unwesentlichen finanziellen Verbesserung als völlig nutzlos empfunden wird.

Die Erbringung des Einstiegsgeldes nach § 16b SGB II ist von folgenden (weiteren) Voraussetzungen abhängig:

- Die erwerbsfähige leistungsberechtigte Person muss bis zur Aufnahme der Erwerbstätigkeit **arbeitslos** gewesen sein. Damit scheidet die Förderung bereits bestehender Beschäftigungsverhältnisse aus. Arbeitslos ist nach den Vorschriften des Dritten Buches, wer vorübergehend nicht in einem Beschäftigungsverhältnis steht (vgl. § 138 Abs. 1 Nr. 1 SGB III), sich bemüht, seine Beschäftigungslosigkeit zu beenden (vgl. § 138 Abs. 1 Nr. 2 SGB III) und dabei den Vermittlungsbemühungen der Agentur für Arbeit zur Verfügung steht (vgl. § 138 Abs. 1 Nr. 3 SGB III) und bei der Agentur für Arbeit arbeitslos gemeldet ist (vgl. § 141 SGB III).
- Voraussetzung für die Förderung ist gemäß § 16b Abs. 1 Satz 1 SGB II die Aufnahme einer **sozialversicherungspflichtigen oder selbstständigen** Erwerbstätigkeit. Das sozialversicherungspflichtige Beschäftigungsverhältnis muss dabei mindestens 15 Stunden wöchentlich umfassen (vgl. § 138 Abs. 3 Satz 1 SGB III).
  Eine Förderung von Qualifizierungs- oder Beschäftigungsmaßnahmen bzw. Tätigkeiten auf dem Zweiten Arbeitsmarkt (z.B. Arbeitsgelegenheiten) durch das Einstiegsgeld ist nicht möglich.
- Das Einstiegsgeld muss im Einzelfall zur Eingliederung in den allgemeinen Arbeitsmarkt **erforderlich** sein. Maßstab für die Erforderlichkeitsprüfung ist die Aussicht auf eine dauerhafte Integration in das Erwerbsleben, die bei Existenzgründungsvorhaben letztlich von den Marktchancen abhängen dürfte.

Die Erbringung des Einstiegsgeldes schließt die Gewährung weiterer Existenzgründungshilfen, Eingliederungsleistungen und Leistungen der Beschäftigungsförderung nach den §§ 16 ff. SGB II nicht aus.

Höhe und Dauer der Förderung

Nach § 16b Abs. 2 Satz 1 SGB II wird das Einstiegsgeld für **höchstens 24 Monate** erbracht. Eine zeitliche Untergrenze ist nicht vorgesehen. Auch die Festlegung der individuellen Förderungsdauer ist Gegenstand des durch § 16b Abs. 1 Satz 1 SGB II eingeräumten Ermessens. Dabei sind die besonderen Umstände im Einzelfall zu beachten (z.B. Höhe des Arbeitsentgeltes oder der voraussichtliche Zeitpunkt, ab dem Einnahmeüberschüsse bei selbständiger Erwerbstätigkeit erzielt werden).

Das Einstiegsgeld wird bei **einzelfallbezogener Bemessung** auf der Grundlage des maßgebenden Regelbedarfs ermittelt (Grundbetrag). Nach § 1 Abs. 2 Satz 1 ESGV[335] darf der Grundbetrag des Einstiegsgeldes höchstens 50 v. H. des für erwerbsfähige Leistungsberechtigte maßgebenden Regelbedarfs nach § 20 SGB II betragen. Bei der Bemessung kann festgelegt werden, dass sich die Höhe des Grundbetrages innerhalb des Förderzeitraums in Abhängigkeit von der Förderdauer verändert (§ 1 Abs. 2 Satz 2 ESGV).

Ergänzend zum Grundbetrag können Leistungsberechtigte einen Betrag erhalten, der die vorherige Dauer der Arbeitslosigkeit, besondere persönliche Umstände und die Größe des Haushaltes bzw. die Zahl der Personen der Bedarfsgemeinschaft berücksichtigt (Ergänzungsbetrag). Bei erwerbsfähigen Leistungsberechtigten, die zwei Jahre oder länger arbeitslos waren, soll nach § 1 Abs. 1 ESGV ein Ergänzungsbetrag i. H. v. 20 v. H. des Regelbedarfs der Regelbedarfsstufe 1 nach § 20 Abs. 2 Satz 1 SGB II gezahlt werden. Bei Personen, deren Eingliederung in Arbeit wegen in ihrer Person liegender Umstände erschwert ist, soll der Ergänzungsbetrag bereits nach einer vorherigen Dauer der Arbeitslosigkeit von mindestens sechs Monaten gezahlt werden (vgl. § 1 Abs. 3 Satz 3 ESGV).

Für jede weitere Person in der Bedarfsgemeinschaft der erwerbsfähigen leistungsberechtigten Person soll ein Ergänzungsbetrag von 10 v. H. des Regelbedarfs zur Sicherung des Lebensunterhalts nach § 20 Abs. 2 Satz 1 SGB II je weiterer leistungsberechtigter Person gezahlt werden (vgl. § 1 Abs. 4 ESGV). Das Einstiegsgeld für erwerbsfähige Leistungsberechtigte bei einzelfallbezogener Bemessung darf die Höhe des Regelbedarfs nach § 20 Abs. 2 Satz 1 SGB II nicht überschreiten (vgl. § 1 Abs. 5 ESGV).

Das Einstiegsgeld kann nach § 2 ESGV bei besonders zu fördernden Personengruppen abweichend von § 1 ESGV **pauschal bemessen** werden. In entsprechenden Fällen darf das Einstiegsgeld für den erwerbsfähigen Hilfebedürftigen monatlich einen Betrag nicht überschreiten, der 75 v. H. der Regelleistung zur Sicherung des Lebensunterhalts nach § 20 Abs. 2 Satz 1 SGB II entspricht (vgl. § 2 Abs. 2 ESGV).

12.1.2 Freibeträge bei Erwerbstätigkeit (§ 11b Abs. 1 Satz 1 Nr. 6 i. V. m. § 11b Abs. 3 SGB II)

Auch der Freibetrag bei Erwerbstätigkeit nach § 11b Abs. 1 Satz 1 Nr. 6 i. V. m. § 11b Abs. 3 SGB II ist ein Instrument, um für die erwerbsfähige leistungsberechtigte Person einen finanziellen Anreiz zur Aufnahme oder Weiterführung einer Erwerbstätigkeit zu schaffen. Im Einzelnen wird auf die Ausführungen unter 8.7.7 verwiesen.

Einstiegsgeld und Freibetrag können nebeneinander in Betracht kommen.

335 Verordnung zur Bemessung von Einstiegsgeld (Einstiegsgeld-Verordnung – ESGV) vom 29.7.2009 (BGBl. I S. 2342), zuletzt geändert durch Gesetz zur Ermittlung von Regelbedarfen und zur Änderung des Zweiten und Zwölften Buches Sozialgesetzbuch vom 24.3.2011 (BGBl. I S. 453).

12.2 Sanktionen (§§31 bis 32 SGB II)

Vorbemerkung:
Das **Bundesverfassungsgericht** hat mit Urteil vom 5.11.2019[336] entschieden, dass Sanktionen für Empfänger von Arbeitslosengeld II bei Verletzung bestimmter Mitwirkungspflichten **grundsätzlich verfassungsgemäß** sein können. Allerdings ist nach derzeitiger Ausgestaltung **mit dem Grundgesetz unvereinbar**, wenn die Sanktionen zu einer Minderung des Regelbedarfs von mehr als 30 %bis hin zu einem vollständigen Wegfall der Leistungen führen. Zudem sind Sanktionen verfassungswidrig, die den Regelbedarf bei einer Pflichtverletzung zwingend kürzen und dies zu einer außergewöhnlichen Härte führt. Die gilt zudem für die starre Dauer der Sanktionen von drei Monaten, wenn der Leistungsempfänger seine Verpflichtung nachholt oder sich ernsthaft dazu bereiterklärt.

Nicht unmittelbar erfasst von der Entscheidung sind Sanktionen wegen Meldeverstößen bzw. die besonderen Regelungen zu Sanktionen für Personen, die das 25. Lebensjahr noch nicht vollendet haben. Es bleibt abzuwarten, wie der Gesetzgeber das Urteil umsetzen wird. Die Entscheidung des Bundesverfassungsgerichts hat Gesetzeskraft.

Zum besseren Verständnis sind nachfolgend die wesentlichen Entscheidungsformeln des Urteils und der entsprechenden Begründung mit diversen Hinweisen eingearbeitet worden.

Leitsätze (Kurzfassung):

1. Die den Anspruch fundierende Menschenwürde steht allen zu und geht selbst durch vermeintlich „unwürdiges" Verhalten nicht verloren. Das Grundgesetz verwehrt es dem Gesetzgeber aber nicht, die Inanspruchnahme existenzsichernder Leistungen an den Nachranggrundsatz zu binden, also nur dann zur Verfügung zu stellen, wenn Menschen ihre Existenz nicht vorrangig selbst sichern können, sondern wirkliche Bedürftigkeit vorliegt.
2. Der Gesetzgeber kann erwerbsfähigen Menschen, die nicht in der Lage sind, ihre Existenz selbst zu sichern und die deshalb staatliche Leistungen in Anspruch nehmen, abverlangen, selbst zumutbar an der Vermeidung oder Überwindung der eigenen Bedürftigkeit aktiv mitzuwirken. Er darf sich auch dafür entscheiden, insoweit verhältnismäßige Pflichten mit wiederum verhältnismäßigen Sanktionen durchzusetzen.
3. Wird eine Mitwirkungspflicht zur Überwindung der eigenen Bedürftigkeit ohne wichtigen Grund nicht erfüllt und sanktioniert der Gesetzgeber das durch den vorübergehenden Entzug existenzsichernder Leistungen, schafft er eine außerordentliche Belastung. Dies unterliegt strengen Anforderungen der Verhältnismäßigkeit (…).

336 Vgl. BVerfG, Urt. vom 5.11.2019 – 1 BvL 7/16 –.

> Prognosen zu den Wirkungen von Sanktionsregelungen müssen hinreichend verlässlich sein; je länger die Regelungen in Kraft sind und der Gesetzgeber damit in der Lage ist, fundierte Einschätzungen zu erlangen, umso weniger genügt es, sich auf plausible Annahmen zu stützen. Zudem muss es den Betroffenen tatsächlich möglich sein, die Minderung existenzsichernder Leistungen durch eigenes Verhalten abzuwenden; es muss also in ihrer eigenen Verantwortung liegen, in zumutbarer Weise die Voraussetzungen dafür zu schaffen, die Leistungen auch nach einer Minderung wieder zu erhalten.

Dem Grundsatz des „Förderns und Forderns" aus § 2 SGB II entsprechend soll die erwerbsfähige leistungsberechtigte Person verpflichtet werden, konkrete Schritte zur Beseitigung oder Verringerung ihrer Hilfebedürftigkeit zu unternehmen. Dabei muss die erwerbsfähige leistungsberechtigte Person aktiv an allen Maßnahmen mitwirken, die ggf. bestehende Vermittlungshemmnisse beseitigen und ihre Eingliederung in das Erwerbsleben unterstützen. Wenn eine Erwerbstätigkeit auf dem allgemeinen Arbeitsmarkt in absehbarer Zeit nicht möglich ist (z.B. wegen mangelnder Qualifikation), hat die erwerbsfähige leistungsberechtigte Person eine ihr angebotene Arbeitsgelegenheit zu übernehmen.

Kommen Leistungsberechtigte trotz entsprechender Belehrung ihren bestehenden Verpflichtungen **ohne wichtigen Grund** nicht nach, hat dies Sanktionen in Form einer Minderung oder des Wegfalls des Arbeitslosengeldes II oder des Sozialgeldes zur Folge. Leistungen zur Deckung der Bedarfe nach § 24 SGB II, für Auszubildende nach § 27 SGB II, zur Deckung der Bedarfe für Bildung und Teilhabe nach § 28 SGB II, Versicherungsbeiträge nach § 26 SGB II sowie das Einstiegsgeld nach § 16b SGB II sind kein Arbeitslosengeld II und können daher nicht gemindert werden.

Die Sanktionstatbestände sowie die Dauer und die Höhe der Leistungsminderung sind abschließend in den §§ 31 bis 32 SGB II geregelt.

Übersicht über die Sanktionsregelungen:

§ 31 SGB II →	Pflichtverletzungen (Sanktionstatbestände)
§ 31a SGB II →	Rechtsfolgen bei Pflichtverletzungen
§ 31b SGB II →	Beginn und Dauer der Minderung
§ 32 SGB II →	Meldeversäumnisse

Das Sanktionssystem der §§ 31 bis 32 SGB II hat zum einen „Strafcharakter", wobei die betroffene leistungsberechtigte Person dafür verantwortlich gesehen wird, die leistungsrechtlichen Folgen ihres pflichtwidrigen Verhaltens zu tragen. Gleichzeitig sind Sanktionen im Einzelfall (präventiv) darauf ausgerichtet, zukünftig ein obliegenheitskonformes und kooperatives Verhalten der leistungsberechtigten Person gegenüber dem Leistungsträger herbeizuführen.

Damit zielt das Sanktionssystem nicht ausschließlich auf die Verhinderung missbräuchlicher Inanspruchnahme von materiellen Leistungen nach dem Zweiten Buch Sozialgesetzbuch ab, sondern umfasst auch eine erzieherische Komponente, was durch die Verschärfung der Sanktionsmöglichkeiten bei jugendlichen Leistungsberechtigten, die das 25. Lebensjahr noch nicht vollendet haben, und bei mehrfacher Pflichtverletzung sowie durch die Abmilderungsmöglichkeiten bei „Einsicht" (Wohlverhaltensklauseln) offenkundig wird.

Hinweis (zum Urteil des Bundesverfassungsgerichtes):
Nach Auffassung des Bundesverfassungsgerichtes darf der Gesetzgeber Mitwirkungspflichten auch mittels Sanktionen durchsetzen (solange diese verhältnismäßig sind). Kein legitimes Ziel wäre dagegen die Bevormundung, Erziehung oder Besserung der leistungsberechtigten Personen.

Für die Dauer der Sanktionierung (d. h. Minderung bzw. Wegfall des Arbeitslosengeldes II oder des Sozialgeldes) besteht kein Anspruch auf ergänzende Leistungen im Rahmen der Hilfe zum Lebensunterhalt nach dem 3. Kapitel SGB XII (vgl. § 31b Abs. 2 SGB II).

Im Zusammenhang mit den Sanktionsmöglichkeiten der §§ 31 bis 32 SGB II werden verschiedentlich **verfassungsrechtliche Bedenken** im Hinblick auf das Sozialstaatsgebot des Art. 20 Abs. 1 GG (u. a. wegen der Möglichkeit einer Absenkung des Leistungsanspruchs auf 0,00 €) diskutiert.

Das Bundessozialgericht hat dem entgegengehalten, dass es dem Gesetzgeber grundsätzlich erlaubt sein müsse, die Gewährung existenzsichernder Leistungen an Mitwirkungsobliegenheiten zu knüpfen und bei deren Verletzung leistungsrechtliche Minderungen vorzusehen. Eine andere Auslegung würde mittels des Grundrechts auf Gewährleistung eines menschenwürdigen Existenzminimums die Grundsicherung für Arbeitsuchende in Richtung eines bedingungslosen Grundeinkommens weiterentwickeln.[337]

12.2.1 Sanktionstatbestände (Pflichtverletzungen) nach § 31 Abs. 1 SGB II

Gemäß § 31 Abs. 1 Satz 1 SGB II verletzen erwerbsfähige Leistungsberechtigte ihre Pflichten, wenn sie (ohne wichtigen Grund) trotz schriftlicher Belehrung über die Rechtsfolgen oder deren Kenntnis

1. sich weigern, in der Eingliederungsvereinbarung oder in dem sie ersetzenden Verwaltungsakt nach § 15 Abs. 1 Satz 6 SGB II festgelegte Pflichten zu erfüllen, insbesondere in ausreichendem Umfang Eigenbemühungen nachzuweisen,
2. sich weigern, eine zumutbare Arbeit, Ausbildung, Arbeitsgelegenheit nach § 16d SGB II oder eine mit einem Beschäftigungszuschuss nach § 16e SGB II geförderte Arbeit aufzunehmen, fortzuführen oder deren Anbahnung durch ihr Verhalten verhindern,
3. eine zumutbare Maßnahme zur Eingliederung in Arbeit nicht antreten, abbrechen oder Anlass für den Abbruch gegeben haben.

Bei den in § 31 Abs. 1 Satz 1 Nr. 2 SGB II genannten **Arbeitsgelegenheiten** handelt es sich sowohl um Arbeitsgelegenheiten mit Mehraufwandsentschädigung als auch um Arbeitsgelegenheiten in der Entgeltvariante.

Bezüglich der Aufnahme oder Fortführung einer **Ausbildung** ist das Grundrecht der freien Berufswahl (vgl. Art. 12 GG) zu beachten. Die Ablehnung bzw. Fortsetzung einer Ausbildung ist im Grundsatz kein Sanktionstatbestand i. S. des § 31 Abs. 1 Satz 1 Nr. 2 SGB II. Lediglich in den Fällen, in den denen eine generelle Weigerungshaltung auf Seiten der leistungsberechtigten Person besteht, eine zumutbare Ausbildung aufzunehmen oder die Weigerungshaltung beispielsweise mit der Entfernung zur Ausbildungsstätte begründet wird, kann ein sanktionsrelevantes Fehlverhalten in Betracht kommen.

337 Vgl. BSG, Urt. vom 29.4.2015 – B 14 AS 19/14 R –, NDV-RD 2016, 3 = SGb 2015, 388.

Ein Fehlverhalten i. S. des § 31 Abs. 1 Satz 1 Nr. 3 SGB II liegt u. a. vor, wenn die erwerbsfähige leistungsberechtigte Person den Ablauf der **Maßnahme** beeinträchtigt bzw. den Maßnahmeerfolg durch ihr Verhalten gefährdet oder die weitere Teilnahme dem Maßnahmeträger nicht zugemutet werden kann (z. B. bei wiederholt unentschuldigtem Fehlen oder grober Missachtung der Unterrichts- oder Betriebsordnung).

Weigerung in diesem Sinne bedeutet regelmäßig die vorsätzliche, ausdrückliche oder stillschweigende, schriftlich, mündlich oder in anderer Weise dem Leistungsträger oder dem Arbeitgeber gegenüber zum Ausdruck gebrachte fehlende Bereitschaft, sich an die durch das Gesetz auferlegte Pflicht zu halten.[338]

Eine Weigerung muss vom Betroffenen somit nicht ausdrücklich erklärt werden. Auch eine generelle Verweigerungshaltung, eine (erkennbare) Gleichgültigkeit bei der Arbeitsaufnahme oder ein Verhalten, das das Zustandekommen eines Arbeitsverhältnisses erschwert (z. B. durch eine überzogene positive oder negative Darstellung des eigenen Leistungsvermögens), entspricht einer Weigerung in diesem Sinne.[339] Von einer Weigerung wird in der Regel auch bei unentschuldigtem Nichterscheinen zu einem Vorstellungstermin, bei einem vertragshindernden äußeren Erscheinungsbild und bei einem provokanten Verhalten während des Vorstellungsgespräches (z. B. bei deutlich überzogenen Gehaltsforderungen) auszugehen sein.

Dagegen ist von einer Weigerung nicht auszugehen bei einem bloßen fahrlässigen Verhalten, unvollständigen bzw. fehlerhaften Bewerbungsunterlagen oder einer im Vergleich schlechten Bewerbung bzw. Vorstellung. Maßstab in diesem Zusammenhang ist die konkrete Einsichtsfähigkeit des Betroffenen, nicht aber eine abstrakt zu verlangende Handlungskompetenz.

Mit „Weigerung, eine zumutbare Arbeit fortzuführen" ist nicht die Beendigung des Arbeitsverhältnisses durch eine arbeitgeberseitige Kündigung (insbesondere wegen eines arbeitsvertragswidrigen Verhaltens) umfasst. Die Weigerung, eine zumutbare Arbeit fortzuführen, liegt nur vor, wenn die erwerbsfähige leistungsberechtigte Person selbst kündigt, einen Aufhebungsvertrag schließt oder die abhängige oder selbständige Tätigkeit einfach aufgibt.[340]

Die Weigerung zur Aufnahme oder Fortführung einer zumutbaren Arbeit, Ausbildung, Arbeitsgelegenheit oder sonstigen zumutbaren Maßnahme i. S. des § 31 Abs. 1 Satz 1 SGB II (ohne wichtigen Grund) führt in jedem Fall zu einer Sanktion, unabhängig davon, ob entsprechende Angebote in einer Eingliederungsvereinbarung, in dem die Eingliederungsvereinbarung ersetzenden Verwaltungsakt nach § 15 Abs. 3 Satz 3 SGB II oder als direktes Angebot vom Leistungsträger unterbreitet werden.

Hinweis (zum Urteil des Bundesverfassungsgerichtes):
Die Mitwirkungspflichten im Hinblick auf eine zumutbare Arbeit, Ausbildung oder Maßnahme (§ 10 SGB II) ***verstoßen nicht gegen Art. 12 GG****, auch wenn diese als geringwertig angesehen werden oder nicht dem eigenen Berufswunsch entsprechen.*

338 Vgl. BSG, Urt. vom 15.12.2010 – B 14 AS 92/09 R –, SGb 2011, 92 = info also 2011, 137.
339 Vgl. BSG, Urt. vom 5.9.2006 – B 7a AL 14/05 R –, BSGE 97, 73 = NZS 2007, 268 = SozR 4-4300 § 144 Nr. 15.
340 Vgl. BSG, Urt. vom 22.3.2010 – B 4 AS 68/09 R –, NZS 2011, 72 = SozR 4-4200 § 31 Nr. 4 = info also 2010, 186.

Es ist auch nicht erkennbar, dass die Regelungen des § 31 Abs. SGB II gegen das Verbot von Zwangsarbeit (Art. 12 Abs. 2 GG) verstoßen. Der Gesetzgeber überschreite seinen Gestaltungsspielraum nicht deshalb, weil er – anders als im Recht der Arbeitsförderung – ***keinen Berufsschutz*** *normiert hat.*
Das Bundesverfassungsgericht bestätigt den Grundsatz aus § 10 Abs. 1 SGB II, dass für Leistungsberechtigte im Bereich der Grundsicherung für Arbeitsuchende (unter den in § 10 Abs. 2 SGB II genannten Einschränkungen) grundsätzlich jede Arbeit bzw. Maßnahme zumutbar ist, auch wenn sie nicht der bisherigen Tätigkeit entspricht oder im Hinblick auf die individuelle Qualifikation als geringwertig angesehen wird.

Liegt eine Pflichtverletzung vor, tritt die Sanktion kraft Gesetzes ein. Ein Ermessensspielraum steht dem Leistungsträger in dieser Hinsicht nicht zu. Sofern wegen der Anrechnung von Einkommen oder Vermögen der zu berücksichtigende Regelbedarf niedriger als der Absenkungsbetrag ist, sind ggf. Differenzbeträge von den Leistungen nach den §§ 21 und 22 SGB II abzusetzen. Damit ist bereits bei einer Sanktionierung in der ersten Stufe (also bei einer erstmaligen Pflichtverletzung) das gesamte Arbeitslosengeld II unter Einbeziehung der Leistungen nach den §§ 21 und 22 SGB II betroffen.

Eine Sanktion nach § 31 Abs. 1 Satz 1 Nr. 1 bis 3 SGB II kann nur dann eintreten, wenn die erwerbsfähige leistungsberechtigte Person **vorher** über die Rechtsfolgen schriftlich **belehrt** wurde oder Kenntnis über die Rechtsfolgen hatte. Letzteres wird allerdings nur in Ausnahmefällen anzunehmen bzw. nachzuweisen sein (z. B. bei mehrfach wiederholten identischen und zeitnah aufeinander folgenden Pflichtverletzungen und der positiven Kenntnis, dass und ggf. welche konkreten Folgen für ein bestimmtes Fehlverhalten eintreten).

Die Kenntnis kann sowohl durch frühere Hinweise bzw. schriftliche Rechtsfolgenbelehrungen als auch durch die dokumentierten mündlichen Belehrungen vermittelt worden sein. Allerdings dürften (schriftliche) Rechtsfolgenbelehrungen aus der Vergangenheit unbeachtlich sein, wenn im Einzelfall besondere Gründe (z. B. Sprachschwierigkeiten) dafürsprechen, dass sie nicht zur Kenntnis genommen oder verstanden worden sind oder kein enger zeitlicher Zusammenhang zwischen Rechtsfolgenbelehrung und der pflichtwidrigen Handlung besteht. Nicht ausreichend dagegen ist ein bloßes „Kennenmüssen", also die zurechenbare, grob fahrlässige Unkenntnis der Rechtsfolgen oder ein „Kennenkönnen".

Die **Rechtsfolgenbelehrung** muss dem bzw. der Betroffenen konkret, verständlich, individuell, vollständig, inhaltlich korrekt und zeitnah die unmittelbaren Auswirkungen eines bestimmten Handelns oder Unterlassens vor Augen führen.[341] Dabei müssen die jeweiligen Pflichten und die hieraus ggf. folgenden Sanktionen differenziert bezeichnet werden. Insbesondere muss ein enger zeitlicher Zusammenhang zwischen der Belehrung und dem sanktionsbewehrten Verhalten bestehen.[342] Allgemeine Ausführungen über Mitwirkungspflichten und Sanktionsmöglichkeiten (z. B. in Merkblättern) und die bloße formelhafte Wiederholung des Gesetzeswortlautes sowie

341 Vgl. BSG, Urt. vom 16.12.2008 – B 4 AS 60/07 R –, BSGE 102, 201 = ZFSH/SGB 2009, 211 = DVP 2009, 481.
342 Vgl. *Rixen* in Eicher, Rn. 44b zu § 31 SGB II.

die pauschale Belehrung, dass mit einer „Kürzung des Lebensunterhalts" oder einer Einstellung der Hilfe zu rechnen ist, sowie mehrere zur Auswahl gestellte Alternativen sind nicht ausreichend.

Die **Fehlerhaftigkeit** einer Rechtsfolgenbelehrung kann sich aus einer Formulierung im Konjunktiv ergeben. Eine Formulierung der Rechtsfolgenbelehrung im Konjunktiv nimmt dieser die Konkretheit und verweist die relevanten Rechtsfolgen lediglich in den Bereich des Möglichen.[343]

Zur Vollständigkeit der Rechtsfolgenbelehrung gehört, dass sie Hinweise u.a. über Beginn, Dauer und Höhe der Leistungsminderung, einen möglichen Wegfall des Kranken- und Pflegeversicherungsschutzes, die verschärften Folgen einer wiederholten Pflichtverletzung, die Möglichkeit der Inanspruchnahme von Sachleistungen und den Ausschluss der alternativen Inanspruchnahme von Sozialhilfeleistungen nach dem Zwölften Buch Sozialgesetzbuch für die Dauer einer Sanktion enthält. Ein Mangel der Rechtsfolgenbelehrung führt auf Grund der insoweit nicht erfüllten Tatbestandsvoraussetzung zur Rechtswidrigkeit des Sanktionsbescheides.

Bei **„Arbeitslosengeld-Aufstockern"** erfolgt die Belehrung über die Rechtsfolgen durch die Agentur für Arbeit, da der entsprechende Personenkreis für den Bereich der Arbeitsvermittlung von dort betreut wird. In diesen Fällen ist davon auszugehen, dass die leistungsberechtigten Personen Kenntnis über die Rechtsfolgen bei arbeitsbezogenen Obliegenheiten hatten.

Minderung oder Wegfall der Leistungen treten nicht ein, soweit erwerbsfähige Leistungsberechtigte für ihr Verhalten einen **wichtigen Grund** darlegen und nachweisen (vgl. §31 Abs. 1 Satz 2 SGB II). In diesem Zusammenhang ist die Anhörung des Betroffenen nach §24 SGB X von besonderer Relevanz, weil der die Minderung oder Wegfall des Arbeitslosengeldes II feststellende Bescheid eine in die Rechte des Betroffenen eingreifende Entscheidung darstellt.

Ein wichtiger Grund im Sinne dieser Vorschrift liegt in Anlehnung an §159 Abs. 1 Satz 1 SGB III vor, wenn dem Betroffenen bei Berücksichtigung aller einzelfallbezogenen Umstände unter Abwägung seiner berechtigten Interessen mit den Interessen der Gemeinschaft ein anderes Verhalten objektiv nicht möglich war oder nicht zugemutet werden konnte.

So ist z.B. Arbeitnehmern die Aufnahme oder Fortsetzung einer Beschäftigung im Einzelfall nicht zuzumuten bei

- gesetz- oder tarifwidriger Beschäftigung,
- Glaubens- und Gewissensgründen,
- Missachtung arbeitsschutzrechtlicher Bestimmungen,
- Lohnrückstände (wenn der Arbeitgeber trotz Anmahnung durch den Arbeitnehmer mit der Vergütung erheblich in Verzug ist – in der Regel bei mindestens zwei Monatsgehältern),
- psychischem Druck, Mobbing, sexueller Belästigung am Arbeitsplatz,

343 Vgl. BSG, Urt. vom 18.2.2010 – B 14 AS 53/08 R –, BSGE 105, 297 = NDV-RD 2010, 185.

- einer strukturellen Überforderung des/der Betroffenen (z.B. beim Erfordernis schriftlicher Bewerbungen) oder
- gesundheitlichen Beeinträchtigungen,
- Entzug der Fahrerlaubnis, wenn der Arbeitsplatz wegen ungünstiger Verkehrsverbindungen oder Arbeitszeiten nicht mit öffentlichen Verkehrsmitteln erreichbar ist,
- Überstunden/Schichtarbeit (kann im Einzelfall als wichtiger Grund anerkannt werden, wenn arbeitsrechtlich nicht zulässig oder gesetzlich eingeschränkt).

Allerdings besteht in derartigen Fällen die Erfordernis **des zumutbaren Versuchs zur Beseitigung eines an sich wichtigen Grundes durch den Betroffenen** (z.B. Forderung an die Firmenleitung, Gespräch mit dem Vorgesetzten, Einschaltung des Betriebsrates etc.). Die leistungsberechtigte Person trägt dabei die Beweislast und das Beweisrisiko für Umstände, die in der eigenen Sphäre liegen oder sich aus dem eigenen Verantwortungs-bereich ergeben (z.B. behauptete Glaubens- oder Gewissensgründe).

Die Kündigung des Arbeitsverhältnisses durch den Arbeitgeber innerhalb der **Probezeit** ist grundsätzlich kein wichtiger Grund. In entsprechenden Fällen ist vom zuständigen Träger der Grundsicherung für Arbeitsuchende die Arbeitgeberbescheinigung anzufordern, um den Kündigungsgrund und ggf. ein pflichtwidriges Verhalten der leistungsberechtigten Person festzustellen.

12.2.2 Sanktionstatbestände (Pflichtverletzungen) nach § 31 Abs. 2 SGB II

Eine Pflichtverletzung bzw. ein Fehlverhalten von erwerbsfähigen Leistungsberechtigen (im Einzelfall auch von sozialgeldberechtigten Personen) ist gemäß § 31 Abs. 2 SGB II in folgenden Fällen anzunehmen:

Zielgerichte Verarmung (§ 31 Abs. 2 Nr. 1 SGB II)
Die erwerbsfähige leistungsberechtigte Person **vermindert** nach Vollendung des 18. Lebensjahres ihr **Einkommen oder Vermögen** in der Absicht, die Voraussetzungen für die Gewährung oder Erhöhung des Arbeitslosengeldes II herbeizuführen. Die Regelung ist auch für nichterwerbsfähige Leistungsberechtigte anzuwenden (vgl. 31a Abs. 4 SGB II).

Erforderlich in diesem Zusammenhang ist eine nicht durch einen nachvollziehbaren Grund gerechtfertigte Minderung des einzusetzenden Einkommens oder Vermögens (direkte bzw. zielgerichtete Handlung) mit dem direkten Vorsatz (Wissen und Wollen), die Voraussetzungen für den Leistungsbezug oder die Erhöhung der Leistungen zu schaffen. Eine zielgerichtete Verarmung kann u.a. angenommen werden bei nicht nachvollziehbaren Schenkungen oder Vermögensverfügungen, bei einem Verzicht auf Forderungen oder bei Aufgabe einer finanziell nicht lohnend erscheinenden geringfügigen Beschäftigung i. S. des § 8 SGB IV („450 €-Job“).

Auch die Verwendung größerer Einkommenszuflüsse (z.B. aus einer Erbschaft) während der Bedarfszeit zur Schuldentilgung und nicht zur Sicherung des Lebensunterhalts stellt einen Sanktionstatbestand i.S. des §31 Abs. 2 Nr. 1 SGB II dar. Dies gilt insbesondere in den Fällen, in denen die leistungsberechtigte Person im Antragsverfahren belehrt worden ist, während des Leistungsbezuges jede Änderung der Einkommens- und Vermögensverhältnisse dem Leistungsträger unaufgefordert und unverzüglich mitzuteilen.[344]

Eine indirekte Minderung des Einkommens (z.B. durch Unterlassung einer beruflichen Umschulungs- oder Qualifizierungsmaßnahme) führt dagegen nicht zu einer Sanktionierung nach §31 Abs. 2 Nr. 1 SGB II).

Der Nachweis der gezielten Verarmungsabsicht ist im Einzelfall durch den Leistungsträger nur schwer zu erbringen, wenn die leistungsberechtigte Person andere – nach allgemeiner Lebenserfahrung – plausible Gründe für ihr Verhalten darlegen kann.

Eine Sanktion wegen zielgerichteter Verarmung nach §31 Abs. 2 Nr. 1 SGB II setzt nach dem Wortlaut der Vorschrift **keine** Rechtsfolgenbelehrung voraus. Im Einzelfall werden in der Regel parallel zu einer Minderung des Arbeitslosengeldes II Kostenersatzansprüche nach §34 SGB II wegen eines sozialwidrigen Verhaltens bestehen.

Unwirtschaftliches Verhalten (§31 Abs. 2 Nr. 2 SGB II)

Die erwerbsfähige leistungsberechtigte Person setzt trotz Belehrung über die Rechtsfolgen oder deren Kenntnis ihr **unwirtschaftliches Verhalten** fort. Eine Sanktion wegen eines unwirtschaftlichen Verhaltens kommt auch bei nichterwerbsfähigen Leistungsberechtigten in Betracht (vgl. §31a Abs. 4 SGB II).

„Unwirtschaftliches Verhalten" in diesem Sinne liegt vor, wenn die betroffene Person mit den ihr bereitgestellten Leistungen verschwenderisch bzw. in einer mit normalem Verbrauchsverhalten unvereinbaren Weise umgeht **und** dadurch **weitere** Hilfebedürftigkeit auslöst (z.B. fortdauernd überhöhte Mobiltelefonkosten oder hohe Betriebskosten für ein grundsätzlich angemessenes Kraftfahrzeug, die aus dem Regelbedarf finanziert werden). Die Regelung rechtfertigt es allerdings nicht, der leistungsberechtigten Person generell die Dispositionsfreiheit über die ihr rechtmäßig zustehenden Leistungen zu nehmen oder den Betroffenen unangemessenen Verwendungskontrollen zu unterziehen.

So ist es beispielsweise nicht gerechtfertigt, von der leistungsberechtigten Person zu verlangen, Ansparungen bzw. Rücklagen aus der Regelleistung für eventuell eintretende besondere Bedarfe vorzunehmen. Eine gesetzliche Verpflichtung zur Bildung von Ansparungen besteht nicht.

344 So auch LSG Schleswig-Holstein, Beschl. vom 25.8.2005 – L 6 B 200/05 AS ER –, juris.

Ein unwirtschaftliches Verhalten dürfte in der Regel auch in den Fällen vorliegen, in denen sich die leistungsberechtigte Person (trotz Belehrung) weigert, trotz eines **Betriebskostenguthabens** die entsprechenden Vorauszahlungen an den Vermieter zu reduzieren, so dass monatlich unnötig hohe Abschläge im Rahmen der Aufwendungen für die Unterkunft anfallen.[345]

Ein unwirtschaftliches Verhalten in diesem Sinne ist auch anzunehmen, soweit die betroffene Person nach Bewilligung von Leistungen nach dem Zweiten Buch Sozialgesetzbuch nach entsprechender Belehrung durch den Leistungsträger von sich aus weitere Schritte zur Beseitigung eines Verwertungshindernisses von Vermögen (z. B. bei Erbengemeinschaften im Rahmen einer Erbauseinandersetzung, vgl. §§ 2046 bis 2048 BGB) nicht unternimmt.[346]

Dagegen kann **krankheitsbedingtes** Verhalten (z. B. bei Spiel- oder Drogensucht, Alkoholismus) **nicht** als unwirtschaftliches Verhalten in diesem Sinne sanktioniert werden.

Eine Sanktionierung wegen eines fortgesetzten unwirtschaftlichen Verhaltens nach § 31 Abs. 2 Nr. 2 SGB II kann nur vorgenommen werden, wenn eine **Rechtsfolgenbelehrung** vorausgegangen ist und der bzw. die Betroffene trotzdem sein bzw. ihr unwirtschaftliches Verhalten fortgesetzt hat und dadurch weitere Leistungen zur Sicherung des Lebensunterhalts erforderlich werden. Im Rahmen der Belehrung über die Rechtsfolgen ist der leistungsberechtigten Person aufzuzeigen, dass und in welcher Weise sie ihr unwirtschaftliches Verhalten unterlassen soll.

Eintreten einer Sperrzeit (§ 31 Abs. 2 Nr. 3 SGB II)

Der Anspruch auf **Arbeitslosengeld (Alg I) ruht** oder **ist erloschen**, weil die Agentur für Arbeit den Eintritt einer **Sperrzeit** oder das Erlöschen des Anspruches nach den Vorschriften des Dritten Buches Sozialgesetzbuch festgestellt hat (z. B. bei Arbeitsaufgabe oder Abbruch einer Maßnahme ohne wichtigen Grund, fehlendem Nachweis von Eigenbemühungen, Kündigung des Arbeitgebers wegen eines arbeitsvertragswidrigen Verhaltens).

Eine Sanktion nach dieser Vorschrift setzt voraus, dass die Agentur für Arbeit bei einer erwerbsfähigen leistungsberechtigten Person mit einem grundsätzlichen Anspruch auf Arbeitslosengeld (Alg I) einen Bescheid nach § 159 oder § 161 SGB III erlassen hat. Auf die Dauer der festgestellten Sperrzeit kommt es hierbei nicht an. Der Träger der Grundsicherung für Arbeitsuchende ist an die Entscheidung der Bundesagentur für Arbeit über das Eintreten einer Sperrzeit gebunden.[347]

---

345 Grundlage der Anpassung ist die Betriebskostenabrechnung. Sofern die Vorauszahlungen zu hoch angesetzt waren, darf der Mieter eine Ermäßigung verlangen. Auch auf der Grundlage einer verspäteten Abrechnung darf ein Mieter die Herabsetzung seiner Betriebskostenvorauszahlung verlangen, wenn die Abrechnung zeigt, dass sie bisher zu hoch angesetzt waren; so jedenfalls BGH, Urt. vom 18.5.2011 – VIII ZR 271/10 –, juris.

346 Vgl. BSG, Urt. vom 27.1.2009 – B 14 AS 42/07 R –, ZFSH/SGB 2009, 554 = NDV-RD 2009, 107 = FEVS 61, 66.

347 Vgl. BT-Drs. 15/1516 S. 61.

Eine durch die Agentur für Arbeit festgestellte Sperrzeit wegen eines Meldeversäumnisses nach § 159 Abs. 1 Satz 2 Nr. 6 SGB III oder eine verspätete Arbeitsuchendmeldung nach § 159 Abs. 1 Satz 2 Nr. 7 SGB III führen nicht zu einer Sanktion nach § 31 Abs. 2 Nr. 3 SGB II.[348]

In den Fällen des § 31 Abs. 2 Nr. 3 SGB II wird eine Rechtsfolgenbelehrung **nicht** vorausgesetzt. Soweit ein Sanktionstatbestand nach § 31 Abs. 2 Nr. 3 SGB II vorliegt, wird gleichzeitig zu prüfen sein, ob ein Kostenersatzanspruch nach § 34 SGB II in Betracht kommt.

Besonderheit bei Sperrzeiten wegen eines Meldeversäumnisses bei „Arbeitslosengeld-Aufstockern“

Seit dem 1.1.2017 werden die Bezieher von Arbeitslosengeld (Alg I), die aufstockend Arbeitslosengeld II erhalten, im Bereich der Arbeitsvermittlung durch die jeweils zuständige Agentur für Arbeit betreut.

Ein Meldeversäumnis gegenüber der Agentur für Arbeit kann nach § 159 Abs. 1 Satz 2 Nr. 6 SGB III zu einer einwöchigen Sperrzeit beim Arbeitslosengeld führen, während Meldeversäumnisse nach § 32 SGB II i. V. m. § 31b SGB II für einen Zeitraum von drei Monaten zu einer Minderung des Arbeitslosengeldes II in Höhe von 10 % des maßgebenden Regelbedarfs führt.

Damit werden die Sanktionsfolgen für Meldeversäumnisse im Bereich der Grundsicherung für Arbeitsuchende durch § 32 SGB II abschließend geregelt. Das bedeutet, dass eine Sperrzeit wegen eines Meldeversäumnisses hinsichtlich der Rechtsfolgen im Wege der Auslegung nach § 32 SGB II (und nicht nach § 31 Abs. 2 Nr. 3 SGB II) zu bewerten ist. Die Minderung des Arbeitslosengeldes II um 10 % des maßgebenden Regelbedarfs wird dabei **nicht** durch eine Minderung nach § 31a SGB II um **30 %** des maßgebenden Regelbedarfs ergänzt oder ersetzt.[349]

Voraussetzung für den Eintritt einer Sanktion bei einem Meldeversäumnis nach § 159 Abs. 1 Satz 2 Nr. 6 SGB III ist, dass der Träger der Grundsicherung für Arbeitsuchende von der Pflichtverletzung (Meldeversäumnis gegenüber der Agentur für Arbeit) Kenntnis erlangt und die leistungsberechtigte Person über die entsprechenden Rechtsfolgen nach § 32 SGB II belehrt wurde.

Die Rechtsfolgenbelehrung müsste in diesen Fällen durch die zuständige Arbeitsagentur bereits mit der Aufforderung zur Meldung erfolgen.

Sperrzeitfiktion (§ 31 Abs. 2 Nr. 4 SGB II)

Die erwerbsfähige leistungsberechtigte Person erfüllt **dem Grunde nach** die Voraussetzungen für den Eintritt einer Sperrzeit nach dem Dritten Buch Sozialgesetzbuch **(Sperrzeitfiktion)**, die das Ruhen oder Erlöschen eines Anspruches auf Arbeitslosengeld (Alg I) begründen würde.

Die Vorschrift erfasst Sachverhalte, bei denen die Arbeitslosigkeit vom Beschäftigten vorsätzlich oder grob fahrlässig ohne wichtigen Grund herbeigeführt wurde (z. B. wegen einer arbeitgeberseitigen Kündigung aufgrund eines arbeitsvertragswidrigen

348 Vgl. Fachliche Hinweise der BA, Rn. 31.25 und 31.26 zu § 31 SGB II (Stand: 4.5.2017).
349 Vgl. Fachliche Hinweise der BA, Rn. 31.25 zu § 31 SGB II (Stand: 4.5.2017).

Verhaltens) und damit ein Sperrzeittatbestand im Sinne des § 159 Abs. 1 Satz 2 Nr. 1 SGB III gegeben wäre, aber die Voraussetzungen für den Anspruch auf Arbeitslosengeld (Alg I) z.B. wegen Nichterfüllung der Anwartschaftszeiten nicht vorliegen und deshalb § 159 Abs. 1 Satz 2 Nr. 1 SGB III nicht anwendbar ist bzw. durch die Agentur für Arbeit nicht geprüft wird.

In entsprechenden Fällen hat der für das Arbeitslosengeld II zuständige Leistungsträger selbst darüber zu entscheiden, ob die Voraussetzungen für einen Ruhens- oder Erlöschenstatbestand in Folge einer Sperrzeit nach dem Dritten Buch Sozialgesetzbuch erfüllt wären.

Die Sperrzeitfiktion des § 31 Abs. 2 Nr. 4 SGB II ist nicht als genereller Auffangtatbestand anzusehen, sondern nur anzuwenden, wenn das (an sich) sperrzeitrelevante Ereignis zu einem Zeitpunkt eintritt, zu dem der Betroffene in einem Sozialversicherungsverhältnis zur Bundesagentur für Arbeit als SGB III-Träger steht, insbesondere weil er eine versicherungspflichtige Beschäftigung ausübt, aber die Anwartschaft für einen Anspruch auf Arbeitslosengeld (Alg I) noch nicht erworben hat.[350]

Für den Eintritt einer Sanktion nach § 31 Abs. 2 Nr. 4 SGB II ist es unerheblich, ob das Beschäftigungsverhältnis vor oder während des Bezuges von Arbeitslosengeld II aufgenommen wurde. Entscheidend ist lediglich, dass es sich um eine versicherungspflichtige Beschäftigung (§ 24 SGB III) handelt. Damit kann auch bei einer erwerbsfähigen leistungsberechtigten Person, die neben dem Arbeitsentgelt ergänzend Arbeitslosengeld II bezieht, eine Sanktion eintreten, wenn sie ihre versicherungspflichtige Beschäftigung aufgibt.

Prüfung: Eintritt einer Sperrzeit nach § 159 Abs. 1 Satz 2 Nr. 1 SGB III

Die Prüfung, ob im Einzelfall eine Sperrzeit eintritt bzw. eintreten würde, erfolgt auf der Grundlage von **drei Fragestellungen**:

1. Ist das Beschäftigungsverhältnis durch eigene Kündigung, Aufhebungsvertrag oder Beteiligung an einer rechtswidrigen Kündigung durch den Arbeitgeber gelöst worden oder wegen eines arbeitsvertragswidrigen Verhaltens durch eine arbeitgeberseitige Kündigung verlorengegangen?
2. Wurde damit Arbeitslosigkeit (vgl. § 138 SGB III) schuldhaft (also vorsätzlich oder grob fahrlässig) herbeigeführt?
3. Hatte der/die Arbeitnehmer/-in für sein/ihr Verhalten **keinen** wichtigen Grund?

Nur wenn alle drei Fragestellungen mit „ja“ zu beantworten sind, würde eine Sperrzeit nach den Vorschriften des § 159 Abs. 1 Satz 2 Nr. 1 SGB III eintreten. Die Prüfungsstruktur lässt sich schematisch wie folgt darstellen:

350 Vgl. BSG, Urt. vom 17.12.2009 – B 4 AS 20/09 R –, BSGE 105, 194 = NDV-RD 2010, 99 = NJW 2010, 3115.

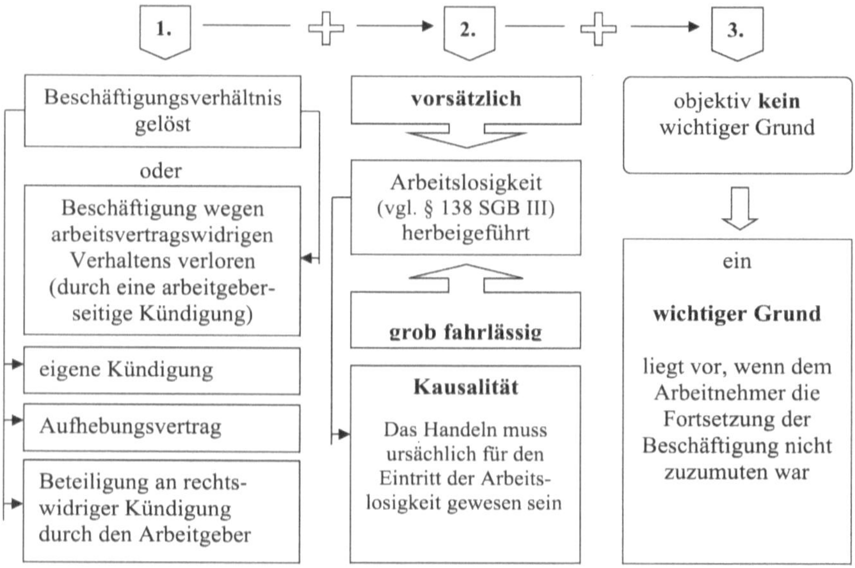

Ein **wichtiger Grund** aus Sicht des Arbeitnehmers / der Arbeitnehmerin liegt vor, wenn ihm bzw. ihr die Fortsetzung der Beschäftigung nicht zuzumuten war. Dafür trägt die leistungsberechtigte Person die Beweislast und das Risiko eines Subsumtionsirrtums. Daneben besteht das Erfordernis des zumutbaren Versuches zur Beseitigung eines an sich vorliegenden wichtigen Grundes durch die leistungsberechtigte Person (nicht erforderlich bei offensichtlicher Aussichtslosigkeit).

Als „wichtiger Grund“ in diesem Zusammenhang können in Betracht kommen u. a.

- gesundheitliche Gründe (wobei grundsätzlich zu prüfen wäre, ob es eine andere Verwendungsmöglichkeit innerhalb des Betriebes gibt),
- Arbeitsbedingungen, wenn diese für den Arbeitnehmer unzumutbar sind (z. B. die Nichteinhaltung von Sicherheitsbestimmungen durch den Arbeitgeber, tarifwidrige Beschäftigung),
- Glaubens- und Gewissensgründe, religiöse oder moralische Konflikte und Tabus, Tätigkeiten mit sexuellem Bezug,
- Mobbing oder sexuelle Belästigung am Arbeitsplatz,
- Lohnrückstände, wenn der Arbeitgeber trotz Anmahnung durch den Arbeitnehmer mit der Vergütung erheblich in Verzug ist,
- Pendelzeiten (grundsätzlich dürften Fahrtzeiten von insgesamt drei Stunden pro Tag für Hin- und Rückweg bei einer Vollzeitbeschäftigung zumutbar sein).

Eine Kündigung durch den Arbeitgeber innerhalb der Probezeit ist grundsätzlich **kein** wichtiger Grund.

Hinweis für die Praxis:
Innerhalb der ***Probezeit*** *darf der Arbeitgeber ohne Angabe von Gründen (gegenüber dem Arbeitnehmer) das Arbeitsverhältnis kündigen. Gegenüber dem Leistungsträger ist der Arbeitgeber allerdings – auch bei einer Kündigung innerhalb der Probezeit – auskunftspflichtig (vgl. § 57 SGB II). Daher sollte in entsprechenden Fällen der Kündigungsgrund erfragt werden, um festzustellen, ob eine Sanktion im Rahmen der „Sperrzeitfiktion" eintritt.*

Beispiel 1
Die leistungsberechtigte Person gibt eine geringfügige Beschäftigung („Minijob") ohne wichtigen Grund auf, da ihr eine entsprechende Tätigkeit finanziell nicht mehr „lohnend" erschien.

Beispiel 2
Die leistungsberechtigte Person gibt eine versicherungspflichtige Beschäftigung von weniger als 15 Stunden pro Woche ohne wichtigen Grund auf (ohne die Anwartschaftszeit für den Bezug von Arbeitslosengeld nach dem Dritten Buch Sozialgesetzbuch zu erfüllen).
In beiden Fällen ist die Sperrzeitfiktion nach § 31 Abs. 2 Nr. 4 SGB II nicht anzuwenden, da kein Sozialversicherungsverhältnis zur Bundesagentur für Arbeit bestand (Beispiel 1) bzw. Arbeitslosigkeit i.S. des § 138 Abs. 3 SGB III bereits vorlag (Beispiel 2).

Beispiel 3
Herr T kündigt auf ärztlichen Rat hin das Arbeitsverhältnis bei der Firma F aus gesundheitlichen Gründen. Durch den Arbeitgeber wird bestätigt, dass kein anderer Arbeitsplatz für Herrn T innerhalb der Firma zur Verfügung steht, der seinem Leistungsvermögen entspricht. Einen Anspruch auf Arbeitslosengeld (Alg I) hat er nicht, da er die Anwartschaftszeit nicht erfüllt.
Für die Anwendung der Sperrzeitfiktion nach § 31 Abs. 2 Nr. 4 SGB II ist im Hinblick auf die Regelung des § 159 Abs. 1 Satz 2 Nr. 1 SGB III zu klären, ob Herr T das Beschäftigungsverhältnis gelöst oder Anlass für eine arbeitgeberseitige Kündigung gegeben hat, dadurch mindestens grob fahrlässig Arbeitslosigkeit herbeigeführt hat und dafür keinen wichtigen Grund hatte.
Herr T hat das Beschäftigungsverhältnis selbst gelöst. Durch die Kündigung hat er mindestens grob fahrlässig Arbeitslosigkeit herbeigeführt. Allerdings hat Herr T für sein Verhalten bzw. die Kündigung einen wichtigen Grund (die dritte Frage nach dem dargestellten Prüfungsschema wird mit „nein" zu beantworten sein), da es ihm aus gesundheitlichen Gründen unmöglich war, die Tätigkeit weiterhin auszuüben. Im Übrigen hat er (wenn auch vergeblich) versucht, beim selben Arbeitgeber eine für ihn geeignete Stelle zu bekommen.
Daher würde eine Sperrzeit nach § 159 Abs. 1 Satz 2 Nr. 1 SGB III nicht eintreten, so dass eine Sanktion im Rahmen der Sperrzeitfiktion nach §§ 31 Abs. 2 Nr. 4, 31a SGB II nicht möglich ist.

In den Fällen des § 31 Abs. 2 Nr. 4 SGB II wird eine Rechtsfolgenbelehrung **nicht** vorausgesetzt. Soweit ein Sanktionstatbestand nach § 31 Abs. 2 Nr. 4 SGB II vorliegt, wird gleichzeitig zu prüfen sein, ob ein Kostenersatzanspruch nach § 34 SGB II wegen eines sozialwidrigen Verhaltens) in Betracht kommt.

12.2.3 Sanktionstatbestände nach § 32 SGB II (Melde- oder Terminversäumnisse)

Personen, die Arbeitslosengeld II oder Sozialgeld beziehen oder beantragen, unterliegen der allgemeinen Meldepflicht gemäß § 59 SGB II i.V.m. § 309 SGB III. Voraussetzung für eine Meldepflicht ist eine entsprechende Aufforderung des Trägers der Grundsicherung für Arbeitsuchende. Ob und wann der Grundsicherungsträger eine Meldeaufforderung erlässt, liegt in seinem pflichtgemäßen Ermessen.

Bei der Meldeaufforderung handelt es sich um einen **Verwaltungsakt** (vgl. § 39 Nr. 3 SGB II). Nicht nachvollziehbar ist allerdings, warum die Meldeaufforderung im Hinblick auf die Konkretisierung der Meldepflicht ein Verwaltungsakt sein soll, nicht aber ein Vermittlungsvorschlag oder die Zuweisung für eine Maßnahme oder Arbeitsgelegenheit durch den Leistungsträger. Sofern man die Verwaltungsaktqualität für diese Fälle verneint, müsste dies konsequenterweise auch für die Meldeaufforderung gelten.[351]

Meldeversäumnisse i.S. des § 32 SGB II sind ab dem ersten Tag, für den der Anspruch auf Arbeitslosengeld II oder Sozialgeld besteht (Beginn der Bedarfszeit), sanktionsrelevant – auch dann, wenn über der Leistungsanspruch (Arbeitslosengeld II/Sozialgeld) noch nicht entschieden wurde oder der leistungsberechtigten Person der entsprechende Bewilligungsbescheid des Leistungsträgers noch nicht vorliegt. Auch Personen, deren Anspruch wegen einer Sanktion zeitweise vollständig entfallen ist, unterliegen der Meldepflicht.

Eine Minderung des Arbeitslosengeldes II oder des Sozialgeldes kommt nach § 32 Abs. 1 Satz 1 SGB II in Betracht, wenn Leistungsberechtigte trotz schriftlicher Belehrung über die Rechtsfolgen oder deren Kenntnis einer Aufforderung des zuständigen Trägers, sich bei ihm zu melden (Meldeversäumnis) oder zu einem ärztlichen oder psychologischen Untersuchungstermin zu erscheinen (Terminversäumnis), **ohne wichtigen Grund** nicht nachkommen.

Entsprechende Sanktionen setzen eine wirksame Meldeaufforderung nach § 59 SGB II i.V.m. § 309 SGB III. Nach § 309 Abs. 2 SGB III kann die Aufforderung zur Meldung erfolgen zum Zwecke der

- Berufsberatung,
- Vermittlung in Ausbildung oder Arbeit,
- Vorbereitung aktiver Arbeitsförderungsleistungen,
- Vorbereitung von Entscheidungen im Leistungsverfahren und
- Prüfung des Vorliegens der Voraussetzungen für den Leistungsanspruch.

351 Ähnlich auch *Sonnhoff* in jurisPK, Rn. 23 zu § 32 SGB II.

Der Meldezweck muss in der Meldeaufforderung hinreichend bestimmt sein. Wie konkret der Meldezweck benannt werden muss, kann nicht für alle Einzelfälle generell festgelegt werden, weil dafür die jeweilige Beratungssituation maßgebend ist. Eine stichwortartige Konkretisierung ist im Regelfall ausreichend. Dementsprechend ist die Angabe „Gespräch über das Bewerberangebot bzw. über die berufliche Situation eine grundsätzlich zulässige und ausreichende Konkretisierung des Meldezwecks.[352]

Die allgemeine Meldepflicht gilt nach dem Wortlaut des § 32 Abs. 1 SGB II („Leistungsberechtigte") auch für Empfänger von Sozialgeld, wenn es sich im Einzelfall um einen gesetzlichen Meldezweck nach § 309 Abs. 2 SGB III handelt (z. B. die Klärung vorrangiger Sozialleistungsansprüche).

Gemäß § 309 Abs. 1 Satz 2 SGB III hat sich die leistungsberechtigte Person bei der zur Meldung (d. h. also im Einladungsschreiben) bezeichneten Dienststelle zu melden. Es ist das Dienstzimmer des zuständigen Sachbearbeiters aufzusuchen. Eine Vorsprache etwa im Eingangsbereich des Dienstgebäudes, verbunden mit der Weigerung, den zuständigen Mitarbeiter aufzusuchen, erfüllt den Zweck der Meldeaufforderung nicht und stellt eine Verletzung der Meldepflicht dar.[353] Sofern die in der Meldeaufforderung bestimmte Zeit nach Tag und Tageszeit näher konkretisiert ist, ist die leistungsberechtigte Person ihrer allgemeinen Meldepflicht auch dann nachgekommen, wenn sie sich zu einer anderen Zeit am selben Tag verspätet meldet und der Zweck der Meldung erreicht wird (vgl. § 309 Abs. 2 Satz 2 SGB III).

Eine Sanktion nach § 32 Abs. 1 Satz 1 SGB II kommt nicht in Betracht, wenn Leistungsberechtigte einen **wichtigen Grund** für ihr Verhalten darlegen und nachweisen (vgl. § 32 Abs. 1 Satz 2 SGB II).

Gründe können in diesem Zusammenhang als wichtig angesehen werden, wenn sie von der meldepflichtigen Person nicht zu vertreten sind (z. B. unvorhersehbarer Ausfall öffentlicher Verkehrsmittel, witterungsbedingte Umstände, unvorhersehbarer Ausfall der Betreuung eines Kleinkindes, Unterrichtszeiten bei Schülern/Schülerinnen) oder die im Einzelfall bei Bestehen eines Arbeitsverhältnisses eine Arbeitsbefreiung durch den Arbeitgeber rechtfertigen würden (z. B. Gerichts-, Behörden-, Vorstellungs- oder Arzttermine, plötzliche Erkrankungen).

Sofern die bzw. der Meldepflichtige am Meldetermin arbeitsunfähig ist, wirkt die Meldeaufforderung auf den ersten Tag der Arbeitsfähigkeit fort, wenn die Agentur für Arbeit dies in der Meldeaufforderung bestimmt (vgl. § 309 Abs. 3 Satz 3 SGB III). Eine bestehende Erkrankung muss allerdings kausal für das Melde- oder Terminversäumnis sein, so dass die Vorlage einer ärztlichen Arbeitsunfähigkeitsbescheinigung nicht in jedem Fall als ausreichend anzusehen ist.

Aus der Arbeitsunfähigkeitsbescheinigung ergibt sich in der Regel nur, dass die betroffene Person aus gesundheitlichen Gründen eine ihr zumutbare Arbeit nicht ausüben kann. Dagegen ergibt sich daraus nicht notwendig, dass die Erkrankung der Wahrnehmung eines Meldetermins entgegensteht. Soweit begründete Anhaltspunkte dafür vorliegen, dass die bescheinigte Arbeitsunfähigkeit nicht gleichzeitig auch die Unfähigkeit zur Wahrnehmung eines Meldetermins begründet, lässt eine bestehende

352 So auch BSG, Urt. vom 29.4.2015 – B 14 AS 19/14 R –, NDV-RD 2016, 3-8 = SGb 2015, 388.

353 Vgl. Bayerisches LSG, Beschl. vom 3.1.2011 – L 7 AS 921/10 B ER –, juris.

Arbeitsunfähigkeit die Meldepflicht nicht entfallen. Der Leistungsträger kann daher zu Recht die Vorlage einer ärztlichen Bescheinigung über die krankheitsbedingte Unfähigkeit zur Wahrnehmung des Meldetermins verlangen.[354]

> ***Hinweis für die Praxis:***
> *Häufige (in der Regel kurzfristige) Arbeitsunfähigkeiten können einen „Strategiewechsel“ im Umgang mit der leistungsberechtigten Person bezüglich der weiteren individuellen Maßnahmenplanung zur Integration in das Erwerbsleben begründen. In entsprechenden Fällen sollten Einladungen zu Meldeterminen grundsätzlich mit Wirkung für den ersten Tag der Gesundung ausgesprochen werden (vgl. § 59 SGB II i. V. m. § 309 Abs. 3 Satz 3 SGB III).*

Exkurs:

Anzeige- und Bescheinigungspflichten des behandelnden Arztes bei Arbeitsunfähigkeit (Zweifel an der Arbeitsunfähigkeit im Einzelfall)
Gemäß § 56 Abs. 1 Satz 1 SGB II sind erwerbsfähige Leistungsberechtigte, die Leistungen zur Sicherung des Lebensunterhalts beantragt haben oder beziehen, verpflichtet, der Agentur für Arbeit eine eingetretene Arbeitsunfähigkeit und deren voraussichtliche Dauer unverzüglich anzuzeigen und spätestens vor Ablauf des dritten Kalendertages nach Eintritt der Arbeitsunfähigkeit eine ärztliche Bescheinigung über die Arbeitsunfähigkeit und deren voraussichtliche Dauer vorzulegen.

Die jeweilige Arbeitsunfähigkeitsbescheinigung muss einen Vermerk des behandelnden Arztes darüber enthalten, dass dem Träger der Krankenversicherung unverzüglich die Bescheinigung über die Arbeitsunfähigkeit mit Angaben über den Befund und die voraussichtliche Dauer der Arbeitsunfähigkeit übersandt wird (vgl. § 56 Abs. 1 Satz 4 SGB II).

Der Leistungsträger kann die Arbeitsunfähigkeit der bzw. des Leistungsberechtigten anzweifeln. In diesem Fall gilt § 275 Abs. 1 Nr. 3b und Abs. 1a SGB V entsprechend (vgl. § 56 Abs. 1 Satz 5 SGB II). Nach § 275 Abs. 1 Nr. 3b SGB V sind die Krankenkassen verpflichtet, zur Beseitigung von Zweifeln an der Arbeitsunfähigkeit eine gutachtliche Stellungnahme des Medizinischen Dienstes der Krankenversicherung einzuholen. Für das Verfahren gilt die Vereinbarung zwischen dem Spitzenverband Bund der Krankenkassen und der Bundesagentur für Arbeit (unter Beteiligung des Medizinischen Dienstes des Spitzenverbandes Bund der Krankenkassen) nach § 56 Abs. 2 SGB II.

Gemäß § 275 Abs. 1a Satz 1 SGB V sind Zweifel an der Arbeitsunfähigkeit insbesondere in Fällen anzunehmen, in denen

- Versicherte auffällig häufig oder auffällig häufig nur für kurze Dauer arbeitsunfähig sind,
- der Beginn der Arbeitsunfähigkeit häufig auf einen Arbeitstag am Beginn oder am Ende einer Woche liegt oder

354 Vgl. BSG, Urt. vom 9.11.2010 – B 4 AS 27/10 R –, NJW 2011, 1073 = SozR 4-4200 § 31 Nr. 6.

- die Arbeitsunfähigkeit von einem Arzt festgestellt worden ist, der durch die Häufigkeit der von ihm ausgestellten Bescheinigungen über Arbeitsunfähigkeit auffällig geworden ist.

Die Aufzählung ist nicht abschließend („insbesondere“). Im Einzelfall können Zweifel auch bestehen, wenn die erwerbsfähige leistungsberechtigte Person wiederholt eine Arbeitsunfähigkeitsbescheinigung nach Einladung zu einem Meldetermin, nach Zugang eines Vermittlungsangebotes oder dem Abbruch einer Maßnahme vorlegt.[355]

Adressat des Überprüfungsantrages ist die jeweils zuständige Krankenkasse. Die Krankenkasse leitet eine Überprüfung der Arbeitsunfähigkeit durch den Medizinischen Dienst (MDK) ein. Dieser kann eine Beurteilung nach Aktenlage, durch eine persönliche Befunderhebung in der MDK-Beratungsstelle oder im Rahmen eines Hausbesuches durchführen. Sofern sich nach den Feststellungen des Medizinischen Dienstes herausstellt, dass die leistungsberechtigte Person nicht arbeitsunfähig erkrankt war, liegt ein wichtiger Grund i. S. des § 32 SGB II nicht vor.

Für den Fall, dass die im Einzelfall zuständige Krankenkasse als Ergebnis der Überprüfung mitteilt, dass die erwerbsfähige leistungsberechtigte Person zum Begutachtungstermin nicht erschienen ist, kommt eine Sanktion nach § 32 SGB II bzw. die Entziehung der Leistung nach § 66 SGB I in Betracht.

Eine Minderung der Leistung nach § 32 Abs. 1 Satz 1 SGB II tritt zu einer Minderung nach § 31a SGB II hinzu (vgl. § 32 Abs. 2 Satz 1 SGB II). Die Regelungen zur Erbringung von Sachleistungen nach § 31a Abs. 3 SGB II und über Beginn und Dauer der Minderung nach § 31b SGB II gelten entsprechend (vgl. § 32 Abs. 2 Satz 2 SGB II).

Die Regelungen über Sanktionen bei Meldeversäumnissen nach § 32 SGB II stellen **keine** Sondervorschriften zu den Vorschriften über die Folgen fehlender Mitwirkung nach § 66 SGB I dar und sind daher **nebeneinander** anwendbar. Dies ist mit der unterschiedlichen Zielrichtung beider Regelungen zu begründen. Sanktionen beziehen sich grundsätzlich darauf, Leistungen wegen eines Fehlverhaltens zu mindern. Die Versagung von Leistungen soll dagegen eine Mitwirkung des Betroffenen durchsetzen, weil die Voraussetzungen für die Leistungen nicht abschließend geklärt sind. Dementsprechend haben beide Regelungsbereiche auch unterschiedliche Voraussetzungen.[356]

Das Zweite Buch Sozialgesetzbuch ist für eine ergänzende Anwendung der §§ 60 ff. SGB I grundsätzlich offen. Dies verdeutlicht auch die Bußgeldvorschrift des § 63 Abs. 1 Nr. 6 SGB II, die Verstöße gegen § 60 Abs. 1 Satz 1 Nr. 2 SGB II (Pflicht zur Mitteilung von wesentlichen Änderungen der Verhältnisse) als Ordnungswidrigkeit sanktioniert. Da im Bereich der Grundsicherung für Arbeitsuchende insgesamt die Verletzung von Mitwirkungsobliegenheiten nur sehr rudimentär geregelt ist, stellt § 66 SGB I wegen des generellen Vorbehalts des § 37 Satz 1 SGB I eine Grundnorm dar, die insofern auch im Rahmen der Grundsicherung anwendbar bleibt.[357]

355 Vgl. Fachliche Hinweise der BA, Rn. 56.8 zu § 56 SGB II (Stand: 20.3.2013

356 So auch Bayerisches LSG, Beschl. vom 31.8.2012 – L 7 AS 601/12 B ER –, juris; a. A. Blüggel in Eicher, Rn. 25 zu § 59 SGB II, und Hessisches LSG, Beschl. vom 22.6.2011 – L 7 AS 700/10 B ER –, info also 2012, 174.

357 Vgl. BSG, Urt. vom 19.9.2008 – B 14 AS 45/07 R –, BSGE 101, 260 = NDV-RD 2009, 59 = FEVS 60, 459.

12.2.4 Rechtsfolgen bei Pflichtverletzungen

Verfahren / Höhe der Sanktion bei Pflichtverletzungen nach § 31 SGB II
Nach § 31a Abs. 1 Satz 1 SGB II mindert sich das Arbeitslosengeld II bei einem Fehlverhalten bzw. einer Pflichtverletzung nach § 31 SGB II in einer ersten Stufe um 30 % des für die erwerbsfähige leistungsberechtigte Person nach § 20 SGB II maßgebenden Regelbedarfs. Trotz der gesetzlichen Formulierung „mindert sich" (Rechtsfolge tritt kraft Gesetzes ein), ist die Sanktion durch Verwaltungsakt festzustellen.

Allerdings bildet der entsprechende Verwaltungsakt (also der Sanktionsbescheid) allein keine Grundlage für die Absenkung bzw. Minderung der Leistung. Vielmehr bedarf es insoweit einer (teilweisen) **Aufhebung** des bestandskräftig gewordenen **Bewilligungsbescheides** (Arbeitslosengeld II-Bescheid) nach § 48 Abs. 1 Satz 1 SGB X. Die Aufhebung kann gesondert oder als Teil des Sanktionsbescheides erfolgen. Durch die Formulierung „der Auszahlungsanspruch mindert sich" bringt der Gesetzgeber lediglich zum Ausdruck, dass dem Träger der Grundsicherung für Arbeitsuchende bei einer eingetretenen Pflichtverletzung i. S. des § 31 SGB II (Sanktionsereignis) **kein Ermessen** hinsichtlich der Feststellung der Rechtsfolgen der Pflichtverletzung zusteht, sondern dass diese kraft Gesetzes eintreten.[358]

> ***Formulierungsvorschlag für die Aufhebung des Alg II-Bescheides:***
> *Der Bewilligungsbescheid (Alg II-Bescheid) vom ... wird gleichzeitig gemäß § 48 Abs. 1 Satz 1 SGB X wegen der Sanktionsentscheidung im Umfang der festgestellten Minderung des Leistungsanspruchs nach § 31a Abs. 1 SGB II für den Zeitraum vom ... bis ... insoweit teilweise aufgehoben.*

> ***Hinweis (zum Urteil des Bundesverfassungsgerichtes):***
> *Eine Leistungsminderung nach § 31a Abs. 1 Satz 1 bis Satz 3 SGB II ist mit dem Grundgesetz **unvereinbar**, soweit danach der Regelbedarf bei einer Pflichtverletzung auch im Fall einer **außergewöhnlichen Härte** zwingend zu mindern ist.*
> *Es muss im Einzelfall möglich sein, besonderen Umständen Rechnung zu tragen. Aus verfassungsrechtlichen Gründen ist sicherzustellen, dass es den Hilfebedürftigen möglich ist, entsprechende besondere Umstände (familiäre, gesundheitliche Probleme oder Diskriminierung am Arbeitsplatz u. ä.) darzulegen, die bei objektiver Betrachtung der geforderten Mitwirkung entgegenstehen. Dies erfordert zur Ermittlung auch die der Sanktion vorgelagerte Möglichkeit einer **mündlichen Anhörung** des Betroffenen.*
> *Die bislang als **zwingende Rechtsfolge** einer Pflichtverletzung ausgestaltete Sanktion („Kürzungsautomatik") gab dem Leistungsträger keine Möglichkeit, in Fällen, in denen die damit verbundene außerordentliche Belastung nicht (mehr) zumutbar war, von dieser abzusehen.*

358 So auch Hessisches LSG, Urt. vom 24.4.2015 – L 9 AS 828/14 –, juris.

Die Höhe der Minderung bzw. Absenkung orientiert sich prozentual an der Höhe des (ungeminderten) maßgebenden Regelbedarfs. Der jeweilige Absenkungsbetrag wird vom tatsächlich auszuzahlenden Leistungsanspruch (Arbeitslosengeld II) des Betroffenen in Abzug gebracht. Eine Sanktion bzw. die Minderung des Leistungsanspruchs kann sich damit maximal auf das nach Anrechnung von Einkommen und / oder Vermögen im Rahmen der sog. „Bedarfsanteilsmethode" (vgl. § 9 Abs. 2 Satz 3 SGB II) jeweils zustehende Arbeitslosengeld II der pflichtwidrig handelnden Person beziehen.

Sofern mehrere Personen in der Bedarfsgemeinschaft leistungsberechtigt sind, ändert sich durch die Sanktionierung bzw. Minderung an der (vorab vorzunehmenden) Berechnung des prozentualen Hilfebedarfs (vgl. § 9 Abs. 2 Satz 3 SGB II) nichts.

Hinweis (zum Urteil des Bundesverfassungsgerichtes):
Die in § 31a Abs. 1 Satz 1 SGB II normierte Höhe einer Leistungsminderung von 30 % des maßgebenden Regelsatzes im Falle einer Pflichtverletzung nach § 31 Abs. 1 SGB II ist verfassungsrechtlich nicht zu beanstanden.
Der Nachranggrundsatz und der Vorrang der selbstständigen Existenzsicherung sind mit dem Grundgesetz vereinbar. Es ist daher zulässig, von Leistungsberechtigten die aktive Mitwirkung zur Überwindung oder Vermeidung der eigenen Hilfebedürftigkeit zu verlangen und diese mittels Sanktionen durchzusetzen.

Verfahren bei wiederholten Pflichtverletzungen

Das Verfahren bei **wiederholten Pflichtverletzungen** regeln die Vorschriften des § 31a Abs. 1 Satz 2 bis Satz 6 SGB II. Um ein Fehlverhalten als wiederholte Pflichtverletzung (verschärft) zu sanktionieren, müssen im Einzelfall sowohl eine **inhaltliche** als auch eine **verfahrensrechtliche** und eine **zeitliche** Komponente erfüllt sein.

Eine wiederholte Pflichtverletzung i. S. des § 31 SGB II liegt nur bei **gleichartigen** Pflichtverletzungen vor (inhaltliche Komponente). Als gleichartig sind alle Tatbestände des § 31 Abs. 1 und Abs. 2 SGB II anzusehen.[359] Die Pflichtverletzungen nach § 32 SGB II sind in diesem Zusammenhang gesondert zu betrachten und können parallel sanktioniert werden.

Eine wiederholte Pflichtverletzung liegt dagegen nicht bei mehrfacher Verletzung ein- und derselben identischen Obliegenheit („einheitlicher Lebenssachverhalt") vor. Es kann also nicht dieselbe oder eine fortgesetzte Handlung mit einer verschärften Sanktion belegt werden. Dies ist u. a. der Fall, wenn sich der Betroffene mehrfach weigert, die gleiche, nach Art, Ort, Zeit, Umfang und Beschäftigungsgeber konkretisierte Arbeit anzunehmen, oder wenn mehrere zeitgleich (als Alternativen) unterbreitete Arbeitsangebote abgelehnt werden.[360]

359 So auch Fachliche Hinweise der BA, Rn. 31.35 zu § 31a SGB II (Stand: 22.4.2014).
360 Vgl. LSG Berlin-Brandenburg, Beschl. vom 12.5.2006 – L 10 B 191/06 AS ER –, juris.

Von einer wiederholten Pflichtverletzung kann auch nicht ausgegangen werden, wenn durch dasselbe Verhalten zeitgleich mehrere Pflichten verletzt werden bzw. mehrere Sanktionstatbestände nach § 31 Abs. 1 und Abs. 2 SGB II betroffen sind (kumulative Pflichtverletzung).[361]

Bei den Tatbeständen nach § 31 Abs. 1 und Abs. 2 SGB II führt eine erste wiederholte Pflichtverletzung der leistungsberechtigten Person zu einer Minderung des Arbeitslosengeldes II um **60 %** des für die erwerbsfähige leistungsberechtigte Person nach § 20 SGB II maßgebenden Regelbedarfs (vgl. § 31 Abs. 1 Satz 2 SGB II). Bei jeder weiteren wiederholten Pflichtverletzung nach § 31 SGB II entfällt das Arbeitslosengeldes II **vollständig** (vgl. § 31 Abs. 1 Satz 3 SGB II).

Höhe der Sanktion in den Fällen des § 31 SGB II (Sanktionsstufen)

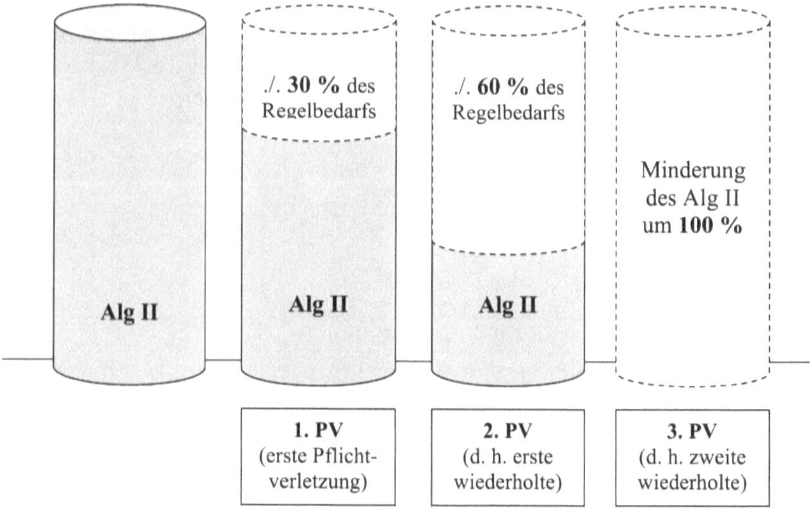

Nach § 31a Abs. 1 Satz 4 SGB II liegt eine wiederholte Pflichtverletzung nur vor, wenn bereits zuvor eine Minderung **festgestellt** wurde (verfahrensrechtliche Komponente). Festgestellt ist die Minderung durch den wirksam gewordenen Sanktionsbescheid. Das bedeutet, dass ein Fehlverhalten nur dann als wiederholte Pflichtverletzung sanktioniert werden kann, wenn es nach Bekanntgabe (vgl. § 37 Abs. 1 SGB X) des die vorhergehende Sanktion feststellenden Verwaltungsaktes begangen wurde. Dieses Erfordernis gilt nicht für Pflichtverletzungen (Meldeversäumnisse) nach § 32 SGB II, da in diesem Bereich **wiederholte** Pflichtverletzungen **nicht** vorgesehen sind.

Die Regelung des § 31a Abs. 1 Satz 4 SGB II gilt nach der systematischen Stellung und der im Gesetz vorausgesetzten Stufenfolge verschärfter Sanktionierungen auch für jede weitere wiederholte Pflichtverletzung.[362]

361 So auch Rixen in Eicher, Rn. 50c zu § 31 SGB II.
362 So auch *Berlit* in LPK-SGB II, Rn. 16 zu § 31a SGB II.

Eine wiederholte Pflichtverletzung liegt gemäß § 31a Abs. 1 Satz 5 SGB II nicht vor, wenn der Beginn des vorangegangenen Minderungs- bzw. Sanktionszeitraums zum Zeitpunkt der erneuten Pflichtverletzung länger als ein Jahr zurückliegt. Das bedeutet, dass der Beginn des jeweils vorangegangenen Sanktionszeitraumes (und nicht der Zeitpunkt der Pflichtverletzung) maßgeblich für den Beginn und den Ablauf der **Jahresfrist** (Zählwirkung) ist. Demzufolge kann eine wiederholte Pflichtverletzung auch dann vorliegen, wenn zwischen der ersten und zweiten Pflichtverletzung mehr als ein Jahr vergangen ist.

Eine Unterbrechung oder Hemmung der Jahresfrist durch Zeiten ohne Leistungsbezug tritt nicht ein.

Grundsätzlich ist jede weitere Pflichtverletzung eine wiederholte Pflichtverletzung mit Zählwirkung (Ausnahme: Melde- und Terminversäumnisse nach § 32 SGB II). Alle Pflichtverletzungen, die vor dem Ende der Zählwirkung liegen, sind als wiederholte Pflichtverletzungen verschärft zu sanktionieren, soweit sie gleichartig sind. Demnach ist bei jeder Pflichtverletzung zu prüfen, ob sie von der Zählwirkung der vorangegangenen Sanktion erfasst wird. Dabei richtet sich die Minderung des Leistungsanspruchs nach der Höhe der vorangegangenen Sanktion.

Beispiel

02	**03**	**04**	**05**	**06**	**07**	**08**	**09**	**10**	**11**	**12**	**01**	**02**	**03**	**04**	**05**
Minderung des Alg II um **30 %** des Regelbedarfs															
Zählwirkung der **ersten** Sanktion --▶															
			2. PV	Minderung des Alg II um **60 %** des Regelbedarfs											
				Zählwirkung der **zweiten** Sanktion --▶											
				◁═══════════════								**3. PV**	═══════▷		
											innerhalb der Zählwirkung der vorangegangenen Sanktion, d. h. **Wegfall** des Anspruchs				

Die Zählwirkung der ersten Sanktion ist in diesem Beispiel für die dritte Pflichtverletzung nicht (mehr) relevant. Es ist unerheblich, dass die dritte Pflichtverletzung außerhalb der Zählwirkung der ersten Sanktion liegt. Da sie innerhalb der Zählwirkung der zweiten (bzw. vorhergehenden) Sanktion liegt, führt sie wie jede (gleichartige) Pflichtverletzung nach § 31 SGB II bis zum 31.5. zum Wegfall des Leistungsanspruchs.

Bei nachträglich erklärter Bereitschaft der leistungsberechtigten Person, ihren Pflichten nachzukommen, **kann** gemäß § 31a Abs. 1 Satz 6 SGB II bei wiederholter Pflichtverletzung der vollständige Wegfall des Arbeitslosengeldes II (3. Sanktionsstufe) auf eine Minderung von 60 % des für sie maßgebenden Regelbedarfs nach § 20 SGB II (2. Sanktionsstufe) begrenzt werden. Der maßgebliche Zeitpunkt für eine entsprechende Begrenzung ist der Zeitpunkt der Erklärung der betroffenen Person. Das bedeutet, dass bei einer bereits laufenden Sanktion eine „Milderung“ lediglich für den Rest des Sanktionszeitraumes erfolgen kann.

Im Rahmen der Ermessensentscheidung („kann“) ist durch den Leistungsträger insbesondere zu prüfen, ob die leistungsberechtigte Person ihrer Verpflichtung **tatsächlich noch nachkommen kann** bzw. nachgekommen ist oder eine angebotene Arbeitsstelle bereits anderweitig besetzt wurde. In jedem Fall hat die betroffene Person glaubhaft darzulegen, dass sie zukünftig bereit ist, einzelnen Pflichten aus der Eingliederungsvereinbarung fristgerecht nachzukommen, auf Vermittlungsvorschläge bzw. Arbeitsangebote der Arbeitsvermittlung des Leistungsträgers zeitnah zu reagieren und ggf. jede zumutbare Arbeitsstelle, Arbeitsgelegenheit oder Eingliederungsmaßnahme anzunehmen.

Hinweis (zum Urteil des Bundesverfassungsgerichtes):
Die Regelungen nach § 31a Abs. 1 Satz 2 und Satz 3 SGB II sind ***verfassungswidrig****, soweit die Minderung wegen einer ersten wiederholten und einer weiteren wiederholten Pflichtverletzung die Höhe von* ***30 %*** *des maßgebenden Regelbedarfs übersteigt. Minderungen existenzsichernder Leistungen in einer Höhe von 60 % bzw. der vollständige Wegfall sind* ***unzumutbar*** *und mit den Anforderungen des Grundgesetzes nicht zu vereinbaren.*

Grundsätzlich hat das Bundesverfassungsgericht die Sanktionierung einer ***wiederholten*** *Pflichtverletzung* ***nicht*** *beanstandet, aber die Lenkungswirkung einer 60 %igen Sanktion oder eines Wegfalls des kompletten Leistungsanspruchs bezweifelt (jedenfalls ist Gegenteiliges nicht belegt).*

Das Gericht schließt allerdings ***besonders harte Sanktionen in Ausnahmefällen*** *nicht aus, sofern der Gesetzgeber tragfähig belegen kann, dass Leistungsminderungen in dieser Höhe geeignet sind, den Leistungsberechtigten im Einzelfall zur Mitwirkung zu bewegen. Im Einzelfall ist auch ein* ***vollständiger Leistungsentzug*** *zu rechtfertigen, wenn eine tatsächlich existenzsichernde und zumutbare Erwerbstätigkeit vom Leistungsberechtigten ohne wichtigen Grund willentlich verweigert wird.*

Höhe der Sanktion bei Meldeversäumnissen nach § 32 SGB II
Bei den Sanktionstatbeständen nach § 32 SGB II (Melde- und Terminversäumnisse) mindert sich das Arbeitslosengeld II jeweils um 10 % des für die leistungsberechtigte Person nach § 20 SGB II maßgebenden Regelbedarfs. Im Gegensatz zu Fällen des § 31 SGB II sind verschärfte Sanktionen bzw. Sanktionsstufen (bei wiederholten Meldeversäumnissen) nicht vorgesehen. Damit werden mehrfache Meldeversäumnisse lediglich

mit einer Minderung des Auszahlungsanspruchs um **10 %** des jeweiligen Regelbedarfs sanktioniert. Allerdings können entsprechende Sanktionszeiträume zusammenfallen und sich „überlappen“ und bei mehreren in kurzen Abständen eingetretenen Meldeversäumnissen im Ergebnis zu einer Addition der Absenkungsbeträge führen.[363]

Die Minderung des Leistungsanspruchs bei Meldeversäumnissen tritt zu einer Minderung nach § 31a SGB II hinzu (vgl. § 32 Abs. 2 Satz 1 SGB II) und können sich damit ebenfalls zeitlich „überlappen“.

Ergänzende Sachleistungen

Bei einer Minderung der Regelleistung um mehr als 30 % **kann** der zuständige Träger auf Antrag **in angemessenem Umfang** ergänzende **Sachleistungen** oder geldwerte Leistungen – z. B. durch Lebensmittelgutscheine – erbringen (vgl. § 31a Abs. 3 Satz 1 SGB II). Diese Leistungen beziehen sich dem Volumen nach nur auf den über 30 % hinausgehenden Kürzungsbetrag und ausschließlich auf die im Regelbedarf enthaltenen Anteile für Ernährung, Hygiene und Körperpflege.

Der für Ernährung, Gesundheitspflege, Hygiene und Körperpflege vorgesehene Anteil des Regelbedarfs beträgt ca. 50 %[364] – aktuell also ca. 223,00 €. In Höhe dieses Anteils multipliziert mit dem 30 % übersteigenden Minderungsanteil können ergänzende Sachleistungen erbracht werden.

> ***Beispiel***
> *Bei einer alleinstehenden leistungsberechtigten Person wurde das Arbeitslosengeld II wegen einer ersten wiederholten Pflichtverletzung nach § 31 Abs. 1 Satz 1 SGB II in einer 2. Stufe um 60 % des maßgebenden Regelbedarfs (vgl. § 31a Abs. 1 Satz 2 SGB II) gemindert.*
> *Als angemessene Sachleistung nach § 31a Abs. 3 Satz 1 SGB II kommt in Betracht der über 30 % hinausgehende Kürzungsbetrag (hier also 30 % von 449,00 € = 134,70 €) – und davon (für den im Regelbedarf enthaltenen Anteil für Ernährung, Körperpflege und Hygiene) 50 % (also 134,70 x 50 % = ca. 67,00 €).*

Bei leistungsberechtigten Personen, die **nicht** mit minderjährigen Kindern in einem Haushalt leben, setzt die Erbringung von ergänzenden Sachleistungen oder geldwerten Leistungen eine Ermessensentscheidung voraus. In diesem Zusammenhang sind insbesondere die wirtschaftlichen Verhältnisse der sanktionierten Person zu berücksichtigen. Ergänzende Sachleistungen oder geldwerte Leistungen werden in der Regel nicht in Betracht kommen können, wenn der leistungsberechtigten Person (sofort verwertbares) geschütztes bzw. der Freibetragsregelung unterliegendes Vermögen oder anrechnungsfreies (privilegiertes) Einkommen zur Bestreitung des Lebensunterhalts zur Verfügung steht.

Während des jeweiligen Sanktionszeitraumes können im Einzelfall zusätzlich laufende Pauschalen für Energiekosten, die vom Regelbedarf umfasst sind, in der nachgewiesenen Höhe als Sachleistung bzw. als Zuschuss direkt an den Energie-

363 Vgl. BT-Drs. 17/3404 S. 112.
364 Vgl. Fachliche Hinweise der BA, Rn. 31.48a zu § 31 SGB II (Stand: 4.5.2017).

versorger gezahlt werden, um entsprechende Zahlungsrückstände und die Absperrung der Energiezufuhr zu vermeiden.

Gemäß §31a Abs. 3 Satz 2 SGB II **hat** der zuständige Leistungsträger für den Fall, dass die erwerbsfähige leistungsberechtigte Person, deren Fehlverhalten sanktioniert wird, mit minderjährigen Kindern **im Haushalt** lebt, ergänzende Sachleistungen oder geldwerte Leistungen zu erbringen. Die Vorschrift erfasst nach dem Wortlaut damit nicht nur Personen in der Bedarfsgemeinschaft, sondern auch Fälle, in denen z.B. ein minderjähriges Geschwisterkind der pflichtwidrig handelnden Person im Haushalt lebt. Die Verpflichtung zur Erbringung von Sachleistungen in entsprechenden Fallkonstellationen soll das Existenzminimum von minderjährigen Kindern besonders sichern und verhindern, dass sie mittelbar von Leistungskürzungen eines Mitgliedes der Haushaltsgemeinschaft betroffen werden bzw. übermäßig belastet werden.[365]

Ermessenserwägungen sind in entsprechenden Fällen nicht anzustellen. Insoweit muss die leistungsberechtigte Person auch nicht auf ihr nicht anrechenbares Einkommen oder geschütztes Vermögen zurückgreifen.

Nach der Rechtsprechung des Bundessozialgerichts[366] ist nicht zwingend **gleichzeitig** mit der Sanktion über ergänzende Sachleistungen zu entscheiden, sofern diese vom Leistungsträger angeboten wurden.

Damit eine Entscheidung bezüglich ergänzender Sachleistungen getroffen werden kann, ist die erwerbsfähige leistungsberechtigte Person bereits im Rahmen der Anhörung (vgl. §24 SGB X) auf die Möglichkeit der Erbringung von Sachleistungen und die Notwendigkeit eines entsprechenden Antrages hinzuweisen. Soweit minderjährige Kinder im Haushalt leben, sind ergänzende Sachleistungen oder geldwerte Leistungen auch dann zu gewähren, wenn die zu sanktionierende Person diese, auch nach Hinweisen in der Anhörung, nicht ausdrücklich begehrt.[367]

Unabhängig vom Zeitpunkt der Antragstellung sollten die ergänzenden Sachleistungen wegen des Monatsprinzips in Höhe des vollen (d.h. monatlichen) Betrages erbracht werden (also nicht anteilig).[368]

Direktüberweisung an Vermieter und andere Empfangsberechtigte

Bei einer Minderung des Arbeitslosengeldes II um mindestens 60% des für die erwerbsfähige leistungsberechtigte Person nach §20 SGB II maßgebenden Regelbedarfs **soll** das Arbeitslosengeld II, soweit es für den Bedarf für Unterkunft und Heizung nach §22 Abs. 1 SGB II erbracht wird, an den Vermieter oder andere Empfangsberechtigte gezahlt werden (vgl. §31a Abs. 3 Satz 3 SGB II). Bei mehreren Personen innerhalb der Haushaltsgemeinschaft gilt dies allerdings nur für den Kopfanteil, der auf die pflichtwidrig handelnde Person entfällt.

Damit soll sichergestellt werden, dass die entsprechenden Anteile am Arbeitslosengeld II dem Vermieter bzw. anderen Empfangsberechtigten zufließen, um im Einzelfall Obdachlosigkeit zu vermeiden.[369]

365 Vgl. BT-Drs. 17/3404 S. 112 und 17/4095 S. 41.
366 Vgl. BSG, Urt. vom 9.11.2010 – B 4 AS 27/10 R –, SozR 4-4200 §31 Nr. 6.
367 So auch LSG NRW, Beschl. vom 20.10.2011 – L 19 AS 1625/11 B ER –, juris.
368 Vgl. Fachliche Hinweise der BA, Rn. 31.49 zu §31 SGB II (Stand: 4.5.2017).
369 Vgl. BT-Drs. 17/3404 S. 112.

Durch die Formulierung „soll" wird deutlich, dass der Träger der Grundsicherung für Arbeitsuchende im Regelfall entsprechend zu verfahren hat. In atypischen Einzelfällen kann allerdings auch eine andere Verfahrensweise gerechtfertigt sein.

Krankenversicherungsschutz
Sofern der Anspruch auf Arbeitslosengeld II im Rahmen einer Sanktion vollständig wegfällt, entfällt für die Dauer der Sanktion wegen des fehlenden Leistungsbezuges auch der Kranken- und Pflegeversicherungsschutz gemäß §5 Abs. 1 Nr. 2a SGB V bzw. §20 Abs. 1 Satz 2 Nr. 2a SGB XI. In entsprechenden Fällen greift jedoch der Nachversicherungsschutz gemäß §5 Abs. 1 Nr. 13 Buchstabe a) SGB V bzw. §20 Abs. 1 Satz 2 Nr. 12 SGB XI, wenn sich die leistungsberechtigten Personen nicht nach §9 SGB V freiwillig versichern.

Sowohl bei der freiwilligen Versicherung als auch bei der Nachrangversicherung sind die leistungsberechtigten Personen beitragspflichtig und müssen die anfallenden Kranken- und Pflegeversicherungsbeiträge selbst tragen. Die Beiträge können nicht über §26 SGB II bezuschusst werden, da kein Leistungsbezug (Arbeitslosengeld II oder Sozialgeld) vorliegt.

Für den Fall, dass (ergänzende) Sachleistungen gewährt werden, tritt dagegen die Versicherungspflicht nach §5 Abs. 1 Nr. 2a SGB V und §20 Abs. 1 Satz 2 Nr. 2a SGB XI mit Beginn des Monats wieder ein, für den die Sachleistungen erbracht werden.

12.2.5 Beginn und Dauer der Sanktion

Die Minderung oder der Wegfall von Leistungen zur Sicherung des Lebensunterhalts im Rahmen der Grundsicherung für Arbeitsuchende (Arbeitslosengeld II/Sozialgeld) setzt stets das Wirksamwerden des feststellenden Verwaltungsaktes (Sanktionsbescheid) voraus.

Gemäß §31b Abs. 1 Satz 1 SGB II mindert sich der Leistungsanspruch mit **Beginn des Kalendermonats**, der auf das Wirksamwerden des Verwaltungsaktes folgt, der die Pflichtverletzung und den Umfang und die Dauer der Minderung der Leistung feststellt (Sanktionsbescheid). Insoweit kann eine Sanktionierung regelmäßig nur mit Wirkung für die Zukunft eintreten (Ausnahme: Sanktion bei Sperrzeittatbeständen gemäß §31 Abs. 2 Nr. 3 SGB II).

Die **Dauer** der Sanktionierung (Minderungszeitraum) ist nach §31b Abs. 1 Satz 3 SGB II für jeden Sanktionszeitraum auf **jeweils drei Monate** festgelegt, unabhängig davon, ob der Grund für die Sanktion bzw. die Minderung oder den Wegfall der Leistungen zwischenzeitlich entfallen ist.

Hinweis (zum Urteil des Bundesverfassungsgerichtes):
Die Vorschrift des §31b Abs. 1 Satz 3 SGB II ***ist verfassungswidrig****, soweit sie für alle hier überprüften Leistungsminderungen eine* ***starre Dauer von drei Monaten*** *vorgibt. Es wäre grundsätzlich unverhältnismäßig, dass die Sanktionsdauer von*

drei Monaten nicht verkürzt werden kann – insbesondere dann, wenn der Leistungsberechtigte die Mitwirkung nachholt oder die ernsthafte Bereitschaft dazu erklärt. Eine Leistungsminderung ist in der Gesamtbetrachtung nur zumutbar, wenn sie grundsätzlich endet, sobald die Mitwirkung erfolgt.
Das Bundesverfassungsgericht macht deutlich, dass Sanktionen (nach Maßgabe strenger Anforderungen an die Verhältnismäßigkeit) im Hinblick auf die Dauer der Leistungsminderung grundsätzlich auf die Mitwirkung und das eigenverantwortliche Handeln des Leistungsberechtigten zu beziehen sind.

Bei einer Sanktion nach § 31 Abs. 2 **Nr. 3** SGB II tritt die Minderung des Arbeitslosengeldes II **zeitgleich** (und damit ggf. auch rückwirkend) mit Beginn der von der Arbeitsagentur festgestellten Sperrzeit oder dem Erlöschen des Anspruches auf Arbeitslosengeld I ein (vgl. § 31b Abs. 1 Satz 2 SGB II). Der Sanktionszeitraum ist in diesen Fällen unabhängig von der Dauer der Sperrzeit formal für einen Zeitraum von drei Monaten festzustellen und läuft kalendermäßig ab, kann sich aber im Einzelfall faktisch (d. h. zahlungsmäßig) für einen kürzeren Zeitraum auswirken.

Beispiel

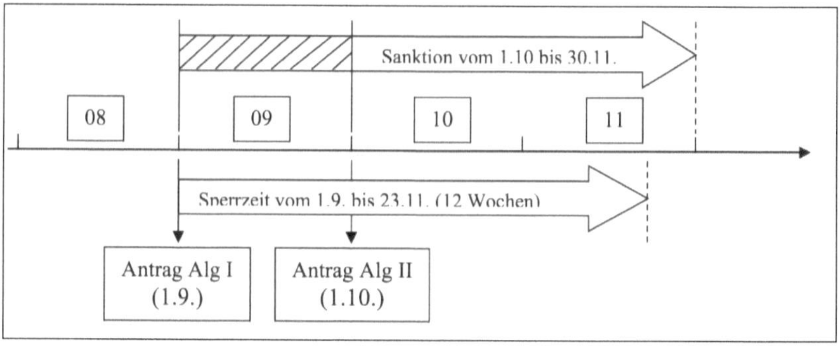

In den Fällen des § 31 Abs. 2 Nr. 3 SGB II tritt die Sanktion mit Beginn der von der Agentur für Arbeit festgestellten Sperrzeit oder dem Erlöschen des Anspruchs nach dem Dritten Buch Sozialgesetzbuch ein (vgl. § 31b Abs. 1 Satz 2 SGB II). Sanktion und Sperrzeit beginnen also zeitgleich (d. h. also am 1.9.). Damit kann die Sanktion in diesen Fällen ausnahmsweise auch rückwirkend eintreten. Der Sanktionszei-traum beträgt unabhängig von der Dauer der von der Agentur für Arbeit festgesetzten Sperrzeit drei Monate und ist auch für diesen Zeitraum wegen der Zählwirkung durch Bescheid festzustellen.
*Da Arbeitslosengeld II erst am 1.10. beantragt wird, wirkt sich die Minderung des Leistungsanspruchs in diesem Fall faktisch nur für **zwei** Monate (Oktober und November) aus, ist aber mit Bescheid für einen Zeitraum von **drei** Monaten (September bis November) festzusetzen.*

Nach § 31b Abs. 1 Satz 5 SGB II ist die Feststellung der Minderung durch einen wirksamen Sanktionsbescheid nur innerhalb von **sechs Monaten** ab dem Zeitpunkt der Pflichtverletzung (vgl. nachfolgende Tabelle) zulässig. Die Ausschlussfrist soll einen engen zeitlichen Zusammenhang zwischen Pflichtverletzung und Eintritt der Sanktion gewährleisten und dem erwerbsfähigen Leistungsberechtigten dadurch die Ursächlichkeit seines pflichtwidrigen Verhaltens für den Eintritt der Leistungsminderung wirksamer vor Augen führen.[370]

Tag des Ereignisses / Zeitpunkt der pflichtwidrigen Handlung (Beginn der Frist nach § 31b Abs. 1 Satz 5 SGB II)	
bei Meldeversäumnissen	der Tag der terminierten Meldung / Vorsprache beim Leistungsträger
bei Vermittlungsvorschlägen	der Tag des Fristablaufes („Bewerbung / Vorstellung beim Arbeitgeber bis zum … “) oder Tag der erklärten Weigerung
bei Abbruch	der letzte Tag der Arbeit, Ausbildung, Arbeitsgelegenheit oder Maßnahme
bei Ablehnung / Verhinderung des Zustandekommens einer Arbeit oder Maßnahme	der Tag der terminierten Vorstellung beim Arbeitgeber bzw. des vorgesehenen Beginns des Arbeitsverhältnisses (bei Terminvorgabe „sofort“ oder „umgehend“ der Tag nach Bekanntgabe, bei Postzustellung gemäß § 37 Abs. 2 SGB X)
bei sonstigen Pflichten	der Zeitpunkt, zu dem die konkrete Obliegenheit terminiert bzw. vereinbart wurde (z.B. „Vorlage der Bewerbungsunterlagen / -nachweise bis zum 5. eines Monats“)

Bei einer zwischenzeitlich eintretenden erneuten Pflichtverletzung nach § 31 Abs. 1, Abs. 2 oder § 32 SGB II beginnt jeweils ein neuer Sanktionszeitraum von drei Monaten. Dieser kann sich je nach Zeitpunkt der Pflichtverletzung und des Wirksamwerdens des feststellenden Verwaltungsaktes an einen (abgelaufenen) dreimonatigen Sanktionszeitraum anschließen oder – bei Meldeversäumnissen nach § 32 SGB II – sich mit diesem überschneiden. Allerdings darf es im Rahmen der Sanktionen bei Pflichtverletzungen nach § 31 Abs. 1 und Abs. 2 SGB II keine parallellaufenden Sanktionszeiträume geben.

370 Vgl. BT-Drs. 17/3404 S. 112.

Beispiel

Bei einem 38-jährigen Bezieher von Arbeitslosengeld II liegen folgende Pflichtverletzungen vor:

- *(zumutbare) Arbeit bei der Firma X trotz Rechtsfolgenbelehrung ohne wichtigen Grund abgelehnt am 15.3. (der Sanktionsbescheid vom 16.3. wird wirksam am 19.3.),*
- *(zumutbare) Arbeit bei der Firma Y trotz Rechtsfolgenbelehrung ohne wichtigen Grund abgelehnt am 2.4. (der Sanktionsbescheid vom 9.4. wird wirksam am 12.4.),*
- *Untersuchungstermin beim Medizinischen Dienst der Bundesagentur für Arbeit am 28.4. trotz Rechtsfolgenbelehrung ohne wichtigen Grund nicht wahrgenommen (der Sanktionsbescheid vom 7.5. wird wirksam am 10.5.).*

Die Sanktionen treten in folgender Höhe ein:

	Zeitraum (Monat)					
	03	***04***	***05***	***06***	***07***	***08***
Sanktion 1 *(§ 31 Abs. 1 Satz 1 Nr. 2)*		*30 %*	-	-		
Sanktion 2 *(§ 31 Abs. 1 Satz 1 Nr. 2)*			*60 %*	*60 %*	*60 %*	
Sanktion 3 *(§ 32 Abs. 1)*				*10 %*	*10 %*	*10 %*
Summe	***0 %***	***30 %***	***60 %***	***70 %***	***70 %***	***10 %***

Im Hinblick auf den ersten Sanktionstatbestand (Ablehnung einer zumutbaren Arbeit bei der Firma X) wird das Arbeitslosengeld II ab 1.4. gemäß § 31a Abs. 1 Satz 1 SGB II um 30 % des maßgebenden Regelbedarfs gemindert.

Beim zweiten Sanktionstatbestand (Ablehnung einer zumutbaren Arbeit bei der Firma Y) handelt es sich um eine **wiederholte** *(weil gleichartige und innerhalb der Zählwirkung liegende) Pflichtverletzung, da bereits zuvor eine Minderung festgestellt wurde (vgl. § 31a Abs. 1 Satz 4 SGB II), so dass das Arbeitslosengeld II gemäß § 31a Abs. 1 Satz 2 SGB II ab dem Monat 05 für drei Monate um 60 % des nach § 20 SGB II für die leistungsberechtigte Person maßgebenden Regelbedarfs gemindert wird. Dabei wird die erste Sanktion durch die zweite ersetzt. Der Sanktionsbescheid vom 16.3. ist gemäß § 48 Abs. 1 Satz 1 SGB X mit Wirkung vom 1.5. an aufzuheben.*

Das Meldeversäumnis nach § 32 Abs. 1 SGB II ist dagegen ***keine wiederholte*** *Pflichtverletzung, tritt aber zu der Minderung nach § 31a SGB II hinzu (vgl. § 32 Abs. 2 Satz 1 SGB II), so dass das Arbeitslosengeld II parallel um weitere 10 % des maßgebenden Regelbedarfs für drei Monate abgesenkt wird.*

Liegt eine Fallgestaltung vor, in der innerhalb eines laufenden Sanktionszeitraumes eine weitere (wiederholte) Pflichtverletzung gegeben ist, wird die vorangegangene Kürzungsstufe um die nächste Kürzungsstufe nicht durch parallele Absenkungsbescheide ergänzt, sondern von dieser – durch Aufhebung des Alg II-Bescheides (§ 48 Abs. 1 Satz 1 SGB X) und Erlass eines die neue (erhöhte) Sanktionsstufe regelnden Änderungsbescheides – abgelöst.[371]

Während der Minderung des Auszahlungsanspruchs besteht gemäß § 31b Abs. 2 SGB II kein Anspruch auf ergänzende Hilfe zum Lebensunterhalt nach den Vorschriften des Zwölften Buches Sozialgesetzbuch. Die Vorschrift entfaltet lediglich deklaratorische Bedeutung, da die pflichtwidrig handelnde Person, deren Anspruch auf Leistungen der Grundsicherung für Arbeitsuchende grundsätzlich erhalten bleibt, ohnehin nach § 21 Satz 1 SGB XII von Leistungen der Hilfe zum Lebensunterhalt nach dem 3. Kapitel SGB XII ausgeschlossen ist.

12.2.6 Sonderregelungen für Jugendliche unter 25 Jahren

Die Vorschriften der §§ 31a Abs. 2 und 31b Abs. 1 Satz 4 SGB II enthalten Sonderregelungen für erwerbsfähige Leistungsberechtigte, die das 15. Lebensjahr, aber noch nicht das 25. Lebensjahr vollendet haben. Der Verpflichtung zur Beschäftigungsförderung von Jugendlichen (vgl. § 3 Abs. 2 SGB II) auf der einen Seite stehen damit die schärferen Sanktionsregelungen des § 31a Abs. 2 SGB II auf der anderen Seite gegenüber.

Junge erwerbsfähige Leistungsberechtigte unter 25 Jahren erhalten bei Pflichtverletzungen nach § 31 Abs. 1 oder Abs. 2 SGB II mit Ausnahme der Bedarfe für Unterkunft und Heizung **keine** Geldleistungen im Rahmen der Grundsicherung für Arbeitsuchende sowie aus nachrangigen Sicherungssystemen, soweit sie vorher über die konkreten Rechtsfolgen belehrt wurden (mit Ausnahme der Fälle des § 31 Abs. 2 Nr. 1, 3 und 4 SGB II) und – in den Fällen des § 31 Abs. 1 SGB II – keinen wichtigen Grund für ihr Verhalten darlegen und nachweisen.

Bei diesem Personenkreis wird somit auf eine stufenweise Minderung der Leistungen verzichtet und das Arbeitslosengeld II übergangslos (ggf. unter Wegfall etwaiger Mehrbedarfe nach § 21 SGB II) auf die Bedarfe für Unterkunft und Heizung beschränkt. Einkommen und Vermögen der leistungsberechtigten Person sind ggf. bei diesen Leistungen **nicht** zu berücksichtigen.

371 Vgl. BSG, Urt. vom 9.11.2010 – B 4 AS 27/10 R –, SozR 4-4200 § 31 Nr. 6 = NJW 2011, 2073.

Beispiel
Christian (22 Jahre alt, erwerbsfähig) wohnt im Haushalt seiner Eltern und bezieht Arbeitslosengeld II unter Anrechnung des Kindergeldes von 219,00 €. Die anteiligen Kosten für Unterkunft und Heizung betragen 150,00 €. Christian weigert sich trotz entsprechender Belehrung über die Rechtsfolgen (ohne wichtigen Grund), eine zumutbare Arbeit anzunehmen.
Die Bedarfe für Unterkunft und Heizung werden in der ersten Sanktionsstufe nicht tangiert. Die Minderung des Arbeitslosengeldes II beträgt damit 171,00 € (Regelbedarf 360,00 € ./. Kindergeld 189,00 € unter Berücksichtigung der Versicherungspauschale von 30,00 €).

Der zuständige Leistungsträger soll in entsprechenden Fällen das Arbeitslosengeld II, soweit es für den Bedarf für Unterkunft und Heizung nach § 22 Abs. 1 SGB II erbracht wird, an den Vermieter oder andere Empfangsberechtigte auszahlen (vgl. § 31a Abs. 3 Satz 3 SGB II).

Im Falle einer **wiederholten Pflichtverletzung** nach § 31 SGB II entfällt der Anspruch auf Arbeitslosengeld II einschließlich der Bedarfe für Unterkunft und Heizung komplett (vgl. § 31a Abs. 2 Satz 2 SGB II). Nach § 31a Abs. 2 Satz 4 SGB II **kann** der Leistungsträger unter Berücksichtigung aller Umstände Leistungen für Unterkunft und Heizung erbringen, wenn sich die erwerbsfähige leistungsberechtigte Person nachträglich bereit erklärt, ihren Pflichten nachzukommen (Wohlverhaltensklausel). Daneben kommen nach § 31a Abs. 3 Satz 1 und Satz 2 SGB II in angemessenem Umfang ergänzende Sachleistungen oder geldwerte Leistungen in Betracht (vgl. 12.2.4).

In den Fällen, in denen die leistungsberechtigte Person in einer Bedarfsgemeinschaft mit anderen Leistungsberechtigten lebt, ist bei einem kompletten Wegfall des Arbeitslosengeld II wegen einer wiederholten Pflichtverletzung ausnahmsweise – **abweichend vom Kopfteilprinzip** – der erhöhte Bedarf für die übrigen Personen der Bedarfsgemeinschaft durch weitere Leistungen für Unterkunft und Heizung auszugleichen. Eine faktische Mithaftung anderer Personen der Bedarfsgemeinschaft („Sippenhaft") für ein sanktioniertes Fehlverhalten sieht das Zweite Buch Sozialgesetzbuch nicht vor, so dass die Sanktion in entsprechenden Konstellationen teilweise ins Leere läuft.[372]

Damit hat das Bundessozialgericht klargestellt, dass die Kopfteilmethode (als eine den Normalfall abbildende Berechnungsgrundlage) durchbrochen werden muss, wenn anderenfalls bei Mitgliedern der Bedarfsgemeinschaft eine Bedarfslücke entsteht, die einerseits den Ausfall der bedarfsdeckenden Leistung der pflichtwidrig handelnden Person nicht zu vertreten haben, andererseits bei unterbleibender Deckung ihren eigenen existenziellen Bedarf (Unterkunft) verlieren können.

Voraussetzung für die Abweichung vom Kopfteilprinzip ist jedoch, dass die sanktionierte Person über kein Einkommen oder Vermögen verfügt, aus dem sie ihren Kopfteil (oder ggf. Teile davon) erbringen kann. Sofern anrechenbares Einkommen (z. B. Kindergeld) zur Verfügung steht, ist lediglich die Differenz aus dem

372 Vgl. BSG, Urt. vom 23.5.2013 – B 4 AS 67/12 R –, NDV-RD 2013, 132 = SozR 4-4200 § 22 Nr. 68.

Kopfteil abzüglich des zu berücksichtigenden Einkommens als ungedeckter Bedarf für Unterkunft und Heizung gleichmäßig den übrigen Personen der Bedarfsgemeinschaft zuzuweisen.[373]

Der Zugang erwerbsfähiger jugendlicher Leistungsberechtigter, die das 25. Lebensjahr noch nicht vollendet haben, zu sonstigen Leistungen der Eingliederung in Arbeit (Beratungs- und Betreuungsleistungen) wird von den Sanktionsvorschriften des § 31a Abs. 2 SGB II nicht berührt.

Bei erwerbsfähigen Leistungsberechtigten, die das 25. Lebensjahr noch nicht vollendet haben, **kann** der Träger der Grundsicherung für Arbeitsuchende gemäß § 31b Abs. 1 Satz 4 SGB II die Dauer der Sanktion auf **sechs Wochen** begrenzen (Flexibilisierung des Sanktionszeitraumes). Eine Verkürzung des Sanktionszeitraumes von drei Monaten auf sechs Wochen kommt in Betracht bei den Sanktionstatbeständen nach § 31 Abs. 1 und Abs. 2 SGB II in der **1. Sanktionsstufe**, durch den Verweis in § 32 Abs. 2 SGB II auf § 31b SGB II aber auch bei **Meldeversäumnissen** – nach dem eindeutigen Wortlaut der Vorschrift („Minderung des Auszahlungsanspruchs in Höhe der Bedarfe nach §§ 20 und 21") jedoch **nicht** bei einer Sanktion wegen einer wiederholten Pflichtverletzung in den Fällen des § 31 SGB II (2. Sanktionsstufe).

Im Rahmen der Ermessensausübung bezüglich der Verkürzung des Sanktionszeitraumes auf sechs Wochen muss der Leistungsträger alle Umstände des Einzelfalls berücksichtigen. Vor dem Hintergrund der einschneidenden Sanktionen bei Jugendlichen, die das 25. Lebensjahr noch nicht vollendet haben, müssen die wirtschaftlichen, aber auch die persönlichen Auswirkungen für diesen Personenkreis bei jeder Sanktionsentscheidung geprüft werden.

Als Umstände, die im Einzelfall eine Verkürzung des Minderungs- bzw. Sanktionszeitraums auf sechs Wochen begründen können, kommen beispielsweise in Betracht

- das Alter der bzw. des (jugendlichen) Leistungsberechtigten (z.B. bei minderjährigen Leistungsberechtigten, die die Tragweite ihres Verhaltens bzw. Handelns möglicherweise nicht erkannt haben),
- eine erkennbare konstruktive Verhaltensänderung der bzw. des Betroffenen,
- der Grad des Verschuldens,
- mangelnde Einsichtsfähigkeit der bzw. des Betroffenen,
- schwerwiegende (in der Person der bzw. des betroffenen Leistungsberechtigten liegende) Gründe,
- eine demotivierende Wirkung.

Eine Verkürzung des Minderungszeitraumes von drei Monaten auf sechs Wochen ist auch möglich, wenn über den Eintritt der Sanktion bereits ein Bescheid erlassen wurde und die leistungsberechtigte Person Gründe (nachträglich) vorbringt, die eine verkürzte Sanktion rechtfertigen.[374]

Die weitergehenden (verschärften) Sanktionen für erwerbsfähige jugendliche Leistungsberechtigte unter 25 Jahren gelten nur bei den Pflichtverletzungen

373 Vgl. BSG, Urt. vom 2.12.2014 – B 14 AS 50/13 R –, juris.
374 Vgl. Fachliche Hinweise der BA, Rn. 31.60 zu § 31a SGB II (Stand: 4.5.2017).

nach § 31 Abs. 1 und Abs. 2 SGB II. In den Fällen des § 32 SGB II (Melde- oder Terminversäumnis) verbleibt es – wie bei allen anderen Leistungsberechtigten – bei einer Minderung des Arbeitslosengeldes II in einer ersten Stufe um 10 % des nach § 20 SGB II maßgebenden Regelbedarfs.

12.2.7 Konkurrenz von Aufrechnung und Sanktion

Gemäß § 43 Abs. 3 Satz 1 SGB II ist eine Aufrechnung gegen Ansprüche von leistungsberechtigten Personen auf Geldleistungen zur Sicherung des Lebensunterhalts **nicht** zulässig für Zeiträume, in denen der Auszahlungsanspruch wegen einer Sanktion nach § 31b Abs. 1 Satz 1 SGB II um **mindestens 30 %** des maßgebenden Regelbedarfs gemindert ist. Ist die Minderung des Auszahlungsanspruchs geringer, ist die Höhe der Aufrechnung auf die Differenz zwischen dem Minderungsbetrag und 30 % des maßgebenden Regelbedarfs begrenzt (§ 43 Abs. 3 Satz 2 SGB II).

Damit wird eine (ggf. bereits laufende) Aufrechnung nach §§ 42a oder 43 SGB II bei einer Minderung des Arbeitslosengeldes II für den Sanktionszeitraum bei einer Sanktion um mindestens 30 % **nicht vollziehbar**. Die Sanktion ist damit „vorrangig" abzuwickeln. Dabei ist zu beachten, dass Zeiten nicht vollziehbarer Aufrechnungen (**vollständige**Unmöglichkeit der Aufrechnung wegen Überschreitens der Obergrenze von 30 % durch eine Sanktion) den Höchstaufrechnungszeitraum von drei Jahren entsprechend verlängern (vgl. § 43 Abs. 4 Satz 3 SGB II).

Beispiel 1
Das Arbeitslosengeld II wird wegen eines Meldeversäumnisses nach § 32 SGB II um 10 % des maßgebenden Regelbedarfs gemindert. Eine zeitgleiche Aufrechnung von 10 % nach § 42a SGB II oder eine (teilweise) Aufrechnung nach § 43 SGB II im Umfang von 20 % ist zulässig.

Beispiel 2
Das Arbeitslosengeld II wird wegen einer Pflichtverletzung nach § 31 Abs. 1 Satz 1 SGB II um 30 % (oder mehr) gemindert. Für die Dauer der Sanktion ist eine Aufrechnung nach §§ 42a oder 43 SGB II nicht zulässig.

12.2.8 Absenkung und Wegfall des Sozialgeldes

Die Absenkung und der Wegfall von Sozialgeld wird in § 31a Abs. 4 SGB II geregelt. Durch den Verweis auf § 31a Abs. 1 bis 3 SGB II wird klargestellt, dass das Verfahren sowie die Rechtsfolgen bei Minderung und Wegfall von Sozialgeld und Arbeitslosengeld II identisch sind. Allerdings beschränken sich Absenkung und Wegfall des Sozialgeldes auf die in § 31 Abs. 2 Nr. 1 und 2 sowie in § 32 SGB II genannten Fälle (insbesondere zur Feststellung vorrangiger Leistungsansprüche).

Stichwortverzeichnis